看護医療学校受験

オープンセサミシリーズ 参考書 ②

数学Ⅰ・A

平成30年告示 学習指導要領対応

東京アカデミー 編

東京アカデミー七賢出版

はじめに

オープンセサミ・シリーズは、看護・医療系学校入試に完璧に対応できるよう、入試問題を分析し作成した看護・医療系専用の参考書です。豊富な問題演習と分かりやすく丁寧な解説により、繰り返し学習することによって、基礎を確実に固めながら、同時に自然に入試傾向をつかむことができるよう構成されています。

あなたがこのシリーズを十分に活用し、目的を達成されることを念願します。

東京アカデミー看護医療試験研究室スタッフ一同

目次

数学Ⅰ 分野

Open Sesame Series

数学A 分野

■本書の特色と利用法■

本書は高等学校で履修する数学のうち，数学Ⅰと数学Aを１冊にまとめたものです。看護・医療系学校の入試対策ということを念頭におき，問題を解く確かな実力を培うため，実践向きに編集しています。そのため，教科書では扱われていない事項であっても，例年，看護・医療系学校入試で頻繁に出題されている事項については，掲載しています。

数学は，読んだり聞いたりして理解するという状態と，実際に問題が解けるという状態ではかなり差のある科目です。例題の解法を読んで理解した後は，必ず **Challenge**（類題）で確認しましょう。この実践が学習において最も重要であることを忘れないでください。

本書は次のように構成されています。

■解説　各節のはじめに，**Open Sesame** として重要公式，重要テクニックがまとめられています。その公式の説明や使い方を例をあげて詳しく解説しています。

■例題　基本的でしかも出題率の高い問題を載せています。★は難易度を示します。★基本問題，★★標準問題，★★★応用問題を示します。すぐ下にはこの例題を解く上での着眼点や注意点が詳しく解説してあります。
例題の解答では，記述式の解答形式において，答案の基本例を示しています。
また，右の欄には皆さんの誤りやすい点や重要なポイントを解説しました。

■Challenge　例題と類似した問題を反復練習して，例題のパターンをしっかりマスターしましょう。

■問題演習　問題を解いて更に実力を固めましょう。中には比較的難しい問題も混じっていますが，基礎知識を身につけていれば，必ず突破口が見つかるはずです。**A**：基本問題，**B**：標準問題，**C**：応用問題を示します。

■ 発展　教科書では取り扱っていないが，入試対策として必要な問題や解法です。

■ 参考　問題を解くために必ずしも必要ではないが，内容をより深く理解するための知識です。

第1章

数と式

Open Sesame Series

数学Ⅰ 分野

OPEN★SESAME

① 整式とその計算

ここで Master!
指数法則と展開公式を用いて自由に整式を変形できるようになろう。

Open Sesame

●指数法則

$a \neq 0$，$b \neq 0$ で，m，n が整数のとき

$$a^m a^n = a^{m+n} \qquad (a^m)^n = a^{mn} \qquad (ab)^m = a^m b^m$$

$$\frac{a^m}{a^n} = a^{m-n} \qquad \left(\frac{b}{a}\right)^m = \frac{b^m}{a^m}$$

発展　指数法則の拡張

$$a^0 = 1 \qquad a^{-m} = \frac{1}{a^m} \qquad \left(\frac{b}{a}\right)^{-m} = \left(\frac{a}{b}\right)^m$$

●基本法則

交換法則　$A+B=B+A$，$AB=BA$

結合法則　$(A+B)+C=A+(B+C)$，$(AB)C=A(BC)$

分配法則　$A(B+C)=AB+AC$，$(A+B)C=AC+BC$

●乗法公式

1　$(a+b)^2=a^2+2ab+b^2$，$(a-b)^2=a^2-2ab+b^2$

2　$(a+b)(a-b)=a^2-b^2$

3　$(x+a)(x+b)=x^2+(a+b)x+ab$

4　$(ax+b)(cx+d)=acx^2+(ad+bc)x+bd$

5　$(a+b+c)^2=a^2+b^2+c^2+2ab+2bc+2ca$

発展　3乗についての乗法公式

$$\begin{cases}(a+b)^3=a^3+3a^2b+3ab^2+b^3\\(a-b)^3=a^3-3a^2b+3ab^2-b^3\end{cases} \qquad \begin{cases}(a+b)(a^2-ab+b^2)=a^3+b^3\\(a-b)(a^2+ab+b^2)=a^3-b^3\end{cases}$$

●指数法則

具体的な例を示そう。

$$x^2\times x^3=x^{2+3}=x^5,\quad \frac{x^3}{x^2}=x^{3-2}=x,\quad (x^2)^3=x^{2\times3}=x^6$$

$$(x^3y^2)^4=x^{3\times4}\cdot y^{2\times4}=x^{12}y^8,\quad \left(\frac{y^2}{x^3}\right)^4=\frac{y^{2\times4}}{x^{3\times4}}=\frac{y^8}{x^{12}}$$

●基本法則

(交換法則)

$1+2=2+1,\quad x+2y=2y+x$

$1\times2=2\times1,\quad x\times2y=2y\times x$

(結合法則)

$(1+2)+3=1+(2+3),\quad (x+2y)-z=x+(2y-z)$

$(1\times2)\times3=1\times(2\times3),$

$(x\times2y)\times(-z)=x\times\{2y\times(-z)\}$

(分配法則)

$3\times(4+5)=3\times4+3\times5=12+15=27$

$2x^2\times(3x^2-4x+5)=6x^4-8x^3+10x^2$

●乗法公式

乗法公式については**例題 2** と**例題 4** において詳しく解説しよう。

▶$x^2\times x^3=\overbrace{x\cdot x}^{2個}\times\overbrace{x\cdot x\cdot x}^{3個}$

x が 2 個と 3 個であわせて 5 個という感覚！

これを掛け算だからといって

$x^2\times x^3=x^{2\times3}=x^6$

のように，指数部分まで掛け算にするのは大間違い！

★ **例題 1**　**指数法則**

次の式を計算せよ。

(1)　$(a^2)^5\times(2b^4)^3$

(2)　$(-a^3)\times(-a)^3\times(-a)^2$

(3)　$(-2ab^2x^3)^2\times(-3a^2by^2)^3$

(4)　$-(a^2bc^2)\times(-2ab^2c^2)^3\div(3a^2bc)^2$

指数法則をもう一度確認して解いていこう。

$$\boldsymbol{a^m\times a^n=a^{m+n},\quad (a^m)^n=a^{mn},\quad \frac{a^m}{a^n}=a^{m-n},\quad (ab)^m=a^mb^m,\quad \left(\frac{b}{a}\right)^m=\frac{b^m}{a^m}}$$

また，マイナス“−”の符号に関しては，

「$(-)^{偶数}=+$」たとえば$(-1)^{10}=1$,　「$(-)^{奇数}=-$」たとえば$(-1)^{15}=-1$
であることも頭においておこう。

Open Sesame 解　答

(1)　$与式=a^{2\times5}\times2^3b^{4\times3}=\boldsymbol{8a^{10}b^{12}}$

(2)　$与式=(-a^3)\times(-a^3)\times a^2=a^{3+3+2}=\boldsymbol{a^8}$

(3)　$与式=(4a^2b^4x^6)\times(-27a^6b^3y^6)$
$=-108a^{2+6}b^{4+3}x^6y^6$
$=\boldsymbol{-108a^8b^7x^6y^6}$

(3)　$(-2ab^2x^3)^2$
$=4a^2b^4x^6$

(4)　$与式=\dfrac{-(a^2bc^2)\times(-2ab^2c^2)^3}{(3a^2bc)^2}$
$=\dfrac{(-a^2bc^2)\times(-8a^3b^6c^6)}{9a^4b^2c^2}$
$=\dfrac{8}{9}a^{2+3-4}b^{1+6-2}c^{2+6-2}$
$=\boldsymbol{\dfrac{8}{9}ab^5c^6}$

Challenge 1

次の式を計算せよ。

(1)　$(-x^2y)^2\div(-2xy^2)^3\times(-6xy)^2$

(2)　$a^2\times(-6ab^2)^3\div(2a^2b)^2$

(3)　$(14x^3y^2z+28x^2y^3z^5)\div7x^2yz$

★

例題 2　乗法公式

次の式を計算せよ。

(1)　$(2a-5)^2$

(2)　$(x+2)(x-2)$

(3)　$(2x+1)(5x-6)$

(4)　$(x+y+2z)^2$

乗法公式をそのまま用いて展開する基本的な問題をここでは解いていこう。

(1)　$\boldsymbol{(a-b)^2=a^2-2ab+b^2}$

(2)　$\boldsymbol{(a+b)(a-b)=a^2-b^2}$

(3)　$\boldsymbol{(ax+b)(cx+d)=acx^2+(ad+bc)x+bd}$

(4)　$\boldsymbol{(a+b+c)^2=a^2+b^2+c^2+2ab+2bc+2ca}$

Open Sesame 解答

(1)　$(2a-5)^2=(2a)^2-2\cdot(2a)\cdot5+5^2$

$=\boldsymbol{4a^2-20a+25}$

(2)　$(x+2)(x-2)=x^2-2^2=\boldsymbol{x^2-4}$

(3)　$(2x+1)(5x-6)=10x^2+(-12+5)x-6$

$=\boldsymbol{10x^2-7x-6}$

(4)　$(x+y+2z)^2=x^2+y^2+(2z)^2+2xy+2\cdot y\cdot 2z+2\cdot 2z\cdot x$

$=\boldsymbol{x^2+y^2+4z^2+2xy+4yz+4zx}$

▶乗法公式を自由に使いこなせるようになろう。

Challenge 2

次の式を計算せよ。

(1)　$(x-3)(x+5)$

(2)　$(3x+2)(3x-2)$

(3)　$(-ax+b)^2$

★★　例題 3　乗法公式の応用

次の式を計算せよ。

(1)　$(x-y+z)(x+y-z)$

(2)　$(x+1)(x+2)(x+3)(x+4)$

(3)　$(a-3)^2(a+3)^2(a^2+9)^2$

展開の計算問題の中で少しレベルアップした問題を学んでいこう。最終的には**例題 2**で用いた乗法公式を適用するのだが，そこまでの式の変形が大事である。

(1)は，おきかえるために同じ形をつくろう。すなわち，$\{x-(y-z)\}\{x+(y-z)\}$としてやれば“$y-z$”という同じ形ができ，$\boldsymbol{(a-b)(a+b)=a^2-b^2}$ の公式が適用できる。

(2)は，$(x+1)(x+2)(x+3)(x+4)$ のペアを組んで“x^2+5x”をつくろう。

(3)は，$(a-3)^2(a+3)^2=\{(a-3)(a+3)\}^2=(a^2-9)^2$と変形していくのが，“うまい”解法だ。

Open Sesame 解答

(1)　$(x-y+z)(x+y-z)$

$=\{x-(y-z)\}\{x+(y-z)\}$

$=x^2-(y-z)^2$

$=\boldsymbol{x^2-y^2+2yz-z^2}$

▶できるだけ公式がつかえるような組合せをつくろう。

(2) **解 1**

$$(x+1)(x+2)(x+3)(x+4)$$
$$=(x+1)(x+4)(x+2)(x+3)$$
$$=(x^2+5x+4)(x^2+5x+6)$$

$x^2+5x=X$ とおくと，

$$\text{上式}=(X+4)(X+6)$$
$$=X^2+10X+24$$
$$=(x^2+5x)^2+10(x^2+5x)+24$$
$$=x^4+10x^3+25x^2+10x^2+50x+24$$
$$=\boldsymbol{x^4+10x^3+35x^2+50x+24}$$

解 2

$$(x+1)(x+2)(x+3)(x+4)$$
$$=(x^2+3x+2)(x^2+7x+12)$$
$$=x^4+7x^3+12x^2+3x^3+21x^2+36x+2x^2+14x+24$$
$$=\boldsymbol{x^4+10x^3+35x^2+50x+24}$$

(3) $(a-3)^2(a+3)^2(a^2+9)^2$

$$=\{(a-3)(a+3)\}^2(a^2+9)^2$$
$$=(a^2-9)^2(a^2+9)^2$$
$$=\{(a^2-9)(a^2+9)\}^2$$
$$=(a^4-81)^2$$
$$=\boldsymbol{a^8-162a^4+6561}$$

(2) 解 2 のように単純に展開する方がわかりやすいと感じる人もいると思う。しかし，**例題 6** (5)(6) のような因数分解では解 1 の考え方が必要になることを覚えておこう。

▶指数法則より $(a^4)^2=a^{4\times 2}=a^8$

Challenge 3

次の式を計算せよ。

(1) $(x-y+3)(x+y-3)$

(2) $(a^2+a-1)(a^2-a-1)$

(3) $(x+2)(x+3)(x+4)(x+5)$

(4) $(x+y)^2(x-y)$

★★

例題 4　発展 3乗についての乗法公式

次の式を計算せよ。

(1)　$(x-2)^3$

(2)　$(a+b)(a-b)(a^2-ab+b^2)(a^2+ab+b^2)$

3乗についての乗法公式は数学IIの内容だが，数学Iで必要になることもある。記憶しよう。

(1) ⇨ $\boldsymbol{(a-b)^3=a^3-3a^2b+3ab^2-b^3}$　…㊉

(2) ⇨ $\boldsymbol{(a+b)(a^2-ab+b^2)=a^3+b^3}$

$\boldsymbol{(a-b)(a^2+ab+b^2)=a^3-b^3}$

Open Sesame 解答

(1)　$(x-2)^3=x^3-3\cdot x^2\cdot 2+3\cdot x\cdot 2^2-2^3$

$=\boldsymbol{x^3-6x^2+12x-8}$

(2)　与式 $=(a+b)(a-b)(a^2-ab+b^2)(a^2+ab+b^2)$

$=(a+b)(a^2-ab+b^2)(a-b)(a^2+ab+b^2)$

$=(a^3+b^3)(a^3-b^3)$

$=(a^3)^2-(b^3)^2$

$=\boldsymbol{a^6-b^6}$

(1)　公式㊉で，$a\to x$，$b\to 2$ とおきかえる。$b\to -2$ としないように注意しよう。

▶指数法則より，$(a^3)^2=a^{3\times 2}=a^6$

問題演習

A

1 次の式を計算せよ。

(1) $\dfrac{1}{3}+\dfrac{2}{5}-\dfrac{5}{7}$

(2) $\left(\dfrac{1}{2}+\dfrac{1}{3}+\dfrac{1}{4}+\dfrac{1}{5}\right)\times\dfrac{6}{7}$

(3) $\dfrac{a}{2}-2\times\dfrac{a-1}{3}-1$

(4) $\dfrac{-7a+5b}{4}+2a-b$

2 次の式を計算せよ。

(1) $(-a)^2(3a^2)(-a^3)$

(2) $(a^m)^5(2b^n)^3$

(3) $(-x^2y)^2\times(-2xy^2)^3\div(-6xy)^2$

3 発展 次の式を計算せよ。

(1) $(x^{-1}y)^3\times(-xy^{-1})^2\div(xy)^{-1}$

(2) $4^2\times8^{-2}\div16^{-1}$

(3) $(a^x)^{y-z}\times(a^y)^{z-x}\times(a^z)^{x-y}$

4 $A=a^2-2a+5$，$B=a-6a^3-9a^2+1$，$C=-6a^3-a+5$ のとき，$A-(B-C)-2(A-B+C)$ を計算せよ。

5 次の式を計算せよ。

(1) $(2x-3y)^2$

(2) $(2x-3)(4x^2+6x+9)$

(3) $(a+b)^2+(a-b+c)(a-b-c)$

(4) $(a+b)(a+2b)(a-b)(a-2b)$

B

6 $(3x^4-4x^3+2x^2+6x-5)(7x^3+5x^2-3x-1)$ を展開したとき，x^5 の係数と x^3 の係数を求めよ。

数学I 分野

OPEN★SESAME ②

因数分解

ここで Master!
因数分解の公式を正確に覚えて使えるようになろう。

Open Sesame

●因数分解の基本公式

1　$ma+mb=m(a+b)$

2　$a^2+2ab+b^2=(a+b)^2$，$a^2-2ab+b^2=(a-b)^2$

3　$a^2-b^2=(a+b)(a-b)$

4　$x^2+(a+b)x+ab=(x+a)(x+b)$

5　$acx^2+(ad+bc)x+bd=(ax+b)(cx+d)$

発展　3乗についての因数分解の公式

$$\begin{cases} a^3+3a^2b+3ab^2+b^3=(a+b)^3 \\ a^3-3a^2b+3ab^2-b^3=(a-b)^3 \end{cases} \qquad \begin{cases} a^3+b^3=(a+b)(a^2-ab+b^2) \\ a^3-b^3=(a-b)(a^2+ab+b^2) \end{cases}$$

因数分解は展開の逆の計算であるから，セクション①で学んだ乗法公式を逆に用いればよい。

1の例…$2xy+6x=2xy+2x\cdot 3=2x(y+3)$
（$2x$：共通因数でくくる）

2の例…$x^2-6x+9=x^2-2\cdot x\cdot 3+3^2=(x-3)^2$

3の例…$x^2-16=x^2-4^2=(x+4)(x-4)$

4の例…$x^2+3x+2=(x+1)(x+2)$

“**たして 3，かけて 2**” となる 2 数は何か。

すなわち 1 と 2。

$x^2-2x-8=(x+2)(x-4)$

“**たして −2，かけて −8**” となる 2 数は何か。

すなわち，2 と −4。

▶基本はまず共通因数を見つけだすこと。

▶**3**については，
x^2-5 などは，
$(x+\sqrt{5})(x-\sqrt{5})$
とする必要はない。
一般に“因数分解せよ”といわれたら，**有理数の範囲**で行うからだ。
（次のセクション③と**問題演習10**の解答参照）

5の例…$2x^2-3x-2=(x-2)(2x+1)$

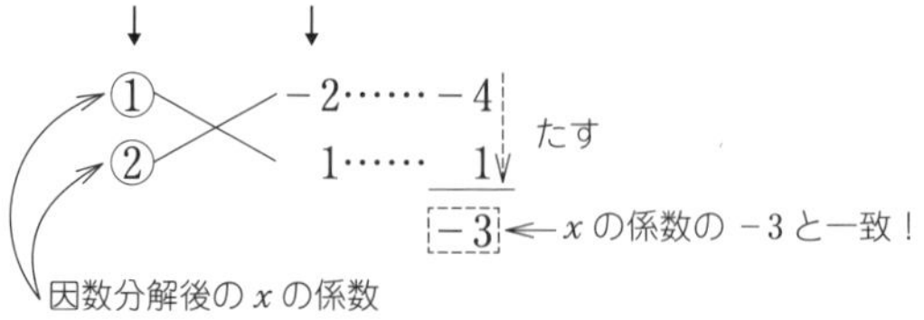

$4x^2+4x-15=(2x-3)(2x+5)$

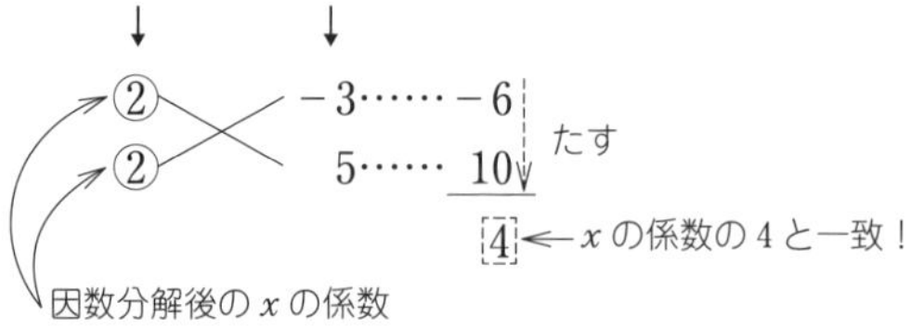

▶ 2 を分解すると
1×2
-2 を分解すると
-2×1
▶ “×” 印にかけるので **“たすき掛け”** という。

▶たすき掛けにおいては，なかなか組合せが見つからないときがあるが，慣れてくると早くなるので粘り強く頑張ろう。

★

例題 5　公式をそのまま用いる因数分解

次の式を因数分解せよ。

(1)　$x^2+13x+30$

(2)　x^4-y^4

(3)　$6x^2-x-2$

Open Sesame 解答

(1)　$x^2+13x+30=\boldsymbol{(x+3)(x+10)}$

(2)　$x^4-y^4=(x^2-y^2)(x^2+y^2)$

$=\boldsymbol{(x+y)(x-y)(x^2+y^2)}$

(3)　$6x^2-x-2=\boldsymbol{(2x+1)(3x-2)}$

(1)　たして 13, かけて 30
→ 3 と 10

(2)　公式**3**。

(3)　たすき掛け。

2 ╳ 1……　3
3 ╳ -2……　-4
　　　　　-1

Challenge 4

次の式を因数分解せよ。

(1)　x^2+5x+6

(2)　x^2-5x-6

(3)　x^2+6x+9

(4)　x^4-16y^4

(5)　$2x^2+7x+3$

(6)　$2x^2-xy-6y^2$

★★

例題 6　共通因数をくくりだす，おきかえ

次の式を因数分解せよ。

(1)　$xy+x-y-1$

(2)　$x^2-y^2-ax+ay$

(3)　$a^2b-b^2c-b^3+a^2c$

(4)　x^2-6x-y^2+9

(5)　$(x^2-x+3)(x^2-x-4)+10$

(6)　$x(x+1)(x+2)(x+3)-24$

(1)と(2)は前後 2 つずつ組合せればうまくゆく。うまい組合せが見つからないときは，**“次数の最も低い文字について整理”** してみよう。

(3)では，a が 2 次，b も 2 次，c は 1 次だから，c について整理するとよい。共通因数が登場してくるはずだ。

(4)，(5)，(6)はおきかえを用いよう。

(4)…$\boldsymbol{x^2-6x}-y^2\boldsymbol{+9}$　←　注目すべきは〰〰線部分。

$=\boldsymbol{(x-3)^2}-y^2$　←　ここで $x-3=X$ とおくと，$X^2-y^2=(X+y)(X-y)$

$=(x-3+y)(x-3-y)$

$=(x+y-3)(x-y-3)$

Open Sesame 解　答

(1)　$xy+x-y-1=x(y+1)-(y+1)$

$=x(y+1)-1\cdot(y+1)$

$=\boldsymbol{(x-1)(y+1)}$

▶$(y+1)$ が共通因数。

(2)　$x^2-y^2-ax+ay=(x+y)(x-y)-a(x-y)$

$=\boldsymbol{(x-y)(x+y-a)}$

▶$(x-y)$ が共通因数。

(3)　$a^2b-b^2c-b^3+a^2c=a^2c-b^2c+a^2b-b^3$

$=(a^2-b^2)c+a^2b-b^3$

$=(a^2-b^2)c+(a^2-b^2)b$

$=(a^2-b^2)(c+b)$

$=\boldsymbol{(a+b)(a-b)(b+c)}$

c について整理。

▶a^2-b^2 が共通因数。

(4)　$x^2-6x-y^2+9=(x^2-6x+9)-y^2$

$=(x-3)^2-y^2$

$=\boldsymbol{(x+y-3)(x-y-3)}$

(5)　$x^2-x=X$ とおくと，

$(x^2-x+3)(x^2-x-4)+10=(X+3)(X-4)+10$

$=X^2-X-12+10$

$=X^2-X-2$

$=(X-2)(X+1)$

$=(x^2-x-2)(x^2-x+1)$

$=\boldsymbol{(x+1)(x-2)(x^2-x+1)}$

▶慣れれば，X を用いた式はとばしてもよい。((6)の解答参照)

(6)　$x(x+1)(x+2)(x+3)-24$

$=\{x(x+3)\}\{(x+1)(x+2)\}-24$

$=(x^2+3x)(x^2+3x+2)-24$

$=(x^2+3x)^2+2(x^2+3x)-24$

$=(x^2+3x+6)(x^2+3x-4)$

$=\boldsymbol{(x^2+3x+6)(x+4)(x-1)}$

▶ “x^2+3x” が出てくるように2式ずつ展開する。(5)と同じ形。

Challenge 5

次の式を因数分解せよ。

(1)　$x(2a-1)-y(1-2a)$

(2)　$x^2+2xy+x-2y-2$

(3)　$a^2-b^2-2ac+c^2$

(4)　$(x^2+3x-3)(x^2+3x+1)-5$

(5)　$(x+1)(x+2)(x+3)(x+4)-24$

★★

例題 7　複 2 次式

次の式を因数分解せよ。

(1)　x^4-10x^2+9

(2)　a^4+3a^2+4

〈複 2 次式〉…$○^4+○^2+○$ の形で出題される問題は 2 パターンある。

(1)　x^4-10x^2+9… “たして -10，かけて 9” となる 2 数 -1 と -9 があるとき

　→解答に示す通り。

(2)　a^4+3a^2+4… “たして 3，かけて 4” となる 2 数がないとき

$(a^2+□)^2-(\triangle a)^2$ という形をつくる。

$(a^2+□)^2$ の例をいくつか書いてみると

$(a^2+1)^2=a^4+2a^2+1$

$(a^2+2)^2=a^4+4a^2+\dot{4}$　…㊉

$(a^2+3)^2=a^4+6a^2+9$

(2)の $a^2+3a^2+\dot{4}$ と定数項が一致するのは㊉であることから，次のような変形を行う。

$a^4+3a^2+4=(a^4+4a^2+4)-a^2$

$=(a^2+2)^2-a^2$

⇦ $3a^2$ を $4a^2$ にかえたから，a^2 をひいて調整する。

Open Sesame 解答

(1)　$x^4-10x^2+9=(x^2-1)(x^2-9)$

$=\boldsymbol{(x+1)(x-1)(x+3)(x-3)}$

(2)　$a^4+3a^2+4=(a^4+4a^2+4)-a^2$

$=(a^2+2)^2-a^2$

$=(a^2+2+a)(a^2+2-a)$

$=\boldsymbol{(a^2+a+2)(a^2-a+2)}$

(1)　わかりづらいときは，$x^2=X$ とおいて，$X^2-10X+9$ と考えていこう。

Challenge 6

次の式を因数分解せよ。

(1)　x^4-13x^2+36

(2)　x^4+x^2+1

★★ 発展 3乗についての因数分解の公式

例題 8

次の式を因数分解せよ。

(1)　x^3+27

(2)　x^6-1

例題4と同様に，3乗についての因数分解の公式も数学IIの内容であるが，マスターするのが望ましい。「セクション④　式の値」でも利用する。

㋐　$\boldsymbol{a^3+b^3=(a+b)(a^2-ab+b^2)}$

㋑　$\boldsymbol{a^3-b^3=(a-b)(a^2+ab+b^2)}$

(1)では㋐を利用し，(2)では㋐と㋑両方を利用する。

Open Sesame **解答**

(1)　$x^3+27=x^3+3^3$

$=(x+3)(x^2-x\cdot3+3^2)$

$=\boldsymbol{(x+3)(x^2-3x+9)}$

(2)　$x^6-1=(x^3)^2-1^2$

$=(x^3+1)(x^3-1)$

$=(x^3+1^3)(x^3-1^3)$

$=(x+1)(x^2-x\cdot1+1^2)(x-1)(x^2+x\cdot1+1^2)$

$=\boldsymbol{(x+1)(x^2-x+1)(x-1)(x^2+x+1)}$

(2)　まず，$a^2-b^2=(a+b)(a-b)$ を利用する。

【別解】

$x^6-1=(x^2)^3-1^3$

$=(x^2-1)(x^4+x^2+1)$

$=(x+1)(x-1)\{(x^4+2x^2+1)-x^2\}$

$=(x+1)(x-1)\{(x^2+1)^2-x^2\}$

$=(x+1)(x-1)(x^2+1+x)(x^2+1-x)$

$=\boldsymbol{(x+1)(x-1)(x^2+x+1)(x^2-x+1)}$

▶**【別解】**では，まず㋑の公式を利用する。

▶**例題7**(2)と同様の変形を行う。

★★ やや複雑な因数分解

例題 9

次の式を因数分解せよ。

(1)　$2x^2+xy-y^2-5x+y+2$

(2)　$a^2(b-c)+b^2(c-a)+c^2(a-b)$

(1)の因数分解は非常に出題率の高い要注意問題である。

・まず鉄則通り 1 つの文字 “x” について整理しよう。…$\bigcirc x^2+\triangle x+\square$

$$2x^2+(y-5)x-y^2+y+2$$

・次に y の 2 次式を因数分解しよう。

$$2x^2+(y-5)x\underline{-(y+1)(y-2)}$$

・そして最後に “たすき掛け” をしよう。

$$\begin{array}{ccccc} 1 & \times & y-2 & \cdots & 2y-4 \\ 2 & & -(y+1) & \cdots & -y-1 \\ \hline & & & & y-5 \end{array}$$

(2)の因数分解も，毎年同じような問題が出題される。

・まず “a” について整理しよう。…$\bigcirc a^2+\triangle a+\square$

$$(b-c)a^2-(b^2-c^2)a+bc(b-c)$$

・共通因数 $(b-c)$ がでてくるから，$(b-c)$ でくくっていこう。

Open Sesame 解　答

(1)　$2x^2+xy-y^2-5x+y+2$

$=2x^2+xy-5x-y^2+y+2$

$=2x^2+(y-5)x-y^2+y+2$

（x について整理。）

$=2x^2+(y-5)x-(y^2-y-2)$

（y^2 の係数が負のときは必ず − でくくってから因数分解する。）

$=2x^2+(y-5)x-(y+1)(y-2)$

$$\left(\begin{array}{cccc} 1 & \times & y-2 & \longrightarrow 2y-4 \\ 2 & & -(y+1) & \longrightarrow -y-1 \\ \hline & & & y-5 \end{array}\right)$$

$=\{x+(y-2)\}\{2x-(y+1)\}$

$=\boldsymbol{(x+y-2)(2x-y-1)}$

(1)のたすき掛けの候補は次の 4 つ。

$\begin{array}{ccc} 1 & \times & -(y+1) \\ 2 & & y-2 \end{array}$　×

$\begin{array}{ccc} 1 & \times & y+1 \\ 2 & & -(y-2) \end{array}$　×

$\begin{array}{ccc} 1 & \times & y-2 \\ 2 & & -(y+1) \end{array}$　○

$\begin{array}{ccc} 1 & \times & -(y-2) \\ 2 & & y+1 \end{array}$　×

(2)　$a^2(b-c)+b^2(c-a)+c^2(a-b)$

$=a^2b-ca^2+b^2c-ab^2+c^2a-bc^2$

$=a^2b-ca^2-ab^2+c^2a+b^2c-bc^2$

$=(b-c)a^2-(b^2-c^2)a+bc(b-c)$

$=(b-c)a^2-(b-c)(b+c)a+bc(b-c)$

$=(b-c)\{a^2-(b+c)a+bc\}$　←“たして $-(b+c)$ かけて bc” となる 2 数は $-b$ と $-c$

$=\boldsymbol{(b-c)(a-b)(a-c)}$

Challenge 7

次の式を因数分解せよ。

(1)　$x^2+3y^2+4xy+2x-2y-8$

(2)　$x^2-y^2+x+5y-6$

(3)　$ab(a-b)+bc(b-c)+ca(c-a)$

問題演習

A

7　次の式を因数分解せよ。

(1)　$4x^2-25y^2$

(2)　$25a^2-5a-12$

(3)　$x^2-xy-6y^2$

(4)　$6x^2+17xy+12y^2$

B

8　次の式を因数分解せよ。

(1)　$x^2-y^2+2yz-z^2$

(2)　$x^3-2x^2y-xy^2+2y^3$

(3)　$4a^2b^2-16a^2-b^2+4$

(4)　$x^2-2xy+4y-4$

(5)　$2(x+y)^2-x-y-3$

(6)　$x^2-2y^2+xy+yz-zx$

9　次の式を因数分解せよ。

(1)　$x^2+2xy+y^2-3x-3y+2$

(2)　$x^2+2y^2+3xy-2x-5y-3$

(3)　$6x^2-7xy-3y^2-x+7y-2$

(4)　$4x^4-5x^2y^2+y^4$

(5)　x^4-7x^2+9

10　x^4+16 を実数の範囲で因数分解せよ。

C

11 次の式を因数分解せよ。

(1)　$x^2y^2-x^2-y^2+4xy+1$

(2)　$(xy+1)(x+1)(y+1)+xy$

(3)　$(x+y+z)^3-x^3-y^3-z^3$

数学I 分野

OPEN★SESAME ③

実数と平方根

ここでMaster!

①有理数と無理数について，再認識して，実数の性質を把握しよう。

②分母の有理化，二重根号をはずす計算が正確にできるようになろう。

Open Sesame

●小数の種類

有限小数…小数第何位かで終わる小数のこと

無限小数…小数部分が無限に続く小数のこと

　このうち，いくつかの数字の配列が繰り返されるものを**循環小数**という。

●有理数・無理数と実数

有理数…$\dfrac{m}{n}$（m，n は整数，$n \neq 0$）の形で表される数

無理数…循環しない無限小数で表される数

有理数と無理数を合わせた数を**実数**という。

●実数の性質

a，b が実数のとき

$\boldsymbol{a^2 \geqq 0}$　**（等号成立は $\boldsymbol{a=0}$ のとき）**

$\boldsymbol{a^2+b^2 \geqq 0}$　**（等号成立は$\boldsymbol{a=b=0}$ のとき）**

●絶対値

数直線上で原点から点 a までの距離を，a の**絶対値**といい，$|\boldsymbol{a}|$ で表す。

●絶対値の性質

1　$|\boldsymbol{a}| = \begin{cases} \boldsymbol{a} \geqq 0 \text{ のとき } \boldsymbol{a} \\ \boldsymbol{a} < 0 \text{ のとき } -\boldsymbol{a} \end{cases}$

2　$|\boldsymbol{a}|^2 = \boldsymbol{a}^2$，$|\boldsymbol{a}| = |-\boldsymbol{a}|$

●平方根の性質

$$\sqrt{a^2}=|a|=\begin{cases} a & (a\geqq 0 \text{ のとき}) \\ -a & (a<0 \text{ のとき}) \end{cases}$$

●無理数の基本計算

$a>0$，$b>0$ のとき，

$$\sqrt{a}\sqrt{b}=\sqrt{ab},\quad \frac{\sqrt{a}}{\sqrt{b}}=\sqrt{\frac{a}{b}},\quad \sqrt{a^2b}=a\sqrt{b}$$

●分母の有理化

$$\frac{c}{\sqrt{a}+\sqrt{b}}=\frac{c(\sqrt{a}-\sqrt{b})}{(\sqrt{a}+\sqrt{b})(\sqrt{a}-\sqrt{b})}=\frac{c(\sqrt{a}-\sqrt{b})}{a-b}$$

●二重根号 発展

$a>b>0$ のとき，

$$\sqrt{(a+b)\pm 2\sqrt{ab}}=\sqrt{a}\pm\sqrt{b}\quad (\text{複号同順})$$

●小数の種類

循環小数は，$\frac{1}{3}=0.333\cdots\cdots=0.\dot{3}$，$\frac{6}{11}=0.545454\cdots\cdots=0.\dot{5}\dot{4}$

のように表す。

▶$0.\dot{3}$ の 3，$0.\dot{5}\dot{4}$ の 54 のように，繰り返し現れる部分を循環節という。

●有理数・無理数と実数

有理数 $\frac{m}{n}$（既約分数とする）は次の①②③に分けられる。

▶既約分数とは，それ以上約分できない分数。

① $n=\pm1$ の場合：**整数**　【例】 $\frac{5}{1}=5$

② n の素因数が 2，5 のみの場合：**有限小数**

【例】 $\frac{7}{8}=0.875$，$\frac{31}{25}=1.24$，$\frac{27}{40}=0.675$

③ n の素因数に 2，5 以外の者が含まれる場合：**循環小数**

【例】 $\frac{4}{3}=1.3333\ \cdots$，$\frac{5}{22}=0.2272727\ \cdots$

また，**無理数**は一般に $\sqrt{\quad}$（根号）のついた数で，循環しない無限小数で表される。

$\sqrt{2}=1.414213\cdots\cdots$

円周率 π も無理数であることが知られている。

▶$\sqrt{\quad}$ がついていてもその中が平方数であれば有理数である。
$\sqrt{4}=\sqrt{2^2}=2$

$\pi=3.1415926\cdots\cdots$

- 実数
  - 有理数
    - 整数
      - 正の整数（自然数）
      - 0
      - 負の整数
    - 有限小数
    - 循環小数
  - 無理数（循環しない無限小数）

▶整数と自然数を混同しないようにしよう。
自然数とは正の整数のこと。すなわち，
自然数：1，2，3，…

●実数の性質

$a^2\geqq0$ というのは，$3^2=9$，$(-3)^2=9$，$0^2=0$ のように，「どんな実数でも2乗すると0以上になる」という“当たり前のこと”を式で表しただけである。2次関数の最大最小問題などで用いる。

▶たとえば，
例題66

●絶対値

数直線上で3および -3 は原点からの距離がともに3だから，$|3|=3$，$|-3|=3$　また，$|0|=0$ である。

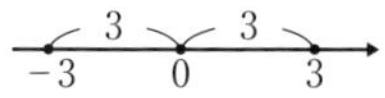

●絶対値の性質

1　$|a|$ は $|\ \ |$（絶対値記号）の中が0以上の数であればそのままはずして構わない。また，その中が負の数のときは，符号を変えてすなわち正の数にしてからはずす。
$a<0$ のときの $-a$ の $-$（マイナス）は，負の数である a の符号を変えるはたらきをしている点に注意しよう。

2　$a\geqq0$ のとき $|a|=a$ であるから $|a|^2=a^2$
$a<0$ のとき $|a|=-a$ であるから $|a|^2=(-a)^2=a^2$
　したがって　$|a|^2=a^2$
また，$a\geqq0$ のとき $|a|=a$，$|-a|=a$
　　　$a<0$ のとき $|a|=-a$，$|-a|=-a$
　したがって　$|a|=|-a|$

▶$a\geqq0$ のとき，$|a|=a$
　　　　　　　　　そのままはずす
▶$a<0$ のとき，$|a|=-a$
　　　　　　　　　正の数
（負の数 a の前に $-$ が付いているので，$-a$ は正）

●平方根の性質

$\sqrt{a^2}$ は2乗と $\sqrt{\ \ }$ でそのまま $\sqrt{\ \ }$ がはずれて a となるように思われがちだが，安易にはずしてはならない。その例を次に示そう。

$\sqrt{3^2}=\sqrt{9}=3$　　　$\sqrt{(-3)^2}=\sqrt{9}=3$

a が正の数のときはそのままはずし，a が負の数のときは正の数に変える。これは絶対値の性質と同じであるから，

$$\sqrt{\boldsymbol{a}^2}=|\boldsymbol{a}|$$

$\sqrt{2}=1.41421356\cdots$
（ひと夜ひと夜に人見ごろ）
$\sqrt{3}=1.7320508\cdots$
（人並みにおごれや）
$\sqrt{5}=2.2360679\cdots$
（富士山ろくオーム鳴く）

●無理数の基本計算

【例】　$\sqrt{2}\sqrt{3}=\sqrt{2\times3}=\sqrt{6}$，$\sqrt{32}=\sqrt{4^2\times2}=4\sqrt{2}$

また，乗法公式も利用できる。

$$(\sqrt{3}+\sqrt{2})(\sqrt{3}-\sqrt{2})=(\sqrt{3})^2-(\sqrt{2})^2=3-2=1$$

$$\begin{aligned}(\sqrt{3}+\sqrt{2})^2&=(\sqrt{3})^2+2\sqrt{3}\sqrt{2}+(\sqrt{2})^2\\&=3+2\sqrt{6}+2\\&=5+2\sqrt{6}\end{aligned}$$

●分母の有理化

分母から $\sqrt{}$ （根号）をとって分母を有理数にする。

【例】　$\dfrac{\sqrt{3}}{\sqrt{2}}=\dfrac{\sqrt{3}\times\sqrt{2}}{\sqrt{2}\times\sqrt{2}}=\dfrac{\sqrt{6}}{2}$

分母が $\sqrt{\boldsymbol{a}}+\sqrt{\boldsymbol{b}}$ のときは $\sqrt{\boldsymbol{a}}-\sqrt{\boldsymbol{b}}$ を，
　　　$\sqrt{\boldsymbol{a}}-\sqrt{\boldsymbol{b}}$ のときは $\sqrt{\boldsymbol{a}}+\sqrt{\boldsymbol{b}}$ を，

分母・分子両方にかけると，

$$(\sqrt{a}+\sqrt{b})(\sqrt{a}-\sqrt{b})=(\sqrt{a})^2-(\sqrt{b})^2=a-b$$

となり，分母が有理数となる。

【例】　$\dfrac{\sqrt{2}}{\sqrt{5}+\sqrt{2}}=\dfrac{\sqrt{2}(\sqrt{5}-\sqrt{2})}{(\sqrt{5}+\sqrt{2})(\sqrt{5}-\sqrt{2})}=\dfrac{\sqrt{10}-2}{5-2}=\dfrac{\sqrt{10}-2}{3}$

●二重根号をはずす　発展

$$\sqrt{(a+b)+2\sqrt{ab}}=\sqrt{(\sqrt{a}+\sqrt{b})^2}=\sqrt{a}+\sqrt{b}$$

の式からもわかるように

$\sqrt{\textbf{(和)}+\boldsymbol{2}\sqrt{\textbf{(積)}}}$　　←$2\sqrt{}$ をつくろう!!

の形になれば二重根号ははずれる。

▶二重根号をはずすときは，まず $\boldsymbol{2}\sqrt{}$ をつくろう。

【例】　$\sqrt{5+2\sqrt{6}}=\sqrt{3}+\sqrt{2}$　　←“たして 5，かけて 6”
となる 2 数は 3 と 2

$$\sqrt{7-\sqrt{48}}=\sqrt{7-2\sqrt{12}}$$
$$=\sqrt{4}-\sqrt{3}$$
$$=2-\sqrt{3}$$

←まず $2\sqrt{}$ をつくって
“たして 7，かけて 12”
となる 2 数は 4 と 3

▶$\sqrt{7-\sqrt{48}}$ は正の数。負の数になってしまうので，$\sqrt{3}-\sqrt{4}$ としてはいけない。

★

例題 10　循環小数

次の問いに答えよ

(1)　$\dfrac{20}{111}$ を小数の形にすると，次のア～オのどれになるか。

ア　$0.\dot{1}8\dot{0}$　　イ　$0.\dot{8}0\dot{1}$　　ウ　$0.1\dot{8}\dot{0}$　　エ　$0.8\dot{0}\dot{1}$　　オ　$0.\dot{8}\dot{1}$

(2)　次の循環小数を既約分数で表せ。

(a)　$3.\dot{2}\dot{7}$　　(b)　$0.1\dot{5}$

(1) は，割り算を実行すればよい。

(2) は，$x=\sim$ とおき，

(a)のように，2 つの数字の繰り返しのときは両辺に 100 をかけ，

(b)のように，1 つの数字の繰り返しのときは両辺に 10 をかける。

Open Sesame 解答

(1)

$$\begin{array}{r}
0.180180180\cdots \\
111\,\overline{)\,20.0} \\
111 \\
\hline
89\,0 \\
88\,8 \\
\hline
200 \\
111 \\
\hline
890 \\
888 \\
\hline
200
\end{array}$$

▶ 180 が循環節。

$$\frac{20}{111}=0.\overparen{180}\,\overparen{180}\,\overparen{180}\,\overparen{\cdots}=0.\dot{1}8\dot{0}$$　よって，ア

▶ $0.\dot{1}\dot{8}\dot{0}$ と書くのは誤り。

(2)(a)　$3.\dot{2}\dot{7}=3.272727\cdots$

$x=3.272727\cdots$　$\cdots$①

とおいて，両辺に 100 をかけると，

$100x=327.272727$　$\cdots$②

②－①を作ると，

▶ 100 をかけると，小数点以下が①と同じになる。

$$
\begin{array}{rl}
100x = & 327.272727\cdots \\
-)\quad x = & 3.272727\cdots \\
\hline
99x = & 324
\end{array}
$$

$x = \dfrac{324}{99} = \dfrac{36}{11}$　よって，$3.\dot{2}\dot{7} = \dfrac{36}{11}$

(b)　$0.1\dot{5} = 0.15555\cdots$

$x = 0.15555\cdots$　…①

とおいて，両辺に10をかけると，

$$
\begin{array}{rl}
10x = & 1.5555\cdots \\
-)\quad x = & 0.1555\cdots \\
\hline
9x = & 1.4
\end{array}
$$

$x = \dfrac{1.4}{9} = \dfrac{14}{90} = \dfrac{7}{45}$　よって，$0.1\dot{5} = \dfrac{7}{45}$

▶1つの数字の繰り返しのときは，10をかける。
▶3つの数字の繰り返しの時は1000をかける。
(→ **Challenge8**(2))

Challenge 8

次の循環小数を既約分数で表せ

(1)　$0\dot{7}\dot{2}$

(2)　$0.1\dot{3}2\dot{4}$

★★

例題 11　$\sqrt{A^2}$ の値

次の(1)(2)(3)の場合について，$\sqrt{a^2+4a+4}+\sqrt{a^2-2a+1}$ を簡単にせよ。

(1)　$a<-2$ の場合

(2)　$-2<a<1$ の場合

(3)　$a>1$ の場合

たとえば，$\sqrt{3^2}=3$，$\sqrt{(-3)^2}=\sqrt{9}=3$ のように，ある数を2乗して $\sqrt{}$ をかぶせると，もとの数が正でも負でも正の値になる。これは絶対値記号をつけるのと同じことになるから，一般に，$\sqrt{A^2}=|A|$ という関係が成り立つ。これを利用して，まず与式を絶対値記号で表してみよう。

その後，次の性質を利用して絶対値記号をはずしていく。(**例題28**参照)

$$
\begin{cases}
\cdot\text{正}\cdots A \geqq 0 \text{ のとき，} |A| = A \\
\cdot\text{負}\cdots A < 0 \text{ のとき，} |A| = -A
\end{cases}
$$

Open Sesame 解　答

$(\text{与式})=\sqrt{(a+2)^2}+\sqrt{(a-1)^2}$

$=|a+2|+|a-1|$　…①

(1)　$a<-2$ より，$a+2<0$，$a-1<0$

よって，$|a+2|=-(a+2)$，$|a-1|=-(a-1)$ であるから，

①$=-(a+2)-(a-1)$

$=-a-2-a+1=\boldsymbol{-2a-1}$

(2)　$-2<a<1$ より，$a+2>0$，$a-1<0$

よって，$|a+2|=a+2$，$|a-1|=-(a-1)$ であるから，

①$=a+2-(a-1)$

$=a+2-a+1=\boldsymbol{3}$

(3)　$a>1$ より，$a+2>0$，$a-1>0$

よって，$|a+2|=a+2$，$|a-1|=a-1$ であるから，

①$=a+2+a-1=\boldsymbol{2a+1}$

▶$\sqrt{A^2}=|A|$

(1)　$a<-2 \to a+2<0$

$a+2$ は負

$a-1$ は $a+2$ より小さいので

$a-1$ も負

(2)　$-2<a<1$

↓ $-2<a$ 　　↘ $a<1$

$-a-2<0$ 　　$a-1<0$

$a+2>0$

(3)　$a>1 \to a-1>0$

$a-1$ は正

$a+2$ は $a-1$ より大きいので

$a+2$ も正

Challenge 9

$x=a^2+9$ のとき，$P=\sqrt{x+6a}+\sqrt{x-6a}$ について，次の問いに答えよ。

(1)　$-3<a<3$ のとき，P の値を求めよ。

(2)　$a<-3$ のとき，P の値を求めよ。

★

例題 12　平方根を含む計算(I)

次の式を計算せよ。

(1)　$3\sqrt{32}-4\sqrt{72}+2\sqrt{8}$

(2)　$\sqrt{3}(\sqrt{6}+\sqrt{12})$

(3)　$(2\sqrt{3}-\sqrt{2})(2\sqrt{3}+\sqrt{2})$

(4)　$(\sqrt{5}+\sqrt{2})^2$

(5)　$\dfrac{6}{\sqrt{3}}+\sqrt{27}$

(6)　$\sqrt{6}-\sqrt{\dfrac{3}{2}}-\sqrt{\dfrac{2}{3}}$

Open Sesame 解　答

(1)　$3\sqrt{32}-4\sqrt{72}+2\sqrt{8}$

$=3\sqrt{16\cdot 2}-4\sqrt{36\cdot 2}+2\sqrt{4\cdot 2}$

$=3\sqrt{4^2\cdot 2}-4\sqrt{6^2\cdot 2}+2\sqrt{2^2\cdot 2}$

▶$\sqrt{(\text{平方数})\times\bigcirc}$ という形にする。

4，9，16，25，36，…

▶$\boldsymbol{\sqrt{a^2b}=a\sqrt{b}}$

$$=3\cdot 4\sqrt{2}-4\cdot 6\sqrt{2}+2\cdot 2\sqrt{2}$$
$$=12\sqrt{2}-24\sqrt{2}+4\sqrt{2}$$
$$=(12-24+4)\sqrt{2}=\mathbf{-8\sqrt{2}}$$

(2)　$\sqrt{3}(\sqrt{6}+\sqrt{12})=\sqrt{3}\sqrt{6}+\sqrt{3}\sqrt{12}$
$$=\sqrt{18}+\sqrt{36}$$
$$=\sqrt{3^2\cdot 2}+\sqrt{6^2}$$
$$=\mathbf{3\sqrt{2}+6}$$

(3)　$(2\sqrt{3}-\sqrt{2})(2\sqrt{3}+\sqrt{2})=(2\sqrt{3})^2-(\sqrt{2})^2$
$$=2^2\cdot 3-2=12-2=\mathbf{10}$$

> ▶$(a-b)(a+b)$
> $=a^2-b^2$

(4)　$(\sqrt{5}+\sqrt{2})^2=(\sqrt{5})^2+2\sqrt{5}\sqrt{2}+(\sqrt{2})^2$
$$=5+2\sqrt{10}+2$$
$$=\mathbf{7+2\sqrt{10}}$$

> ▶$(a+b)^2$
> $=a^2+2ab+b^2$

(5)　$\dfrac{6}{\sqrt{3}}+\sqrt{27}=\dfrac{6\times\sqrt{3}}{\sqrt{3}\times\sqrt{3}}+\sqrt{9\cdot 3}$
$$=\frac{6\sqrt{3}}{3}+\sqrt{3^2\cdot 3}$$
$$=2\sqrt{3}+3\sqrt{3}=\mathbf{5\sqrt{3}}$$

> ▶まず，分母の有理化。

(6)　$\sqrt{6}-\sqrt{\dfrac{3}{2}}-\sqrt{\dfrac{2}{3}}=\sqrt{6}-\dfrac{\sqrt{3}}{\sqrt{2}}-\dfrac{\sqrt{2}}{\sqrt{3}}$
$$=\sqrt{6}-\frac{\sqrt{3}\times\sqrt{2}}{\sqrt{2}\times\sqrt{2}}-\frac{\sqrt{2}\times\sqrt{3}}{\sqrt{3}\times\sqrt{3}}$$
$$=\sqrt{6}-\frac{\sqrt{6}}{2}-\frac{\sqrt{6}}{3}$$
$$=\left(1-\frac{1}{2}-\frac{1}{3}\right)\sqrt{6}=\mathbf{\frac{\sqrt{6}}{6}}$$

> ▶$\sqrt{\dfrac{a}{b}}=\dfrac{\sqrt{a}}{\sqrt{b}}$

Challenge 10

次の式を計算せよ。

(1)　$3(\sqrt{2}+\sqrt{48})-\sqrt{12}$

(2)　$(\sqrt{2}+\sqrt{3})^2$

(3)　$(2+\sqrt{3})(3+\sqrt{3})$

(4)　$5\sqrt{3}-3\sqrt{\dfrac{27}{4}}+\sqrt{108}$

★ 例題 13　平方根を含む計算(II)

次の式を計算せよ。

(1)　$\dfrac{\sqrt{3}+\sqrt{6}}{\sqrt{3}-\sqrt{6}}$

(2)　$\dfrac{\sqrt{5}-\sqrt{3}}{\sqrt{5}+\sqrt{3}}-\dfrac{\sqrt{5}+\sqrt{3}}{\sqrt{5}-\sqrt{3}}$

(3)　$(\sqrt{3}-\sqrt{2}+1)(\sqrt{3}+\sqrt{2}-1)$

(4)　$\dfrac{1}{1+\sqrt{2}+\sqrt{3}}$

(1)　分母分子に $\sqrt{3}+\sqrt{6}$ をかけて分母の有理化を行えばよい。

(2)　通分すれば分母が有理化される。

(3)　乗法公式 $(a+b)(a-b)=a^2-b^2$ が利用できるように工夫しよう。

(4)　分母に３項あるときは，１回の計算で分母は有理化できない。まずは，$1+\sqrt{2}$ を１つと見なして，分母・分子に $(1+\sqrt{2})-\sqrt{3}$ をかけよう。

$$\frac{(1+\sqrt{2})-\sqrt{3}}{\{(1+\sqrt{2})+\sqrt{3}\}\{(1+\sqrt{2})-\sqrt{3}\}}$$

そして，分母を計算してもう一度分母・分子に同じ数をかけて分母を有理化していこう。

Open Sesame 解答

(1)
$$\begin{aligned}\frac{\sqrt{3}+\sqrt{6}}{\sqrt{3}-\sqrt{6}}&=\frac{(\sqrt{3}+\sqrt{6})\times(\sqrt{3}+\sqrt{6})}{(\sqrt{3}-\sqrt{6})\times(\sqrt{3}+\sqrt{6})}\\&=\frac{(\sqrt{3}+\sqrt{6})^2}{(\sqrt{3})^2-(\sqrt{6})^2}\\&=\frac{3+2\sqrt{3}\sqrt{6}+6}{3-6}\\&=\frac{9+6\sqrt{2}}{-3}\\&=-\frac{9+6\sqrt{2}}{3}\\&=-(3+2\sqrt{2})\\&=\mathbf{-3-2\sqrt{2}}\end{aligned}$$

(1)　分母が負にならないように，与式を，
$-\dfrac{\sqrt{6}+\sqrt{3}}{\sqrt{6}-\sqrt{3}}$
の形に変形してから，分母分子に $\sqrt{6}+\sqrt{3}$ をかけてもよい。

▶ $\dfrac{b}{-a}=-\dfrac{b}{a}$

(2)
$$\begin{aligned}\frac{\sqrt{5}-\sqrt{3}}{\sqrt{5}+\sqrt{3}}-\frac{\sqrt{5}+\sqrt{3}}{\sqrt{5}-\sqrt{3}}&=\frac{(\sqrt{5}-\sqrt{3})^2-(\sqrt{5}+\sqrt{3})^2}{(\sqrt{5}+\sqrt{3})(\sqrt{5}-\sqrt{3})}\\&=\frac{2\sqrt{5}\times(-2\sqrt{3})}{5-3}\\&=\frac{-4\sqrt{15}}{2}=\mathbf{-2\sqrt{15}}\end{aligned}$$

(2)　通分と同時に分母の有理化が行われたが，そうでない場合もある。その場合は，まず各々の分母の有理化を行う。
(**Challenge11**(3)参照)

(3) $(\sqrt{3}-\sqrt{2}+1)(\sqrt{3}+\sqrt{2}-1)=\{\sqrt{3}-(\sqrt{2}-1)\}\{\sqrt{3}+(\sqrt{2}-1)\}$

$$=(\sqrt{3})^2-(\sqrt{2}-1)^2$$

$$=3-(2-2\sqrt{2}+1)=\mathbf{2\sqrt{2}}$$

(4) $\dfrac{1}{1+\sqrt{2}+\sqrt{3}}=\dfrac{1+\sqrt{2}-\sqrt{3}}{\{(1+\sqrt{2})+\sqrt{3}\}\{(1+\sqrt{2})-\sqrt{3}\}}$

$$=\frac{1+\sqrt{2}-\sqrt{3}}{(1+\sqrt{2})^2-(\sqrt{3})^2}$$

$$=\frac{1+\sqrt{2}-\sqrt{3}}{2\sqrt{2}}$$

$$=\boldsymbol{\frac{\sqrt{2}+2-\sqrt{6}}{4}}$$

(3) $\sqrt{2}-1$ を1つとみなす。

(4) $1+\sqrt{2}=A$ とおくと，
$\dfrac{A-\sqrt{3}}{(A+\sqrt{3})(A-\sqrt{3})}$

Challenge 11

次の式を計算せよ。

(1) $(\sqrt{2}+\sqrt{3}+\sqrt{5})(\sqrt{2}-\sqrt{3}+\sqrt{5})$

(2) $\dfrac{1}{\sqrt{2}-1}+\dfrac{1}{\sqrt{2}+1}$

(3) $\dfrac{2}{\sqrt{2}+1}+\dfrac{2+\sqrt{3}}{2-\sqrt{3}}$

★ 発展 二重根号

例題 14

次の式を簡単にせよ。

(1) $\sqrt{6+\sqrt{32}}$

(2) $\sqrt{14+4\sqrt{6}}$

(3) $\sqrt{3-\sqrt{5}}$

二重根号がはずれるのは次の形である。

$$\sqrt{\underset{\uparrow\ \text{“たして”}}{\underline{(\boldsymbol{a}+\boldsymbol{b})}}\pm 2\sqrt{\underset{\uparrow\ \text{“かけて”}}{\underline{\boldsymbol{ab}}}}}=\sqrt{(\sqrt{a}\pm\sqrt{b})^2}=\sqrt{\boldsymbol{a}}\pm\sqrt{\boldsymbol{b}}\quad(a>b>0)$$

よって，なにはともあれ $2\sqrt{}$ をつくろう。

(1) $\sqrt{32}=\sqrt{2^2\cdot 8}=2\sqrt{8}$ と変形して $2\sqrt{}$ をつくる。

(2) $4\sqrt{6}=2\cdot 2\sqrt{6}=2\sqrt{2^2\cdot 6}=2\sqrt{24}$ と変形して $2\sqrt{}$ をつくる。

(3) $\sqrt{5}$ はそれ自体では $2\sqrt{}$ とはならないから，根号内を分数形にした後，分母分子を 2 倍する。

Open Sesame 解　答

(1)　与式 $=\sqrt{6+2\sqrt{8}}=\sqrt{4}+\sqrt{2}=\boldsymbol{2+\sqrt{2}}$

(2)　与式 $=\sqrt{14+2\sqrt{24}}=\sqrt{12}+\sqrt{2}$

$=\boldsymbol{2\sqrt{3}+\sqrt{2}}$

(3)　与式 $=\sqrt{\dfrac{3-\sqrt{5}}{1}}=\sqrt{\dfrac{6-2\sqrt{5}}{2}}=\dfrac{\sqrt{5}-1}{\sqrt{2}}$

$=\boldsymbol{\dfrac{\sqrt{10}-\sqrt{2}}{2}}$

(1)　たして6かけて8となる2数は"4と2"

(2)　たして14かけて24となる2数は"12と2"

(3)　たして6かけて5となる2数は"5と1"

Challenge 12

次の式を簡単にせよ。

(1)　$\sqrt{3+\sqrt{8}}$

(2)　$\sqrt{18+6\sqrt{5}}$

(3)　$\sqrt{2-\sqrt{3}}$

★★

例題 15　無理数の整数部分と小数部分

$\dfrac{1}{\sqrt{2}-1}$ の整数部分を a，小数部分を b とするとき次の各問いに答えよ。

(1)　a の値を求めよ。

(2)　a^2+ab+b^2 の値を求めよ。

無理数の整数部分と小数部分を求める問題は出題率が高い。解法としては，実際に具体的な数値を計算してみるのが，正確でしかも速い。たとえば，

・$\sqrt{5}$ の整数部分と小数部分

$2<\sqrt{5}<3$　($\sqrt{5}=$②$.236\cdots$)　より

整数部分　$\boldsymbol{a=2}$

小数部分は全体の数 $\sqrt{5}$ から整数部分の 2 を引けばよい。

$\therefore$　$\boldsymbol{b=\sqrt{5}-2}$

当然のことながら，$b=0.236\cdots$ としてはいけない。これは不正確な値であるからだ。

Open Sesame 解答

(1)　$\dfrac{1}{\sqrt{2}-1}=\dfrac{\sqrt{2}+1}{2-1}=\sqrt{2}+1$

$1<\sqrt{2}<2$ より $2<\sqrt{2}+1<3$

$\left(\begin{array}{l}\text{または，}\sqrt{2}+1=1.4\cdots+1\\ \qquad\qquad\quad =2.4\cdots\ \text{となるから}\end{array}\right)$

よって，整数部分　$\boldsymbol{a=2}$

(2)　小数部分 $b=(\sqrt{2}+1)-2=\sqrt{2}-1$

よって，$a^2+ab+b^2=2^2+2(\sqrt{2}-1)+(\sqrt{2}-1)^2$

$=4+2\sqrt{2}-2+2-2\sqrt{2}+1=\mathbf{5}$

▶まずは分母を有理化して具体的な数値を求めていこう。

▶大きい数，たとえば $2\sqrt{13}$ の場合は，まず2乗してみる。

$(2\sqrt{13})^2=4\cdot13=52$

平方数 (1，4，9，…) と比較して，

$49<52<64$

$\sqrt{49}<\sqrt{52}<\sqrt{64}$

$7<2\sqrt{13}<8$

よって，整数部分は7。

Challenge 13

$\dfrac{1}{2-\sqrt{3}}$ の整数部分を a，小数部分を b とするとき，$a^2-2ab-3b^2$ の値を求めよ。

★★　有理数 p，q を求める問題

例題 16

$(\sqrt{2}+1)p+q\sqrt{2}=2-\sqrt{2}$ を満たす有理数 p，q の値を求めよ。

有理数 p，q という条件のあるときは，有理数の部分と無理数の部分とに分けよう。すなわち

$(A)+(B)\sqrt{2}=\boxed{\ C\ }+\boxed{\ D\ }\sqrt{2}$

として，$\begin{cases}A=C\\B=D\end{cases}$ の方程式をたてる。

Open Sesame 解答

$(\sqrt{2}+1)p+q\sqrt{2}=2-\sqrt{2}$

$p+(p+q)\sqrt{2}=2-\sqrt{2}$

よって，$\begin{cases}p=2\\p+q=-1\end{cases}$

したがって，$\boldsymbol{p=2}$，$\boldsymbol{q=-3}$

Challenge 14

次の等式を満たす有理数 p, q の値を求めよ。

(1) $(\sqrt{3}+1)p+q\sqrt{3}=3-\sqrt{3}$

(2) $p(1-\sqrt{2})+q(1+\sqrt{2})=3+\sqrt{2}$

問題演習

A

12 次の式を計算せよ。

(1) $\dfrac{4}{3}\sqrt{27}-\dfrac{1}{2}\sqrt{12}-\dfrac{5}{\sqrt{3}}$

(2) $(\sqrt{20}-\sqrt{3})(\sqrt{5}+\sqrt{27})$

(3) $\dfrac{\sqrt{2}+\sqrt{3}}{\sqrt{2}-\sqrt{3}}+\dfrac{\sqrt{2}-\sqrt{3}}{\sqrt{2}+\sqrt{3}}$

(4) $\dfrac{1}{1+\sqrt{2}}+\dfrac{1}{\sqrt{2}+\sqrt{3}}+\dfrac{1}{\sqrt{3}+2}$

13 $\dfrac{2}{3}$, $\sqrt{\dfrac{2}{3}}$, $\dfrac{2}{\sqrt{3}}$, $\dfrac{\sqrt{2}}{3}$ の中で最も大きいものはどれか。

B

14 次の空欄にあてはまる数字を求めよ。

$\dfrac{6}{7}$ を小数で表すと，$\dfrac{6}{7}=0.\dot{\square}\square\square\square\square\dot{\square}$ であり，小数第 100 位の数は□である。

15 $x=\sqrt{5}$ のとき，$|x-2|+|2x-5|$ を計算した結果は，次のうちどれか。

① $3\sqrt{5}-7$　② $\sqrt{5}-3$　③ $7-3\sqrt{5}$　④ $3-\sqrt{5}$　⑤ 1

16 $\sqrt{5}$ の小数部分を a とするとき，a^2+4a の値を求めよ。

17 次の □ をうめよ。

$P=\dfrac{\sqrt{3}+1}{\sqrt{3}-1}$ の分母を有理化すると $P=$ ア となり，P の整数部分を a，小数部分を b とすると，$a=$ イ ，$b=$ ウ ，$a^2+ab+b^2=$ エ となる。ただし，$\sqrt{3}=1.73\cdots$ である。

数学Ⅰ 分野

OPEN★SESAME ④

式の値

ここで Master!

①$x+y$, xy を用いた対称式の変形が自由にできるようになろう。

②$x+\dfrac{1}{x}$ を用いた変形もマスターしよう。

Open Sesame

●対称式の変形

$$\left.\begin{aligned} x^2+y^2&=(x+y)^2-2xy \\ x^2+y^2&=(x-y)^2+2xy \\ (x-y)^2&=(x+y)^2-4xy \end{aligned}\right\}㋐$$

●$x+\dfrac{1}{x}$ を用いた変形

$$\left.\begin{aligned} x^2+\frac{1}{x^2}&=\left(x+\frac{1}{x}\right)^2-2 \\ x^2+\frac{1}{x^2}&=\left(x-\frac{1}{x}\right)^2+2 \\ \left(x-\frac{1}{x}\right)^2&=\left(x+\frac{1}{x}\right)^2-4 \end{aligned}\right\}㋑$$

発展　3次式の変形

$$x^3+y^3=(x+y)^3-3xy(x+y)$$

$$x^3+\frac{1}{x^3}=\left(x+\frac{1}{x}\right)^3-3\left(x+\frac{1}{x}\right)$$

●3文字の変形

$$a^2+b^2+c^2=(a+b+c)^2-2(ab+bc+ca)$$

発展　$a^3+b^3+c^3=(a+b+c)(a^2+b^2+c^2-ab-bc-ca)+3abc$

●対称式の変形

$x+y$ は x と y を入れかえても $y+x$ となり，式自体は変わらない。このような式のことを**対称式**という。

【例】　$x+y$，xy，x^2+y^2，x^3+y^3，$(x-y)^2$，$\dfrac{1}{x}+\dfrac{1}{y}$，$\dfrac{y}{x}+\dfrac{x}{y}$

対称式は必ず，$x+y$ と xy を用いて変形することができる。

▶特に $x+y$，xy の両式を，基本対称式という。

●$x+\dfrac{1}{x}$ を用いた変形

対称式の変形㋐において，y を $\dfrac{1}{x}$ にかえた式が㋑の式である。

$$x^2+\frac{1}{x^2}=\left(x+\frac{1}{x}\right)^2-2\cdot x\cdot\frac{1}{x}=\left(x+\frac{1}{x}\right)^2-2$$

▶ x^2+y^2
$=(x+y)^2-2xy$

★ 対称式の値(Ⅰ)

例題 17

次の各問いに答えよ。

(1)　$x+y=7$，$xy=4$ のとき，x^2+y^2 の値を求めよ。

(2)　$x-y=7$，$xy=4$ のとき，x^2+y^2 の値を求めよ。

$x^2+y^2=(x+y)^2-2xy$，$x^2+y^2=(x-y)^2+2xy$

上の公式を使う方法と，与式の両辺を 2 乗する方法（⇨**【別解】**参照）がある。
公式を使う方が計算は簡単であるが，両辺を 2 乗する方が考えやすい問題もあるので，できれば両方の解き方をマスターしよう。（⇨例題20(1)，例題86）

Open Sesame 解答

(1)　$x^2+y^2=(x+y)^2-2xy=7^2-2\cdot4=49-8=41$

【別解】

$x+y=7$ の両辺を 2 乗すると，

$(x+y)^2=7^2$

$x^2+2xy+y^2=49$

$x^2+2\cdot4+y^2=49$　　▶$xy=4$ を代入

$x^2+y^2=49-8=$ **41**

(2)　$x^2+y^2=(x-y)^2+2xy=7^2+2\cdot4=49+8=57$

【別解】

$x-y=7$ の両辺を 2 乗すると，

$x^2-2xy+y^2=49$

$x^2-8+y^2=49$

$x^2+y^2=49+8=$ **57**

Challenge 15

次の各問いに答えよ。

(1)　$x+y=5$，$xy=3$ のとき，x^2+y^2 の値を求めよ。

(2)　$x-y=5$，$xy=3$ のとき，x^2+y^2 の値を求めよ。

★

例題 18　対称式の値(II)

$x=\dfrac{\sqrt{2}+1}{\sqrt{2}-1}$，$y=\dfrac{\sqrt{2}-1}{\sqrt{2}+1}$ のとき，x^2+y^2 の値を求めよ。

直接代入しても求められないことはないが，x^3+y^3，x^4+y^4 となっても簡単に計算できるように，$x+y$，xy の値を求めてから，対称式の変形式に代入していこう。
また Open Sesame に書いてある式を活用して，次のような式の変形もできるようにしておこう。

・$\boldsymbol{x^2+xy+y^2=(x+y)^2-xy}$

・$\boldsymbol{x^4+y^4}=(x^2+y^2)^2-2x^2\cdot y^2=\boldsymbol{\{(x+y)^2-2xy\}^2-2(xy)^2}$

・$\boldsymbol{\dfrac{y^2}{x}+\dfrac{x^2}{y}}=\dfrac{y^3+x^3}{xy}=\boldsymbol{\dfrac{(x+y)^3-3xy(x+y)}{xy}}$

Open Sesame 解答

$$x+y=\frac{\sqrt{2}+1}{\sqrt{2}-1}+\frac{\sqrt{2}-1}{\sqrt{2}+1}$$

$$=\frac{(\sqrt{2}+1)^2+(\sqrt{2}-1)^2}{2-1}=6$$

$$xy=\frac{\sqrt{2}+1}{\sqrt{2}-1}\times\frac{\sqrt{2}-1}{\sqrt{2}+1}=1$$

よって，$x^2+y^2=(x+y)^2-2xy=6^2-2\cdot1=\boldsymbol{34}$

▶x，y の分母を有理化してから，
$\begin{cases}x+y\\xy\end{cases}$
の値を求めてもよい。

Challenge 16

$x=\dfrac{\sqrt{5}-\sqrt{3}}{\sqrt{5}+\sqrt{3}}$，$y=\dfrac{\sqrt{5}+\sqrt{3}}{\sqrt{5}-\sqrt{3}}$ のとき，$x+y$ と $\dfrac{y}{x}+\dfrac{x}{y}$ の値を求めよ。

★★

例題 19　分数式の値

次の各問いに答えよ。

(1)　$x+\dfrac{1}{x}=3$ のとき，$x^2+\dfrac{1}{x^2}$ の値を求めよ。

(2)　$x-\dfrac{1}{x}=1$ のとき，$x^2+\dfrac{1}{x^2}$，$x+\dfrac{1}{x}$ の値を求めよ。

$$\boldsymbol{x^2+\frac{1}{x^2}=\left(x+\frac{1}{x}\right)^2-2}$$

$$\boldsymbol{x^2+\frac{1}{x^2}=\left(x-\frac{1}{x}\right)^2+2}$$

の式の変形を活用していこう。

Open Sesame 解　答

(1)　$x^2+\dfrac{1}{x^2}=\left(x+\dfrac{1}{x}\right)^2-2=3^2-2=\mathbf{7}$

(2)　$x^2+\dfrac{1}{x^2}=\left(x-\dfrac{1}{x}\right)^2+2=1^2+2=\mathbf{3}$

$$\left(x+\frac{1}{x}\right)^2=x^2+2\cdot x\cdot\frac{1}{x}+\left(\frac{1}{x}\right)^2$$

$$=x^2+2+\frac{1}{x^2}$$

$$=\underbrace{x^2+\frac{1}{x^2}}+2=\underbrace{3}+2=5$$

よって，　$x+\dfrac{1}{x}=\boldsymbol{\pm\sqrt{5}}$

(2)　$x+\dfrac{1}{x}$ の値を直接求める式はないので，まず $\left(x+\dfrac{1}{x}\right)^2$ の値を求める。

▶ $\left(x+\dfrac{1}{x}\right)^2$ の計算は，$(a+b)^2=a^2+2ab+b^2$ にあてはめている。

Challenge 17

$x-\dfrac{1}{x}=3$ のとき，次の式の値を求めよ。ただし，$x>0$ とする。

(1)　$x^2+\dfrac{1}{x^2}$　　(2)　$x+\dfrac{1}{x}$　　(3)　$x^2-\dfrac{1}{x^2}$

★★

例題 20　発展 3次式の値

次の各問いに答えよ。

(1)　$x+y=4$，$x^2+y^2=10$ のとき，x^3+y^3 の値を求めよ。

(2)　$x+\dfrac{1}{x}=4$ のとき，$x^3+\dfrac{1}{x^3}$ の値を求めよ。

(ア)　$\boldsymbol{x^3+y^3=(x+y)^3-3xy(x+y)}$

(イ)　$\boldsymbol{x^3+y^3=(x+y)(x^2-xy+y^2)}$　←因数分解の公式

(1)は，上の(ア)(イ)いずれかを利用することになるが，どちらも右辺にも xy が含まれているので，まず xy の値を求める必要がある。

(2)は，上の(ア)で，y を $\dfrac{1}{x}$ におきかえた式

$$x^3+\frac{1}{x^3}=\left(x+\frac{1}{x}\right)^3-3\left(x+\frac{1}{x}\right)$$

を利用すればよい。

Open Sesame 解答

(1)　$x+y=4$ の両辺を2乗すると，

$x^2+y^2+2xy=16$

$10+2xy=16$　　▶$x^2+y^2=10$ を代入

$xy=3$

よって，

$x^3+y^3=(x+y)^3-3xy(x+y)=4^3-3\cdot3\cdot4=\mathbf{28}$　　▶上の(ア)を利用した。(イ)に代入しても，もちろん同じ値になる。

(2)　$x^3+\dfrac{1}{x^3}=\left(x+\dfrac{1}{x}\right)^3-3\left(x+\dfrac{1}{x}\right)=4^3-3\cdot4=\mathbf{52}$

Challenge 18

$\alpha+\beta=3$，$\alpha^2+\beta^2=5$ のとき，$\alpha^3+\beta^3$ と $\alpha^4+\beta^4$ の値を求めよ。

問 題 演 習

B

18　次の $\boxed{}$ をうめよ。

$x=\dfrac{2+\sqrt{3}}{\sqrt{2}}$，$y=\dfrac{2-\sqrt{3}}{\sqrt{2}}$ のとき，$x+y=\boxed{}$，$xy=\boxed{}$，$x^2+y^2=\boxed{}$，

$\dfrac{1}{x^2}+\dfrac{1}{y^2}=\boxed{}$ である。

19　次の $\boxed{}$ をうめよ。

x は正の数で，$x-\dfrac{1}{x}=2$ のとき，$x^2+\dfrac{1}{x^2}=\boxed{\text{ア}}$，$x+\dfrac{1}{x}=\boxed{\text{イ}}$ である。

20　$\dfrac{x}{3}=\dfrac{y}{4}=\dfrac{z}{5}$，$x+y+z=36$ を満たす x，y，z の値を求めよ。

21　x，y，z が $\dfrac{x+y}{3}=\dfrac{y+z}{4}=\dfrac{z+x}{5}\ (xyz\neq 0)$ を満たすとき，以下の問いに答えよ。

(1)　$x:y:z$ を求めよ。

(2)　$\dfrac{x^2+y^2+z^2}{xy+yz+zx}$ の値を求めよ。

22　次の $\boxed{}$ をうめよ。

$x+2y-z=0$，$x-3y+z=0$　$(xyz\neq 0)$ のとき，$x:y:z=\boxed{\text{ア}}$ であり，

$\dfrac{x^2+y^2+z^2}{xy+yz+zx}$ の値は $\boxed{\text{イ}}$ である。

C

23　次の各問いに答えよ。

(1)　$a+b+c=0$，$abc\neq 0$ のとき，

$a\left(\dfrac{1}{b}+\dfrac{1}{c}\right)+b\left(\dfrac{1}{c}+\dfrac{1}{a}\right)+c\left(\dfrac{1}{a}+\dfrac{1}{b}\right)$ の値を求めよ。

(2)　$xyz=1$ のとき，

$\dfrac{1}{1+y+yz}+\dfrac{1}{1+z+zx}+\dfrac{1}{1+x+xy}$ の値を求めよ。

数学 I 分野

OPEN★SESAME ⑤

1 次方程式と 1 次不等式

ここで Master!

① 1 次不等式の解き方をマスターしよう。

② 代表的な文章題について式を立てられるようになろう。

Open Sesame

●不等号の種類と意味

$x > a$ ⟶ x は a より大きい

$x < a$ ⟶ x は a より小さい

$x \geqq a$ ⟶ x は a と同じ，または a より大きい

● 1 次不等式の解

$Ax > B$ の解は，

A が正の数のとき $x > \dfrac{B}{A}$

A が負の数のとき $x < \dfrac{B}{A}$

不等式の場合，

両辺に負の数をかけたり，

両辺を負の数で割ったりすると，

不等号の向きが逆になることに注意しよう。

たとえば，

小 ⟷ 大
$3 < 5$

であるが，両辺に -1 をかけると，

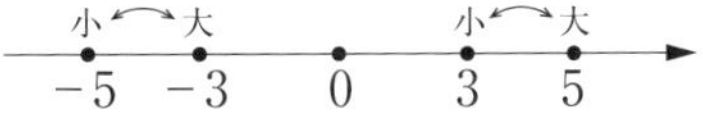

大 ⟷ 小
$-3 > -5$

のように大小関係が入れ替わるので，不等号の向きが逆になる。

同様にして，

$-6 < 8$ の両辺を -2 で割ると $3 > -4$，など。

★ 例題 21　1次方程式の解

次の方程式を解け。

(1)　$7(x-2)=4x+5$

(2)　$\dfrac{x+1}{2}-\dfrac{2x+4}{3}=1$

まず，1次方程式の解き方を練習しておこう。
1次方程式を解くときは，x を含む項を左辺に，定数項を右辺に集め，$\boldsymbol{Ax=B}$ という形にしてから，x の係数 $\boldsymbol{A}$ で両辺を割る。

Open Sesame 解　答

(1)　$7(x-2)=4x+5$

$7x-14=4x+5$

$7x-4x=5+14$　　▶移項すると，＋と－が入れ替わる。

$3x=19$

$x=\boldsymbol{\dfrac{19}{3}}$　　▶両辺を3で割った。

(2)　$\dfrac{x+1}{2}-\dfrac{2x+4}{3}=1$　　▶分母の2と3を払うために，両辺に6をかける。

両辺に6をかけて，

$6\cdot\dfrac{x+1}{2}-6\cdot\dfrac{2x+4}{3}=6\cdot1$　　▶右辺の1にも6をかけることを忘れないように。

$3(x+1)-2(2x+4)=6$　　▶(　)をきちんと書こう。

$3x+3-4x-8=6$

$-x=11$

$x=\boldsymbol{-11}$

Challenge 19

次の方程式を解け。

(1)　$5(x-1)=3x+4$

(2)　$\dfrac{2x+1}{3}-\dfrac{3x-2}{4}=1$

★ **例題 22**　**1 次不等式の解**

次の不等式を解け。

(1)　$2x-5>3$

(2)　$-2x+9>1$

(3)　$x-4<5(x+2)$

(4)　$x+3 \geqq \frac{1}{4}(x-1)$

1 次不等式の場合も，$\boldsymbol{Ax>B}$ や $\boldsymbol{Ax<B}$ という形にしてから，両辺を $\boldsymbol{A}$ で割る。$\boldsymbol{A}$ が負の数のときには不等号の向きがかわることに注意しよう。

Open Sesame 解 答

(1)　$2x-5>3$

$2x>8$

▶正の数 2 で割ったから，$>$ のまま。

$\boldsymbol{x>4}$

(2)　$-2x+9>1$

$-2x>-8$

▶負の数 -2 で割ったから，$>$ が $<$ にかわる。

$\boldsymbol{x<4}$

(3)　$x-4<5(x+2)$

$x-4<5x+10$

$-4x<14$

▶-4 で割ったから，$<$ が $>$ にかわる。

$\boldsymbol{x>-\frac{7}{2}}$

(4)　与式の両辺に 4 をかけると，

▶4 をかけたから，$\geqq$ のまま。

$4(x+3) \geqq x-1$

$4x+12 \geqq x-1$

$3x \geqq -13$

▶3 で割ったから，$\geqq$ のまま。

$\boldsymbol{x \geqq -\frac{13}{3}}$

Challenge 20

次の不等式を解け。

(1)　$3x-8>7$

(2)　$-x+5<2$

(3)　$2x-1>7(x+1)$

(4)　$3(1-x) \geqq 2(4x+5)$

(5)　$x+4 \geqq \frac{1}{3}(x-2)$

(6)　$\frac{1}{2}x < \frac{1}{5}(x+1)$

(7)　$\frac{1}{2}(x-3) > \frac{4}{3}x + \frac{1}{6}$

★

例題 23　連立１次不等式(Ⅰ)

不等式 $1-\frac{1}{3}x < \frac{1}{2}x < \frac{1}{4}x + \frac{1}{2}$ を解け。

不等号が２つある場合は，２つの不等式に分けて別々に解き，共通部分を求めればよい。

Open Sesame 解　答

与式を２つに分けて書くと，

$$\begin{cases} 1-\frac{1}{3}x < \frac{1}{2}x & \cdots ① \\ \frac{1}{2}x < \frac{1}{4}x + \frac{1}{2} & \cdots ② \end{cases}$$

①の両辺に６をかけると，

$$6-2x < 3x$$
$$-5x < -6$$
$$x > \frac{6}{5} \quad \cdots ①'$$

②の両辺に４をかけると，

$$2x < x+2$$
$$x < 2 \quad \cdots ②'$$

①′，②′より，$\boldsymbol{\frac{6}{5} < x < 2}$

▶次のように分ける。

$\underbrace{1-\frac{1}{3}x < \frac{1}{2}x}_{①}$，$\underbrace{\frac{1}{2}x < \frac{1}{4}x + \frac{1}{2}}_{②}$

▶与式の各辺に 12 をかけて，
$12-4x < 6x < 3x+6$
としてから，分けてもよい。

▶①′と②′の共通部分をとる。

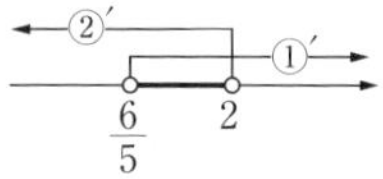

Challenge 21

次の不等式を解け。

(1)　$1-x < \frac{1}{2}x < \frac{1}{3}x + \frac{1}{6}$

(2)　$\begin{cases} 7x+3 \leqq 2(x+6) \\ 6x+7 > 3x-2 \end{cases}$

★ 文章題

例題 24

4％の食塩水と7％の食塩水を混ぜて，5％の食塩水 400g をつくるには，4％の食塩水と7％の食塩水をそれぞれ何 g 混ぜればよいか。

食塩水の濃度について

(ア)　**濃度(％)＝$\dfrac{\text{食塩の量}}{\text{食塩水の量}}$×100**　　(イ)　**食塩の量＝食塩水の量×$\dfrac{\text{濃度(％)}}{100}$**

4% の食塩水を xg，7% の食塩水を yg とし，(イ)にあてはめて図示すると次のようになる。

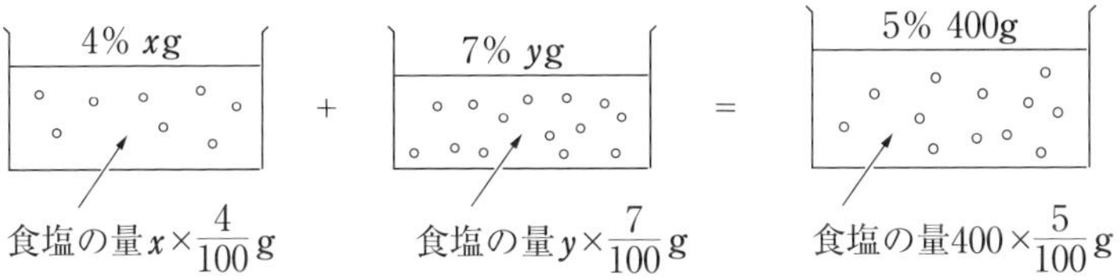

Open Sesame 解　答

4% の食塩水を xg，7% の食塩水を yg 混ぜるものとする。

まず，2つあわせて 400g になるから，

$x+y=400$　…①

混ぜる前と混ぜた後の食塩の量は同じだから，

$x\times\dfrac{4}{100}+y\times\dfrac{7}{100}=400\times\dfrac{5}{100}$

両辺に 100 をかけて，

$4x+7y=2000$　…②

①×7－②より，

$$\begin{array}{rl} & 7x+7y=2800 \\ -) & 4x+7y=2000 \\ \hline & 3x\qquad\ =800 \end{array}$$

よって，$x=\dfrac{800}{3}$

①に代入して，

$\dfrac{800}{3}+y=400$　　よって，$y=\dfrac{400}{3}$

したがって，

4% の食塩水 $\boldsymbol{\dfrac{800}{3}}$**g**，7% の食塩水 $\boldsymbol{\dfrac{400}{3}}$**g**

▶①式と②式が出た後は，連立1次方程式の問題になる。
解き方を忘れていた人は，ここで確認しておこう。

▶y を消去するために，①の両辺を7倍して，①の y の係数を②の y の係数7と同じにする。

Challenge 22

次の $\boxed{\quad\quad}$ をうめよ。

(1)　濃度40%，80%のアルコール水溶液をそれぞれ xg，yg ずつ容器に入れ，濃度が50%のアルコール水溶液1000gをつくるには，$x=\boxed{\quad\quad}$，$y=\boxed{\quad\quad}$ とすればよい。

(2)　濃度3%の食塩水100gを煮つめて濃度が20%以上の食塩水をつくるためには，$\boxed{\quad\quad}$ g以上の水を蒸発させればよい。

★★ 連立１次不等式(Ⅱ)

例題 25

次の２つの不等式をともに満たす整数 x が１つだけ存在するとき，定数 a の値の範囲を求めよ。

$3x-7>x$，$x+a>4x$

まず，２つの不等式を解き，１つだけ存在する整数 x が何になるのかを，数直線を利用して考えてみよう。

Open Sesame 解答

$3x-7>x$　…①

$x+a>4x$　…②

①より，$2x>7$

$x>\dfrac{7}{2}$　…①′

②より，$-3x>-a$

$x<\dfrac{a}{3}$　…②′

①′と②′をともに満たす整数 x が１つだけ存在するのは，次図のように，$\dfrac{a}{3}$ が４と５の間にあって，$x=4$ だけが，①′と②′の両方を満たすときである。

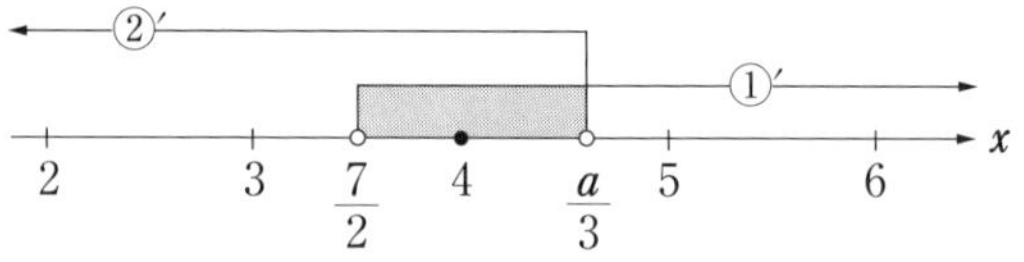

よって求める範囲は，

$4<\dfrac{a}{3}\leqq 5$

$12<a\leqq 15$

▶左の解答には影響しないが整数には，０や負の数も含まれることにも注意しよう。

→Challenge23

▶$\dfrac{7}{2}=3.5$

▶$\dfrac{a}{3}$ がちょうど５のとき。

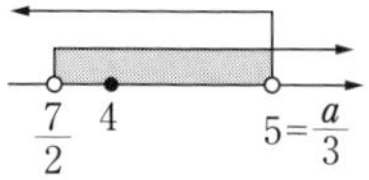

上図のように，５は解とはならず，４だけが整数解となるので題意を満たす。したがって，$\dfrac{a}{3}=5$ は答の中に含めなければいけないので，

$4<\dfrac{a}{3}<5$ ではなく，

$4<\dfrac{a}{3}\leqq 5$ となる。

Challenge 23

連立不等式 $\begin{cases} 5x+7>0 \\ x+1<a-x \end{cases}$ が3つの整数解をもつように，定数 a の値の範囲を定めよ。

問題演習

A

24 不等式 $\frac{1}{3}x+\frac{8}{9}>\frac{2}{9}(5x-7)-\frac{2}{3}$ を解け。

25 不等式 $6x+2(3-2x)<15$ を成り立たせるような x の正の整数値をすべて求めよ。

26 不等式 $1-4x \leqq 3x+5 \leqq 3(2-x)-8x$ を解け。

27 連立方程式 $\begin{cases} 2x+3y=24 \\ x-y=-3 \end{cases}$ を解け。

B

28 容器Aに食塩50gがある。これに水を x g加えて，まず10%の食塩水をつくり，次にこの食塩水の半分を容器Bにいれ，これに水を y g加えて4%の食塩水をつくりたい。x と y の値を求めよ。

29 ある病院の昨年度の入院患者数は850人であったが，本年度は昨年度に比べて男性が6％増加，女性が8％減少したため，838人になったという。本年度の男性，女性の入院患者数はそれぞれ何人か。

30 家から2000m離れた駅を8時30分に出る電車に乗るために，8時に出た弟が，忘れ物をしているのに気がついたので，兄が8時18分に家を出て自転車で追いかけた。弟の歩く速さを毎分75m，兄の自転車の速さを毎分300mとすると，兄が弟に追いつくのはいつか。

数学I 分野

OPEN★SESAME

⑥

絶対値記号を含む方程式・不等式

ここでMaster!
絶対値記号のはずし方をマスターして，方程式・不等式が解けるようになろう。

★ 場合分け不要の絶対値記号を含む方程式・不等式

例題 26

次の方程式，不等式を解け。

(1)　$|2x-1|=1$

(2)　$|x-2|<4$

(3)　$|4x+1|>2$

いま，$|x|=2$ を 3 通りの方法で解いてみよう。

①　原点からの距離が 2 の点は，$x=\pm 2$

②　両辺を平方して　$x^2=4$　⟵ $|x|^2=x^2$ である

$x=\pm 2$

③　場合分けをして，$x \geqq 0$ のとき，$x=2$
$x<0$ のとき，$-x=2$　　$x=-2$
よって，$x=\pm 2$

①〜③いずれにしても当然だが $|x|=2$ を解くと $x=\pm 2$ が得られる。同様にして，

$|x|<2$ を解くと，$-2<x<2$

$|x|>2$ を解くと，$x<-2,\ 2<x$

が得られる。よって，これからは以下のような内容をどんどん使っていこう。

$|x|=a \longrightarrow x=\pm a$　…方程式のときは “±” をつけてはずす

$|x|<a \longrightarrow -a<x<a$　…a より小さいときは $\pm a$ の内側

$|x|>a \longrightarrow x<-a,\ a<x$　…a より大きいときは $\pm a$ の外側

しかし，このような解法が使えるのは，絶対値記号が 1 つだけで，かつ絶対値記号の外に x がないときであることに注意しよう。

Open Sesame 解答

(1)　$|2x-1|=1$ より，$2x-1=\pm 1$

$2x=2,\ 0$

$x=1,\ 0$

▶$|\bigcirc|=1$
$\bigcirc=\pm 1$

(2)　$|x-2|<4$ より，$-4<x-2<4$　←各辺に 2 を加える

$$-2<x<6$$

(3)　$|4x+1|>2$ より，$4x+1<-2$，$2<4x+1$

$$x<-\frac{3}{4},\quad \frac{1}{4}<x$$

▶|◯|<4
　$-4<$◯<4

▶|◯|>2
　◯<-2，$2<$◯

Challenge 24

次の方程式・不等式を解け。

(1)　$|x-1|=1$

(2)　$|x-1|<3$

★★

例題 27　場合分けで解く絶対値記号を含む方程式(I)

方程式 $|x-1|=2x$ を解け。

絶対値記号の外にも x があるときには，**例題26**の解法は使えないので，次の性質を使って絶対値記号をはずしていく。

$$\begin{cases} \boldsymbol{a \geqq 0} \text{ のとき，} |\boldsymbol{a}|=\boldsymbol{a} \\ \boldsymbol{a<0} \text{ のとき，} |\boldsymbol{a}|=-\boldsymbol{a} \end{cases}$$

本問では，

(i)　$x-1\geqq 0$，すなわち $x\geqq 1$ のとき　(ii)　$x-1<0$，すなわち $x<1$ のとき

という場合分けになる。

Open Sesame 解　答

$|x-1|=2x$

(i)　$x\geqq 1$ のとき

$x-1=2x$

$x=-1$

この値は $x\geqq 1$ を満たさないから不適。

(ii)　$x<1$ のとき

$-(x-1)=2x$

$x=\frac{1}{3}$

この値は $x<1$ を満たす。

したがって，$\boldsymbol{x=\frac{1}{3}}$

▶$|x-1|$
$=\begin{cases} x-1\ (x\geqq 1\text{のとき}) \\ -(x-1)\ (x<1\text{のとき}) \end{cases}$

▶(i)の前提条件 $x\geqq 1$ を忘れないようにしよう。

▶本問では，(i)(ii)のうち(ii)だけから答がでたが，いつも一方だけとは限らない。両方から答がでることも多い。

Challenge 25

方程式 $|x-3|=2x-5$ を解け。

★★ 場合分けで解く絶対値記号を含む方程式(Ⅱ)

例題 28

方程式 $|x-1|+|x-5|=x$ を解け。

絶対値記号が 2 か所以上ついたときは，数直線を利用して場合分けしよう。

$|\underset{\sim\sim}{\boldsymbol{x-1}}|+|\underset{\sim\sim}{\boldsymbol{x-5}}|=x$

まず，波線部分の式 $=0$ を解く。すなわち，

$$\begin{cases} x-1=0 \rightarrow x=1 \\ x-5=0 \rightarrow x=5 \end{cases}$$

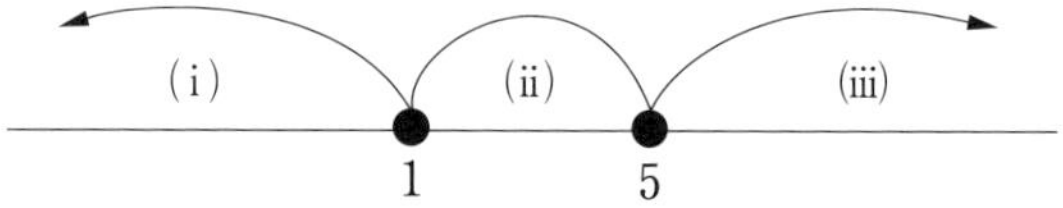

この $x=1$，5 によって数直線上が 3 つの範囲に分けられるから，

(i) $\boldsymbol{x \leqq 1}$　(ii) $\boldsymbol{1<x \leqq 5}$　(iii) $\boldsymbol{5<x}$

の 3 つの場合分けをする。等号は，“つける，つけない，つける …” といった具合に交互につけておけばさしつかえない。また絶対値記号のはずし方は，

(i) $x \leqq 1$ のとき → $x-1$，$x-5$ はともに 0 以下だから両方とも “$-$” をつけて，

$$|x-1|=-(x-1),\ |x-5|=-(x-5)$$

(ii) $1<x \leqq 5$ のとき → $x-1$ が 0 より大，$x-5$ が 0 以下だから，

$$|x-1|=x-1,\ |x-5|=-(x-5)$$

(iii) $5<x$ のとき → $x-1$，$x-5$ はともに 0 より大きいから，

$$|x-1|=x-1,\ |x-5|=x-5$$

Open Sesame 解答

$|x-1|+|x-5|=x$

(i) $x \leqq 1$ のとき

$-(x-1)-(x-5)=x$　　$x=2$

$x \leqq 1$ を満たさないから不適。

(ii) $1<x \leqq 5$ のとき

$(x-1)-(x-5)=x$　　$x=4$

$1<x \leqq 5$ を満たす。

(iii)　$5<x$ のとき

$(x-1)+(x-5)=x \qquad x=6$

$5<x$ を満たす。

したがって，$\boldsymbol{x=4,\ 6}$

▶$1<x\leqq 5$ のとき $x=4$，$x>5$ のとき $x=6$ という答の書き方をする人がいるが，その必要はない。$x=4,\ 6$ と書けばよい。

Challenge 26

次の［　　］をうめよ。ただし，［ア］＜［イ］とする。

方程式 $|x|+|x-1|=2$ を満たす x は［ア］と［イ］。

★★

例題 29　場合分けで解く絶対値記号を含む不等式(I)

不等式 $2x-3<|x|+2$ を解け。

不等式では，(i)(ii)といった場合分けの内部では共通部分をとり，最後にまとめるところでは，それぞれの場合分けから得られた範囲をすべて合わせて答えとする。

“共通，共通，または” と覚えよう。

$$2x-3<|x|+2$$

$$\downarrow$$

本問では｜　｜の中が x だけなので，(i)$x\geqq 0$ と (ii)$x<0$ に分ける。

Open Sesame **解　答**

$2x-3<|x|+2$

(i)　$x\geqq 0$ のとき

$2x-3<x+2$

$x<5$

$x\geqq 0$ との共通部分より，

$0\leqq x<5$　…①

(ii)　$x<0$ のとき

$2x-3<-x+2$

$x<\dfrac{5}{3}$

$x<0$ との共通部分より，

$x<0$　…②

①，②より，求める x の値の範囲は，

$\boldsymbol{x<5}$

(i)では $x\geqq 0$ と $x<5$ の共通部分をとる。

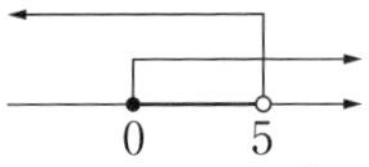

(ii)では $x<0$ と $x<\dfrac{5}{3}$ の共通部分をとる。

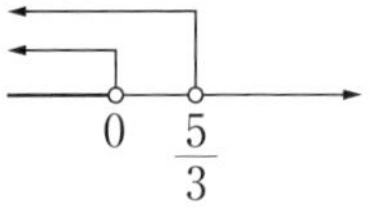

▶(i)と(ii)をあわせた範囲が答となる。

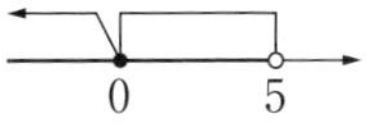

Challenge 27

次の不等式を解け。

(1)　$3x-7<|x|+5$

(2)　$|x-2|<3x$

★★★　場合分けで解く絶対値記号を含む不等式(II)

例題 30

不等式 $|x|+|x-1|>5$ を解け。

Open Sesame 解　答

$|x|+|x-1|>5$

(i)　$x\leqq 0$ のとき

$$-x-(x-1)>5$$

$$x<-2$$

$x\leqq 0$ との共通部分より，$x<-2$

(ii)　$0<x\leqq 1$ のとき

$$x-(x-1)>5$$

$$1>5$$

よって不適。

(iii)　$1<x$ のとき

$$x+(x-1)>5$$

$$x>3$$

$1<x$ との共通部分より，$x>3$

したがって，(i)～(iii)より，$\boldsymbol{x<-2,\ 3<x}$

▶絶対値の場合分けでは(ii)のように x が消えてしまうことがある。このような場合，必ず不適になるとは限らない。**Challenge28** を解いてみよう。

▶**例題29**と異なり，$x<-2$ と $x>3$ はつながらないので別々に書いて答とする。

Challenge 28

不等式 $|x-1|+|x-3|<3$ を解け。

問題演習

A

31　不等式 $|4x+1|<5$ を解け。

B

32　不等式 $|x-1|<\pi$ を満たす整数解の個数をかぞえると $\boxed{}$ である。（次から選べ）

①　6 個　　②　7 個　　③　8 個　　④　9 個　　⑤　10 個

33　不等式 $2 \leqq |x-3|<4$ を解け。

34　次の方程式を解け。

(1)　$|2(x-3)|-x=3$

(2)　$|x-8|-|2x-1|+1=0$

C

35　次の不等式を解け。

(1)　$|x-1|+|x+2| \leqq 5$

(2)　$2|x-5| \leqq |x|-2$

数学Ⅰ 分野

OPEN★SESAME

⑦

集　合

ここで Master!

集合に関する記号の意味をしっかりと理解し，集合どうしの相互関係をとらえ，集合に含まれる要素の個数などを求められるようにしよう。

Open Sesame

●集合と包含関係

$\boldsymbol{a} \in \mathbf{A}$…$a$ は集合 A の要素

$\mathbf{A} \subset \mathbf{B}$…A は B の部分集合

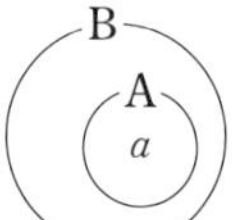

●共通部分と和集合

$\mathbf{A} \cap \mathbf{B}$…共通部分。2 つの集合 A，B のどちらにも属する要素全体の集合

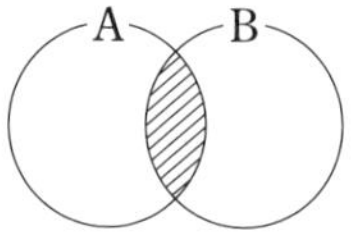

$\mathbf{A} \cup \mathbf{B}$…和集合。2 つの集合 A，B のいずれかに属する要素全体の集合

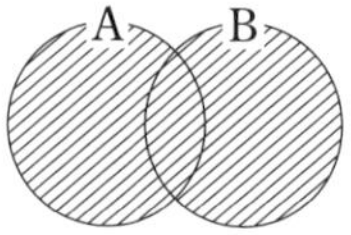

●補集合

$\overline{\mathbf{A}}$… 集合 A の補集合。全体集合 U の部分集合 A に対して，A に属さない要素全体の集合

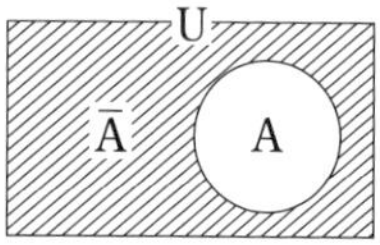

●空集合

要素をもたない集合を空集合とよび，$\varnothing$ という記号で表す。空集合は，あらゆる集合の部分集合と決められている。

●ド・モルガンの法則

$\overline{\mathbf{A} \cup \mathbf{B}} = \overline{\mathbf{A}} \cap \overline{\mathbf{B}}$，$\overline{\mathbf{A} \cap \mathbf{B}} = \overline{\mathbf{A}} \cup \overline{\mathbf{B}}$

●ド・モルガンの法則

【例】 全体集合 $U=\{1,\ 2,\ 3,\ 4,\ 5,\ 6,\ 7,\ 8,\ 9\}$ の部分集合 A，B を，

$A=\{1,\ 2,\ 4,\ 6,\ 8\}$，$B=\{1,\ 3,\ 6,\ 9\}$ とするとき，$\overline{A\cap B}$，$\overline{A}\cup\overline{B}$ を求める。

$A\cap B=\{1,\ 6\}$ だから $\overline{A\cap B}=\{2,\ 3,\ 4,\ 5,\ 7,\ 8,\ 9\}$

$\overline{B}=\{2,\ 4,\ 5,\ 7,\ 8\}$，$\overline{A}=\{3,\ 5,\ 7,\ 9\}$ だから $\overline{A}\cup\overline{B}=\{2,\ 3,\ 4,\ 5,\ 7,\ 8,\ 9\}$

したがって，$\overline{\mathbf{A}\cap\mathbf{B}}=\overline{\mathbf{A}}\cup\overline{\mathbf{B}}$

★ 共通部分，和集合，補集合

例題 31

集合 $U=\{1,\ 2,\ 3,\ 4,\ 5,\ 6,\ 7\}$ の部分集合 A，B について，$\overline{A}\cap\overline{B}=\{2,\ 4\}$，$A\cap B=\{5\}$，$A\cap\overline{B}=\{3,\ 6\}$ であるとき，集合 B の要素を求めよ。

$\overline{A}\cap\overline{B}$，$A\cap B$，$A\cap\overline{B}$ の各集合が表す部分をベン図で正確にとらえよう。$\overline{A}\cap\overline{B}$ は，**ド・モルガンの法則** $\overline{\mathbf{A}}\cap\overline{\mathbf{B}}=\overline{\mathbf{A}\cup\mathbf{B}}$ を利用した方がとらえやすい。

Open Sesame **解答**

$\overline{A}\cap\overline{B}=\overline{A\cup B}=\{2,\ 4\}$

$A\cap B=\{5\}$

$A\cap\overline{B}=\{3,\ 6\}$

を順に図にかき込むと右図。図の㋐に入る要素は 1 と 7 だから

$\mathbf{B=\{1,\ 5,\ 7\}}$

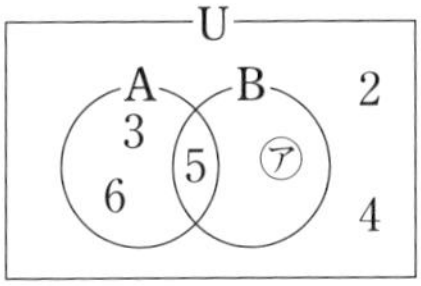

▶$A\cap\overline{B}$ は

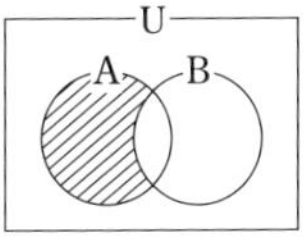

Challenge 29

次の [　　] をうめよ。

(1) 集合 $U=\{0,\ 1,\ 2,\ 3,\ 4,\ 5,\ 6,\ 7,\ 8,\ 9\}$ の部分集合 A，B について，$\overline{A}\cap\overline{B}=\{1,\ 7\}$，$A\cap B=\{3,\ 5\}$，$\overline{A}\cap B=\{2,\ 8,\ 9\}$ のことがわかっている。このとき，$A=\{$ [　　] $\}$ であり，$B=\{$ [　　] $\}$ である。

(2) 1 桁の自然数を全体集合とする。集合 $A=\{2,\ 4,\ 5,\ 9\}$，$B=\{1,\ 4,\ 6,\ 8\}$ について，$A\cup B=\{$ [　　] $\}$，$A\cap B=\{$ [　　] $\}$，$\overline{A}\cap B=\{$ [　　] $\}$ である。

★★

例題 32　要素に文字定数を含む集合

整数の集合 $U=\{1,\ 2,\ 3,\ 4,\ 5,\ 6,\ 7\}$ を全体集合とし，その部分集合を A，B とする。
$A=\{1,\ 3,\ 3a-2\}$，$B=\{a^2-2a+1,\ a+2,\ 2a+1\}$，$A\cap B=\{1,\ 4\}$ のとき，a の値と集合 $\overline{A\cup B}$ を求めよ。

$A\cap B=\{1,\ 4\}$ より，A にも B にも 1 と 4 が含まれる。B の要素はやや複雑な式なので，まず A に注目すると，A の 3 つの要素 1，3，$3a-2$ のうち 2 つが 1 と 4 なので，$3a-2$ が 4 ということになる。

Open Sesame 解答

$A=\{1,\ 3,\ 3a-2\}$，
$A\cap B=\{1,\ 4\}$ より，
$3a-2=4$
$\boldsymbol{a=2}$

よって，
$B=\{a^2-2a+1,\ a+2,\ 2a+1\}$
$=\{2^2-2\cdot2+1,\ 2+2,\ 2\cdot2+1\}$
$=\{1,\ 4,\ 5\}$

右図より，$\boldsymbol{\overline{A\cup B}=\{2,\ 6,\ 7\}}$

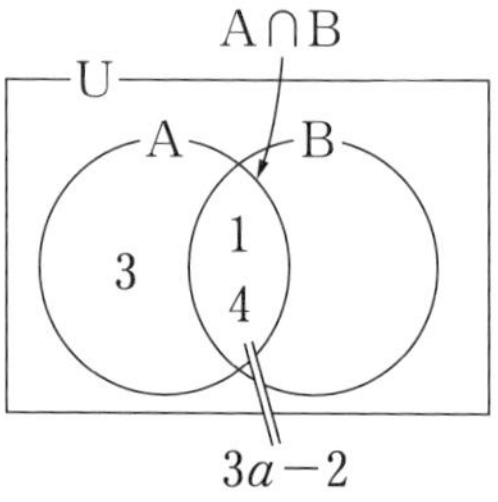

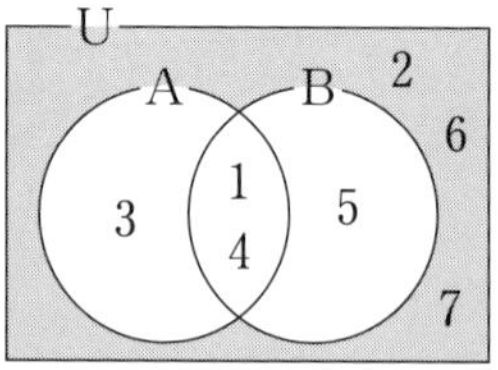

▶ B にも 1 と 4 が含まれているので，問題の条件を満たしている。

Challenge 30

整数を要素とする 2 つの集合を $A=\{2,\ 3,\ a^2-4a+9\}$，$B=\{-3,\ a+1,\ a^2+3a+2\}$ とするとき，$A\cap B=\{2,\ 6\}$ となるような a の値を求めよ。

★★ 集合が3つある場合

例題 33

U＝{x|1≦x≦12，xは自然数}を全体集合とし，その部分集合をA，B，Cとする。A＝{4，6，8，10，12}，B＝{6，7，9，10}，C＝{3，5，6，7，8}について，(A∪C)∩$\overline{\mathrm{B}}$を求めよ。

Open Sesame 解答

U＝{1，2，3，4，5，6，7，8，9，10，11，12}

・A，B，Cすべてに含まれる要素は6

・6以外で，AとB両方に含まれる要素は10

・6以外で，BとC両方に含まれる要素は7

・6以外で，CとA両方に含まれる要素は8

よって，ベン図は右のようになる。

A∪Cと$\overline{\mathrm{B}}$の共通部分より，

(A∪C)∩$\overline{\mathrm{B}}$＝{3，4，5，8，12}

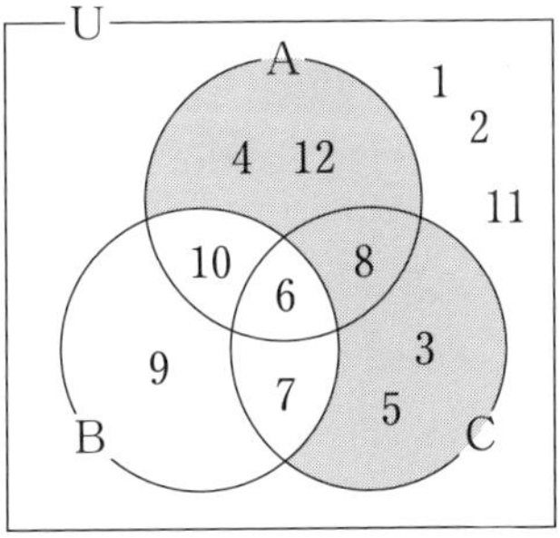

▶ A∪Cの領域は次のとおり。

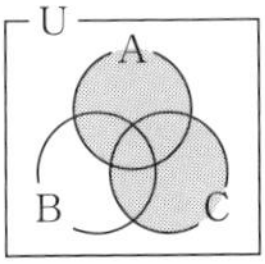

(A∪C)∩$\overline{\mathrm{B}}$は，上の領域の中で，Bの外になっている部分

Challenge 31

全体集合を整数全体として，次のような3つの集合A，B，Cがある。

A＝{n|nは18の正の約数}　B＝{n|nは24の正の約数}

C＝{n|nは10以下の正の偶数}

次の集合の要素を小さい順に書き並べよ。

(1) A∩B　(2) B∩C　(3) A∩B∩C　(4) (A∩B)∩$\overline{\mathrm{C}}$

問題演習

A

36　集合 $U=\{n|n$ は10以下の自然数$\}$ を全体集合とする。
Uの部分集合 A，B について，次のことがわかっている。
$A\cap\overline{B}=\{3,\ 6,\ 7,\ 10\}$　$A\cap B=\{5\}$　$\overline{A}\cap\overline{B}=\{1,\ 4,\ 8\}$
このとき，$\overline{A}\cap B$ を求めよ。

37　全体集合 $U=\{x|x\leqq 20,\ x$ は自然数$\}$ の部分集合 $A=\{x|x$ は奇数$\}$，$B=\{x|x$ は3の倍数$\}$ であるとき，次の集合を求めよ。
(1)　$A\cap B$　　(2)　$\overline{A\cup B}$

38　$-3<x<5$ を満たす整数 x の集合を全体集合 U として，U の部分集合 A，B を，$A=\{x|x$ は整数，$0<x<4\}$，$B=\{x|x$ は整数，$-2<x\leqq 2\}$ とするとき，集合 $\overline{A}\cup\overline{B}$ を求めよ。

B

39　集合 $U=\{1,\ 2,\ 3,\ 4,\ 5,\ 6,\ 7\}$ を全体集合とし，その部分集合を A，B とする。$A=\{1,\ 5,\ x^2-x\}$，$B=\{x+3,\ x+y,\ x^2\}$，$A\cap B=\{1,\ 6\}$ のとき，x，y の値と，集合 $\overline{A}\cap\overline{B}$ を求めよ。

40　n を正の整数とし，集合 $A=\{n|n$ は48の約数$\}$ とする。集合 A の部分集合であるものは次のうちどれか。
①　$\{n|n$ は8の倍数$\}$　②　$\{5n-3|1<n<4\}$　③　$\{n|n$ は1桁の素数$\}$
④　$\{n^2|1<n<4\}$　⑤　$\{2^n|1<n<4\}$

数学Ⅰ 分野

OPEN★SESAME

8

命題の真偽 必要・十分条件

ここで Master!
命題の真偽の判定，必要条件，十分条件の決定ができるようになろう。

Open Sesame

●命題と真偽

1　命題

正しいか，正しくないか判断できる式や文章などを**命題**とよぶ。

特に数学では，

$\boldsymbol{p}$ **ならば** $\boldsymbol{q}$（$\boldsymbol{p} \to \boldsymbol{q}$ と表現する）

という形の命題が重要であり，$\boldsymbol{p}$ を**仮定**，$\boldsymbol{q}$ を**結論**とよぶ。

2　真偽

命題が正しいとき，その命題は**真**であるといい，

正しくないとき，その命題は**偽**であるという。

3　反例

$\boldsymbol{p} \to \boldsymbol{q}$ という形の命題において，

$\boldsymbol{p}$ **は満たすが** $\boldsymbol{q}$ **を満たさないもの**を**反例**とよぶ。

反例が1つでも存在すればその命題は偽となり，

反例が存在しなければ真となる。

●必要条件と十分条件

1　定義

$\boldsymbol{p} \to \boldsymbol{q}$ **が真**であるとき，

$\begin{cases} \boldsymbol{p}\text{（矢印の出発点側）が十分条件} \\ \boldsymbol{q}\text{（矢印の終点側）が必要条件} \end{cases}$

$p \to q$ と $q \to p$ の両方が真であるときは，

p と q は互いに**必要十分条件**（あるいは**同値**）であるという。

2　包含関係

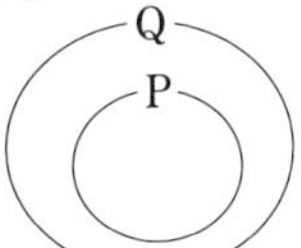

p の表す集合をP，q の表す集合をQとするとき，

P⊂Q であれば $\boldsymbol{p} \to \boldsymbol{q}$ **は真**となる。

すなわち，p が十分条件，q が必要条件となる。

●命題と真偽

1　命題

　正しいか正しくないか判断できるものなら何でも命題となる。たとえば「富士山は噴火したことがある」というのは命題である。それに対して，「金を出せ」「愛が欲しい」「合格できるかなあ？」といった命令，願望，疑問などは命題ではない。

▶ 当たり前だけど…

2　真偽，3　反例

　命題「$x^2=4 \rightarrow x^3=8$」では，$x=-2$ が反例である。$x=-2$ は，$x^2=4$ を満たすが $x^3=8$ は満たさないからである。したがって，上の命題は偽である。

▶「$x^2=4$ であっても $x^3=8$ とは限らない。$x=-2$ の場合があるから。」ということ。

●必要条件と十分条件

1　定義

命題「$p \rightarrow q$」が成り立つとき，

p は q であるための十分条件

q は p であるための必要条件

であるという。すなわち，矢印の出発点が十分条件，終点が必要条件となる。当然，矢印の方向が逆になったら，必要条件，十分条件の関係も逆になる。

（十分条件）$p \longrightarrow q$（必要条件）

（必要条件）$p \longleftarrow q$（十分条件）

【例】「$x=2$ ならば $x^2=4$」

　この命題は真であるから，

　$x=2$ は $x^2=4$ であるための十分条件

　$x^2=4$ は $x=2$ であるための必要条件　　となる。

【例】　$ab=0$ は $a=0$ であるための［　　　］条件である。

　$ab=0 \overset{\times}{\underset{\circ}{\rightleftarrows}} a=0$（$\overset{\times}{\longrightarrow}$ の反例：$a=1$，$b=0$）

　よって，$ab=0$ は必要条件である。

2　包含関係

　感覚的に表現すると，

必要条件…緩い，甘い，広い条件
（最低限これだけは必要）

十分条件…厳しい，狭い条件
（これだけ厳しくすれば十分）

たとえば，$1<x<3$ と $0<x<4$ の場合，
$1<x<3$ が $0<x<4$ の中に含まれるので，
$1<x<3 \rightarrow 0<x<4$ が真
したがって，

$\begin{cases} \text{狭い方の } 1<x<3 \text{ が十分条件} \\ \text{広い方の } 0<x<4 \text{ が必要条件} \end{cases}$

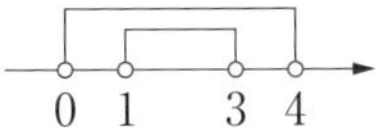

▶大きい袋の中に小さい袋が入っている場合，小さい袋の中にあれば必ず大きい袋の中にも入っていることになる，ということ。

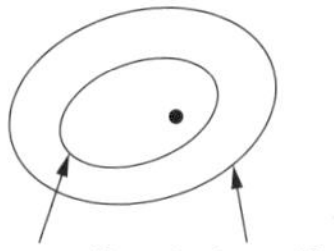

★★ 命題の真偽

例題 34

次の各命題の真偽を調べよ。また偽のときは反例をあげよ。

(1)　$ax=bx$ ならば $a=b$ である。

(2)　$(a-1)(b-1)=0$ ならば $a=b=1$ である。

(3)　$a<b$，$c<d$ ならば $a-c<b-d$ である。

(4)　$a<3$ ならば $a^2<9$ である。

(1)　$ax=bx$ の両辺を x で割ってはいけない。**$x=0$ のときは割れない**からだ。
$\dfrac{1}{0}$ や $\dfrac{2}{0}$ などという数は存在しなかったことを思いだそう。

(2)　**「$xy=0$ ならば $x=y=0$」は偽**である。$xy=0$ となるのは
$x=0$ または $y=0$ のときである。

(3)　**不等式では“辺々引く”はやってはいけない。**
不等式の向きが変わる場合がある。

例）$\begin{array}{r} 5<6 \\ -)\ 1<4 \\ \hline 4>2 \end{array}$

(4)　**不等式は安易に平方してはいけない。**

Open Sesame **解　答**

(1)　**偽（反例）$a=1$，$b=2$，$x=0$**

(2)　**偽（反例）$a=1$，$b=2$**

(3)　**偽（反例）$a=5$，$b=6$，$c=1$，$d=4$**

(4)　**偽（反例）$a=-4$**

(2)　$xy=0$ となるのは

$\begin{cases} x=0,\ y\neq 0 \\ x\neq 0,\ y=0 \\ x=0,\ y=0 \end{cases}$

の3通りある。どちらか少なくとも一方が0であればよい。

Challenge 32

次の各命題の真偽を調べよ。また偽のときは反例をあげよ。

(1)　$x+y=0$，$xy=0$ ならば，$x=y=0$

(2)　$\dfrac{a}{b}>1$ ならば，$a>b$

★★

例題 35　必要条件，十分条件

次の［　　］に当てはまる語句を，次のア～エから選べ。

ア　必要十分条件である。　イ　必要条件であるが，十分条件でない。

ウ　十分条件であるが，必要条件でない。　エ　必要条件でも十分条件でもない。

(1)　$xy=1$ は，$x=y=1$ であるための［　　］。

(2)　$a>1$，$b>1$ は，$a+b>2$，$ab>1$ であるための［　　］。

(3)　$a+b>0$，$ab>0$ は，$a>0$，$b>0$ であるための［　　］。

(4)　$\triangle ABC=\triangle A'B'C'$ は，$\triangle ABC\equiv\triangle A'B'C'$ であるための［　　］。

もう一度確認しておこう。　　**（十分条件）$p \rightarrow q$（必要条件）**

とにかく，どちら方向へ矢が向くかが大事なことである。また $p \rightleftarrows q$ のとき，p，q はどちらも**必要十分条件**となり，**“p と q は同値”** ともいう。

Open Sesame 解答

(1)　$xy=1 \underset{\circ}{\overset{\times}{\rightleftarrows}} x=y=1$

$\left(\rightarrow \text{の反例は，} x=\dfrac{1}{2},\ y=2\right)$

よって，必要条件 **イ**

(2)　$a>1,\ b>1 \underset{\times}{\overset{\circ}{\rightleftarrows}} a+b>2,\ ab>1$

$\left(\leftarrow \text{の反例は，} a=4,\ b=\dfrac{1}{2}\right)$

よって，十分条件 **ウ**

(3)　$a+b>0,\ ab>0 \underset{\circ}{\overset{\circ}{\rightleftarrows}} a>0,\ b>0$

よって，必要十分条件 **ア**

(4)　$\triangle ABC=\triangle A'B'C' \underset{\circ}{\overset{\times}{\rightleftarrows}} \triangle ABC\equiv\triangle A'B'C'$

$\left(\rightarrow \text{ の反例は} \begin{cases} \text{底辺4，高さ1の}\triangle ABC\text{と} \\ \text{底辺2，高さ2の}\triangle A'B'C' \end{cases}\right)$

よって，必要条件 **イ**

(4)　$\triangle ABC=\triangle A'B'C'$ は面積が同じであることを意味し，$\triangle ABC\equiv\triangle A'B'C'$ は合同であることを意味する。

面積が同じだからといって，合同とは限らない。

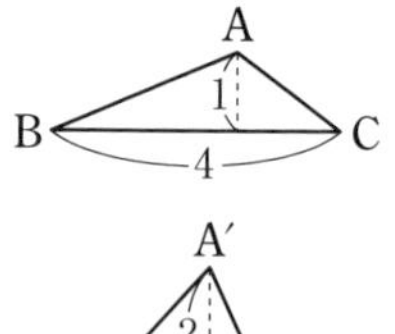

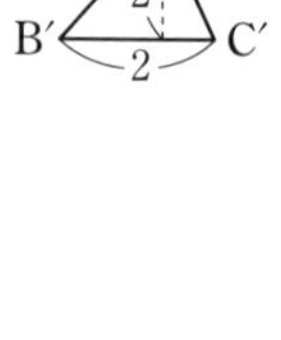

Challenge 33

次の □ にあてはまる語句を，**例題35**のア～エの中から選べ。

(1)　$xyz=0$ は，$xy=0$ であるための □。

(2)　$u+v>x+y$ は，$u>x$，$v>y$ であるための □。

(3)　$ab+1=a+b$ は，a，b のうち少なくとも 1 つが 1 であるための □。

(4)　$x=3$ は，$x^2=9$ であるための □。

問題演習

B

41　次の各命題のうち，正しいものが 2 つある。正しいものを番号で答えよ。

(1)　$x^2 \neq 1$ ならば，$x \neq -1$　　(2)　$x<0$ または $1<x$ ならば，$x^2>1$

(3)　すべての実数 x に対して $(x+1)^2>0$

(4)　$x^2+y^2=0$ ならば，$x=y=0$　　(5)　$x^2>4$ ならば，$x>1$

42　次のア～エから適当なものを 1 つずつ選び，文中の □ に記号で記入せよ。ただし，a，b，x，y は実数，n は整数とする。

ア　必要十分条件である。　　イ　必要条件であるが，十分条件でない。

ウ　十分条件であるが，必要条件でない。　　エ　必要条件でも十分条件でもない。

(1)　$xy>4$ は，「$x>2$ かつ $y>2$」であるための □。

(2)　$\dfrac{x}{y}>1$ は，$x>y$ であるための □。

(3)　「$a+b>0$ かつ $ab>0$」は，「$a>0$ かつ $b>0$」であるための □。

(4)　「$a+b>4$ かつ $ab>4$」は，「$a>2$ かつ $b>2$」であるための □。

(5)　$x+y>0$ は，「$x>0$ または $y>0$」であるための □。

(6)　$xy=0$ は，「$x=0$ または $y=0$」であるための □。

(7)　$x^2+y^2=0$ は，「$x=0$ かつ $y=0$」であるための □。

(8)　$xy=0$ は，$x^2+y^2=0$ であるための □。

(9)　$|x|=1$ は，$x=1$ であるための □。

(10)　$|x|<2$ は，$|x-1|<3$ であるための □。

(11)　n^2 が偶数であることは，n が偶数であるための □。

(12)　n^2 が 12 の倍数であることは，n が 12 の倍数であるための □。

数学I 分野

OPEN★SESAME

9

逆・裏・対偶と証明

ここでMaster!

命題の逆・裏・対偶が正確につくれるようになろう。

間接証明法の考え方を理解し，手順をマスターしよう。

Open Sesame

●逆・裏・対偶

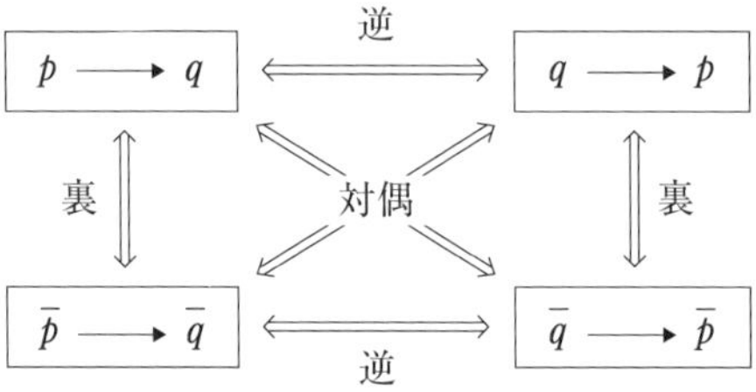

（$\overline{p}$は，条件pの否定を表す。$\overline{q}$も同様。）

もとの命題 $p \to q$ と対偶 $\overline{q} \to \overline{p}$ の真偽は必ず一致する。

●間接証明法

命題 $p \to q$ が成り立つこと（真であること）を証明する問題で，直接証明することが難しいときには，次の1や2を試みるとうまく行くことがある。

1　対偶法

$p \to q$ と対偶 $\overline{q} \to \overline{p}$ の真偽が一致することを利用して，対偶が成り立つことを証明する。

2　背理法

結論 q を否定して矛盾が起こることを示す。矛盾が起こったのは q を否定したことに原因があるから，q は否定できない。よって，結論 q は正しい。

●逆・裏・対偶

まずは簡単な命題の例を通して，逆，裏，対偶を把握しよう。

【例】「$x=2$ ならば $x^2=4$」（真）

逆：$x^2=4$ ならば $x=2$

“平方して4になる数は2だけだ” といっている。これは偽である。$x=-2$ だって平方したら4になる。

裏：$x \neq 2$ ならば $x^2 \neq 4$

“2でない数を平方しても絶対に4にはならない” といっている。やはりこれも偽である。$x \neq 2$ を満たす $x=-2$ は平方したら4になる。

よって（偽）（反例：$x=-2$）

対偶：$x^2 \neq 4$ ならば $x \neq 2$

“平方して4にならない数，たとえば $x^2=5,\ 6,\ 7\cdots$ を満たす x の中には2は存在しない” といっている。これは確かに正しい。（真）

▶ 逆 $q \to p$ と 裏 $\overline{p} \to \overline{q}$ も対偶関係なので逆が偽ならば裏も必ず偽である。

★ **例題 36**　**逆・裏・対偶**

次の各問いに答えよ。

(1)「$xy=0$ ならば，$x=0$ または $y=0$」の対偶をつくれ。

(2)「$a=0$ かつ $b=0$ ならば，すべての x について $ax+b=0$ である」の裏をつくれ。

裏 $\overline{p} \to \overline{q}$ や対偶 $\overline{q} \to \overline{p}$ をつくるときに問題点となってくるのは否定のとり方である。そのポイントを3点列挙しておこう。

(i)　**$x>1$ の否定 $\overline{x>1}$ は，$x \leqq 1$ である。**

間違いとして多いのは，$x>1$ の否定を $x<1$ とするミスである。これは等号が抜けている。大小関係は $>$，$=$，$<$ の3種類であることより，$>$ でないということは残った2つの $\leqq$ ということになる。

(ii)　ド・モルガンの法則

$\overline{A \cap B}=\overline{A} \cup \overline{B}$　と同様に　$\overline{p \text{ かつ } q}=\overline{p}$ または $\overline{q}$

$\overline{A \cup B}=\overline{A} \cap \overline{B}$　と同様に　$\overline{p \text{ または } q}=\overline{p}$ かつ $\overline{q}$

(iii)　**$\overline{\text{すべての } x \text{ について } p}$ = ある x について $\overline{p}$**

$\overline{\text{ある } x \text{ について } p}$ = すべての x について $\overline{p}$

Open Sesame **解答**

(1)　対偶：「**$x \neq 0$ かつ $y \neq 0$ ならば，$xy \neq 0$**」

(2)　裏：「**$a \neq 0$ または $b \neq 0$ ならば，ある x について $ax+b \neq 0$ である**」

▶否定を作ると，「かつ」と「または」が入れ替わる。

Challenge 34

次の各問いに答えよ。

(1)「$x^2<1$ ならば，$x<1$」の逆，裏，対偶を述べよ。

(2)「$xy=0$ ならば，x, y の少なくとも一方は 0 である」の対偶と，その真偽を述べよ。

★★★ 対偶法

例題 37

次の命題の対偶を述べて，それが真であることを証明せよ。

「整数 n の平方が 3 の倍数ならば，n は 3 の倍数である」

Open Sesame 解答

対偶は

整数 n が 3 の倍数でないならば，

n の平方は 3 の倍数でない。

▶ n の平方とは n^2 のこと。

以下，上で述べた対偶命題を証明する。

整数 n が 3 の倍数でないならば，n を 3 で割ると 1 または 2 余る。

▶ 3 の倍数でないから余りは 0 ではない。また，3 で割るから余りが 3 以上にはならない。したがって，余りは 1 または 2。

(i)　n を 3 で割ると 1 余るとき，

$n=3k+1$（k は整数）とおくと，

$$\begin{aligned} n^2 &= (3k+1)^2 \\ &= 9k^2+6k+1 \\ &= 3(3k^2+2k)+1 \end{aligned}$$

▶ $n^2=$（3 の倍数）$+1$

よって，n^2 を 3 で割ると 1 余る。

(ii)　n を 3 で割ると 2 余るとき

$n=3k+2$（k は整数）とおくと，

$$\begin{aligned} n^2 &= (3k+2)^2 \\ &= 9k^2+12k+4 \\ &= 9k^2+12k+3+1 \\ &= 3(k^2+4k+1)+1 \end{aligned}$$

▶ $n^2=$（3 の倍数）$+1$

よって，n^2 を 3 で割ると 1 余る。

(i)(ii)いずれの場合も n^2 は 3 の倍数ではない。

したがって，

整数 n が 3 の倍数でないならば，

n の平方は 3 の倍数でない。　　（証明終）

▶ 対偶が証明されたから，もとの命題「整数 n の平方が 3 の倍数ならば，n は 3 の倍数である」も証明されたことになる。

★★★

例題 38　背理法

$\sqrt{3}$ が無理数であることを証明せよ。

背理法を利用する。まず，$\sqrt{3}$ が無理数であることを否定する。すなわち，$\sqrt{3}$ が有理数であるとする。それから出発して，矛盾を導く。**有理数の定義は，$\boldsymbol{\frac{n}{m}}$（$\boldsymbol{m}$，$\boldsymbol{n}$ は互いに素な整数，ただし $\boldsymbol{m \neq 0}$）と表されること**である。（数学Ⅰ第1章③参照）

Open Sesame 解答

$\sqrt{3}$ が有理数であると仮定すると，

$\sqrt{3}=\frac{n}{m}$（m，n は正の整数で互いに素）

とおける。

両辺を2乗すると，$3=\frac{n^2}{m^2}$　　$3m^2=n^2$　…①

①より，n^2 は3の倍数だから，n も3の倍数。

したがって，$n=3k$（k は整数）とおける。

これを①に代入すると，$3m^2=9k^2$

$m^2=3k^2$　…②

②より，m^2 は3の倍数だから，m も3の倍数。

よって，m も n も3の倍数となり，m と n が互いに素であることと矛盾する。

この矛盾は，$\sqrt{3}$ が有理数であるという仮定から導かれたものだから，この仮定は誤りである。

ゆえに，$\sqrt{3}$ は無理数である。　（証明終）

▶互いに素とは，1以外の公約数をもたないこと。

▶**例題37**を利用。

問題で特に指示がなければ，自明（証明するまでもない事実）として使ってよい。

問題演習

A

43 次の条件の否定を述べよ。

$x<1$ または $2<x$

44 次の命題の否定をつくり，真偽を判定せよ。

「すべての実数 x，y について，$x^2+y^2>0$」

B

45 次の [　　] をうめよ。

命題「$x=1$ ならば $x^2=1$」について，その逆命題は「[ア] ならば [イ] である」となり，その真偽は [ウ] である。また，対偶命題は「[エ] ならば [オ] である」となり，その真偽は [カ] である。

46 実数 a，b に対し命題「$a \neq 0$ または $b \neq 0$ ならば，$a^2+b^2 \neq 0$」がある。次の各問いに答えよ。

(1)　上の命題の真偽を調べよ。

(2)　上の命題の対偶命題をつくれ。

C

47 実数 a，b について，「$a>0$ かつ $b>0$」の否定と同値な条件は次のうちのどれであるか。

①　$a+b \leqq 0$　かつ　$ab \leqq 0$

②　$a+b \leqq 0$　または　$ab \leqq 0$

③　$a<0$　または　$b<0$

④　$a<0$　かつ　$b<0$

第2章
2次関数

Open Sesame Series

数学Ⅰ 分野

OPEN★SESAME

① 2 次関数とグラフ

ここで Master!
2 次関数のグラフをかけるようになろう。

Open Sesame

● 2 次関数とグラフ

1. 一般形…$\boldsymbol{y=ax^2+bx+c}$
2. 基本形…$\boldsymbol{y=a(x-p)^2+q}$
   - ・$a>0$ のとき下に凸，$a<0$ のとき上に凸
   - ・頂点 $(p,\ q)$
   - ・軸の方程式：$x=p$
   - ・$y=ax^2$ のグラフを x 軸方向へ p，y 軸方向へ q 平行移動したグラフ

2 次関数のグラフは放物線である。

【例】　$y=ax^2$

$a>0$ のとき　　　$a<0$ のとき

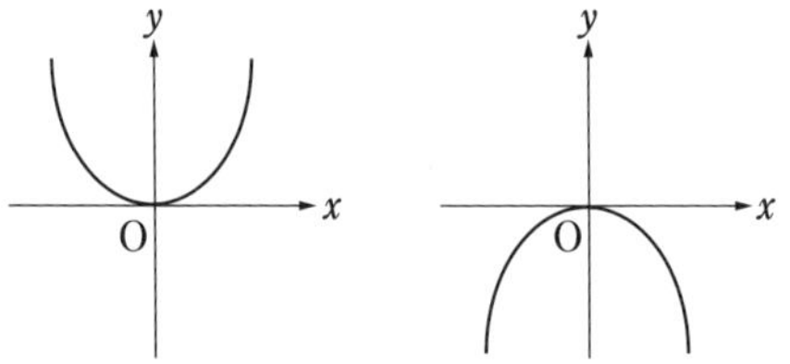

▶$a>0$ のときは下に凸のグラフ，$a<0$ のときは上に凸のグラフという。

$\boldsymbol{y=a(x-p)^2+q}$ のグラフ

- **・$\boldsymbol{y=ax^2}$ のグラフを $\boldsymbol{x}$ 軸方向に $\boldsymbol{p}$，$\boldsymbol{y}$ 軸方向に $\boldsymbol{q}$ 平行移動したグラフ**
- **・頂点 $\boldsymbol{(p,\ q)}$**
- **・軸の方程式：$\boldsymbol{x=p}$**

頂点 $(p,\ q)$

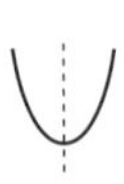
軸

【例】　$y=2(x+1)^2-3$

・頂点 $(-1,\ -3)$

・軸の方程式：$x=-1$

・y 切片 $(0,\ -1)$

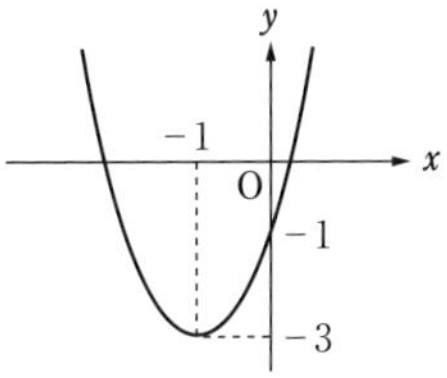

▶y 切片 …y 軸との交点のことで $x=0$ を代入する。

さて，ここで大事になってくることは，グラフをかくためには $y=a(x-p)^2+q$ の形にしなくてはならないから，

$$\boldsymbol{y=ax^2+bx+c \quad \rightarrow \quad y=a(x-p)^2+q}$$

への変形である。そこで2つほど例をあげよう。

【例】　(1)　$y=x^2+4x+3$

$=(x+2)^2-2^2+3$

$=(x+2)^2-1$

←x の係数4を2で割った数を　　部分にかき，余分にでる 2^2 をひく。

よって，頂点 $(-2,\ -1)$

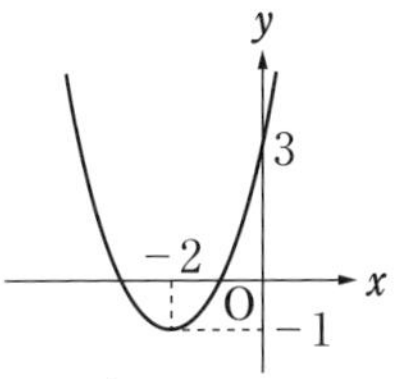

▶余分にでる数は，

$○(x+△)^2$

の形のときは

$○\cdot△^2$

である。よって，それをひけばよい。

(2)　$y=-2(x^2-2x)+1$

$=-2\{(x-1)^2-1^2\}+1$

$=-2(x-1)^2+2+1$

$=-2(x-1)^2+3$

よって，頂点 $(1,\ 3)$

▶正しいかどうか不安なときは，展開してみよう。

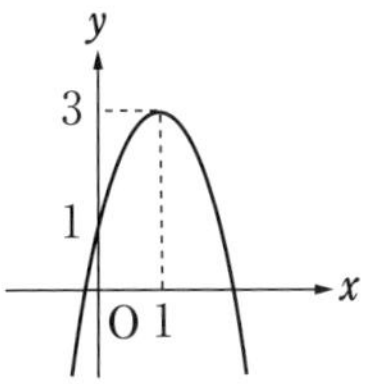

★

例題 39　2次関数のグラフ

次の関数のグラフの頂点と y 軸との交点の座標を求め，グラフの概形をかけ。

$y=2x^2-3x-1$

Open Sesame 解　答

$$y=2x^2-3x-1$$
$$=2\left(x^2-\frac{3}{2}x\right)-1$$
$$=2\left(x-\frac{3}{4}\right)^2-2\cdot\left(\frac{3}{4}\right)^2-1$$
$$=2\left(x-\frac{3}{4}\right)^2-\frac{17}{8}$$

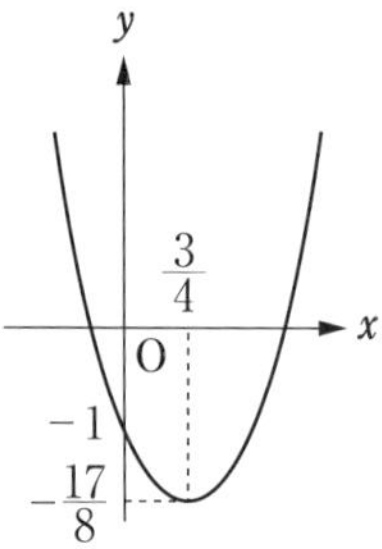

頂点 $\left(\frac{3}{4},\ -\frac{17}{8}\right)$

y 軸との交点 $(0,\ -1)$

よって，グラフは右上図のようになる。

▶y 軸との交点は1行目の式に $x=0$ を代入すればよい。

$y=ax^2+bx+c$

のとき y 軸との交点は

$(0,\ c)$

である。

▶x 軸との交点を求めるときは $y=0$

すなわち

$2x^2-3x-1=0$

を解けばよい。

ここで2次関数の一般形 $y=ax^2+bx+c$ を基本形に変形してみよう。

$$y=ax^2+bx+c=a\left(x^2+\frac{b}{a}x\right)+c$$
$$=a\left(x+\frac{b}{2a}\right)^2-a\cdot\left(\frac{b}{2a}\right)^2+c$$
$$\boldsymbol{y=a\left(x+\frac{b}{2a}\right)^2-\frac{b^2-4ac}{4a}}$$

したがって，**頂点 $\left(-\frac{b}{2a},\ -\frac{b^2-4ac}{4a}\right)$**

軸の方程式　$x=-\frac{b}{2a}$　となる。

▶$p=-\frac{b}{2a}$

$q=-\frac{b^2-4ac}{4a}$

とおけば，

$y=a(x-p)^2+q$

が得られる。

Challenge 35

次の関数のグラフの頂点の座標を求めよ。

(1)　$y=x^2+3x+1$

(2)　$y=-x^2-2x+3$

(3)　$y=2x^2-8x+6$

(4)　$y=\frac{1}{2}x^2+x-1$

★ **例題 40**　平行移動

次の［　　　］をうめよ。
放物線 $y=2x^2-8x+5$ を x 軸方向に［　ア　］，y 軸方向に［　イ　］だけ平行移動すると放物線 $y=2x^2+4x+5$ となる。

放物線の平行移動は頂点を利用すれば簡単に求めることができる。

【例】　$y=2x^2-4x+3$ を x 軸方向に 2，y 軸方向に 3 平行移動したときの放物線の方程式を求めよ。

【解】　$y=2(x-1)^2+1$ より頂点は $(1,\ 1)\xrightarrow[y\text{軸方向に}3]{x\text{軸方向に}2}$ 頂点 $(3,\ 4)$
よって，求める放物線の方程式は
$y=2(x-3)^2+4=2x^2-12x+22$

やや難しいが，平行移動について式で説明すると次のようになる。

$y=f(x)$ 上の点を $\mathrm{P}(x,\ y)$ とする。

このグラフを $\begin{cases} x\text{ 軸方向へ } p \\ y\text{ 軸方向へ } q \end{cases}$ 平行移動した

後のグラフ上の点を $\mathrm{Q}(X,\ Y)$ とおくと，

$$\begin{cases} X=x+p \\ Y=y+q \end{cases} \rightarrow \begin{cases} x=X-p \\ y=Y-q \end{cases} \quad \cdots①$$

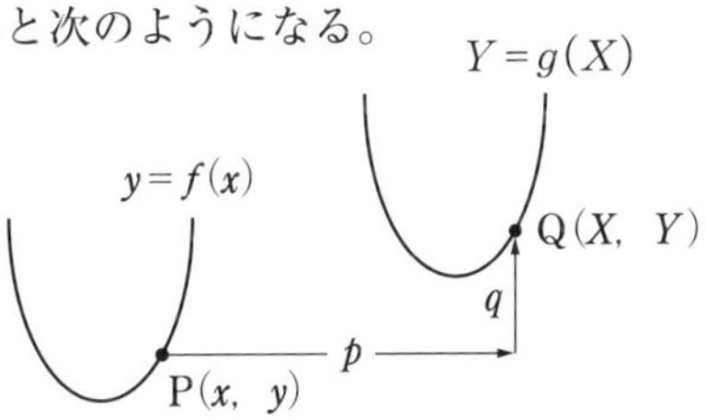

ここで点 $\mathrm{P}(x,\ y)$ は $y=f(x)$ 上にあるので①を $y=f(x)$ に代入すれば，平行移動後の関数 $Y=g(X)$ が求められる。ここで $(X,\ Y)$ はまた $(x,\ y)$ にかき直せばよいから，次の内容が得られる。

x に $x-p$ を代入し，y に $y-q$ を代入する

これを利用して上の **【例】** を解くと

$y=2x^2-4x+3$ の x に $x-2$ を代入し，y に $y-3$ を代入して，

$$y-3=2(x-2)^2-4(x-2)+3$$
$$y=2x^2-12x+22$$

この方法は，放物線に限らず，直線などに対しても利用できる。

Open Sesame 解　答

2 つの放物線の頂点を求めると，

$y=2x^2-8x+5$
$=2(x-2)^2-3$　　頂点 $(2,\ -3)$
$y=2x^2+4x+5$
$=2(x+1)^2+3$　　頂点 $(-1,\ 3)$

▶ $y=a(x-p)^2+q$ の a の値はグラフの形を表しているから，平行移動しても変わらない。

したがって，x 軸方向に -3，y 軸方向に 6 平行移動すればよい。

ア．-3　　イ．6

Challenge 36

放物線 $y=2x^2-8x+9$ について，次の各問いに答えよ。

(1)　頂点の座標を求めよ。

(2)　この放物線を x 軸方向へ α，y 軸方向へ β 平行移動すると，$y=2x^2-4x+1$ となる。α，β の値を求めよ。

★★

例題 41　対称移動

放物線 $y=x^2-2x$ と，x 軸，y 軸および原点のそれぞれに関して対称な位置にある放物線の方程式を求めよ。

対称移動については，右図からもわかるように次の内容が整理できる。

x 軸について対称　　$(x,\ y)\to(x,\ -y)$

y 軸について対称　　$(x,\ y)\to(-x,\ y)$

原点について対称　　$(x,\ y)\to(-x,\ -y)$

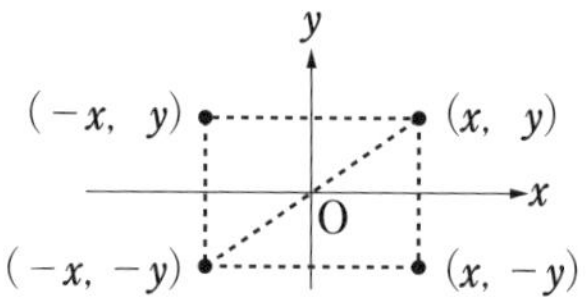

今回の問題についても，頂点を利用してもよいし，直接上の関係性を代入してもよい。

Open Sesame 解答

x 軸についての対称移動は $(x,\ y)\to(x,\ -y)$

$-y=x^2-2x$　　$\boldsymbol{y=-x^2+2x}$

y 軸についての対称移動は $(x,\ y)\to(-x,\ y)$

$y=(-x)^2-2(-x)$　　$\boldsymbol{y=x^2+2x}$

原点についての対称移動は $(x,\ y)\to(-x,\ -y)$

$-y=(-x)^2-2\cdot(-x)$　　$\boldsymbol{y=-x^2-2x}$

▶$y=x^2-2x$
$=(x-1)^2-1$ より
頂点 $(1,\ -1)$
を対称移動してから求めてもよい。

Challenge 37

$y=2x^2-4x+5$ のグラフを次のように対称移動したグラフの方程式を求めよ。

(1)　x 軸について

(2)　y 軸について

(3)　原点について

問題演習

A

48 放物線 $y=-\frac{1}{3}x^2+x-\frac{2}{3}$ の頂点の座標を求めよ。

49 放物線 $y=2x^2+4x-3$ を，原点に関して対称移動した放物線の頂点は，次のうちのどれか。

① $(-5,\ -1)$　② $(-1,\ -5)$　③ $(5,\ -1)$　④ $(1,\ -5)$
⑤ $(1,\ 5)$

B

50 $y=-2x^2+4x+2$ を x 軸方向に -1，y 軸方向に -2 移動した後，x 軸に関して対称移動したグラフの頂点の座標を求めよ。

51 放物線 $y=x^2+ax+b$ を x 軸の正方向へ 2，y 軸の負方向へ 1 だけ平行移動すると，頂点の座標が $(1,\ 2)$ となった。定数 a，b の値を求めよ。

52 放物線 $y=x^2-2x-1$ を，直線 $y=2$ に関して対称に移動した放物線の方程式を求めよ。

C

53 点 $(3,\ 3)$ を通る放物線 $y=x^2-2ax+b$ と点 $(5,\ 3)$ を通る放物線 $y=x^2-2cx+d$ とは直線 $x=2$ に関して対称であるという。このとき，a，b，c，d の値を求めよ。

数学I 分野

OPEN★SESAME

② 2次関数の最大・最小

ここで Master!
1つ1つの例題を通して，最大・最小に関する問題パターンを把握していこう。

Open Sesame

● 2次関数の最大・最小

基本形 $y=a(x-p)^2+q$ において，x の変域を数（実数）全体として考える場合

$a>0$ のとき

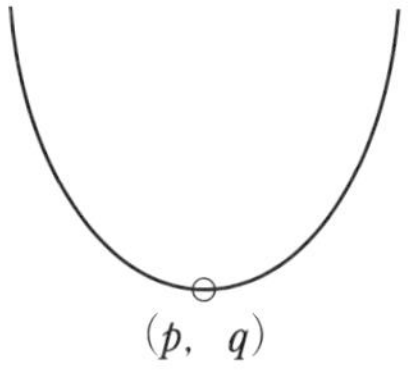

最大値　なし
最小値　q（$x=p$ のとき）

$a<0$ のとき

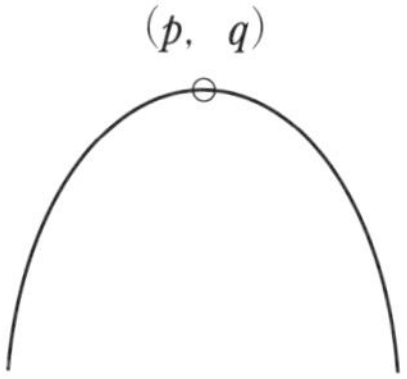

最大値　q（$x=p$ のとき）
最小値　なし

●定義域 $m \leqq x \leqq n$ における最大・最小

$y=f(x)=a(x-p)^2+q\,(m \leqq x \leqq n)$ の最大値，最小値は，軸 $x=p$ の位置によって，次のようになる。

$a>0$ のとき

$p<m$ のとき	$m \leqq p < \frac{m+n}{2}$ のとき	$\frac{m+n}{2} \leqq p < n$ のとき	**$n \leqq p$ のとき**
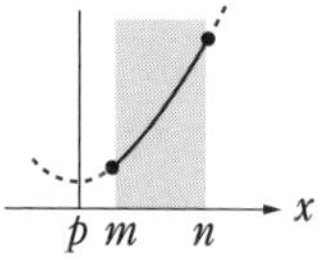	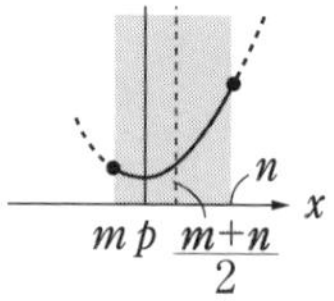	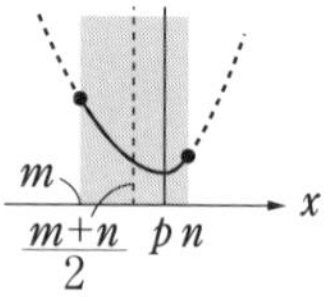	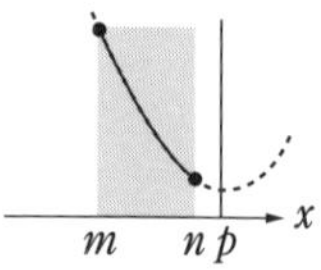
最大値　$f(n)$ **最小値　$f(m)$**	**最大値　$f(n)$** **最小値　$f(p)=q$**	**最大値　$f(m)$** **最小値　$f(p)=q$**	**最大値　$f(m)$** **最小値　$f(n)$**

2 次関数 $y=a(x-p)^2+q(m \leqq x \leqq n)$ の最大値，最小値を合わせて考えると前記のように 4 つの場合が考えられる。さらに理解を深めるために，最大値と最小値をそれぞれ別にして考えてみよう。

(i)　**最大値**

①軸が定義域中央より左にあるとき

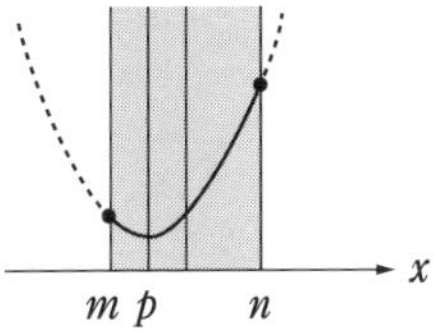

最大値 $f(n)$

②軸が定義域中央より右にあるとき

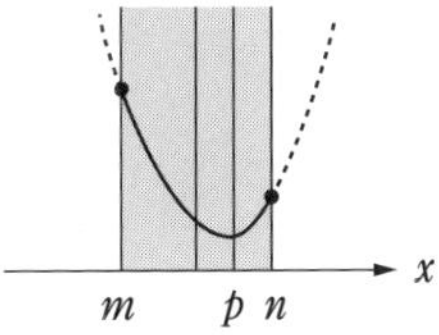

最大値 $f(m)$

▶最大値は左のように 2 通り。軸が定義域の中央より右か左かで分かれる。

(ii)　**最小値**

①軸が定義域の左外にあるとき

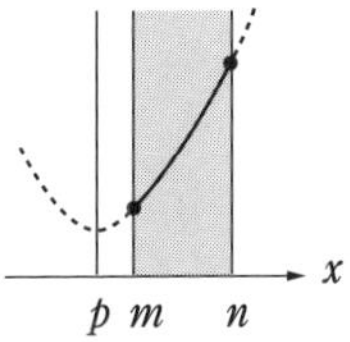

最小値 $f(m)$

②軸が定義域内にあるとき

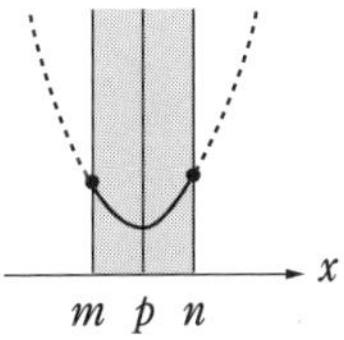

最小値 $f(p)$

③軸が定義域の右外にあるとき

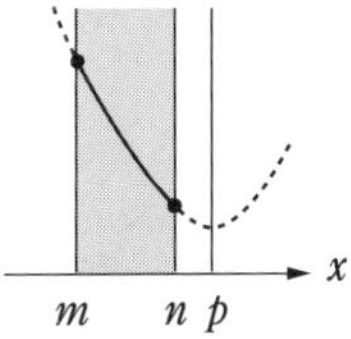

最小値 $f(n)$

▶最小値は 3 通り。

とにかく，2 次関数の最大・最小を考える場合，グラフは不可欠。

セクション①で 2 次関数のグラフはかけるようになった。このグラフを活用していきながら，最大・最小問題をさっそく解いていこう。

★ **例題 42**　定義域が与えられたとき

定義域を $0 \leqq x \leqq 5$ とする 2 次関数 $y=2x^2-12x+22$ の最大値，最小値を求めよ。また，最大値，最小値をとるときの x の値を求めよ。

“最大・最小はグラフをかけ” の鉄則通り，定義域 $0 \leqq x \leqq 5$ に存在するグラフを図示していこう。
最大値，最小値を求めるときは，必ずグラフをかこう。定義域の両端の点がいつでも最大値・最小値をとるとは限らないからだ。わかりきっていると思い込んだりしてグラフをかかない人は，入試で思わぬ痛手をくうことにもなりかねない。今からしっかりとグラフをかくクセをつけよう。

Open Sesame 解答

$y=2x^2-12x+22$　…①
$=2(x^2-6x)+22$
$=2(x-3)^2-2\cdot3^2+22$
$=2(x-3)^2+4$　…②

よって，頂点 (3，4)
定義域 $0\leqq x\leqq5$ に注意して，
$x=0$ を①に代入すると，
$y=2\cdot0^2-12\cdot0+22=22$
$x=5$ を②に代入すると，
$y=2(5-3)^2+4$
$=2\cdot2^2+4=12$
右グラフより，
最大値 22 ($x=0$ のとき)
最小値 4 ($x=3$ のとき)

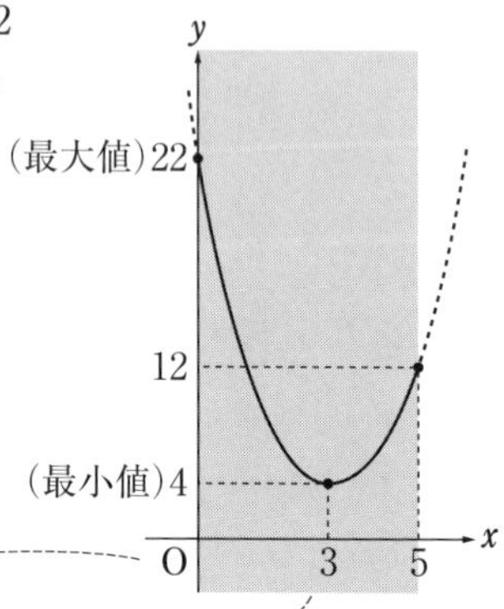

▶①の右辺を 2 で割って
$y=x^2-6x+11$
などしないように注意しよう。割ることができるのは「～＝0」という方程式の場合。
例）$2x^2-12x+22=0$
両辺を 2 で割って，
$x^2-6x+11=0$

▶**定義域**… 横軸 x の範囲
値域… 縦軸 y の範囲

▶ $x=0$，5 を代入する式は①，②のどちらでもよい。計算が簡単になる方を選ぶ。

Challenge 38

$y=3x^2-12x+13$ の $1\leqq x\leqq4$ における最大値，最小値を求めよ。

★★ **定義域内で最大値・最小値が与えられたとき**

例題 43

区間 $-1\leqq x\leqq5$ における関数 $y=x^2-6x+a$ の最大値が 2 であるとき，定数 a の値を求めよ。

定義域があるので，最大値は，区間の両端のどちらかになる。

Open Sesame 解　答

$y=(x-3)^2-9+a$　　頂点 $(3,\ -9+a)$

グラフより，$x=-1$ のとき最大となり，最大値は，

$y=(-1)^2-6\cdot(-1)+a$

$=7+a$

この値が2であればよいから，

$7+a=2$　$\boldsymbol{a=-5}$

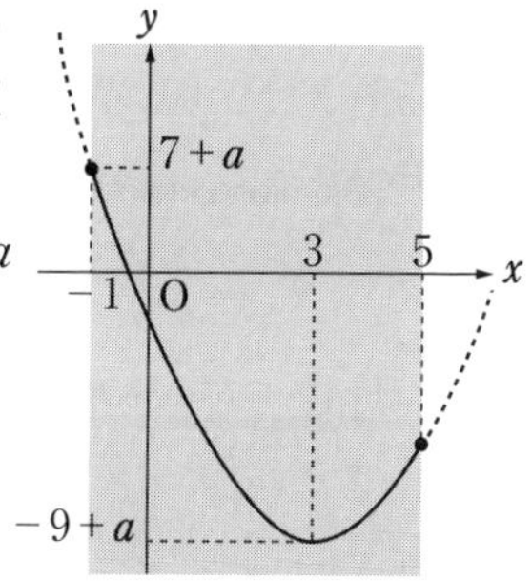

▶頂点が定義域の区間内で右寄りにあるので，$x=-1$ のときの y の値の方が（$x=5$ のときより）大きくなる。

Challenge 39

$y=-2x^2+12x+a\ (2\leqq x\leqq 5)$ の最小値が5のとき，定数 a の値を求めよ。

★★ **最小値の中の最大値**

例題 44

定数 p に対して定まる2次関数 $f(x)=x^2-4px+p$ について，次の各問いに答えよ。

(1)　$f(x)$ の最小値を m とするとき，m を p の式で表せ。

(2)　最小値 m は，どのような p の値に対して最大となるか。また，その最大値を求めよ。

Open Sesame 解　答

(1)　$f(x)=(x-2p)^2-4p^2+p$

$f(x)$ は下に凸より，最小値 m は

$\boldsymbol{m=-4p^2+p}$

▶頂点の y 座標が最小値

▶$x=2p$ のとき

(2)　$m=-4\left(p^2-\dfrac{1}{4}p\right)$

$=-4\left(p-\dfrac{1}{8}\right)^2+\dfrac{1}{16}$

m は上に凸より

$\boldsymbol{p=\dfrac{1}{8}}$ のとき

最大値 $\boldsymbol{\dfrac{1}{16}}$ になる。

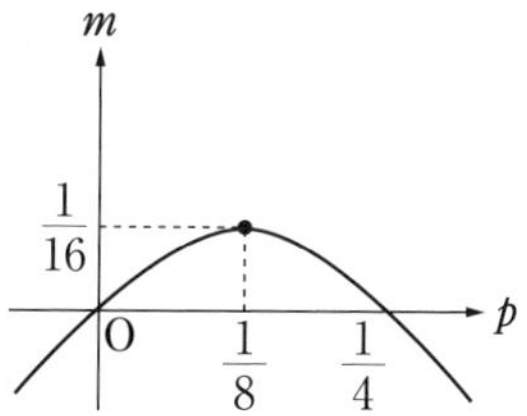

▶m を p の2次関数と考える。

Challenge 40

2次関数 $y=x^2+2mx+4(m+3)$ について，次の各問いに答えよ。

(1)　最小値を m の式で表せ。

(2)　最小値の最大値を求めよ。

★★　置き換えを利用する最大・最小

例題 45

$t=x^2-2x+4$ のとき，次の各問いに答えよ。

(1)　t の値の範囲を求めよ。

(2)　$y=(x^2-2x+4)^2-4(x^2-2x+4)+10$ の最小値と，そのときの x の値を求めよ。

“置き換えたら範囲に注意！” の鉄則通り問題を解いていこう。

(2)において，$x^2-2x+4=t$ とおいたとき

$$y=t^2-4t+10$$

となるが，この t には範囲がつくのである。それを(1)で求めさせている。

この問題で多いミスは，せっかく求めた定義域の $t \geqq 3$ を考慮せずに，

$$\boldsymbol{y=(t-2)^2+6}$$

より，最小値を 6 とするミスである。

つねに，ある式を置き換えたら範囲に注意しよう。

Open Sesame 解答

(1)　$t=x^2-2x+4$

$\quad =(x-1)^2+3$

右図より，$t \geqq 3$

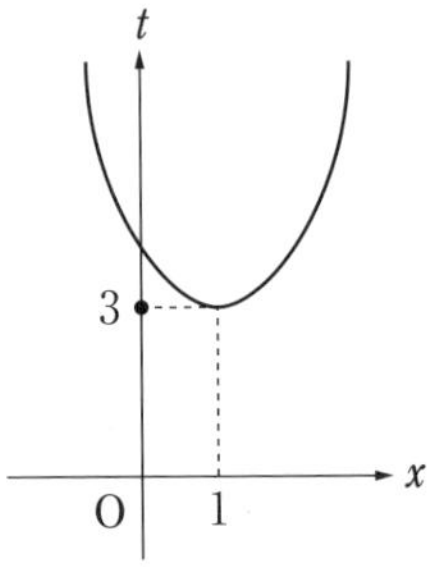

▶グラフを利用しなくても，式から判断することもできる。実数の性質より，

$$(x-1)^2 \geqq 0$$

両辺に 3 を加えて，

$$(x-1)^2+3 \geqq 3$$

$$t \geqq 3$$

(2)　$x^2-2x+4=t$ であるから,

$y=(x^2-2x+4)^2-4(x^2-2x+4)+10$

$=t^2-4t+10$

$=(t-2)^2+6$

ここで，(1)より $t \geqq 3$ であるから，右図より，$t=3$ のとき最小値 7 をとる。

また，$t=3$ となるのは，(1)のグラフより，$x=1$ のとき。

したがって，

最小値 7（$x=1$ のとき）

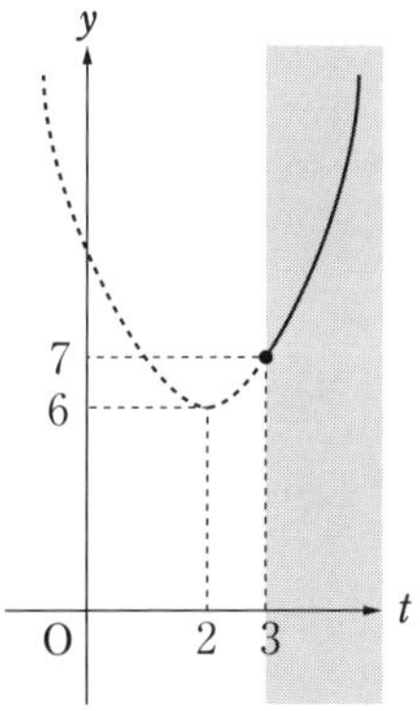

▶最小値をとるときの x の値 $x=1$ は，(1)のグラフから求めてもよいし，$t=3$ を $x^2-2x+4=t$ に代入して求めてもよい。

$x^2-2x+4=3$

$x^2-2x+1=0$

$(x-1)^2=0$

$x=1$

Challenge 41

x を実数として，$t=-x^2+2x$ とする。次の各問いに答えよ。

(1)　t の最大値を求めよ。

(2)　x を実数とするとき，x の関数 $y=(-x^2+2x)^2-5(-x^2+2x)+1$ の最小値を求めよ。

★★★　文字 a が入ったとき(I)

例題 46

$0 \leqq x \leqq 2$ における，関数 $f(x)=x^2-ax+a^2$ の最小値を求めよ。

$f(x)=x^2-ax+a^2=\left(x-\dfrac{a}{2}\right)^2-\dfrac{a^2}{4}+a^2=\left(x-\dfrac{a}{2}\right)^2+\dfrac{3}{4}a^2$　頂点 $\left(\dfrac{a}{2},\ \dfrac{3}{4}a^2\right)$

$m \leqq x \leqq n$ のように x の定義域が指定されている**最小**値問題で,

頂点の x 座標に文字定数が含まれているときは，軸の位置が,

(i)　**$x=m$ より左**　(ii)　**$x=m$ と $x=n$ の間（x の定義域内）**　(iii)　**$x=n$ より右**

のいずれにあるかで，3 つに場合分けして考える。

Open Sesame 解答　$f(x)=x^2-ax+a^2=\left(x-\dfrac{a}{2}\right)^2+\dfrac{3}{4}a^2\ (0\leqq x\leqq 2)$

軸：$x=\dfrac{a}{2}$ の位置で，次の(i)(ii)(iii)に場合分けする。

(i)　$\dfrac{a}{2}\leqq 0$ のとき，

すなわち $a\leqq 0$ のとき，

$x=0$ で最小となり，

$f(0)=0^2-a\cdot 0+a^2$

$=a^2$

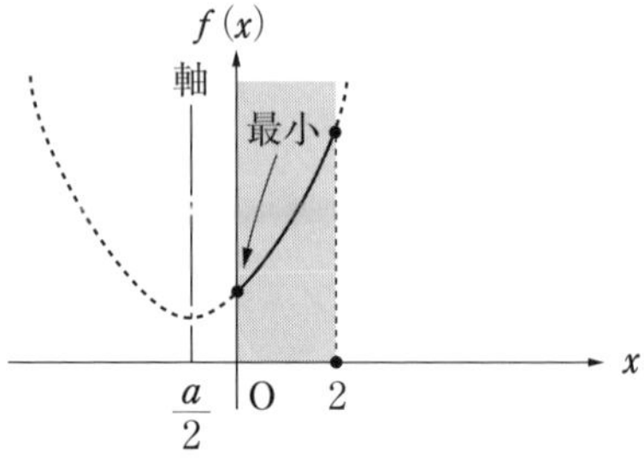

(ii)　$0<\dfrac{a}{2}\leqq 2$ のとき，

すなわち $0<a\leqq 4$ のとき，

$x=\dfrac{a}{2}$ で最小となり，

$f\left(\dfrac{a}{2}\right)=\dfrac{3}{4}a^2$

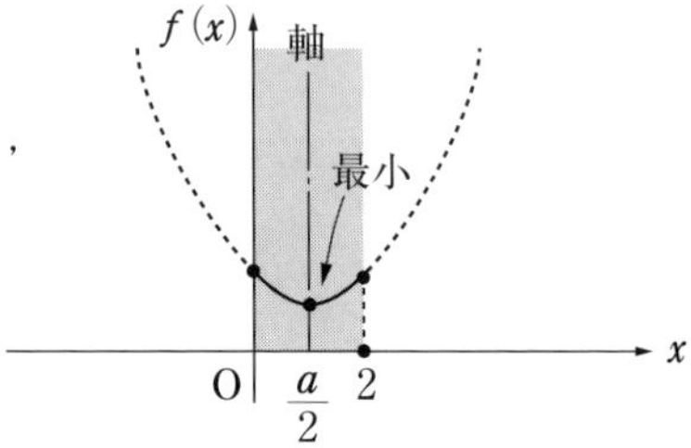

(iii)　$2<\dfrac{a}{2}$ のとき，

すなわち $4<a$ のとき，

$x=2$ で最小となり，

$f(2)=4-2a+a^2$

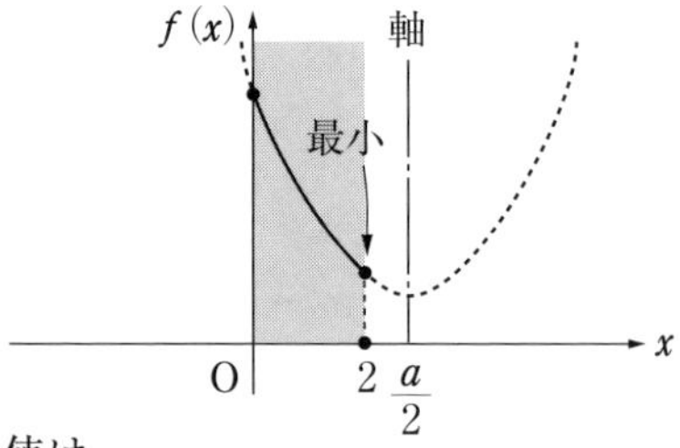

したがって，求める最小値は，

$$\begin{cases} \boldsymbol{a\leqq 0}\ \textbf{のとき，}\ \boldsymbol{a^2}\ (x=0) \\ \boldsymbol{0<a\leqq 4}\ \textbf{のとき，}\ \boldsymbol{\dfrac{3}{4}a^2}\left(x=\dfrac{a}{2}\right) \\ \boldsymbol{4<a}\ \textbf{のとき，}\ \boldsymbol{a^2-2a+4}\ (x=2) \end{cases}$$

▶軸の方程式は $x=\dfrac{a}{2}$

(i)　軸 $\leqq 0$

(ii)　$0<$ 軸 $\leqq 2$

(iii)　$2<$ 軸

この場合，等号は“つける，つけない”と交互につければよい。

▶$0<\dfrac{a}{2}\leqq 2$ の各辺に2をかけて，

$0\times 2<\dfrac{a}{2}\times 2\leqq 2\times 2$

$0<a\leqq 4$

▶$f\left(\dfrac{a}{2}\right)$ は頂点の y 座標

▶a の値が変化すれば，頂点の y 座標 $\dfrac{3}{4}a^2$ も変化するが，示したグラフは，見やすいように，一定値としてかいた。

▶本問では問題で要求されていないので，x の値は必ずしも書かなくてもよい。

Challenge 42

x の2次関数 $y=x^2-2ax+a$ の，$0\leqq x\leqq 1$ における最小値を a を用いて表せ。

★★★ 文字 a が入ったとき(Ⅱ)

例題 47

$0 \leqq x \leqq 2$ における，関数 $f(x)=x^2-ax+a^2$ の最大値，最小値を求めよ。

$f(x)=x^2-ax+a^2=\left(x-\dfrac{a}{2}\right)^2-\dfrac{a^2}{4}+a^2=\left(x-\dfrac{a}{2}\right)^2+\dfrac{3}{4}a^2$　頂点 $\left(\boldsymbol{\dfrac{a}{2}},\ \dfrac{3}{4}a^2\right)$

$m \leqq x \leqq n$ のように x の定義域が指定されている**最大値最小値**を求めさせる問題で，**頂点の x 座標に文字定数が含まれている**ときは，軸の位置が，

(i) **$x=m$ より左**　(ii) **定義域の左半分**　(iii) **定義域の右半分**　(iv) **$x=n$ より右**

のいずれにあるかで，4 つに場合分けして考える。

Open Sesame 解答

$f(x)=x^2-ax+a^2=\left(x-\dfrac{a}{2}\right)^2+\dfrac{3}{4}a^2\ (0 \leqq x \leqq 2)$

軸：$x=\dfrac{a}{2}$ の位置で，次の(i)(ii)(iii)(iv)に場合分けする。

▶軸の方程式は $x=\dfrac{a}{2}$

本問では，繁雑になることを避けるために，図の中に軸を記入しなかったが，次のように場合分けする。

(i)　軸 $\leqq 0$

(ii)　$0<$ 軸 $\leqq 1$

(iii)　$1<$ 軸 $\leqq 2$

(iv)　$2<$ 軸

(i)　$\dfrac{a}{2} \leqq 0$ のとき，

(すなわち $a \leqq 0$)

最大値 $f(2)$

$=4-2a+a^2$

最小値 $f(0)=a^2$

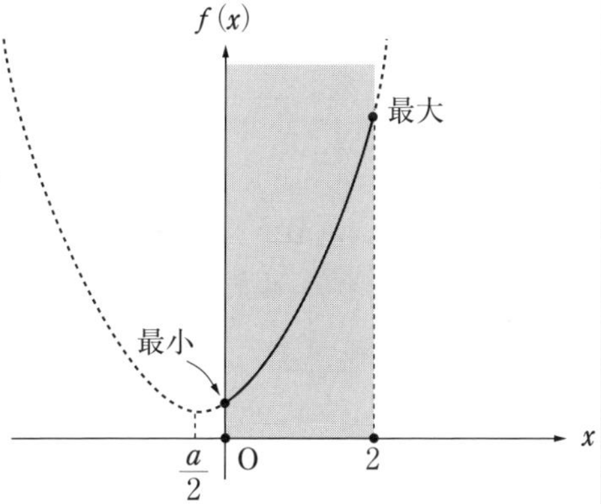

(ii)　$0<\dfrac{a}{2} \leqq 1$ のとき，

(すなわち $0<a \leqq 2$)

最大値 $f(2)=4-2a+a^2$

最小値 $f\left(\dfrac{a}{2}\right)=\dfrac{3}{4}a^2$

▶定義域 $0 \leqq x \leqq 2$ のまん中が $x=1$ であることに注意。

▶頂点（軸）から遠い方の端 $x=2$ で最大となる。

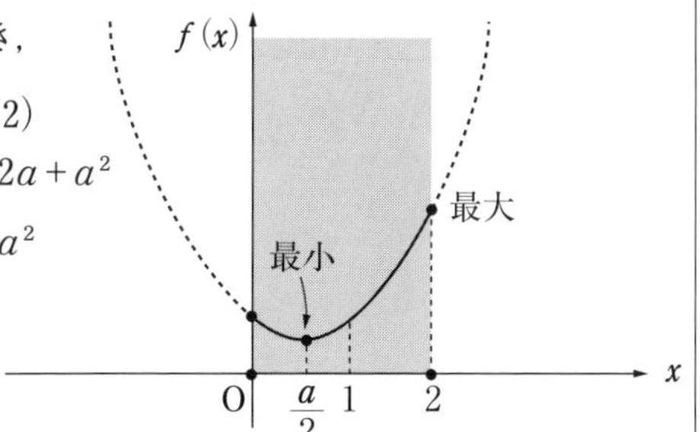

(iii)　$1<\dfrac{a}{2}\leqq 2$ のとき，

（すなわち $2<a\leqq 4$）

最大値 $f(0)=a^2$

最小値 $f\left(\dfrac{a}{2}\right)=\dfrac{3}{4}a^2$

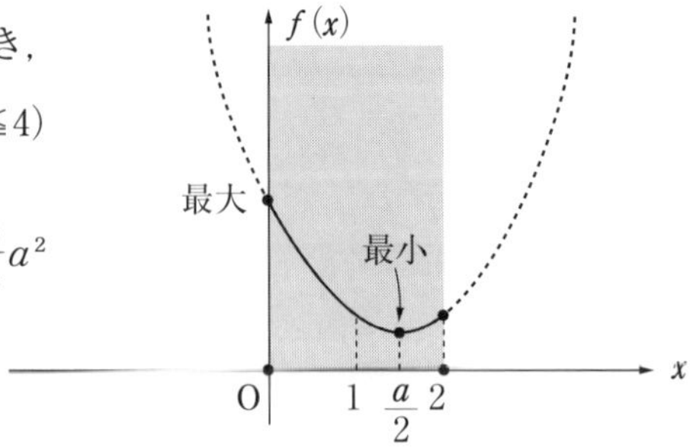

▶頂点から遠い方の端 $x=0$ で最大となる。

(iv)　$2<\dfrac{a}{2}$ のとき，

（すなわち $4<a$）

最大値 $f(0)=a^2$

最小値 $f(2)=4-2a+a^2$

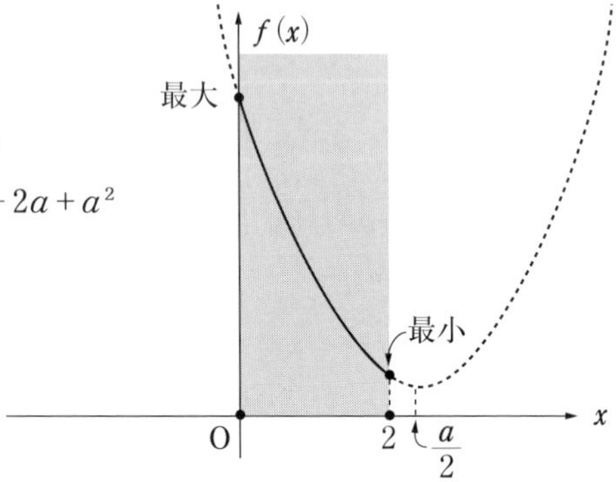

▶頂点（軸）から遠い方の端 $x=0$ で最大となる。

したがって，

$$\begin{cases} \boldsymbol{a\leqq 0} \text{ のとき，最大値 } \boldsymbol{a^2-2a+4}\text{，最小値 } \boldsymbol{a^2} \\ \boldsymbol{0<a\leqq 2} \text{ のとき，最大値 } \boldsymbol{a^2-2a+4}\text{，最小値 } \boldsymbol{\dfrac{3}{4}a^2} \\ \boldsymbol{2<a\leqq 4} \text{ のとき，最大値 } \boldsymbol{a^2}\text{，最小値 } \boldsymbol{\dfrac{3}{4}a^2} \\ \boldsymbol{4<a} \text{ のとき，最大値 } \boldsymbol{a^2}\text{，最小値 } \boldsymbol{a^2-2a+4} \end{cases}$$

▶最大値のみのときは(i)と(ii)，(iii)と(iv)がまとめられるので2つに場合分けする。

▶最小値のみのときは，(ii)(iii)がまとめられるので，3つに場合分けする。（**例題46**参照）

Challenge 43

x の2次関数 $f(x)=2x^2-4ax+1$ の区間 $0\leqq x\leqq 2$ における最大値 g，最小値 h を求めよ。

問題演習

A

54　2次関数 $y=2x^2+4x-1$…①について，次の各問いに答えよ。

(1)　①のグラフの頂点の座標と軸の方程式を求めよ。

(2)　$-2\leqq x\leqq 1$ における最大値と最小値を求めよ。また，そのときの x の値を求めよ。

B

55　$y=x^2-ax+a$ の頂点の y 座標の最大値を求めよ。

56　次の関数が最大値2をもつとき m の値を定めよ。また最小値を求めよ。

$y=-2x^2+x+m$ $(0\leqq x\leqq 3)$

57　2次関数 $y=ax^2-4ax+b(0\leqq x\leqq 5)$ の最大値が17，最小値が -10 のとき，次の場合について a，b の値をそれぞれ求めよ。

(1)　$a>0$ の場合　　(2)　$a<0$ の場合

58　$y=(x^2-4x+1)^2+4x^2-16x+6$ の最大値および最小値を求めよ。ただし，$0\leqq x\leqq 3$ とする。

C

59　$0\leqq x\leqq a(a>0)$ とする。2次関数 $y=x^2-4x$ の最大値と最小値を次のように場合分けして求めよ。

(i)　$0<a\leqq 2$ のとき　(ii)　$2<a\leqq 4$ のとき　(iii)　$a>4$ のとき

60　2次関数 $y=2x^2-4ax+a^2-5a$ について，次の各問いに答えよ。

(1)　頂点の座標を a を用いて表せ。

(2)　$-5\leqq x\leqq 0$ での最小値が6となるような a の値をすべて求めよ。

数学Ⅰ 分野

OPEN★SESAME

③

2 次関数の決定

ここで Master!
条件が与えられたとき，放物線の方程式が求められるようになろう。

Open Sesame

● 2 次関数（放物線）の決定パターン

1　3 点が与えられたとき…$y=ax^2+bx+c$

2　頂点，軸，最大値，最小値などが与えられたとき

…$y=a(x-p)^2+q$

（最大値，最小値については x の範囲の指定がないときに限る）

3　x 軸との交点 $(\alpha,\ 0)(\beta,\ 0)$ が与えられたとき

…$y=a(x-\alpha)(x-\beta)$

★ **例題 48**　3 点が与えられたときの放物線の決定

次の［　　］をうめよ。

3 点 $(0,\ 3)$，$(2,\ -1)$，$(5,\ 8)$ を通る放物線を $y=ax^2+bx+c$　$(a\neq0)$ とおくと，$a=$［ア］，$b=$［イ］，$c=$［ウ］である。

3 点が与えられたとき…放物線を $\boldsymbol{y=ax^2+bx+c}$ **とおき**，3 点を代入して 3 元連立方程式を解く。

Open Sesame 解答

$y=ax^2+bx+c$ が 3 点を通るから，

$(0,\ 3)$　：$3=c$　…①

$(2,\ -1)$：$-1=4a+2b+c$　…②

$(5,\ 8)$　：$8=25a+5b+c$　…③

①を②③に代入して，

▶本問は c の値がすぐに求められたが，そうでない場合もある。（**問題演習62**参照）

②→ $-1=4a+2b+3$

$4a+2b=-4$

$2a+b=-2$　…④

③→ $8=25a+5b+3$

$25a+5b=5$

$5a+b=1$　…⑤

④と⑤を連立方程式として解くと，

$a=1,\ b=-4$

よって，$y=x^2-4x+3$

ア．1　イ．−4　ウ．3

▶両辺を 2 で割った。

▶④−⑤より，

$$\begin{array}{rl} & 2a+b=-2 \\ -\,) & 5a+b=1 \\ \hline & -3a\quad=-3 \\ & a=1 \end{array}$$

④に代入して，

$2+b=-2$

$b=-4$

Challenge 44

3 点 (0，0)，(−1，5)，(4，0) を通る放物線の方程式を求めよ。

★ 頂点が与えられたときの放物線の決定

例題 49

点 (−1，7) を頂点とし，点 (1，3) を通る放物線の方程式を求めよ。

頂点，軸，最大値，最小値などが与えられたとき…$y=a(x-p)^2+q$ とおく。

Open Sesame 解答

頂点が (−1，7) であるから，求める放物線の方程式は，

$y=a(x+1)^2+7$

とおける。これが点 (1，3) を通るから

$3=a(1+1)^2+7$

$a=-1$

したがって，$y=-(x+1)^2+7$

$\boldsymbol{y=-x^2-2x+6}$

▶点 (1，3) を通るから，$x=1$，$y=3$ を代入。

▶ $y=-(x+1)^2+7$ を答としてもよい。

Challenge 45

次の条件を満たす放物線の方程式を求めよ。

(1)　点 (2，−12) を頂点とし，点 (0，4) を通る。

(2)　軸が $x=-1$ で，2 点 (−2，4)，(1，10) を通る。

問題演習

A

61　3点 $(0,\ 1)$，$(2,\ 3)$，$(-1,\ 6)$ を通る2次関数のグラフ上にある点は，次のうちどれか。

①　$(3,\ 6)$　②　$(3,\ 7)$　③　$(3,\ 8)$　④　$(3,\ 9)$　⑤　$(3,\ 10)$

62　3点 $(1,\ -2)$，$(2,\ 1)$，$(3,\ -2)$ を通る放物線の方程式を求めよ。

63　2次関数 $y=f(x)$ は $x=1$ で最大値4をとり，$f(2)=3$ となる。$f(x)$ を求めよ。

64　x 軸と2点 $(1,\ 0)$，$(-3,\ 0)$ で交わり，点 $(-2,\ 6)$ を通る放物線の方程式を求めよ。

B

65　次の［　　　］をうめよ。

2次関数 $y=x^2+2kx+2k+3$ のグラフの頂点の座標は（［　　　］，［　　　］）であり，頂点が直線 $y=x-1$ 上にあるとき，k の値は $k=$［　　　］，［　　　］である。

66　放物線 $y=ax^2+bx+c$ は x 軸と2点 $(3,\ 0)$，$(-1,\ 0)$ で交わり，その頂点は直線 $y=2x+2$ 上にあるという。a，b，c の値を求めよ。

67　2次関数 $f(x)=ax^2+bx-4$ は $x=2$ で最大値8をとる。このとき，定数 a，b の値を求めよ。

C

68　x の2次関数 $f(x)$ のグラフは2点 $(0,\ 3)$，$(3,\ 0)$ を通り，軸は $-2\leqq x\leqq 4$ の範囲にあって頂点の y 座標は4であるという。この2次関数を求めよ。

数学Ⅰ 分野

OPEN★SESAME

④

2 次方程式

ここで Master!

① 2 次方程式の解き方をマスターしよう。

② 判別式の意味を理解し，使いこなせるようになろう。

Open Sesame

●解の公式

1　2 次方程式 $ax^2+bx+c=0$　$(a \neq 0)$ の解は，

$$x=\frac{-b\pm\sqrt{b^2-4ac}}{2a}$$

2　特に，b が 2 の倍数のときは，$b=2b'$ とおきかえて次の公式を使う。

2 次方程式 $ax^2+2b'x+c=0$　$(a \neq 0)$ の解は，

$$x=\frac{-b'\pm\sqrt{b'^2-ac}}{a}$$

●$ax^2+bx+c=0$ の実数解と b^2-4ac の符号

$b^2-4ac>0$	$b^2-4ac=0$	$b^2-4ac<0$
異なる 2 つの実数解 $\dfrac{-b\pm\sqrt{b^2-4ac}}{2a}$	重解 $-\dfrac{b}{2a}$	実数解なし

●$ax^2+2b'x+c=0$ の実数解と b'^2-ac の符号

$b'^2-ac>0$	$b'^2-ac=0$	$b'^2-ac<0$
異なる 2 つの実数解 $\dfrac{-b'\pm\sqrt{b'^2-ac}}{a}$	重解 $-\dfrac{b'}{a}$	実数解なし

●解の公式

▶解の公式の使い方は**例題51**で練習する。

$ax^2+bx+c=0$ において，

　b が 2 の倍数でなければ，b をそのまま使って，

1　$\boldsymbol{x=\dfrac{-b\pm\sqrt{b^2-4ac}}{2a}}$

にあてはめる。

b が2の倍数なら，その半分を b' として，

2　$\boldsymbol{x=\dfrac{-b'\pm\sqrt{b'^2-ac}}{a}}$

にあてはめる。

▶$b=2b'$

▶**1**より**2**の方が計算が簡単なので，**2**が使えるときは，必ず**2**を使うようにしよう。

●$ax^2+bx+c=0$ の実数解と b^2-4ac の符号

$ax^2+bx+c=0$ の解は，解の公式より次の(ア)(イ)。

(ア)　$\dfrac{-b+\sqrt{b^2-4ac}}{2a}$　　(イ)　$\dfrac{-b-\sqrt{b^2-4ac}}{2a}$

・**$b^2-4ac=0$ のとき**

(ア)　$\dfrac{-b+\sqrt{0}}{2a}=\dfrac{-b}{2a}$　　(イ)　$\dfrac{-b-\sqrt{0}}{2a}=\dfrac{-b}{2a}$

のように，(ア)(イ)は $\dfrac{-b}{2a}$ という同じ値になる。これを「**重解**」とよぶ。

▶2つの解が重なって1つになった解，という意味。

・**$b^2-4ac<0$ のとき**

$\sqrt{}$ の中が負となるので，(ア)(イ)は実数でなくなってしまう。したがって，「**実数解なし**」となる。

▶$\sqrt{}$ の中が負の数は虚数とよばれ，数学Ⅱで学ぶ。

・**$b^2-4ac>0$ のとき**

(ア)(イ)はともに実数で，かつ互いに異なる数になる。

すなわち，「**異なる2つの実数解**」をもつ。

なお，ここで考えた $\boldsymbol{b^2-4ac}$ は「**判別式**」とよばれ，$\boldsymbol{D}$ で表す。($\boldsymbol{D=b^2-4ac}$)

▶ここでは，
「実数とは，$\sqrt{}$ の中が負にならない数」と考えておけばよい。

●$ax^2+2b'x+c=0$ の実数解と b'^2-ac の符号

$\sqrt{}$ の中の式 $\boldsymbol{b'^2-ac}$ について，上と同様のことが成り立つ。ここで，$\boldsymbol{b'^2-ac}$ を b で表しなおしてみる。

$b=2b'$ より $b'=\dfrac{b}{2}$ だから，

$$\boldsymbol{b'^2-ac}=\left(\frac{b}{2}\right)^2-ac=\frac{b^2}{4}-ac=\frac{b^2-4ac}{4}=\boldsymbol{\frac{D}{4}}$$

したがって，$\boldsymbol{\dfrac{D}{4}=b'^2-ac}$ という関係がある。

$\boldsymbol{D=b^2-4ac}$，$\boldsymbol{\dfrac{D}{4}=b'^2-ac}$ はよく使う表現なので覚えておこう。

▶$\dfrac{D}{4}$ は1つの文字と考えよう。
$\dfrac{D}{4}=b'^2-ac$
の両辺に4をかけて，
$D=4(b'^2-ac)$
などとしないように。なお，$\dfrac{D}{4}$ のかわりに，D' と表すこともある。

★ **例題 50**　2次方程式の解(Ⅰ)

次の2次方程式を解け。

(1)　$-x^2+3x+18=0$

(2)　$2x^2+3x-5=0$

(3)　$(3x-4)^2=x^2-2$

左辺が有理数の範囲で因数分解できるときは，因数分解して，

$$\boldsymbol{AB=0 \Longleftrightarrow A=0} \text{ または } \boldsymbol{B=0}$$

を利用する。

Open Sesame 解　答

(1)　$-x^2+3x+18=0$

両辺に -1 をかけて，

$$x^2-3x-18=0$$

$$(x-6)(x+3)=0$$

$$\boldsymbol{x=6,\ -3}$$

▶x^2 の係数を正にしておこう。

▶$(x-6)(x+3)=0$ より，
$x-6=0$ または $x+3=0$
よって，
$x=6$ または $x=-3$

(2)　$2x^2+3x-5=0$

$$(2x+5)(x-1)=0$$

$$\boldsymbol{x=-\frac{5}{2},\ 1}$$

▶たすき掛け

2	╳	5……	5
1		-1……	-2
			3

▶$2x+5=0$ より
$2x=-5$
$x=-\dfrac{5}{2}$

(2)のような因数分解が苦手なら，解の公式を利用する方法もある。
(→**例題51**の 参考)

(3)　$(3x-4)^2=x^2-2$

$$9x^2-24x+16=x^2-2$$

$$8x^2-24x+18=0$$

両辺を2で割って，

$$4x^2-12x+9=0$$

$$(2x-3)^2=0 \qquad \boldsymbol{x=\frac{3}{2}}$$

Challenge 46

次の2次方程式を解け。

(1)　$x^2-4x+3=0$

(2)　$3x^2-8x-11=0$

(3)　$4x^2-4x+1=0$

(4)　$3x+1=(3x-1)^2$

(5)　$(2x+3)(x-1)=x$

★ 2 次方程式の解(II)

例題 51

次の 2 次方程式を解け。

(1)　$3x^2+7x+1=0$

(2)　$x^2-6x-5=0$

本問は左辺が有理数の範囲で因数分解できないので，解の公式を利用する。

x の 1 次の係数に着目すると，

(1)では 7(2 の倍数でない)なので，$\boldsymbol{x=\dfrac{-b\pm\sqrt{b^2-4ac}}{2a}}$ を利用し，

(2)では -6(2 の倍数)なので，$\boldsymbol{x=\dfrac{-b'\pm\sqrt{b'^2-ac}}{a}}$ を利用する。

Open Sesame 解答

(1)　$3x^2+7x+1=0$

$$x=\frac{-7\pm\sqrt{7^2-4\cdot3\cdot1}}{2\cdot3}$$

$$=\boldsymbol{\frac{-7\pm\sqrt{37}}{6}}$$

▶$a=3$，$b=7$，$c=1$

$x=\dfrac{-b\pm\sqrt{b^2-4ac}}{2a}$

(2)　$x^2-6x-5=0$

$$x=\frac{-(-3)\pm\sqrt{(-3)^2-1\cdot(-5)}}{1}$$

$$=\boldsymbol{3\pm\sqrt{14}}$$

▶$a=1$，$b=-6$，$c=-5$

↓半分

$b'=-3$

$x=\dfrac{-b'\pm\sqrt{b'^2-ac}}{a}$

参考　左辺が有理数の範囲で因数分解できるときでも，解の公式を利用してもよい。

例題50 (2)の $2x^2+3x-5=0$ で利用してみると，

$$x=\frac{-3\pm\sqrt{3^2-4\cdot2\cdot(-5)}}{2\cdot2}$$

$$=\frac{-3\pm\sqrt{49}}{4}=\frac{-3\pm7}{4}=1,\ -\frac{5}{2}$$

▶$\dfrac{-3+7}{4}=\dfrac{4}{4}=1$

$\dfrac{-3-7}{4}=\dfrac{-10}{4}=-\dfrac{5}{2}$

Challenge 47

次の 2 次方程式を解け。

(1)　$5x^2+7x+1=0$

(2)　$x^2-8x-7=0$

(3)　$(x+3)(x-2)=2$

(4)　$2x^2-2\sqrt{6}x+3=0$

★ 重解をもつ条件

例題 52

次の 2 次方程式が重解をもつとき，定数 k の値とそのときの重解を求めよ。
ただし，k は正の数とする。

(1)　$x^2-kx+k+8=0$

(2)　$x^2+2kx+k+6=0$

判別式を D とすると，重解をもつための条件は，

$$\boldsymbol{D=b^2-4ac},\ \ \boldsymbol{\frac{D}{4}=b'^2-ac=0}$$

なお，「k は正の数」というのは，問題を易しくするためのものであり，特別な意味があるわけではない。

Open Sesame 解答

(1)　$x^2-kx+k+8=0$　…①

▶$D=b^2-4ac$ に $a=1$，$b=-k$，$c=k+8$ を代入

判別式を D とすると，

▶$D=b^2-4ac=0$

$$D=(-k)^2-4\cdot1\cdot(k+8)=0$$
$$k^2-4k-32=0$$
$$(k+4)(k-8)=0$$

$k>0$ より，$k=8$

▶$k=-4$ は不適

①に代入して，

$$x^2-8x+16=0$$
$$(x-4)^2=0\qquad x=4$$

したがって，$\boldsymbol{k=8}$，重解 $\boldsymbol{x=4}$

▶重解は次のように求めてもよい。
$x=-\dfrac{b}{2a}$
$=-\dfrac{-k}{2\cdot1}=\dfrac{8}{2}=4$

(2)　$x^2+2kx+k+6=0$　…②

▶$2k$ は 2 の倍数だから，
$a=1$，$b=2k$，$c=k+6$
↓半分
$b'=k$
$\dfrac{D}{4}=b'^2-ac=0$

判別式を D とすると，

$$\frac{D}{4}=k^2-1\cdot(k+6)=0$$
$$k^2-k-6=0$$
$$(k+2)(k-3)=0\qquad k=3\ (k>0より)$$

②に代入して，$x^2+6x+9=0$

$$(x+3)^2=0\qquad x=-3$$

したがって，$\boldsymbol{k=3}$，重解 $\boldsymbol{x=-3}$

▶重解は次のように求めてもよい。
$x=-\dfrac{b'}{a}=-\dfrac{k}{1}=-3$

Challenge 48

2 次方程式 $x^2+kx+k+3=0$ がただ 1 つの解（重解）をもつとき，k の値を求めよ。

★

例題 53　実数解をもつ条件

次を満たす定数 k の値の範囲を求めよ。

(1)　2次方程式 $2x^2+3x+k=0$ が異なる2つの実数解をもつ。

(2)　2次方程式 $x^2+2(k+1)x+k^2+3=0$ が実数解をもつ。

重解も実数解の1つであることに注意しよう。

異なる2つの実数解をもつ $\Longleftrightarrow \boldsymbol{D>0,\ \dfrac{D}{4}>0}$

重解をもつ $\Longleftrightarrow \boldsymbol{D=0,\ \dfrac{D}{4}=0}$

} **実数解をもつ** $\Longleftrightarrow \boldsymbol{D\geqq 0,\ \dfrac{D}{4}\geqq 0}$

実数解をもたない $\Longleftrightarrow \boldsymbol{D<0,\ \dfrac{D}{4}<0}$

Open Sesame 解　答

(1)　$2x^2+3x+k=0$

判別式を D とすると，異なる2つの実数解をもつから，

$$D=3^2-4\cdot 2\cdot k>0$$

$$-8k>-9 \qquad \boldsymbol{k<\frac{9}{8}}$$

▶ $\boldsymbol{D=b^2-4ac>0}$

(2)　$x^2+2(k+1)x+k^2+3=0$

判別式を D とすると，実数解をもつから，

$$\frac{D}{4}=(k+1)^2-1\cdot(k^2+3)\geqq 0$$

$$k^2+2k+1-k^2-3\geqq 0$$

$$\boldsymbol{k\geqq 1}$$

▶「異なる」という表現がないときは，「>」ではなく「≧」。

▶ $\boldsymbol{\dfrac{D}{4}=b'^2-ac\geqq 0}$

Challenge 49

次の各問いに答えよ。

(1)　2次方程式 $x^2+(2k-1)x+k^2+3=0$ が実数解をもつとき，定数 k の値の範囲を求めよ。

(2)　2次方程式 $x^2+4x+a=0$ が実数解をもたないとき，a の値の範囲を求めよ。

★★

例題 54　解が与えられたとき

a，b を有理数とする。2 次方程式 $x^2+ax+b=0$ の 1 つの解が $1+\sqrt{2}$ であるとき，次の各問いに答えよ。

(1)　a，b の値を求めよ。

(2)　他の解を求めよ。

方程式の解とは，その方程式を満たす x の値のことである。したがって，解が与えられているときには，その解を方程式の x に代入すればよい。

Open Sesame 解　答

(1)　$x^2+ax+b=0$　…①

①に $x=1+\sqrt{2}$ を代入すると，

$$(1+\sqrt{2})^2+a(1+\sqrt{2})+b=0$$
$$1+2\sqrt{2}+2+a+\sqrt{2}a+b=0$$
$$3+a+b+2\sqrt{2}+\sqrt{2}a=0$$
$$3+a+b+(2+a)\sqrt{2}=0$$

a，b は有理数だから，

$3+a+b=0$，$2+a=0$

$\boldsymbol{a=-2}$，$\boldsymbol{b=-1}$

(2)　$a=-2$，$b=-1$ を①に代入すると，

$x^2-2x-1=0$

解の公式より，$x=1\pm\sqrt{2}$

したがって，$1+\sqrt{2}$ 以外の他の解は $\boldsymbol{1-\sqrt{2}}$

▶代入した後は，**例題16**と同じ方針をとる。

▶$\sqrt{2}$ を含む部分と含まない部分に分ける。

▶右辺の 0 は

$0+0\sqrt{2}$

と考え，左辺と比較する。

Challenge 50

次の各問いに答えよ。

(1)　2 次方程式 $x^2-ax+a-1=0$ の 1 つの解が $x=-2$ のとき，a の値ともう 1 つの解を求めよ。

(2)　方程式 $ax^2+x+b+\sqrt{2}=0$ が $x=1+\sqrt{2}$ を解にもつとき，有理数 a，b を求めよ。

問題演習

A

69　次の2次方程式を解け。

(1)　$(2x-1)(x+2)=4x+1$

(2)　$(2x-1)^2=3(2x-1)$

(3)　$x^2+x=2x^2-3x-3$

(4)　$(\sqrt{2}-1)x^2+\sqrt{2}x+1=0$

70　2次方程式 $3x^2+5x+k=0$ が次を満たすとき，実数 k の値の範囲を求めよ。

(1)　実数解をもつ。

(2)　異なる2つの実数解をもつ。

(3)　実数解をもたない。

71　次の $\boxed{\quad\quad}$ をうめよ。

$x^2+(m-3)x+m=0$ が重解をもつとき，

$m=\boxed{\text{ア}}$，$\boxed{\text{イ}}$（ただし，$\boxed{\text{ア}}<\boxed{\text{イ}}$）であり，

そのときの重解は，$\begin{cases} m=\boxed{\text{ア}} \text{ のとき } x=\boxed{\text{ウ}} \\ m=\boxed{\text{イ}} \text{ のとき } x=\boxed{\text{エ}} \end{cases}$ である。

B

72　2次方程式 $2x^2+3x-1=0$ の異なる2つの実数解を α，β とするとき，$\alpha^2+\beta^2$ の値を求めよ。

73　$x^2-y^2=91$ を満たす正の整数の組 $(x,\ y)$ を求めよ。

74　次の $\boxed{\quad\quad}$ をうめよ。

x，y を正の整数とするとき，$xy-3x+2y=11$ ならば，$x=\boxed{\quad\quad}$，$y=\boxed{\quad\quad}$ である。

75　2つの2次方程式 $x^2+x+a=0$ と $x^2-x+a+4=0$ が共通解をもつとき，a の値と共通解を求めよ。

76 異なる 2 つの 2 次方程式 $x^2+3x-3k=0$ と $x^2+(6-k)x-9=0$ が共通解をもつとき，定数 k と共通解を求めよ。

C

77 次の各問いに答えよ。

(1)　x の 2 次式 $P=kx^2+2(k+2)x+k+5$ が完全平方式となるのは，$k=$ [ア] のときであり，このとき $P=($ [イ] $)^2$ である。

(2)　整式 $2x^2-xy-3y^2-5x+10y+a$ を 2 つの 1 次式に因数分解できるとき，a の値を求め，因数分解せよ。

数学I 分野

OPEN★SESAME ⑤

2次関数と2次方程式

ここでMaster!
2次関数のグラフと x 軸との位置関係と2次方程式の解との関連を考えていこう。

Open Sesame

● 2次関数のグラフと x 軸との位置関係

2次関数 $y=ax^2+bx+c$ のグラフと x 軸との共有点の x 座標は，2次方程式 $ax^2+bx+c=0$ の解である。
$D=b^2-4ac$ とする。

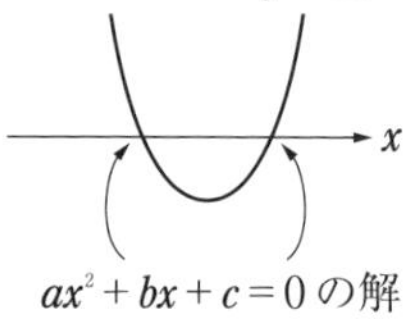

	$D>0$	$D=0$	$D<0$
$ax^2+bx+c=0$ の解	**2個**	**1個**	**0個**
$y=ax^2+bx+c$ のグラフと x 軸との共有点	**2個**	**1個**	**0個**
$a>0$ $y=ax^2+bx+c$ のグラフと x 軸との位置関係 $a<0$	**交わる** 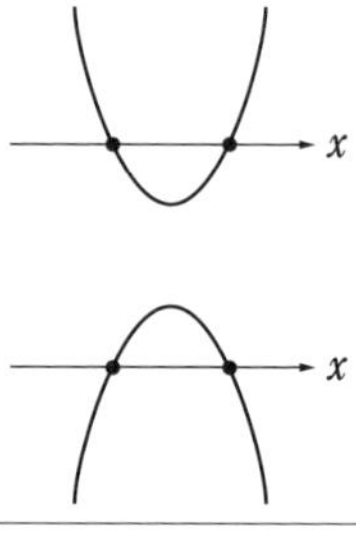	**接する** 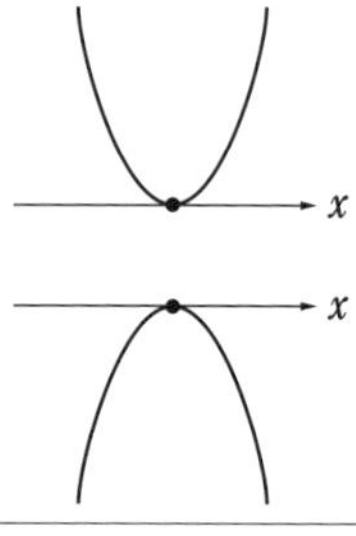	**共有点なし** 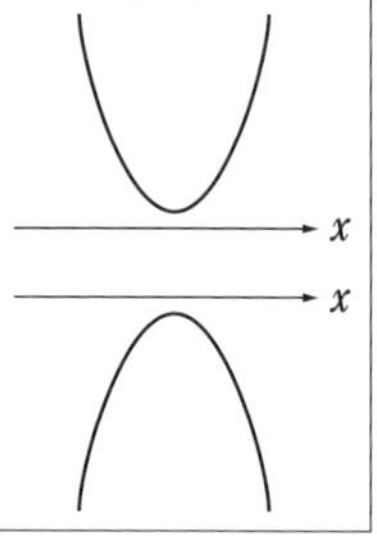

2次関数 $y=ax^2+bx+c=a\left(x+\dfrac{b}{2a}\right)^2-\dfrac{b^2-4ac}{4a}$ において，
$D=b^2-4ac$ とおくと，グラフの頂点の y 座標は，$y=-\dfrac{D}{4a}$
$a>0$ つまり下に凸のグラフで考えると，このグラフと x 軸との交点の個数については，次のようになる。

▶D は，解の公式
$x=\dfrac{-b\pm\sqrt{b^2-4ac}}{2a}$
の $\sqrt{\ }$ の中の式と同じ。
第2章セクション④で学んだように，
$D=b^2-4ac$
を判別式とよぶ。

① $-\dfrac{D}{4a}<0$ すなわち $D>0$ のとき

グラフは x 軸と異なる2点で交わる。

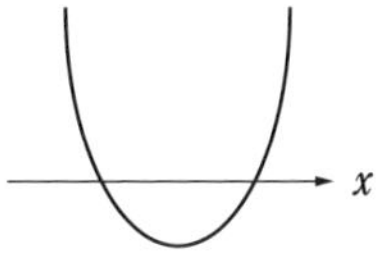

▶頂点が x 軸より下にある。

② $-\dfrac{D}{4a}=0$ すなわち $D=0$ のとき

グラフは x 軸と接する。

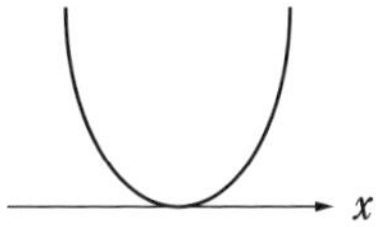

▶頂点が x 軸上にある。

③ $-\dfrac{D}{4a}>0$ すなわち $D<0$ のとき

グラフは x 軸と共有点をもたない。

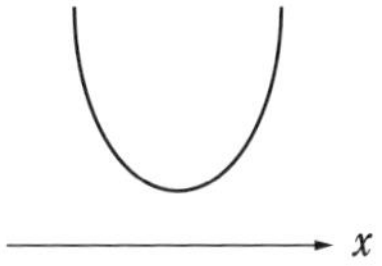

▶頂点が x 軸より上にある。

以上をまとめると，

① **$D>0$ $\Longleftrightarrow$ 異なる2点で交わる**
② **$D=0$ $\Longleftrightarrow$ ただ1つの点で接する**
③ **$D<0$ $\Longleftrightarrow$ 共有点をもたない**

▶$\dfrac{D}{4}=b'^2-ac$ についても，同じ関係が成り立つ。

★ **例題 55**　**2次関数のグラフと x 軸(I)**

次の2次関数のグラフは x 軸と共有点をもつか。もつときは，その座標を求めよ。

(1)　$y=x^2-4x+1$

(2)　$y=-x^2+4x-5$

Open Sesame 解答

(1)　$x^2-4x+1=0$ の判別式を D とすると，

$\dfrac{D}{4}=(-2)^2-1\cdot1=3>0$

よって，**異なる2つの共有点をもつ。**

$x^2-4x+1=0$ を解の公式を利用して解くと

$x=2\pm\sqrt{3}$ だから，交点は $(\mathbf{2\pm\sqrt{3},\ 0})$

(2)　$-x^2+4x-5=0$ より

$x^2-4x+5=0$　この判別式を D とすると，

$\dfrac{D}{4}=(-2)^2-1\cdot5=-1<0$

よって，**共有点をもたない。**

▶$D>0$ のとき
異なる2点で交わる。
▶$D=0$ のとき
接する。
▶$D<0$ のとき
共有点をもたない。

★★
例題 56　2次関数のグラフと x 軸(Ⅱ)

関数 $f(x)=x^2-2x+m-1$ のグラフについて，次の各問いに答えよ。
(1)　x 軸と異なる2点で交わるとき，m の値の範囲を求めよ。
(2)　$m=-2$ のとき，このグラフが x 軸から切り取る線分の長さを求めよ。

異なる2点で交わる $\Longleftrightarrow$ $D>0$　また，x の係数が偶数だから $\dfrac{D}{4}$ を利用する。

Open Sesame 解答

(1)　$\dfrac{D}{4}=(-1)^2-1\cdot(m-1)>0$

$2-m>0$　　$\boldsymbol{m<2}$

(2)　$m=-2$ のとき，$f(x)=x^2-2x-3$
$y=f(x)$ のグラフと x 軸との交点の x 座標は，$x^2-2x-3=0$ の解だから，

$(x+1)(x-3)=0$　　$x=-1,\ 3$

よって，求める線分の長さを l とすると，

$l=3-(-1)=4$　　**4**

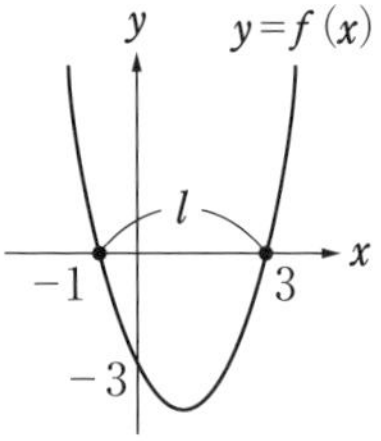

▶x 軸との交点が $(\alpha,\ 0)$，$(\beta,\ 0)$ であるとき，x 軸から切り取る線分の長さ l は
$l=\beta-\alpha$
(ただし $\alpha<\beta$)

Challenge 51

2次関数 $y=x^2-2x+a-3$ のグラフが x 軸と接するときの a の値を求めよ。

★
例題 57　放物線と直線

次の□をうめよ。
放物線 $y=-2x^2-6x-3$ と直線 $y=mx+5(m>0)$ が接するとき，$m=$ [ア] であり，接点の x 座標は [イ] である。

例題55，56では，放物線と x 軸の位置関係を b^2-4ac の符号でとらえたが，x 軸のかわりに一般の直線でも同様に考えることができる。放物線と直線の2つの方程式から y を消去して得られる2次方程式の判別式 (b^2-4ac) を D とすると，

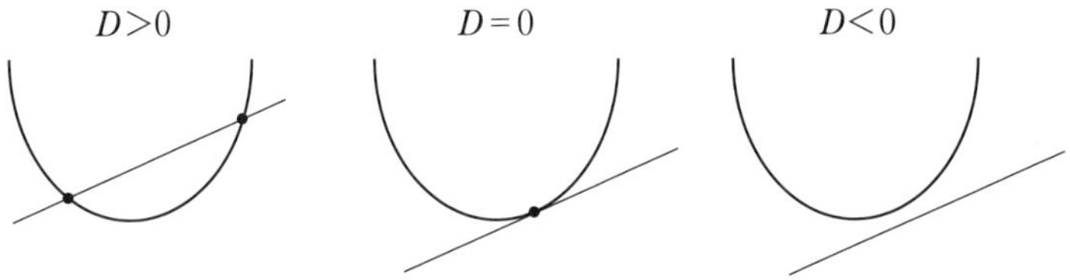

Open Sesame 解　答　$\begin{cases} y=-2x^2-6x-3 \\ y=mx+5 \end{cases}$　より y を消去すると

$-2x^2-6x-3=mx+5$

$-2x^2-mx-6x-8=0$

両辺に -1 をかけて，

$2x^2+mx+6x+8=0$

$2x^2+(m+6)x+8=0$　…①

放物線と直線が接するから，判別式を D とすると，

$D=(m+6)^2-4\cdot2\cdot8=0$

$m^2+12m-28=0$

$(m-2)(m+14)=0$

$m>0$ より　$\boldsymbol{m=2}$

これを①に代入して，$x^2+4x+4=0$ より $\boldsymbol{x=-2}$

ア．2　　イ．-2

▶次のように求めてもよい。
$(m+6)^2=64$
$m+6=\pm8$
$m=2,\ -14$

▶接点の x 座標は①の重解。

Challenge 52

放物線 $y=x^2+kx+k$ と直線 $y=2x+3$ が接するように定数 k の値を定めよ。

★★　**2次関数のグラフと係数の正負**

例題 58

2次関数 $y=ax^2+bx+c$ のグラフが右図のようになるとき，次の(1)〜(5)の符号を答えよ。

(1)　a　　(2)　b　　(3)　c

(4)　b^2-4ac

(5)　$a-b+c$

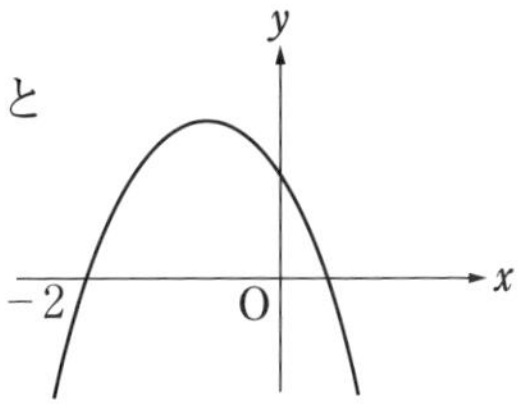

Open Sesame 解　答

(1)　グラフは上に凸であるから，$a<0$

(2)　軸の方程式は，

$$x=-\frac{b}{2a}<0$$

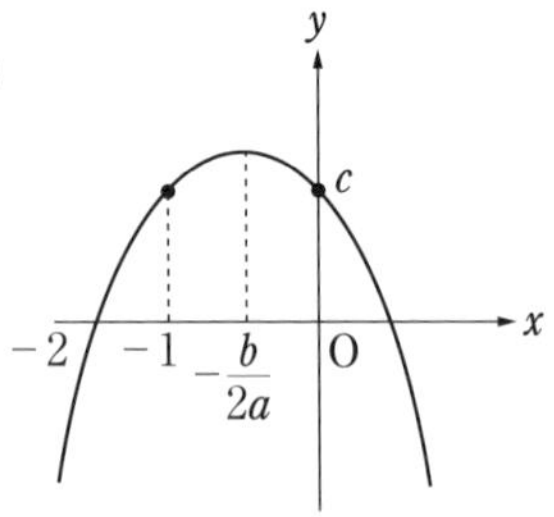

ここで，(1)より $a<0$ であるから，

両辺に $-2a$（これは正の値）をかけて，$b<0$

(3)　c は y 切片であるから，$c>0$

(4)　x 軸と2点で交わっているから，$b^2-4ac>0$

(5)　$x=-1$ を代入すると，$y=a-b+c$，つまり，$a-b+c$ は $x=-1$ のときの y の値だから，グラフから考えて，

$a-b+c>0$

したがって，(1) **負**　(2) **負**　(3) **正**　(4) **正**　(5) **正**

(2)軸の方程式は

$y=ax^2+bx+c$

$=a\left(x^2+\frac{b}{a}x\right)+c$

$=a\left(x+\frac{b}{2a}\right)^2-\cdots$

より得られる。

▶ y 軸との交点を y 切片とよぶ。

Challenge 53

右は $y=ax^2+bx+c$ のグラフである。

a，b，c，b^2-4ac の値は，正，負，0のいずれであるか判定せよ。

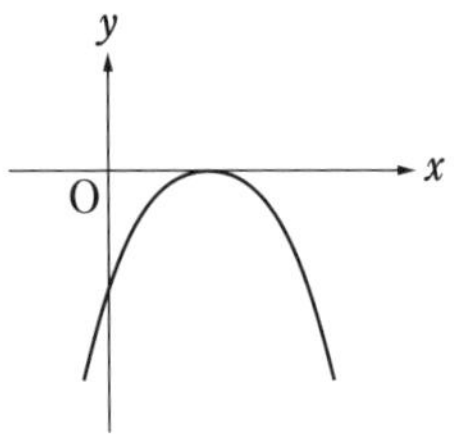

問　題　演　習

A

78　$y=x^2+2(a+2)x-a$ の関数のグラフが，x 軸と接するような a の値を求めよ。

B

79　3点 $(-2,\ 0)$，$(2,\ 4)$，$(3,\ 10)$ を通る2次関数 $y=f(x)$ に直線 $y=2x+k$ が接するように k の値を定めよ。

80　2 次関数 $y=ax^2+bx+c$ のグラフが右図の状態であるとき，b，c，b^2-4ac，の符号はどのようになるか求めよ。

ア　$b>0$，$c>0$，$b^2-4ac>0$

イ　$b<0$，$c<0$，$b^2-4ac>0$

ウ　$b<0$，$c>0$，$b^2-4ac>0$

エ　$b<0$，$c>0$，$b^2-4ac<0$

オ　$b>0$，$c<0$，$b^2-4ac<0$

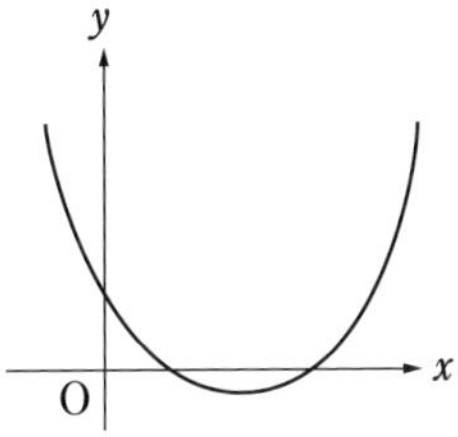

81　放物線 $y=x^2+px+q$ が直線 $y=6x-6$ に接し，その頂点は $y=x-7$ 上にあるとき，p，q の値を求めよ。また接点の座標を求めよ。

C

82　2 つの放物線 $y=x^2+2x$，$y=-x^2+4x-1$ の両方に接する直線の方程式を求めよ。

数学I 分野

OPEN★SESAME

⑥ 2次関数と2次不等式

ここでMaster!

2次不等式の問題を2次関数のグラフを用いて解けるようになろう。

Open Sesame

2次関数のグラフと2次不等式の解との関係———全8パターン

$D=b^2-4ac$ とする

	$D>0$	$D=0$	$D<0$
$y=ax^2+bx+c$ $(a>0)$ のグラフ	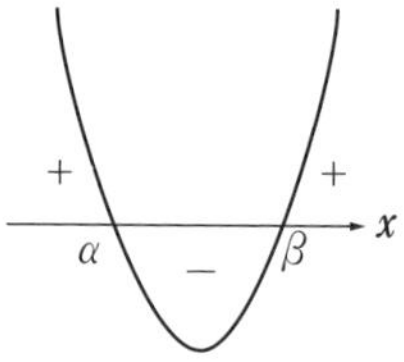	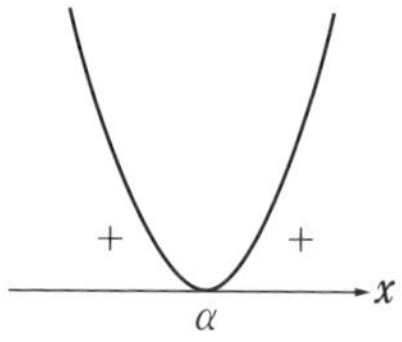	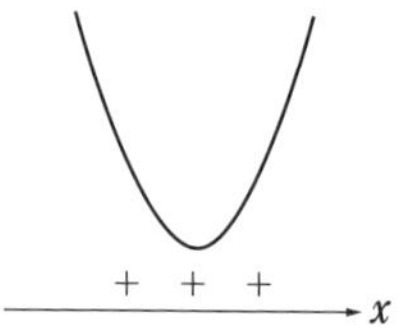
$ax^2+bx+c>0$	$x<\alpha,\ \beta<x$	$x\neq\alpha$	すべての数(実数)
$ax^2+bx+c\geqq 0$	$x\leqq\alpha,\ \beta\leqq x$	すべての数(実数)	すべての数(実数)
$ax^2+bx+c\leqq 0$	$\alpha\leqq x\leqq\beta$	$x=\alpha$	解なし
$ax^2+bx+c<0$	$\alpha<x<\beta$	解なし	解なし

(i)　$D>0$ のとき，$y=ax^2+bx+c$ $(a>0)$ のグラフは，x 軸と2点で交わり，
$ax^2+bx+c=0$ の2解を α，β $(\alpha<\beta)$ とするとグラフは右図のようになる。
したがって，

$ax^2+bx+c>0$ の解は

$x<\alpha,\ \beta<x$

$ax^2+bx+c<0$ の解は

$\alpha<x<\beta$

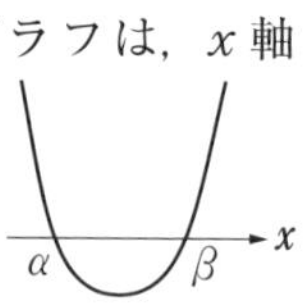

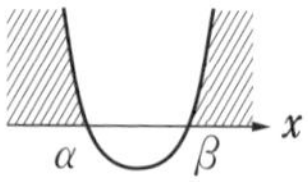

(ii)　$D=0$ のとき，すなわちグラフが x 軸と接するときには次の 4 つのパターンがある。

①
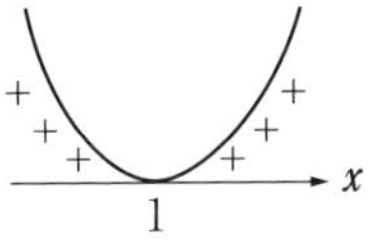

$(x-1)^2 \geqq 0$

$y=x^2-2x+1$ のグラフは上図のようになるから，x のどの値をとってもすべて y 座標は 0 以上である。

すべての数（実数）

②
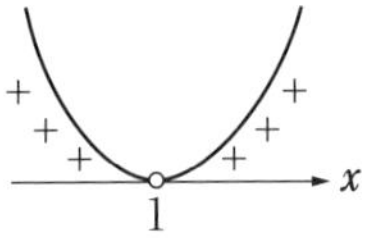

$(x-1)^2>0$

$x=1$ のときだけは，“$=0$” となり不適当。あとは①と同様に y 座標は正の値をとる。

$x \neq 1$

▶式からも十分わかる。
$(\quad)^2 \geqq 0$
を意識すればよい。

▶②の答は
$x<1$，$1<x$ でもよい。

③
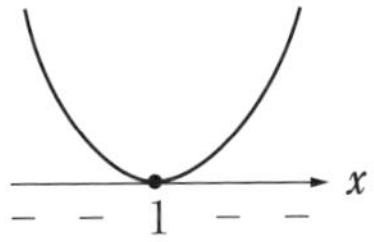

$(x-1)^2 \leqq 0$

$y=(x-1)^2<0$，すなわちグラフが x 軸よりも下にある部分はない。唯一 $x=1$ のとき等号が成り立つ。

$x=1$

④
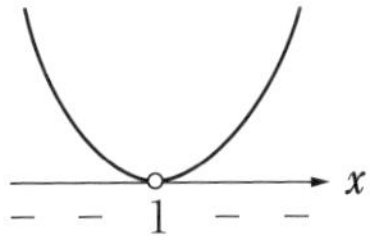

$(x-1)^2<0$

③で述べたように，$(x-1)^2<0$ を満たす x はない。

解なし

▶必ず
$(\quad)^2 \geqq 0$
であるから
$(\quad)^2 < 0$
となることはない。

(iii)　$D<0$ のとき，すなわちグラフと x 軸とが共有点をもたないときは次の 2 パターンがある。

①
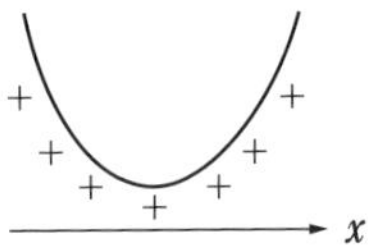

$x^2-2x+4>0$
$(x-1)^2+3>0$

グラフはすべて x 軸より上だから

すべての数（実数）

②
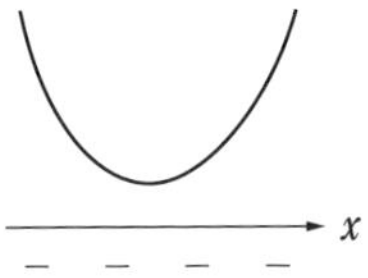

$x^2-2x+4<0$
$(x-1)^2+3<0$

グラフは x 軸よりも下に存在しないから

解なし

▶$D<0$ のときの①，②の場合，
$x^2-2x+4 \geqq 0$
$x^2-2x+4 \leqq 0$
のように，等号がついても，“$=0$” になる x の値はないから，答は同じ。

▶$(\quad)^2+\triangle$ の形は，0 以上の数に正の数を加えるから，必ず正の数である。

★
例題 59　2次不等式の解法(I)

次の2次不等式を解け。

(1)　$x^2-6x+5<0$

(2)　$x^2-x-2>0$

(3)　$-3x^2+2x+1\leqq 0$

(4)　$x^2<6x-4$

解き慣れないうちは，グラフをかき，不等号の向きに注意して解答しよう。
(3)は，まず両辺に -1 をかけて x^2 の係数を正にする。このとき，不等号の方向が変わることに注意。
(4)は，移項して $x^2-6x+4<0$ とした後，$x^2-6x+4=0$ を2次方程式の解の公式で解く。

Open Sesame 解　答

(1)　$x^2-6x+5<0$

$(x-1)(x-5)<0$

$\mathbf{1<x<5}$

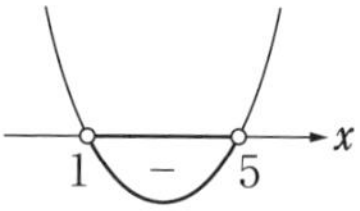

▶「<0」のときは，グラフが x 軸より下になる x の範囲が答。

(2)　$x^2-x-2>0$

$(x-2)(x+1)>0$

$\mathbf{x<-1,\ 2<x}$

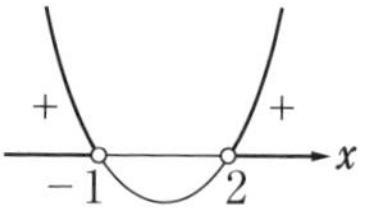

▶「>0」のときは，グラフが x 軸より上になる x の範囲が答。

▶(2)の答は，
$x<-1$，$x>2$
とかいてもよい。

(3)　$-3x^2+2x+1\leqq 0$

$3x^2-2x-1\geqq 0$

$(3x+1)(x-1)\geqq 0$

$\mathbf{x\leqq -\frac{1}{3},\ 1\leqq x}$

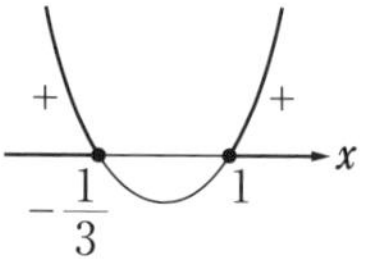

▶グラフは，2次不等式との関連性がわかれば，1回1回かく必要はない。

▶<，> のときは○
▶≦，≧ のときは●

(4)　$x^2<6x-4$

$x^2-6x+4<0$　…①

ここで，$x^2-6x+4=0$ を解くと，

$x=3\pm\sqrt{5}$

よって①の解は，

$\mathbf{3-\sqrt{5}<x<3+\sqrt{5}}$

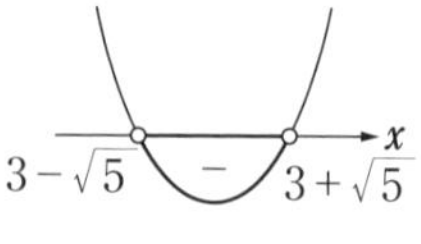

Challenge 54

次の 2 次不等式を解け。

(1)　$x^2-7x+10<0$

(2)　$x^2>9$

(3)　$-x^2+5x\leqq 6$

(4)　$x^2-3x-1<0$

★★　2 次不等式の解法(II)

例題 60

次の 2 次不等式を解け。

(1)　$x^2+6x+9>0$

(2)　$x^2+4x+5\leqq 0$

やや特殊な形の 2 次不等式である。

(2)では，$x^2+4x+5=0$ に解の公式をあてはめると $x=-2\pm\sqrt{-1}$ となり，$\sqrt{\quad}$ の中が負になる。このようなときは，左辺を平方完成してみよう。

Open Sesame 解答

(1)　$x^2+6x+9>0$

$(x+3)^2>0$

よって，

$x \neq -3$

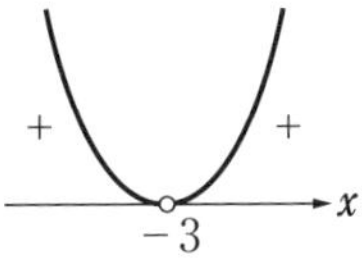

(2)　$x^2+4x+5\leqq 0$

$(x+2)^2+1\leqq 0$　…①

左辺の $(x+2)^2+1$ は

すべての x に対して正となる。

よって，①は成り立たないので，

解なし

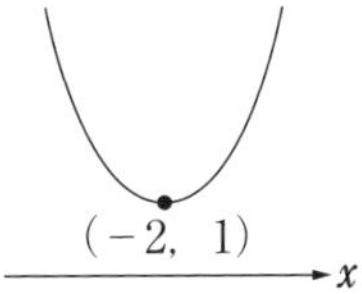

(1)　「$x<-3$,　$-3<x$」や「$x\neq-3$ であるすべての数」といった答え方も可。

(2)　$x^2+4x+5\leqq 0$ について，

$\dfrac{D}{4}=2^2-1\cdot 5=-1<0$

よって，グラフは x 軸と共有点をもたない。

Challenge 55

次の 2 次不等式を解け。

(1)　$x^2+4\leqq 4x$

(2)　$x^2+(x-1)^2>x(x-1)$

★★

例題 61　解が与えられたときの2次不等式の決定

不等式 $ax^2+5x+b>0$ の解が $\frac{1}{3}<x<\frac{1}{2}$ のとき，a，b の値を求めよ。

$\frac{1}{3}<x<\frac{1}{2}$ の解をもつ2次不等式は，$(3x-1)(2x-1)<0$ とかける。あとは展開しながら，不等号の向きに注意して，$ax^2+5x+b>0$ と係数を比較していけばよい。

Open Sesame 解答

$ax^2+5x+b>0\cdots①$

$\frac{1}{3}<x<\frac{1}{2}$ を解とする2次不等式は次のようにかくことができる。

$(3x-1)(2x-1)<0$

$6x^2-5x+1<0$

①と不等号の向きを一致させるために，両辺に -1 をかけると，

$-6x^2+5x-1>0\cdots②$

①，②より，$\boldsymbol{a=-6}$，$\boldsymbol{b=-1}$

▶$(3x-1)(2x-1)<0$ のかわりに，$\left(x-\frac{1}{3}\right)\left(x-\frac{1}{2}\right)<0$ としてもよい。

▶-1 をかけるのは，x の係数 -5 を①の x の係数5と一致させるためでもある。

Challenge 56

x についての2次不等式 $px^2+qx+1<0$ を解くと，$1<x<\frac{3}{2}$ になるという。定数 p，q の値を求めよ。

★

例題 62　連立不等式

次の連立不等式を解け。

$$\begin{cases} 2x^2-3x+1>0 \\ x^2\leqq x \end{cases}$$

各々の連立不等式を解いて，共通部分を数直線をかいて求めよう。

Open Sesame 解答

$$\begin{cases} 2x^2-3x+1>0 & \cdots① \\ x^2\leqq x & \cdots② \end{cases}$$

▶$x^2\leqq x\quad\cdots②$ を解くとき，両辺を x で割って

①より　$(2x-1)(x-1)>0$

$x<\frac{1}{2}$, $1<x$　…①′

②より　$x^2-x\leqq 0$

$x(x-1)\leqq 0$

$0\leqq x\leqq 1$　…②′

①′, ②′ より

$$\mathbf{0\leqq x<\frac{1}{2}}$$

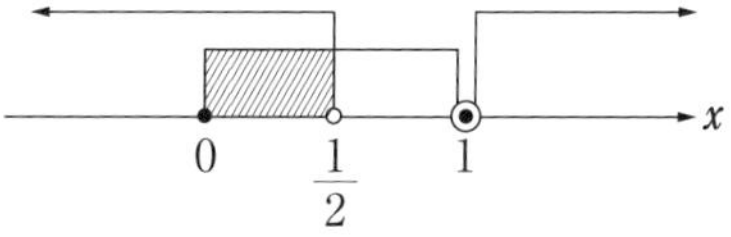

$x\leqq 1$
としてはいけない。
$x=0$ のときは割れないし，$x<0$ のときは不等号の向きが変わるからである。

▶数直線上で
●…その点も入る。
○…その点は入らない。

Challenge 57

連立不等式 $\begin{cases} x^2+2x-8<0 \\ x^2-4x+2>0 \end{cases}$ を解け。

★★

例題 63　絶対不等式(I)

すべての数(実数) x に対して，2 次不等式 $ax^2+4x+a>0$ が成り立つような a の値の範囲を求めよ。

すべての数(実数) x について

$ax^2+4x+a>0$　…Ⓐ

すなわち，$y=ax^2+4x+a$ の y 座標がすべて正（グラフがすべて x 軸より上）であるためには，右図のようなグラフにならなくてはならない。よって，

$a>0$… 下に凸のグラフである。

$D<0$… グラフは x 軸と共有点をもたない。

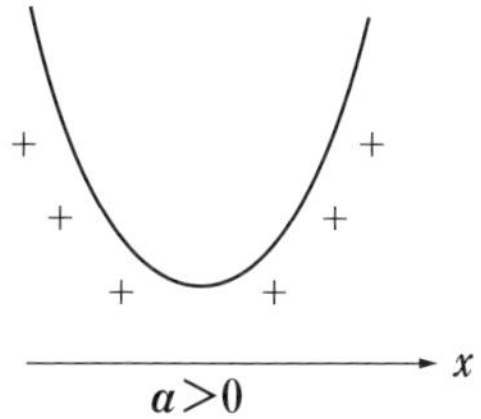

$a>0$
$D<0$

の 2 つの条件がつく。この問題で多いミスはⒶの不等号 “>0” につられて “$D>0$” という条件をつけてしまうミスだ。落ち着いてグラフを見てみよう。

Open Sesame 解答　すべての数（実数）x に対して，

$ax^2+4x+a>0$

が成り立つためには，

$y=ax^2+4x+a$ のグラフが右図のようになればよいから，

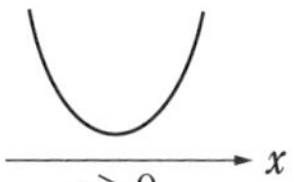

$a>0$
$D<0$

▶ “すべての数（実数）x に対して $f(x)\geqq 0$ が成り立つ”
という場合は
$\begin{cases} a>0 \\ D\leqq 0 \end{cases}$

$a>0$　…①

$\dfrac{D}{4}=4-a^2<0$

$a^2-4>0$

$(a+2)(a-2)>0$

$a<-2,\ 2<a$　…②

①，②より，求める a の値の範囲は $\boldsymbol{a>2}$

となる。

▶x^2 の係数が $a+1$ なら，$a>0$ ではなく $a+1>0$
（→ **Challenge58**(1)）

▶x^2 の係数に a が含まれていなければ，$a>0$ は不要。
（→ **Challenge58**(2)）

Challenge 58

次の各問いに答えよ。

(1)　2次関数 $y=(a+1)x^2-(a-3)x+a+1$ のグラフが，x 軸より上方にあるように，定数 a の値の範囲を求めよ。

(2)　関数 $f(x)=x^2+ax+a+8$ がすべての数（実数）x に対して正となるような定数 a の値の範囲を求めよ。

★★★

例題 64　絶対不等式(II)：定義域が与えられたとき

x のとる値の範囲が $-1\leqq x\leqq 3$ のとき，不等式

$x^2-2ax+a^2+a-5>0$

がつねに成り立つような定数 a の値の範囲を求めよ。

$f(x)=x^2-2ax+a^2+a-5$ とおいて $y=f(x)$ の軸の位置による最小値に注目。

$-1\leqq x\leqq 3$ でつねに $f(x)>0 \iff (\text{最小値})>0$

Open Sesame 解答

$f(x)=x^2-2ax+a^2+a-5$

$=(x-a)^2+a-5$

$y=f(x)$ の軸の方程式は $x=a$

(i)　$a\leqq -1$ のとき，

$-1\leqq x\leqq 3$ における最小値は $f(-1)$ だから

$f(-1)>0$ となればよい。

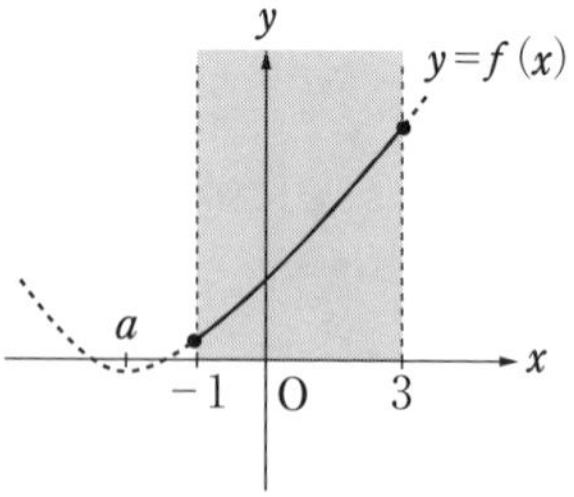

$f(-1)=1+2a+a^2+a-5>0$

$a^2+3a-4>0$

$(a+4)(a-1)>0$

$a<-4,\ 1<a$

$a \leqq -1$ との共通部分より，

$a<-4$

(ii)　$-1<a \leqq 3$ のとき

$f(a)=a-5>0$　　$a>5$

$-1<a \leqq 3$ との共通部分は存在しない。

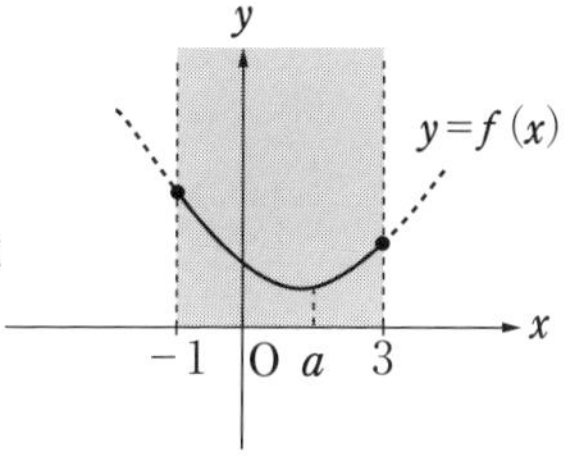

(iii)　$3<a$ のとき

$f(3)=9-6a+a^2+a-5>0$

$a^2-5a+4>0$

$(a-1)(a-4)>0$

$a<1,\ 4<a$

$3<a$ との共通部分より，

$4<a$

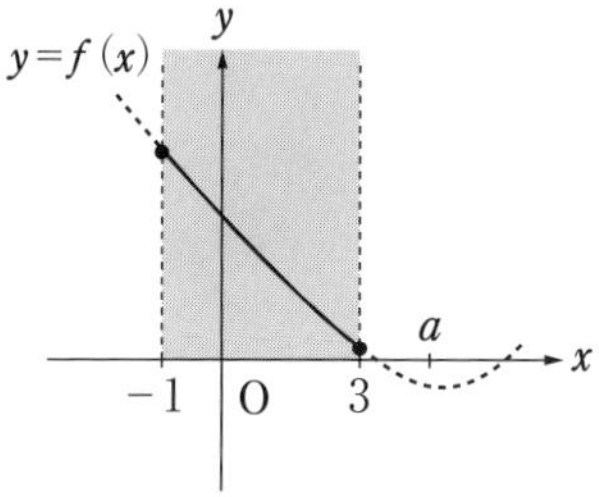

(i)〜(iii)より　$\boldsymbol{a<-4,\ 4<a}$

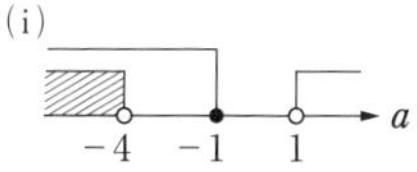

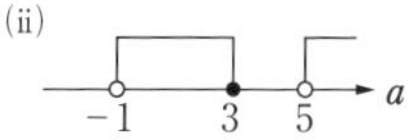

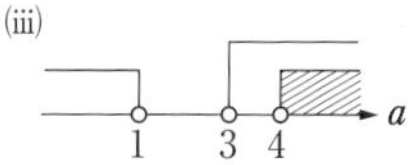

▶最後の答のまとめ方は，**例題29**，**30**と同様

Challenge 59

関数 $f(x)=x^2-2mx+2m+8$ がある。$0 \leqq x \leqq 2$ において，つねに $f(x)>0$ が成り立つような m の値の範囲を求めよ。

問題演習

A

83　次の 2 次不等式を解け。

(1)　$6x^2+x-2<0$

(2)　$-x^2+2x+\dfrac{1}{3} \geqq 0$

84　2 次関数 $y=3x^2-ax+2$ のグラフが x 軸と共有点をもたないときの a の値の範囲を求めよ。

B

85 次の2次不等式を解け。

(1)　$x^2+9>6x$

(2)　$x^2-4x+6>0$

(3)　$x^2-x-5>|2x-1|$

86 すべての実数 x に対して，$x^2-2mx+3m+4>0$ が成り立つような m の値の範囲を求めよ。

87 2次関数 $y=ax^2+4x+a$ の y 座標が，すべての数（実数）x に対して，つねに3より大きくなるような a の値の範囲を求めよ。

88 放物線 $y=(m+2)x^2+(m-2)x+m+2$ について，次の各問いに答えよ。

(1)　この放物線が x 軸に接するとき，m の値を求めよ。

(2)　x がどんな値をとっても $y<0$ となるとき，m の値の範囲を求めよ。

89 次の $\boxed{}$ をうめよ。

2つの不等式 $x^2-6x+5<0$…①，$x^2-4x+1<0$…②がある。

①の解は $\boxed{}$，②の解は $\boxed{}$ である。

①，②を同時に満たす整数は $\boxed{}$ 個ある。

C

90 2つの x の2次不等式 $4x^2-8x-21<0$…①，$x^2-(k+1)x+k>0$…②について，次の各問いに答えよ。ただし，$k>1$ とする。

(1)　不等式①を解け。

(2)　①と②の両方を満たす整数 x がちょうど3つ存在するとき，定数 k の値の範囲を求めよ。

数学I 分野

OPEN★SESAME ⑦

いろいろな最大・最小問題

ここで Master!
最大・最小問題パターンの特徴を，1つ1つの例題を通して学んでいこう。

★★

例題 65　2つの変数で表された関数(I)

x，y が $2x+y=6$，$x \geqq 0$，$y \geqq 0$ を満たすとき，

(1)　x のとりうる値の範囲を求めよ。

(2)　$2x^2+y^2$ の最大値・最小値と，そのときの x，y の値を求めよ。

$2x^2+y^2$ の最大・最小を考えていくときに，x，y の2文字が入っていたのでは，グラフがかけない。よって，$2x+y=6$ を利用し y^2 を消去して，x の2次関数にもちこもう。また，(1)で求めた x の値の範囲に注意しよう。

Open Sesame 解答

(1)　$2x+y=6$ より，$y=6-2x$　…①

$y \geqq 0$ であるから，

①より，$6-2x \geqq 0$

$x \leqq 3$

$x \geqq 0$ と共通部分より，$0 \leqq x \leqq 3$　…②

(2)　与式を z とおくと，①より

$$z=2x^2+y^2$$
$$=2x^2+(6-2x)^2$$
$$=6x^2-24x+36$$
$$=6(x^2-4x)+36$$
$$=6(x-2)^2+12$$

②の範囲でグラフをかくと右図のようになるので，

$$\begin{cases} x=0 \text{ のとき最大値 } 36, \\ x=2 \text{ のとき最小値 } 12 \end{cases}$$

をとる。

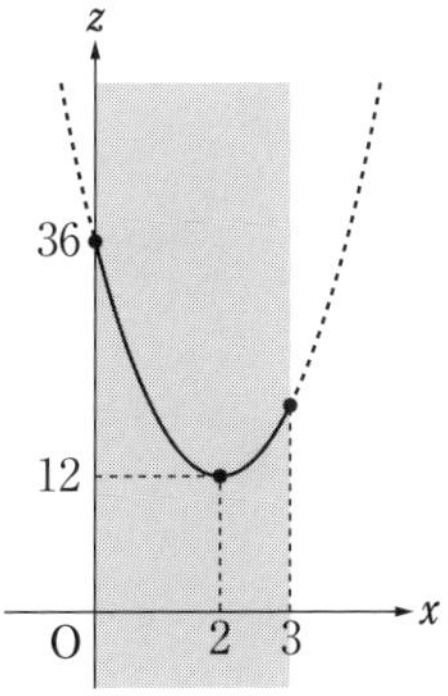

▶グラフの縦軸は y ではなく z，すなわち $2x^2+y^2$ の値を表していることに注意しよう。したがって，グラフから y の値を求めることはできないので，①に x の値を代入して求める。

また①より，$x=0$ のとき $y=6$，$x=2$ のとき $y=2$ であるから，

最大値 36（$x=0$，$y=6$ のとき）

最小値 12（$x=2$，$y=2$ のとき）

Challenge 60

$x+y=5$，$x \geqq 0$，$y \geqq 0$ のとき，$2x^2-y^2$ の最大値と最小値を求めよ。

★★　2つの変数で表された関数(II)

例題 66

実数 x，y が $2x^2+y^2=8$ を満たすとき，

(1)　x のとりうる値の範囲を求めよ。

(2)　$4x+y^2$ の最大値と最小値を求めよ。

(1)では，y^2 が負の値をとれないことを利用する。

(2)は，**例題65**と同様に x の2次関数にもちこむ。

Open Sesame **解　答**

(1)　$2x^2+y^2=8$ より，$y^2=8-2x^2$　…①

$y^2 \geqq 0$ であるから，①より，$8-2x^2 \geqq 0$

両辺を -2 で割って，$x^2-4 \leqq 0$

$(x+2)(x-2) \leqq 0$

$\boldsymbol{-2 \leqq x \leqq 2}$　…②

▶y の値にかかわらず y^2 は0以上の値になる。

例）　$2^2=4 \geqq 0$

$(-1)^2=1 \geqq 0$

$0^2=0 \geqq 0$

(2)　与式を z とおくと，①より，

$z=4x+y^2$

$=4x+8-2x^2$

$=-2x^2+4x+8$

$=-2(x^2-2x)+8$

$=-2(x-1)^2+2+8$

$=-2(x-1)^2+10$

②の範囲でグラフをかくと右図のようになる。

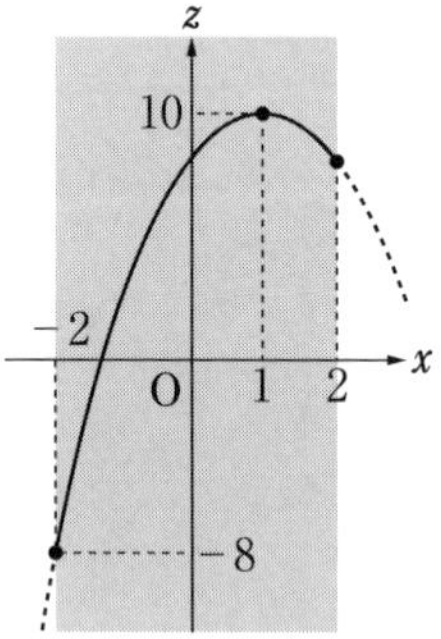

よって，

最大値 10（$x=1$，$y=\pm\sqrt{6}$ のとき）

最小値 −8（$x=-2$，$y=0$ のとき）

▶$x=1$ を①に代入して

$y^2=8-2\cdot 1^2=6$

$y=\pm\sqrt{6}$

$x=-2$ を代入して

$y^2=8-8=0$

$y=0$

ただし，本問では問題で要求されていないので，x と y の値は求めなくてもよい。

Challenge 61

実数 x, y が $x^2+y^2=1$ を満たすとき, $2x+y^2$ の最大値と最小値を求めよ。

★★ 例題 67 図形への応用

長方形ABCDは辺ABが x 軸上に, 頂点C, Dが放物線 $y=-x^2+6x$ 上にある。

点Aの座標を $(a,\ 0)\ (0<a<3)$ として, 次の各問いに答えよ。

(1) 長方形ABCDの周の長さを l とするとき, l を a の式で表せ。

(2) l の最大値とそのときの a の値を求めよ。

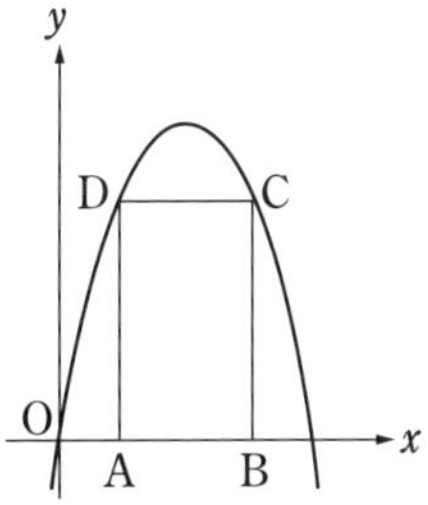

Open Sesame 解答

(1) $y=-x^2+6x$

$=-(x-3)^2+9$ 　頂点 $(3,\ 9)$

また, $y=-x^2+6x=-x(x-6)$ より,

x 軸と $x=0$, 6 で交わる。

$P(6,\ 0)$ とおくと,

グラフは左右対称だから,

$OA=PB=a$

$AB=6-2a$

$CD=6-2a$

また, 点Dは $y=-x^2+6x$ 上にあり, x 座標が a だから, y 座標は $-a^2+6a$

$AD=-a^2+6a$

$BC=-a^2+6a$

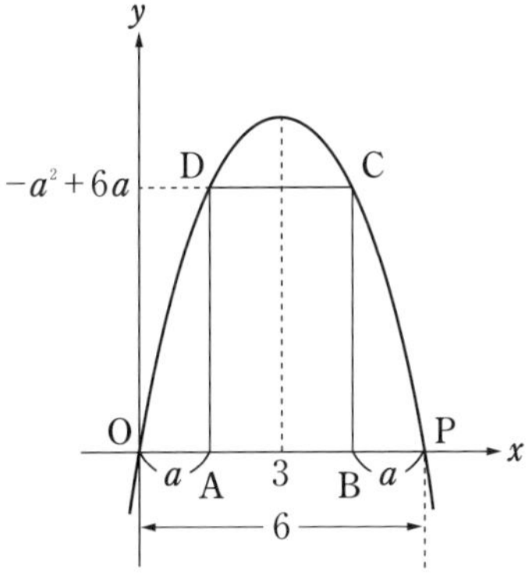

▶ $x=3$ がOPの中点で, Aはその左側にあるから,
$0<a<3$

したがって, $l=AB+CD+AD+BC$

$=2(6-2a)+2(-a^2+6a)$

$=\boldsymbol{-2a^2+8a+12}$

(2) $l=-2(a-2)^2+20$

$0<a<3$ より,

最大値 20 ($\boldsymbol{a=2}$ のとき)

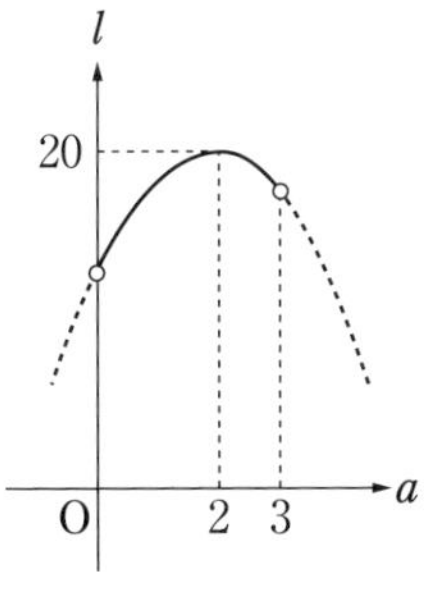

Challenge 62

放物線 $y=36-4x^2$ がある。これと x 軸で囲まれた部分に，図のように長方形 PQRS を内接させる。
OS の長さを t，長方形 PQRS の周の長さを l とする。

(1)　l を t で表すと，$l=$ [ア] t^2+ [イ] $t+$ [ウ] となる。

(2)　l を最大にする t の値を求めよ。

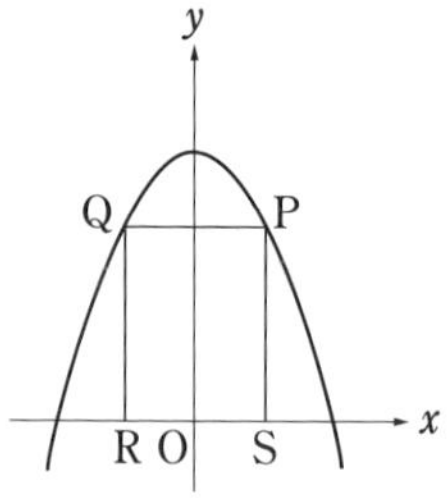

★★　文章題

例題 68

ある品物の売価が 1 個 100円のときは 1 日 300個の売上げがある。売価を 1 個につき 1 円値上げすると，1 日 2 個の割合で売上げが減少する。1 日の売上げ金額を最大にするには，1 個の売価をいくらにすればよいか。また，そのときの売上高を求めよ。

次のように考えよう。

（1 個）	（1 日）	（売上高）
100円	300個	100×300円
101円	298個	101×298円
⋮	⋮	⋮
$(\boldsymbol{100+x})$ 円	$(\boldsymbol{300-2x})$ 個	$(\boldsymbol{100+x})(\boldsymbol{300-2x})$ 円

となり，売上高は x の 2 次関数になる。

Open Sesame 解　答

x 円値上げしたとすると，

1 個の売価は，　$100+x$（円）

1 日の売上げは，$300-2x$（個）

ここで，$100+x>0$，$300-2x>0$ より

$-100<x<150$　…①

また，売上高 $f(x)$ は

$$f(x)=(100+x)(300-2x)$$
$$=-2x^2+100x+30000$$
$$=-2(x-25)^2+31250$$

$x=25$ は①の範囲を満たしているから，

1 個の売価が 125円のとき売上高の最大値 31250円をとる。

▶グラフは上に凸。

最大値は頂点の y 座標。

Challenge 63

ある商品は，1個の値段が100円のとき1日200個売れる。1個の値段を1円下げるごとに，1日の売り上げ個数が3個ずつ増えることがわかっている。1日の売り上げ高を最大にするには，何円値下げすればよいか。ただし値下げは1円単位とする。

問題演習

B

91 $x+2y=3$ のとき，x^2+2y^2 の最小値を求めよ。また，そのときの x，y の値を求めよ。

92 長さ 20 m のなわで長方形をつくり，その面積を最大にするには2辺の長さをどのように決めたらよいか。

93 x，y が $x^2+2y^2=1$ を満たすとき，$P=2x+y^2$ の最大値を求めよ。

94 右の図で，三角形ABCは1辺の長さが8の正三角形である。また，長方形PQRSは，辺QRが正三角形ABCの辺BC上にあり，2つの頂点P，Sはそれぞれ辺AB，AC上にある。このとき，長方形PQRSの面積の最大値を求めよ。

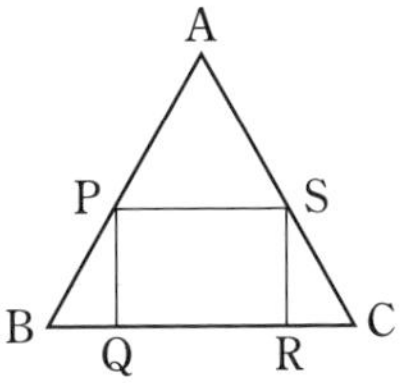

95 次の［　　］をうめよ。

仕入れ値が1kg当たり150円の商品を1kg当たり200円で売ると，1日当たり80kg売れるが，これを1kg当たり1円値下げまたは値上げするごとに，売上量は1日当たり2kgずつ増加または減少するという。この商品について，1日当たりの利益を最大にするには，1日の仕入れ量を［ア］kgとして，価格を1kg当たり［イ］円にすればよい。

C

96 実数 x，y が $2x^2+y^2=2$ を満たすとき，$2x-y$ の最大値と最小値を求めよ。

数学I 分野

OPEN★SESAME ⑧

2次方程式の解の配置

ここでMaster!
2次方程式の解の存在範囲をグラフを利用して決定する方法を身につけよう。

Open Sesame

●解の配置の基本4パターン

1　1より大きい異なる2つの解をもつ

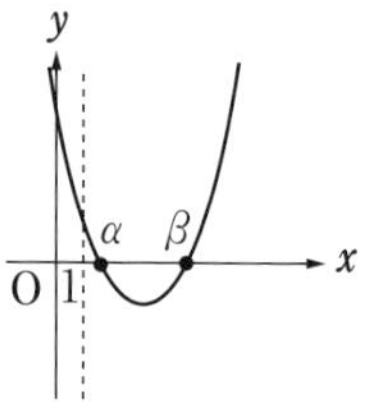

$D>0$
軸>1
$f(1)>0$

2　1より小さい異なる2つの解をもつ

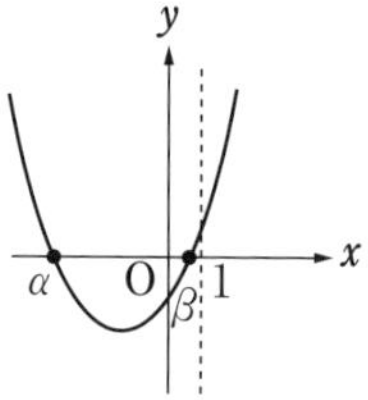

$D>0$
軸<1
$f(1)>0$

3　1より大きい解と，1より小さい解をもつ

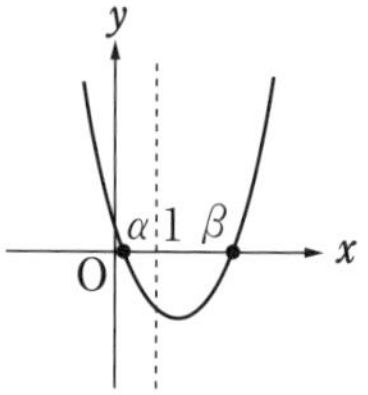

$f(1)<0$

4　0と1の間に異なる2つの解をもつ

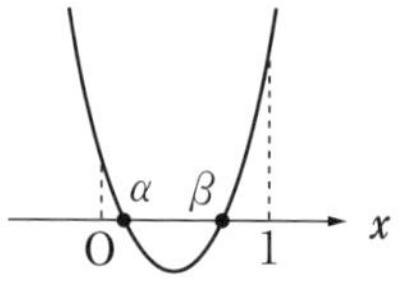

$D>0$
$0<$軸<1
$f(0)>0$
$f(1)>0$

※　具体的な数値は，代表させて，0，1とした。2や3など他の数値になっても同様に考えられる。

2次方程式$ax^2+bx+c=0$の解の存在範囲を条件にしたがって決定する場合，2次関数$y=ax^2+bx+c$とx軸との交点をその条件に合うように配置していく方法が有効である。次に示す各例題を通して，基本パターンを理解していこう。

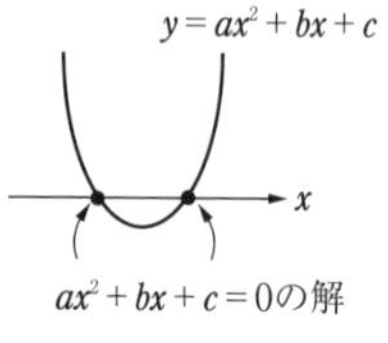

★★
例題 69　解の配置(I)

2 次方程式 $x^2+2ax-a+2=0$ の解が異なる 2 つの解であり，ともに 1 より小さいとき，定数 a の値の範囲を求めよ。

2 次方程式の解 $\Longleftrightarrow$ 2 次関数のグラフと x 軸との交点であるから，解 α, β がともに 1 より小さくなるためには，グラフが右図のような状態になればよい。そのための条件は次の 3 つ。

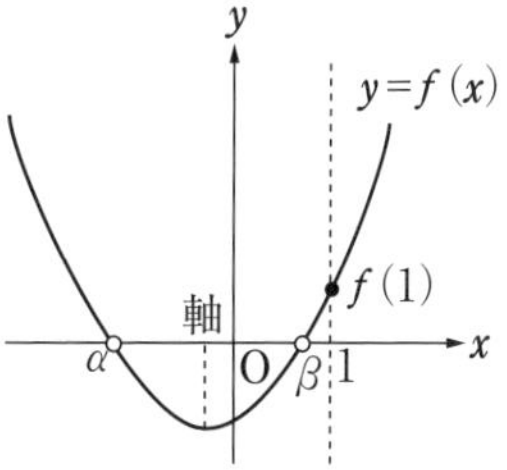

1 より小さい異なる 2 つの解をもつ $\Longleftrightarrow \begin{cases} \boldsymbol{D>0} \\ \textbf{軸}\boldsymbol{<1} \\ \boldsymbol{f(1)>0} \end{cases}$

Open Sesame 解　答

$f(x)=x^2+2ax-a+2$ とおく。

$x^2+2ax-a+2=0$ の判別式を D とすると，

$$\frac{D}{4}=a^2-(-a+2)>0$$

$$a^2+a-2>0$$

$$(a+2)(a-1)>0$$

$$a<-2,\ 1<a \quad \cdots①$$

$f(x)=(x+a)^2-a^2-a+2$ だから，

軸の方程式：　$x=-a<1$　　　$a>-1$　$\cdots②$

$f(1)=1+2a-a+2>0$　　　$a>-3$　$\cdots③$

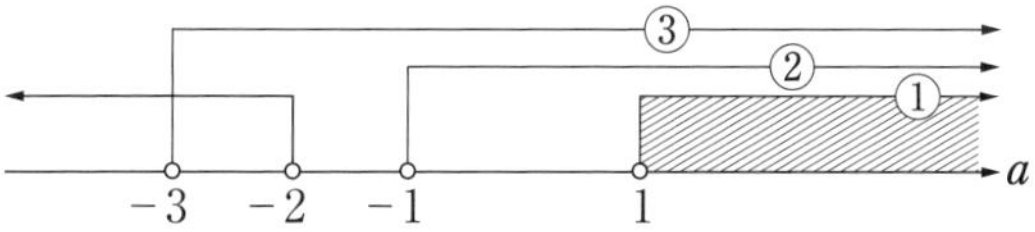

①〜③より，$\boldsymbol{a>1}$

▶本例題では，
“**異なる** 2 つの解”
であるから，D には等号はつかない。

***D*>0**

▶①②③が 3 本とも通過している範囲が答

Challenge 64

2 次方程式 $x^2+2ax+6-a=0$ が 1 より大きい異なる 2 つの解をもつように，定数 a の値の範囲を定めよ。

★★★ 例題 70 解の配置(II)

2次方程式 $x^2-2(m-1)x+3-m=0$ が，0と4の間に異なる2つの解をもつとき，定数 m の値の範囲を求めよ。

2つの解 α，β が0と4の間にあるためには，2次関数のグラフが右図のような状態になればよい。
そのための条件は次の4つ。

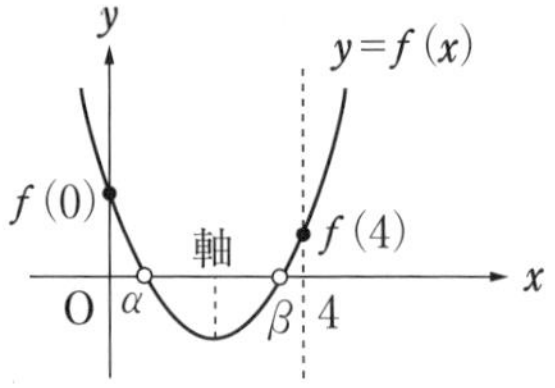

0と4の間に異なる2つの解をもつ $\iff \begin{cases} D>0 \\ 0<\text{軸}<4 \\ f(0)>0 \\ f(4)>0 \end{cases}$

Open Sesame 解答

$x^2-2(m-1)x+3-m=0$ の判別式を D とすると

$$\frac{D}{4}=(m-1)^2-(3-m)>0$$

$$m^2-m-2>0$$

$$(m+1)(m-2)>0$$

$$m<-1,\ 2<m \quad \cdots①$$

また，$f(x)=x^2-2(m-1)x+3-m$ とおくと，

$f(x)=\{x-(m-1)\}^2-(m-1)^2+3-m$

軸の方程式：$x=m-1$

$0<m-1<4$　より　$1<m<5$　…②

$f(0)=3-m>0$　より　$m<3$　…③

$f(4)=16-2(m-1)\cdot4+3-m>0$　より　$m<3$　…④

①～④より，$2<m<3$

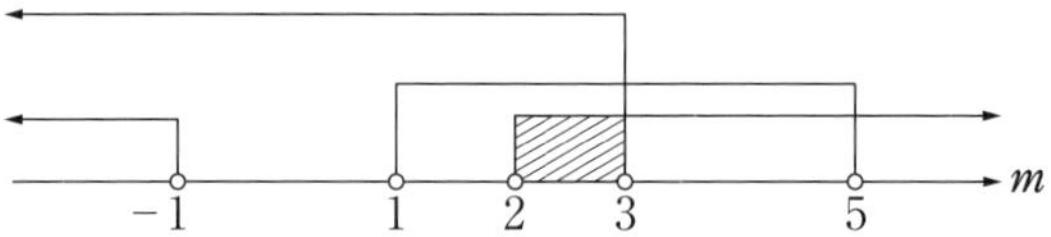

▶前例題と同じく“異なる2つの解”であるから，D には等号はつかない。
$D>0$

Challenge 65

x の2次方程式 $x^2-px+4=0$ の2つの解が $0<x<3$ の範囲内に異なる2つの解をもつような p の値の範囲を求めよ。

★★

例題 71　解の配置(Ⅲ)

2次方程式 $2x^2-3ax-4a=0$ が -2 と 0 の間および 0 と 2 の間にそれぞれ解をもつとき，a の値の範囲として正しいものは，次のうちどれか。

①　$-4<a<0,\ a>\dfrac{4}{5}$　　②　$-4<a<0$　　③　$0<a<\dfrac{4}{5}$

④　$a<-4,\ 0<a<\dfrac{4}{5}$　　⑤　$a<-4,\ a>\dfrac{4}{5}$

Open Sesame 解　答

$f(x)=2x^2-3ax-4a$ とおく。

$y=f(x)$ のグラフと x 軸が，$-2<x<0$ の範囲と，$0<x<2$ の範囲で交わればよい。

そのための条件はグラフより，

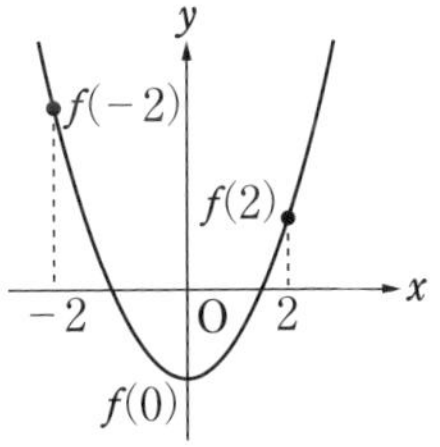

$$\begin{cases} f(-2)>0 \\ f(0)<0 \\ f(2)>0 \end{cases}$$

$f(-2)=8+6a-4a>0$

$a>-4$　…①

$f(0)=-4a<0$

$a>0$　…②

$f(2)=8-6a-4a>0$

$a<\dfrac{4}{5}$　…③

①〜③より，

$0<a<\dfrac{4}{5}$

答　③

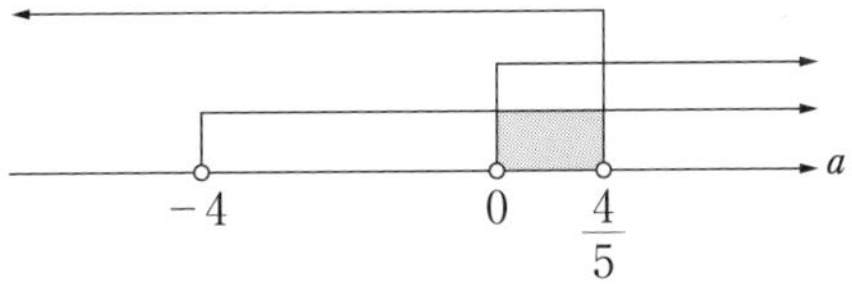

▶一般に，$f(▲)<0$ が成り立つと，$x=▲$ の左と右で必ず x 軸と交わることになるので，

$D=b^2-4ac>0$

という条件は不必要となる。

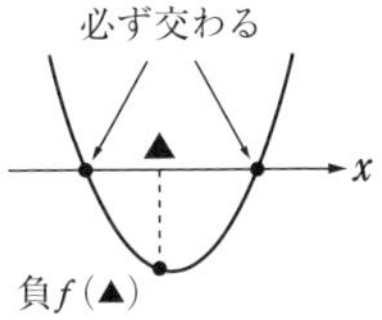

本問では $f(0)<0$ があるので，

$D=b^2-4ac>0$

は不必要である。

［$D=b^2-4ac>0$ は x 軸と交わるための条件であることに注意しよう。］

Challenge 66

次の □ をうめよ。

2次方程式 $2x^2-ax+6=0$ の1つの解が0と1の間に，また他の解が3と4の間にあるようにしたいとすると，定数 a は □ の範囲になければならない。

問題演習

B

97　xについての2次方程式$x^2-(a+1)x+a^2=0$の2つの解α，βが$\frac{2}{3}<\alpha<1<\beta$を満たすように，$a$の値の範囲を定めよ。

98　2次方程式$x^2-2kx+3k+10=0$が次のような異なる2つの解をもつとき，定数kの値の範囲を求めよ。

(1)　2つの解がともに負

(2)　2つの解の符号が異なる

99　xの2次方程式$x^2-4ax+16=0$の解が次の条件を満たすような定数aの値の範囲を求めよ。

(1)　1より大きい解と，1より小さい解をもつ

(2)　2より大きい異なる2つの解をもつ

100　2次方程式$x^2-2(a+1)x-2a+6=0$ …①について，次の各問いに答えよ。

(1)　$a=2$のとき，①の方程式を解け。

(2)　①が実数解をもつような，定数aの値の範囲を求めよ。

(3)　①が正の解だけをもつような，定数aの値の範囲を求めよ。

101　次の［　　］をうめよ。

xの2次方程式$x^2+4ax+2=0$が重解をもつときのaの値をすべて求めると［　ア　］である。また，$0\leqq x\leqq 4$の範囲で異なる2つの解をもつaの値の範囲は［　イ　］である。

数学Ⅰ 分野

OPEN★SESAME

⑨ 絶対値記号を含む関数

ここで Master!

絶対値記号を含む関数のグラフを速く正確にかけるようになろう。

Open Sesame

●絶対値記号のはずし方

$$\begin{cases} \boldsymbol{a} \geqq \boldsymbol{0} \text{ のとき，} |\boldsymbol{a}| = \boldsymbol{a} \\ \boldsymbol{a} < \boldsymbol{0} \text{ のとき，} |\boldsymbol{a}| = -\boldsymbol{a} \end{cases}$$

まずは一番基本的な $y=|x|$ のグラフを考えてみよう。

【例】 $\boldsymbol{y=|x|}$

(i) 場合分けをすると

$$y=|x|=\begin{cases} x \ (x \geqq 0) \\ -x \ (x<0) \end{cases}$$

(ii) また，$y=|x|$ のグラフは，$y=x$ のグラフの x 軸より下の部分を上に折り返したグラフである，ともいえる。

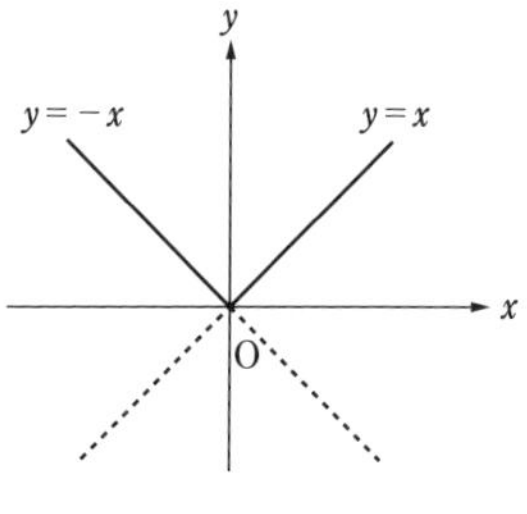

▶$y=|x|$ のグラフは左図のように
"V の字"
のグラフである。

次に，$y=|x-p|+q$ のグラフを考えよう。

$\boldsymbol{y=|x-p|+q}$ のグラフは，

$\boldsymbol{y=|x|}$ のグラフを

$$\begin{cases} \boldsymbol{x} \text{ 軸方向に } \boldsymbol{p} \\ \boldsymbol{y} \text{ 軸方向に } \boldsymbol{q} \end{cases}$$

平行移動したグラフ

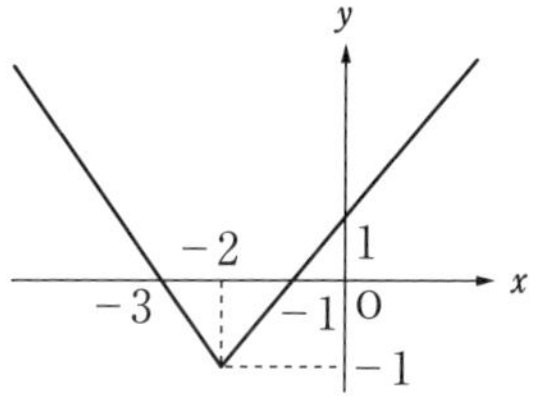

【例】 $\boldsymbol{y=|x+2|-1}$

$y=|x|$ のグラフを x 軸方向に -2，y 軸方向に -1 平行移動したグラフであるから右上図のようになる。

▶$y=|x+2|-1$ のグラフも，当然場合分けしてかけるが，平行移動を利用した方が簡単である。

★　グラフをかく(Ⅰ)

例題 72

関数 $y=|2x-4|$ のグラフをかけ。

$y=|f(x)|$ という関数のグラフは，$f(x)<0$ のところでもすべて $y>0$ となる。すなわち $y=f(x)$ のグラフの x 軸より下の部分を上へ折り返したものだから，本問では，$y=2x-4$ のグラフを x 軸に関して，上へ折り返せばよい。

Open Sesame 解答

まず，$y=2x-4$ のグラフをかくと図1のようになり，$y=|2x-4|$ のグラフは，$y=2x-4$ のグラフの x 軸より下の部分を上へ折り返したものだから，図2のようになる。

図1

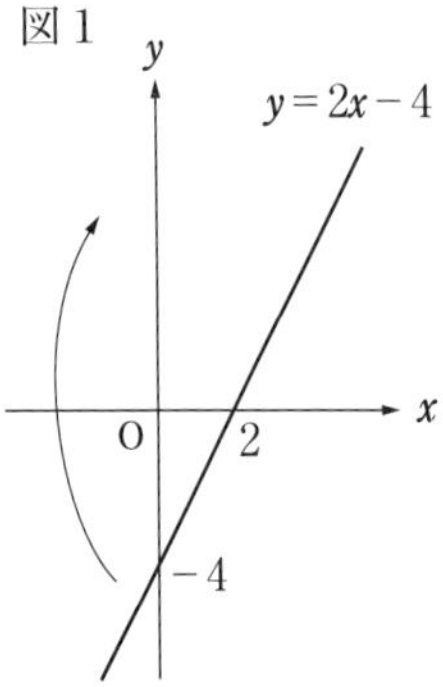

図2

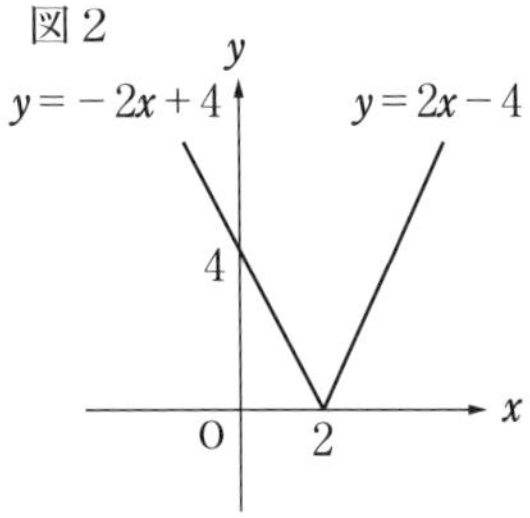

▶図2のV字型全体が $y=|2x-4|$ のグラフとなる。

▶折り返した部分の方程式はもとの方程式の右辺全体に「−」をつければよい。

$y=2x-4$
↓
$y=-(2x-4)$
$y=-2x+4$

Challenge 67

次のグラフをかけ。

(1)　$y=|x-3|$

(2)　$y=|x^2-x-2|$

★★　グラフをかく(Ⅱ)

例題 73

関数 $y=|x-1|+2x$ のグラフをかけ。

絶対値記号の外に x があるときには，例題72のようなかき方はできないので，場合分けを行うことになる。

Open Sesame 解答

$y=|x-1|+2x$

(i)　$x \geqq 1$ のとき

$y=x-1+2x$

$y=3x-1$

(ii)　$x<1$ のとき

$y=-(x-1)+2x$

$y=x+1$

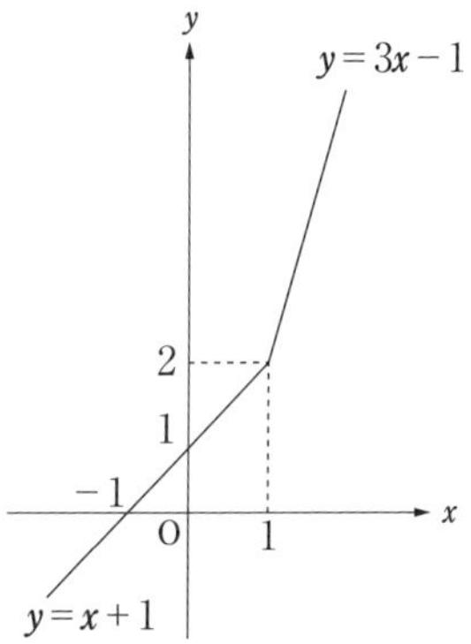

▶(i)の $y=3x-1$ は，$x \geqq 1$ の範囲だけでかく。

▶(ii)の $y=x+1$ は，$x<1$ の範囲だけでかく。

▶範囲外の部分は，点線ならよいが，実線でかくと0点になるので注意しよう。

▶2つのグラフは必ずつながる。境目の $x=1$ を(i)(ii)の式に代入して y の値が一致することを確認しておこう。(本問では $y=2$)

Challenge 68

関数 $y=|x-1|+\dfrac{1}{2}x$ について，

(1)　グラフをかけ。

(2)　$-3 \leqq x \leqq 2$ における最大値・最小値と，最大値・最小値をとるときの x の値を求めよ。

★★ 例題 74　グラフをかく(Ⅳ)

関数 $y=|x-1|+|x-3|$ のグラフをかけ。

“絶対値” を含んだ問題は，どうも嫌われがちであるが，要は絶対値記号をはずしてしまえば，普通の問題と同じように考えられることを忘れてはならない。すなわち，

「絶対値，はずしてしまえば，ただの式」

なのである。

Open Sesame 解答

$y=|x-1|+|x-3|$

(i)　$x \leqq 1$ のとき

$y=-(x-1)-(x-3)$

$=-2x+4$

(ii)　$1<x \leqq 3$ のとき

$y=(x-1)-(x-3)$

$=2$

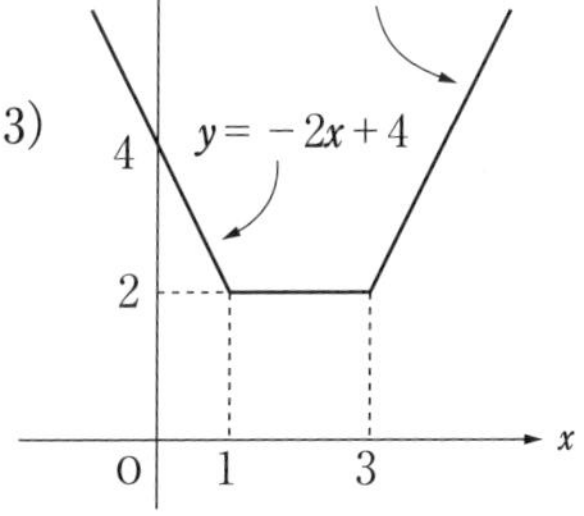

▶場合分けの方法がわからない人は，**例題29**を復習しよう。

(iii)　$3<x$ のとき

$y=(x-1)+(x-3)$

$=2x-4$

Challenge 69

関数 $f(x)=|x-2|+|x+1|$ について，次の各問いに答えよ。

(1)　グラフをかけ。

(2)　x が $-3\leqq x\leqq 3$ の範囲を動くとき，$f(x)$ の最大値は □，最小値は □ である。

★★

例題 75　グラフをかく(IV)

$y=|x(x-2)|-x$ のグラフをかけ。

絶対値の中が2次式のときはやや面倒になるが，考え方は**例題73**と同じ。

(i)　$\boldsymbol{x(x-2)\geqq 0 \to x\leqq 0,\ 2\leqq x}$　　(ii)　$\boldsymbol{x(x-2)<0 \to 0<x<2}$

2次不等式の解き方があやふやな人は復習しておこう。

Open Sesame 解　答

$y=|x(x-2)|-x$

(i)　$x(x-2)\geqq 0$　すなわち

$x\leqq 0,\ 2\leqq x$ のとき

$y=x(x-2)-x$

$=x^2-3x$

$=\left(x-\dfrac{3}{2}\right)^2-\dfrac{9}{4}$

(ii)　$x(x-2)<0$

すなわち

$0<x<2$ のとき

$y=-x(x-2)-x$

$=-x^2+x$

$=-\left(x-\dfrac{1}{2}\right)^2+\dfrac{1}{4}$

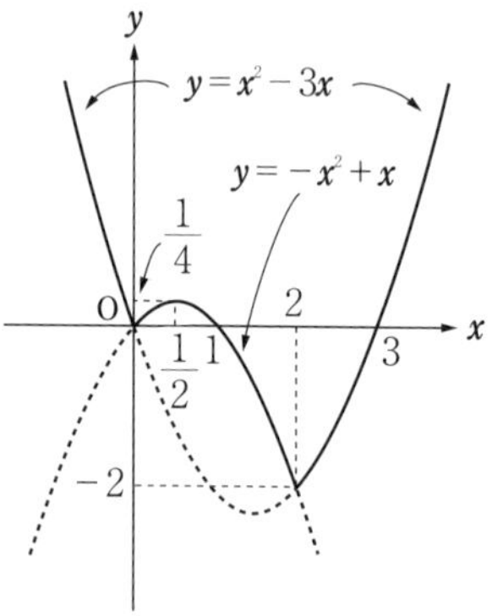

(i)(ii)より，グラフは右上図の実線部分となる。

▶左のグラフでは，わかりやすいように，範囲外の部分も点線で残した。くれぐれも実線でかかないように。

▶ $x=0$ と $x=2$ が境目になっている。それぞれ，$y=x^2-3x$ と $y=-x^2+x$ に代入して，一致することを確認しておこう。

Challenge 70

関数 $f(x)=|x^2-4|-2x$ について，次の各問いに答えよ。

(1)　グラフをかけ。

(2)　$f(x)$ は，区間 $-3 \leqq x \leqq 3$ において，$x=$ □ のとき最小値 □ をとり，$x=$ □ のとき最大値 □ をとる。また，区間 $-2 \leqq x \leqq 4$ における最大値は □ である。

★★★

例題 76　解の個数

m を定数とする。関数 $y=|x^2-4|-2x$ のグラフをかき，そのグラフを利用して，方程式 $|x^2-4|-2x=m$ の異なる解の個数をしらべよ。

関数 $y=f(x)$ と $y=g(x)$ のグラフの共有点の x 座標は，方程式 $f(x)=g(x)$ の解である。

具体的にいえば，関数 $y=x^2$ と $y=2x+3$ のグラフの共有点の x 座標は方程式 $x^2=2x+3$ の解である，ということである。このことを逆に考えて，この例題にあてはめてみると，“方程式 $|x^2-4|=2x+m$ の解の個数は，関数 $y=|x^2-4|-2x$ と $y=m$ のグラフの共有点の個数に等しい”ということになる。

$$|x^2-4|-2x=m \text{ の解の個数} \iff \begin{cases} y=|x^2-4|-2x \\ y=m \end{cases} \text{ の交点の個数}$$

このように，方程式の解と関数のグラフの関係はとても深いものがあるからしっかり押さえておこう。少々まえおきが長くなったが，グラフを利用して考えていくとわかりやすい。

このような問題はまずグラフをかくことをクセにしよう。グラフは場合分けをして，その範囲内に決められた2次関数のグラフをかく。

Open Sesame 解答

$y=|x^2-4|-2x$ のグラフをかく。

(i)　$x^2-4 \geqq 0$　すなわち

$x \leqq -2$，$2 \leqq x$ のとき

$y=x^2-4-2x$

$=(x-1)^2-5$

(ii)　$x^2-4<0$　すなわち

$-2<x<2$ のとき

▶$|x^2-4|$ の場合分け。
(i)　$x^2-4 \geqq 0$
(ii)　$x^2-4<0$

$y=-(x^2-4)-2x$
$\quad=-(x+1)^2+5$

よってグラフは右図の太線部分となる。

これに $y=m$（x 軸に平行な直線）を引くと，

「$y=|x^2-4|-2x$ と $y=m$ の交点の個数」

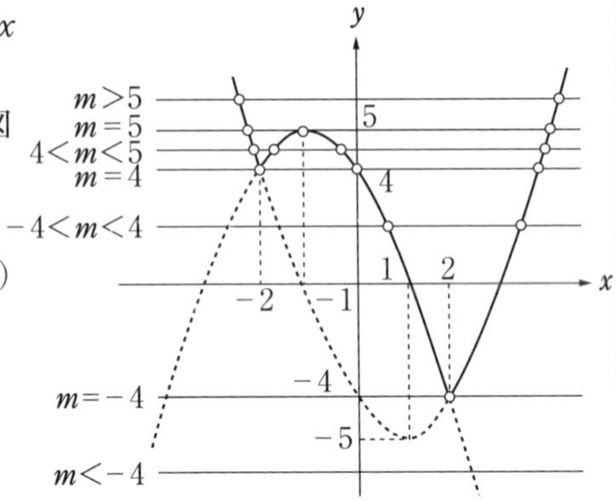

▶ $m>5$ では○が 2 個
$m=5$ では○が 3 個
$4<m<5$ では○が 4 個
$m=4$ では○が 3 個
$-4<m<4$ では○が 2 個
$m=-4$ では○が 1 個
$m<-4$ では○が 0 個

すなわち，「$|x^2-4|-2x=m$ の解の個数」がわかる。

$$\begin{cases} m<-4 & \textbf{のとき　0 個} \\ m=-4 & \textbf{のとき　1 個} \\ -4<m<4,\ 5<m & \textbf{のとき　2 個} \\ m=4,\ 5 & \textbf{のとき　3 個} \\ 4<m<5 & \textbf{のとき　4 個} \end{cases}$$

▶個数が 0 個のときもかこう。

Challenge 71

$|x^2-2x|=x^2+a$（a は定数）が異なる 3 つの解をもつように a の値の範囲を定めよ。

問 題 演 習

B

102　次のグラフをかけ。

(1)　$y=|x^2-2x-4|$

(2)　$y=|x-3|+x$

(3)　$y=\sqrt{(x+1)^2}-\sqrt{(x-1)^2}$

103　次のグラフをかけ。

(1)　$y=|x-2|-1$

(2)　$y=||x-2|-1|$

104　関数 $y=|2-x|+|5-x|$ について，次の各問いに答えよ。

(1)　この関数のグラフをかけ。

(2)　この関数のグラフと直線 $y=x-1$ の共有点の座標を求めよ。

C

105　次のグラフをかけ。

(1)　$|x|+|y|=1$

(2)　$|x-2|+|y-1|=1$

106　次の $\boxed{}$ をうめよ。

$f(x)=2-|x|$ とする。区間 $t \leqq x \leqq t+1$ における $f(x)$ の最大値を $g(t)$ とすれば

$$g(t)=\begin{cases} t+\boxed{\text{ア}} & (t<-1 \text{ のとき}) \\ \boxed{\text{イ}} & (-1 \leqq t \leqq 0 \text{ のとき}) \\ 2-\boxed{\text{ウ}}\,t & (t>0 \text{ のとき}) \end{cases}$$

となる。

第3章
図形と計量

Open Sesame Series

数学Ⅰ分野

OPEN★SESAME ①

三角比の値

ここで Master!
様々な角度の三角比が正確に求められるようになろう。

Open Sesame

●三角比の定義

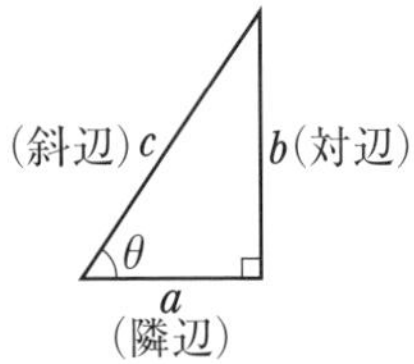

$$\sin\theta = \frac{\text{対辺}}{\text{斜辺}} = \frac{b}{c}$$

$$\cos\theta = \frac{\text{隣辺}}{\text{斜辺}} = \frac{a}{c}$$

$$\tan\theta = \frac{\text{対辺}}{\text{隣辺}} = \frac{b}{a}$$

●三角比の定義

定義は，Open Sesame に書いてある通りである。ただ，θ の位置が左下図のように θ' にかわると，三角比の値も当然変わってくる。

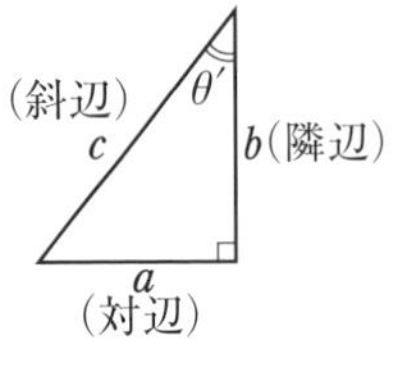

$$\sin\theta' = \frac{\text{対辺}}{\text{斜辺}} = \frac{a}{c}$$

$$\cos\theta' = \frac{\text{隣辺}}{\text{斜辺}} = \frac{b}{c}$$

$$\tan\theta' = \frac{\text{対辺}}{\text{隣辺}} = \frac{a}{b}$$

【例】

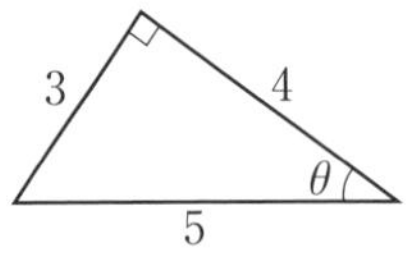

$$\sin\theta = \frac{3}{5}$$

$$\cos\theta = \frac{4}{5}$$

$$\tan\theta = \frac{3}{4}$$

▶**斜辺**
直角の対辺
(最も長い辺)
▶**対辺**
θ の向い合う辺
(対角の) 辺
▶**隣辺** (底辺)
θ の隣りの辺

▶斜辺 ＝5
対辺 ＝3
隣辺 ＝4

●30°，45°，60° の三角比

それでは三角比の定義も学習したので，次は下の直角三角形を用いて，30°，45°，60° の三角比を求めていこう。

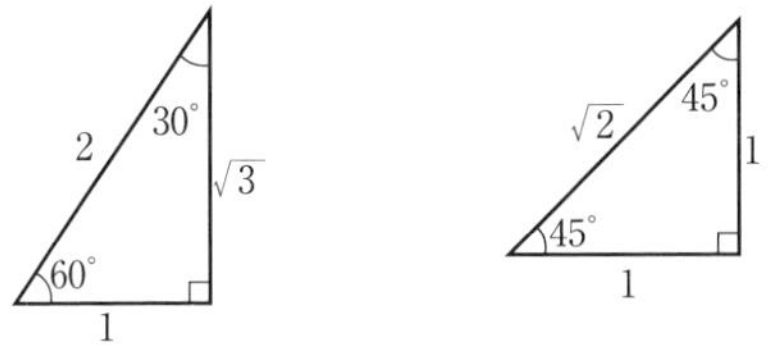

$\sin 60^\circ = \frac{\sqrt{3}}{2}$	$\sin 30^\circ = \frac{1}{2}$	$\sin 45^\circ = \frac{1}{\sqrt{2}} = \frac{\sqrt{2}}{2}$
$\cos 60^\circ = \frac{1}{2}$	$\cos 30^\circ = \frac{\sqrt{3}}{2}$	$\cos 45^\circ = \frac{1}{\sqrt{2}} = \frac{\sqrt{2}}{2}$
$\tan 60^\circ = \sqrt{3}$	$\tan 30^\circ = \frac{1}{\sqrt{3}} = \frac{\sqrt{3}}{3}$	$\tan 45^\circ = 1$

▶この 2 つの直角三角形は，今後もよく用いるのでしっかりと覚えておこう。

90°，30°，60° の直角三角形の辺の比

…$2 : 1 : \sqrt{3}$

45°，45°，90° の直角二等辺三角形の辺の比

…$1 : 1 : \sqrt{2}$

●鈍角の三角比

前述では，30°，45°，60° の三角比を求めていった。それでは 0°，90°，120°，150°，180°……などの三角比はどうやって求めればよいのだろうか。上の直角三角形では無理のようだ。そこで今回は“単位円”を用いて様々な角度の三角比を求めていこう。

まずは，“単位円上で三角比はどのように定義されるのか”を考えていく。

(1)　**sin*θ*，cos*θ* の定義**

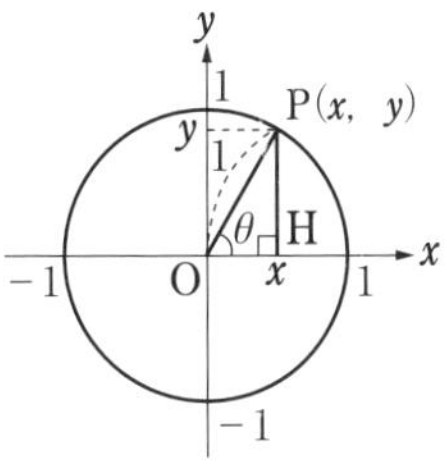

今，左図の単位円の中に直角三角形 OHP をつくる。

$OP = r = 1$

$OH = x$ 座標

$PH = y$ 座標

$$\sin\theta = \frac{PH}{OP} = \frac{y}{1} = y$$

$$\cos\theta = \frac{OH}{OP} = \frac{x}{1} = x$$

すなわち，単位円上では以下のように定義される。

$\sin\theta = y$ 座標，$\cos\theta = x$ 座標

▶**単位円**

原点を中心に半径 1 の円

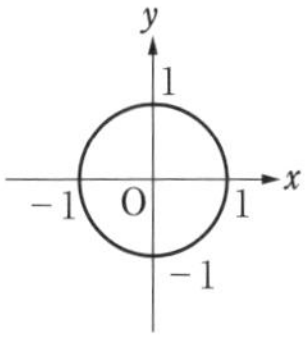

▶単位円上の角度

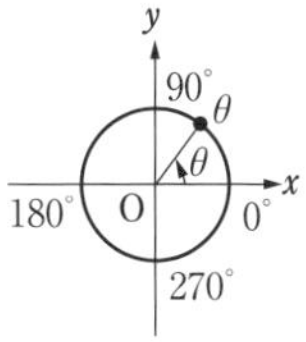

【例】

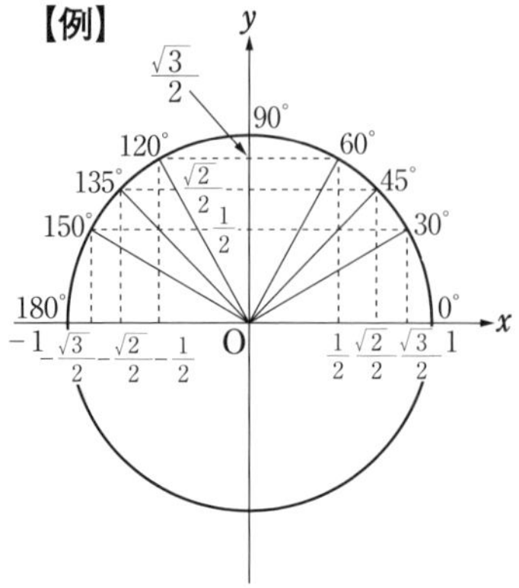

30°，45°，60° が関与する $\sin\theta$，$\cos\theta$ の値は，必ず

$$\frac{1}{2},\ \frac{\sqrt{2}}{2},\ \frac{\sqrt{3}}{2}$$

が入ってくるので，この3つの数値は覚えておくと便利である。

そして，

$\sin\theta$…y 座標

$\cos\theta$…x 座標

をつねに頭に入れておこう。

$0^\circ \cdots\cdots (1,\ 0) \cdots\cdots\cdots\cdots\cdots \cos 0^\circ = 1,\ \sin 0^\circ = 0$

$30^\circ \cdots\cdots \left(\frac{\sqrt{3}}{2},\ \frac{1}{2}\right) \cdots\cdots\cdots \cos 30^\circ = \frac{\sqrt{3}}{2},\ \sin 30^\circ = \frac{1}{2}$

$90^\circ \cdots\cdots (0,\ 1) \cdots\cdots\cdots\cdots\cdots \cos 90^\circ = 0,\ \sin 90^\circ = 1$

$120^\circ \cdots\cdots \left(-\frac{1}{2},\ \frac{\sqrt{3}}{2}\right) \cdots\cdots \cos 120^\circ = -\frac{1}{2},\ \sin 120^\circ = \frac{\sqrt{3}}{2}$

$135^\circ \cdots\cdots \left(-\frac{\sqrt{2}}{2},\ \frac{\sqrt{2}}{2}\right) \cdots\cdots \cos 135^\circ = -\frac{\sqrt{2}}{2},\ \sin 135^\circ = \frac{\sqrt{2}}{2}$

など。

(2)　$\tan\theta$ の定義

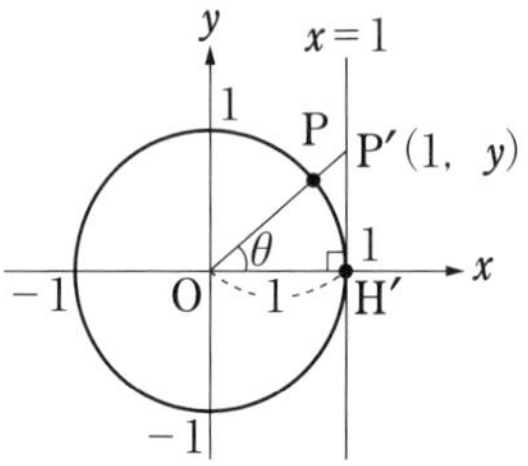

今回は左図のように，$x=1$ の直線を引き，$\triangle \mathrm{OH'P'}$ をつくる。

$\mathrm{OH'} = r = 1$

$\mathrm{P'H'} =$ 原点を通り傾き θ の直線と $x=1$ との交点の y 座標（以後，$y_{x=1}$ とかく）

$$\tan\theta = \frac{\mathrm{P'H'}}{\mathrm{OH'}} = \frac{y_{x=1}}{1} = y_{x=1}$$

すなわち，単位円上では以下のように定義される。

> **$\tan\theta = y_{x=1}$** 座標
> （直線 OP と $x=1$ との交点の y 座標）

▶第2象限の $\cos\theta$（x 座標）は“−”がつくので気をつけよう。

▶$\sin\theta$（y 座標）の符号

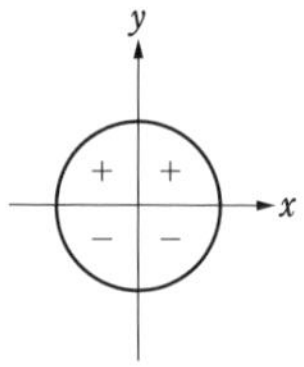

▶$\cos\theta$（x 座標）の符号

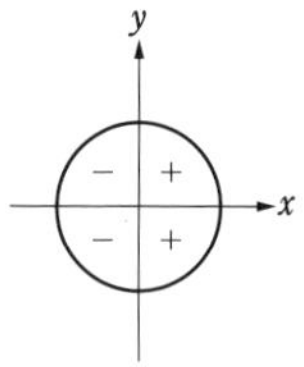

▶$\tan\theta = \dfrac{対辺}{隣辺}$

▶直線 OP と $x=1$ との交点の y 軸のこと。

【例】

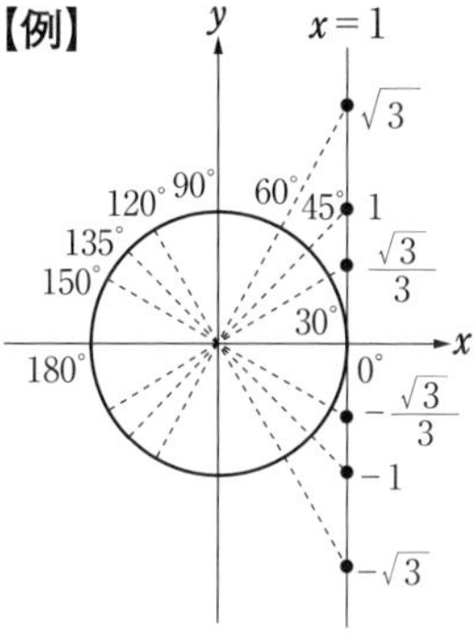

30°，45°，60° が関与する $\tan\theta$ の値は必ず，

$$\frac{\sqrt{3}}{3},\ 1,\ \sqrt{3}$$

が入ってくるので，この3つの数値は覚えておくと便利である。そして

$\tan\theta \cdots y_{x=1}$ 座標

をつねに頭に入れておこう。

$\tan0^\circ=0$，$\tan30^\circ=\dfrac{\sqrt{3}}{3}$，$\tan45^\circ=1$，$\tan60^\circ=\sqrt{3}$

$\tan120^\circ=-\sqrt{3}$，$\tan135^\circ=-1$，$\tan150^\circ=-\dfrac{\sqrt{3}}{3}$

$\tan180^\circ=0$　など。

▶$\tan\theta(y_{x=1})$ の符号

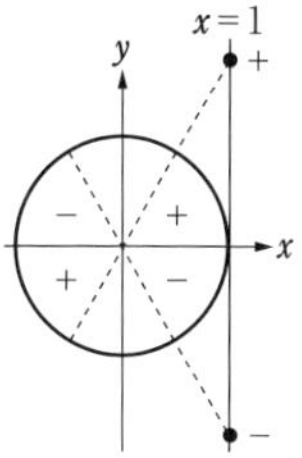

▶**tan90° は存在しない。**

右上図の単位円からもわかるように 90°(0, 1) を通る直線（y 軸）と $x=1$ は平行であり，交点が存在しないからである。

▶同様に tan270° についても存在しない。

★ **例題 77**　三角比の値

次の値を求めよ。

(1)　$\sin60^\circ\cos45^\circ+\sin150^\circ\cos135^\circ$

(2)　$\cos0^\circ\tan135^\circ-\sin90^\circ\cos180^\circ$

Open Sesame 解答

(1)　$(与式)=\dfrac{\sqrt{3}}{2}\cdot\dfrac{\sqrt{2}}{2}+\dfrac{1}{2}\cdot\left(-\dfrac{\sqrt{2}}{2}\right)$

$=\boldsymbol{\dfrac{\sqrt{6}-\sqrt{2}}{4}}$

(2)　$(与式)=1\cdot(-1)-1\cdot(-1)=\boldsymbol{0}$

(2)

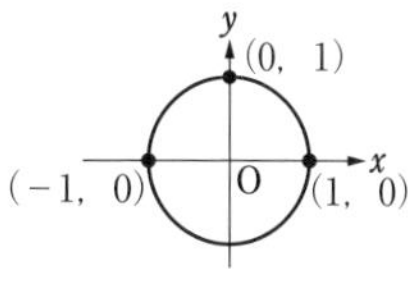

$\sin\theta=y$ 座標
$\cos\theta=x$ 座標

Challenge 72

次の値を求めよ。

(1)　$\sin60^\circ\tan30^\circ+\sin45^\circ\cos45^\circ$

(2)　$\sin150^\circ-\tan150^\circ\sin120^\circ$

(3)　$(\cos30^\circ+\tan135^\circ)^2+(\tan60^\circ+\sin150^\circ)^2$

★

例題 78　三角方程式

次の方程式を満足する θ の値を求めよ。（ただし，$0^\circ \leqq \theta \leqq 180^\circ$）

(1)　$\sin\theta = \dfrac{1}{2}$

(2)　$\cos\theta = -\dfrac{1}{\sqrt{2}}$

(3)　$\tan\theta = \sqrt{3}$

Open Sesame **解　答**

(1)　$\sin\theta = \dfrac{1}{2}$

$\sin\theta$ は y 座標であるから，
右図より
$\theta = 30^\circ$，150°

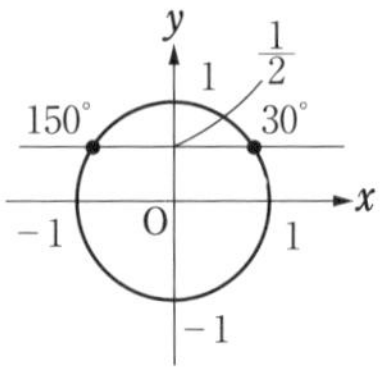

(2)　$\cos\theta = -\dfrac{1}{\sqrt{2}}$

$\cos\theta$ は x 座標で，
$0^\circ \leqq \theta \leqq 180^\circ$ だから
右図より，**$\theta = 135^\circ$**

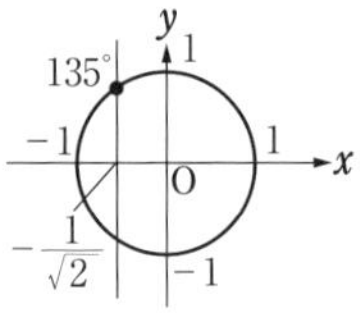

(3)　$\tan\theta = \sqrt{3}$
右図より，**$\theta = 60^\circ$**

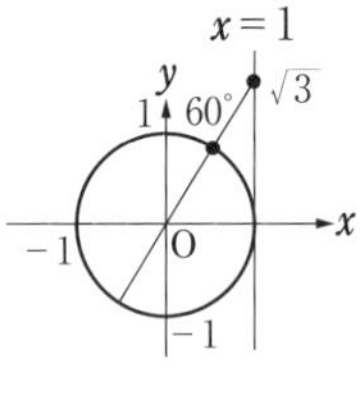

▶つねに単位円を用いて考えるクセをつけよう。
$\sin\theta$…y 座標
$\cos\theta$…x 座標
$\tan\theta$…$y_{x=1}$

(2)第 3 象限の角 225° は $0^\circ \leqq \theta \leqq 180^\circ$ に入っておらず不適。

Challenge 73

$0^\circ \leqq \theta \leqq 180^\circ$ のとき，次の方程式を満足する θ の値を求めよ。

(1)　$\sqrt{2}\sin\theta = 1$

(2)　$2\cos\theta + 1 = 0$

(3)　$\tan^2\theta - 1 = 0$（注：$\tan^2\theta$ は $(\tan\theta)^2$ の意味）

★★

例題 79　三角不等式

次の不等式を満足する θ の値の範囲を求めよ。(ただし，$0^\circ \leqq \theta \leqq 180^\circ$)

(1)　$\sin\theta > \dfrac{1}{2}$

(2)　$\cos\theta < \dfrac{1}{2}$

(3)　$\tan\theta \leqq -1$

Open Sesame **解　答**

(1)　$\sin\theta > \dfrac{1}{2}$

単位円において，y 座標が $\dfrac{1}{2}$ より大きくなる角の範囲を求めればよいから，右図より，

$30^\circ < \theta < 150^\circ$

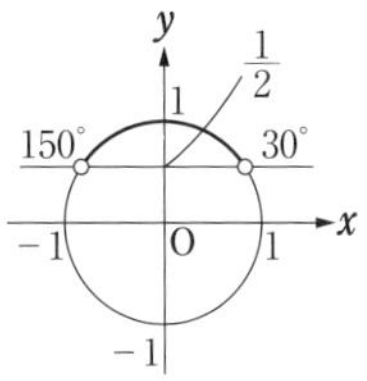

(2)　$\cos\theta < \dfrac{1}{2}$

単位円において，x 座標が $\dfrac{1}{2}$ より小さくなる角の範囲を求めればよいから，右図より，

$60^\circ < \theta \leqq 180^\circ$

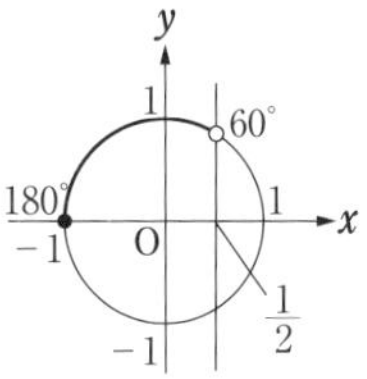

(3)　$\tan\theta \leqq -1$

直線 $x=1$ 上で，対応する点の y 座標が -1 以下となる角の範囲を求めればよいから，右図より，

$90^\circ < \theta \leqq 135^\circ$

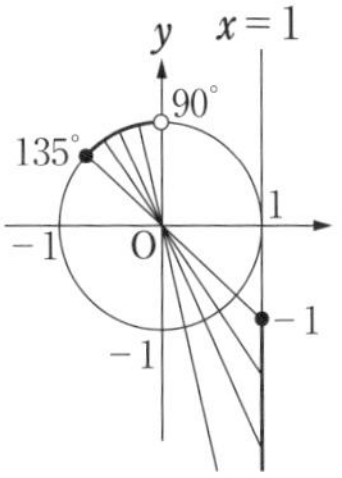

Challenge 74

$0^\circ \leqq \theta \leqq 180^\circ$ のとき，次の不等式を満足する θ の値を求めよ。

(1)　$\sqrt{2}\sin\theta < 1$

(2)　$\cos\theta \leqq -\dfrac{\sqrt{3}}{2}$

(3)　$-1 \leqq \tan\theta \leqq \sqrt{3}$

★★

例題 80　三角比の定義を利用した問題

直角三角形 ABC の直角の頂点 A から斜辺 BC に垂線 AD を下し，

$\angle B = \theta$，$BC = a$

とする。このとき，次のものを a と θ で表せ。

(1)　辺 AC の長さ

(2)　線分 DC の長さ

(3)　$\triangle ABC$ の面積

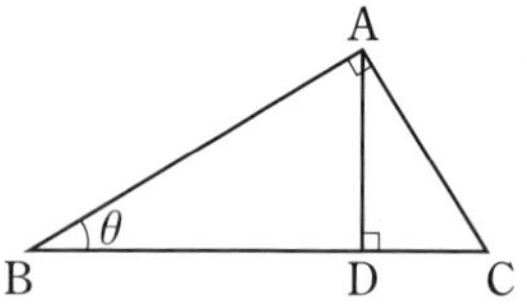

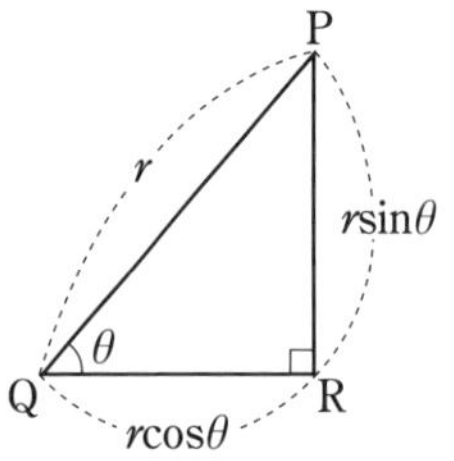

左図の直角三角形 PQR において

$PQ = r$，$\angle Q = \theta$

とすると，PR，QR は r，θ を用いてどのように表せるであろうか。$\sin\theta$，$\cos\theta$ の定義を思い出しながら導いていこう。

$$\sin\theta = \frac{PR}{PQ} = \frac{PR}{r} \qquad \cos\theta = \frac{QR}{PQ} = \frac{QR}{r}$$

$$\mathbf{PR = r\sin\theta} \qquad \mathbf{QR = r\cos\theta}$$

Open Sesame 解答

(1)　$AC = BC\sin\theta = \boldsymbol{a\sin\theta}$

(2)　$\triangle ABC \backsim \triangle DAC$ より

$\angle DAC = \angle B = \theta$

よって，$DC = AC\sin\theta$

$= a\sin\theta \cdot \sin\theta$

$= \boldsymbol{a\sin^2\theta}$

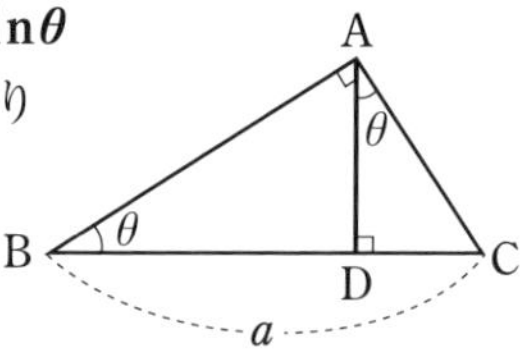

(3)　$AD = AC\cos\theta = a\sin\theta\cos\theta$

よって，$\triangle ABC$ の面積 S は

$$S = \frac{1}{2}BC \cdot AD = \frac{1}{2} \cdot a \cdot a\sin\theta\cos\theta = \boldsymbol{\frac{1}{2}a^2\sin\theta\cos\theta}$$

▶一般に

(対辺)＝(斜辺)×$\sin\theta$

(隣辺)＝(斜辺)×$\cos\theta$

★★

例題 81　15°，75° の三角比

右図の三角形において，次のものを求めよ。

(1)　∠BDC の大きさ

(2)　BD，CD の長さ

(3)　cos15°，cos75° の値

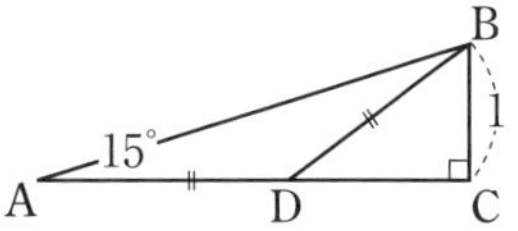

この三角形は 15°，75° の三角比の値を求める代表的な図形である。

・90°，30°，60° の直角三角形の辺の比は $2:1:\sqrt{3}$

・三平方の定理…右図で $c^2=a^2+b^2$

を確認しておこう。

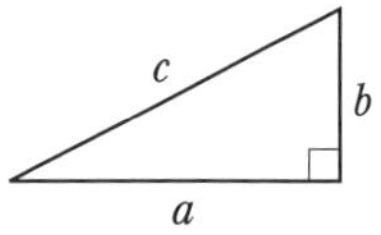

Open Sesame 解答

(1)　AD＝BD より　∠ABD＝∠DAB＝15°

∠BDC＝∠ABD＋∠DAB

＝15°＋15°＝**30°**

▶三角形 ADB について，1 つの外角＝「その外角と隣り合わない 2 つの内角の和」

(2)　△BDC において，3 角が 90°，60°，30° であるから

$BC:CD:BD=1:\sqrt{3}:2$

$\mathbf{BD=2,\ \ CD=\sqrt{3}}$

(3)　三平方の定理より

$$AB=\sqrt{AC^2+BC^2}=\sqrt{(2+\sqrt{3})^2+1^2}=\sqrt{8+2\sqrt{12}}$$

$$=\sqrt{6}+\sqrt{2}$$

▶たして 8，かけて 12 となる 2 数は“6 と 2”（**例題14**参照）

$$\cos 15^\circ=\frac{AC}{AB}=\frac{2+\sqrt{3}}{\sqrt{6}+\sqrt{2}}$$

$$=\frac{(2+\sqrt{3})(\sqrt{6}-\sqrt{2})}{6-2}$$

$$=\mathbf{\frac{\sqrt{6}+\sqrt{2}}{4}}$$

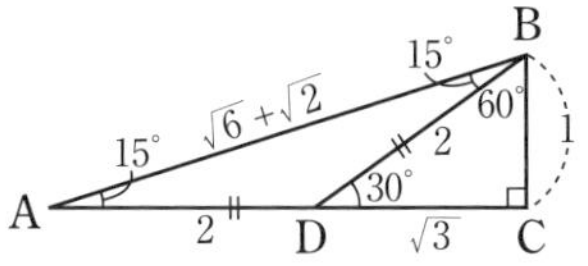

$$\cos 75^\circ=\frac{BC}{AB}=\frac{1}{\sqrt{6}+\sqrt{2}}=\mathbf{\frac{\sqrt{6}-\sqrt{2}}{4}}$$

Challenge 75

右の図で，次のものを求めよ。

(1)　BC の長さ

(2)　DB の長さ

(3)　tan75° の値

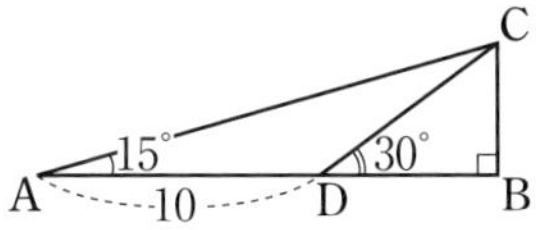

★ **例題 82**　**直線の傾きと正接**

次の直線と x 軸のなす角のうち，鋭角であるものを求めよ。

(1)　$x-\sqrt{3}y=0$　　(2)　$x+y-3=0$

直線 $y=mx$ と x 軸とのなす角 θ を下図のようにとると，**$m=\tan\theta$**

$(m>0)$

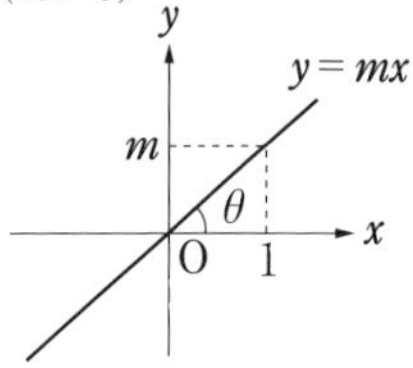

$(m<0)$

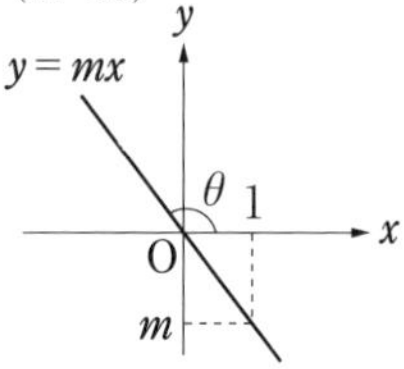

Open Sesame **解答**

(1)　直線 $x-\sqrt{3}y=0$ と x 軸とのなす角を下図のように θ とすると

$y=\dfrac{1}{\sqrt{3}}x$ より $\tan\theta=\dfrac{1}{\sqrt{3}}$

よって $\theta=30°$　　**30°**

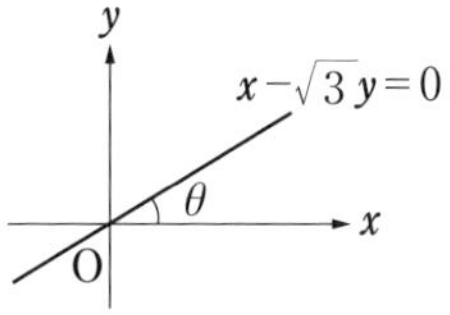

(2)　$x+y-3=0$ より

$y=-x+3$ だから　$\tan\theta=-1$

よって　$\theta=135°$

したがって，求める角は

$180°-135°=$ **45°**

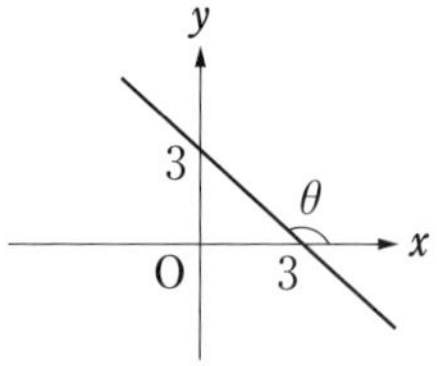

▶求めるのは鋭角なので，135°ではなく45°を答とする。

Challenge 76

次の直線と x 軸のなす角のうち，鋭角であるものを求めよ。

(1)　$x-y+1=0$

(2)　$\sqrt{3}x+y=1$

問題演習

A

107 次の値を求めよ。

(1) $\sin 60^\circ \tan 30^\circ - \cos 120^\circ$

(2) $(\sin 30^\circ + \cos 30^\circ)^2 + (\sin 60^\circ - \cos 60^\circ)^2$

108 次の方程式を解け。ただし，$0^\circ < x < 180^\circ$ とする。

(1) $2\cos x = -\sqrt{3}$

(2) $\sin x = \dfrac{\sqrt{3}}{2}$

B

109 図のような長方形ABCDがある。$\mathrm{CD} = a$，$\angle \mathrm{BDC} = \theta$ とし，頂点Aから対角線BDに下ろした垂線をAHとするとき，線分BC，AHの長さを a，θ を用いて表したものの組合せとして正しいものは，次のうちどれか。

① $\mathrm{BC} = a\cos\theta$，$\mathrm{AH} = a\sin\theta$

② $\mathrm{BC} = a\sin\theta$，$\mathrm{AH} = a\cos\theta$

③ $\mathrm{BC} = a\tan\theta$，$\mathrm{AH} = a\sin\theta$

④ $\mathrm{BC} = a\tan\theta$，$\mathrm{AH} = a\cos\theta$

⑤ $\mathrm{BC} = a\cos\theta$，$\mathrm{AH} = a\tan\theta$

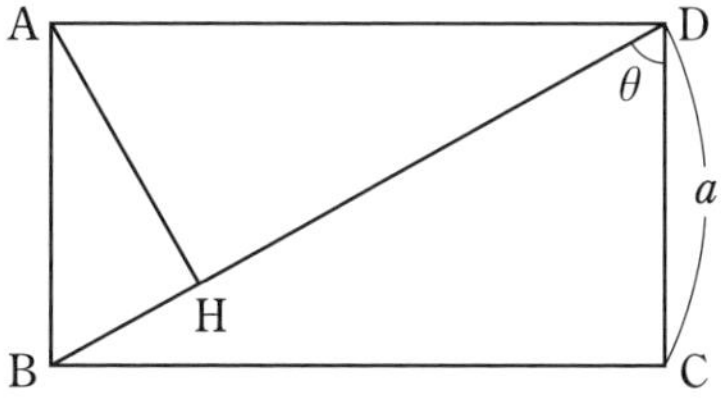

110 AB＝ACである二等辺三角形ABCにおいて，$\angle \mathrm{A} = 36^\circ$，$\mathrm{BC} = 1$，$\angle \mathrm{B}$ の二等分線と辺ACとの交点をDとする。次の(1)〜(3)の値を求めよ。

(1) ABの長さ　(2) $\cos 72^\circ$ の値　(3) $\cos 36^\circ$ の値

数学Ⅰ 分野

OPEN★SESAME

②

三角比の相互関係

ここでMaster!

三角比の相互関係式３つを正確に覚え，あらゆる問題に適応していこう。

Open Sesame

●三角比の相互関係式

1　$\sin^2\theta+\cos^2\theta=1$

2　$\tan\theta=\dfrac{\sin\theta}{\cos\theta}$

3　$1+\tan^2\theta=\dfrac{1}{\cos^2\theta}$

●$180^\circ-\theta$ と $90^\circ\pm\theta$ の三角比

$\sin(180^\circ-\theta)=\sin\theta$	$\sin(90^\circ-\theta)=\cos\theta$	$\sin(90^\circ+\theta)=\cos\theta$
$\cos(180^\circ-\theta)=-\cos\theta$	$\cos(90^\circ-\theta)=\sin\theta$	$\cos(90^\circ+\theta)=-\sin\theta$
$\tan(180^\circ-\theta)=-\tan\theta$	$\tan(90^\circ-\theta)=\dfrac{1}{\tan\theta}$	$\tan(90^\circ+\theta)=-\dfrac{1}{\tan\theta}$

●$180^\circ+\theta$ の三角比　発展

$$\begin{cases}\sin(180^\circ+\theta)=-\sin\theta\\ \cos(180^\circ+\theta)=-\cos\theta\\ \tan(180^\circ+\theta)=\tan\theta\end{cases}$$

●三角比の相互関係式

まずは公式を証明しておこう。

1　$\sin^2\theta+\cos^2\theta=1$

右図において，

$\mathrm{P}(x,\ y)$ は，$\begin{cases}x=\cos\theta\\ y=\sin\theta\end{cases}$

また，$x^2+y^2=1$ を満たす

から　　$\cos^2\theta+\sin^2\theta=1$

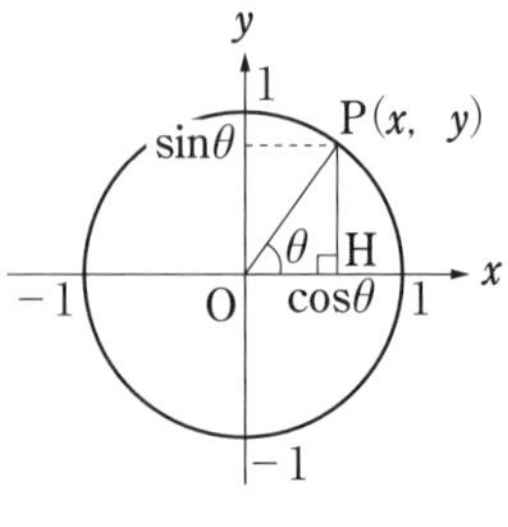

▶図中の直角三角形において，三平方の定理より，

$\mathrm{OH}^2+\mathrm{PH}^2=\mathrm{OP}^2$

$x^2+y^2=1$

$\cos^2\theta+\sin^2\theta=1$

2 $\tan\theta=\dfrac{\sin\theta}{\cos\theta}$

図中の △OHP において，$\tan\theta$ の定義より

$$\tan\theta=\frac{\mathrm{PH}}{\mathrm{OH}}=\frac{\sin\theta}{\cos\theta}$$

▶$\tan\theta=\dfrac{対辺}{隣辺}$

3 $1+\tan^2\theta=\dfrac{1}{\cos^2\theta}$

$$(左辺)=1+\left(\frac{\sin\theta}{\cos\theta}\right)^2=\frac{\cos^2\theta+\sin^2\theta}{\cos^2\theta}$$
$$=\frac{1}{\cos^2\theta}=(右辺)$$

▶3の証明は，1，2式を利用。

【別証】 $\sin^2\theta+\cos^2\theta=1$ の両辺を $\cos^2\theta$ で割ると

$$\frac{\sin^2\theta}{\cos^2\theta}+\frac{\cos^2\theta}{\cos^2\theta}=\frac{1}{\cos^2\theta}$$
$$\tan^2\theta+1=\frac{1}{\cos^2\theta}$$

●180° − θ と 90° ± θ の三角比

これについては**例題88**で解説しよう。

★ sinθ または cosθ の値が与えられたとき

例題 83

次の □ をうめよ。

$90^\circ<A<180^\circ$ で，$\sin A=\dfrac{2}{3}$ のとき，$\tan A=$ □ 。

Open Sesame 解答

$\sin^2A+\cos^2A=1$

より

$$\cos^2A=1-\sin^2A$$
$$=1-\frac{4}{9}=\frac{5}{9}$$

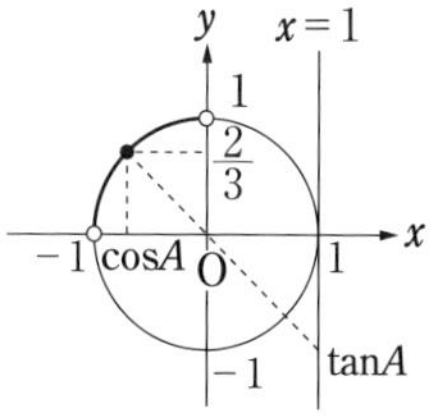

ここで，$90^\circ<A<180^\circ$ であるから，

$$\cos A<0$$
$$\cos A=-\frac{\sqrt{5}}{3}$$

したがって，

$$\tan A=\frac{\sin A}{\cos A}=\frac{\frac{2}{3}}{-\frac{\sqrt{5}}{3}}=-\frac{2}{\sqrt{5}}=-\boldsymbol{\frac{2\sqrt{5}}{5}}$$

▶第 2 象限の角の $\cos\theta$（x 座標）は "−"

▶**$\sin\theta$…y 座標**
$\cos\theta$…x 座標
$\tan\theta$…$y_{x=1}$

★
例題 84　$\tan\theta$ 値が与えられたとき

次の □ をうめよ。
$0° \leqq \theta \leqq 180°$ で，$\tan\theta = -\sqrt{2}$ のとき，$\sin\theta =$ □，$\cos\theta =$ □。

Open Sesame 解答

$1+\tan^2\theta = \dfrac{1}{\cos^2\theta}$ より

$1+2 = \dfrac{1}{\cos^2\theta}$

$\cos^2\theta = \dfrac{1}{3}$

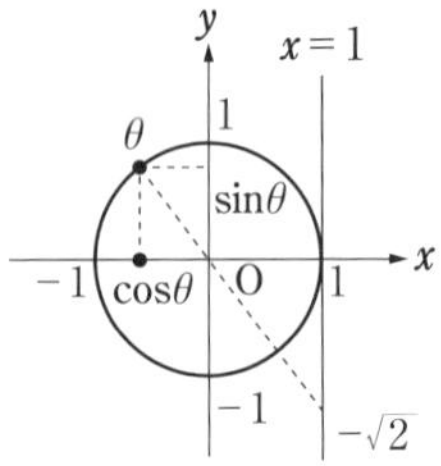

ここで，$0° \leqq \theta \leqq 180°$ において
$\tan\theta < 0$ より，θ は第2象限の角
であるから，$\cos\theta < 0$

$\cos\theta = -\dfrac{\sqrt{3}}{3}$

また，

$\sin\theta = \tan\theta \cdot \cos\theta = -\sqrt{2} \times \left(-\dfrac{\sqrt{3}}{3}\right) = \dfrac{\sqrt{6}}{3}$

▶ $\tan\theta$ が与えられたときは，
$1+\tan^2\theta = \dfrac{1}{\cos^2\theta}$
をまず使おう。

▶ $\tan\theta = \dfrac{\sin\theta}{\cos\theta}$ の分母を払うと，
$\sin\theta = \tan\theta \cdot \cos\theta$

Challenge 77

次の値を求めよ。

(1)　θ が鈍角で，$\sin\theta = \dfrac{3}{4}$ のときの $\cos\theta$，$\tan\theta$ の値

(2)　$0° \leqq \theta \leqq 180°$ で，$\cos\theta = -\dfrac{1}{3}$ のときの $\sin\theta$，$\tan\theta$ の値

(3)　$0° \leqq \theta \leqq 180°$ で，$\tan\theta = -\dfrac{5}{12}$ のときの $\cos\theta$ の値

★★
例題 85　式の値(I)

次の □ をうめよ。
$\tan\theta = 2$ のとき，$\dfrac{1}{1-\sin\theta} + \dfrac{1}{1+\sin\theta}$ の値は □ である。

まずは式を変形して，それから $\tan\theta = 2$ を代入しよう。

Open Sesame 解　答

$$与式=\frac{1+\sin\theta+1-\sin\theta}{1-\sin^2\theta}$$
$$=\frac{2}{\cos^2\theta}$$
$$=2\cdot\frac{1}{\cos^2\theta}=2(1+\tan^2\theta)=2(1+2^2)=\mathbf{10}$$

▶$\sin^2\theta+\cos^2\theta=1$ より
$1-\sin^2\theta=\cos^2\theta$

▶$\frac{1}{\cos^2\theta}=1+\tan^2\theta$

Challenge 78

$\frac{\cos\alpha}{1+\sin\alpha}+\tan\alpha$ を簡単にせよ。

★★ 式の値(II)

例題 86

$\sin\theta+\cos\theta=\frac{1}{2}$ $(0°<\theta<180°)$ のとき，次の値を求めよ。

(1)　$\sin\theta\cos\theta$　　(2)　$\sin\theta-\cos\theta$

$\sin\theta+\cos\theta$ や $\sin\theta-\cos\theta$ の値が与えられている問題では，与式の両辺を2乗するとうまくいくことが多い。

Open Sesame 解　答

(1)　$\sin\theta+\cos\theta=\frac{1}{2}$ の両辺を2乗して

$$\sin^2\theta+2\sin\theta\cos\theta+\cos^2\theta=\frac{1}{4}$$
$$1+2\sin\theta\cos\theta=\frac{1}{4}$$
$$\sin\theta\cos\theta=\mathbf{-\frac{3}{8}}\quad\cdots①$$

▶ $\sin^2\theta+\cos^2\theta=1$ をフル活用しよう。

(2)　$(\sin\theta-\cos\theta)^2=\sin^2\theta-2\sin\theta\cos\theta+\cos^2\theta$

$$=1-2\sin\theta\cos\theta$$
$$=1-2\cdot\left(-\frac{3}{8}\right)\ (①より)$$
$$=\frac{7}{4}\quad\cdots②$$

ここで，$0°<\theta<180°$ より $\sin\theta>0$ であるから，
①より，$\cos\theta<0$
よって，$\sin\theta-\cos\theta>0$ であるから，
②より，$\sin\theta-\cos\theta=\sqrt{\frac{7}{4}}=\mathbf{\frac{\sqrt{7}}{2}}$

▶$\sin\theta-\cos\theta$ を直接求める式はないので，まず，$(\sin\theta-\cos\theta)^2$ を求める。
▶①より，$\sin\theta$ と $\cos\theta$ をかけると負であり，$\sin\theta$ は正であるから，$\cos\theta$ は負。
▶$\sin\theta-\cos\theta$
$=(正)-(負)$
$=(正)+(正)>0$
▶$\sin\theta-\cos\theta>0$ とは限らない場合は，$\pm\frac{\sqrt{7}}{2}$ が答になる。

Challenge 79

$0° \leqq \theta \leqq 180°$ で $\sin\theta + \cos\theta = \sqrt{2}$ を満たすとき，次の値を求めよ。

(1)　$\sin\theta\cos\theta$　　　(2)　$\tan\theta + \dfrac{1}{\tan\theta}$

★★ やや複雑な式の変形

例題 87

$3\cos\theta + 4\sin\theta = 5$ のとき，$\tan\theta$ の値を求めよ。

とにかく，$\cos^2\theta$ や $\sin^2\theta$ をつくれば，$\boldsymbol{\sin^2\theta + \cos^2\theta = 1}$ が使える。ただし，

$3\cos\theta + 4\sin\theta = 5$

のまま両辺を平方すると，$\sin\theta\cos\theta$ の項もでるからダメ！　そこで $4\sin\theta$ を右辺へ移項してから（$3\cos\theta$ でもよい）両辺を平方しよう。

Open Sesame **解　答**

$3\cos\theta + 4\sin\theta = 5$

$3\cos\theta = 5 - 4\sin\theta$　…①

両辺を平方して，

$9\cos^2\theta = (5 - 4\sin\theta)^2$

ここで，$\cos^2\theta = 1 - \sin^2\theta$ より

$9(1 - \sin^2\theta) = 25 - 40\sin\theta + 16\sin^2\theta$

$25\sin^2\theta - 40\sin\theta + 16 = 0$

$(5\sin\theta - 4)^2 = 0$

$\sin\theta = \dfrac{4}{5}$

これを①に代入して，$3\cos\theta = 5 - 4 \cdot \dfrac{4}{5} = \dfrac{9}{5}$

$\cos\theta = \dfrac{3}{5}$

したがって，$\tan\theta = \dfrac{\sin\theta}{\cos\theta} = \dfrac{\frac{4}{5}}{\frac{3}{5}} = \dfrac{\frac{4}{5} \times 5}{\frac{3}{5} \times 5} = \boldsymbol{\dfrac{4}{3}}$

▶要するに，

$\begin{cases} 3\cos\theta + 4\sin\theta = 5 \\ \sin^2\theta + \cos^2\theta = 1 \end{cases}$

という連立方程式を解けばよいことになる。

▶$\sin^2\theta + \cos^2\theta = 1$ より，
$\cos^2\theta = 1 - \sin^2\theta$

Challenge 80

$\sin\theta + 2\cos\theta + 1 = 0$　$(0° \leqq \theta \leqq 180°)$ のとき，$\tan\theta$ の値を求めよ。

★★ 90°±θ，180°±θ などの三角比

例題 88

次の値を求めよ。

(1) $\sin(180^\circ-\theta)\cos(90^\circ-\theta)-\cos(180^\circ-\theta)\sin(90^\circ-\theta)$

(2) $\sin70^\circ\cos110^\circ+\sin160^\circ\cos20^\circ$

右図より次の式が導かれる。

$\boldsymbol{\sin(180^\circ-\theta)=\sin\theta}$

$\boldsymbol{\cos(180^\circ-\theta)=-\cos\theta}$

$\boldsymbol{\tan(180^\circ-\theta)=-\tan\theta}$

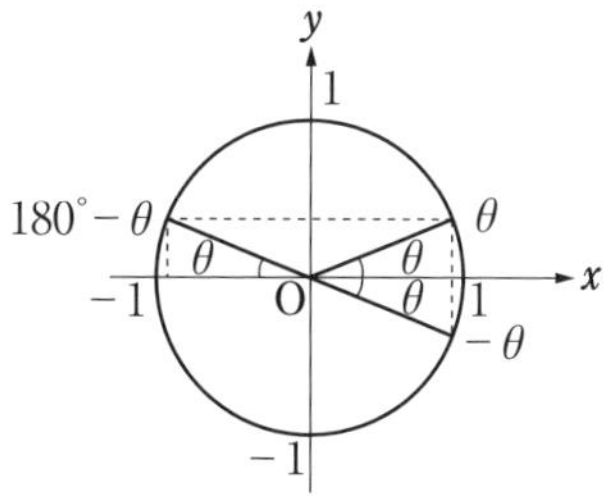

ただ毎回図をかくのも大変なので次のように覚えておこう。

① **180°−θ の三角比**

・関数は変わらない。**sin → sin，cos → cos，tan → tan**

・符号は，角度が第何象限かで決める。（θ は便宜上鋭角と考える）

　180°−θ…第 2 象限より　$\sin\theta>0$，$\cos\theta<0$，$\tan\theta<0$

$$\sin(180^\circ-\theta)=\sin\theta$$
$$\cos(180^\circ-\theta)=-\cos\theta$$
$$\tan(180^\circ-\theta)=-\tan\theta$$

② **90°±θ の三角比**

・関数は変わる。**sin → cos，cos → sin，tan →** $\boldsymbol{\dfrac{1}{\tan}}$

・符号の決定は①と同じ

90°−θ…第 1 象限より　$\sin\theta>0$，$\cos\theta>0$，$\tan\theta>0$

90°+θ…第 2 象限より　$\sin\theta>0$，$\cos\theta<0$，$\tan\theta<0$

$$\sin(90^\circ-\theta)=\cos\theta \qquad \sin(90^\circ+\theta)=\cos\theta$$
$$\cos(90^\circ-\theta)=\sin\theta \qquad \cos(90^\circ+\theta)=-\sin\theta$$
$$\tan(90^\circ-\theta)=\frac{1}{\tan\theta} \qquad \tan(90^\circ+\theta)=-\frac{1}{\tan\theta}$$

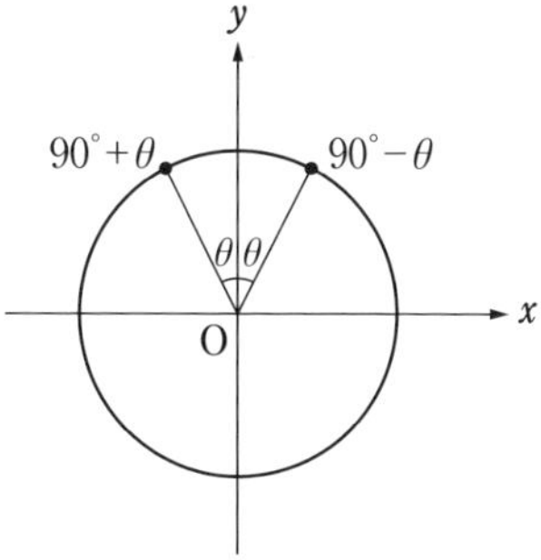

Open Sesame **解 答**

(1) $\sin(180^\circ-\theta)\cos(90^\circ-\theta)$
$\qquad -\cos(180^\circ-\theta)\sin(90^\circ-\theta)$

$=\sin\theta\cdot\sin\theta-(-\cos\theta)\cdot\cos\theta$

$=\sin^2\theta+\cos^2\theta$

$=\mathbf{1}$

(2)　与式を 20° の三角比だけで表す。

$\sin 70^\circ = \sin(90^\circ - 20^\circ) = \cos 20^\circ$

$\cos 110^\circ = \cos(90^\circ + 20^\circ) = -\sin 20^\circ$

$\sin 160^\circ = \sin(180^\circ - 20^\circ) = \sin 20^\circ$

よって，

$$\begin{aligned} 与式 &= \cos 20^\circ(-\sin 20^\circ) + \sin 20^\circ \cos 20^\circ \\ &= -\sin 20^\circ \cos 20^\circ + \sin 20^\circ \cos 20^\circ \\ &= \mathbf{0} \end{aligned}$$

次の式の θ を 20° におきかえる。
▶$\sin(90^\circ - \theta) = \cos\theta$
▶$\cos(90^\circ + \theta) = -\sin\theta$
▶$\sin(180^\circ - \theta) = \sin\theta$

▶70° など，20° 以外の角で表してもよいが，0°〜45° の角の方が考えやすい。

Challenge 81

次の値を求めよ。

(1)　$\sin(90^\circ - \theta)\cos(180^\circ - \theta) - \cos(90^\circ - \theta)\sin(180^\circ - \theta)$

(2)　$\sin 130^\circ \cos 40^\circ - \sin 40^\circ \cos 130^\circ$

(3)　$(\tan 65^\circ + \tan 25^\circ)^2 - (\tan 115^\circ + \tan 25^\circ)^2$

★★

例題 89　三角方程式・不等式

次の方程式，不等式を解け。ただし，$0^\circ \leqq x \leqq 180^\circ$ とする。

(1)　$2\sin^2 x + \cos x = 1$

(2)　$2\cos^2 x + 5\sin x - 4 \geqq 0$

Open Sesame
解　答

(1)　$2\sin^2 x + \cos x = 1$

$2(1 - \cos^2 x) + \cos x = 1$

$2\cos^2 x - \cos x - 1 = 0$

$(2\cos x + 1)(\cos x - 1) = 0$

$\cos x = -\dfrac{1}{2},\ 1$

$0^\circ \leqq x \leqq 180^\circ$ より

$\boldsymbol{x = 0^\circ,\ 120^\circ}$

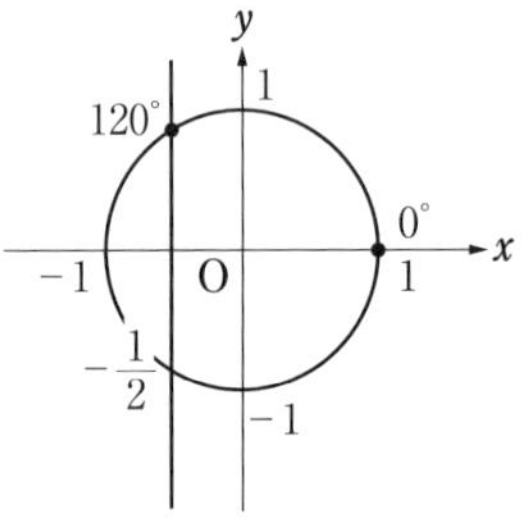

▶$\sin^2 x + \cos^2 x = 1$ より，$\sin^2 x = 1 - \cos^2 x$

▶$\cos x$…x 座標

▶もし範囲がなくても，
$\boldsymbol{-1 \leqq \sin x \leqq 1}$
$\boldsymbol{-1 \leqq \cos x \leqq 1}$

(2)　$2\cos^2 x + 5\sin x - 4 \geqq 0$

$2(1 - \sin^2 x) + 5\sin x - 4 \geqq 0$

$2\sin^2 x - 5\sin x + 2 \leqq 0$

$(2\sin x - 1)(\sin x - 2) \leqq 0$

▶$0^\circ \leqq x \leqq 180^\circ$ のとき，$0 \leqq \sin x \leqq 1$

$\frac{1}{2} \leqq \sin x \leqq 2$

ここで，$0^\circ \leqq x \leqq 180^\circ$ より，

$0 \leqq \sin x \leqq 1$ であるから，

$\frac{1}{2} \leqq \sin x \leqq 1$

よって，**$30^\circ \leqq x \leqq 150^\circ$**

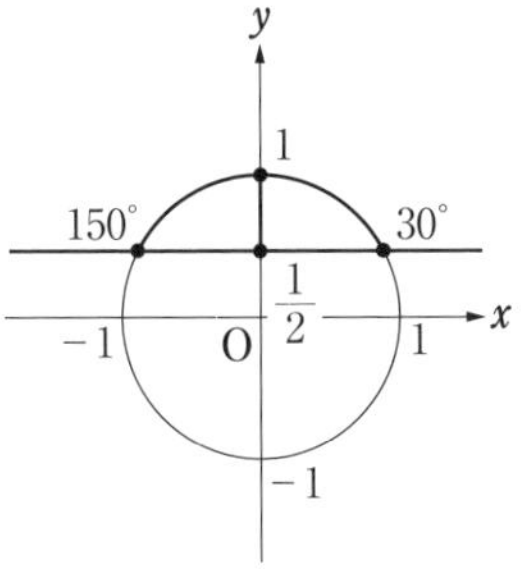

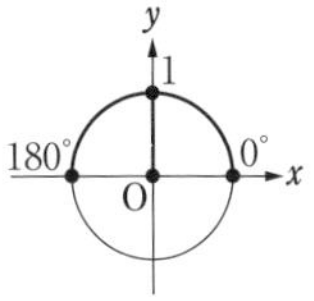

Challenge 82

次の方程式，不等式を解け。

(1)　$\sin^2 x - \cos^2 x + 3\sin x - 1 = 0$　$(0^\circ \leqq x \leqq 180^\circ)$

(2)　$2\cos^2 x \geqq 3\sin x$　$(90^\circ \leqq x \leqq 180^\circ)$

★★　三角関数の最大，最小

例題 90

$y = \sin^2\theta + \cos\theta\,(0^\circ \leqq \theta \leqq 180^\circ)$ について，y の最大値，最小値，およびそのときの θ の値を求めよ。

まず関数 y を $\cos\theta$ のみで表そう。

$\sin^2\theta = 1 - \cos^2\theta$ の公式を利用して，$\cos\theta$ の 2 次関数にもちこもう。

また，$-1 \leqq \cos\theta \leqq 1$ に注意してグラフをかいていこう。

Open Sesame 解答

$$
\begin{aligned}
y &= \sin^2\theta + \cos\theta \\
&= 1 - \cos^2\theta + \cos\theta \\
&= -\cos^2\theta + \cos\theta + 1 \\
&= -\left(\cos\theta - \frac{1}{2}\right)^2 + \frac{5}{4}
\end{aligned}
$$

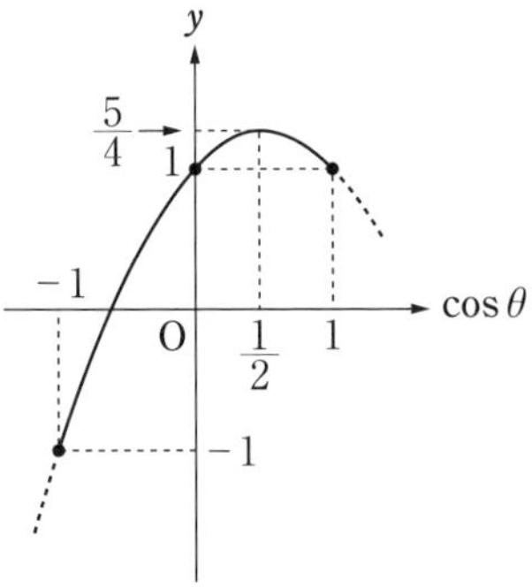

ここで，$0^\circ \leqq \theta \leqq 180^\circ$ より

$-1 \leqq \cos\theta \leqq 1$

よって，右グラフより，

$\cos\theta = \frac{1}{2}$，すなわち

$\theta = 60^\circ$ のとき最大値 $\frac{5}{4}$ をとり，

$\cos\theta = -1$，すなわち

▶角度の範囲が
$0^\circ \leqq \theta \leqq 180^\circ$
のとき，
$-1 \leqq \cos\theta \leqq 1$
$0 \leqq \sin\theta \leqq 1$
→問題演習116

$\theta=180^\circ$ のとき最小値 -1 をとる。

最大値 $\frac{5}{4}$（$\theta=60^\circ$ のとき）

最小値 -1（$\theta=180^\circ$ のとき）

Challenge 83

関数 $y=\sin^2 x-\sqrt{2}\cos x-1\ (0^\circ\leqq x\leqq 180^\circ)$ の最大値，最小値と，そのときの x の値を求めよ。

問題演習

A

111　次の式の値を求めよ。

(1)　$\tan\theta=\frac{\sqrt{13}}{6}\ (0^\circ\leqq\theta\leqq 90^\circ)$ のときの $\sin\theta$，$\cos\theta$ の値

(2)　$\sin A=\frac{5}{13}\ (90^\circ<A<180^\circ)$ のときの $\cos A$ の値

(3)　$\sin\theta=\frac{3}{5}\ (0^\circ<\theta<90^\circ)$ のときの $\cos\theta$，$\tan\theta$，$\tan(90^\circ-\theta)$ の値

B

112　$\tan\theta=-\frac{7}{4}\ (0^\circ\leqq\theta\leqq 180^\circ)$ のとき，次の値を求めよ。

(1)　$\sin\theta$　　(2)　$\sin(90^\circ-\theta)$　　(3)　$\cos(180^\circ-\theta)$

113　発展　$\sin\theta+\cos\theta=\frac{1}{\sqrt{2}}$ のとき，$\sin^3\theta+\cos^3\theta$ の値を求めよ。

114　方程式 $2\sin\theta+\tan\theta=0$ を解け。ただし，$0^\circ<\theta<180^\circ$ とする。

115　次の方程式，不等式を解け。

(1)　$2\sin^2 x - \cos x - 1 = 0$　$(0° \leqq x \leqq 180°)$

(2)　$4\cos^2 x > 3$　$(0° \leqq x \leqq 180°)$

116　$0° \leqq x \leqq 180°$ のとき，$y = 3 - 2\sin x - \cos^2 x$ の最大値と最小値を求めよ。また，そのときの x の値も求めよ。

Open Sesame 先生より一言

例題を理解したら，後は徹底して問題を解いてパターンに慣れていこう。苦手な分野はとくに**集中攻撃**することが大事である。1 問解いて 1 週間後にまた 1 問といった具合だとなかなかマスターできない。どんな苦手なパターンでも，たて続けに 5 問以上解けばかなりわかってくる。「また，あとからね」とか「まあ，なんとかなるでしょう」では困る。今，努力を怠っている人が“なんとかなる”わけがないのだ。翌朝，目が覚めたら問題を理解しているなんていう人がいたらその人は睡眠学習のプロか，守護霊にでも守られているんだろう。とにかく，これから今まで学習した内容をどんどん使っていくので，わからない部分があれば徹底追求して問題解決しておこう。さぁ頑張れ。

数学Ⅰ 分野

OPEN★SESAME ③

正弦定理と余弦定理

ここでMaster!
正弦定理，余弦定理を正確に覚え，三角形の問題の解法などに役立てられるようになろう。

Open Sesame

●正弦定理

$$\frac{a}{\sin A}=\frac{b}{\sin B}=\frac{c}{\sin C}=2R$$（R は外接円の半径）

●余弦定理

$$a^2=b^2+c^2-2bc\cdot\cos A,\quad \cos A=\frac{b^2+c^2-a^2}{2bc}$$

あらゆる三角形について，正弦定理・余弦定理は成り立ち，非常に出題率の高い分野である。

●正弦定理

【例】　∠B＝30°，∠C＝45°，$b=2$ のとき c の値を求めよ。

$$\frac{2}{\sin 30^\circ}=\frac{c}{\sin 45^\circ}$$

$$c=\frac{2}{\sin 30^\circ}\times\sin 45^\circ$$

$$=\frac{2}{\frac{1}{2}}\times\frac{\sqrt{2}}{2}=\mathbf{2\sqrt{2}}$$

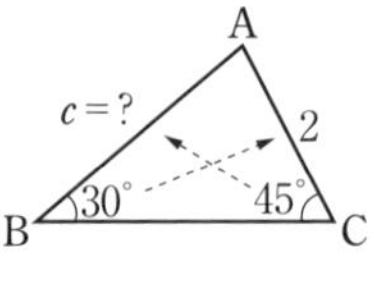

●余弦定理

【例】　∠A＝60°，$b=2$，$c=3$ のとき a の値を求めよ。

$a^2=2^2+3^2-2\cdot 2\cdot 3\cdot\cos 60^\circ=7$

$a=\pm\sqrt{7}$　a が負の場合は，

存在しないから

$a>0$

よって，$\mathbf{a=\sqrt{7}}$

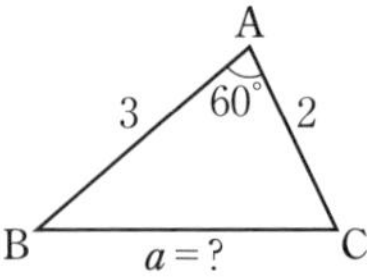

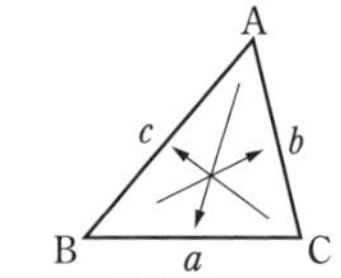

辺のつけ方は，

角 A の対辺 …a

角 B の対辺 …b

角 C の対辺 …c

▶$\sin 30^\circ=\frac{1}{2}$

$\sin 45^\circ=\frac{\sqrt{2}}{2}$

▶$\cos 60^\circ=\frac{1}{2}$

★ **例題 91** 正弦定理

$\triangle$ABC で $\angle$A$=60°$，$\angle$B$=45°$，外接円の半径10cm のとき BC，AC の長さを求めよ。

右図の鋭角三角形 ABC において，正弦定理を説明しておこう。

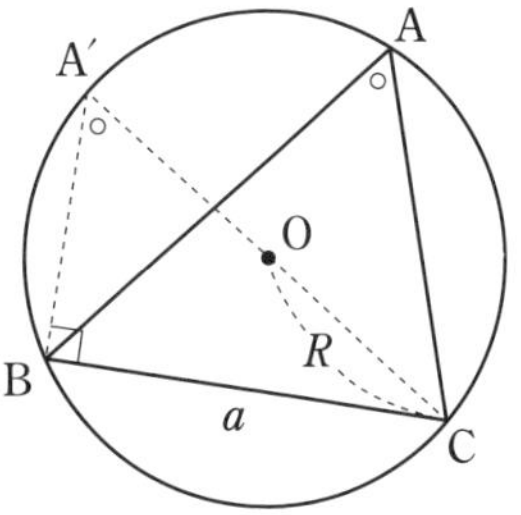

点線部分を作図すると

$\angle \mathrm{A}=\angle \mathrm{A}'$（$\overset{\frown}{\mathrm{BC}}$ に対する円周角）

$\mathrm{A'C}=2R$

また，直径 A′C に対する円周角 B$=90°$ であるから，$\sin\theta$ の定義より

$$\sin A'=\frac{\mathrm{BC}}{\mathrm{A'C}}=\frac{a}{2R}\quad \angle \mathrm{A}'=\angle \mathrm{A}\ \text{より}\ \sin A=\frac{a}{2R}$$

$$\frac{a}{\sin A}=2R$$

同様にして，$\angle$B，$\angle$C についても証明できる。

Open Sesame 解　答

正弦定理より

$$\frac{\mathrm{BC}}{\sin 60°}=\frac{\mathrm{AC}}{\sin 45°}=2\times 10$$

$$\mathrm{BC}=20\sin 60°=20\times\frac{\sqrt{3}}{2}$$

$$=\mathbf{10\sqrt{3}}\ \text{（cm）}$$

$$\mathrm{AC}=20\sin 45°=20\times\frac{\sqrt{2}}{2}=\mathbf{10\sqrt{2}}\ \text{（cm）}$$

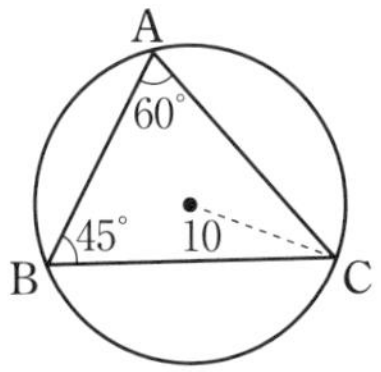

Challenge 84

$\angle$A$=120°$，BC$=2\sqrt{3}$ の $\triangle$ABC の外接円の半径を求めよ。

★ **例題 92** 余弦定理(I)

$\triangle$ABC について，次の値を求めよ。

(1)　AB$=5$，AC$=8$，$\angle$A$=60°$ のとき辺 BC の長さ

(2)　$a=\sqrt{7}$，$b=2$，$c=1$ のとき，$\angle$A の大きさ

(1)　$\boldsymbol{a^2=b^2+c^2-2bc\cdot\cos A}$ の余弦定理の形は“**2 辺とその間の角**”が与えられたとき，対辺の長さを求めるのに利用する。

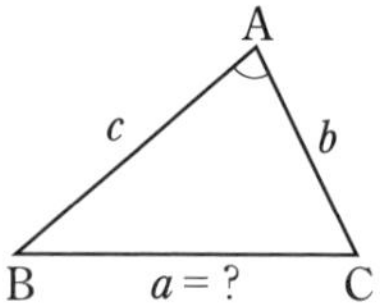

(2)　また，$a^2=b^2+c^2-2bc\cdot\cos A$ を変形すると，

$$2bc\cdot\cos A=b^2+c^2-a^2$$

$$\boldsymbol{\cos A=\frac{b^2+c^2-a^2}{2bc}}$$

この形は“**3 辺**”が与えられたとき，角の余弦を求めるのに用いる。

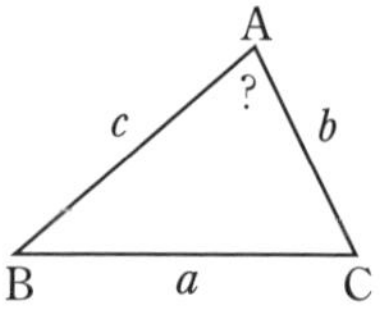

Open Sesame 解　答　(1)　$BC^2=5^2+8^2-2\cdot5\cdot8\cdot\cos60°$

$$=49$$

BC = 7

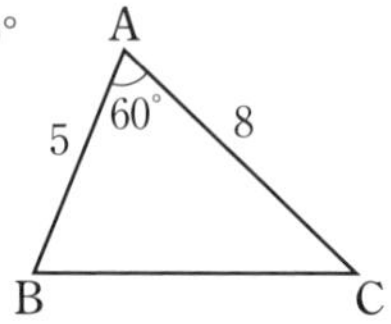

(2)　$\cos A=\dfrac{2^2+1^2-(\sqrt{7})^2}{2\cdot2\cdot1}=-\dfrac{1}{2}$

∠A = 120°

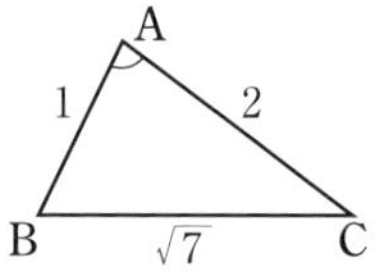

▶$\cos A$…x 座標

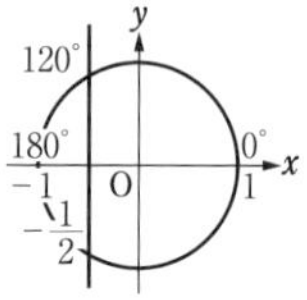

当然のことながら三角形の内角は

$0°<∠A<180°$

である。

Challenge 85

△ABC について，次の値を求めよ。

(1)　∠A = 120°，AB = 8，AC = 7 のとき，辺 BC の長さ

(2)　$a=\sqrt{5}$，$b=3$，$c=\sqrt{2}$ のとき，∠A の大きさ

★★

例題 93　余弦定理(II)

△ABC において，BC = 2，CA = $\sqrt{6}$，∠A = 45° のとき，辺 AB の長さを求めよ。

例題92では，

2 辺とその間の角が与えられたとき……$\boldsymbol{a^2=b^2+c^2-2bc\cdot\cos A}$

3 辺が与えられたとき……$\boldsymbol{\cos A=\dfrac{b^2+c^2-a^2}{2bc}}$

を適用していく学習をした。

では，右図のように，**“2辺と，はさまない1角”**が与えられたときはどうするか。このような場合は，“$c^2=$”ではなく，∠Aがわかっているから“$a^2=$”という式をたてて，c の2次方程式にもちこむのである。

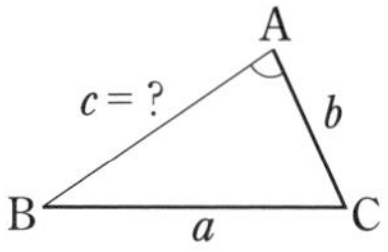

Open Sesame 解答

余弦定理　$a^2=b^2+c^2-2bc\cdot\cos A$ より，

$$2^2=(\sqrt{6})^2+c^2-2\cdot\sqrt{6}\cdot c\cdot\cos45^\circ$$

$$c^2-2\sqrt{3}c+2=0$$

2次方程式の解の公式より，

$$c=\sqrt{3}\pm1$$

よって，$\mathbf{AB=\sqrt{3}\pm1}$

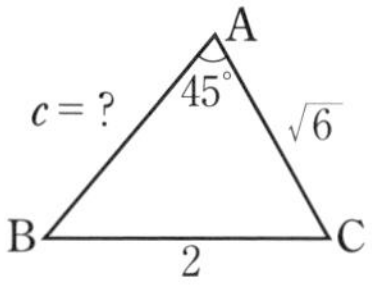

▶正弦定理より

$\dfrac{\sqrt{6}}{\sin B}=\dfrac{2}{\sin45^\circ}$

$\sin B=\dfrac{\sqrt{3}}{2}$

$\angle B=60^\circ,\ 120^\circ$ からも，今回の三角形が2通り考えられることがわかる。

注　どうして答が2通りでてくるかというと，$BC=2$，$CA=\sqrt{6}$，$\angle A=45^\circ$ を満たす三角形は，右図のように

$\triangle ABC$ と $\triangle AB'C$

の2通りあるからである。$AB=\sqrt{3}+1$，$AB'=\sqrt{3}-1$ となる。

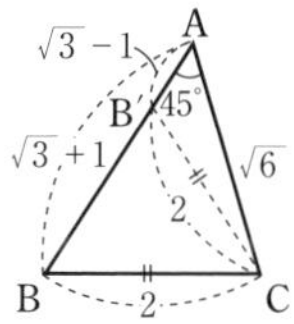

Challenge 86

$\triangle ABC$ で，$AC=1$，$BC=\sqrt{3}$，$\angle A=120^\circ$ のとき，辺ABの長さを求めよ。

★★　**正弦の比が与えられたとき**

例題 94

$\triangle ABC$ において，$\sin A:\sin B:\sin C=3:5:7$ であるとき，次の問いに答えよ。

(1)　$a:b:c$ を求めよ。

(2)　最大角の大きさを求めよ。

正弦定理 $\dfrac{\boldsymbol{a}}{\mathbf{sin}\boldsymbol{A}}=\dfrac{\boldsymbol{b}}{\mathbf{sin}\boldsymbol{B}}=\dfrac{\boldsymbol{c}}{\mathbf{sin}\boldsymbol{C}}=\mathbf{2}\boldsymbol{R}$ は比例式であり，

分母：分母：分母＝分子：分子：分子

すなわち $\mathbf{sin}\boldsymbol{A}:\mathbf{sin}\boldsymbol{B}:\mathbf{sin}\boldsymbol{C}=\boldsymbol{a}:\boldsymbol{b}:\boldsymbol{c}$ を表している。

(2)は a，b，c をそれぞれ k で表し，

余弦定理 $\cos C=\dfrac{a^2+b^2-c^2}{2ab}$ に代入しよう。また，

“最大辺に対する角が最大角”である。

Open Sesame 解答

(1) 正弦定理より

$\sin A : \sin B : \sin C = a : b : c$

であるから,

$\boldsymbol{a : b : c = 3 : 5 : 7}$

(2) (1)より $a=3k$, $b=5k$, $c=7k$ $(k \neq 0)$ とおくと,

最大辺 c の対角 C が最大角であるから,余弦定理より

$$\cos C = \frac{9k^2+25k^2-49k^2}{2 \cdot 3k \cdot 5k}$$

$$= \frac{-15k^2}{30k^2} = -\frac{1}{2}$$

$\boldsymbol{C = 120^\circ}$

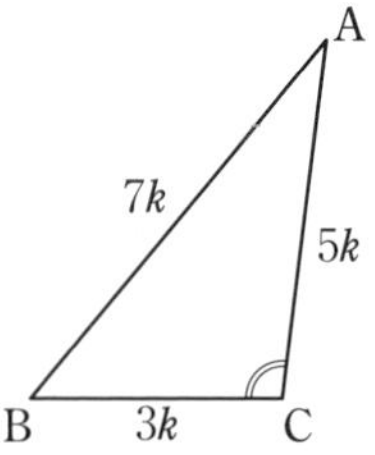

Challenge 87

△ABC において,$\sin A : \sin B : \sin C = 4 : 5 : 6$ であるとき,$\cos B$ の値を求めよ。

★★ **例題 95** 三角形の形状決定(I)

次の等式が成り立つとき,△ABC はどんな形か。

(1) $\sin A = 2\cos B \sin C$

(2) $\cos B \sin C = \sin A$

このような三角形の形状問題においては,$\sin\theta$,$\cos\theta$ をすべて消去し,辺 a,b,c ですべて表すのが定石である。どのように変形するかというと,

- $\sin A$ は正弦定理 $\dfrac{a}{\sin A} = 2R$ より $\boldsymbol{\sin A = \dfrac{a}{2R}}$
- $\cos A$ は余弦定理より $\boldsymbol{\cos A = \dfrac{b^2+c^2-a^2}{2bc}}$

を代入していくのである。答はほとんど 3 通りに分かれるが,そのうちこの例題では 2 通り学習していこう。(残りの 1 通りは**例題96**)

$\boldsymbol{a=b}$	⟶ $\boldsymbol{a=b}$ **の二等辺三角形**
$\boldsymbol{a^2=b^2+c^2}$ **(三平方の定理)**	⟶ **∠A = 90° の直角三角形**

Open Sesame **解　答**

(1)　$\sin A = 2\cos B \sin C$ を変形して

$$\frac{a}{2R} = 2 \cdot \frac{c^2 + a^2 - b^2}{2ca} \cdot \frac{c}{2R}$$

$$a^2 = c^2 + a^2 - b^2$$

$$b^2 = c^2$$

$b > 0$, $c > 0$ より,

$$b = c$$

よって, **AB＝AC の二等辺三角形**

(2)　$\cos B \sin C = \sin A$ を変形して

$$\frac{c^2 + a^2 - b^2}{2ca} \cdot \frac{c}{2R} = \frac{a}{2R}$$

$$c^2 + a^2 - b^2 = 2a^2$$

$$c^2 = a^2 + b^2$$

よって, **∠C＝90° の直角三角形**

▶答は, ただ単に
　二等辺三角形
と書かずに,
　“$b = c$ の…”
ということを明記すること。

▶a, b, c は問題に定義されていないので, 答えるときは, AB＝AC の……としておこう。

▶三平方の定理
$c^2 = a^2 + b^2$

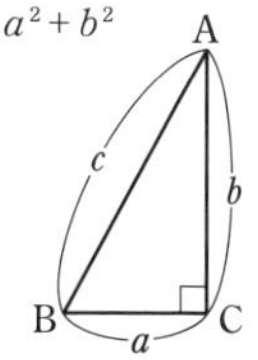

一文字の方の角度が 90°

Challenge 88

△ABC において, $\sin A \cos B = \cos A \sin B$ が成り立つとき, この三角形はどのような形か。

★★★　三角形の形状決定(II)

例題 96

次の等式が成り立つとき, △ABC はどんな形か。

$$b \cos B = a \cos A$$

今回も**例題95**と解法は全く同じであり, 余弦定理を代入して $\cos A$, $\cos B$ を消去していく。すると $(a^2 - b^2)(a^2 + b^2 - c^2) = 0$　…①
という式がでてくる。この式のいっていることは,

$a = b$　**または**　$a^2 + b^2 = c^2$

であり, “かつ” ではない。よって, “直角二等辺三角形” としてはいけない。

AB＝0　⟷　A＝0 または B＝0

となり, どちらか少なくとも一方が 0 になればよいから, ①の表す三角形は次の 3 通り考えられる。

(i)　$a = b$, $a^2 + b^2 \neq c^2$　…$a = b$ の二等辺三角形

(ii)　$a \neq b$, $a^2 + b^2 = c^2$　…∠C＝90° の直角三角形

(iii)　$a=b,\ a^2+b^2=c^2$　$\cdots a=b,\ \angle C=90^\circ$ の直角二等辺三角形

そこで答は次のように書くのである。

> $(a^2-b^2)(a^2+b^2-c^2)=0$
>
> $\longrightarrow$ **$a=b$ の二等辺三角形または $\angle C=90^\circ$ の直角三角形**

Open Sesame 解　答

$b\cos B=a\cos A$ を変形して

$$b\cdot\frac{c^2+a^2-b^2}{2ca}=a\cdot\frac{b^2+c^2-a^2}{2bc}$$

$$b^2(c^2+a^2-b^2)=a^2(b^2+c^2-a^2)$$

$$a^4-b^4-a^2c^2+b^2c^2=0$$

低次の文字 c についてまとめると，

$$(a^2+b^2)(a^2-b^2)-c^2(a^2-b^2)=0$$

$$(a^2-b^2)(a^2+b^2-c^2)=0$$

$$a=b\quad\text{または}\quad a^2+b^2=c^2$$

よって，**BC＝CA の二等辺三角形または**

$\angle C=90^\circ$ の直角三角形

▶一般に

$a^2=b^2 \to a=b$ は偽

であるが，この場合 a，

b は辺の長さで，

$a>0,\ b>0$

であるから

$a^2=b^2 \to a=b$

Challenge 89

次の等式が成り立つとき，△ABC はどんな形か。

$$a^2\cos A\sin B=b^2\cos B\sin A$$

問 題 演 習

A

117　△ABC において，AB＝5，BC＝7，∠A＝120° のとき AC の長さを求めよ。

B

118　△ABC において，$a^2=b^2+c^2+bc$ ならば ∠A の値はいくらか。

119　右図で AD$=2$ とするとき，次の各問いに答えよ。

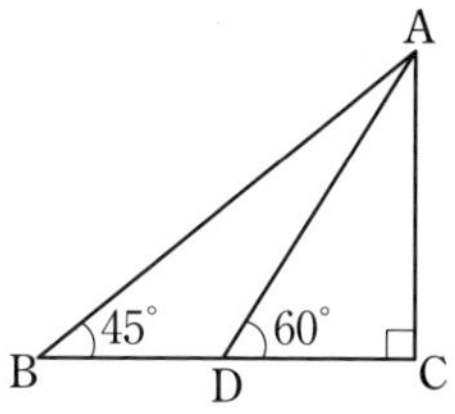

(1)　BD の長さを求めよ。

(2)　正弦定理を利用して，$\sin 15^\circ$ の値を求めよ。

120　△ABC において，AB$=2\sqrt{6}$cm，AC$=3\sqrt{2}-\sqrt{6}$cm，∠A$=120^\circ$ のとき，次の各問いに答えよ。

(1)　辺 BC の長さを求めよ。

(2)　△ABC の外接円の半径を求めよ。

(3)　∠B の大きさを求めよ。

121　△ABC において，$a:b:c=\sqrt{6}:(3+\sqrt{3}):2\sqrt{3}$ であるとき，A，B，C の角度を求めよ。

122　△ABC において，$(b^2+c^2-a^2)\sin B=2bc\sin A\cos B$ が成り立つとき，△ABC はどんな形か。

C

123　△ABC において，AB$=-3x+9$，BC$=2x+3$，AC$=x+3$ で与えられている。このとき，次の各問いに答えよ。

(1)　x のとりうる値の範囲を求めよ。

(2)　∠A$=120^\circ$ のとき，x の値を求めよ。

数学Ⅰ 分野

OPEN★SESAME ④

三角形の面積

ここでMaster!
三角形の面積の公式4つを正確にとらえ，使いこなせるようになろう。

Open Sesame

●三角形の面積

1 $S=\dfrac{1}{2}bc\sin A=\dfrac{1}{2}ca\sin B=\dfrac{1}{2}ab\sin C$

2 $S=\sqrt{s(s-a)(s-b)(s-c)}$　$\left(\text{ただし，}s=\dfrac{a+b+c}{2}\right)$（ヘロンの公式）

3 $S=\dfrac{abc}{4R}$（R は外接円の半径）

4 $S=\dfrac{1}{2}r(a+b+c)$（r は内接円の半径）

1 $S=\dfrac{1}{2}bc\sin A$　$\left(=\dfrac{1}{2}ca\sin B=\dfrac{1}{2}ab\sin C\right)$ の公式

この公式が最も出題率の高い公式であり“2辺とその間の角”が与えられたときに，用いる公式である。

【例】　$\angle \mathrm{A}=60^\circ$，$b=3$，$c=2$ のとき
△ABC の面積 S を求めよ。

$$S=\frac{1}{2}\cdot 3\cdot 2\cdot \sin 60^\circ$$
$$=\frac{1}{2}\cdot 3\cdot 2\cdot \frac{\sqrt{3}}{2}=\frac{3\sqrt{3}}{2}$$

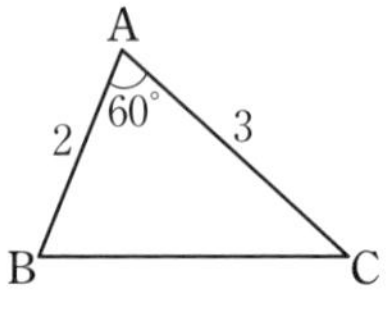

【公式の証明】

右図の △ABC において，頂点 C から辺 AB に下した垂線の足を H とすると，△ABC の高さ CH は，

$$\mathrm{CH}=b\sin A$$
$$S=\frac{1}{2}\mathrm{AB}\cdot\mathrm{CH}=\frac{1}{2}c\cdot b\sin A=\frac{1}{2}bc\sin A$$

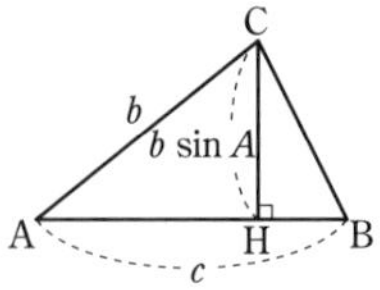

▶鈍角三角形のときも同様に証明できる。

▶（対辺）=（斜辺）×$\sin\theta$
例題80参照。

▶$S=\dfrac{1}{2}$（底辺）×（高さ）

2　ヘロンの公式

$$S=\sqrt{s(s-a)(s-b)(s-c)}\quad\left(\text{ただし，}s=\frac{a+b+c}{2}\right)$$

この公式は，“**3 辺**”が与えられたときに用いる公式である。

【例】　$a=2$，$b=3$，$c=4$ のときの
△ABC の面積 S を求めよ。

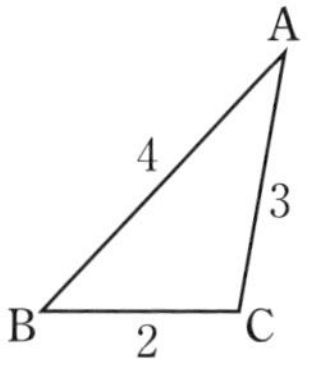

$$s=\frac{2+3+4}{2}=\frac{9}{2}$$

$$S=\sqrt{\frac{9}{2}\left(\frac{9}{2}-2\right)\left(\frac{9}{2}-3\right)\left(\frac{9}{2}-4\right)}$$

$$=\sqrt{\frac{9}{2}\cdot\frac{5}{2}\cdot\frac{3}{2}\cdot\frac{1}{2}}=\frac{3\sqrt{15}}{4}$$

【公式の証明】

▶$\sin^2A+\cos^2A=1$

▶$\cos A=\dfrac{b^2+c^2-a^2}{2bc}$

$$\sin^2A=1-\cos^2A$$

$$=1-\left(\frac{b^2+c^2-a^2}{2bc}\right)^2$$

$$=\frac{4b^2c^2-(b^2+c^2-a^2)^2}{4b^2c^2}$$

$$=\frac{\{2bc+(b^2+c^2-a^2)\}\{2bc-(b^2+c^2-a^2)\}}{4b^2c^2}$$

$$=\frac{\{(b+c)^2-a^2\}\{a^2-(b-c)^2\}}{4b^2c^2}$$

$$=\frac{(b+c+a)(b+c-a)(a+b-c)(a-b+c)}{4b^2c^2}$$

▶A^2-B^2
$=(A+B)(A-B)$
の因数分解

$0°<A<180°$ より，$\sin A>0$ であるから，

$$S=\frac{1}{2}bc\sin A$$

$$=\frac{1}{2}bc\cdot\frac{\sqrt{(a+b+c)(a+b+c-2a)(a+b+c-2b)(a+b+c-2c)}}{2bc}$$

$$=\sqrt{\frac{a+b+c}{2}\cdot\frac{a+b+c-2a}{2}\cdot\frac{a+b+c-2b}{2}\cdot\frac{a+b+c-2c}{2}}$$

$$=\sqrt{s(s-a)(s-b)(s-c)}$$

▶$b+c-\underset{\sim}{a}$
$=\underset{\sim}{a}+b+c-\underset{\sim\sim}{2a}$

▶$\dfrac{1}{4}=\sqrt{\dfrac{1}{16}}$
$=\sqrt{\dfrac{1}{2}\cdot\dfrac{1}{2}\cdot\dfrac{1}{2}\cdot\dfrac{1}{2}}$

3　$S=\dfrac{abc}{4R}$ の公式

この公式は外接円の半径 R が入った公式である。ヘロンの公式を使って面積を求めた場合など，3 辺の長さと面積がわかっているときに利用する。

【公式の証明】

正弦定理　$\dfrac{a}{\sin A}=2R$　より　$\sin A=\dfrac{a}{2R}$

これを 1 の面積の公式に代入して

$$S=\frac{1}{2}bc\sin A=\frac{1}{2}bc\cdot\frac{a}{2R}=\frac{abc}{4R}$$

▶$S=\dfrac{abc}{4R}$ の公式は**正弦定理と面積の公式1**より証明できる。

4　$S=\frac{1}{2}r(a+b+c)$ の公式

この公式は“内接円の半径 r”が入った唯一の公式である。

【例】　AB＝5，AC＝8，∠A＝60° の △ABC の内接円の半径 r を求めよ。

▶三角形の 3 辺に接する円を内接円とよび，その中心を内心とよぶ。（数学A第 4 章②参照）

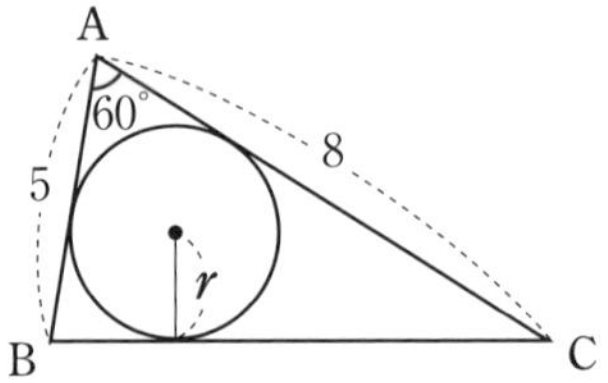

余弦定理より

$$BC^2=5^2+8^2-2\cdot5\cdot8\cdot\cos60^\circ=49$$

$$BC=7$$

また，$S=\frac{1}{2}\cdot5\cdot8\cdot\sin60^\circ=10\sqrt{3}$

▶$S=\dfrac{1}{2}bc\sin A$ を適用。

したがって　$10\sqrt{3}=\frac{1}{2}r(7+8+5)$

$$r=\sqrt{3}$$

▶$S=\dfrac{1}{2}r(a+b+c)$ に代入。

【公式の証明】

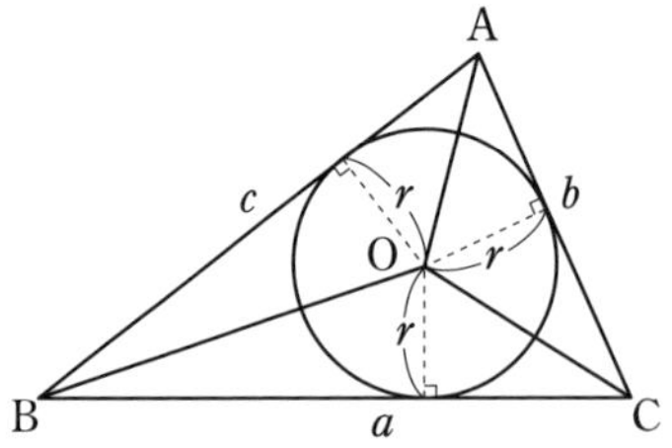

図の △ABC において，

$$\begin{aligned}S&=\triangle AOB+\triangle BOC+\triangle COA\\&=\frac{1}{2}cr+\frac{1}{2}ar+\frac{1}{2}br\\&=\frac{1}{2}r(a+b+c)\end{aligned}$$

▶$S=\dfrac{1}{2}$（底辺）×（高さ）

以上，面積の公式1～4の具体的な使い方と，公式の証明を示してきた。入試問題では，セクション③の正弦定理，余弦定理とこのセクション④の面積の公式をミックスさせた問題が非常に多い。よって，公式を関連させながら，上手に使いこなしていただきたい。最後に，セクション②，③，④で出てきた公式 9 つを，もう一度整理しておこう。

$$\sin^2\theta+\cos^2\theta=1,\quad \tan\theta=\frac{\sin\theta}{\cos\theta},\quad 1+\tan^2\theta=\frac{1}{\cos^2\theta}$$

$$\frac{a}{\sin A}=\frac{b}{\sin B}=\frac{c}{\sin C}=2R$$

$$\begin{cases} a^2=b^2+c^2-2bc\cdot\cos A \\ \cos A=\dfrac{b^2+c^2-a^2}{2bc} \end{cases}$$

$$\begin{cases} b^2=c^2+a^2-2ca\cdot\cos B \\ \cos B=\dfrac{c^2+a^2-b^2}{2ca} \end{cases}$$

$$\begin{cases} c^2=a^2+b^2-2ab\cdot\cos C \\ \cos C=\dfrac{a^2+b^2-c^2}{2ab} \end{cases}$$

$$S=\frac{1}{2}bc\sin A \qquad S=\sqrt{s(s-a)(s-b)(s-c)}$$

$$S=\frac{abc}{4R} \qquad S=\frac{1}{2}r(a+b+c)$$

▶三角比の重要公式は“９つ”である。これ以外に，何かいい公式はないかなあと思うより，この公式の中でどれを使おうかなあ，と考える方が賢明である。

★ 総合問題

例題 97

△ABC が $a=4$，$b=5$，$c=6$ であるとき，次の値を求めよ。

(1)　$\cos A$

(2)　△ABC の面積 S

(3)　△ABC の外接円の半径 R

(4)　△ABC 内接円の半径 r

Open Sesame **解　答**

(1)　$\cos A=\dfrac{5^2+6^2-4^2}{2\cdot5\cdot6}=\mathbf{\dfrac{3}{4}}$

(2)　$\sin^2 A=1-\cos^2 A$

$$=1-\frac{9}{16}=\frac{7}{16}$$

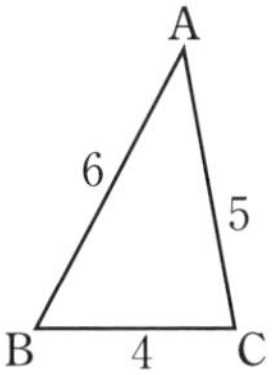

$0^\circ<A<180^\circ$ より $0<\sin A\leqq1$ であるから，

$$\sin A=\sqrt{\frac{7}{16}}=\frac{\sqrt{7}}{4}$$

$$S=\frac{1}{2}bc\sin A=\frac{1}{2}\cdot5\cdot6\cdot\frac{\sqrt{7}}{4}=\mathbf{\frac{15\sqrt{7}}{4}}$$

(3)　$\dfrac{a}{\sin A}=2R$　より，

$$R=\frac{a}{2\sin A}=\frac{4}{\frac{\sqrt{7}}{2}}=\frac{4\times2}{\frac{\sqrt{7}}{2}\times2}=\frac{8}{\sqrt{7}}=\mathbf{\frac{8\sqrt{7}}{7}}$$

▶公式をどんどん使っていこう。

(1)　余弦定理

(2)　$\sin^2\theta+\cos^2\theta=1$

$S=\dfrac{1}{2}bc\sin A$

(3)　正弦定理

(4)　$S=\dfrac{1}{2}r(a+b+c)$

(2)　ヘロンの公式を用いて解いても当然よい。

(3)　$S=\dfrac{abc}{4R}$

を利用しても解ける。

(4)　$S=\frac{1}{2}r(a+b+c)$ より　$\frac{15\sqrt{7}}{4}=\frac{1}{2}r(4+5+6)$

$r=\frac{\sqrt{7}}{2}$

Challenge 90

次の □ をうめよ。

△ABC において，$a=4\sqrt{2}$，$b=5$，$c=7$ のとき，$\cos A=$ [ア]，$\sin A=$ [イ] で，△ABC の面積は，$S=$ [ウ]，外接円の半径は，$R=$ [エ]，内接円の半径は，$r=$ [オ] である。

★★　角の二等分線

例題 98

AB＝6，AC＝4，∠A＝60° の △ABC がある。次の各問いに答えよ。

(1)　BC の長さを求めよ。

(2)　△ABC の面積を求めよ。

(3)　∠A の二等分線が BC と交わる点を D とするとき，AD の長さを求めよ。

(1)は余弦定理，(2)は面積の公式で簡単に答は得られる。本例題では(3)の二等分線の長さを求める解法をマスターしてほしい。出題率の高い問題である。二等分線の長さを求めるときは，

　△ABC＝△ABD＋△ADC

という面積の関係を利用して求める。

Open Sesame 解答

(1)　$BC^2=6^2+4^2-2\cdot 6\cdot 4\cdot\cos 60°=28$

$BC=2\sqrt{7}$

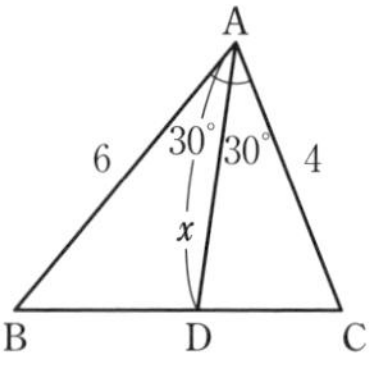

(2)　$S=\frac{1}{2}\cdot 6\cdot 4\cdot\sin 60°$

$=\frac{1}{2}\cdot 6\cdot 4\cdot\frac{\sqrt{3}}{2}=\mathbf{6\sqrt{3}}$

(3)　AD＝x とおくと，

△ABC＝△ABD＋△ADC の関係より

$6\sqrt{3}=\frac{1}{2}\cdot 6\cdot x\cdot\sin 30°+\frac{1}{2}\cdot 4\cdot x\cdot\sin 30°=\frac{5}{2}x$

$\boldsymbol{x=\mathrm{AD}=\frac{12\sqrt{3}}{5}}$

▶本例題とは直接関係ないが，二等分線のときは，

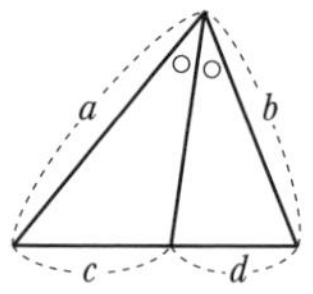

$a:b=c:d$

が成り立つ。

$BD=\frac{6}{10}BC=\frac{6\sqrt{7}}{5}$

(**問題演習128，129**参照)

Challenge 91

△ABC において，頂角 A の二等分線が BC と交わる点を D とする。$\angle A = 120°$，$AC = 4$，$AB = 5$ のとき，AD の長さを求めよ。

★★ 円に内接する四角形(I)

例題 99

円 O に内接する四角形 ABCD において，$AB = 4$，$BC = 5$，$CD = 4$，$\angle ABC = 60°$ とする。この四角形 ABCD の面積と円 O の直径を求めよ。

円に内接する四角形において大事な内容は

“対角の和が 180°”

という内容である。すなわち，

$\angle \mathbf{B} + \angle \mathbf{D} = \mathbf{180°}$

$\angle \mathbf{A} + \angle \mathbf{C} = \mathbf{180°}$　である。

（数学 A 第 2 章③参照）

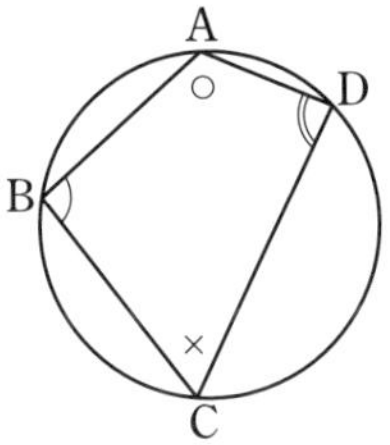

Open Sesame **解答**

$AC^2 = 4^2 + 5^2 - 2 \cdot 4 \cdot 5 \cdot \cos 60° = 21$

$AC = \sqrt{21}$

ここで，正弦定理より

$$2R = \frac{\sqrt{21}}{\sin 60°} = \frac{\sqrt{21}}{\frac{\sqrt{3}}{2}} = 2\sqrt{7}$$

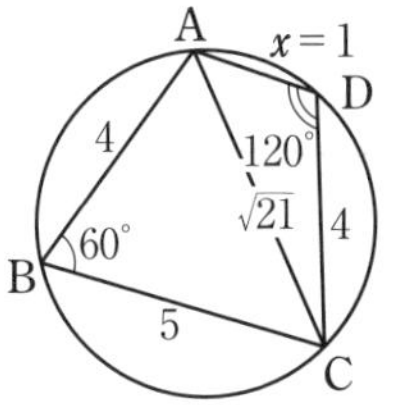

▶余弦定理
$b^2 = a^2 + c^2 - 2ac \cdot \cos B$

▶正弦定理
$\dfrac{b}{\sin B} = 2R$

▶円 O は，三角形 ABC の外接円でもあるので，正弦定理が使える。

よって，**円 O の直径は $2\sqrt{7}$**

また，円 O に内接する四角形 ABCD においては，

$\angle B + \angle D = 180°$　より　$\angle D = 180° - 60° = 120°$

$AD = x$ とおくと，△ACD において余弦定理より

$(\sqrt{21})^2 = x^2 + 4^2 - 2 \cdot x \cdot 4 \cdot \cos 120°$

$x^2 + 4x - 5 = 0$

$(x + 5)(x - 1) = 0$

$x > 0$ より　$x = AD = 1$

求める面積を S とすると

$S = \triangle ABC + \triangle ACD$

$= \dfrac{1}{2} \cdot 4 \cdot 5 \cdot \sin 60° + \dfrac{1}{2} \cdot 1 \cdot 4 \cdot \sin 120° = \mathbf{6\sqrt{3}}$

▶面積の公式
$S = \dfrac{1}{2} bc \sin A$

Challenge 92

円に内接する四角形 ABCD において，AB＝5，BC＝3，AD＝5，∠ABC＝120° であるとき，AC，DC の長さを求めよ。

★★ 例題 100　円に内接する四角形(II)

円に内接する四角形 ABCD がある。その辺の長さは，AB＝BC＝3，CD＝4，DA＝6 である。∠BAD＝θ，BD＝x とおいて，次の各問いに答えよ。

(1)　$\cos\theta$ を求めよ。

(2)　x を求めよ。

(3)　$\sin\theta$ を求めよ。

(4)　この四角形の面積を求めよ。

円に内接する四角形で，4 辺の長さだけが与えられている場合は，どれか 1 つの角を θ とおき，余弦定理を利用して，$\cos\theta$ と対角線の長さ（本問では x）の間に成り立つ関係式を 2 つつくる。それを，$\cos\theta$ と x の連立方程式とみて解けばよい。

Open Sesame 解答

(1)　三角形 ABD について余弦定理より，

$$x^2=3^2+6^2-2\cdot3\cdot6\cdot\cos\theta$$
$$=45-36\cos\theta\quad\cdots①$$

円に内接する四角形の性質より，

$\angle BCD=180°-\theta$

▶∠BCD＝180°－∠BAD

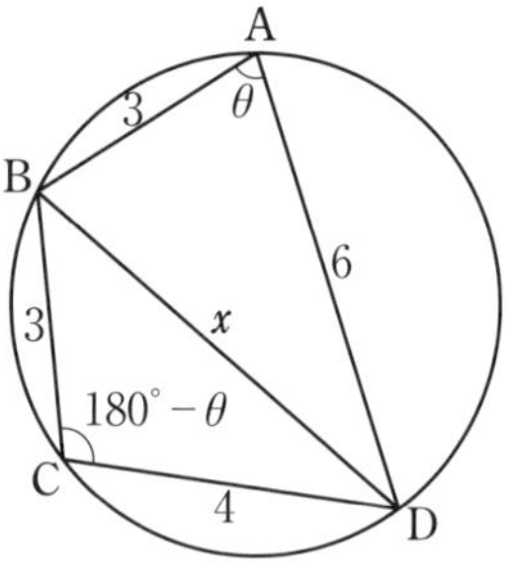

三角形 BCD について

余弦定理より，

$$x^2=3^2+4^2-2\cdot3\cdot4\cdot\cos(180°-\theta)$$
$$=25-24\cdot(-\cos\theta)$$
$$=25+24\cos\theta\quad\cdots②$$

▶$\cos(180°-\theta)=-\cos\theta$

①，②より，$45-36\cos\theta=25+24\cos\theta$

▶①，②より x を消去。

$$-60\cos\theta=-20\qquad \boldsymbol{\cos\theta=\frac{1}{3}}$$

(2)　$\cos\theta=\dfrac{1}{3}$ を②に代入して，

▶もちろん①に代入してもよい。

$$x^2=25+8=33$$

$x>0$ より，$x=\boldsymbol{\sqrt{33}}$

(3)　$\sin^2\theta+\cos^2\theta=1$ より，

$$\sin\theta=\sqrt{1-\cos^2\theta}=\sqrt{1-\frac{1}{9}}=\sqrt{\frac{8}{9}}=\mathbf{\frac{2\sqrt{2}}{3}}$$

▶$0°<\theta<180°$ より，$\sin\theta>0$ であることに注意。

(4)　求める面積を S とすると，

$$\begin{aligned}S&=\triangle ABD+\triangle BCD\\&=\frac{1}{2}\cdot3\cdot6\cdot\sin\theta+\frac{1}{2}\cdot3\cdot4\cdot\sin(180°-\theta)\\&=9\sin\theta+6\sin\theta=15\sin\theta\\&=15\cdot\frac{2\sqrt{2}}{3}=\mathbf{10\sqrt{2}}\end{aligned}$$

▶$\sin(180°-\theta)=\sin\theta$

▶1つにまとめてから，$\sin\theta$ に値を代入する方がよい。

Challenge 93

円に内接する四角形 ABCD で，AB＝2，BC＝3，AD＝DC＝1 であるとき，∠BAD の大きさと四角形 ABCD の面積を求めよ。

★★

例題 101　平行四辺形・台形

図のように AD∥BC である台形 ABCD があり，DC＝7，AB＝5，BC＝14，DA＝8 である。∠ABC＝θ とするとき，次の ☐ をうめよ。

(1)　$\cos\theta=$ ☐，$\sin\theta=$ ☐

(2)　対角線 BD の長さは ☐

(3)　台形 ABCD の面積は ☐

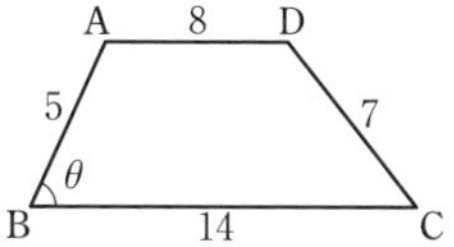

Open Sesame 解答　(1)　右図のように点 E をとると，

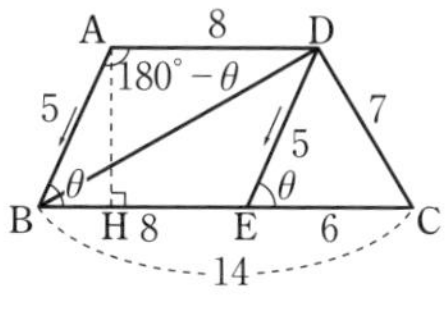

∠ABC＝∠DEC（同位角）＝θ

△DEC において余弦定理より

$$\cos\theta=\frac{5^2+6^2-7^2}{2\cdot5\cdot6}=\mathbf{\frac{1}{5}}$$

▶$\sin^2\theta+\cos^2\theta=1$ より，$\sin^2\theta=1-\cos^2\theta$　$\sin\theta>0$ より，$\sin\theta=\sqrt{1-\cos^2\theta}$

また，$0°<\theta<180°$　より　$\sin\theta>0$ であるから

$$\sin\theta=\sqrt{1-\cos^2\theta}=\sqrt{1-\frac{1}{25}}=\mathbf{\frac{2\sqrt{6}}{5}}$$

(2)　AD∥BC より　∠A＝$180°-\theta$

△ABD において余弦定理より

▶平行線の錯角より，∠A＋∠B＝180°　∠A＝180°−∠B　＝180°−θ

$$BD^2 = 5^2 + 8^2 - 2\cdot 5\cdot 8\cdot \cos(180° - \theta)$$
$$= 89 + 80\cos\theta$$
$$= 89 + 80\cdot\frac{1}{5} = 105 \qquad \mathbf{BD = \sqrt{105}}$$

▶$\cos(180° - \theta)$
$= -\cos\theta$

(3)　台形 ABCD の面積を S とすると，

$$S = ▱ABED + \triangle DEC$$
$$= \triangle ABE \times 2 + \triangle DEC$$
$$= \frac{1}{2}\cdot 5\cdot 8\cdot \sin\theta \times 2 + \frac{1}{2}\cdot 5\cdot 6\cdot \sin\theta$$
$$= 40\sin\theta + 15\sin\theta$$
$$= 55\cdot\frac{2\sqrt{6}}{5} = \mathbf{22\sqrt{6}}$$

【別解】

点 A から辺 BC に下ろした垂線の足を H とすると，

$AH = AB\sin\theta = 5\cdot\frac{2\sqrt{6}}{5} = 2\sqrt{6}$（台形の高さ）

$$S = \frac{1}{2}(AD + BC)\cdot AH = \frac{1}{2}(8 + 14)\cdot 2\sqrt{6} = \mathbf{22\sqrt{6}}$$

▶**例題80**参照
(対辺)=(斜辺)·$\sin\theta$
▶台形の面積 S
$S = \frac{1}{2}$(上底＋下底)×(高さ)

Challenge 94

平行四辺形 ABCD において AB＝4，BC＝5，対角線の長さが AC＝6 のとき，次の値を求めよ。

(1)　cos∠ABC　　(2)　対角線 BD の長さ

問 題 演 習

A

124　△ABC において 3 辺の長さが，4，6，8 のとき，次の各問いに答えよ。

(1)　この三角形の最大角の余弦を求めよ。

(2)　△ABC の面積を求めよ。

(3)　△ABC の内接円の半径を求めよ。

125　平行四辺形 ABCD において，AB＝7，BC＝8，∠ABC＝120° とするとき，対角線 AC の長さと，四辺形 ABCD の面積を求めよ。

126　半径 4 cm の円に内接する正八角形の面積を求めよ。

B

127　△ABC で，AB = 5，BC = 3，CA = 7 とするとき，次の各問いに答えよ。

(1)　∠B を求めよ。

(2)　△ABC の面積を求めよ。

(3)　∠B の二等分線と AC との交点を D とするとき，BD の長さを求めよ。

128　△ABC の頂角 A の二等分線が対辺 BC と交わる点を D とする。
AB : AC = BD : CD であることを正弦定理を利用して示せ。

129　次の $\boxed{\quad\quad}$ をうめよ。
三角形 ABC において，AB = 8，BC = 7，CA = 6 のとき，$\cos B =$ $\boxed{(1)}$ である。
また，∠A の二等分線と BC の交点を D とすると，BD = $\boxed{(2)}$，AD = $\boxed{(3)}$ である。

130　円に内接する四角形 ABCD において，AB = 1，BC = 2，CD = 3，DA = 4 とするとき，次の値を求めよ。

(1)　AC

(2)　sin∠ABC

(3)　四角形 ABCD の面積

C

131　次の(1)(2)に答えよ。

(1)　四角形の対角線の長さを a，b，それらのなす角を θ とするとき，四角形の面積は $\frac{1}{2}ab\sin\theta$ であることを証明せよ。

(2)　四角形 ABCD において，AC = 10，BD = 12，AC と BD のなす角が 30° とする。(1)の式を利用して，四角形 ABCD の面積を求めよ。

132　AB = 2，BC = 5，CD = 8 である台形 ABCD があり，これに内接する円が存在するとき，次の値を求めよ。

(1)　DA の長さ

(2)　内接円の半径 r の長さ

(3)　対角線 AC の長さ

(4)　台形の外接円の半径 R の長さ

数学I 分野

OPEN★SESAME

⑤ 空間図形への応用

ここで Master!

空間図形上でも三角比を使うことで角度や辺の長さを求められるようにしよう。

★★ 例題 102 高さを求める(I)

地点 A から，ビルの頂点 P の仰角を測ると 30° であった。
8 m 進んだ地点 B から P の仰角を測ると 45° であった。
このとき，ビルの高さ PQ を求めよ。

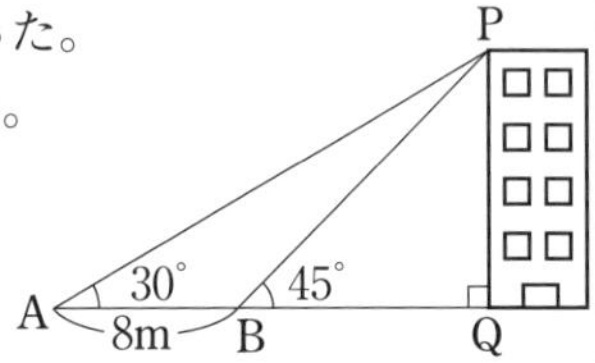

求める高さを h とおき，地上における距離（AQ や BQ）を h で表せばよい。本問の場合，与えられている角度が 30°，45° なので，直角三角形の辺の比を利用すれば，AQ や BQ を h で表すことができる。

Open Sesame 解答

$PQ=h(\mathrm{m})$ とおく。
三角形 APQ について，
$AQ:PQ=\sqrt{3}:1$ より，
$AQ=\sqrt{3}\times PQ=\sqrt{3}h$ …①
三角形 BPQ について，
$BQ:PQ=1:1$ より，
$BQ=PQ=h$ …②
①，②を
$AQ-BQ=8$
に代入すると，
$\sqrt{3}h-h=8$
$(\sqrt{3}-1)h=8$
$h=\dfrac{8}{\sqrt{3}-1}=\dfrac{8(\sqrt{3}+1)}{3-1}=4(\sqrt{3}+1)=\mathbf{4\sqrt{3}+4(m)}$

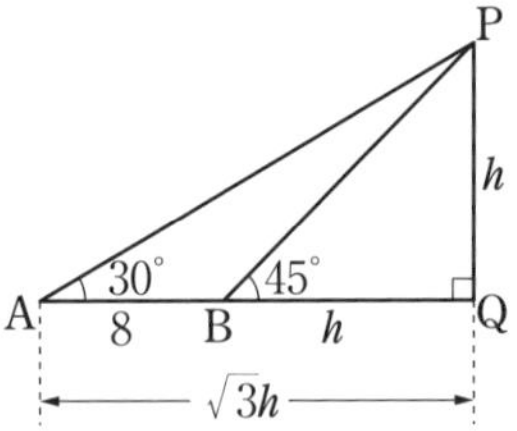

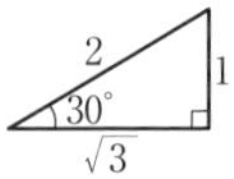

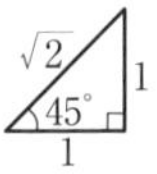

▶AQ から BQ をひいた差は AB すなわち 8 m
▶$\sqrt{3}h-1\cdot h=8$ より
$(\sqrt{3}-1)h=8$

【別解】

$PQ=h(\mathrm{m})$ とおくと，

$BQ=PQ=h$　　$AQ=h+8$

三角形 APQ について，$AQ:PQ=\sqrt{3}:1$ より，

$(h+8):h=\sqrt{3}:1$

$\sqrt{3}h=h+8$　　$h=\dfrac{8}{\sqrt{3}-1}=\mathbf{4\sqrt{3}+4(m)}$

▶別解の方が解りやすいという人も多いと思う。ただし，**例題103**では本解答の考え方が必要になることにも注意しよう。

Challenge 95

右の図は，$BC=6$，$\angle ABC=30°$，$\angle BCA=45°$ の三角形 ABC である。頂点 A より対辺 BC に下ろした垂線の長さ h を求めよ。

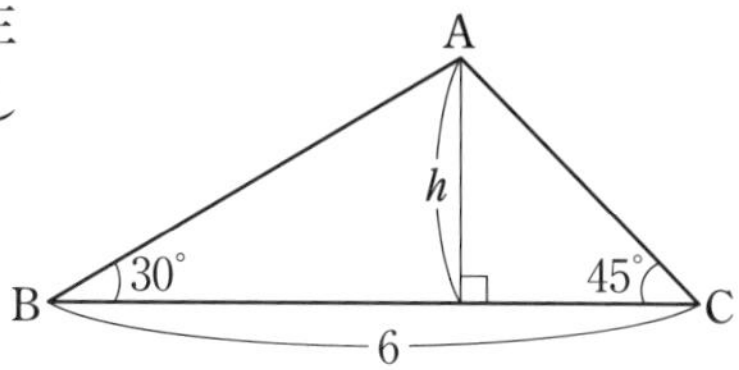

★★

例題 103　高さを求める(Ⅱ)

右図のように，$BC=10$，$\angle ABD=30°$，$\angle ACD=60°$，$\angle BDC=60°$，$AD\perp BD$，$AD\perp CD$ となる四面体がある。AD の長さを求めよ。

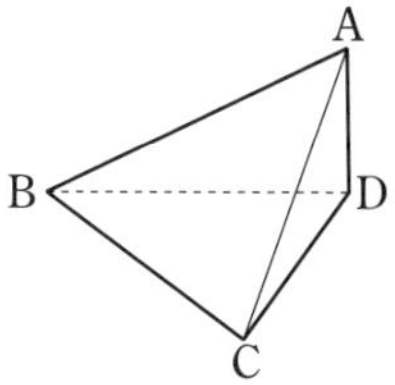

Open Sesame
解　答

$AD=h$ とおく。

三角形 ABD について，

$BD:AD=\sqrt{3}:1$ より，

$BD=\sqrt{3}\times AD=\sqrt{3}h$

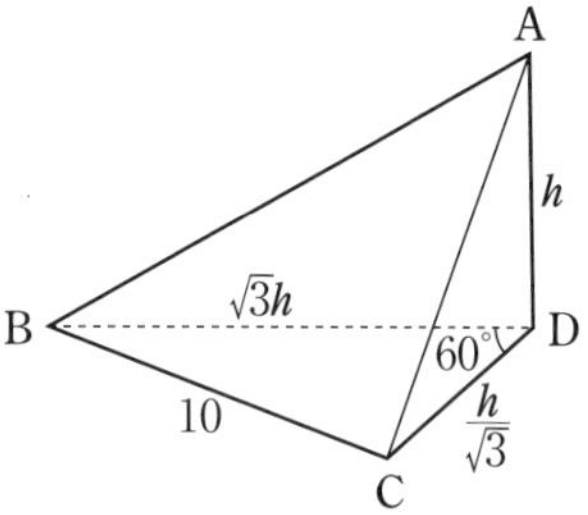

三角形 ACD について，

$CD:AD=1:\sqrt{3}$ より，

$CD=\dfrac{1}{\sqrt{3}}\times AD=\dfrac{h}{\sqrt{3}}$

▶$CD:AD=1:\sqrt{3}$ より，
$CD\times\sqrt{3}=AD\times 1$
$CD=\dfrac{1}{\sqrt{3}}\times AD$

次に，三角形 BCD について余弦定理より，

$$10^2=(\sqrt{3}h)^2+\left(\frac{h}{\sqrt{3}}\right)^2-2\cdot\sqrt{3}h\cdot\frac{h}{\sqrt{3}}\cdot\cos 60°$$

$$100=3h^2+\frac{h^2}{3}-h^2$$

$$300=7h^2$$

$$h^2=\frac{300}{7}\quad h=\sqrt{\frac{300}{7}}=\frac{10\sqrt{21}}{7}\quad \mathbf{AD}=\frac{\mathbf{10\sqrt{21}}}{\mathbf{7}}$$

Challenge 96

図のようにＡから水平距離で1000m 離れてＢがある。その２点から見える山頂Ｃは，Ａの真北にあり，ＡからＣを見上げる角度は水平面から30°であった。また，Ｂから山頂Ｃは北から30°東側の方向に見え，Ｃを見上げる角度は水平面から45°であった。山頂の高さはＡを通る水平面から何 m か。

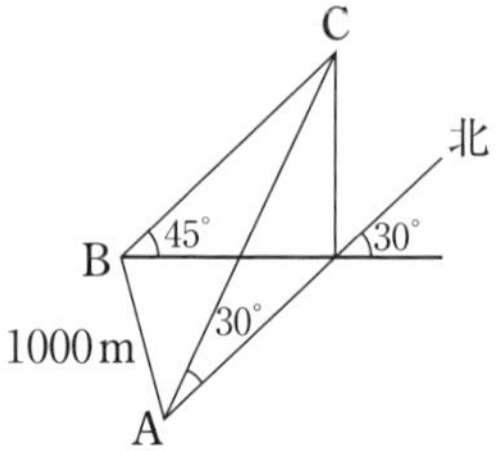

★★

例題 104　断面積を求める

１辺の長さ２の正四面体ABCDで，辺BCの中点をＭとし，$\angle\mathrm{AMD}=\theta$とするとき，次の各問いに答えよ。

(1)　$\cos\theta$の値を求めよ。

(2)　$\triangle\mathrm{AMD}$の面積を求めよ。

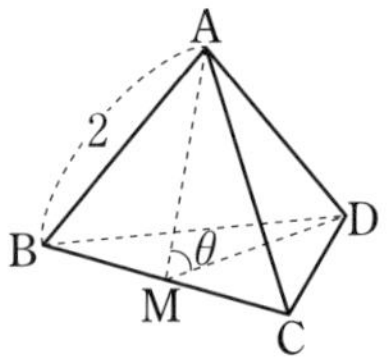

Open Sesame 解答

(1)　$\triangle\mathrm{ABM}\equiv\triangle\mathrm{DBM}$で，ともに30°，60°，90°の直角三角形だから　$\mathrm{AM}=\mathrm{DM}=\sqrt{3}$。$\mathrm{AD}=2$だから，$\triangle\mathrm{AMD}$において余弦定理より

$$\cos\theta=\frac{(\sqrt{3})^2+(\sqrt{3})^2-2^2}{2\cdot\sqrt{3}\cdot\sqrt{3}}=\mathbf{\frac{1}{3}}$$

▶「≡」は合同（形も大きさも同じ）であることを示す。

(2)　(1)より $\cos\theta=\frac{1}{3}$ だから

$$\sin\theta=\sqrt{1-\cos^2\theta}=\sqrt{1-\left(\frac{1}{3}\right)^2}=\frac{2\sqrt{2}}{3}$$

▶$\sin^2\theta+\cos^2\theta=1$

したがって　$\triangle\mathrm{AMD}=\frac{1}{2}\mathrm{AM}\cdot\mathrm{DM}\cdot\sin\theta$

$$=\frac{1}{2}\cdot\sqrt{3}\cdot\sqrt{3}\cdot\frac{2\sqrt{2}}{3}=\mathbf{\sqrt{2}}$$

▶$S=\frac{1}{2}bc\sin A$

Challenge 97

直方体 ABCD－EFGH において，AD＝3，DC＝4，$CG=3\sqrt{3}$ である。次の各問いに答えよ。

(1) $\angle ACF=\theta$ とするとき，$\cos\theta$ の値を求めよ。

(2) △AFC の面積を求めよ。

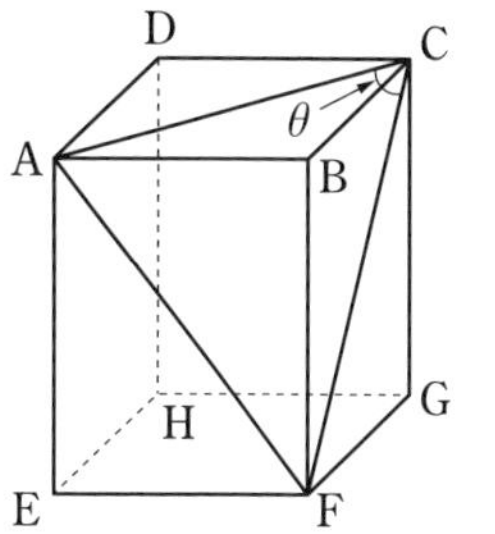

★★ 正四面体の体積

例題 105

1 辺の長さが 6 の正四面体 OABC の体積は次のうちのどれか。

① $18\sqrt{2}$　② $16\sqrt{2}$　③ $14\sqrt{2}$　④ $12\sqrt{2}$

⑤ $10\sqrt{2}$

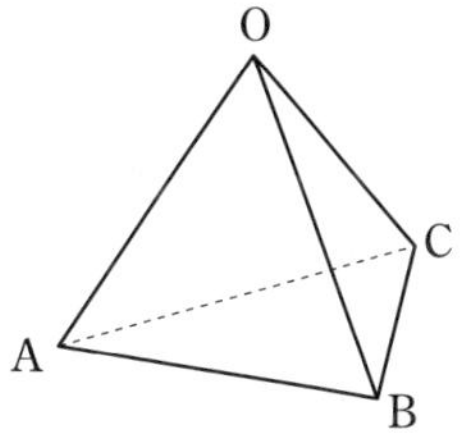

正四面体は三角すいの 1 つである。

三角すいの体積 V は，底面積を S，高さを h として，$V=\frac{1}{3}Sh$ で求めることができる。

Open Sesame 解答　頂点 O から三角形 ABC に下ろした垂線の足を H とし，まず OH を求める。

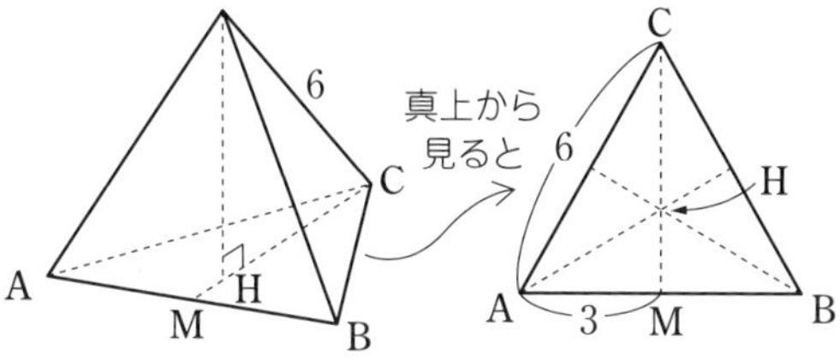

H は三角形 ABC の重心となる。

右上図で，AC：AM：CM＝2：1：$\sqrt{3}$ だから，

AC＝6 より，AM＝3，$CM=3\sqrt{3}$

▶三角形の各頂点と対辺の中点を結んでできる 3 本の直線は 1 点で交わる。これを重心とよぶ。

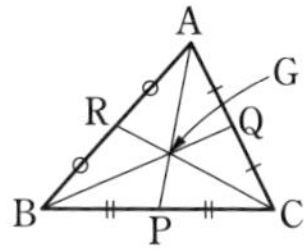

上図の G が重心であり，次が成り立つ。

AG：GP＝2：1

BG：GQ＝2：1

CG：GR＝2：1

(数学 A 第 2 章②参照)

重心の性質より，CH：HM＝2：1だから，

$$\mathrm{CH}=\frac{2}{3}\mathrm{CM}=\frac{2}{3}\cdot 3\sqrt{3}=2\sqrt{3}$$

前頁左上図で，三角形OHCについて三平方の定理より，

$$\mathrm{OH}^2+\mathrm{CH}^2=\mathrm{OC}^2$$

$$\mathrm{OH}^2+(2\sqrt{3})^2=6^2 \qquad \mathrm{OH}=\sqrt{24}=2\sqrt{6}$$

一方，三角形ABCの面積をSとすると，

$$S=\frac{1}{2}\cdot 6\cdot 6\cdot \sin 60^\circ=9\sqrt{3}$$

以上より，正四面体OABCの体積をVとすると，

$$V=\frac{1}{3}\cdot S\cdot \mathrm{OH}=\frac{1}{3}\cdot 9\sqrt{3}\cdot 2\sqrt{6}=\mathbf{18\sqrt{2}}$$　（答）①

▶CHは三角形BCDの外接円の半径に等しいから正弦定理を利用して求めてもよい。（**問題演習138**の解答参照）

▶次のように求めてもよい。

$$S=\frac{1}{2}\cdot \mathrm{AB}\cdot \mathrm{CM}$$
$$=\frac{1}{2}\cdot 6\cdot 3\sqrt{3}=9\sqrt{3}$$

Challenge 98

四面体ABCDにおいて，AB＝AC＝AD＝4，BC＝CD＝BD＝6である。辺BCの中点をMとするとき，次のものを求めよ。

(1)　AMの長さ

(2)　頂点Aから底面BCDに下ろした垂線AHの長さ

(3)　四面体ABCDの体積

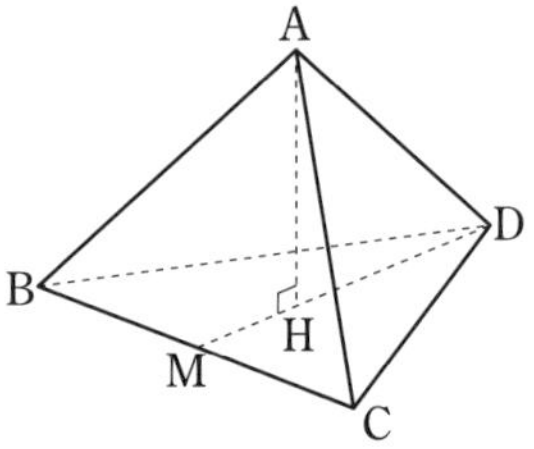

★ **例題106**　相似比と面積比・体積比，球の体積と表面積

(1)　三角すいABCDの1辺ABを1：2に分ける点Pを通り，平面ACDに平行な平面と，辺BC，辺BCとの交点をそれぞれQ，Rとする。三角形ABCの面積が18 cm^2，三角すいABCDの体積が54 cm^3であるとき，三角形PBQの面積と，立体PQR－ACDの体積を求めよ。

(2)　表面積が24π cm^2である球の半径と体積を求めよ。

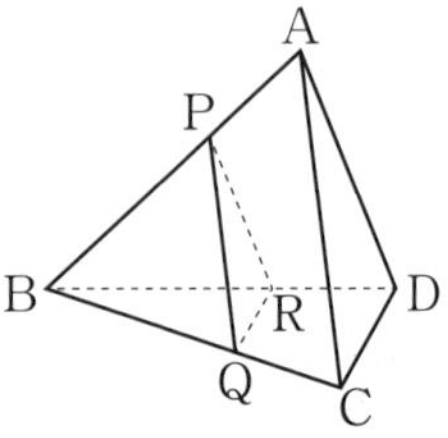

(1)　相似である2つの図形について，相似比（長さの比）が$a：b$であるとき，
　面積比は$a^2：b^2$，体積比は$a^3\cdot b^3$，表面積の比は$a^2：b^2$

(2)　半径がrである球の体積をV，表面積をSとすれば，$\boldsymbol{V=\frac{4}{3}\pi r^3}$，$\boldsymbol{S=4\pi r^2}$

Open Sesame
解　答

(1)　三角形PBQと三角形ABCは相似であり，相似比は，PB：AB＝2：3

三角形PBQの面積をSとすると，

$S：18＝2^2：3^2＝4：9$

$S×9＝18×4$

$S＝\mathbf{8(cm^2)}$

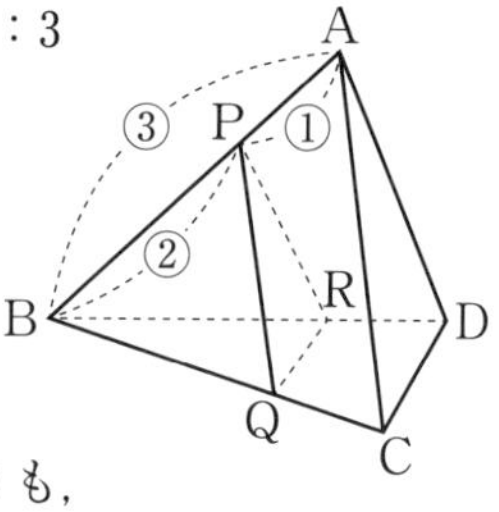

▶$a：b＝c：d$のとき，$a×d＝b×c$

三角すいPBQRと三角すいABCDも，2：3の相似である。

三角すいPBQRの体積をVとすると，

$V：54＝2^3：3^3＝8：27$

$V×27＝54×8$

$V＝16$

よって，立体PQR－ABCの体積は，$54－16＝\mathbf{38(cm^3)}$

▶求める立体の体積は，三角すいABCDの体積から，三角すいPBQRの体積をひけばよい。

(2)　球の半径をr，体積をVとする。

表面積 ＝24πより

$4\pi r^2＝24\pi$

$r^2＝6$

$r＝\mathbf{\sqrt{6}\,(m)}$

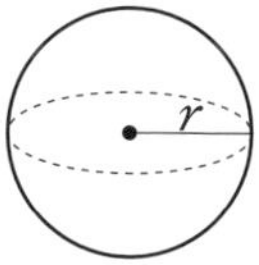

$V＝\frac{4}{3}\pi r^3＝\frac{4}{3}\pi\cdot(\sqrt{6})^3＝\frac{4}{3}\pi\cdot 6\sqrt{6}＝\mathbf{8\sqrt{6}\pi(cm^3)}$

問題演習

B

133　川に沿った地点A，Bの対岸Pに一本の木PQが立っている。測量した結果，AB間の距離は100m，∠PAB＝30°，∠PBA＝60°であった。次の各問いに答えよ。

(1)　BP間の距離はいくらか。

(2)　PからABに垂直に引いた直線と，ABの交点をOとすると，POの距離（川幅）はいくらか。

(3)　∠QOPが30°であるとき，木の高さPQはいくらか。

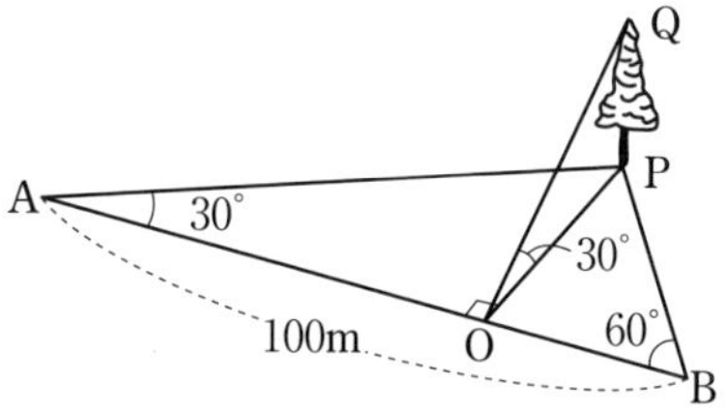

134　次の□をうめよ。

右の図の四面体 ABCD において，$\angle DCA = \angle DCB = \angle ACB = 90°$，$AB = 12$，$\angle DAC = 45°$，$\angle DBC = 30°$ であるならば，$DC =$ □ である。

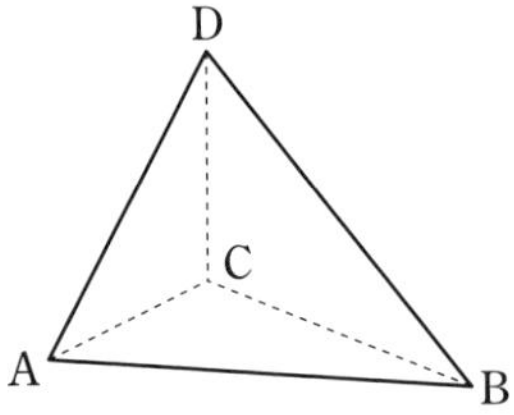

135　図のような1辺の長さ3の正四面体 OABC がある。辺 AB を 2：1 に内分する点を P とし，辺 OB 上に動点 Q をとる。線分 PQ と線分 QC の長さの和の最小値を求めよ。

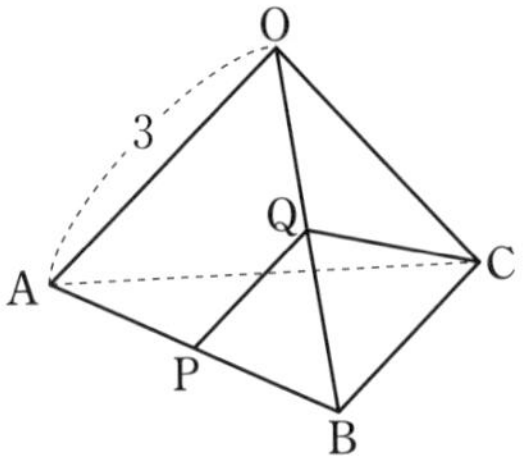

136　右図のような1辺の長さが4の正四面体 OABC で，OD：DB＝3：1, OE：EC＝1：1 となる点 D, E をとる。このとき △ADE の面積を求めよ。

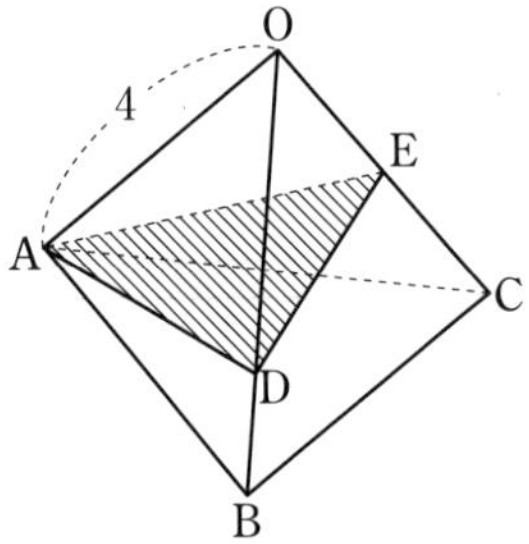

137　図のような直方体 ABCD－EFGH において,$AB = 1$cm, $BC = \sqrt{3}$cm，$BF = \sqrt{6}$cm である。次の□をうめよ。

(1)　$\cos\angle BGD$ の値は □ である。

(2)　△BGD の面積は □ cm^2 である。

(3)　頂点 C から平面 BGD に下ろした垂線の長さは □ cm である。

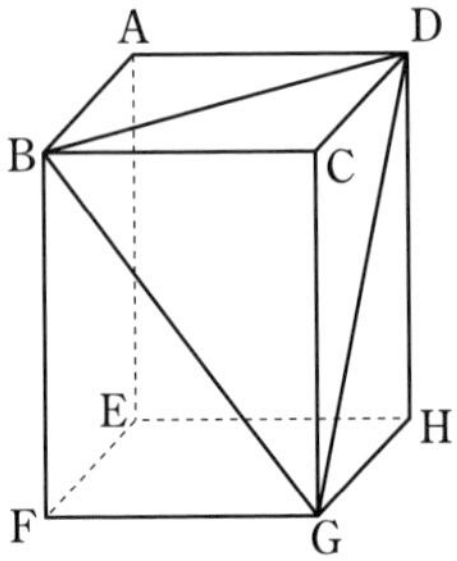

C

138　1辺の長さが a の正四面体について次の各問いに答えよ。

(1)　この正四面体の高さを求めよ。

(2)　この正四面体の体積を求めよ。

(3)　この正四面体に内接する球の半径を求めよ。

(4)　この正四面体に外接する球の半径を求めよ。

第4章
データの分析

Open Sesame Series

数学I 分野

OPEN★SESAME

① データの分布と代表値

ここで Master!
①平均値の求め方をマスターしよう。
②中央値，最頻値，度数分布などの意味を理解しよう。

Open Sesame

●データの代表値

1 平均値

n 個のデータ x_1，x_2，x_3，…，x_n の平均値を $\overline{x}$ とすると，

$$\overline{x}=\frac{1}{n}(x_1+x_2+x_3+\cdots+x_n)$$

2 中央値（メジアン）

データを大きさの順に並べたとき，その中央にくる値。

3 最頻値（モード）

データにおいて，最も個数の多い値。
度数分布表では，度数が最大である階級の階級値。

★ **例題107** 平均値と中央値

次の(1)(2)のデータについて，平均値と中央値を求めよ。

(1)　14，7，15，18，9，11，7，17，10

(2)　6，11，9，2，10，5，3，10

$$平均値\ \overline{x}=\frac{データの総和}{個数}=\frac{1}{n}(x_1+x_2+x_3+\cdots+x_n)$$

中央値は

(1)のようにデータの個数が奇数（9 個）のときと，
(2)のようにデータの個数が偶数（8 個）のときで，求め方が異なる。

Open Sesame 解答

(1)　平均値を $\overline{x}$ とすると，

$$\overline{x}=\frac{1}{9}(14+7+15+18+9+11+7+17+10)$$
$$=\frac{1}{9}\cdot 108=\mathbf{12}$$

データを小さい順に並べると，

7　7　9　10　(11)　14　15　17　18

中央にくるのは5番目の11であるから，中央値は **11**

▶データの個数が奇数のときは，真ん中にくる数字が中央値になる。

(2)　平均値を $\overline{x}$ とすると，

$$\overline{x}=\frac{1}{8}(6+11+9+2+10+5+3+10)=\frac{1}{8}\cdot 56=\mathbf{7}$$

データを小さい順に並べると，

2　3　5　(6)▲(9)　10　10　11

中央は4番目の6と，5番目の9の間になる。

したがって，中央値は6と9の平均をとって

$$\frac{6+9}{2}=\frac{15}{2}=\mathbf{7.5}$$

▶データの個数が偶数のときは，真ん中にもっとも近い2つの数字の平均値が中央値になる。

Challenge 99

次の(1)(2)のデータについて，平均値と中央値を求めよ。

(1)　7，15，12，4，8，5，12

(2)　12，6，11，9，12，4

★★

例題 108　仮平均の利用

男子8人について身長を測ったところ，次のようになった。(単位 cm)

172.3，169.1，166.1，174.6，177.4，170.8，164.7，179.2

仮平均を利用して平均値を求めよ。四捨五入により小数第1位まで求めよ。

8個の値をそのまま足し算するのは大変なので，仮平均を利用しよう。

「平均値」＝「仮平均」＋「(仮平均との差)の平均値」

なお，負の数が出てくると頭の負担になるという人は，最小のデータ164.7より小さい値を仮平均にすればよい。⇨ 別解

Open Sesame 解答　身長 x の仮平均を 170 として，仮平均との差 $x-170$ を表にすると，次のようになる。（単位 cm）

▶身長や体重のようにある特性を表す数量を**変量**という。左の解答ではその変量を x としている。

身長 x	172.3	169.1	166.1	174.6	177.4	170.8	164.7	179.2
$x-170$	2.3	-0.9	-3.9	4.6	7.4	0.8	-5.3	9.2

求める平均値を $\overline{x}$ とすると

$$\overline{x}=170+「(x-170)の平均値」$$
$$=170+\frac{1}{8}(2.3-0.9-3.9+4.6+7.4+0.8-5.3+9.2)$$
$$=170+\frac{1}{8}\cdot 14.2=170+1.775=171.775$$

小数第 2位を四捨五入して，**171.8 cm**

▶厳密には，単位は「cm/人」である。

別解

仮平均を 160 とすると，

$$\overline{x}=160+\frac{1}{8}(12.3+9.1+6.1+14.6+17.4+10.8+4.7+19.2)$$
$$=160+\frac{1}{8}\cdot 94.2=160+11.775=171.775$$

小数第 2 位を四捨五入して，**171.8 cm**

Challenge 100

10 個の値：82，74，89，91，78，84，90，79，86，85 について，

(1)　仮平均を 80 として，平均値を求めよ。

(2)　仮平均を 85 として，平均値を求めよ。

★ 例題 109　最頻値・加重平均

高校生 40 人について虫歯の本数を調べたところ，次のようになった。

虫歯の本数	0	1	2	3	4	5	6	7
人数	10	3	5	11	4	2	3	2

(1)　虫歯の本数の最頻値を求めよ。

(2)　虫歯の本数の平均値を求めよ。

(1) 最も人数の多い本数が最頻値。

(2) 虫歯が1本の生徒が3人，虫歯が2本の生徒が5人，… であるから，40人の虫歯の総本数は，

$1\times3+2\times5+3\times11+4\times4+5\times2+6\times3+7\times2$

これを人数の40で割った値が平均値である。

Open Sesame **解答**

(1) 人数で最も多いのは11人で，その本数は3本。

よって，最頻値は**3本**。

(2) 求める平均値を $\overline{x}$ とすると，

$$\overline{x}=\frac{1}{人数}\times(虫歯の総本数)$$
$$=\frac{1}{40}(0\cdot10+1\cdot3+2\cdot5+3\cdot11+4\cdot4+5\cdot2+6\cdot3+7\cdot2)$$
$$=\frac{1}{40}(0+3+10+33+16+10+18+14)$$
$$=\frac{1}{40}\cdot104$$
$$=\mathbf{2.6}\,(\textbf{本})$$

▶本問はそのまま計算しても面倒にならないので，仮平均は利用しなかった。

▶虫歯の本数1本，2本，3本，… をそのまま加えるのではなく，各本数の重み（本問では人数）を掛けた値を加えて求める平均を加重平均という。

▶厳密には，単位は「本/人」である。

Challenge 101

受験生25人に受験する学校の数を尋ねたところ，次のようになった。

学校数	1	2	3	4	5	6	7
人数	4	4	5	6	3	2	1

(1) 受験する学校数の最頻値を求めよ。

(2) 受験する学校数の平均値を求めよ。

★★

例題 110　度数分布表とヒストグラム

男子 40 人について握力を測定したところ，次のようになった。(単位：kg)

50.2 45.1 52.7 40.0 57.7 51.4 44.3 42.3
38.1 46.2 47.8 53.4 49.0 58.8 43.7 46.8
48.9 55.1 41.2 45.5 41.8 56.9 48.3 36.5
44.7 50.5 52.9 45.4 40.4 49.5 57.2 47.3
44.9 38.9 62.1 51.3 46.2 54.4 43.1 46.9

(1)　右の表は，上のデータの度数分布を表したものである。□を埋めて表を完成させよ。

(2)　右の度数分布をヒストグラムで表せ。

(3)　右の表の階級値を使って，握力の平均値を求めよ。

階級 (kg)	階級値	度数
以上　未満		
36〜40	□	□
40〜44	□	□
44〜48	□	12
48〜52	□	8
52〜56	□	5
56〜60	□	□
60〜64	□	□
計		40

Open Sesame 解答

(1)　36 以上 40 未満について，

階級値は，

$$\frac{36+40}{2}=\frac{76}{2}=38$$

度数は，38.1，36.5，38.9 の 3

40 以上 44 未満について，階級値は，

$$\frac{40+44}{2}=\frac{84}{2}=42$$

度数は，40.0，42.3，43.7，41.2，41.8，40.4，43.1 の 7

以下，同様にして求めると，上の表のようになる。

階級 (kg)	階級値	度数
以上　未満		
36〜40	**38**	**3**
40〜44	**42**	**7**
44〜48	**46**	12
48〜52	**50**	8
52〜56	**54**	5
56〜60	**58**	**4**
60〜64	**62**	**1**

▶40.0 は，
40 未満には含まれず，
40 以上に含まれる。

▶36〜40 の階級値は，36 と 40 の真ん中の値で 38。
$\frac{36+40}{2}$ という式を立てなくても，すぐわかるだろう。

(2)

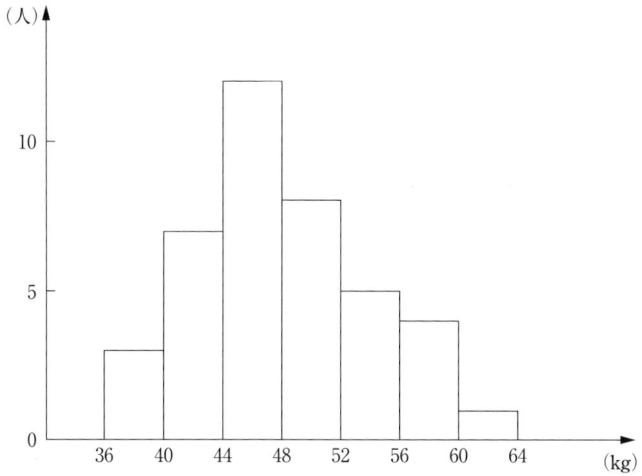

(3)

階級値	38	42	46	50	54	58	62
度数	3	7	12	8	5	4	1

▶36〜40 では，「38.1，36.5，38.9」の 3 つの値のかわりに，「38 が 3 つ」として計算する。

求める平均値を $\overline{x}$ とすると。

$$\overline{x}=\frac{1}{40}(38\cdot3+42\cdot7+46\cdot12+50\cdot8+54\cdot5+58\cdot4+62\cdot1)$$
$$=\frac{1}{40}(114+294+552+400+270+232+62)$$
$$=\frac{1}{40}\cdot1924=\mathbf{48.1(kg)}$$

【別解】

仮平均を 50 とし，階級値 x，$x-50$ および度数を表にすると次のようになる。

x	38	42	46	50	54	58	62
$x-50$	-12	-8	-4	0	4	8	12
度数	3	7	12	8	5	4	1

求める平均値を $\overline{x}$ とすると，

$$\overline{x}=50+\frac{1}{40}(-12\cdot3-8\cdot7-4\cdot12+4\cdot5+8\cdot4+12\cdot1)$$
$$=50+\frac{1}{40}(-36-56-48+20+32+12)$$
$$=50+\frac{1}{40}(-76)=50-1.9=\mathbf{48.1\,(kg)}$$

▶階級値を利用した平均値は，**例題109**で求めたような正確な平均値とは一致しないが，計算が簡単で，近似値が得られるので，データの数が多いときによく用いられる。

Challenge 102

女子 25 人について握力を測定したところ，次のようになった。(単位：kg)

32.2 26.1 23.6 35.9 31.2 27.8 29.5 20.7 16.7
26.7 22.5 34.2 25.0 22.9 39.2 41.3 21.1 29.0
33.1 25.3 17.1 41.3 24.3 37.5 28.1

(1)　右の度数分布表の □ を埋めよ。

(2)　ヒストグラムで表せ。

(3)　右表の階級値を使って平均値を求めよ。

階級（kg）	階級値	度数
以上　未満		
15～20	17.5	□
20～25	22.5	□
25～30	□	□
30～35	□	□
35～40	□	□
40～45	□	□

★★ 文章題

例題 111

ある試験を 500 人が受験した。合格者の平均点は 78 点，不合格者の平均点は 53 点，全体の平均点は 60 点であった。合格者の人数を求めよ。

$\text{平均点}=\dfrac{\text{総得点}}{\text{人数}}$ を変形すると，総得点 = 平均点 × 人数…(＊)

(＊)式を使って，得点についての等式を作る。

Open Sesame 解答

合格者を x 人とすると，不合格者は $(500-x)$ 人。

「合格者の総得点 + 不合格者の総得点 = 全体の総得点」の関係より，

$$78x+53(500-x)=60\times 500$$

$$78x+26500-53x=30000$$

$$25x=3500$$

$$x=\frac{3500}{25}=\mathbf{140}\,\textbf{(人)}$$

▶合格者の総得点
= 合格者の平均点
×合格者の人数
$=78\times x$

Challenge 103

あるクラスの男子の平均身長は 168cm，女子の平均身長は 158cm であり，クラス全体の平均身長は 163.5cm である。このクラスの人数は 40 人である。男子の人数は何人か。

問題演習

A

139 次のデータは 10 点満点のテストの結果である。中央値と最頻値を求めよ。

2, 9, 10, 6, 8, 2, 0, 9, 8, 5, 7, 1, 8, 3, 6

140 8 個のデータ：12, 14, 20, 9, 17, 12, 18, x について，次の問いに答えよ。

(1) 平均値が 15 であるとき，x の値を求めよ。

(2) 中央値が 15 であるとき，x の値を求めよ。

141 右下の票は，ある小学校の 1 月の給食における，一食あたりのエネルギー量をまとめたものである。このとき，次の各問いに答えよ。

(1) 630 kcal 以上 650 kcal 未満の階級について，相対度数を求めよ。

なお，$相対度数=\dfrac{\text{その階級の度数}}{\text{度数の合計}}$ である。

(2) 最頻値を求めよ。

(3) 中央値を求めよ。

(4) 平均値を求めよ。

階級 (kcal 以上～kcal 未満)	度数 (日)
570～590	2
590～610	5
610～630	1
630～650	4
650～670	1
670～690	3

B

142　次の空欄をうめよ。

a, b は定数とする。12 人の生徒に 5 点満点のテストを行った結果は次の通りである。

得点(点)	0	1	2	3	4	5
人数(人)	0	2	a	b	3	4

得点の平均値が3.5点であるとき，$a+b=$□，$2a+3b=$□，$a=$□，$b=$□である。

143　男子 30 人，女子 20 人のクラスで算数のテストをした。男子の平均点が 60 点，全体の平均点は 64 点である。女子の平均点は何点か。

数学Ⅰ 分野

OPEN★SESAME ②

データの散らばりと四分位数

ここで Master!
四分位数と四分位範囲の意味を理解し，箱ひげ図を正しく書けるようになろう。

Open Sesame

●データの散らばり

1　範囲（レンジ）

データの最大値から最小値を引いた差。

2　四分位数

データの大きさの順に並べたとき，4 等分する位置にくる値。

小さい方から順に，第 1 四分位数，第 2 四分位数，第 3 四分位数とよび，それぞれ Q_1，Q_2，Q_3 で表す。Q_2 は中央値（メジアン）と同じ値である。

3　四分位範囲

Q_3-Q_1 を四分位範囲とよぶ。

発展　四分位範囲の半分 $\dfrac{Q_3-Q_1}{2}$ を四分位偏差とよぶ。

●箱ひげ図

データの最小値，Q_1，Q_2，Q_3，最大値を，箱と線（ひげ）で表す図。

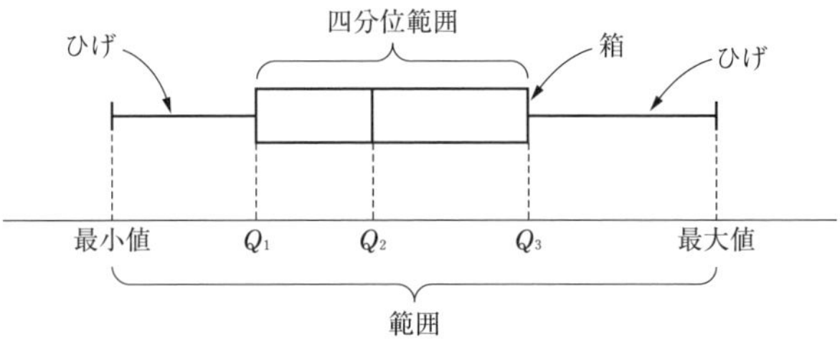

●外れ値

データの中で，他から極端に離れた値がある場合，その値を**外れ値**とよぶ。

箱ひげ図における外れ値の目安は，次の①または②を満たすことである。

① 第 1 四分位数 Q_1 より，四分位範囲の 1.5 倍以上小さい値である。

② 第 3 四分位数 Q_3 より，四分位範囲の 1.5 倍以上大きい値である。

例 1）データの数が 11 個のとき

$\boxed{a_1\ a_2\ a_3\ a_4\ a_5}\ a_6\ \boxed{a_7\ a_8\ a_9\ a_{10}\ a_{11}}$

$a_3 = Q_1$，$a_6 = Q_2$，$a_9 = Q_3$

例 2）データの数が 12 個のとき

$\boxed{a_1\ a_2\ a_3}\ \boxed{a_4\ a_5\ a_6}\ \boxed{a_7\ a_8\ a_9}\ \boxed{a_{10}\ a_{11}\ a_{12}}$

$\dfrac{a_3+a_4}{2} = Q_1$，$\dfrac{a_6+a_7}{2} = Q_2$，$\dfrac{a_9+a_{10}}{2} = Q_3$

▶箱ひげ図は，次のように縦にかくこともある。

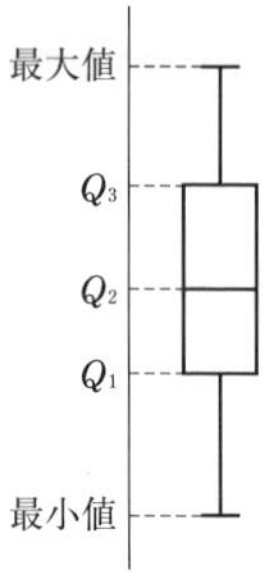

●箱ひげ図と外れ値

【例】 11 個の値 9，26，39，42，47，51，57，60，61，83，98 について，

最小値 9，$Q_1=39$，$Q_2=51$，最大値 98

箱ひげ図は次のようになる。

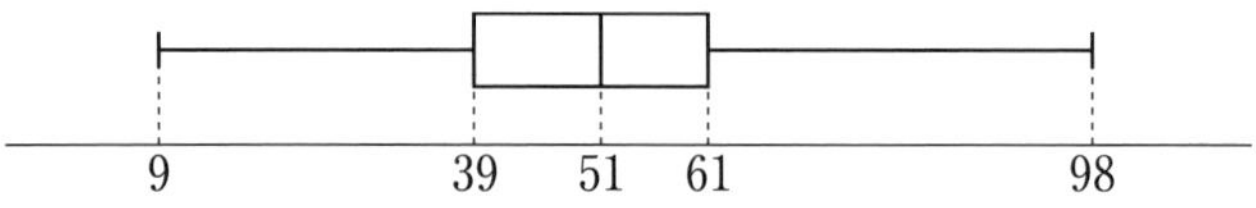

四分位範囲 $= Q_3 - Q_1 = 61 - 39 = 22$

① $Q_1 -$ 四分位範囲 $\times 1.5 = 39 - 22 \times 1.5 = 6$

② $Q_3 +$ 四分位範囲 $\times 1.5 = 61 + 22 \times 1.5 = 94$

よって，外れ値となる範囲は，6以下または 94以上であるから，上の 11 個の値の中で 98 が外れ値となる。

外れ値がある場合，外れ値を○等で示して，次のような箱ひげ図にすることがある。

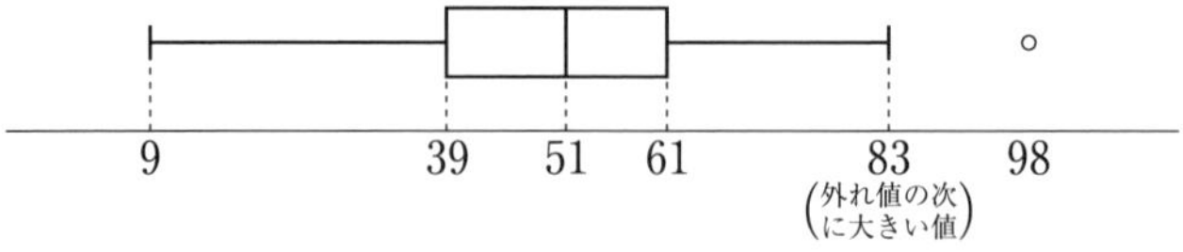

▶外れ値が存在しても，Q_1，Q_2，Q_3，最大値等の値は変わらない。

▶問題で特に指定されていなければ，外れ値や，外れ値を記入した箱ひげ図を念頭に置く必要はない。

★ **例題 112**　**データの散らばりと箱ひげ図 I**

次のデータについて，(1)〜(4)に答えよ。

47 21 56 44 12 65 43 32 49 71 38 52 29 7 67

(1)　範囲を求めよ。

(2)　第 1 四分位数 Q_1，第 2 四分位数 Q_2，第 3 四分位数 Q_3 を求めよ。

(3)　四分位範囲を求めよ。

(4)　箱ひげ図をかけ。

Open Sesame 解答　(1)　最大値は 71，最小値は 7 であるから，

範囲は，71 − 7 = **64**

(2)　小さい順に並べる。

1	2	3	4	5	6	7	8	9	10	11	12	13	14	15
7	12	21	29	32	38	43	44	47	49	52	56	65	67	71
			Q_1				Q_2				Q_3			

15 個の真ん中は 8 番目の 44 であるから，$\boldsymbol{Q_2 = 44}$

左側 7 個の真ん中は 29 であるから，$\boldsymbol{Q_1 = 29}$

右側 7 個の真ん中は 56 であるから，$\boldsymbol{Q_3 = 56}$

(3)　四分位範囲は，$Q_3 - Q_1 = 56 - 29 =$ **27**

(4)

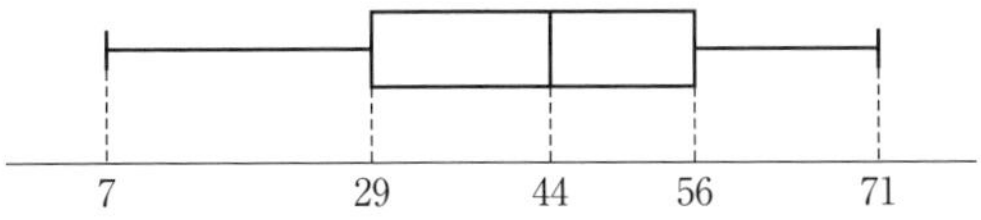

▶平均値を求め，その位置を + で示す場合もある。

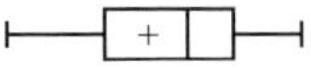

ただし，問題で指示がない限り，記入しなくてよい。

Challenge 104

次のデータについて，**例題112**の(1)〜(4)に答えよ。

31 45 15 24 35 63 41 28 9 21 52

★★
例題 113　データの散らばりと箱ひげ図Ⅱ

A グループ 12 人，B グループ 13 人が同じ試験を受けた結果，次のような得点になった。

A グループ：14 31 45 48 57 64 66 71 74 80 89 90（点）

B グループ：21 24 31 39 42 48 51 54 58 60 63 77 95（点）

(1)　A グループの得点について，第 1，第 2，第 3 四分位数を求めよ。

(2)　B グループの得点について，第 1，第 2，第 3 四分位数を求めよ。

(3)　両グループの得点の箱ひげ図を並べてかけ。

(4)　次の(ア)～(ウ)について，正しければ○，誤っていれば × を記入せよ。

(ア)　B グループよりも A グループの方が得点の散らばり度合いが大きい。

(イ)　A グループで上位 50% 内の得点であれば，B グループでは上位 25% 内の得点になる。

(ウ)　A グループで下位 25% 内の得点であっても，B グループでは上位 50% 内の得点になる可能性がある。

100% ÷ 4 = 25% であるから，四分位数によって分けられる 4 つの範囲には，25% ずつデータが含まれる。

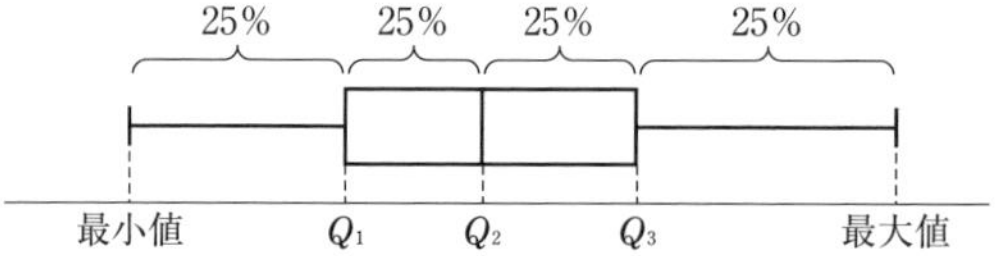

Open Sesame 解答

(1)　[14 31 45 48 57 64] [66 71 74 80 89 90]

Q_1　Q_2　Q_3

第 1 四分位数：$\dfrac{45+48}{2}=\mathbf{46.5}$

第 2 四分位数：$\dfrac{64+66}{2}=\mathbf{65}$

第 3 四分位数：$\dfrac{74+80}{2}=\mathbf{77}$

(2)　[21 24 31 39 42 48] 51 [54 58 60 63 77 95]

Q_1　Q_2　Q_3

第 1 四分位数：$\dfrac{31+39}{2}=\mathbf{35}$　　第 2 四分位数：**51**

第 3 四分位数：$\dfrac{60+63}{2}=\mathbf{61.5}$

(3)

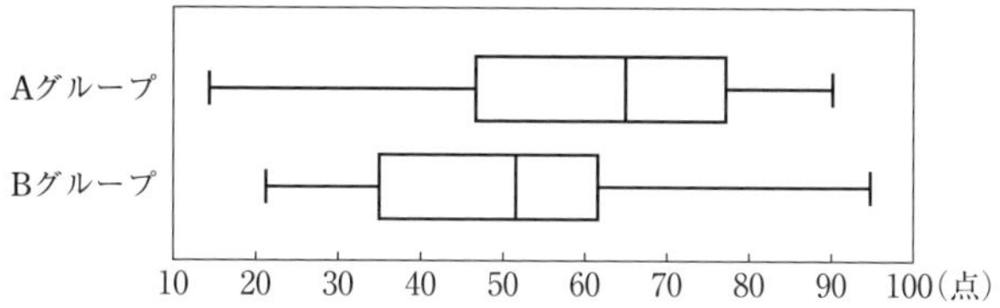

(4)(ア) A グループについて，

$\begin{cases} \text{範囲：} 90-14=76 \\ \text{四分位範囲：} 77-46.5=30.5 \end{cases}$

B グループについて，

$\begin{cases} \text{範囲：} 95-21=74 \\ \text{四分位範囲：} 61.5-35=26.5 \end{cases}$

いずれも A グループの方が大きいので，散らばり度合いは A グループの方が大きいといえる。(答) ○

▶散らばり度合いを示す値として，分散や標準偏差もある。

(イ)

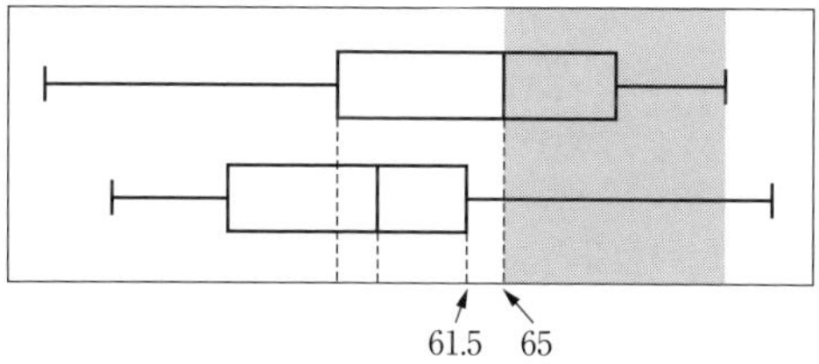

A グループで上位 50% 内であれば 65 点以上。

よって，B グループの上位 25% 内（61.5 点以上）の得点になる。(答) ○

▶影の部分が，B グループの上位 25 %（右のひげ）に含まれていることに注意。

(ウ)

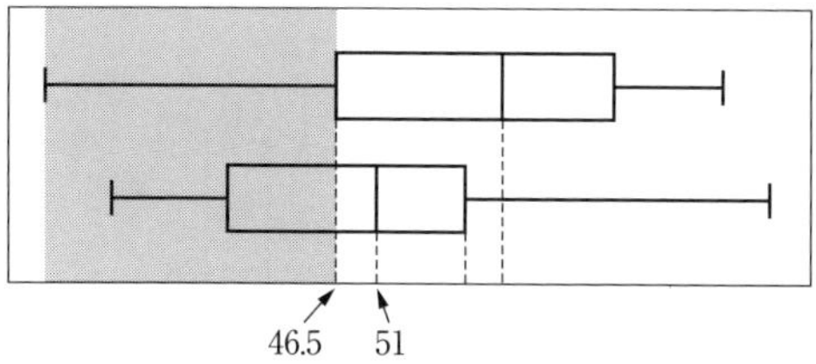

A グループで下位 25% 内であると 46.5 点以下。

よって，B グループの上位 50% 内（51 点以上）の得点にはならない。(答) ×

▶影の部分が，B グループの上位 50%（箱の右半分と右のひげ）と共通部分をもたないことに注意。

Challenge 105

次の(1)(2)(3)について，第 1，第 2，第 3 四分数 Q_1，Q_2，Q_3 と四分位範囲を求めよ。

(1)　5 8 9 13 17 20 22 25

(2)　4 7 9 11 15 18 21 25 28

(3)　2 4 5 7 8 11 14 16 20 23

問題演習

A

144　3，6，10，11，13，15，20，26，30 である 9 個の値がある。
この大きさが 9 のデータについて，四分位範囲は次のうちどれか。

①　15　　②　$\dfrac{134}{9}$　　③　10　　④　27　　⑤　13

145　次のデータは，ある図書館における書籍の 12 か月にわたる月ごとの貸し出し冊数を調べたものである。

10，18，19，12，19，20，9，16，15，21，7，14

このデータを箱ひげ図に表したものは，次のうちどれか。

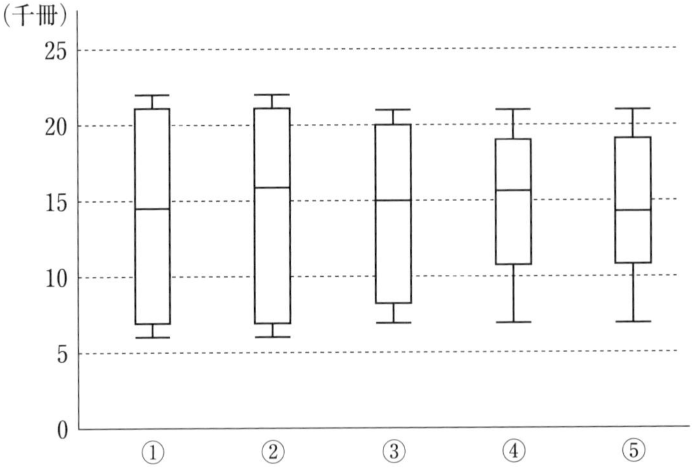

B

146 あるクラスの40人の生徒が英語・国語・数学の3教科のテストを受けた。右図は，そのときの得点分布を箱ひげ図に表したものである。

正しくいえるのは次のうちどれか。

なお，どのテストも100点満点である。

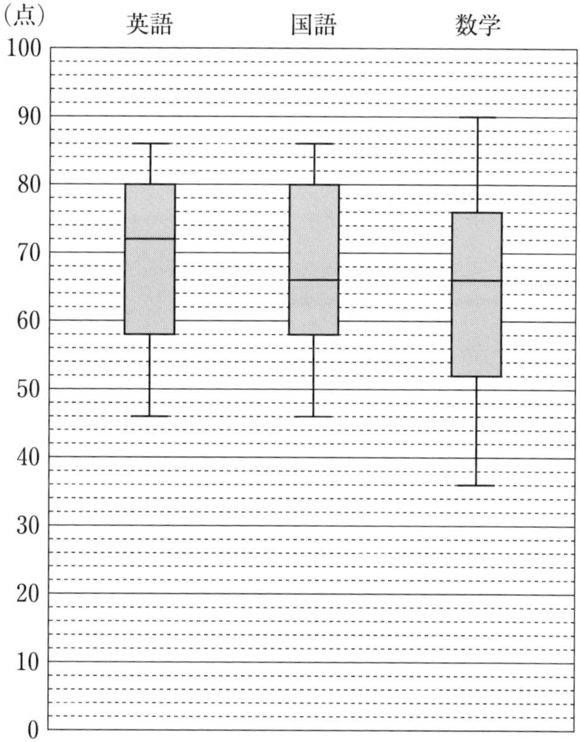

① 英語も国語も70点以上の生徒が半数いる。

② 数学で90点を取った生徒は1人だけである。

③ 数学は50点以下の生徒が11人以上いる。

④ 中央値は3教科ともそれぞれ異なっている。

⑤ 英語の上位20番目の得点が75点のとき，21番目の得点は69点である。

数学Ⅰ 分野

OPEN★SESAME

③

分散と標準偏差

ここでMaster!

分散と標準偏差の定義式を正確に記憶し，余裕をもって値が求められるまで練習を繰り返そう。

Open Sesame

n 個のデータ：x_1，x_2，x_3，…，x_n の平均値を $\overline{x}$ とする。

1　偏差

データの各値から平均値をひいた値である。

$x_1-\overline{x}$，$x_2-\overline{x}$，$x_3-\overline{x}$，…，$x_n-\overline{x}$

偏差をすべて加えると 0 になる。

2　分散

偏差の 2 乗の平均値で，s^2 で表す。

分散 $s^2=\dfrac{1}{n}\{(x_1-\overline{x})^2+(x_2-\overline{x})^2+(x_3-\overline{x})^2+\cdots+(x_n-\overline{x})^2\}$　…㋐

また，分散 $s^2=$「2 乗の平均値」$-$(平均値)^2　…㋑ という関係もある。

3　標準偏差

分散の正の平方根で，s で表す。

標準偏差 $s=\sqrt{\text{分散}}$

4　変量の変換

変量 x の平均値，分散，標準偏差をそれぞれ $\overline{x}$，$s_x{}^2$，s_x とする。

a，b を定数として，$y=ax+b$ で定義される変量 y の平均値，分散，標準偏差それぞれ $\overline{y}$，$s_y{}^2$，s_y とすると，次の関係が成り立つ。

$\overline{y}=a\overline{x}+b$，$s_y{}^2=a^2s_x{}^2$，$s_y=|a|s_x$

発展　偏差値

$50+\dfrac{x-\overline{x}}{s}\times 10$ で得られる値を「x の偏差値」とよぶ。

試験の得点の場合は，

x 点の偏差値 $=50+\dfrac{x-\text{平均点}}{\text{標準偏差}}\times 10$

2の㋐と㋑が同じであることを示しておこう。

$$㋐=\frac{(x_1-\overline{x})^2+(x_2-\overline{x})^2+\cdots+(x_n-\overline{x})^2}{n}$$

$$=\frac{x_1{}^2-2x_1\overline{x}+\overline{x}^2+x_2{}^2-2x_2\overline{x}+\overline{x}^2+\cdots+x_n{}^2-2x_n\overline{x}+\overline{x}^2}{n}$$

$$=\frac{x_1{}^2+x_2{}^2+\cdots+x_n{}^2-2x_1\overline{x}-2x_2\overline{x}-\cdots-2x_n\overline{x}+\overline{x}^2+\overline{x}^2+\cdots+\overline{x}^2}{n}$$

$$=\frac{x_1{}^2+x_2{}^2+\cdots+x_n{}^2-2(x_1+x_2+\cdots+x_n)\overline{x}+n\overline{x}^2}{n}$$

$$=\frac{x_1{}^2+x_2{}^2+\cdots+x_n{}^2}{n}-\frac{2(x_1+x_2+\cdots+x_n)\overline{x}}{n}+\frac{n\overline{x}^2}{n}$$

$$=「x^2\text{の平均値}」-2\cdot\frac{x_1+x+\cdots+x_n}{n}\cdot\overline{x}+\overline{x}^2$$

$$=「x^2\text{の平均値}」-2\cdot\overline{x}\cdot\overline{x}+\overline{x}^2$$

$$=「x^2\text{の平均値}」-2\overline{x}^2+\overline{x}^2$$

$$=「x^2\text{の平均値}」-\overline{x}^2$$

$$=「x^2\text{の平均値}」-(x\text{平均値})^2=㋑$$

★★

例題114　分散と標準偏差 I

8個の値 18，14，12，24，12，32，20，28 について，次の(1)〜(3)を求めよ。

(1)　平均値 $\overline{x}$　　(2)　分散 s^2　　(3)　標準偏差 s

分散は，次の㋐，㋑いずれかに代入する。

㋐　分散 $=\dfrac{1}{8}\{(18-\overline{x})^2+(14-\overline{x})^2+(12-\overline{x})^2+\cdots+(28-\overline{x})^2\}$

㋑　分散 ＝「2乗の平均値」－(平均値 $\overline{x}$)^2

㋑は，「2乗の平均値」の計算が面倒である。⇨ 別解

平均値 $\overline{x}$ が端数を含む複雑な値でなければ，㋑よりも㋐の方が計算が簡単なので，原則として㋐を利用するようにしよう。

Open Sesame 解答

(1)　$\overline{x}=\dfrac{1}{8}(18+14+12+24+12+32+20+28)$

$=\dfrac{1}{8}\cdot160=\mathbf{20}$

(2)　$s^2=\dfrac{1}{8}\{(18-20)^2+(14-20)^2+(12-20)^2+(24-20)^2$
$+(12-20)^2+(32-20)^2+(20-20)^2+(28-20)^2\}$
$=\dfrac{1}{8}\{(-2)^2+(-6)^2+(-8)^2+4^2+(-8)^2+12^2+0+8^2\}$
$=\dfrac{1}{8}(4+36+64+16+64+144+0+64)$
$=\dfrac{1}{8}\cdot 392=\mathbf{49}$

(3)　$s=\sqrt{49}=\mathbf{7}$

(2)の別解

$s^2=$「2 乗の平均値」$-$(平均値$\overline{x}$)^2
$=\dfrac{1}{8}(18^2+14^2+12^2+24^2+12^2+32^2+20^2+28^2)-20^2$
$=\dfrac{1}{8}(324+196+144+576+144+1024+400+784)-400$
$=\dfrac{1}{8}\cdot 3592-400=449-400=\mathbf{49}$

▶s^2 は次のような表を作って計算してもよい。

x	$x-20$	$(x-20)^2$	
18	-2	4	
14	-6	36	
12	-8	64	
24	4	16	
12	-8	64	
32	12	144	
20	0	0	
28	8	64	
160		392	計

Challenge 106

次のデータについて，平均値 $\overline{x}$，分散 s^2，標準偏差 s を求めよ。

(1)　14，15，12，19，7，21，22，10

(2)　17，11，14，22，10，16

★★★ 例題 115　分散と標準偏差Ⅱ

15 個の値からなるデータがあり，そのうちの 10 個の値の平均値が 6，分散の値が 2，残りの 5 個の値の平均値が 9，分散の値が 8 である。次の各問いに答えよ。

(1)　この 15 個の値のデータの平均値を求めよ。

(2)　この 15 個の値のデータの分散を求めよ。

(1)は次の式に当てはめればよい。(**例題111**参照)

平均値$=\dfrac{1}{15}\times$(**10 個の和**$+$**5 個の和**)$=\dfrac{1}{15}\times$(**10 個の平均値**$\times 10+$**5 個の平均値**$\times 5$)

(2)では，**例題114**の別解で利用した**分散**$=$「**2 乗の平均値**」$-$(**平均値**)^2 を繰り返し利用する。

Open Sesame **解　答**

(1)　平均値 $=\dfrac{1}{15}\times$(10 個の総和 + 5 個の総和)

$$=\frac{1}{15}(6\times10+9\times5)$$

$$=\frac{1}{15}(60+45)=\frac{1}{15}\cdot105=\mathbf{7}$$

▶総和 = 平均値 × 個数

(2)　10 個の値を a_1，a_2，$a_3\cdots$，a_{10} とし，5 個の値を b_1，b_2，$b_3\cdots$，b_5 とする。

10 個の値について分散 =「2 乗の平均値」− (平均値)^2 より，

$$2=\frac{1}{10}(a_1{}^2+a_2{}^2+\cdots+a_{10}{}^2)-6^2$$

$$2+36=\frac{1}{10}(a_1{}^2+a_2{}^2+\cdots+a_{10}{}^2)$$

$$\frac{1}{10}(a_1{}^2+a_2{}^2+\cdots+a_{10}{}^2)=38$$

$$a_1{}^2+a_2{}^2+\cdots+a_{10}{}^2=380 \quad \cdots①$$

5 個の値について，

▶5 個および 15 個全体についても，**分散 =「2 乗の平均値」− (平均値)^2** にあてはめる。

$$8=\frac{1}{5}(b_1{}^2+b_2{}^2+\cdots+b_5{}^2)-9^2$$

$$8+81=\frac{1}{5}(b_1{}^2+b_2{}^2+\cdots+b_5{}^2)$$

$$\frac{1}{5}(b_1{}^2+b_2{}^2+\cdots+b_5{}^2)=89$$

$$b_1{}^2+b_2{}^2+\cdots+b_5{}^2=445 \quad \cdots②$$

15 個全体について，

$$分散=\frac{1}{15}(a_1{}^2+a_2{}^2+\cdots+a_{10}{}^2+b_1{}^2+b_2{}^2+\cdots+b_5{}^2)-7^2$$

$$=\frac{1}{15}(380+445)-49 \quad (①，②より)$$

$$=55-49=\mathbf{6}$$

▶(1)で求めた平均値 = 7 を利用する。

Challenge 107

下の表は5個のデータ x_1, x_2, x_3, x_4, x_5 と，別の5個のデータ x_6, x_7, x_8, x_9, x_{10} について，それぞれ平均値と標準偏差をまとめたものである。これらのデータをすべて合わせた10個のデータ x_1, x_2, …, x_9, x_{10} の標準偏差は次のうちどれか。

データ	平均値	標準偏差
x_1, x_2, x_3, x_4, x_5	10	$\sqrt{2}$
x_6, x_7, x_8, x_9, x_{10}	8	$\sqrt{6}$

①　$\sqrt{3}$　　②　2　　③　$\sqrt{5}$　　④　$\sqrt{6}$　　⑤　$\sqrt{7}$

問題演習

A

147　6個のデータ 8, 19, 13, 7, 11, 14 について，次の(a)(b)(c)を求めよ。

(a)　平均値　　(b)　分散　　(c)　標準偏差

148　次のデータは，8人の生徒が受けた英語の15点満点の小テストの結果である。このデータの平均値は9であった。このデータの標準偏差を求めよ。

14, 15, X, 6, 9, 2, 8, 11

B

149　2480, 2330, 2540, 2390, 2480, 2300 の標準偏差を求めよ。
必要であれば次の値を用い，四捨五入により小数第1位まで求めよ。

$\sqrt{2}=1.41$, $\sqrt{3}=1.73$, $\sqrt{5}=2.23$, $\sqrt{6}=2.44$, $\sqrt{7}=2.64$

150　次の空欄をうめよ。
変量 x のデータが次のように与えられている。

30　　28　　24　　34　　30　　28

(1)　変量 x の平均値は □，分散は □，標準偏差は □ である。

(2)　$y=2x+5$ として新たな変量 y を作ったとき，変量 y の平均値は □，分散は □，標準偏差は □ である。

C

151 次の空欄をうめよ。

次の条件(a)，(b)，(c)をみたす 3 つのデータ A，B，C がある。

(a) A は 5 個の値 3，5，6，7，9 からなるデータである。

(b) B は 15 個の値からなるデータで，その平均値は 10，分散は 8 である。

(c) C は A と B を合わせた 20 個の値からなるデータである。

(i) A の平均値は [(1)] であり，標準偏差は [(2)] である。

(ii) C の平均値は [(3)] であり，分散は [(4)] である。

数学Ⅰ 分野

OPEN★SESAME

④

データの相関

ここでMaster!
散布図と相関係数の関係を理解し，相関係数の求め方をマスターしよう。

Open Sesame

●散布図と相関

1　散布図

10 人の右手の握力と，同じ 10 人の左手の握力のように，1 対 1 に対応する 2 つの変量を考える。

変量 x：x_1，x_2，x_3，…，x_n

変量 y：y_1，y_2，y_3，…，y_n

座標平面上に，点 $(x_1,\ y_1)$，$(x_2,\ y_2)$，…，$(x_n,\ y_n)$ を記入したものを散布図とよぶ。

2　正の相関

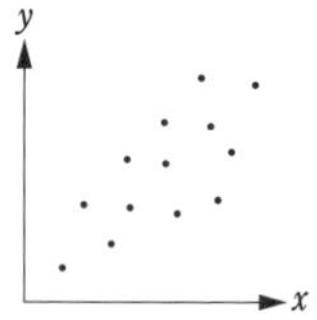

「一方の値が大きくなると，もう一方の値も大きくなる」という傾向があるとき，「正の相関がある」という。正の相関があるとき，散布図は右上がりの分布になる。

3　負の相関

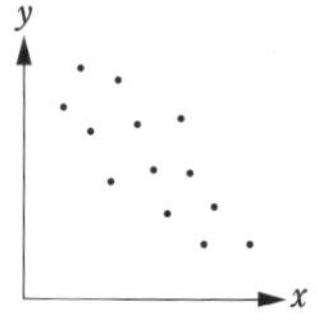

「一方の値が大きくなると，もう一方の値は小さくなる」という傾向があるとき，「負の相関がある」という。負の相関があるとき，散布図は右下がりの分布になる。

●共分散と相関係数

1　共分散 s_{xy}

変量 x の偏差：$x_1-\overline{x}$，$x_2-\overline{x}$，…，$x_n-\overline{x}$（$\overline{x}$ は x の平均値）

変量 y の偏差：$y_1-\overline{y}$，$y_2-\overline{y}$，…，$y_n-\overline{y}$（$\overline{y}$ は y の平均値）

対応する偏差どうしの積の平均値を共分散とよび，s_{xy} で表す。

$$s_{xy}=\frac{1}{n}\{(x_1-\overline{x})(y_1-\overline{y})+(x_2-\overline{x})(y_2-\overline{y})+\cdots+(x_n-\overline{x})(y_n-\overline{y})\}$$

2 相関係数 r

x，y の共分散 s_{xy} を，x の標準偏差 s_x と y の標準偏差 s_y で割った値を相関係数とよび，r で表す。

$$r=\frac{s_{xy}}{s_x \times s_y}$$

相関係数 r は，-1 以上 1 以下の値をとる（$-1 \leqq r \leqq 1$）。

また，正の相関があるとき r は正の値をとり，負の相関があるとき r は負の値をとる。

★ **例題 116** 散布図と相関係数

図 1 ～図 5 の散布図で示される変量 x，y の相関係数 r を求めたところ，(ア)～(オ)のいずれかになった。それぞれ該当するものを選べ。

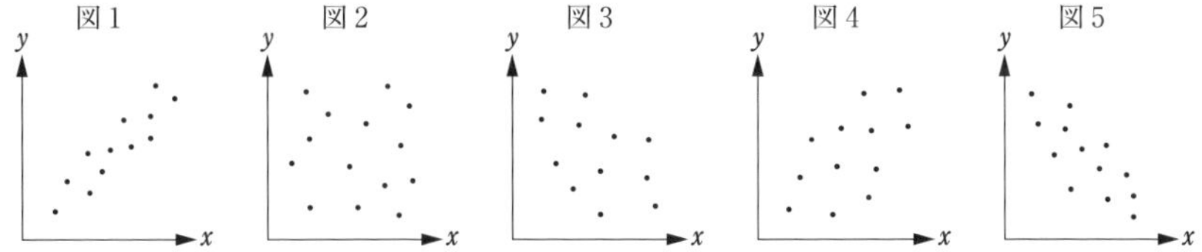

(ア)　$r=-0.8$　(イ)　$r=-0.4$　(ウ)　$r=0$　(エ)　$r=0.6$　(オ)　$r=0.9$

相関係数 r は -1 から 1 までの値をとり，正の相関が強いほど 1 に近づき，負の相関が強いほど -1 に近づく。

Open Sesame 解答　正の相関があるのは図 1 と図 4 であり，図 1 の方が強い正の相関なので，図 1 が $r=0.9$，図 4 が $r=0.6$ である。

負の相関があるのは図 3 と図 5 であり，図 5 の方が強い負の相関なので，図 5 が $r=-0.8$，図 3 が $r=-0.4$ である。

図 2 は相関がないので $r=0$ である。

以上より，図 1：(オ)，図 2：(ウ)，図 3：(イ)，図 4：(エ)，図 5：(ア)

★★★ 例題 117 標準偏差・共分散と相関係数

次のような 2 つの変量 x, y のデータがある。

x	10	17	14	19	10	8
y	27	19	22	18	21	19

(1)　x の平均値 $\overline{x}$ と y の平均値 $\overline{y}$ を求めよ。

(2)　x の標準偏差 s_x と y の標準偏差 s_y を求めよ。

(3)　x, y の共分散 s_{xy} と相関係数 r を求めよ。

(r の値は，四捨五入により小数第 2 位まで求めること)

変量 x：x_1, x_2, …, x_n, 変量 y：y_1, y_2, …, y_n について，

共分散 $s_{xy}=\dfrac{1}{n}\{(x_1-\overline{x})(y_1-\overline{y})+(x_2-\overline{x})(y_2-\overline{y})+\cdots+(x_n-\overline{x})(y_n-\overline{y})\}$

相関係数 $r=\dfrac{s_{xy}}{s_x\times s_y}$

Open Sesame 解答

(1)　$\overline{x}=\dfrac{1}{6}(10+17+14+19+10+8)=\dfrac{1}{6}\cdot 78=\mathbf{13}$

$\overline{y}=\dfrac{1}{6}(27+19+22+18+21+19)=\dfrac{1}{6}\cdot 126=\mathbf{21}$

次に, $x-\overline{x}$, $(x-\overline{x})^2$, $y-\overline{y}$, $(y-\overline{y})^2$, $(x-\overline{x})(y-\overline{y})$ の値を表にすると次のようになる。

▶ $\overline{x}=13$, $\overline{y}=21$ であることに注意して計算する。

	x	y	$x-\overline{x}$	$(x-\overline{x})^2$	$y-\overline{y}$	$(y-\overline{y})^2$	$(x-\overline{x})(y-\overline{y})$
	10	27	−3	9	6	36	−18
	17	19	4	16	−2	4	−8
	14	22	1	1	1	1	1
	19	18	6	36	−3	9	−18
	10	21	−3	9	0	0	0
	8	19	−5	25	−2	4	10
計	78	126		96		54	−33

(2)　分散 $s_x{}^2=\dfrac{1}{6}\cdot 96=16$，標準偏差 $s_x=\sqrt{16}=\mathbf{4}$

分散 $s_y{}^2=\dfrac{1}{6}\cdot 54=9$，標準偏差 $s_y=\sqrt{9}=\mathbf{3}$

(3)　共分散 $s_{xy}=\dfrac{1}{6}\cdot(-33)=\mathbf{-5.5}$

相関係数 $r=\dfrac{s_{xy}}{s_x\times s_y}=\dfrac{-5.5}{4\times 3}=-\dfrac{5.5}{12}=-0.458\cdots$

小数第3位を四捨五入して，$r=\mathbf{-0.46}$

Challenge 108

次の変量 x，y について，**例題117**の(1)(2)(3)に答えよ。

x	20	16	12	23	14
y	21	22	19	25	23

問題演習

A

152　下の表は，5人の生徒A，B，C，D，Eの国語と数学の小テストの結果をまとめたものである。国語と数学の小テストの得点の共分散を求め，小数で答えよ。

	A	B	C	D	E
国語	9	3	6	5	7
数学	7	4	10	6	8

B

153　右の図は，5 人が受けた 10 点満点の 2 科目のテスト x，y の得点結果を散布図に表したものである。この 2 科目のテストの得点の相関係数に最も近い値は，次のうちどれか。

① 0.54　　② 0.76

③ 0.85　　④ -0.34

⑤ -0.76

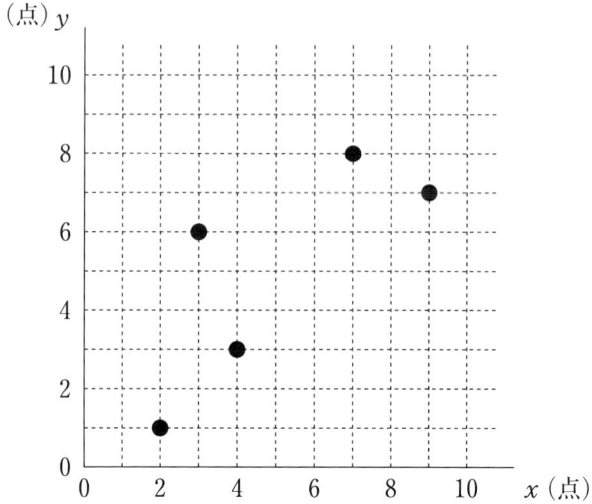

154　右の表のように 1 対 1 に対応する変量 x，y がある。

y の平均値が 10，x と y の共分散が 16 であるとき，次の各問いに答えよ。

x	7	15	15	7
y	9	17	a	b

(1)　x の平均値と標準偏差を求めよ。

(2)　定数 a，b の値を求めよ。

(3)　x と y の相関係数を求めよ。(答えは小数で表すこと)

数学I 分野

OPEN★SESAME

⑤

仮説検定の考え方

ここでMaster!
仮説検定の考え方を理解し，正誤を判断する手順をマスターしよう。

Open Sesame

●仮説検定

ある仮説を立て，その仮説が正しいと判断できるかどうかを統計的に調べる手法を**仮説検定**という。

●仮説検定の手順

計測などで得られた結果を根拠として仮説Aを立て，次の手順で仮説Aが正しいと判断できるかどうかを調べていく。

① 仮説Aに反する仮説Bを立てる。(この仮説Bを帰無仮説とよぶ)

② 仮説Bが正しいという前提で，仮説Aの根拠とした結果が起こり得る確率を求める。

Ⅰ ②で求めた確率が0.05（5%）より小さいとき
⇒仮説Bを誤りとし，仮説Aは正しいと判断する。

Ⅱ ②で求めた確率が0.05（5%）より大きいとき
⇒仮説Bを誤りとすることはできず，仮説Aは正しいと判断することもできない。

注1）上の0.05（5%）は有意水準とよばれ，0.01（1%）など他の値に設定することもある。
有意水準の値が小さいほど，判断の信頼度が高くなる。

注2）上のⅡでは，仮説Aが正しくないと判断したわけではない。正しいか正しくないか，どちらであるか判断できない，ということである。これは重要だから注意しよう。

★★ 仮説検定

例題 118

ある動物が3歳までにXという疾病に罹患する確率は $\frac{1}{6}$ である。この動物37頭の0歳時に，新たに開発されたワクチンを接種したところ，37頭中2頭が3歳までに疾病Xに罹患した。
このワクチンの有効性を判断するために，「37個のサイコロを同時に投げて1の目が出たサイコロの個数を調べる」という操作を300回繰り返したところ，次の表のようになった。ただし，10個から36個までの回数は省略してある。このとき，次の各問いに答えよ。

1の目の個数	0	1	2	3	4	5	6	7	8	9	…	37	計
回数(度数)	0	3	10	22	37	49	52	46	35	22	…	0	300

(1)　上の表から，37個のうち，2個以下のサイコロに1の目が出る確率を求めよ。答は小数で表し，四捨五入により小数第3位まで求めること。
(2)　このワクチンは有効であるといえるか。仮説検定の考え方を用い，基準となる確率（有意水準）を0.05として判断せよ。

サイコロ1個を投げたときの1の目が出る確率は $\frac{1}{6}$ であるから，「サイコロ37個を投げたとき，1の目が出る個数」は，「この動物37頭の中で，疾病に罹患する頭数」と同じと考えることができる。

Open Sesame 解　答

(1)　300回のうち，1の目が出たサイコロが2個以下だった回数は，
$0+3+10=13$（回）
よって求める確率は $\frac{13}{300}=0.0433\cdots$
小数第4位を四捨五入して，**0.043**

(2)　まず，
「このワクチンは疾病Xに対して有効である」　…①
という仮説を立て，それに反する仮説
「このワクチンは疾病Xの罹患に影響しない」　…②
を立てる。
②の仮説が正しい場合，罹患数は表の回数と同じになり，罹患数が2頭以下になる確率は，(1)の結果より0.043

▶四捨五入で小数第3位まで求めるときは，小数第4位を四捨五入する。
▶(1)で求めた値は，2個以下である場合の「相対度数」と表現することもできる。
▶罹患数が2頭となる確率ではなく，それより極端な場合の0頭，1頭を含めた確率，すなわち2頭以下の確率を考える。

(4.3%) である。

これは基準とした確率 0.05 (5%) より小さい。

よって，②の仮説は否定され，①の仮説が正しいことになる。

したがって，このワクチンは有効であるといえる。

発展 数学Ａで学習する「反復試行の確率」の考え方を利用すれば，問題中の表の値は計算で求めることができる。(数学Ａ **例題31**参照)

たとえば，37 個中 5 個のサイコロに 1 の目が出る確率は，

$$_{37}C_5\left(\frac{1}{6}\right)^5\left(\frac{5}{6}\right)^{32}=0.163\cdots$$

300 回行った時の回数は $300\times0.163\fallingdotseq49$ (回)

となり，問題中の表の値と一致する。

▶②が正しいとすると，「37 頭中 2 頭罹患」というのは，0.043 (4.3%) とメッタに起こらないことが起こってしまったことになる。これは不自然なので，②は誤りと判断する。

▶②は「帰無仮説」とよばれ，②を否定することを，「帰無仮説を棄却する」という。

Challenge 109

甲，乙 2 人がゲームを行う。このゲームは，1 回ごとに勝敗が決まり，引き分けはない。

14 回対戦したところ，甲が 10 回，乙が 4 回勝った。この結果から，甲の方が強いと言えるかどうかを調べるために，「14 枚の硬貨を同時に投げて表が出た硬貨の枚数を調べる」という操作を 500 回繰り返したところ，次の表のようになった。ただし，1 枚から 4 枚までの回数を省略してある。このとき，次の各問いに答えよ。

表の回数	0	…	5	6	7	8	9	10	11	12	13	14	計
回数(度数)	0	…	62	91	115	92	61	30	11	3	0	0	500

(1)　上の表から，14 枚のうち 10 枚以上の硬貨が表となる確率を求めよ。

(2)　甲の方が強いといえるか。基準となる確率を 0.05 として判断せよ。

第1章
場合の数と確率

Open Sesame Series

数学A 分野

OPEN★SESAME

① 集合の要素の個数

ここで Master!

集合に関する記号の意味をしっかりと理解し，集合どうしの相互関係をとらえ，集合に含まれる要素の個数などを求められるようにしよう。

Open Sesame

●集合の要素の個数

有限集合 A，B，C の要素の個数を $n(\mathrm{A})$，$n(\mathrm{B})$，$n(\mathrm{C})$ で表すと，

$$n(\mathrm{A}\cup\mathrm{B})=n(\mathrm{A})+n(\mathrm{B})-n(\mathrm{A}\cap\mathrm{B})$$

発展

$$n(\mathrm{A}\cup\mathrm{B}\cup\mathrm{C})=n(\mathrm{A})+n(\mathrm{B})-n(\mathrm{C})$$
$$-n(\mathrm{A}\cap\mathrm{B})-n(\mathrm{B}\cap\mathrm{C})-n(\mathrm{A}\cap\mathrm{C})$$
$$+n(\mathrm{A}\cap\mathrm{B}\cap\mathrm{C})$$

★ 例題 1　要素の個数

50 人の生徒のうち，運動部に所属している者が 22 人，文化部に所属している者が 25 人，いずれの部にも所属していない者が 10 人いる。これら生徒のうち，運動部，文化部の両方に所属している者が何人いるか求めよ。

Open Sesame 解答

運動部に所属している者の集合を A，文化部に所属している者の集合を B，またそれぞれの集合に属する人数を $n(\mathrm{A})$，$n(\mathrm{B})$ とすると，

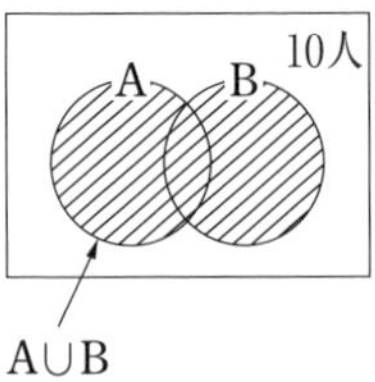

$n(\mathrm{A})=22$，$n(\mathrm{B})=25$，$n(\mathrm{A}\cup\mathrm{B})=50-10=40$

$n(\mathrm{A}\cup\mathrm{B})=n(\mathrm{A})+n(\mathrm{B})-n(\mathrm{A}\cap\mathrm{B})$　より

$40=22+25-n(\mathrm{A}\cap\mathrm{B})$

$n(\mathrm{A}\cap\mathrm{B})=$ **7(人)**

Challenge 1

50 人のクラスで，電車通学が 30 人，バス通学が 40 人，どちらでもない人は 6 人である。

(1)　電車とバスの両方で通学しているのは何人か。

(2)　電車だけのものは何人か。

(3)　バスだけのものは何人か。

★ **例題 2**　**倍数の個数**

100 以上で 200 以下の自然数について，次の各問いに答えよ。

(1)　4 の倍数の個数を求めよ。

(2)　7 の倍数の個数を求めよ。

(3)　4 または 7 の倍数の個数を求めよ。

Open Sesame 解答

(1)　100 以上 200 以下の自然数を全体集合 U とし，4 の倍数の集合を A，7 の倍数の集合を B とする。

1以上 200 以下における 4 の倍数の個数を求めると，

$200 \div 4 = 50$　　よって，50 個

このうち，1 以上 99 以下における個数を求めると，

$99 \div 4 = 24$ 余り 3　　よって，24 個

よって，100 以上 200以下における 4 の倍数の個数 $n(\mathrm{A})$ は，

$n(\mathrm{A}) = 50 - 24 =$ **26 (個)**

(2)　$200 \div 7 = 28$ 余り 4，$99 \div 7 = 14$ 余り 1

ゆえに，$n(\mathrm{B}) = 28 - 14 =$ **14 (個)**

(3)　4 と 7 の最小公倍数は 28。

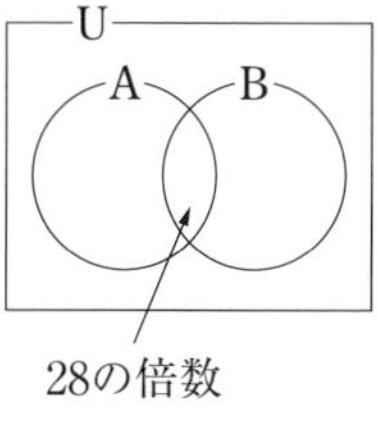

$200 \div 28 = 7$ 余り 4

$99 \div 28 = 3$ 余り 15

ゆえに，$n(\mathrm{A} \cap \mathrm{B}) = 7 - 3 = 4$(個)

よって，4 または 7 の倍数の個数 $n(\mathrm{A} \cup \mathrm{B})$ は，

$$n(\mathrm{A} \cup \mathrm{B}) = n(\mathrm{A}) + n(\mathrm{B}) - n(\mathrm{A} \cap \mathrm{B})$$

$$= 26 + 14 - 4 = \mathbf{36}\ \textbf{(個)}$$

▶28 の倍数については，「112，140，168，196 の 4 個」と直接求めてもよい。

Challenge 2

100 以上 200 以下の自然数のうち，2 で割り切れる数の集合を A，3 で割り切れる数の集合を B とする。

(1)　$n(\mathrm{A})$ および $n(\mathrm{B})$ を求めよ。

(2)　$n(\mathrm{A}\cap\mathrm{B})$ を求めよ。

(3)　$n(\mathrm{A}\cap\overline{\mathrm{B}})$ を求めよ。

★★　**例題 3**　**要素の個数の最大・最小**

100 世帯の家庭の常備薬を調べたところ，カゼ薬を 82 世帯，胃薬を 68 世帯が常備薬として所持していた。カゼ薬と胃薬を両方とも所持していた世帯数は n であった。次の各問いに答えよ。

(1)　n のとりうる値の最大値を求めよ。

(2)　n のとりうる値の最小値を求めよ。

Open Sesame 解　答

(1)　n が最大になるのは，下図のように胃薬を所持する家庭すべてがカゼ薬を所持するとき。

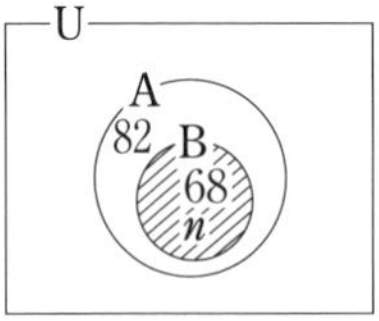

A…カゼ薬を所持する家庭
B…胃薬を所持する家庭

よって，n の最大値 **68**

(2)　n が最小になるのは，カゼ薬と胃薬の両方とも所持していない家庭が 0 のとき。

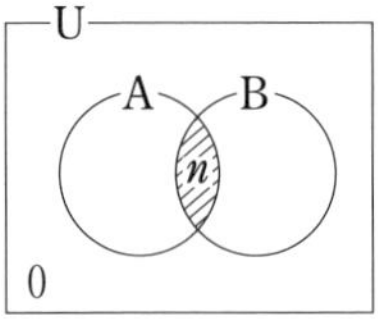

▶$n(\mathrm{A}\cup\mathrm{B})$
$=n(\mathrm{A})+n(\mathrm{B})-n(\mathrm{A}\cap\mathrm{B})$
また，$n(\mathrm{A}\cup\mathrm{B})$
$=n(\mathrm{U})-n(\overline{\mathrm{A}}\cap\overline{\mathrm{B}})$
より，
$n(\mathrm{A})+n(\mathrm{B})-n(\mathrm{A}\cap\mathrm{B})$
$=n(\mathrm{U})-n(\overline{\mathrm{A}}\cap\overline{\mathrm{B}})$
$\Leftrightarrow n(\mathrm{A}\cap\mathrm{B})$
$=n(\mathrm{A})+n(\mathrm{B})+n(\overline{\mathrm{A}}\cap\overline{\mathrm{B}})-n(\mathrm{U})$
$\geqq n(\mathrm{A})+n(\mathrm{B})-n(\mathrm{U})$
(等号成立は
$n(\overline{\mathrm{A}}\cap\overline{\mathrm{B}})=0$ のとき)

このとき，$n(A \cup B) = n(U) = 100$ となるから，

$n(A \cup B) = n(A) + n(B) - n(A \cap B)$ より，

$$100 = 82 + 68 - n$$

$$n = 50$$

よって，n の最小値は **50**

Challenge 3

100 人の生徒に，好きな科目をきいたところ，英語が好きな生徒が 65 人，数学の好きな生徒が 55 人であった。これだけのデータから，両方好きな生徒は，少なくとも［ア］人，多くても［イ］人までであることがわかる。

問題演習

A

1　全体集合を U，その部分集合を A，B とする。各集合の要素（成分）の個数は，$n(U) = 100$，$n(A) = 50$，$n(B) = 30$，$n(A \cap B) = 10$ である。個数 $n(\overline{A} \cap B)$ はいくつか。

2　1 から 100 までの自然数のうち，次のものの個数を求めよ。

(1)　4 で割り切れるか，または 6 で割り切れる数

(2)　4 でも 6 でも割り切れない数

(3)　4 で割り切れるが，6 では割り切れない数

B

3　50 人の生徒のうち，海外旅行へ行ったことがある生徒が 30 人いた。そのうちアメリカに行ったことがある生徒が 25 人，ヨーロッパに行ったことがある生徒が 12 人いた。このとき，次の各問いに答えよ。

(1)　アメリカとヨーロッパ両方に行ったことがある生徒は少なくとも何人いるか。

(2)　アメリカとヨーロッパ両方に行ったことがある生徒は多くても何人までか。

(3)　アメリカにしか行ったことがない生徒は少なくとも何人いるか。また，多くても何人までか。

C

4　集団検診で，A，B，Cの検査を行った。総人数83人中，A検査に55人，B検査に60人，C検査に58人がパスした。これらのうちC，A両検査に42人，A，B両検査に41人，B，C両検査に45人がパスした。また，3種の検査いずれにもパスしなかった人は5人であった。検査Aをパスした人の集合をA，検査Bをパスした人の集合をB，検査Cをパスした人の集合をCとするとき，次の値を求めよ。

(1)　A，B，Cすべての検査にパスした人の人数

(2)　$n(\mathrm{A}\cap(\overline{\mathrm{B}\cup\mathrm{C}}))$

5　次の［　　］をうめよ。

1〜1000までの整数の中で2，3，5のすべてで割り切れるものの個数は［　ア　］であり，また2，3，5のいずれかで割り切れるものの個数は［　イ　］である。

数学A 分野

OPEN★SESAME

②

和の法則と積の法則

ここで Master!
ある事柄が起こる場合の数を正確に数え上げるために必要な法則をしっかり身につけよう。

Open Sesame

●和の法則

事柄 A, B が同時に起こらないとき, A の起こり方が $\boldsymbol{m}$ **通り**, B の起こり方が $\boldsymbol{n}$ **通り**ならば, A, B のいずれかが起こる場合の数は $\boldsymbol{m+n}$ **通り**である。

●積の法則

事柄 A, B について, A の起こり方が $\boldsymbol{m}$ **通り**, その各々について, B の起こり方が $\boldsymbol{n}$ **通り**ならば, A と B がともに起こる場合の数は $\boldsymbol{mn}$ **通り**である。

ある事柄について, 起こりうる場合の数を数えるときには,

(1)**もれなく**　(2)**だぶることなく**

数えあげることが大切である。そのためには, 一定の方針で順序よく考えていくことが大切である。

分類の手がかりとしては, アルファベット順や数の大きさの順に整理するなどの, ひとつの方針をたてて進めていくとよい。このとき, 辞書式配列法や樹形図が役に立つ。たとえば, a, b, c を一列に並べるのには下の図のようにするとよい。

a — b — c
　＼ c — b
b — a — c
　＼ c — a
c — a — b
　＼ b — a

▶このような図を**樹形図**という。

【例】 右図のような立方体ABCD-EFGHの辺上を，頂点Aから頂点Gまで行く方法は何通りあるか。ただし，Gから遠ざかる方向へは進まないことにする。

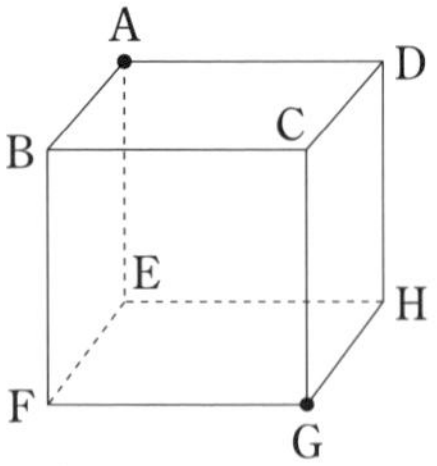

樹形図をかいてみると

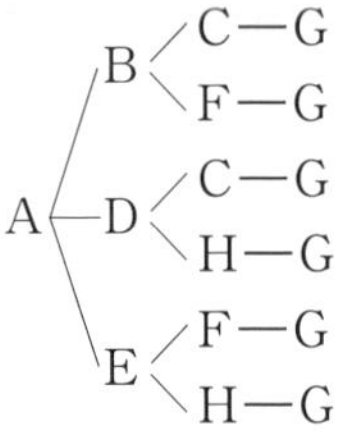

よって，**6通り**

★ **和の法則**

例題 4

大小2つのサイコロを投げるとき，次のような目の出方は何通りあるか。

(1) 目の和が4の倍数となる。

(2) 目の積が15以上になる。

Open Sesame 解答

(1) 目の和が4の倍数となるのは，4，8，12のとき。

▶和は「たし算」

(i) 目の和が4になるのは，(1，3)，(2，2)，(3，1)の3通り。

(ii) 目の和が8になるのは，(2，6)，(3，5)，(4，4)，(5，3)，(6，2)の5通り。

(iii) 目の和が12になるのは(6，6)の1通り。

これらは，同時に起きないので，和の法則より

$3+5+1=$ **9(通り)**

(2) 表をつくって考える。

▶積は「かけ算」

大	3		4			5				6			
小	5	6	4	5	6	3	4	5	6	3	4	5	6

2通り　3通り　4通り　4通り

以上より，和の法則より

$2+3+4+4=$ **13(通り)**

Challenge 4

大小2つのサイコロを同時に投げたとき，目の和が6または7になる場合の数を求めよ。

★ **例題 5** 和の法則と積の法則

Ｐ市からＲ市へ行くのにＱ市を経由する行き方とＳ市を経由する行き方とがある。道はＰ市とＱ市の間に3本，Ｑ市とＲ市の間に2本ある。またＰ市とＳ市の間に1本，Ｓ市とＲ市の間に3本ある。

(1) Ｐ市からＱ市を経由してＲ市に行く方法は何通りあるか。

(2) Ｐ市からＳ市を経由してＲ市に行く方法は何通りあるか。

(3) Ｐ市からＲ市に行く方法は全部で何通りあるか。

Open Sesame 解答

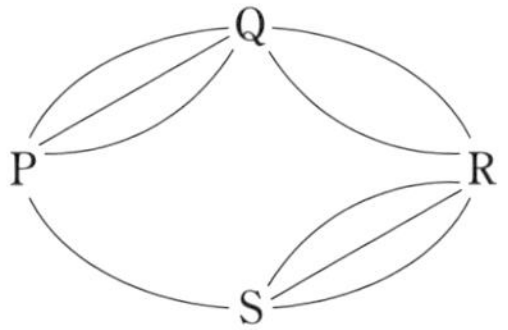

(1) ＰからＱへの行き方3通りに対し，その各々について，ＱからＲへの行き方が2通りなので，ＰからＲに行く方法は，積の法則より，

$3\times 2=$ **6(通り)**

(2) ＰからＳへの行き方1通りに対し，ＳからＲへの行き方は，3通りなので，ＰからＲに行く方法は，積の法則より，

$1\times 3=$ **3(通り)**

(3) Ｐ→Ｑ→Ｒ　と　Ｐ→Ｓ→Ｒ　は同時に起こらないので，ＰからＲに行く方法は，和の法則より，

$6+3=$ **9(通り)**

★★

例題 6　約数の個数と総和

400 の正の約数の個数，および 400 の正の約数全体の和を求めよ。

Open Sesame
解　答

$400=2^4\times5^2$

2^4 の約数は 1，2，2^2，2^3，2^4　……5 個

5^2 の約数は 1，5，5^2　…………………3 個

400 の約数は 2^4 の約数 1，2，2^2，2^3，2^4 の 5 個の数各々について，5^2 の約数 1，5，5^2 をかけて求められるから，その個数は積の法則より，

$5\times3=$ **15(個)**

また，約数の総和は，

$$\begin{aligned}&1\times1+1\times5+1\times5^2\\&\quad+2\times1+2\times5+2\times5^2\\&\quad+2^2\times1+2^2\times5+2^2\times5^2\\&\quad+2^3\times1+2^3\times5+2^3\times5^2\\&\quad+2^4\times1+2^4\times5+2^4\times5^2\end{aligned}$$

$$\begin{aligned}&=1\times(1+5+5^2)\\&\quad+2\times(1+5+5^2)\\&\quad+2^2\times(1+5+5^2)\\&\quad+2^3\times(1+5+5^2)\\&\quad+2^4\times(1+5+5^2)\\&=(1+2+2^2+2^3+2^4)\times(1+5+5^2)\\&=31\times31=\mathbf{961}\end{aligned}$$

▶400 を素因数分解する。（**例題58**参照）

2) 400
2) 200
2) 100
2) 50
5) 25
5

▶p^aq^b の正の約数の個数は，
$(a+1)(b+1)$ 個

▶$p^aq^br^c$ の正の約数の個数は，
$(a+1)(b+1)(c+1)$ 個

▶約数の総和は，このような形で表せる。

Challenge 5

4000 の正の約数の個数，および 4000 の正の約数全体の和を求めよ。

問題演習

B

6　$x^2+y^2+z^2<10$ を満たす自然数 x，y，z の組は何組できるか求めよ。

7　次の各問いに答えよ。

(1)　10 円，50 円，100 円硬貨を，どれも 1 枚以上使って 450 円を支払うには何通りの方法があるか。

(2)　10 円硬貨を 4 枚，50 円硬貨を 1 枚，100 円硬貨を 4 枚の，一部または全部でちょうど支払える金額は何通りあるか。

8　財布の中に 10 円硬貨が 2 枚，50 円硬貨が 2 枚，100 円硬貨が 1 枚入っている。おつりなしでぴったり払える金額は何種類か。

9　次の［　　］をうめよ。
1080 と 3600 の正の公約数の個数は［　ア　］である。また，その公約数全体の和は［　イ　］となる。

10　240 の正の約数のうち，奇数であるものの個数を求めよ。

数学A 分野

OPEN★SESAME ③

順　列

ここで Master!
いくつかのものの中からその一部（または全部）をとり出して一列に並べた順列の総数の求め方を積の法則に従ってマスターしよう。

Open Sesame

●順列

異なる n 個のものから r 個とって，一列に並べた順列の総数は

$$ {}_nP_r = \underbrace{\boldsymbol{n(n-1)(n-2)\cdots\cdots(n-r+1)}}_{r\,\text{個の積}} = \frac{\boldsymbol{n!}}{\boldsymbol{(n-r)!}} \quad (\boldsymbol{n \geqq r}) $$

特に ${}_n\mathbf{P}_n = \boldsymbol{n!}$

$$ \left(\begin{aligned} \text{ただし}\quad \boldsymbol{n!} &= \boldsymbol{n(n-1)(n-2)\cdots\cdots3\cdot2\cdot1} \\ &= \boldsymbol{1\cdot2\cdot3\cdots\cdots(n-1)n} \\ \boldsymbol{0!} &= \boldsymbol{1} \end{aligned} \right) $$

●種々の順列

1　同じものを含む順列　n 個のもののうち，p 個は同じもの，q 個は他の同じもの，r 個はまた他の同じもの，…… であるとき，n 個のもの全部を並べた順列の総数は

$$ \frac{\boldsymbol{n!}}{\boldsymbol{p!q!r!\cdots\cdots}} \quad (\text{ただし，}\boldsymbol{n = p+q+r+\cdots\cdots}) $$

2　円順列　異なる n 個のものの円順列の総数は

$\boldsymbol{(n-1)!}$

3　数珠《じゅず》順列　異なる n 個のものの数珠順列の総数は

$\boldsymbol{(n-1)! \div 2}$

4　重複順列　異なる n 個のものから重複を許して r 個とる順列の総数は

$\boldsymbol{n^r}$

●順列

【例】　異なる 7 個から 3 個とる順列の総数

$$ {}_7P_3 = \underbrace{⑦\cdot6\cdot5}_{3\,\text{個の積}} = \mathbf{210} $$

7からスタート ──↑

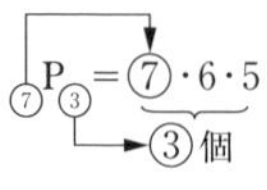

【例】　異なる5個のものを一列に並べる順列の総数

$5! = 5 \cdot 4 \cdot 3 \cdot 2 \cdot 1 = \mathbf{120}$

▶5! は5の**階乗**と読む

●種々の順列

【例1】　$a\,a\,a\,b\,b\,c\,d$ を一列に並べる順列の総数

$\dfrac{7!}{3!2!} = \mathbf{420}$**（通り）**

（同じものが3個，2個，1個，1個）

▶1! は省略

【例2】　異なる色の5個の玉を円形に並べる順列の総数

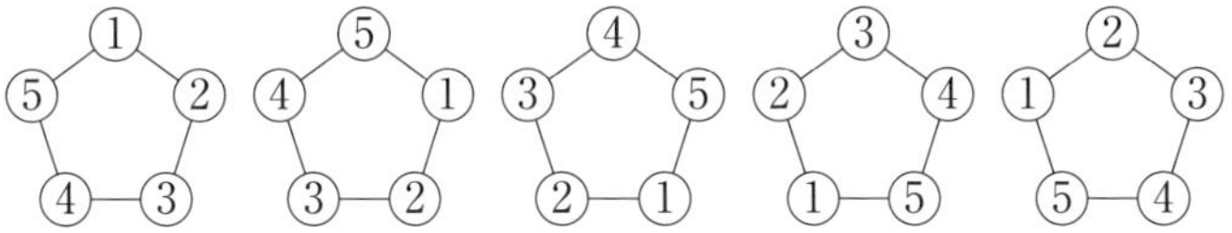

5! のうち，たとえば上の5つは同じものと考えられるから

$\dfrac{5!}{5} = 4! = (5-1)!$ という公式を得る。

よって，**24通り**

▶1つの玉を固定すれば

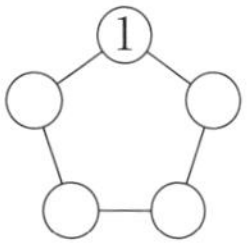

残り4個の玉を並べる順列の総数と考えられるから

$(5-1)!$

という導き方もある。

【例3】　異なる色の5個の玉を糸でつないで輪をつくる順列の総数

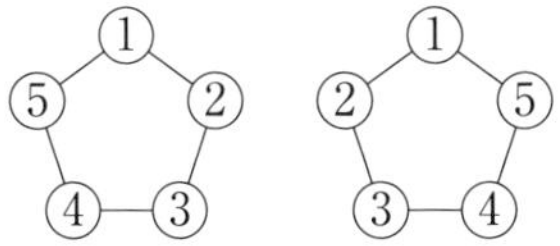

例2で求めたもののうち，たとえば上の2つは裏返せば同じものと考えられるから

$(5-1)! \div 2$ という公式を得る。

よって，**12通り**

▶（数珠順列）
　＝（円順列）÷2

【例4】　1，2，3，4，5の5個の数字を繰り返し使って3桁の整数をつくる順列の総数

$5 \times 5 \times 5 = 5^3 = \mathbf{125}$**（通り）**

★　順列の基本

例題 7

次の各問いに答えよ。

(1)　5個の数字1, 2, 3, 4, 5の中から異なる3個の数字をとり出して，3桁の数をつくるとき，何通りの数ができるか。

(2)　A, B, C, D, E, Fの6人の中から委員長，副委員長，書記を1人ずつ選ぶとき，何通りの方法があるか。

(2)　委員長はA～Fの6通り，副委員長はその各々に対して，委員長になった人を除く5通り，……と考えれば，これは順列。

Open Sesame 解答

(1)　${}_5P_3 = 5 \cdot 4 \cdot 3 = $ **60（通り）**

(2)　${}_6P_3 = 6 \cdot 5 \cdot 4 = $ **120（通り）**

Challenge 6

10人の生徒の中から，走る順序も考えて，4人のリレー選手を選ぶとき，何通りの方法があるか。

★★　隣り合う，交互，両端

例題 8

次の［　　］をうめよ。

男子4人，女子3人がいる。この7人を一列に並べるとき，この並び方は全部で［ア］通りあり，そのうち男女が交互に並ぶ並び方は［イ］通りあり，女子3人がいっしょに並ぶ並び方は［ウ］通りある。

(ア)　n個を一列に並べる……$n!$

(イ)　男女男女男女男となる。

(ウ)　女子3人をひとまとめにして，5個のものの並べ方。さらに女子の並べ方を考える。

Open Sesame 解　答

(ア)　7 人を一列に並べるのは

$_{7}P_{7}=7!=$ **5040**

(イ)　男女の並ぶ場所が決定されるから，男子の並び方は $_{4}P_{4}$，その各々に対して女子の並び方は $_{3}P_{3}$

積の法則により　$_{4}P_{4}\times{}_{3}P_{3}=4!\times3!=$ **144**

(ウ)　女子 3 人をひとまとめにして 5 人の並び方を考えると $_{5}P_{5}$

たとえば

(男)(男)(女女女)(男)(男)

5 個

その各々に対して女子の並び方は $_{3}P_{3}$

積の法則により　$_{5}P_{5}\times{}_{3}P_{3}=5!\times3!=$ **720**

ア．5040　　イ．144　　ウ．720

▶$n!=n(n-1)\cdots3\cdot2\cdot1$

▶女子 3 人を 1 人として考える。

Challenge 7

男子 5 人，女子 3 人がいる。次の各問いに答えよ。

(1)　8 人が一列に並ぶとき，女子 3 人は隣り合うように並ぶものとすると，並ぶ方法は何通りあるか。

(2)　8 人が一列に並ぶときに，両端には必ず男子がくるように並ぶものとすると，並ぶ方法は何通りあるか。

★ **例題 9**　**円順列**

次の各問いに答えよ。

(1)　男子 4 人が円形のテーブルに座るとき，何通りの座り方があるか。

(2)　男子 4 人と女子 4 人が円形のテーブルのまわりに座るとき，男女が交互に並ぶ座り方は何通りか。

Open Sesame 解　答

(1)　$(4-1)!=3!=$ **6(通り)**

(2)　男子 1 人を固定して考えると，男子の並べ方は，$(4-1)!=3!$(通り)。

その各々について，女子の並べ方は $4!$ 通り。

よって，$3!\times4!=$ **144(通り)**

▶円順列　$(n-1)!$

Challenge 8

男子 3 人と女子 3 人が円卓に着席するとき，次のような座り方は何通りあるか。

(1)　男女が交互になる

(2)　女子 3 人が隣り合う

★

例題 10　同じものを含む順列

6 枚のカードに，1，2，2，3，3，3 という数字が 1 つずつ書かれている。この 6 枚のカードを使って 6 桁の整数が何個できるか。

同じものを含む順列　$\dfrac{\boldsymbol{n!}}{\boldsymbol{p!q!r!\cdots\cdots}}$

Open Sesame 解答

6 枚のうち 2 が 2 枚，3 が 3 枚あるから

$\dfrac{6!}{2!3!}=$ **60（個）**

▶ $\dfrac{n!}{p!q!r!\cdots}$
$(p+q+r+\cdots=n)$

Challenge 9

ＹＡＭＡＮＡＭＩの 8 文字を一列に並べる方法は何通りあるか。

★

例題 11　重複順列

5 人がＡ，Ｂ，Ｃの 3 つの部屋に入る。だれも入らない部屋があってもよいとするとき，何通りの方法があるか。

重複順列　$\boldsymbol{n^r}$

Open Sesame 解答

1 人ずつ順に部屋を選んで入ってゆく，と考えると，

1 人目 → Ａ，Ｂ，Ｃの 3 通り
2 人目 → Ａ，Ｂ，Ｃの 3 通り
⋮　　　　　　⋮
5 人目 → Ａ，Ｂ，Ｃの 3 通り

したがって，

$3\times3\times3\times3\times3=3^5=$ **243（通り）**

▶ 2 人の場合について樹形図を書くと，次のようになり，

$3\times3=3^2$（通り）

1人目　2人目

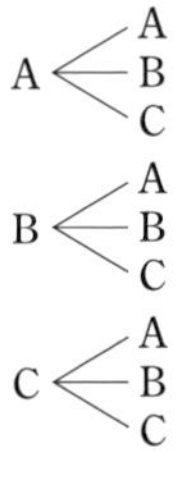

Challenge 10

野球の捕手が，片手の5指を屈伸することによって，投手にサインを送るとき，最大何種類の信号を送ることが可能か。

★★
例題 12　0を含む順列(I)

次の各問いに答えよ。

(1)　7個の数字0，1，2，3，4，5，6のうち，異なる4個を使って4桁の整数をつくるとき，

①　4桁の整数はいくつできるか。

②　3500より大きい4桁の整数はいくつできるか。

(2)　0，1，2，3，4，5の6個の数字から3桁の数をつくるとき，偶数でありかつすべての数字が異なる場合の数を求めよ。

数字を並べる問題は非常に出題率が高い。与えられた数字の中に0が含まれるときは注意しよう。⇨ **0は先頭には来ない！**

条件のある位から先に決めていくこと。

(1)　3500より大 ⇨ 千の位は3～6，千の位が3なら百の位は5か6

(2)　偶数だから一の位は0，2，4 → 一の位が0のとき
　　　　　　　　　　　　　　　　→ 一の位が2，4のとき

Open Sesame 解答

(1)①　千の位は0以外の6通り

その他の位は，残りの6個の数字から3個とって並べればよいからその並べ方は　${}_6P_3$

したがって，求める整数の個数は

$6 \times {}_6P_3 = 6 \times 6 \cdot 5 \cdot 4 = \mathbf{720}$

②　3500より大きい整数の千の位は3～6。

千の位が3のときは百の位は5か6。その他の位は残りの5個から2個とって並べればよい。

$1 \times 2 \times {}_5P_2 = 2 \times 5 \cdot 4 = 40$

千の位が4～6のときは，その他の位は残りの6個から3個とって並べればよい。

$3 \times {}_6P_3 = 3 \times 6 \cdot 5 \cdot 4 = 360$

したがって，求める整数の個数は

$360 + 40 = \mathbf{400}$

▶0は先頭に来ない！

(千の位)(百の位)

3 ＜ 5, 6 ｝以下 ${}_5P_2$

(千の位)

4, 5, 6 ｝以下 ${}_6P_3$

(2)　偶数であるから一の位は 0，2，4。

一の位が 0 のとき，他の位は，残りの 5 個から 2 個とって並べればよい。

$1 \times {}_5P_2 = 5 \cdot 4 = 20$

一の位が 2，4 のとき，百の位はさらに 0 以外の 4 個からとる。

十の位は残りの 4 個からとる。

$2 \times 4 \times 4 = 32$

したがって，求める整数の個数は

$20 + 32 =$ **52**

▶偶数は一の位が偶数。

(一の位)	(百の位)(十の位)
0	以下 ${}_5P_2$
2, 4	以下 4×4

Challenge 11

次の各問いに答えよ。

(1)　1，2，3，4，5，6 の 6 つの数字から異なる 4 つを使ってつくった 4 桁の数の中で，4000 より大きいものは何個あるか。

(2)　数字 0，1，2，3 をすべて使ってできる 4 桁の奇数はいくつあるか。

★★

例題 13　0 を含む順列(II)

6 個の数字 0，1，2，3，4，5 から異なる 4 個の数字をとり出して 4 桁の整数をつくるとき，その中で 3 の倍数は何通りできるか。

3 の倍数 ⇨ 各位の数の和が 3 の倍数となる。(**例題57**参照)

まず，3 の倍数となる 4 つの数字の組合せをすべてあげてみる。そして，各々の並べ方を考える。

Open Sesame **解　答**

和が 3 の倍数となる 4 つの数字の組合せを左から小さい順に書くという規則で樹形図を書いて調べる。

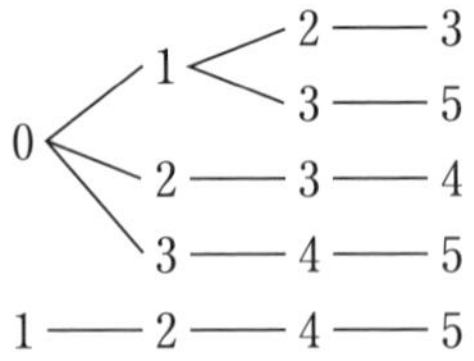

▶左から小さい順に書くという規則に反するから，

0 — 1 — 3 — 2

などは考えない。

(これを含めると，
0 — 1 — 2 — 3
と重複してしまう。)

この5組のうち，0を含む

(0, 1, 2, 3), (0, 1, 3, 5), (0, 2, 3, 4), (0, 3, 4, 5)

の4組について，4桁の整数のつくり方はそれぞれ，

$3\times{}_3P_3=18$(通り)

▶千の位は0以外の3通り。百，十，一の位は，残りの3つを並べるから，${}_3P_3$ 通り。

0を含まない (1, 2, 4, 5) については，

${}_4P_4=24$(通り)

したがって，3の倍数のつくり方は全部で，

$18\times4+24=$ **96(通り)**

Challenge 12

0から5までの数字を一度だけ使って3桁の数字をつくるとき，9の倍数はいくつできるか。

★★★ 応用問題

例題 14

A, M, O, O, R, Uの6個の文字がある。次の各問いに答えよ。

(1) 6個の文字を並べ替えることによってできる順列の総数を求めよ。

(2) 上記(1)の順列の中で，たとえば“OOMURA”のように，両端に母音の文字がくる順列の数を求めよ。

(3) 6個の文字の中から4個の文字を選んで並べる順列の中で，子音の文字を少なくとも1個含む順列の数を求めよ。

(1) 同じものを含む順列 $\dfrac{n!}{p!q!r!\cdots}$

(2) 両端にOが含まれる場合と含まれない場合で場合分けする。

(3) (4個選んで並べる順列)−(4個の母音を並べる順列)

Open Sesame 解答

(1) Oを2つ含むから $\dfrac{6!}{2!}=$ **360(通り)**

(2) (i) 両端にOが2つ含まれるとき

(i) O□□□□O

まん中4つの並べ方は

${}_4P_4=24$(通り)

(ii) 両端にOが1つ含まれるとき

両端の並べ方はOの位置（左端か右端）の決め方が2通り

(ii) O□□□□△
△□□□□O

もう一方の端の文字がAかUだから2通りで

$2\times 2=4$(通り)

まん中の4つの並べ方は${}_4P_4$通りだから

$4\times {}_4P_4=96$(通り)

(iii)　両端にOが含まれないとき

両端はAとUの並べ方だから2通り。まん中4つの並べ方は，Oが2つ含まれるから

$\dfrac{4!}{2!}=12$(通り)

よって，$2\times 12=24$(通り)

(i)〜(iii)より，求める順列の数は

$24+96+24=$ **144(通り)**

(3)　まず4個の文字の並べ方を考える。

Oが2つ含まれるとき

OO□□，O□O□，O□□O，

□OO□，□O□O，□□OO

の6通りあり，□2つの並べ方は${}_4P_2=4\times 3=12$(通り)であるから

$6\times 12=72$(通り)

それ以外は，5個から4個選んで並べればよいから

${}_5P_4=5\cdot 4\cdot 3\cdot 2=120$(通り)

また，4個の母音を並べる順列は

$\dfrac{{}_4P_4}{2!}=\dfrac{4!}{2!}=12$(通り)

よって，

$(72+120)-12=$ **180(通り)**

▶O2つと□2つを並べる順列と考えて，$\dfrac{4!}{2!2!}=6$

Challenge 13

onomichiを構成する英文字を用いてつくられる順列のうちで，両端が母音であるものはいくつあるか。

問題演習

A

11　3つの数字0，1，2を使ってできる3桁の数のうち，偶数の個数を求めよ。ただし，数字は繰り返し使ってよいものとする。

12　次の□をうめよ。

(1)　A，B，C，D，E，Fの6文字を一列に並べる順列の中で，CとDが隣り合うような並べ方は□通りである。

(2)　STATIONの7文字を一列に並べるとき，2つのTが隣り合う並べ方は□通りある。

B

13　男子4人，女子3人がいるとき，次の各問いに答えよ。

(1)　この7人が一列に並ぶとき，次の並び方は何通りあるか。

(ア)　両端に男子が並ぶ。

(イ)　女子が互いに隣り合わない。

(2)　この7人が円形に並ぶとき，次の並び方は何通りあるか。

(ア)　すべての並び方。

(イ)　特定の男女各1名が隣り合う。

14　0，1，2，3，4，5の6つの数字を並べて数字をつくる。ただし，一度使用した数字は二度は使えない。このとき，次の各問いに答えよ。

(1)　3桁の数は全部で何通りできるか。

(2)　3桁の5の倍数は全部で何通りできるか。

(3)　432よりも大きな数は全部で何通りできるか。

15　2，2，3，3，6，6，6の7枚の数字の札がある。

(1)　7枚全部使ってできる7桁の整数をつくるとき，整数は全部でいくつできるか。

(2)　7枚の数字の札の中から5枚を選んで5桁の整数をつくるとき，整数は全部でいくつできるか。

C

16 立方体の6つの面に，1から6までの数字を1つずつ書いてサイコロのようなものをつくる。このとき，次の各問いに答えよ。ただし，回転させたり，転がしたりすると同じになるものは1通りとして数えるものとする。

(1)　異なるものは何通りあるか。

(2)　相対する2面の数字の和が7になるものは何通りか。

17 赤球1個，白球4個，青球4個の全部で9個の球がある。

(1)　9個を一列に並べる並べ方は全部で何通りあるか。

(2)　9個を円形に並べる並べ方は全部で何通りあるか。

(3)　9個の球で首輪（ネックレス）をつくるとき，そのつくり方は全部で何通りあるか。

数学A 分野

OPEN★SESAME

④

組合せ

ここで Master!

いくつかのものの中から，その一部をとり出す組合せの総数の求め方をマスターしよう。とり出したものを並べないという点で，しっかり順列と区別できるようにしよう。

Open Sesame

●組合せの総数

異なる n 個のものから r 個とる組合せの総数は

$$ {}_n\mathrm{C}_r=\frac{{}_n\mathbf{P}_r}{\boldsymbol{r}!}=\frac{\boldsymbol{n}!}{\boldsymbol{r}!(\boldsymbol{n}-\boldsymbol{r})!}=\frac{\boldsymbol{n}(\boldsymbol{n}-1)\cdots\cdots(\boldsymbol{n}-\boldsymbol{r}+1)}{\boldsymbol{r}(\boldsymbol{r}-1)\cdots\cdots 2\cdot 1}\quad(\boldsymbol{n}\geqq\boldsymbol{r}) $$

●${}_n\mathrm{C}_r$ の性質

(i)　$\mathbf{{}_nC_r={}_nC_{n-r}}$

(ii)　$\mathbf{{}_nC_r={}_{n-1}C_r+{}_{n-1}C_{r-1}}$

(iii)　$\mathbf{{}_nC_n=1}$，$\mathbf{{}_nC_1}=\boldsymbol{n}$，$\mathbf{{}_nC_0=1}$

●組合せの総数

【例】　異なる 7 個のものから 3 個とる組合せの総数

$$ {}_7\mathrm{C}_3=\frac{7\cdot 6\cdot 5}{3\cdot 2\cdot 1}=\mathbf{35} $$

●${}_n\mathrm{C}_r$ の性質

まず，$n!$ の記号に慣れるために，上の(i)(ii)を証明してみよう。

ここでよく使われる性質は

$$ \begin{aligned} \boldsymbol{n!\times(n+1)}&=n(n-1)\cdots\cdots 3\cdot 2\cdot 1\times(n+1)\\ &=(n+1)n(n-1)\cdots\cdots 3\cdot 2\cdot 1\\ &=\boldsymbol{(n+1)!} \end{aligned} $$

である。

(i)　$\mathbf{{}_nC_r={}_nC_{n-r}}$

【証明】

$$ {}_nC_{n-r}=\frac{n!}{(n-r)!\{n-(n-r)\}!}=\frac{n!}{(n-r)!r!}=\frac{n!}{r!(n-r)!} $$
$$ ={}_nC_r $$

よって，${}_nC_r={}_nC_{n-r}$

【例】

・異なる 10 個のものから 7 個とる組合せの総数

$$ {}_{10}C_7={}_{10}C_{10-7}={}_{10}C_3=\frac{10\cdot9\cdot8}{3\cdot2\cdot1}=\mathbf{120} $$

・異なる n 個のものから $(n-2)$ 個とる組合せの総数

$$ {}_nC_{n-2}={}_nC_2=\frac{n(n-1)}{2\cdot1}=\frac{\boldsymbol{n^2-n}}{\mathbf{2}} $$

▶ ${}_nC_r={}_nC_{n-r}$ は r の値が大きいときの計算に有効である。
${}_{100}C_{98}={}_{100}C_2$

(ii)　$\boldsymbol{{}_nC_r={}_{n-1}C_r+{}_{n-1}C_{r-1}}$

【証明】

$$ (\text{右辺})=\frac{(n-1)!}{r!\{(n-1)-r\}!}+\frac{(n-1)!}{(r-1)!\{(n-1)-(r-1)\}!} $$
$$ =\frac{(n-1)!}{r!(n-r-1)!}\times\frac{(n-r)}{(n-r)}+\frac{(n-1)!}{(r-1)!(n-r)!}\times\frac{r}{r} $$
$$ =\frac{(n-1)!(n-r)}{r!(n-r)!}+\frac{(n-1)!r}{r!(n-r)!} $$
$$ =\frac{(n-1)!(n-r+r)}{r!(n-r)!} $$
$$ =\frac{n!}{r!(n-r)!}={}_nC_r $$

よって，${}_nC_r={}_{n-1}C_r+{}_{n-1}C_{r-1}$

▶例えば ${}_7C_3+{}_7C_2={}_8C_3$

★ 例題 15　組合せの基本

次の［　　］をうめよ。
10 人の子ども A，B，C，D，E，F，G，H，I，J の中から 3 人を選び出す方法は［ア］通りあって，そのうち，選び出された 3 人の中に A が含まれない場合は［イ］通りである。

$$ {}_nC_r=\frac{n(n-1)\cdots\cdots(n-r+1)}{r(r-1)\cdots\cdots1} $$ ←分母，分子ともに r 個の数の積

特定のものを含むときや含まないときは ${}_{\square}C_{\triangle}$ の□や△に注意。
A が含まれない ⟶ B～J の 9 人から 3 人選ぶ。

Open Sesame 解答

10 人の子供から 3 人選び出すのは

$${}_{10}C_3=\frac{10\cdot9\cdot8}{3\cdot2\cdot1}=\mathbf{120}$$

A が含まれないから B〜J の 9 人から 3 人選ぶ。

$${}_{9}C_3=\frac{9\cdot8\cdot7}{3\cdot2\cdot1}=\mathbf{84}$$

ア．120　イ．84

Challenge 14

男子 7 人，女子 5 人の中から 4 人の代表を選びたい。次の各問いに答えよ。

(1) 性別に関係なく 4 人を選ぶ方法は何通りあるか。

(2) 男子から 2 人，女子から 2 人を選ぶ方法は何通りあるか。

★ 組合せ

例題 16

10 人の生徒の中から 7 人を選ぶとき，次のような選び方は何通りあるか。

(1) 特定の 2 人をともに含むように選ぶ。

(2) 特定の 2 人のうち少なくとも 1 人を含むように選ぶ。

特定の 2 人をともに含む ⟶ (10 − 2) 人から (7 − 2) 人選ぶ。

少なくとも 1 人含む ⟶ **(全体) − (1 人も含まれない)**

Open Sesame 解答

(1) 7 人のうち 2 人決まっているから残り 5 人を 8 人の中から選ぶ。

$${}_{8}C_5={}_{8}C_3=\frac{8\cdot7\cdot6}{3\cdot2\cdot1}=\mathbf{56}\textbf{(通り)}$$

▶ ${}_{n}C_{r}={}_{n}C_{n-r}$

(2) 10 人から 7 人選ぶのは

$${}_{10}C_7={}_{10}C_3=\frac{10\cdot9\cdot8}{3\cdot2\cdot1}=120$$

特定の 2 人が含まれないのは，残り 8 人から 7 人選ぶ。

$${}_{8}C_7={}_{8}C_1=8$$

よって，求める場合の数は 120 − 8 = **112(通り)**

Challenge 15

15 人の生徒から 5 人の委員を選ぶとき，特定の 2 人が選ばれるような選び方は何通りあるか。

★★ 例題 17 道順

図のような 5×4 のます目がある。点 A から点 B まで，線上を移動するとき，回り道をしない道筋について次の各問いに答えよ。

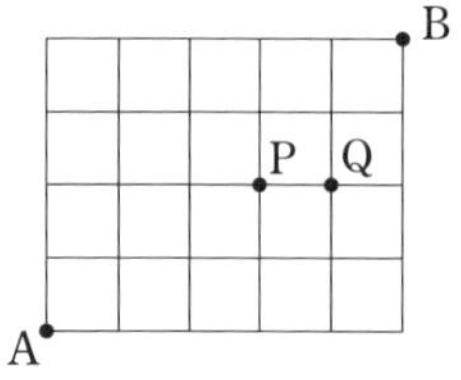

(1)　全部で何通りの道筋があるか。

(2)　点 P を経由する道筋は何通りあるか。

(3)　点 P と点 Q の両方を経由する道筋は何通りあるか。

(1)　回り道をしない最短の道筋は，横 5 区画と縦 4 区画を進む場合である。

たとえば

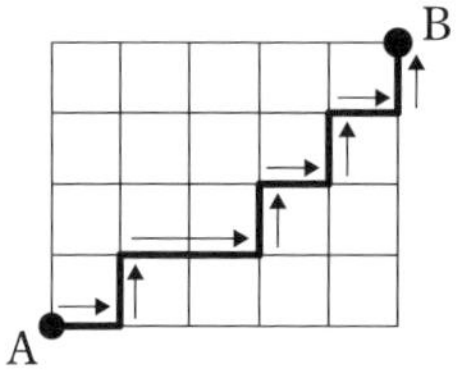

は —|——|—|—| と進めばよいから 9 区画から縦 4 区画を選ぶ組合せとなる。

Open Sesame 解答

(1)　横 5 区画，縦 4 区画進むのに，9 区画から縦 4 区画を選ぶ組合せを考える。

$${}_9C_4=\frac{9\cdot8\cdot7\cdot6}{4\cdot3\cdot2\cdot1}=\mathbf{126}\textbf{(通り)}$$

▶もちろん ${}_9C_5$ でもよい。

【別解】

たとえば —|——|—|—| のように縦 4 個，横 5 個を一列に並べると考え，

$$\frac{9!}{4!5!}=\mathbf{126}\textbf{(通り)}$$

▶同じものを含む順列 $\dfrac{n!}{p!q!\cdots}$

(2)　$\begin{cases}\text{A→P の道筋は，}{}_5C_2=10\text{(通り)}\\ \text{P→B の道筋は，}{}_4C_2=6\text{(通り)}\end{cases}$

であり，A→P の道筋の各々について，P→B の道筋があるから，積の法則より，

$10\times6=\mathbf{60}$**(通り)**

(3)　P，Q 両方を経由するのは，A→P→Q→B と経由するとき。

A→P の道筋は，(2)より 10(通り)
P→Q の道筋は，1 通り
Q→B の道筋は，${}_3C_2=3$(通り)

よって，積の法則より，

$10\times1\times3=$ **30(通り)**

Challenge 16

右の図のような縦 5 本，横 4 本の道路がある。A から B まで行く最短経路の選び方は何通りになるか求めよ。ただし，点 C は通行できないものとする。

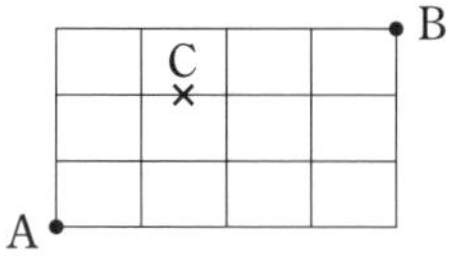

★　図形の問題(I)

例題 18

10 本の平行線が他の 7 本の平行線と交わっているとき，平行四辺形が何個できているか。

Open Sesame 解答

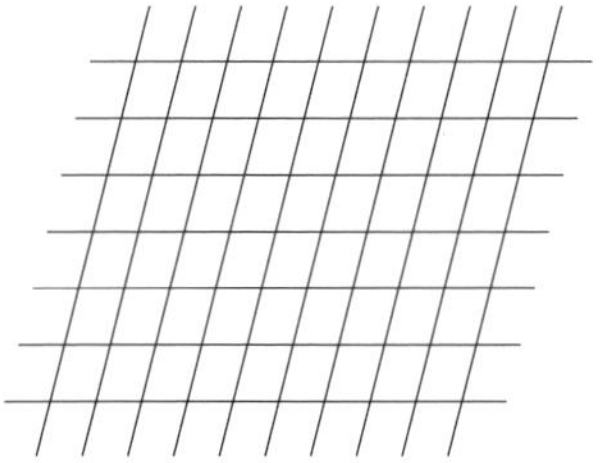

　1 つの平行四辺形をつくるには，10 本の平行線のうちからどれか 2 本，他の 7 本の平行線のうちからどれか 2 本を選ぶことによってできる。よって，

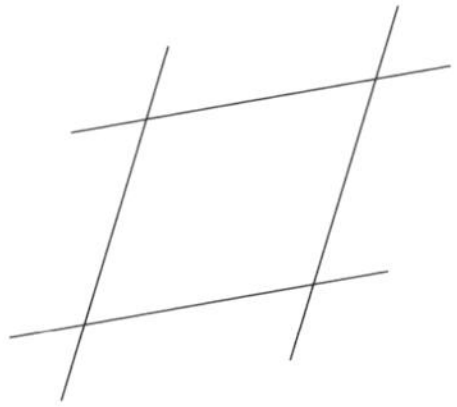

$${}_{10}C_2\times{}_7C_2=\frac{10\cdot9}{2\cdot1}\times\frac{7\cdot6}{2\cdot1}$$

$$=\mathbf{945}\text{(個)}$$

Challenge 17

平面上に，いずれも平行でない直線があるとき，次の値を求めよ。ただし，どの3直線も同一点では交わらないものとする。

(1)　4本の直線の交点の個数　　(2)　5本の直線の交点の個数

★★　図形の問題(Ⅱ)

例題 19

正八角形について，次のものの個数を求めよ。

(1)　対角線

(2)　正八角形の頂点のうち，3個を頂点とする三角形

(3)　正八角形と辺を共有しない三角形

一般に，**n 角形の対角線の数**は，

$$\boldsymbol{{}_nC_2 - n = \frac{n(n-1)}{2} - n = \frac{n(n-3)}{2}}$$

と表せる。

Open Sesame 解答　(1)　8個の頂点から2個選んで結ぶ直線の数は，

$_8C_2 = 28$

そのうちに8本の辺も含まれてしまうので，

$28 - 8 =$ **20(本)**

(2)　8個の頂点から3個選ぶので

$_8C_3 =$ **56(個)**

(3)　(2)の三角形のうち，

(i)　正八角形と1辺を共有するとき

1つの辺に対して，その両隣りにある2つの点以外の4つから1点を選べばよいので，

$8 \times {}_4C_1 = 32$(個)

(ii)　正八角形と2辺を共有するとき

隣り合う3点を選べばよいので，その選び方は8(個)

(i)，(ii)より

$56 - 32 - 8 =$ **16(個)**

▶(i)

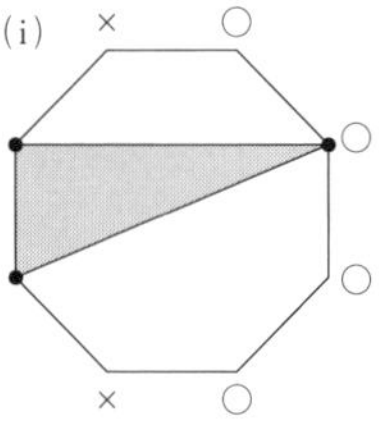

▶(ii)

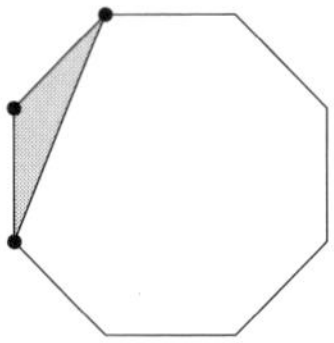

Challenge 18

正十二角形について，次のものの個数を求めよ。

(1) 対角線

(2) 3つの頂点でできる三角形

(3) 正十二角形と辺を共有しない三角形

★★ グループ分けの問題

例題 20

9人の生徒を次の分け方で分ける方法はそれぞれ何通りあるか。

(1) 2人，3人，4人の3つのグループに分ける。

(2) 3人ずつの3つのグループに分けて，それぞれA，B，C組と区別する。

(3) 3人ずつの3つのグループに分ける。

グループ分けの問題 ⟶ **グループ間に区別があるか？**

(1) 人数が異なるから区別できる (2) グループ名で区別できる

(3) グループ間の区別がない

(2)の考え方と(3)の考え方の違い

A組の選び方… $_9C_3$ B組の選び方… $_6C_3$ C組の選び方… $_3C_3$

(2)では，$_9C_3 \times {}_6C_3 \times {}_3C_3$

(3)ではA，B，Cの区別がないから $\dfrac{_9C_3 \times {}_6C_3 \times {}_3C_3}{3!}$

Open Sesame 解答

(1) 9人から2人選ぶのは $_9C_2$

残り7人から3人選ぶのは $_7C_3$

残り4人から4人選ぶのは $_4C_4$

したがって，求める方法は

$$_9C_2 \times {}_7C_3 \times {}_4C_4 = \frac{9\cdot 8}{2\cdot 1} \times \frac{7\cdot 6\cdot 5}{3\cdot 2\cdot 1} \times 1 = \mathbf{1260}\text{（通り）}$$

(2) A組は9人から3人選ぶ $_9C_3$

B組は残り6人から3人選ぶ $_6C_3$

C組は残り3人から3人選ぶ $_3C_3$

したがって，求める方法は

$$_9C_3 \times {}_6C_3 \times {}_3C_3 = \frac{9\cdot 8\cdot 7}{3\cdot 2\cdot 1} \times \frac{6\cdot 5\cdot 4}{3\cdot 2\cdot 1} \times 1 = \mathbf{1680}\text{（通り）}$$

▶(2)と(3)の違いについて，たとえば9人を a～i とすると(2)では，

A(a, b, c)
B(d, e, f)
C(g, h, i)
と
A(g, h, i)
B(a, b, c)
C(d, e, f)

は異なるものとして考えている。
(3)はこれを同じものとして考える点に注意しよう。

(3)　(2)において A，B，C の区別をなくしたものであるから

$$\frac{{}_9C_3\cdot{}_6C_3\cdot{}_3C_3}{3!}=\frac{1680}{3\cdot2\cdot1}=\mathbf{280}\textbf{（通り）}$$

Challenge 19

9 人を次のように分ける方法は何通りあるか答えよ。

(1)　4 人，3 人，2 人の 3 組に分ける。

(2)　3 人ずつ赤組，青組，黄組の 3 組に分ける。

(3)　3 人ずつ 3 組に分ける。

(4)　5 人，2 人，2 人の 3 組に分ける。

★★ 重複組合せ

例題 21

10 個のミカンを 3 人で分けるとき，

(1)　ミカンをもらわない人がいてもよい場合，分け方は何通りあるか。

(2)　ミカンを 1 人最低 1 個はもらう場合，分け方は何通りあるか。

Open Sesame 解答

(1)　たとえば，ミカン 10 個を 1 列に並べ，3 人に 2 個，5 個，3 個と分けて仕切りを入れてみる。

○○｜○○○○○｜○○○

他の分け方についても 10 個の○と 2 本の仕切り｜の，合計 12 個のものを並べたとき，仕切り 2 本がどの位置に入るかで分け方が決まる。よって，

$$_{12}C_2=\frac{12\cdot11}{2\cdot1}=\mathbf{66}\textbf{（通り）}$$

▶ 4 人に分けるときには仕切りが 3 本必要だから
$_{10+3}C_3={}_{13}C_3$（通り）
一般に，r 個を n 人に分ける場合，仕切りは $n-1$ 本必要だから，
$_{r+(n-1)}C_{n-1}$（通り）
これを $_nH_r$ と表現することもある。

(2)　(1)で求めた 66 通りの中には，仕切りが端にきたり，2 本並ぶ場合も含まれている。その場合には，1 個ももらわない人がでてしまう。

　そこで，はじめから 3 人に 1 個ずつ分け与えておいて，残り 7 個のミカンを 3 人に分けることを考えればよい。すなわち，7 個の○と 2 本の仕切り｜の，合計 9 個のものを並べたとき，仕切り 2 本がどの位置に入るかで分け方が決まる。よって，

$${}_9C_2=\frac{9\cdot8}{2\cdot1}=\mathbf{36}\text{(通り)}$$

【別解】

○1○2○③○4○5○6○⑦○8○9○

1人目　　2人目　　3人目

上の1～9の中から2つを選ぶ場合に対応させることができるから,

$${}_9C_2=\frac{9\cdot8}{2\cdot1}=\mathbf{36}\text{(通り)}$$

▶左図は，3と7を選んだ場合。

▶数字と数字の間には少なくとも1個○が入るから，1個ももらわない人がでることはない。

Challenge 20

次の各問いに答えよ。

(1)　$x+y+z=8$，$x\geqq0$，$y\geqq0$，$z\geqq0$ を満たす整数解 $(x,\ y,\ z)$ の組は全部で何通りあるか。

(2)　$x+y+z=8$ を満たす自然数 $(x,\ y,\ z)$ の組は全部で何通りあるか。

問題演習

A

18　次の[　　]をうめよ。

A，B，C，D，E，Fの6人から2人を選ぶ方法は[　ア　]通り，3人を選ぶ方法は[　イ　]通りある。

19　1から20までの自然数から選んだ，互いに異なる3つの数の組合せのうち，次の各組の個数を求めよ。

(1)　偶数ばかりからなる組

(2)　3の倍数を含まない組

B

20　次を満たす整数 n を求めよ。

(1)　${}_nP_2=72$

(2)　${}_nC_{n-2}=136$

21　集合 A＝{a，b，c，d，e，f} がある。次の □ をうめよ。

(1)　集合 A の部分集合のうち 3 個の要素をもつものは □ 個である。

(2)　集合 A の部分集合は全部で □ 個である。(空集合，全体集合も部分集合である)

22　赤，黄，青の色紙を合計 7 枚もらえることになった。もらわない色があってもよいことにすると，その選び方は全部で何通りあるか。ただし，どの色紙も 7 枚以上あるものとする。

23　$(x+y+z)^{12}$ の展開式における項の数はいくつか。ただし，同類項はまとめて 1 つにするものとする。

24　7 人の委員よりなる委員会がある。ある議案について，全員で賛否の投票をするとき，票の分かれ方は次の場合何通りか。ただし，白票もあるものとする。

(1)　記名投票

(2)　無記名投票

25　図のような道で，A から B まで遠回りをしないで行く方法は何通りあるか。

(1)

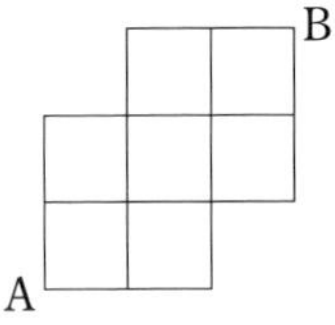

(2)

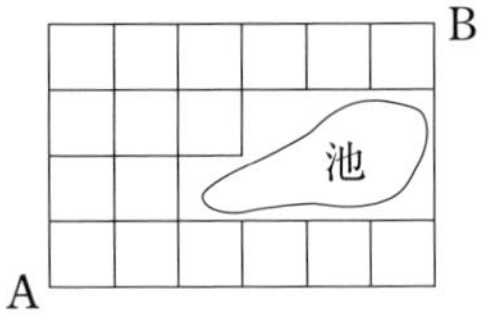

26　E I S E I F U K U S I の 11 文字を次のように並べるとき，それぞれ何通りの並べ方があるか答えよ。

(1)　E I S E I F U K U S I のアンダーラインがある S，F，K，S の位置はもとのままとする。

(2)　左から S，F，K，S がこの順に並ぶ。

27　次の □ をうめよ。

男子 6 人，女子 4 人を，3 人，3 人，4 人の組に分ける方法は ［ア］ 通り，男子が 2 人ずつ含まれるように 3 組に分ける方法は ［イ］ 通りである。

数学A 分野

OPEN★SESAME

⑤ 確率とその基本法則

ここで Master!

場合の数の求め方を利用して，物事の起こる割合を示す確率について考え方をマスターしていこう。

Open Sesame

●試行と事象

試行…同じ状態のもとで繰り返すことができ，その結果が偶然だけに支配される実験や観測など

事象…試行の結果起こる事柄

全事象 U…ある試行において，起こりうる場合全体の集合

根元事象 a …全事象 U の 1 個の要素からなる部分集合で表される事象
$a \in \mathrm{U}$（$\{a\}$ とも考えられる）

事象 A…標本空間の部分集合　$\mathrm{A} \subset \mathrm{U}$

空事象 $\boldsymbol{\phi}$…決して起こらない事象

●確率の定義

起こりうるすべての場合が n 通りで，それらの，「①どの2つも重複して起こらない」「②どの場合の起こることも同様に確からしい」とき，ある事象 A が起こる場合が a 通りならば，A の起こる確率 $P(\mathrm{A})$ は

$$P(\mathrm{A}) = \frac{a}{n}$$

●確率の基本定理

1　基本性質　U：全事象　A：任意の事象　ϕ：空事象とする。

$$0 \leqq P(\mathrm{A}) \leqq 1,\ \ P(\mathrm{U}) = 1,\ \ P(\phi) = 0$$

2　加法定理

A と B が互いに**排反事象**であるとき

$$P(\mathrm{A} \cup \mathrm{B}) = P(\mathrm{A}) + P(\mathrm{B})$$

一般に　$P(\mathrm{A} \cup \mathrm{B}) = P(\mathrm{A}) + P(\mathrm{B}) - P(\mathrm{A} \cap \mathrm{B})$

3　余事象の確率

$\overline{\mathrm{A}}$…A の余事象（A が起こらないという事象）

$$P(\overline{\mathrm{A}})=1-P(\mathrm{A})$$

確率を定義する上で使われる用語は，日常生活ではほとんど使われない。（たとえば，試行，事象など）

そこで，「サイコロを振る」ことをひとつの例として用語の説明をしておこう。

試行…サイコロを１個振る。

事象…１の目が出る，２の目が出る，……など。

これらを，それぞれ，1，2，……，と表す。

全事象…U＝{1，2，3，4，5，6}

根元事象…{1}，{2}，{3}，{4}，{5}，{6}

ここで，全事象とは，「１から６までの目のいずれかが出る」こと。

空事象とは，たとえば，「７以上の目が出る」こと。

▶絶対起こらないこと。

A…「奇数の目が出る」とき　A＝{1，3，5}

B…「素数の目が出る」とき　B＝{2，3，5}

C…「偶数の目が出る」とき　C＝{2，4，6}

和事象　A∪B＝{1，2，3，5}

積事象　A∩B＝{3，5}

A∪B

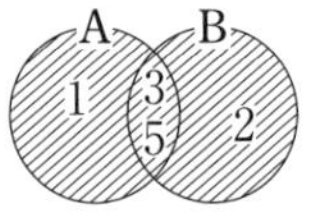

A∩B

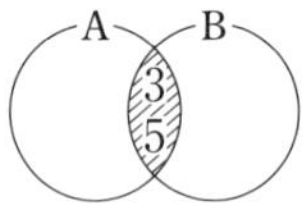

このとき，A∩C＝ϕ だから，A と C を互いに排反事象であるという。

さて，いかさま用でない普通のサイコロは，どの目も同じ割合で出ると考えられる。

そこで上の例では $P(\mathrm{A})=\dfrac{n(\mathrm{A})}{n(\mathrm{U})}=\dfrac{3}{6}=\dfrac{1}{2}$ と計算できる。

●確率の基本定理

全事象 U（全体集合）の要数の個数を n，その部分集合である事象 A の要素の個数を a とすると，

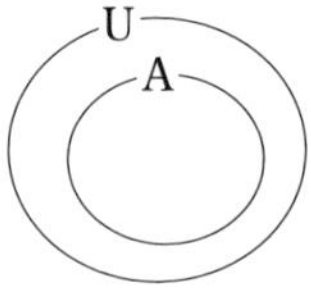

$$0\leqq a\leqq n$$

$$0\leqq\frac{a}{n}\leqq 1$$

したがって，$0\leqq P(\mathrm{A})\leqq 1$

▶ $0\leqq a\leqq n$ の各辺を n で割ると

$\dfrac{0}{n}\leqq\dfrac{a}{n}\leqq\dfrac{n}{n}$

$0\leqq\dfrac{a}{n}\leqq 1$

2 加法定理

【例】 ジョーカーを除いた52枚のトランプから1枚をひくとき，それがハートであるという事象とスペードであるという**事象**は排反である。したがって，ひいた1枚のカードがハートまたはスペードである確率は

$$\frac{13}{52}+\frac{13}{52}=\boldsymbol{\frac{1}{2}}$$

また，ハートであるという事象と絵札であるという事象は排反ではないので，ハートまたは絵札である確率は

$$\frac{13}{52}+\frac{12}{52}-\frac{3}{52}=\boldsymbol{\frac{11}{26}}$$

となる。

▶ハートでありかつ絵札であるものは
♥J，♥Q，♥K
の3枚

★ 場合の数と確率

例題 22

2個のサイコロを同時に振ったとき，出た目の和が3の倍数になる確率を求めよ。

$$P(\mathrm{A})=\frac{\boldsymbol{a}}{\boldsymbol{n}}$$
分子 a ←―A が起こるのは a 通り
分母 n ←―全部で n 通り

場合の数を数え上げるのには，**「順序よく，もれなく，だぶることなく」**

1個のサイコロの目の出方…6通り
2個のサイコロの目の出方…6^2 通り
⋮
n 個のサイコロの目の出方…6^n 通り

Open Sesame 解答

2個のサイコロA，Bの目の出方は，
$6^2=36$(通り)

▶異なる6個のものから2個をとる重複順列。

出た目の和が3の倍数になるのは，次のときである。

(i) 3のとき
(1，2)，(2，1)の2通り

(ii) 6のとき
(1，5)，(2，4)，(3，3)，(4，2)，(5，1)の5通り

(iii) 9のとき

(3, 6), (4, 5), (5, 4), (6, 3) の 4 通り

(iv)　12 のとき

(6, 6) の 1 通り

よって，$2+5+4+1=12$(通り)

したがって，求める確率は，

$\frac{12}{36}=\mathbf{\frac{1}{3}}$

Challenge 21

2 個のサイコロを同時に振るとき，目の差が 1 または 2 である確率を求めよ。

★★ 順列と確率

例題 23

男子 4 人と女子 3 人が一列に並ぶとき，女子 3 人が隣り合う確率を求めよ。

Open Sesame 解答

7 人が一列に並ぶ場合の数は　${}_7P_7=7!$

女子 3 人をひとまとめにして，5 人の並び方を考えると，${}_5P_5=5!$

その各々に対して，女子 3 人の並び方が ${}_3P_3=3!$

よって，女子 3 人が隣り合うような 7 人の並び方の総数は，

$5!\times3!$

したがって，求める確率は

$\frac{5!\times3!}{7!}=\frac{5\cdot4\cdot3\cdot2\cdot1\times3\cdot2\cdot1}{7\cdot6\cdot5\cdot4\cdot3\cdot2\cdot1}=\mathbf{\frac{1}{7}}$

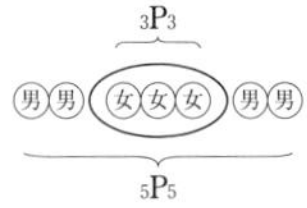

Challenge 22

A, B, C, D, E の 5 個の文字を一列に並べるとき，次の各問いに答えよ。

(1)　A, B, C が隣り合う並び方は何通りあるか。

(2)　C, E が隣り合わない確率を求めよ。

★

例題 24　組合せと確率

赤球 5 個と白球 10 個入っている袋の中から，無作為に同時に 3 個の球をとり出すとき，次の確率を求めよ。

(1)　3 個とも赤球が出る確率

(2)　赤球 1 個と白球 2 個が出る確率

確率の基本は，$\dfrac{(\text{その事象の起こる場合の数})}{(\text{全体の場合の数})}$ である。

Open Sesame 解答

(1)　全体の場合の数は，合計 15 個の球の中から 3 個とり出す組合せより，${}_{15}\mathrm{C}_3$ 通り。

▶まず，全体の場合の数を出す。

3 個とも赤球になるのは，赤球 5 個の中から 3 個とり出す組合せより，${}_{5}\mathrm{C}_3$ 通り。

よって，求める確率は，

$$\frac{{}_{5}\mathrm{C}_3}{{}_{15}\mathrm{C}_3}=\frac{5\cdot4\cdot3}{3\cdot2\cdot1}\times\frac{3\cdot2\cdot1}{15\cdot14\cdot13}=\mathbf{\frac{2}{91}}$$

▶ $\dfrac{{}_{5}\mathrm{C}_3}{{}_{15}\mathrm{C}_3}$
$={}_{5}\mathrm{C}_3\div{}_{15}\mathrm{C}_3$
$=\dfrac{5\cdot4\cdot3}{3\cdot2\cdot1}\div\dfrac{15\cdot14\cdot13}{3\cdot2\cdot1}$
$=\dfrac{5\cdot4\cdot3}{3\cdot2\cdot1}\times\dfrac{3\cdot2\cdot1}{15\cdot14\cdot13}$

(2)　全体の場合の数は，(1)と同じ ${}_{15}\mathrm{C}_3$ 通り。

赤球 1 個と白球 2 個になるのは，

$$\begin{cases}\text{赤球 5 個の中から 1 個とり出す組合せ}\quad {}_{5}\mathrm{C}_1\\ \text{白球 10 個の中から 2 個とり出す組合せ}\quad {}_{10}\mathrm{C}_2\end{cases}$$

であるから，${}_{5}\mathrm{C}_1\times{}_{10}\mathrm{C}_2$ 通り。

よって，求める確率は，

$$\frac{{}_{5}\mathrm{C}_1\times{}_{10}\mathrm{C}_2}{{}_{15}\mathrm{C}_3}=5\times\frac{10\cdot9}{2\cdot1}\times\frac{3\cdot2\cdot1}{15\cdot14\cdot13}=\mathbf{\frac{45}{91}}$$

Challenge 23

白球 2 個，黒球 3 個，赤球 4 個入っている袋の中から，よくかきまぜて 4 個の球をとり出すとき，次の確率を求めよ。

(1)　4 個とも赤球が出る確率

(2)　白球 2 個，黒球 1 個，赤球 1 個が出る確率

★★ 加法定理(Ⅰ)

例題 25

次の □ をうめよ。
袋の中に赤 2 個，白 3 個，青 5 個の球が入っている。この袋の中から同時に 2 個の球をとり出すとき，同じ色である確率は □ である。

加法定理　A，B が互いに排反事象のとき　$P(A \cup B) = P(A) + P(B)$
A，B，C が互いに排反事象のとき　$P(A \cup B \cup C) = P(A) + P(B) + P(C)$
2 個とも同じ色… 2 個とも赤，2 個とも白，2 個とも青

Open Sesame 解答　2 個とも同じ色であるのは，2 個とも赤，2 個とも白，2 個とも青のいずれかの場合である。

2 個とも赤である確率は　$\dfrac{{}_2C_2}{{}_{10}C_2} = \dfrac{1}{\dfrac{10 \cdot 9}{2 \cdot 1}} = \dfrac{1}{45}$

2 個とも白である確率は　$\dfrac{{}_3C_2}{{}_{10}C_2} = \dfrac{3}{\dfrac{10 \cdot 9}{2 \cdot 1}} = \dfrac{1}{15}$

2 個とも青である確率は　$\dfrac{{}_5C_2}{{}_{10}C_2} = \dfrac{5 \cdot 4}{2 \cdot 1} \times \dfrac{2 \cdot 1}{10 \cdot 9} = \dfrac{2}{9}$

これらの 3 つの場合は互いに排反であるから，求める確率は，加法定理より

$\dfrac{1}{45} + \dfrac{1}{15} + \dfrac{2}{9} = \boldsymbol{\dfrac{14}{45}}$

▶A，B，C が互いに排反
$P(A \cup B \cup C)$
$= P(A) + P(B) + P(C)$

Challenge 24

袋の中に白玉 3 個，赤玉 6 個が入っている。ここから無作為に 3 個の玉を同時にとり出すとき，3 個とも同じ色が出る確率を求めよ。

★★ 加法定理(Ⅱ)

例題 26

1 から 100 までの番号をつけた 100 枚のカードがある。この中から 1 枚のカードをとり出すとき，そのカードの番号が 3 または 4 の倍数である確率を求めよ。

加法定理で，A，B が互いに排反でないとき
$P(A \cup B) = P(A) + P(B) - P(A \cap B)$

Open Sesame **解　答**

3の倍数は　$100 \div 3 = 33 \cdots 1$ より　33枚

4の倍数は　$100 \div 4 = 25$ より　25枚

3の倍数かつ4の倍数であるもの，つまり12の倍数は

$100 \div 12 = 8 \cdots 4$　より　8枚

よって，

$$\frac{33}{100} + \frac{25}{100} - \frac{8}{100} = \mathbf{\frac{1}{2}}$$

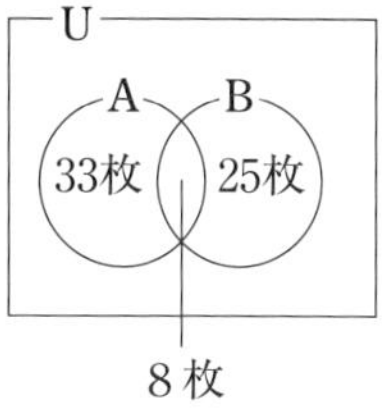

A…3の倍数の集合

B…4の倍数の集合

Challenge 25

1から20までの番号をつけた20枚のカードがある。この中から1枚抜きとるとき，次の確率を求めよ。

(1)　奇数で，かつ1桁である確率

(2)　奇数であるか，または1桁である確率

★★

例題 27　余事象の確率

10本のうち3本当たりくじが入っている。このくじから，3本のくじを同時にひくとき，少なくとも1本は当たる確率を求めよ。

くじを3本ひくとき，(ア)　3本とも当たる

(イ)　2本当たって，1本はずれ

(ウ)　1本当たって，2本はずれ

（(ア)～(ウ)：少なくとも1本当たる）

(エ)　3本ともはずれ

(ア)，(イ)，(ウ)のそれぞれの確率を求めて加えるという方法もあるが，(ア)と(イ)と(ウ)と(エ)の確率の和は1になるから，(エ)の確率を求めて1からひくという方法が便利である。

「少なくとも」という言葉をみたら，**余事象の定理 $P(\overline{A}) = 1 - P(A)$**

(少なくとも1本当たる確率) ＝ 1 － (1本も当たらない確率)

Open Sesame **解　答**

3本ともはずれる確率は

$$\frac{{}_7C_3}{{}_{10}C_3} = \frac{7 \cdot 6 \cdot 5}{3 \cdot 2 \cdot 1} \times \frac{3 \cdot 2 \cdot 1}{10 \cdot 9 \cdot 8} = \frac{7}{24}$$

よって，求める確率は　$1 - \dfrac{7}{24} = \mathbf{\dfrac{17}{24}}$

▶$P(\overline{A}) = 1 - P(A)$

Challenge 26

男子 6 人と女子 4 人の計 10 人から 4 人の委員を選ぶとき，次の確率を求めよ。

(1)　男，女 2 人ずつ選ばれる確率

(2)　少なくとも 1 人女子が選ばれる確率

問 題 演 習

A

28　2 つのサイコロを同時に振るとき，それらの目の和が素数になる確率を求めよ。

29　6 人が円卓の周りに座るとき，特定の 2 人が隣り合う確率を求めよ。

30　赤球 4 個，白球 2 個が入った箱の中から 2 個の球をとり出すとき，少なくとも 1 個が白球である確率を求めよ。

B

31　1 から 9 までの番号札計 9 枚の中から，無作為に 3 枚抜き出したとき，数字の和が奇数となる確率を求めよ。

32　大小 2 つのサイコロを同時に振って，出た目の数をそれぞれ a，b とするとき，$x^2+ax+b=0$ が，異なる 2 つの実数解をもつ確率を求めよ。

33　次の［　　］をうめよ。

3 つのサイコロを同時に振るとき，少なくとも 1 つ 1 の目が出る確率は［ ア ］であり，3 つとも異なる目が出る確率は［ イ ］である。

34　3 つのサイコロを振ったときの 3 つの目について，次の確率を求めよ。

(1)　3 つの目の和が 10 である確率

(2)　3 つの目の積が 36 である確率

35 4人でじゃんけんをするとき，1回のじゃんけんで1人だけが勝つ確率を求めたい。次の □ をうめよ。

(1) 4人のじゃんけんの出し方は全部で □ 通り

(2) 1人だけ勝つのは，だれが勝つか及びその人がグー，チョキ，パーいずれで勝つかで □ 通り

(3) したがって求める確率は □

36 袋の中に赤球が x 個，白球が2個入っている。この袋の中から4個の球を同時にとり出すとき，次の各問いに答えよ。

(1) とり出し方は何通りあるか。x を用いて表せ。

(2) 赤球が3個含まれている場合の数を x を用いて表せ。

(3) 赤球が3個含まれている確率が $\frac{4}{7}$ のとき，x の値を求めよ。

C

37 赤，青，黄，緑の玉が3個ずつあり，どの玉にも1から3までの番号が1つずつ書いてある。この12個の玉の中から無作為に3個とり出すとき，次の確率を求めよ。

(1) 全部同じ番号になる確率

(2) 番号がすべて異なる確率

(3) 色も番号もすべて異なる確率

数学A 分野

OPEN★SESAME

6 独立試行と確率

ここでMaster!
いくつかの試行が独立であるかどうかを的確に判断し，一連の試行における確率を乗法によって求められるようにしよう。

Open Sesame

●独立試行の確率

2つの独立な試行 T_1，T_2 をまとめた試行 T において，T_1 では事象 A が起こり，試行 T_2 では事象 B が起こるという一連の事象を C とすると，

$$P(\mathrm{C})=P(\mathrm{A})\cdot P(\mathrm{B})$$

●反復試行の確率

1回の試行で，事象 A の起こる確率を p とする。この試行を n 回行うとき，事象 A がちょうど r 回起こる確率は，

$${}_n\mathrm{C}_r p^r q^{n-r}$$ （ただし，$q=1-p$）

一般に2つの試行 T_1，T_2 において，一方の結果が他方の結果に影響を及ぼさないとき，2つの試行は独立であるといい，これら2つの試行を同時に行うとか続けて行うような試行を**独立試行**という。

【例】 赤球2個と白球3個が入った袋の中から，A，Bの2人がこの順で球を1個ずつとり出すという試行において，次の2つの場合について考えてみよう。

(ア)　A がとり出した球を袋に戻して B がとり出す場合 ………**独立試行**

(イ)　A がとり出した球を袋に戻さないで B がとり出す場合………**独立試行ではない**

▶(イ)は従属試行（条件つき確率）

★ **例題 28**　**独立試行の確率(I)**

4つの箱があり，各々に異なった数字が1つずつ書かれたカードが入っている。Aの箱は1および2の2枚，Bの箱は1，2および3の3枚，Cの箱は1，2，3および4の4枚，Dの箱は1，2，3，4および5の5枚である。いま，各箱からカードを無作為に1枚ずつとり出すとき，次の確率を求めよ。

(1)　とり出したカードがすべて1である確率。

(2)　とり出したカードが1または2である確率。

(1)(2)　4つの箱それぞれからカードをとり出す ⟶ **独立試行**

Open Sesame 解答

(1)　A，B，C，Dの箱から1枚ずつカードをとり出す試行は独立で，そのカードが1である確率はそれぞれ $\frac{1}{2}$，$\frac{1}{3}$，$\frac{1}{4}$，$\frac{1}{5}$ だから

$$\frac{1}{2}\times\frac{1}{3}\times\frac{1}{4}\times\frac{1}{5}=\boldsymbol{\frac{1}{120}}$$

(2)　とり出したカードが1または2である確率はそれぞれ $\frac{2}{2}$，$\frac{2}{3}$，$\frac{2}{4}$，$\frac{2}{5}$ だから

$$\frac{2}{2}\times\frac{2}{3}\times\frac{2}{4}\times\frac{2}{5}=\boldsymbol{\frac{2}{15}}$$

Challenge 27

赤球3個と白球4個の入った袋の中から，まずAが2個とり出し，それをもとに戻してからBが1個とり出すとき，次の各問いに答えよ。

(1)　A，Bがとり出した3個がすべて赤である確率を求めよ。

(2)　A，Bがとり出した3個がすべて同色である確率を求めよ。

★★ 独立試行の確率(II)

例題 29

同じ高校から3人の生徒が受験をしている。この生徒3人が試験に合格する確率はそれぞれ $\dfrac{9}{10}$, $\dfrac{3}{5}$, $\dfrac{1}{2}$ である。次の $\boxed{}$ をうめよ。

(1)　全員が不合格になる確率は $\boxed{}$

(2)　3人のうち少なくとも1人が合格する確率は $\boxed{}$

(3)　3人のうちいずれか1人だけが合格する確率は $\boxed{}$

(4)　3人のうち少なくとも2人が合格する確率は $\boxed{}$

Open Sesame 解答

(1)　全員が不合格となるのは

$$\left(1-\frac{9}{10}\right)\left(1-\frac{3}{5}\right)\left(1-\frac{1}{2}\right)=\frac{1}{10}\cdot\frac{2}{5}\cdot\frac{1}{2}=\mathbf{\frac{1}{50}}$$

▶3人がそれぞれ不合格になることは互いに独立。

(2)　少なくとも1人合格するのは(1)より　$1-\dfrac{1}{50}=\mathbf{\dfrac{49}{50}}$

▶余事象を用いる。

(3)　1人だけ合格するとき，他の2人は不合格だから

$$\frac{9}{10}\left(1-\frac{3}{5}\right)\left(1-\frac{1}{2}\right)+\left(1-\frac{9}{10}\right)\cdot\frac{3}{5}\cdot\left(1-\frac{1}{2}\right)+\left(1-\frac{9}{10}\right)\left(1-\frac{3}{5}\right)\cdot\frac{1}{2}$$

$$=\frac{9}{10}\cdot\frac{2}{5}\cdot\frac{1}{2}+\frac{1}{10}\cdot\frac{3}{5}\cdot\frac{1}{2}+\frac{1}{10}\cdot\frac{2}{5}\cdot\frac{1}{2}$$

$$=\frac{18+3+2}{100}=\mathbf{\frac{23}{100}}$$

(4)　少なくとも2人合格するのは，(1), (3)の場合を除いたもの。

$$1-\left(\frac{1}{50}+\frac{23}{100}\right)=\mathbf{\frac{3}{4}}$$

Challenge 28

射的をするのに，Aは5発中4発，Bは4発中3発，Cは3発中2発の割合で的中する。

(1)　3人が1発ずつ射る場合，Aだけが的中する確率を求めよ。

(2)　3人が1発ずつ射る場合，少なくとも2人が的中する確率を求めよ。

★★

例題 30　出た目の最大値

3 個のサイコロを投げたとき，次の確率を求めよ。

(1)　出た目の最大値が 5 以下になる確率

(2)　出た目の最大値が 5 になる確率

n 個のサイコロを振って出た目の最大値が a の確率

$$\left(\frac{a}{6}\right)^n-\left(\frac{a-1}{6}\right)^n$$

Open Sesame 解答

(1)　$\left(\frac{5}{6}\right)^3=\mathbf{\frac{125}{216}}$

(2)　(1)の場合のうち，出た目の最大値が 4 以下になるのは，$\left(\frac{4}{6}\right)^3$

よって

$$\left(\frac{5}{6}\right)^3-\left(\frac{4}{6}\right)^3=\frac{125-64}{216}=\mathbf{\frac{61}{216}}$$

▶(1)で求めた $\left(\frac{5}{6}\right)^3$ は，(1，4，3)，(2，2，1) などのような 5 を含まない場合，すなわち 3 つとも 4以下の場合も含めた確率なので，これを除くために $\left(\frac{4}{6}\right)^3$ をひく。

Challenge 29

4 個のサイコロを投げたとき，次の確率を求めよ。

(1)　出た目の最大値が 3 以下になる確率

(2)　出た目の最大値が 3 になる確率

★

例題 31　反復試行の確率(I)

サイコロを 5 回投げて，そのうちの 3 回に 2 以下の目が出る確率を求めよ。

2 以下の目が出る確率は $\frac{2}{6}=\frac{1}{3}$，それ以外の目の出る確率は $\frac{4}{6}=\frac{2}{3}$，2 以下の目が出ることを○，それ以外の目が出ることを×で表すと，5 回のうち 3 回が○となる場合を書き出すと，右のようになる。

○○○××
○○×○×
○○××○
⋮

これは，5ヵ所の中から3ヵ所を選んで○をつけていることになるから，求める場合の数は ${}_5C_3={}_5C_2$

また，それぞれの場合における確率はすべて，$\left(\dfrac{1}{3}\right)^3\left(\dfrac{2}{3}\right)^2$ となる。

Open Sesame 解答

2以下（1，2）の目が出る確率は $\dfrac{2}{6}=\dfrac{1}{3}$

それ以外（3，4，5，6）の目が出る確率は $\dfrac{4}{6}=\dfrac{2}{3}$

したがって，求める確率は，

$${}_5C_2\left(\frac{1}{3}\right)^3\left(\frac{2}{3}\right)^2=\mathbf{\frac{40}{243}}$$

Challenge 30

○か×かで答える問題が5問あるとき，でたらめに答えて3問正解する確率を求めよ。

★★

例題 32　反復試行の確率(Ⅱ)

いま，点Pは原点にある。点Pはサイコロを振って出る目により，次のように進むものとする。

$\begin{cases} 1\sim3\text{の目が出たとき，}x\text{軸の正方向へ}1\text{進む} \\ 4\sim6\text{の目が出たとき，}x\text{軸の負方向へ}2\text{進む} \end{cases}$

サイコロを6回振ったとき，点Pが x 軸の正方向3の位置にいる確率を求めよ。

Open Sesame 解答

1〜3が x 回，4〜6が y 回出たとすると，

$$x-2y=3 \quad \cdots①$$

また，$x+\ y=6 \quad \cdots②$

①，②を解いて，$x=5$，$y=1$

したがって，

$${}_6C_5\left(\frac{3}{6}\right)^5\left(\frac{3}{6}\right)^1=\mathbf{\frac{3}{32}}$$

▶1〜3，4〜6が何回出たか，わからないときは，それぞれの回数を x，y とおき，連立方程式から求める。

Challenge 31

1 枚の硬貨を投げて，表が出れば 3 点，裏が出たら -2 点とする。硬貨を 6 回投げて，合計が 8 点になる確率を求めよ。

★★ 反復試行の確率(III)

例題 33

A，B の 2 チームが対戦を繰り返して，先に 4 勝したチームを優勝とする。A，B の勝つ確率はともに $\frac{1}{2}$ で，引き分けはないものとする。A が 4 勝 2 敗で優勝する確率を求めよ。

6 回対戦したとき，A の 4 勝 2 敗となる例を次にいくつか示した。

	第 1 戦	第 2 戦	第 3 戦	第 4 戦	第 5 戦	第 6 戦	
例 1	A	B	A	B	A	Ⓐ	
例 2	B	A	A	A	B	Ⓐ	
例 3	A	A	B	A	A	B	←条件にあてはまらない
例 4	A	A	B	A	B	Ⓐ	

上の 4 つの例のうち，例 3 は本問の条件にあてはまらない。第 5 戦で A の 4 勝 1 敗となり，そこで打ち切りになってしまうからである。したがって，「第 5 戦までに A が 3 勝をあげ，第 6 戦に A が勝つ」というように，最終戦だけ別扱いする必要がある。

Open Sesame 解答

A が 4 勝 2 敗で優勝するのは，

$\begin{cases} \text{第 1 戦〜第 5 戦で A の 3 勝 2 敗} \\ \text{第 6 戦が A の勝ち} \end{cases}$

となる場合なので

$${}_5C_3\left(\frac{1}{2}\right)^3\left(\frac{1}{2}\right)^2\times\frac{1}{2}=\mathbf{\frac{5}{32}}$$

「第 6 戦（最終戦）で B が勝って，A の優勝」なんてことがあるわけない。

▶ 5 戦目までは，勝ち負けの順番があるので，${}_5C_3$ が必要。

Challenge 32

サイコロを振って，1 から 4 までのいずれかの目が出れば A の勝ち，5，6 のどちらかならば B の勝ちというゲームで，先に 3 勝した方が優勝とする。5 ゲーム目で優勝が決まる確率を求めよ。

問題演習

A

38 次の□をうめよ。

AがBと戦って勝つ確率は $\frac{2}{3}$ である。A，Bが5回戦ったときAが3回勝つ確率は［ア］，Aが4回勝つ確率は［イ］である。

39 4枚の硬貨を同時に投げるとき，次の確率を求めよ。

(1)　2枚以上表の出る確率。　(2)　少なくとも1枚表の出る確率。

40 赤球2個，白球1個入っている袋がある。この袋から球を1個とり出して色を確かめて元に戻す。この試行を5回繰り返すとき，白球が3回出る確率を求めよ。

B

41 A君，B君の2人がジャンケンを3回行うとき，引き分け(あいこ)も1回と数えることとして，次の確率を求めよ。

(1)　3回目で初めて勝敗が決まる確率。

(2)　A君が3回のうち少なくとも1回勝つ確率。

42 x 軸上を動く点Pは，原点を出発点とし，サイコロを振って奇数の目が出たときには $+2$ だけ，偶数の目が出たときには -1 だけ進むものとする。ただし，1つのサイコロを振るものとする。次の各問いに答えよ。

(1)　サイコロを9回振るとき，点Pが $x=3$ にある確率を求めよ。

(2)　サイコロを9回振るとき，点Pが $x \leqq 0$ の範囲にある確率を求めよ。

(3)　サイコロを9回振るとき，点Pが原点以外にある確率を求めよ。

43 A，B2つの野球チームがあり，何回か試合をしてどちらかが先に4勝するまで続ける。ただし各試合でA，Bが勝つ確率はそれぞれ $\frac{1}{2}$ ずつとし，引き分けはないものとする。このとき次の各問いに答えよ。

(1)　第3戦まででAの1勝2敗となる確率はいくらか。

(2)　第5戦目でどちらかが4勝となる確率はいくらか。

(3)　第6戦目でどちらかが4勝となる確率はいくらか。

(4)　第3戦まででAの1勝2敗となったとする。このあとAが逆転で4勝できる確率を求めよ。

数学A 分野

OPEN★SESAME

⑦

条件つき確率

ここで Master!
いくつかの試行が独立であるかどうかを的確に判断し，一連の試行における確率を乗法によって求められるようにしよう。

Open Sesame

●条件つき確率

事象 A が起こったときに事象 B の起こる確率を，A が起こったときの B の起こる条件つき確率といい，$P_A(B)$ で表し，その確率は次の式で定義される。

$$\boldsymbol{P_A(B)=\frac{n(A\cap B)}{n(A)}=\frac{P(A\cap B)}{P(A)}} \quad \cdots①$$

●確率の乗法定理

2 つの事象 A，B がともに起こる確率 $P(A\cap B)$ は，

$$\boldsymbol{P(A\cap B)=P(A)\times P_A(B)}$$

●条件つき確率と確率の乗法定理

全事象を U としたとき，①式 $P_A(B)=\dfrac{n(A\cap B)}{n(A)}$ の右辺の分母・分子をそれぞれ $n(U)$ で割ると，

$$P_A(B)=\frac{P(A\cap B)}{P(A)}$$

が得られ，この式を変形すると確率の乗法定理

$$P(A\cap B)=P(A)\times P_A(B)$$

が成り立つ。

★★ 例題 34 条件つき確率(I)

映画の観客のうち，60％が男性であり，40％が 40 歳以下の男性である。観客の中から 1 人男性を選び出したとき，その人が 40 歳以下である確率を求めよ。

Open Sesame 解　答　選び出された観客が男性である事象をA，40歳以下である事象をBとする。

$$P(\mathrm{A})=\frac{60}{100}=\frac{3}{5}\qquad P(\mathrm{A}\cap\mathrm{B})=\frac{40}{100}=\frac{2}{5}$$

求める確率は，事象Aが起こったときの事象Bの起こる条件つき確率であるから，

$$P_{\mathrm{A}}(\mathrm{B})=\frac{P(\mathrm{A}\cap\mathrm{B})}{P(\mathrm{A})}=\frac{2}{5}\div\frac{3}{5}=\frac{2}{5}\times\frac{5}{3}=\mathbf{\frac{2}{3}}$$

▶単純に，次のように求めてもよい。
$\frac{40}{60}=\frac{2}{3}$

Challenge 33

2つのさいころを同時に投げるとき，目の和が3の倍数である事象をA，目の差が2である事象をBとする。次の確率を求めよ。

(1)　$P(\mathrm{A})$　　(2)　$P(\mathrm{A}\cap\mathrm{B})$　　(3)　$P_{\mathrm{A}}(\mathrm{B})$

★★　条件つき確率(II)

例題35

次の［　　］をうめよ。

(1)　赤球6個，白球5個，黒球4個が入っている箱の中から，とり出した球をもとに戻さないで，1個ずつ3回，計3個の球をとり出すとき，赤球，白球，黒球の順にとり出される確率は［　　］である。

(2)　当たりくじが3本，はずれくじが7本，合計10本のくじがある。3人がこのくじを1本ずつ，もとに戻さないでひくとき，1人目が当たる確率は［ア］，2人目が当たる確率は［イ］，3人目が当たる確率は［ウ］である。

とり出した球（くじ）をもとに戻さないので，先に何がとり出されたかによって，後の確率が変化することに注意しよう。

Open Sesame 解　答　(1)

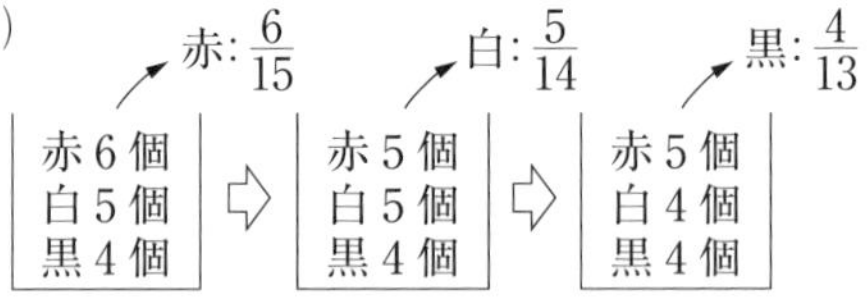

箱の中の球の個数が上図のように変化するから，

求める確率は，$\frac{6}{15}\times\frac{5}{14}\times\frac{4}{13}=\mathbf{\frac{4}{91}}$

1回ごとにもとに戻すのであれば，反復試行となる（**問題演習40**）。
また，とり出す順序を考えない場合は，**例題24**の解き方になる。混同しないように注意しよう。

(2) (ア) $\mathbf{\dfrac{3}{10}}$

(イ) 1人目が当たりかはずれかで，次の(i)(ii)に分ける。

1人目　2人目

(i) 当たり　当たり $\longrightarrow \dfrac{3}{10}\times\dfrac{2}{9}=\dfrac{1}{15}$

(ii) はずれ　当たり $\longrightarrow \dfrac{7}{10}\times\dfrac{3}{9}=\dfrac{7}{30}$

求める確率は，$\dfrac{1}{15}+\dfrac{7}{30}=\dfrac{9}{30}=\mathbf{\dfrac{3}{10}}$

(ウ) 1人目と2人目が当たりかはずれかで次の(i)～(iv)に分ける。

	1人目	2人目	3人目
(i)	当たり	当たり	当たり
(ii)	当たり	はずれ	当たり
(iii)	はずれ	当たり	当たり
(iv)	はずれ	はずれ	当たり

求める確率は，

$$\frac{3}{10}\cdot\frac{2}{9}\cdot\frac{1}{8}+\frac{3}{10}\cdot\frac{7}{9}\cdot\frac{2}{8}+\frac{7}{10}\cdot\frac{3}{9}\cdot\frac{2}{8}+\frac{7}{10}\cdot\frac{6}{9}\cdot\frac{3}{8}=\mathbf{\frac{3}{10}}$$

▶実は，何人目でも当たる確率は同じになる。そうでなければ，宝くじは不公平になってしまう。

Challenge 34

白球5個，赤球4個が入っている袋がある。袋の中から1個ずつ球をとり出し，それらの球はもとに戻さないとする。このとき，次の各問いに答えよ。

(1) 3回目に初めて赤球が出る確率を求めよ。

(2) すべての球をとり出すとき，異なる色の球が交互に出る確率を求めよ。

問題演習

A

44 赤玉3個，白玉2個が入っている袋から玉を1個取り出し，これを袋に戻さずに，さらに玉を1個取り出す。このとき，次の各問いに答えよ。

(1) 赤玉，白玉の順に取り出される確率を求めよ。

(2) 白玉，赤玉の順に取り出される確率を求めよ。

(3) 2個がともに同じ色となる確率を求めよ。

B

45　赤 4 枚，青 3 枚，黄 2 枚の合計 9 枚のカードがあり，この中から 3 枚のカードを順番に選んでいく試行を行う。このとき，次の確率を求めよ。ただし，1 度選んだカードはもとに戻さないとする。

(1)　赤・青・黄の順番で選ばれる確率

(2)　黄のカードが 1 枚以上含まれる確率

(3)　赤のカードが 2 枚以上含まれる確率

46　2 つの袋 A，B がある。A には赤球 5 個と白球 3 個，B には赤球 4 個と白球 6 個が入っている。このとき次の確率を求めよ。

(1)　A，B それぞれの袋から任意に 1 球ずつとり出すとき，両方とも赤球である確率。

(2)　A から任意に 1 球をとり出して B に入れ，次に B から任意に 1 球をとり出すとき，それが赤球である確率。

47　8 本のくじの中に当たりくじが 3 本入っている。この中から 1 本目を引き，それを戻さずに 2 本目を引く。1 本目が当たる事象を A，2 本目が当たる事象を B とする。このとき，次の各問いに答えよ。

(1)　$P(\mathrm{A})$，$P(\mathrm{B})$，および $P(\mathrm{A} \cap \mathrm{B})$ を求めよ。

(2)　1 本目の当たりはずれを確認しないで 2 本目を引くものとする。
　2 本目が当たりのとき，1 本目も当たりであった確率を求めよ。

48　さわっただけでは区別がつかない玉が 4 つ，中の見えない袋の中に入っている。玉の色はすべて異なっていて，そのうち一つは赤である。

　取り出した玉を袋に戻さずに順番に一つずつ 4 つの玉を取り出す。

　赤玉を取り出すまでに取り出した，赤玉を含めた玉の個数を得点とするゲームを行う。このとき次の確率を求めよ。

(1)　このゲームを 1 回行って，得点が 2 となる確率。

(2)　このゲームを 1 回行って，得点が 3 となる確率。

(3)　このゲームを 3 回行って，得点の合計が 5 となる確率。

数学A 分野

OPEN★SESAME

8

期待値

ここでMaster!

これまでは，ある試行における個々の事象の確率を求めてきたが，ここでは，ある現象についてのすべての場合を考えて，期待値を求められるようにしよう。

Open Sesame

ある試行において，変数Xが x_1，x_2，……x_n のうちどれか1つの値をとり，それぞれの値をとる確率が p_1，p_2，……p_n であるとき，変数Xの期待値 $E(\mathrm{X})$ は

$$\boldsymbol{E(\mathrm{X})=x_1p_1+x_2p_2+\cdots\cdots+x_np_n\quad(p_1+p_2+\cdots\cdots+p_n=1)}$$

【例】 サイコロの目の数を変数Xとした場合，サイコロを1回投げたときの出る目の数の期待値 $E(\mathrm{X})$ は

X(目の数)	1	2	3	4	5	6
P(確率)	$\frac{1}{6}$	$\frac{1}{6}$	$\frac{1}{6}$	$\frac{1}{6}$	$\frac{1}{6}$	$\frac{1}{6}$

$$E(\mathrm{X})=1\times\frac{1}{6}+2\times\frac{1}{6}+3\times\frac{1}{6}+4\times\frac{1}{6}+5\times\frac{1}{6}+6\times\frac{1}{6}=3.5$$

また，上の式を $\frac{1+2+3+4+5+6}{6}=3.5$ と変形すれば，出る目の平均を求めていることがわかる。したがって，期待値のことを単に**平均値**（**平均**）ということもある。

★ **例題 36** 期待金額

10,000本のくじの中で1等1本10,000円，2等3本5,000円，3等10本500円，4等30本100円のくじがある。このくじ1本をひくときの期待金額はいくらか。

Open Sesame 解答

1 等，2 等，3 等，4 等をそれぞれひく確率は，

順に $\frac{1}{10000}$，$\frac{3}{10000}$，$\frac{10}{10000}$，$\frac{30}{10000}$。

賞金を x とすれば，

X	10000	5000	500	100
確率	$\frac{1}{10000}$	$\frac{3}{10000}$	$\frac{10}{10000}$	$\frac{30}{10000}$

したがって，このくじ 1 本をひく時の期待金額は，

$$10000\times\frac{1}{10000}+5000\times\frac{3}{10000}+500\times\frac{10}{10000}+100\times\frac{30}{10000}$$

$=\mathbf{3.3}$**(円)**

▶期待値が金額である場合は，特に期待金額という。

Challenge 35

赤球 4 個，白球 3 個，青球 1 個が入った袋の中から球を 1 個とり出す。とり出した球の色が赤なら 2 点，白なら 4 点，青なら 8 点もらえるとするとき，得点の期待値を求めよ。

★★

例題 37　個数の期待値

赤球 3 個，白球 2 個が入っている袋から 3 個の玉を同時にとり出すとき，その中に含まれる赤球の個数の期待値を求めよ。

Open Sesame 解答

赤球の個数	1	2	3
確率	$\frac{{}_3C_1\cdot{}_2C_2}{{}_5C_3}$	$\frac{{}_3C_2\cdot{}_2C_1}{{}_5C_3}$	$\frac{{}_3C_3}{{}_5C_3}$

したがって，赤球の個数の期待値は，

$$1\times\frac{{}_3C_1\cdot{}_2C_2}{{}_5C_3}+2\times\frac{{}_3C_2\cdot{}_2C_1}{{}_5C_3}+3\times\frac{{}_3C_3}{{}_5C_3}$$

$$=1\times\frac{3}{10}+2\times\frac{3}{5}+3\times\frac{1}{10}=\mathbf{\frac{9}{5}}\text{(個)}$$

Challenge 36

赤球 4 個と白球 6 個が入っている袋の中から，3 個の球を同時にとり出すとき，白球の出る個数の期待値を求めよ。

問題演習

A

49 ある宝くじの当せん金と本数は次の表のとおりである。この宝くじの期待金額を求めよ。

1 等	10,000,000 円	2 本
1 等前後賞	5,000,000 円	4 本
2 等	100,000 円	330 本
3 等	1,000 円	33,000 本
4 等	100 円	330,000 本

売り出し総数 3,300,000 通（1 枚 100 円）

B

50 1 枚の硬貨を 5 回投げる。次の各問いに答えよ。

(1) 表が 2 回以上出る確率を求めよ。

(2) 表が出る回数の期待値を求めよ。

51 次の［　　］をうめよ。

箱の中に赤球が 5 個，白球が 4 個ある。この中から無作為に 4 個とり出すとき，赤球が 2 個である確率は［ア］である。また，4 個とり出すときの赤球の個数の期待値は［イ］である。

52 2 個のサイコロを投げたときに出る 2 つの目について，次の問いに答えよ。

(1) 2 つの目の差の期待値を求めよ。

(2) 2 つの目の和の期待値を求めよ。

53　硬貨を 6 枚投げ，6 枚とも表または裏なら 5 点，1 枚だけが表または裏なら 4 点，2 枚が表または裏なら 3 点，表と裏が 3 枚ずつなら 2 点というゲームを行う。このゲームにおける得点を X として，X の期待値を求めよ。

第2章

図形の性質

Open Sesame Series

数学A 分野

OPEN★SESAME

① 三角形の辺と角

ここで Master!

三角形の辺と角について基本事項を確認するとともに，角の二等分線の性質とその証明を理解しよう。

Open Sesame

●三角形の辺と角の大小

△ABC において，BC$=a$，CA$=b$，AB$=c$ とするとき，

1　$a>b \iff \angle A > \angle B$

2　三角形の成立条件

$|b-c|<a<b+c$

※このとき，$a>0$，$b>0$，$c>0$ を満たす。

3　三平方の定理

$\angle A=90^\circ \iff a^2=b^2+c^2$

また，

$\angle A<90^\circ \iff a^2<b^2+c^2$

$\angle A>90^\circ \iff a^2>b^2+c^2$

●平行線と線分の比

1　右図において

$$BC /\!/ DE \iff \begin{cases} \dfrac{AD}{AB}=\dfrac{AE}{AC} \\ \dfrac{AD}{DB}=\dfrac{AE}{EC} \end{cases}$$

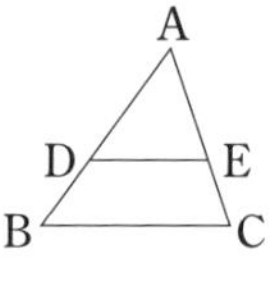

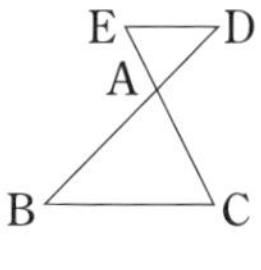

$$BC /\!/ DE \Longrightarrow \frac{AD}{AB}=\frac{DE}{BC}$$ （逆は成り立たない）

2　右図において

$$l /\!/ m /\!/ n \iff \frac{AB}{BC}=\frac{DE}{EF}$$

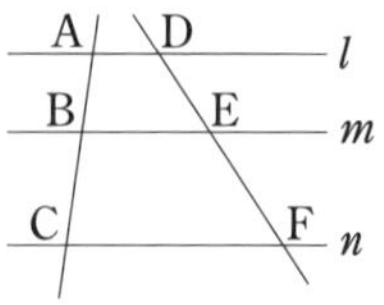

3　中点連結定理

△ABC において

辺 AB，AC の中点をそれぞれ M，N とすると，

MN∥BC，MN＝$\frac{1}{2}$BC

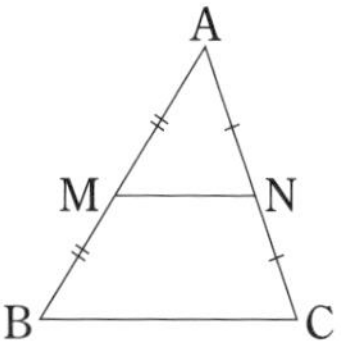

●角の二等分線の性質

1　内角の二等分線

△ABC において，∠A の二等分線と

辺 BC との交点を P とすると，

AB：AC＝BP：CP

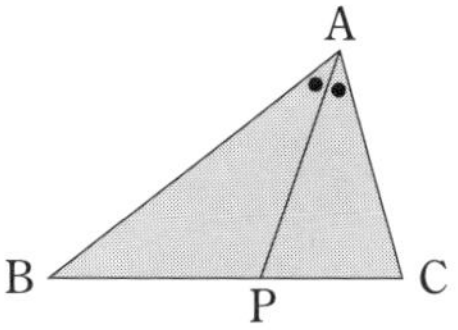

2　外角の二等分線

AB≠AC である △ABC において，

∠A の外角の二等分線と辺 BC の延

長線との交点を Q とすると，

AB：AC＝BQ：CQ

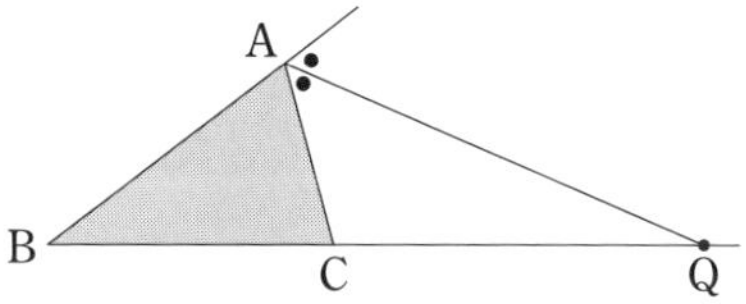

●三角形の辺と角の大小

1　$a>b \iff$ ∠A＞∠B の証明

$a>b$ のとき，CD＝b となる点 D を BC 上にとる。

∠CAD＝∠CDA＝θ，∠BAD＝d とおくと

θ＝∠B＋d　　　θ＞∠B

また，∠A＝θ＋d　　　∠A＞θ

よって，∠A＞θ＞∠B　　　∠A＞∠B

逆に，∠A＞∠B のとき，$a \leqq b$ と仮定すると

∠A≦∠B となるから

∠A＞∠B に矛盾する。よって，$a>b$　　　（証明終）

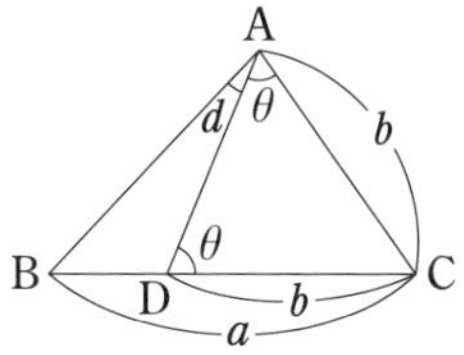

▶逆は背理法を利用。

2　三角形の成立条件

もし，a が $b+c$ より大きいと，右図のようになってしまい，三角形にならない。

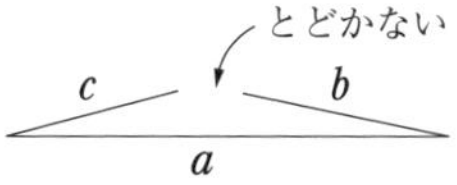

したがって，2 辺の和は残りの 1 辺より大きい必要がある。これを不等式で表すと，次の①，②，③のようになる。

$a<b+c$…①
$b<c+a$…②
$c<a+b$…③

逆に①，②，③を満たせば，a，b，c は三角形の 3 辺になることができる。⇨ 注

ここで，②，③を絶対値記号を利用して 1 つの不等式で表してみよう。

$$\left.\begin{array}{l}\text{②より，}\ b-c<a\\ \text{③より，}\ -a<b-c\end{array}\right\}\rightarrow -a<b-c<a$$
$$|b-c|<a$$

これと①をあわせて書くと，$|b-c|<a<b+c$ が得られる。

注　a，b，c は辺の長さだから，$a>0$，$b>0$，$c>0$ という条件も必要ではないか，と思うかもしれないが，次の理由から，その必要はない。

①＋②をつくると，$a+b<b+2c+a$
$0<2c$
$c>0$

同様に，②＋③，①＋③からそれぞれ，$a>0$，$b>0$ が得られる。したがって，①，②，③が成り立てば，必ず $a>0$，$b>0$，$c>0$ も成り立つのである。

▶$|b-c|<a<b+c$ ではなく，①，②，③を利用する方が解きやすい問題も多い。(**数学Ⅰ入試問題演習123**(1)参照)

▶たとえば，a，b，c のうち c が一番大きいとわかっているときには，
$c<a+b(a>0,\ b>0)$
だけでよい。(**challenge 37**の別解参照)

▶$-A<B<A$
$\Leftrightarrow |B|<A$

●角の二等分線の性質

証明は，**例題41**，**Challenge40**，および**数学Ⅰ問題演習128**参照。

▶∠A が具体的にわかっているときには面積を利用する。
(**数学Ⅰ例題98**参照)

★★ 三角形の成立条件

例題 38

2，4，x^2-x が三角形の 3 辺となるとき，x の値の範囲を求めよ。

$|b-c|<a<b+c$ の利用

Open Sesame **解　答**

$|2-4|<x^2-x<2+4$　より

$2<x^2-x<6$

$$\begin{cases}x^2-x-2>0 & \cdots\cdots①\\ x^2-x-6<0 & \cdots\cdots②\end{cases}$$

▶もちろん
$|x^2-x-2|<4<x^2-x+2$
$|x^2-x-4|<2<x^2-x+4$
でもよいが，計算の繁雑さを考えれば解答のようにするのがベスト。

①より　$(x+1)(x-2)>0$　　　$x<-1,\ 2<x$

②より　$(x+2)(x-3)<0$　　　$-2<x<3$

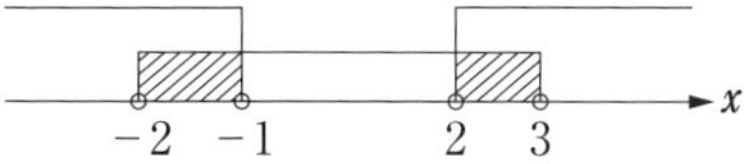

よって，　$\boldsymbol{-2<x<-1,\ 2<x<3}$

Challenge 37

$x,\ x+2,\ x+4$ が三角形の 3 辺となるとき，x の値の範囲を求めよ。

★ 平行線と線分の比(Ⅰ)

例題 39

右図で，3 直線 $l,\ m,\ n$ が平行であるとき，x と y の値を求めよ。

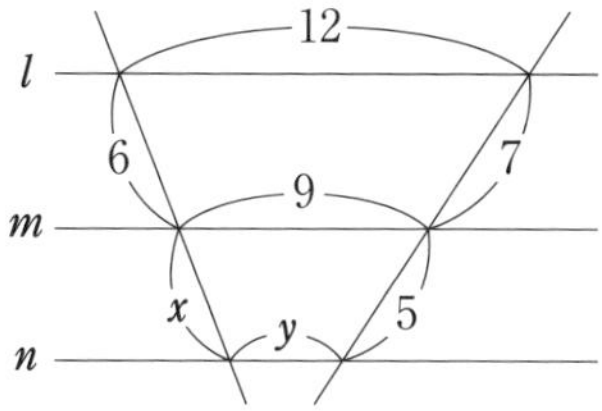

Open Sesame 解答

直線 n 上の 2 つの交点が一致するように，$l,\ m,\ n$ 以外の 2 直線を平行移動する。

▶2 直線を y だけ近づける。

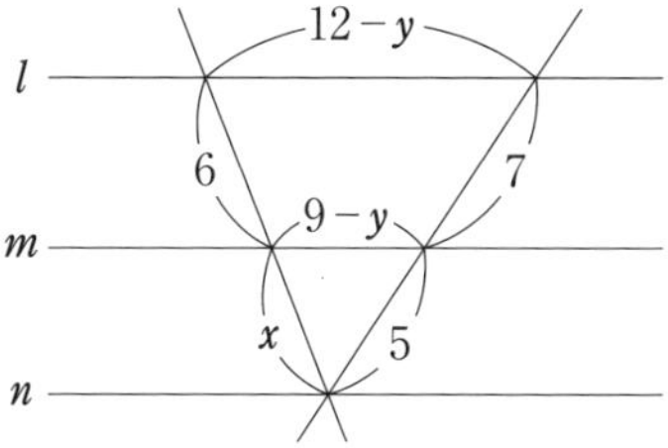

$l \parallel m \parallel n$ より，

$6:x=7:5$

$x\times 7=6\times 5$

$x=\boldsymbol{\dfrac{30}{7}}$

$(12-y):(9-y)=(7+5):5$

$(12-y)\times 5=(9-y)\times 12$

$60-5y=108-12y$

$y=\boldsymbol{\dfrac{48}{7}}$

Challenge 38

次の図で，$l \parallel m \parallel n$ であるとき，x の値を求めよ。

(1)
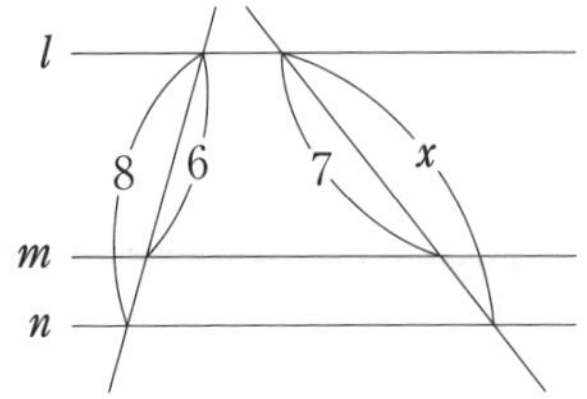

(2)
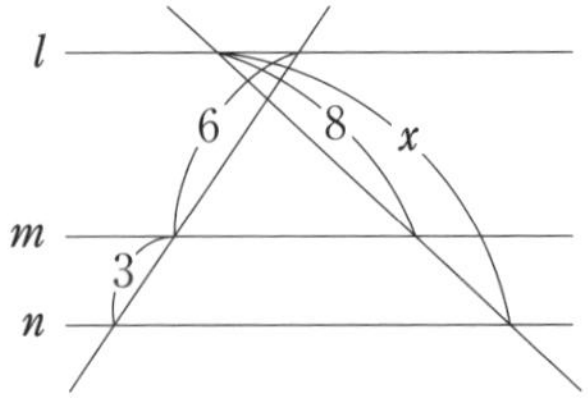

★★ **例題 40**　平行線と線分の比(II)

平行四辺形 ABCD の辺 BC，CD 上にそれぞれ BE＝2EC，CF＝2FD となるように点 E，F をとる。線分 AE，AF が対角線 BD と交わる点をそれぞれ P，Q とするとき，BP：PQ：QD を最も簡単な整数の比で表せ。

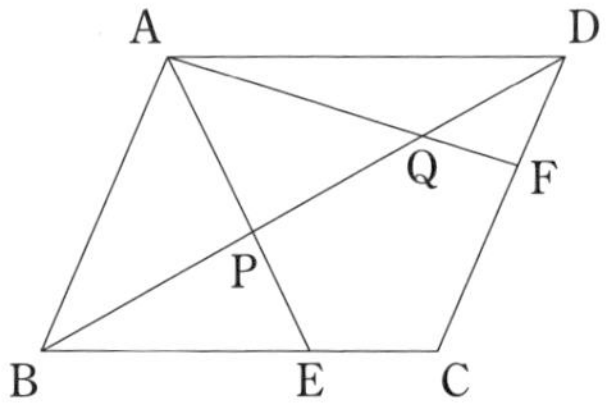

平行線がつくる相似形の発見が鍵となる。

Open Sesame 解答

AD∥BC より　△PBE∽△PDA で，

BE＝2EC だから，

BE：BC＝BE：DA＝BP：DP＝2：3

よって，$\mathrm{BP}=\dfrac{2}{5}\mathrm{BD}$　……①

AB∥DC より　△QFD∽△QAB で CF＝2FD だから，

FD：CD＝FD：AB＝QD：QB＝1：3

よって，$\mathrm{QD}=\dfrac{1}{4}\mathrm{BD}$　……②

①，②より　$\mathrm{PQ}=\left(1-\dfrac{2}{5}-\dfrac{1}{4}\right)\mathrm{BD}=\dfrac{7}{20}\mathrm{BD}$

したがって，$\mathrm{BP}:\mathrm{PQ}:\mathrm{QD}=\dfrac{2}{5}\mathrm{BD}:\dfrac{7}{20}\mathrm{BD}:\dfrac{1}{4}\mathrm{BD}$

$=\dfrac{2}{5}:\dfrac{7}{20}:\dfrac{1}{4}$

$=\mathbf{8:7:5}$

▶平行線がつくる相似形

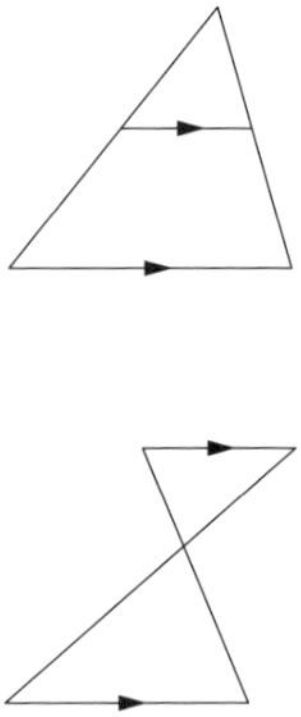

Challenge 39

△ABC の辺 BC 上に BD＝2DC となるように点 D をとる。また，辺 AB 上に AE：EB＝2：3 となるような点 E をとり，E を通って BC に平行な直線が AD と交わる点を F とする。さらに，E と C を結ぶ線分が AD と交わる点を G とするとき，AF：FG：GD を最も簡単な整数の比で表せ。

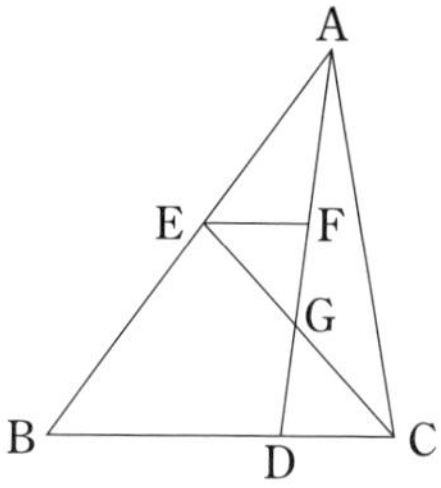

★★ **例題 41**　角の二等分線と辺の比

△ABC の ∠A の二等分線と辺 BC との交点を D とするとき，

　AB：AC＝BD：CD

が成り立つことを証明せよ。

角の二等分線に関する重要な性質で，下の **Challenge40** とともに，定理として利用してよい。

Open Sesame 解答　右図のように辺 BA の延長と頂点 C を通り AD に平行な直線との交点を E とすると，

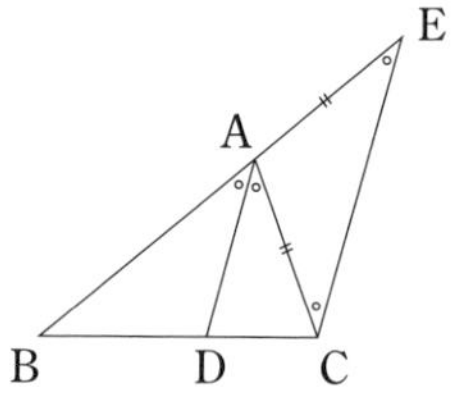

　∠BAD＝∠AEC（平行線の同位角）

　∠CAD＝∠ACE（平行線の錯角）

条件より ∠BAD＝∠CAD だから，

　∠AEC＝∠ACE　よって AC＝AE　……①

また，AD∥EC だから，AB：AE＝BD：CD　……②

①，②より　AB：AC＝BD：CD　（証明終）

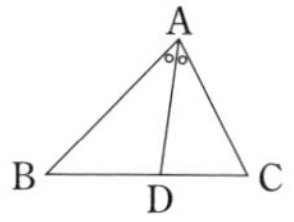

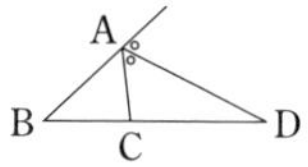

AB：AC＝BD：CD

Challenge 40

△ABC の ∠A の外角の二等分線が辺 BC の延長と交わる点を D とするとき，AB：AC＝BD：CD が成り立つことを証明せよ。

★★ 最短経路

例題 42

直線 l がある。この直線 l に関して同じ側にある 2 定点 A，B と l 上を動く点 P に対して，AP＋PB が最小となるとき，点 P の位置を述べよ。

右図のように，l に関して点 A と対称な点 A′ を考えると，P が l 上のどの位置にあっても AP＝A′P が成り立つことから A′P＋PB の最小を考えればよいことになる。

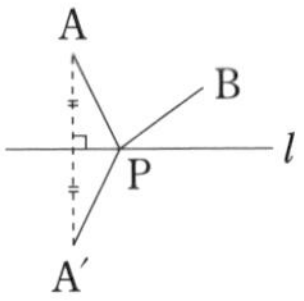

Open Sesame 解答

点 A の l に関する対称点 A′ をとると

AP＝A′P より

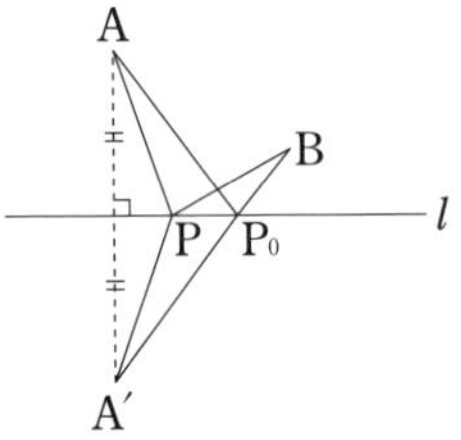

AP＋PB＝A′P＋PB

A′P＋PB≧A′B　だから，

l と A′B との交点を P_0 とすると，

A′P＋PB が最小となるのは P が P_0 の位置にきたときである。

すなわち AP＋PB が最小となるのは点 P が，**点 A の l に関する対称点と B を結ぶ直線と l との交点の位置**にきたとき。

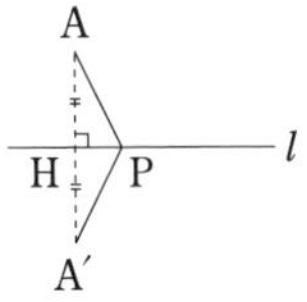

▶ l と AA′ の交点を H とすれば

∠AHP＝∠A′HP

AH＝A′H，HP＝HP

より

△AHP≡△A′HP

となって AP＝A′P

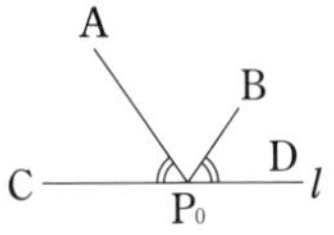

このとき，

$\angle AP_0C=\angle BP_0D$

Challenge 41

AB＝4，BC＝7 の長方形 ABCD がある。辺 CD の中点を M とし，辺 BC 上に点 P をとるとき，AP＋MP の最小値を求めよ。

数学A 分野

OPEN★SESAME

②

三角形の重心・内心・外心

ここで Master!

三角形の重心・内心・外心の図形的意味と性質を理解し，利用できるようになろう。

Open Sesame

●三角形の重心・内心・外心

1. **重心**… 3 本の中線の交点
2. **内心**… 3 つの角の二等分線の交点
3. **外心**… 3 つの辺の垂直二等分線の交点

●三角形の垂心・傍心 発展

1. **垂心**… 3 つの頂点から対辺に引いた垂線の交点
2. **傍心**… 1 つの角の二等分線と他の 2 つの外角の二等分線の交点

●チェバの定理

△ABC の三辺 BC，CA，AB 上にそれぞれ点 P，Q，R があり，3 直線 AP，BQ，CR が 1 点で交わるとき，

$$\frac{BP}{PC}\cdot\frac{CQ}{QA}\cdot\frac{AR}{RB}=1$$

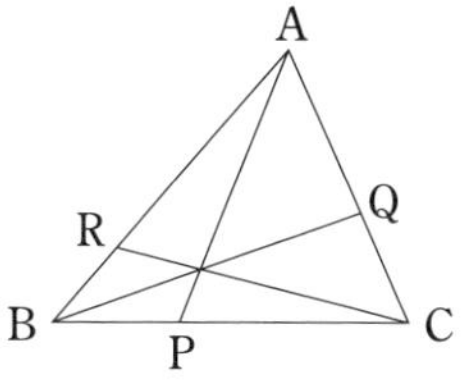

●メネラウスの定理

1 つの直線が △ABC の辺 BC，CA，AB またはその延長とそれぞれ P，Q，R で交わるとき，

$$\frac{BP}{PC}\cdot\frac{CQ}{QA}\cdot\frac{AR}{RB}=1$$

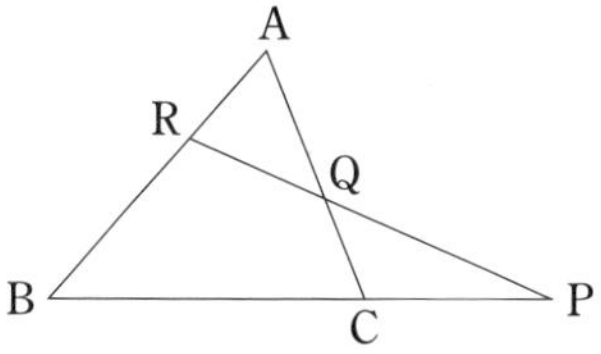

●三角形の重心・内心・外心

1　重心

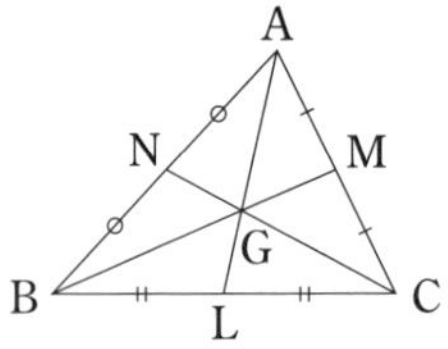

右図で，重心 G は 3 本の中線 AL，BM，CN をそれぞれ 2：1 の比に内分する。

AG：GL＝BG：GM＝CG：GN＝2：1

2　内心

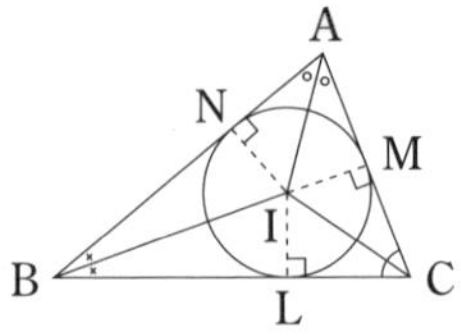

右図のように内心を I とすると，

IL＝IM＝IN（内接円の半径）

また，辺 AB，BC，CA はすべて内接円の接線だから，

AM＝AN，BN＝BL，CL＝CM

3　外心

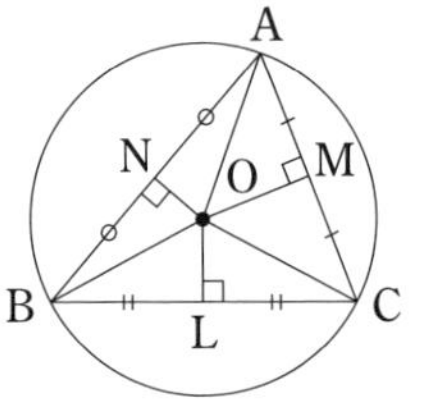

右図のように外心を O とすると，

OA＝OB＝OC（外接円の半径）

▶外心は鋭角三角形ではその内部に，直角三角形では斜辺上に，鈍角三角形ではその外部にある。

●三角形の垂心・傍心 発展

1　垂心

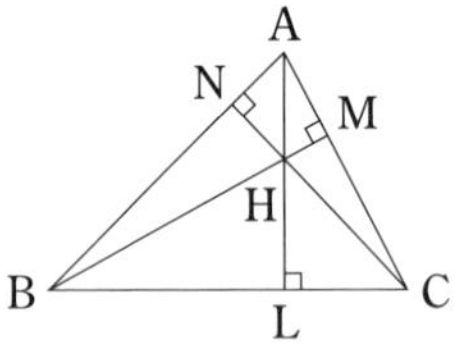

四角形 ANHM，BLHN，CMHL，BCMN は，それぞれ AH，BH，CH，BC を直径とする円に内接する。また，△ABC が**鋭角の三角形のとき H は △LMN の内心に，鈍角三角形のとき H は △LMN の傍心**になる。

▶ △LMN を △ABC の**垂足三角形**という。

2　傍心

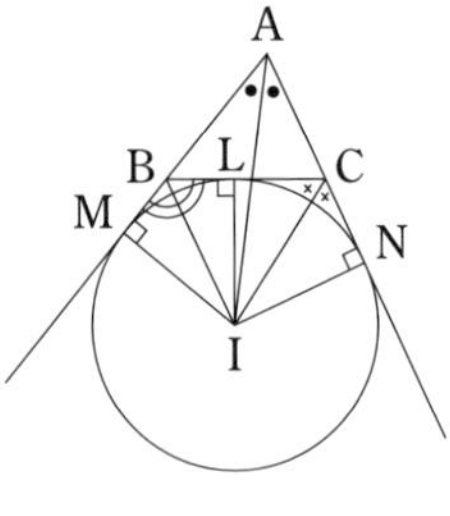

右図のように傍心を I とすると，

IL＝IM＝IN（傍接円の半径）

●チェバの定理の証明

3 本の直線 AP，BQ，CR の交点を O とすると，△OAB と △OAC は OA を共有しているので

$$\frac{BP}{PC}=\frac{\triangle OAB}{\triangle OAC}$$

同様に

$$\frac{CQ}{QA}=\frac{\triangle OBC}{\triangle OAB},\quad \frac{AR}{RB}=\frac{\triangle OAC}{\triangle OBC}$$

これら3つの式の辺々をかけ合わせて

$$\mathbf{\frac{BP}{PC}\cdot\frac{CQ}{QA}\cdot\frac{AR}{RB}=1}$$

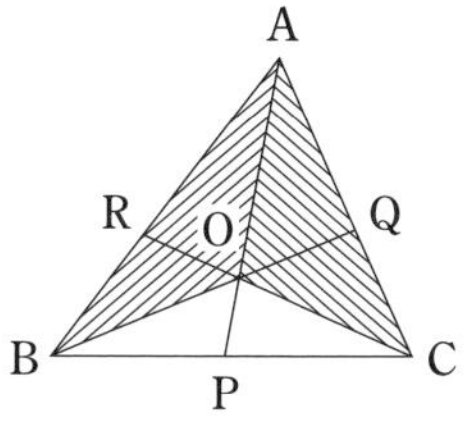

▶OA を底辺と考えると高さの比が $\frac{BP}{PC}$ となる。

●メネラウスの定理の証明

C から PR と平行な直線を引き，
辺 AB との交点を S とすると

$\frac{BP}{PC}=\frac{RB}{RS}$，$\frac{CQ}{QA}=\frac{RS}{AR}$ だから

$$\frac{BP}{PC}\cdot\frac{CQ}{QA}\cdot\frac{AR}{RB}=\frac{RB}{RS}\cdot\frac{RS}{AR}\cdot\frac{AR}{RB}=1$$

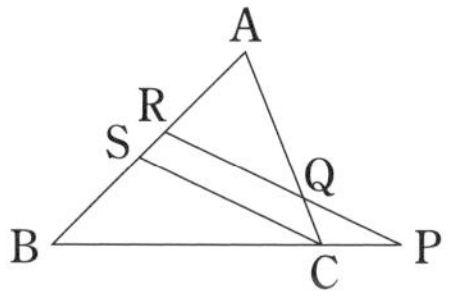

▶平行線と線分の比

★ 例題 43　重心と平行線の比

右図で，点 G は三角形 ABC の重心，DC∥EF である。
線分 DE の長さが 4 であるとき，線分 AB の長さを
求めよ。

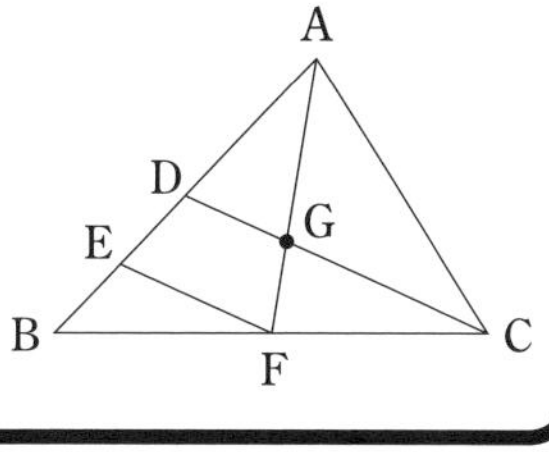

Open Sesame 解答

重心の性質より，AG：GF＝2：1
DG∥EF より，AD：DE＝AG：GF＝2：1
よって，AD＝2×DE＝2×4＝8
また，点 G が重心であるから，
点 D は AB の中点。
よって，AB＝2×AD
＝2×8
＝**16**

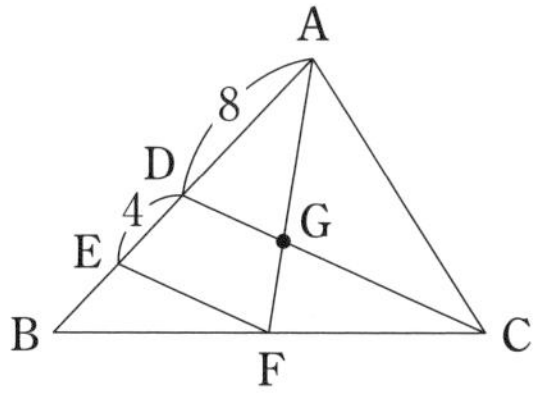

▶重心は中線の交点

Challenge 42

例題43の図において，線分 CG の長さが 10 であるとき，線分 EF の長さを求めよ。

★

例題 44　外心の性質

右図の三角形 ABC において，点 O は外心である。
$\angle OBA = 38°$，$\angle OBC = 29°$ のとき，$\angle OCA$ の大きさを求めよ。

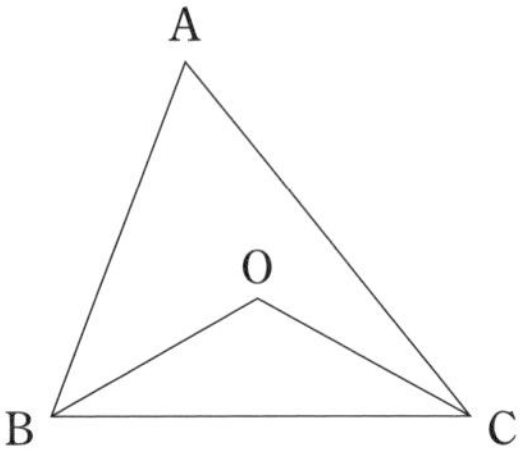

$\triangle ABC$ の外心を O とすると，$OA = OB = OC$ であるから，
$\triangle OAB$，$\triangle OBC$，$\triangle OCA$ はいずれも二等辺三角形。
よって，$\angle OAB = \angle OBA$，$\angle OBC = \angle OCB$，$\angle OCA = \angle OAC$

Open Sesame **解答**

外心の性質より，

$\angle OAB = \angle OBA = 38°$

$\angle OCB = \angle OBC = 29°$

$\angle OCA = \angle OAC = x$ とおくと，

($\triangle ABC$ の内角の和) $= 180°$ より，

$(x + 38°) + (38° + 29°) + (29° + x) = 180°$

$x = 23°$　　$\angle OCA = \mathbf{23°}$

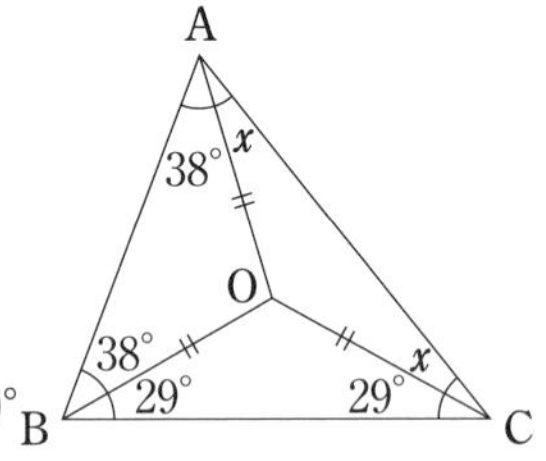

Challenge 43

点 O を外心とする三角形 ABC において，$\angle AOB = 100°$，$\angle OBC = 30°$ のとき，$\angle OAC$ の大きさを求めよ。

★★

例題 45　内心の性質(I)

$\angle A = 80°$ である三角形 ABC の内心を I とするとき，$\angle BIC$ の大きさを求めよ。

右図の △IAE と △IAF について，

$\begin{cases} \text{IE}=\text{IF}\ (\text{内接円の半径}) \\ \text{AIは共通} \\ \angle\text{IEA}=\angle\text{IFA}=90^\circ \end{cases}$

よって，直角三角形の合同条件より，
△IAE と △IAF は合同。
よって，**∠IAE = ∠IAF，∠AIE = ∠AIF，AE = AF**
同様にして，
∠IBF = ∠IBD，∠BIF = ∠BID，BF = BD
∠ICD = ∠ICE，∠CID = ∠CIE，CD = CE

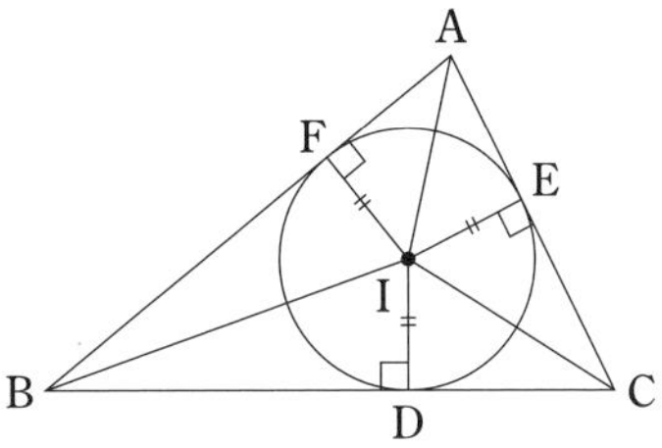

Open Sesame **解　答**

内心の性質より，
$\angle\text{IBA}=\angle\text{IBC}=x$
$\angle\text{ICA}=\angle\text{ICB}=y$
とおくと，
△ABC の内角の和より，
$80^\circ+2x+2y=180^\circ$
$2x+2y=100^\circ \qquad x+y=50^\circ$
△IBC の内角の和より，
$\angle\text{BIC}=180^\circ-(x+y)=180^\circ-50^\circ=\mathbf{130^\circ}$

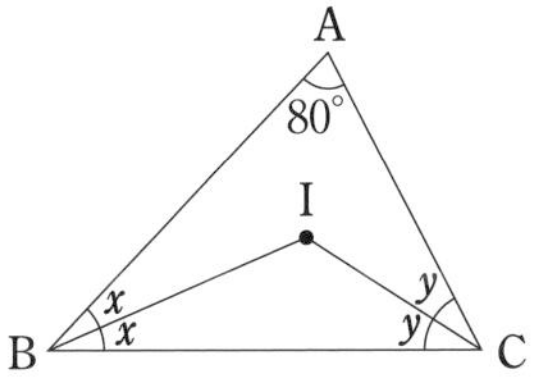

▶x と y の値を別々に求めることはできないが，$x+y$ の値は求められる。

Challenge 44

三角形 ABC の内接円の中心を I とする。$\angle\text{A}=\theta$ とするとき，∠BIC の大きさを θ を用いて表せ。

★★　内心の性質(II)

例題 46

三角形 ABC において，BC＝12，CA＝8，AB＝7 とする。この三角形の内接円と辺 BC との接点を D とするとき，BD の長さを求めよ。

例題45で示したように，右図において，
AE = AF，BF = BD，CD = CE
が成り立つ。これにあてはめてみよう。

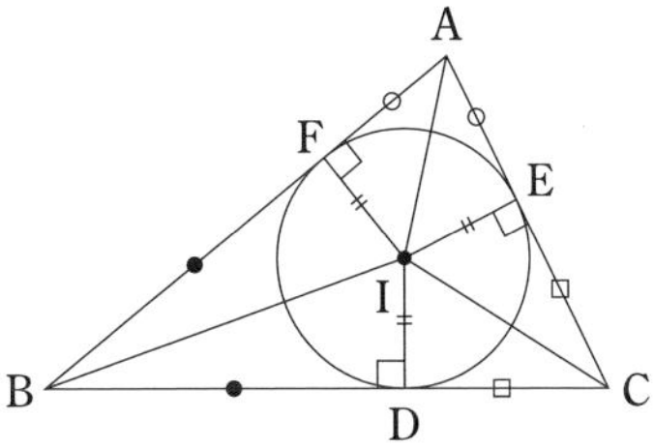

Open Sesame 解　答　内接円と辺 CA，AB との接点をそれぞれ E，F とする。

BD＝BF＝x とおくと，

　AF＝$7-x$，CD＝$12-x$

　AE＝$7-x$，CE＝$12-x$

AE＋CE＝AC より，

　$(7-x)+(12-x)=8$

　$x=\dfrac{11}{2}$　　BD＝$\boldsymbol{\dfrac{11}{2}}$

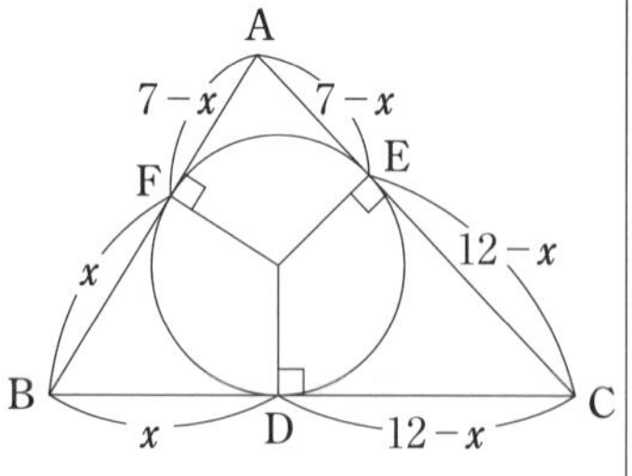

▶AF＝AB－BF
　＝$7-x$

Challenge 45

三角形 ABC において，内接円と，辺 BC，CA，AB との接点をそれぞれ D，E，F とする。AB＝14，BC＝16，BD＝9 のとき，CA の長さを求めよ。

★★ **例題 47**　メネラウスの定理

右図において，次のものを求めよ。

(1)　AQ：QC

(2)　△ABC：△QCP

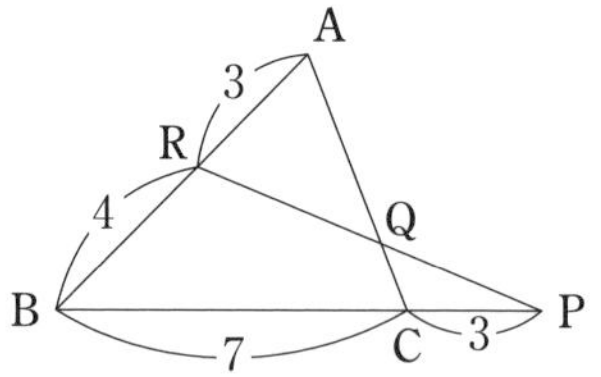

Open Sesame 解　答　(1)　メネラウスの定理から

$$\frac{7+3}{3}\cdot\frac{QC}{AQ}\cdot\frac{3}{4}=1$$

$\dfrac{QC}{AQ}=\dfrac{2}{5}$　　**AQ：QC＝5：2**

(2)

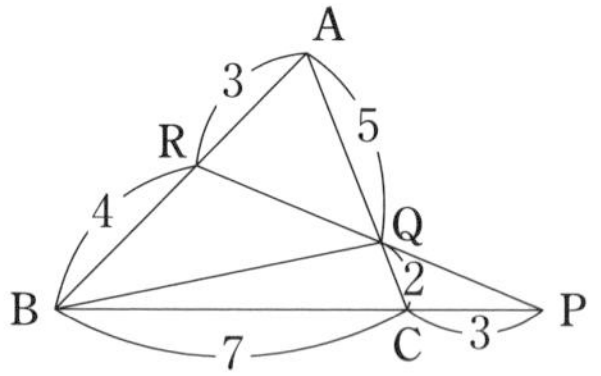

△ABC と △QCB において，底辺をそれぞれ AC，QC と考えると高さは等しいから，

　△ABC：△QCB＝AC：QC＝7：2　…①

▶高さが等しい三角形の面積比は底辺の比に等しい。

また，$\triangle QCB$ と $\triangle QCP$ において，底辺をそれぞれ BC，PC と考えれば高さは等しいから，

$\triangle QCB:\triangle QCP=BC:PC=7:3$　…②

①，②から

$\triangle ABC:\triangle QCB\qquad\quad =7:2$

$\qquad\quad\triangle QCB:\triangle QCP=\quad 7:3$

$\triangle ABC:\triangle QCB:\triangle QCP=49:14:6$

よって，$\boldsymbol{\triangle ABC:\triangle QCP=49:6}$

Challenge 46

右図において，次のものを求めよ。

(1)　$AC:CR$

(2)　$\triangle ABC:\triangle CRQ$

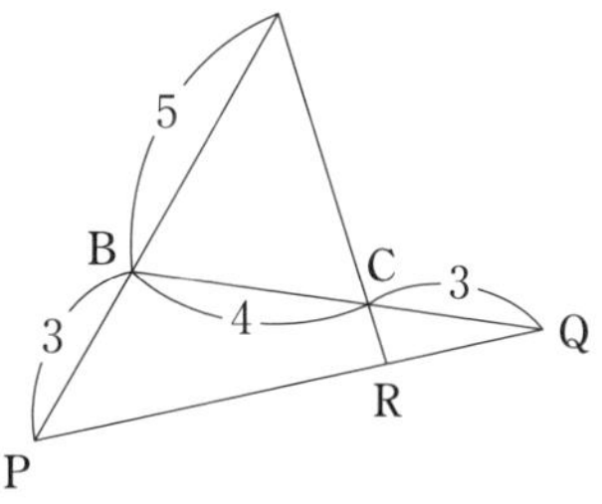

★★

例題 48　チェバの定理

$\triangle ABC$ において，辺 BC の中点を D，$\angle B$ の二等分線と AC，AD との交点をそれぞれ E，P，CP と AB の交点を F とすると，$BF=EF$ が成り立つことを証明せよ。

$BF=EF$ を証明するには……

直接証明するかまたは $\angle FBE=\angle FEB$ を証明するか。

$\angle FBE=\angle FEB$ を示すには，$FE /\!/ BC$ を示せばよい。

$AF:FB=AE:EC$ が示せないか…

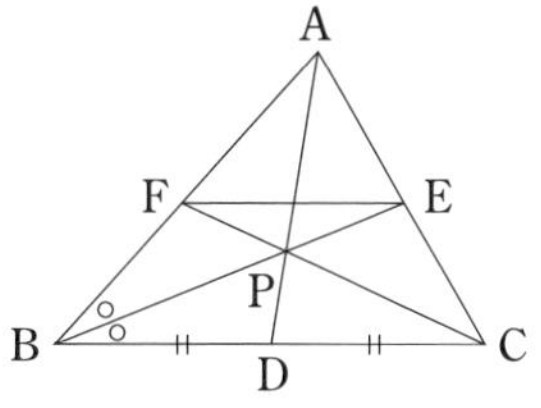

Open Sesame 解答　チェバの定理より

$$\frac{AF}{FB}\cdot\frac{BD}{DC}\cdot\frac{CE}{EA}=1$$

BD＝DC より，$\dfrac{AF}{FB}\cdot\dfrac{CE}{EA}=1$

$$\frac{AF}{FB}=\frac{EA}{CE}$$

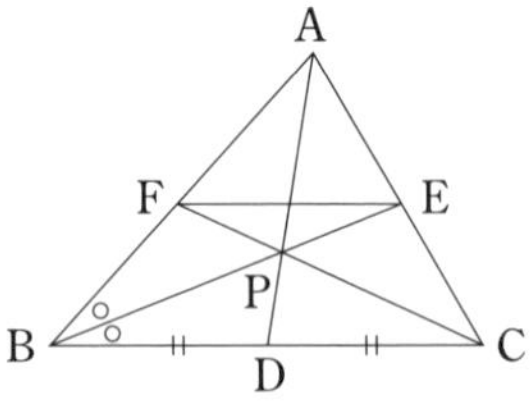

よって，FE∥BC

平行線の錯角は等しいから，∠EBC＝∠FEB

条件から，∠FBE＝∠EBC だから，∠FBE＝∠FEB

よって，△FBE において二角が等しいから，BF＝EF

（証明終）

▶△FBE は二等辺三角形

Challenge 47

△ABC の辺 AB，BC 上に，AD＝CE となるように点 D，E をとる。AE と CD との交点を F，直線 BF が辺 CA と交わる点を P とするとき，P は辺 CA を BD：BE の比に内分することを証明せよ。

問題演習

A

54　次の空欄にあてはまる言葉や数を入れよ。

(1)　三角形の外心は各辺の ______ 線の交点である。

(2)　三角形の内心は各内角の ______ 線の交点である。

(3)　三角形の 3 本の中線は 1 点で交わる。その点を三角形の ______ という。
その点は，3 本の中線を ______ に分ける。

B

55　AD∥BC，AD＝6，BC＝15，CD＝10 の台形 ABCD がある。辺 AB 上の点 P を通り，底辺 BC に平行な直線を引き，その直線と BD，CD との交点をそれぞれ Q，R とし，DR＝x とするとき，

(1)　QR の長さを x で表せ。

(2)　PQ：QR＝1：2 のとき，x の値を求めよ。

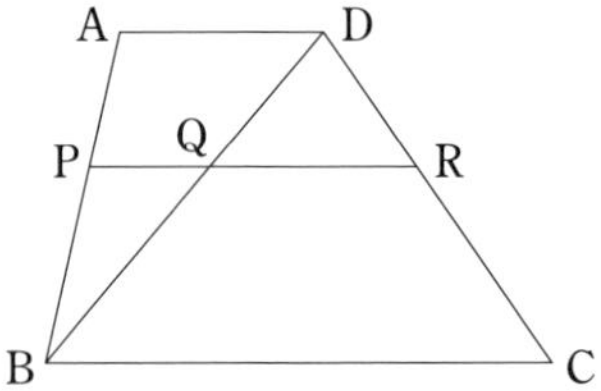

56　△ABC の重心を G とする。直線 AG と線分 BC との交点を D とする。AD＝x，BC＝y，∠CDG＝θ とするとき，次の値を求めよ。

(1)　GD の長さ

(2)　△CDG の面積

(3)　△ABG と △CDG の面積の比

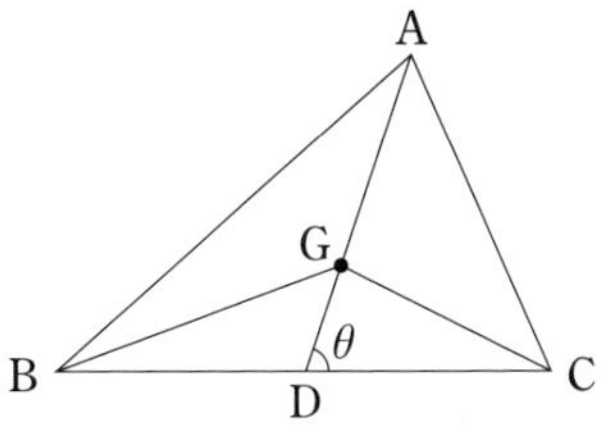

57　△ABC の辺 BC，CA，AB 上にそれぞれ点 P，Q，R があり，3 直線 AP，BQ，CR が △ABC の内心 S で交わっているとする。いま，BC＝a，CA＝b，AB＝c とおくとき，

AR：RB＝[ア]：[イ]，BP：PC＝[ウ]：[エ]，

BC：PC＝[オ]：[カ]，AS：SP＝[キ]：[ク]，

△ABC：△SBC＝[ケ]：[コ]である。

58　三角形 ABC の辺 BC を 2：1 の比に外分する点を P，辺 CA を 1：1 の比に内分する点を Q とし，直線 PQ と辺 AB の交点を R とする。このとき，点 R は辺 AB をどのような比に内分するか。

数学A 分野

OPEN★SESAME ③

円の性質

ここで Master!
円についての定理に習熟し，三角比の問題などにも応用できるようになろう。

Open Sesame

●円周角の定理

1　1つの円で，同じ弧または長さの等しい弧に対する円周角は等しい。

2　1つの弧に対する円周角は，その弧に対する中心角の半分である。

3　半円に対する中心角は 180° だから，円周角はその半分の 90°。

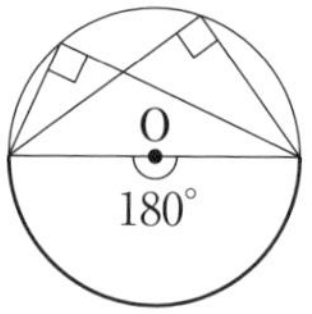

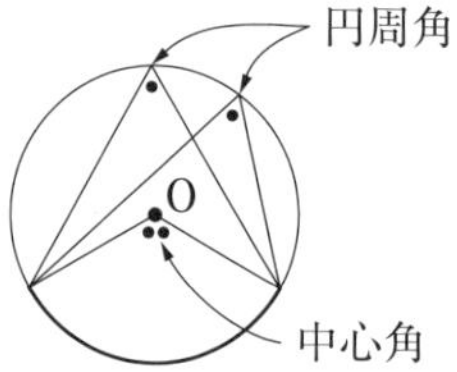

●円に内接する四角形

四角形が円に内接する $\Longleftrightarrow$ 対角の和が 180°

●接線と弦がつくる角

円の弦とその一端から引いた接線のつくる角は，
その角内にある弧に対する円周角に等しい。（接弦定理）

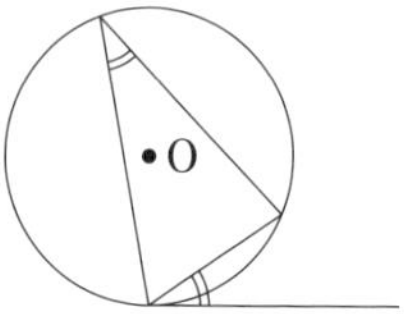

●方べきの定理

円の 2 つの弦 AB，CD，またはそれらの延長の交点を P とすると，

PA･PB＝PC･PD

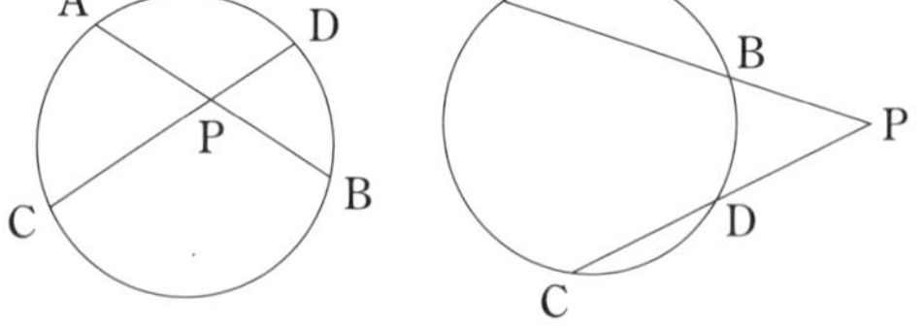

●円周角の定理の拡張

円周角は弧の長さに比例する。

たとえば右の図で，

$x : 30° = 7 : 5$

$x \times 5 = 30° \times 7$

$x = 42°$

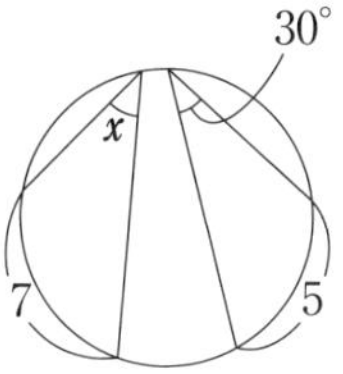

●方べきの定理の証明

△PAC と △PDB において，

∠PAC＝∠PDB,

∠PCA＝∠PBD より

△PAC∽△PDB

よって，$\frac{PA}{PD} = \frac{PC}{PB}$

PA・PB＝PC・PD

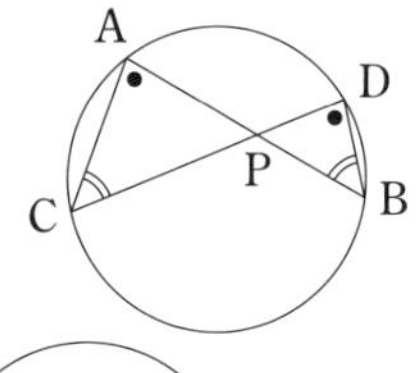

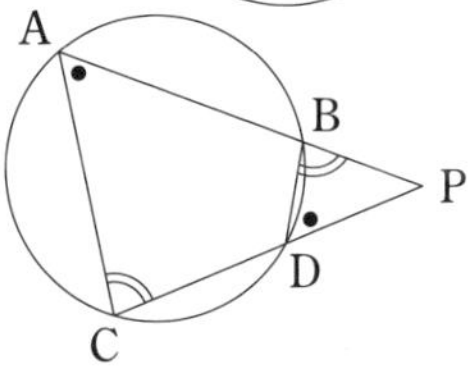

★ 例題 49　円周角の定理

右図の x の値を求めよ。

ただし，点 O は円の中心とする。

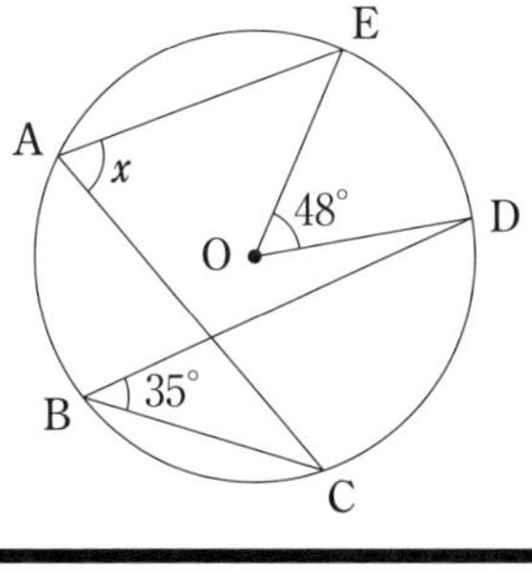

Open Sesame 解答

弧 ED に対する

円周角の定理より，

$\angle EAD = \angle EOD \times \frac{1}{2}$

$= 48° \times \frac{1}{2} = 24°$

弧 CD に対する円周角の定理より，

$\angle CAD = \angle CBD = 35°$

よって，

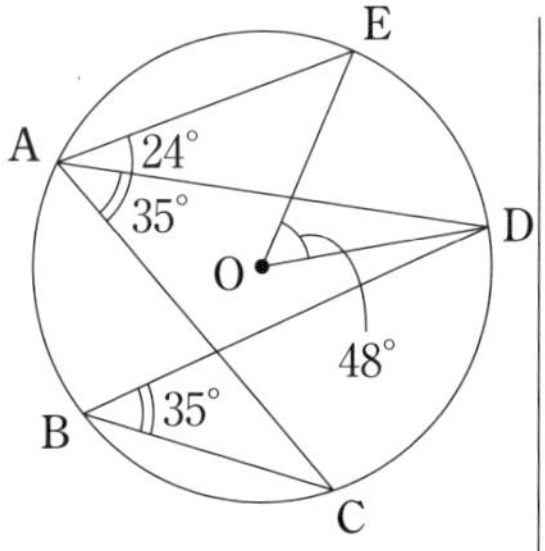

▶円周角は中心角の半分

$\angle EAC = \angle EAD + \angle CAD$

$= 24^\circ + 35^\circ$

$= 59^\circ$　　　$x = \mathbf{59^\circ}$

Challenge 48

次図の x，y の値を求めよ。ただし，O は円の中心とする。

(1)

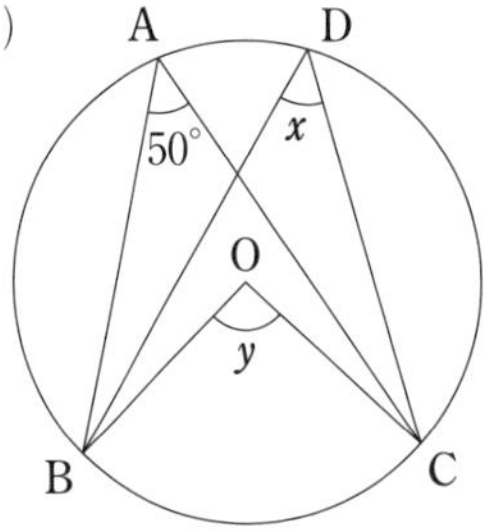

(2)

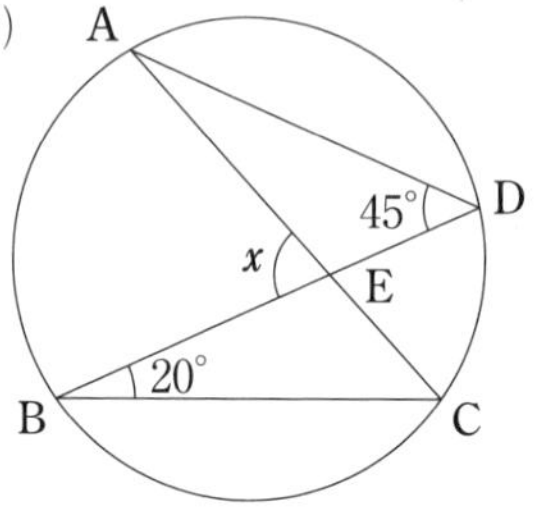

★★

例題 50　円に内接する四角形

右図の x の値を求めよ。

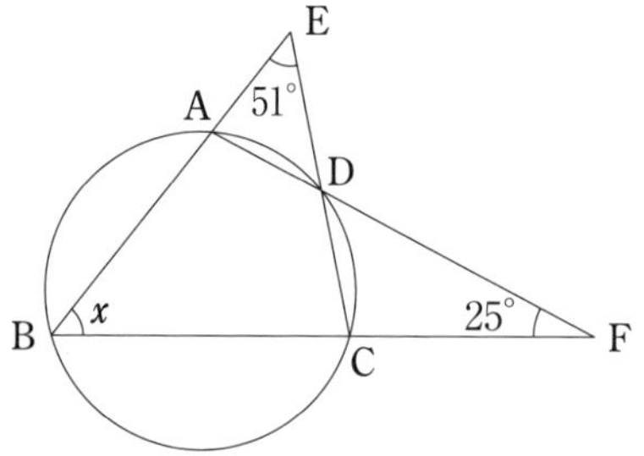

Open Sesame 解答

$\triangle ABF$ の内角の和より，

$\angle BAF = 180^\circ - (x + 25^\circ) = 155^\circ - x$

$\triangle EBC$ の内角の和より，

$\angle BCE = 180^\circ - (x + 51^\circ)$

$= 129^\circ - x$

円に内接する四角形の性質より，

$(155^\circ - x) + (129^\circ - x) = 180^\circ$

$-2x = -104^\circ$

$x = \mathbf{52^\circ}$

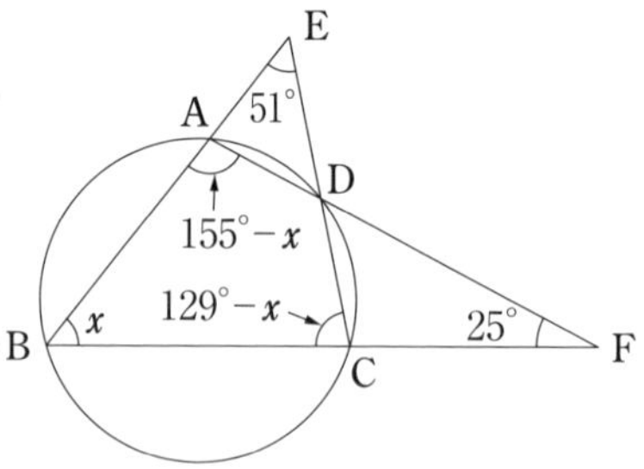

▶本問の場合，順に角度を求めることができないので，∠B以外の角を x で表し，x の方程式をつくる。

Challenge 49

右図において，∠DAB を求めよ。

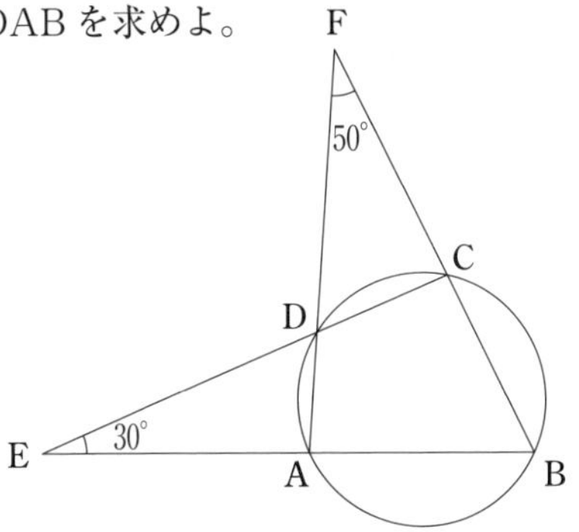

★ 半円に対する円周角・接弦定理

例題 51

次図の x の値を求めよ。ただし，O は円の中心，A は接点とする。

(1)

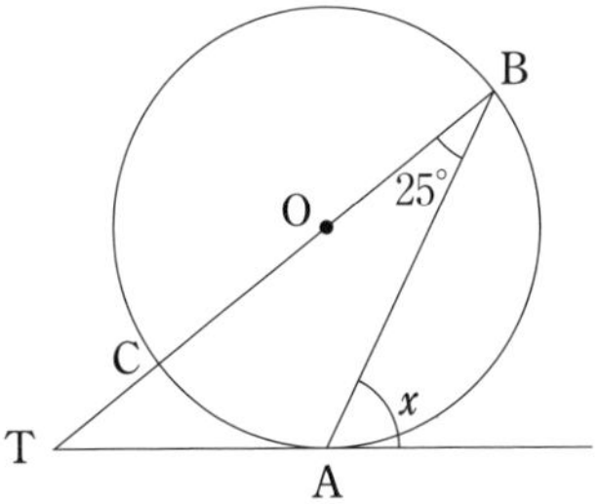

(2)

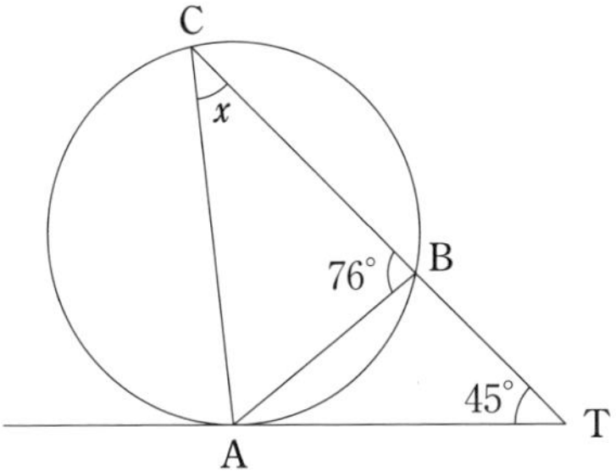

Open Sesame 解　答

(1)　半円に対する円周角より，

∠BAC = 90°

△ABC の内角の和より，

∠ACB = 180° − (90° + 25°)

= 65°

接弦定理より，x = **65°**

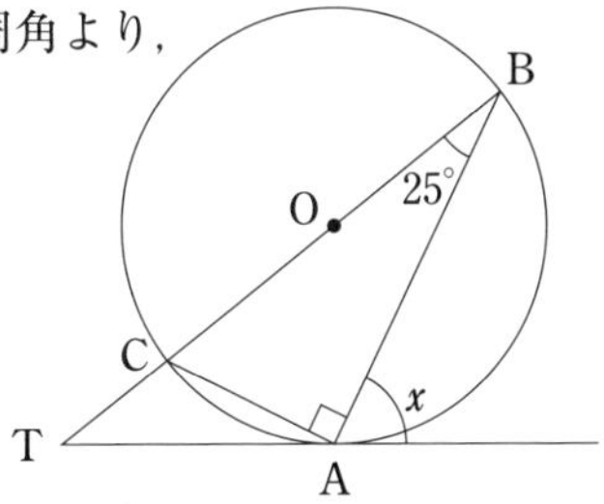

(2)　接弦定理より，

$\angle BAT = x$

△ABT について，

$x + 45^\circ = 76^\circ$

$x = \mathbf{31^\circ}$

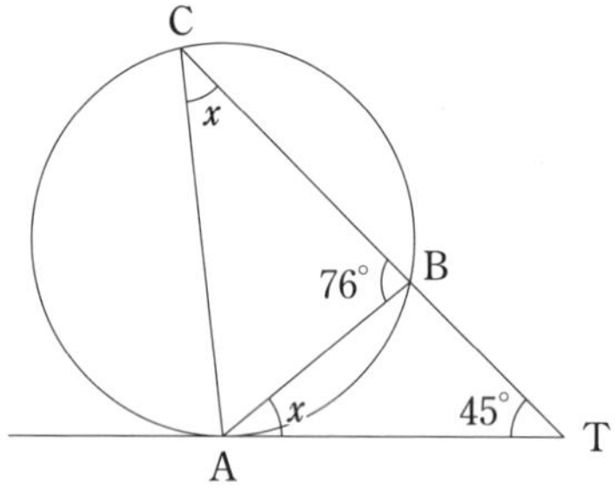

▶「2つの内角の和」
=「残りの角の外角」

Challenge 50

次図の x と y の値を求めよ。

(1)

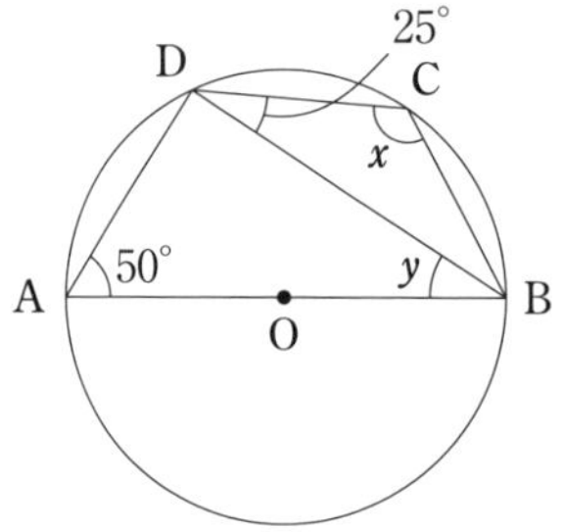

(2)

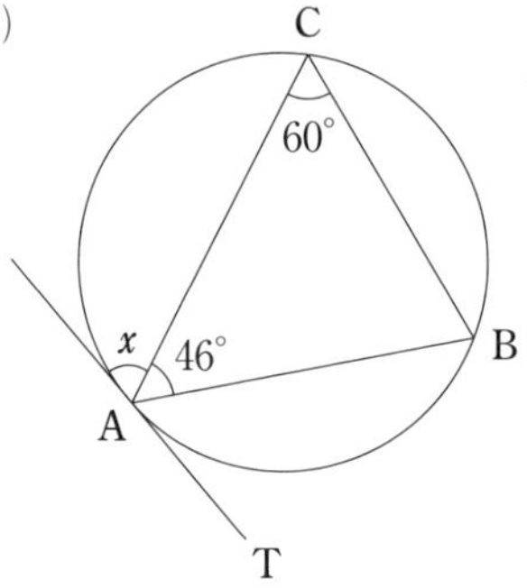

★★　方べきの定理

例題 52

右図で直線 PQ は点 T で円 O に接している。また，点 A，B，C，D は P を通る直線と円 O との交点である。PA＝3，AB＝5，PC＝4 のとき，次の各問いに答えよ。

(1)　CD の長さを求めよ。

(2)　PT の長さを求めよ。

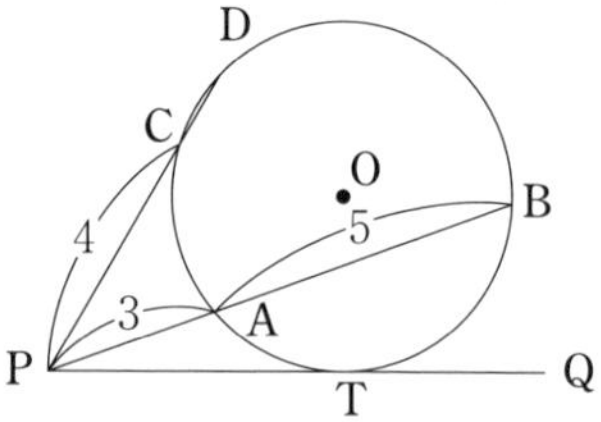

次図で直線 PQ は円の接線，点 T を接点とするとき，

△BPT と △TPA において，

$\angle BPT=\angle TPA$，$\angle PBT=\angle PTA$ より

$\triangle BPT \backsim \triangle TPA$

よって，$PB:PT=PT:PA$

$PA\cdot PB=PT^2$

一般の方べきの定理 $PA\cdot PB=PC\cdot PD$ において，

C と D が重なった状態と考えればよい。

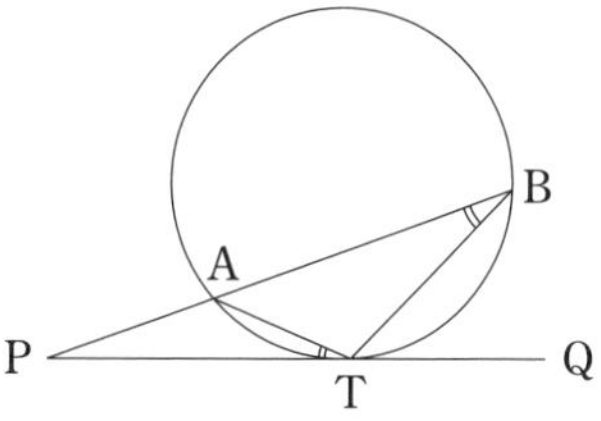

Open Sesame 解　答

(1)　方べきの定理より

$3\times(3+5)=4\times PD$　$PD=6$

$CD=6-4=\mathbf{2}$

▶$PA\cdot PB=PC\cdot PD$

(2)　方べきの定理より

$3\times(3+5)=PT^2$

$PT>0$ より　$PT=\sqrt{24}=\mathbf{2\sqrt{6}}$

▶$PA\cdot PB=PT^2$

Challenge 51

右図で直線 l は円の接線である。x，y の値を求めよ。

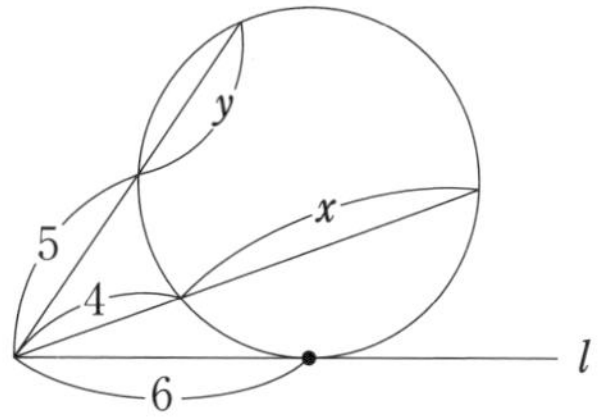

★ 2 つの円の位置関係

例題 53

次図のように，大小 2 つの円 O，O′ がある。中心間の距離が 18 のとき外接し，5 のとき内接する。2 つの円の半径を求めよ。

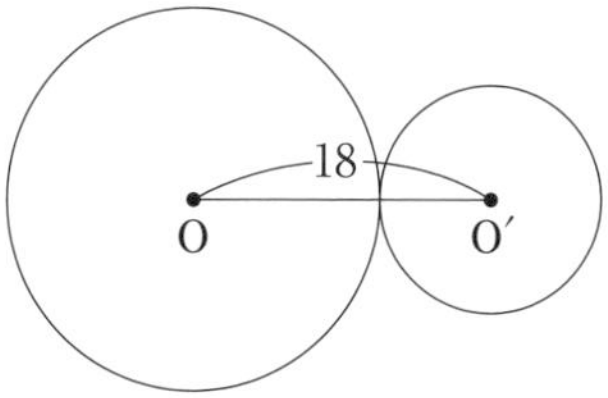

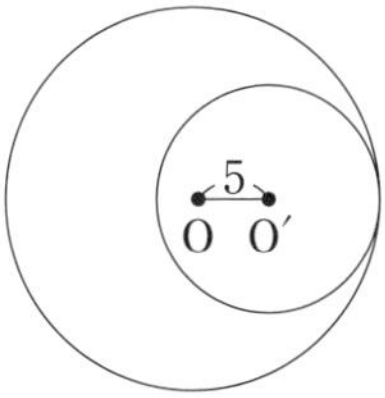

2 つの円の位置関係には次の(i)〜(v)がある。

2 つの円の半径を r_1，r_2($r_1\geqq r_2$)，2 つの円の中心間の距離を d とする。

(i)　外接する

$r_1+r_2=d$

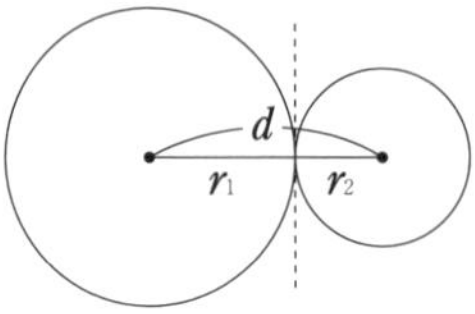

(ii)　内接する

$r_1-r_2=d$

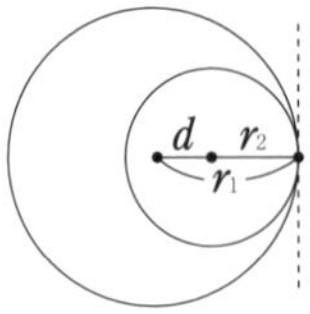

(iii)　離れる

$r_1+r_2<d$

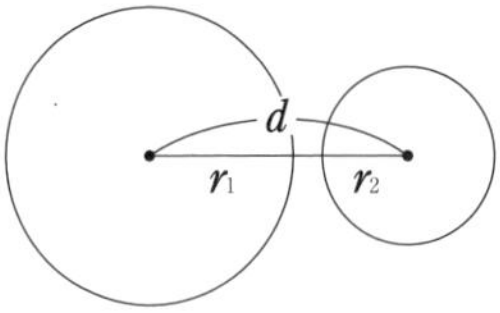

(iv)　交わる

$r_1-r_2<d<r_1+r_2$

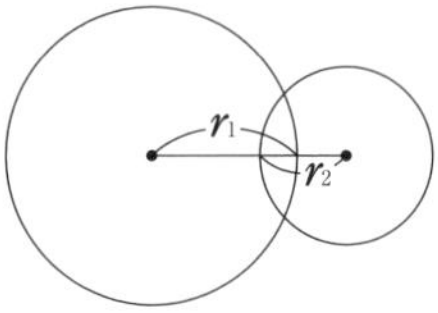

(v)　含まれる

$r_1-r_2>d$

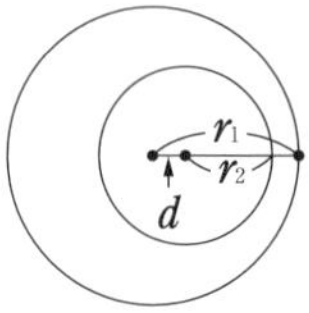

Open Sesame 解答

大きい円 O の半径を x,
小さい円 O′ の半径を y, とする。

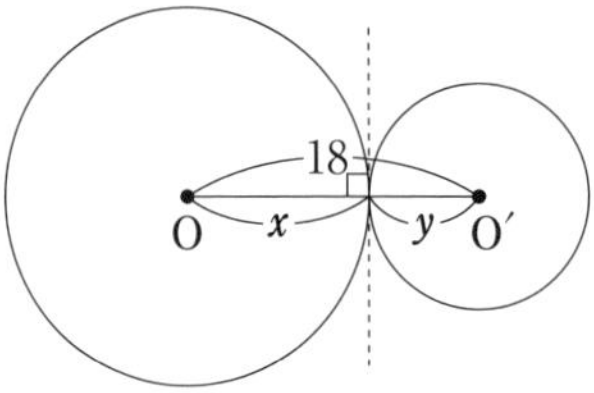

左図より,

$x+y=18$　…①

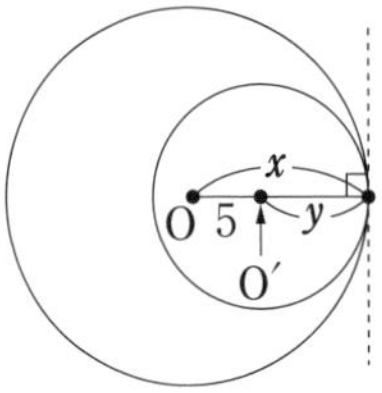

左図より,

$x-y=5$　…②

①+②より, $x=\dfrac{23}{2}$, $y=\dfrac{13}{2}$

円 O の半径 $\dfrac{\mathbf{23}}{\mathbf{2}}$, 円 O′ の半径 $\dfrac{\mathbf{13}}{\mathbf{2}}$

▶$r_1+r_2=d$

▶円と円が接する場合, 2円の中心を通る直線が接点を通ることに注意しよう。

▶$r_1-r_2=d$

★★

例題 54　2つの円の共通接線

右の図のように，半径11の円Oと半径7の円O′が外接している。2つの円の共通接線と，円O，円O′との接点をそれぞれA，Bとするとき，線分ABの長さを求めよ。

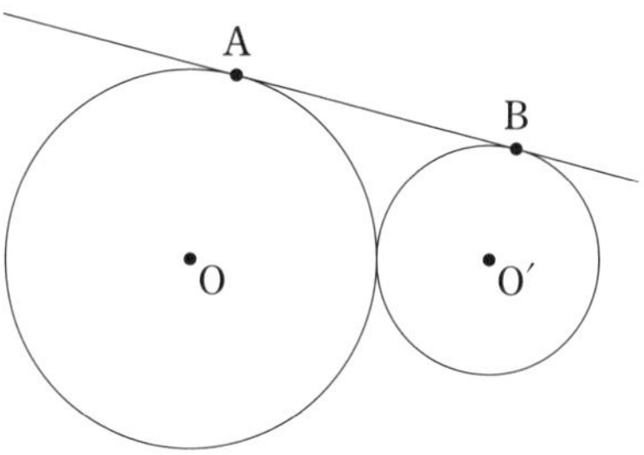

2つの円の接線には右図のように，**共通外接線**と**共通内接線**がある。円とその接線に関する問題で見落してはならないのは，**接点と円の中心を結ぶ線分が接線と垂直になる**，ということである。本問では，OA⊥AB，O′B⊥ABである。これがわかるように，正確に図示して考えよう。

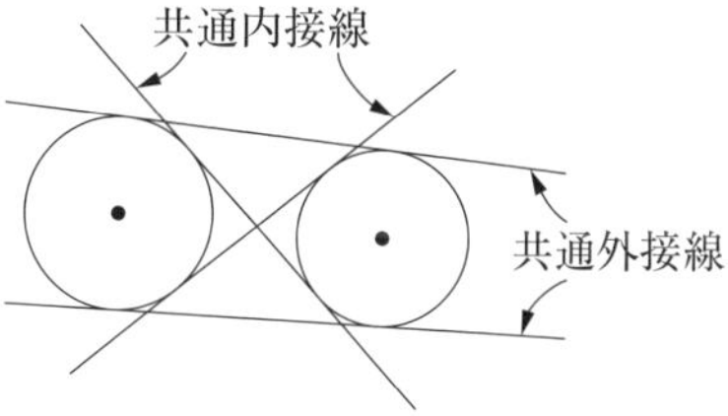

Open Sesame 解答　点O′から線分OAに下ろした垂線の足をHとすると，HO′=ABであるから，線分HO′の長さを求めればよい。

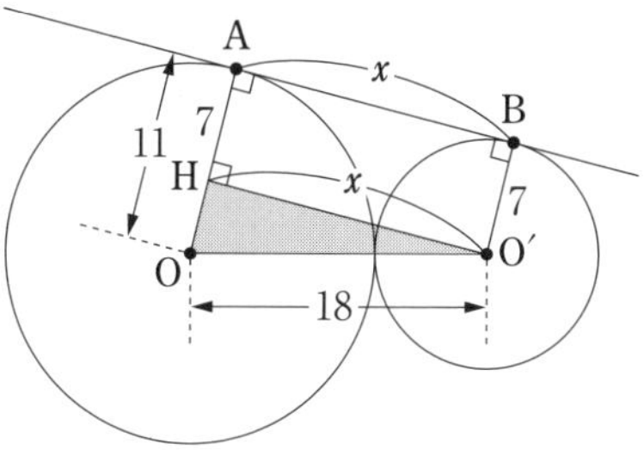

$HO=OA-HA$

$=OA-O'B$

$=11-7=4$

$OO'=11+7=18$

$HO'=AB=x$ とおくと，$\triangle OHO'$ について，三平方の定理より，

$4^2+x^2=18^2$

$x^2=308$　$x=\sqrt{308}=2\sqrt{77}$　　$AB=\mathbf{2\sqrt{77}}$

▶線分OO′が2つの円の接点を通ることにも注意しよう。

Challenge 52

半径 3 の円 O と半径 5 の円 O′ があり，2 つの円の中心間の距離は 10 である。

(1) 2 つの円の共通外接線と，円 O，O′ との接点をそれぞれ P，Q とするとき，線分 PQ の長さを求めよ。

(2) 2 つの円の共通内接線と，円 O，O′ との接点をそれぞれ S，T とするとき，線分 ST の長さを求めよ。

★★★

例題 55 トレミーの定理

円に内接する四角形 ABCD において，

$$AB\cdot CD+BC\cdot AD=AC\cdot BD$$

が成り立つことを証明せよ。

下図のように $\angle BAE=\angle CAD$ となるような点 E を BD 上にとることにより，**相似な 2 組の三角形**をつくる。

Open Sesame **解 答**

対角線 BD 上に

$\angle BAE=\angle CAD$ …①

となるような点 E をとる。

△BAE と △CAD において，

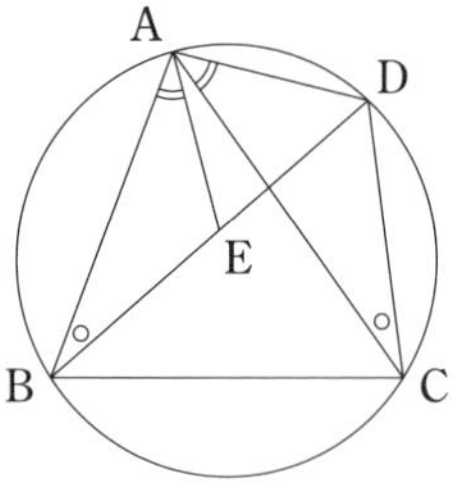

円周角の定理より

$\angle ABE=\angle ACD$ …②

①，②より $\triangle BAE\backsim\triangle CAD$

▶二角が等しい三角形は相似。

$\therefore$ $AB:AC=BE:CD$

$\therefore$ $AB\cdot CD=AC\cdot BE$ …③

同様に △ABC と △AED において，

$\angle BAC=\angle EAD$，$\angle ACB=\angle ADE$ より

$\triangle ABC\backsim\triangle AED$

▶$\angle BAC=\angle EAD$ は
$\angle BAC=\angle BAE+\angle EAC$
$\angle EAD=\angle CAD+\angle EAC$
よりいえる。

よって $BC:ED=AC:AD$

$\therefore$ $BC\cdot AD=AC\cdot ED$ …④

③，④の辺々を加えて，

$$\begin{aligned}AB\cdot CD+BC\cdot AD&=AC\cdot BE+AC\cdot ED\\&=AC(BE+ED)\\&=AC\cdot BD\end{aligned}$$ （証明終）

▶本問の結果は三角比の問題などで利用してよい。

問題演習

A

59　次図の x の値を求めよ。ただし，O は円の中心とする。

(1)

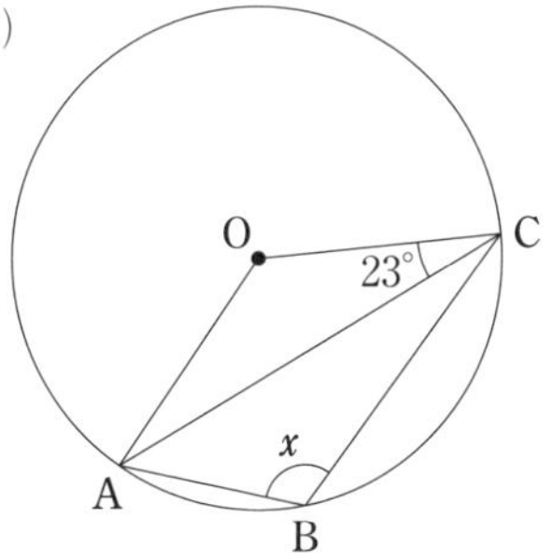

(2)

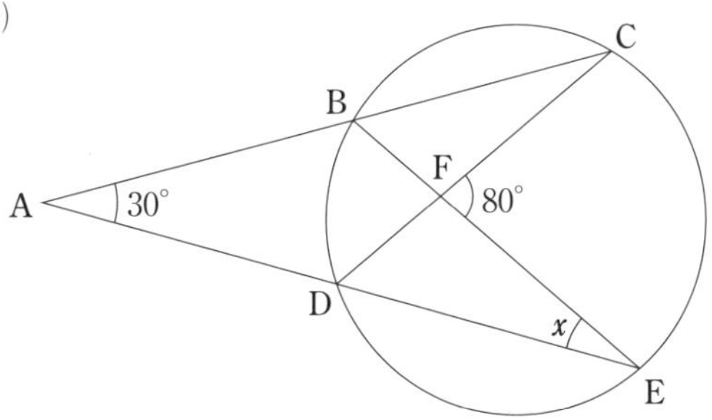

60　右の図のように，AB を直径とする半円がある。線分 CE は点 D における接線であり，AC⊥AB，BE⊥AB である。AC＝16，BE＝25 のとき，AB の長さを求めよ。

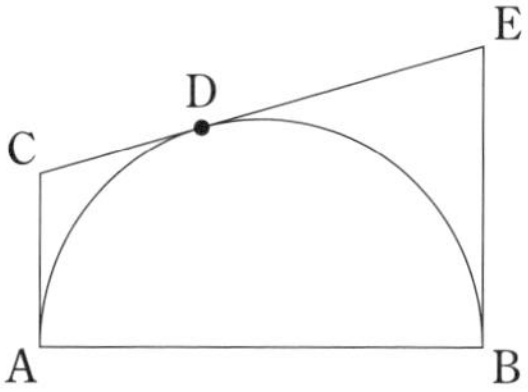

61　次図の x の長さを求めよ。

(1)

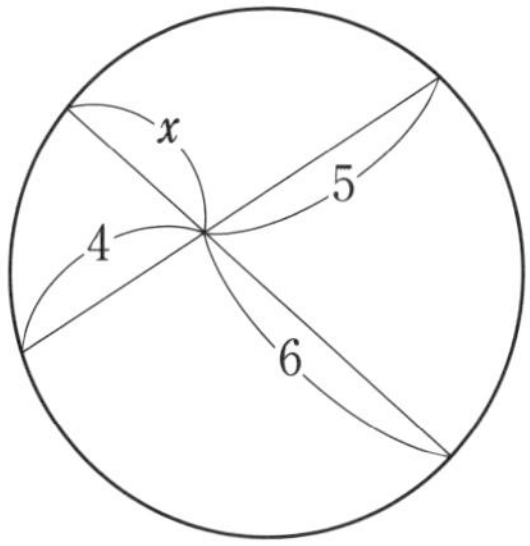

(2)

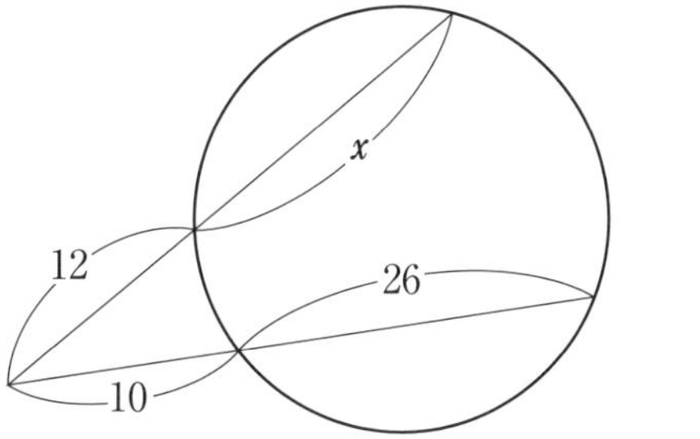

B

62　円 O の外部の点 P から円 O に引いた接線の接点を C とする。点 P を通り円 O と 2 点 A，B で交わる直線を引いた。PA＝9，PC＝16，∠APC＝30° とするとき，△ABC の面積を求めよ。

第3章
数学と人間の活動

Open Sesame Series

数学A 分野

OPEN★SESAME ①

約数と倍数

ここでMaster!
整数の性質を確認すること，素因数分解についてマスターしよう。

Open Sesame

●整数

整数 $\begin{cases} \text{正の整数(自然数)：1，2，3，…} \\ 0 \\ \text{負の整数：}-1，-2，-3，\cdots \end{cases}$

●約数と倍数

整数 a，b（ただし，$b \neq 0$）に対して，$a = bc$ となる整数 c が存在するとき，a は b で割り切れるといい，a は b の倍数，b は a の約数という。

●倍数の判定法

2の倍数…一の位が0，2，4，6，8のいずれかである
3の倍数…各位の数の和が3の倍数である
4の倍数…下2桁が4の倍数である
5の倍数…一の位が0，5のいずれかである
6の倍数… 2の倍数かつ3の倍数である
8の倍数…下3桁が8の倍数である
9の倍数…各位の数の和が9の倍数である

●正の整数

正の整数 $\begin{cases} 1 \\ \text{素　数：2以上の自然数で，1とその数のほかに約数がない整数} \\ \quad\text{(2，3，5，7，11，…)} \\ \text{合成数：2以上の自然数で，素数ではない正の整数} \end{cases}$

●素因数分解

因数：整数がいくつかの整数の積で表されるとき，積を構成する整数のことである。約数のことでもある。

素因数：因数のうち素数であるもののことである。

素因数分解：正の整数を素数だけの積の形に表すことである。

●約数の個数

自然数 N を素因数分解した結果が $N=p^aq^br^c\cdots\cdots$ であるとき，N の正の約数の個数は，次の式で表される。（**例題6**参照）

$(a+1)(b+1)(c+1)\cdots\cdots$

★ 約数

例題 56

12 の約数を求めよ。

$a=bc$ となる整数 c が存在するとき，b は a の約数という。$a=bc$ のとき $a=(-b)(-c)$ であるから，b が a の約数ならば $-b$ も a の約数である。したがって，約数には正の約数と負の約数がある。

Open Sesame 解答　12 の約数は，±**1**，±**2**，±**3**，±**4**，±**6**，±**12** である。

Challenge 53

18 の約数を求めよ。

★ 倍数の判定法

例題 57

次の 5 個の整数のうち 3 の倍数であるものをすべて選べ。

252，923，2531，7614，9427

各位の数の和が 3 の倍数である整数が 3 の倍数となるので，それぞれの整数の各位の和を調べる。

Open Sesame **解　答**

252：2＋5＋2＝9　………3 の倍数
923：9＋2＋3＝14　………3 の倍数でない
2531：2＋5＋3＋1＝11　…3 の倍数でない
7614：7＋6＋1＋4＝18　…3 の倍数
9427：9＋4＋2＋7＝22　…3 の倍数でない

したがって，3 の倍数は **252** と **7614** である。

Challenge 54

6 桁の整数 26845□が 9 の倍数であるとき，□に入る数字を求めよ。

★ **素因数分解**

例題 58

504 を素因数分解せよ。

Open Sesame **解　答**

504 を小さい素数から順に割っていく。

2) 504
2) 252
2) 126
3) 63
3) 21
7

これより，504＝$\mathbf{2^3 \cdot 3^2 \cdot 7}$

Challenge 55

次の整数を素因数分解せよ。

(1)　1080　　　(2)　2156

★★ 素因数分解の利用

例題 59

$\sqrt{\dfrac{810}{n}}$ が自然数となるような自然数 n を求めよ。

Open Sesame 解答

$810=2\cdot 3^4\cdot 5$ より，

$$\sqrt{\frac{810}{n}}=\sqrt{\frac{2\cdot 3^4\cdot 5}{n}}$$

よって，$\sqrt{\ }$ の中が平方数になるような自然数 n は，

$n=2\cdot 5,\ 2\cdot 3^2\cdot 5,\ 2\cdot 3^4\cdot 5$

$=$ **10，90，810**

▶ $\sqrt{\dfrac{2\cdot 3^4\cdot 5}{n}}$ の値が，$\sqrt{3^4}=9$，$\sqrt{3^2}=3$，$\sqrt{1}=1$ となる n の値を求める。

Challenge 56

$\sqrt{270n}$ が自然数となるような最小の自然数 n を求めよ。

数学A 分野

OPEN★SESAME

②最大公約数・最小公倍数

ここでMaster!
最大公約数や最小公倍数を求めることができるようにしておこう。

Open Sesame

●最大公約数

2つ以上の正の整数に共通な約数を公約数といい，そのうち最大のものを最大公約数という。

●最小公倍数

2つ以上の正の整数に共通な倍数を公倍数といい，そのうち最小のものを最小公倍数という。

●互いに素

2つの正の整数 a，b について，共通な素因数がないとき，つまり最大公約数が1のとき，a と b は互いに素という。

●互いに素な整数の性質

a，b，c は整数で，a，b が互いに素であるとする。

① ac が b の倍数であるとき，c は b の倍数である。

② a の倍数であり，b の倍数でもある整数は，ab の倍数である。

●最大公約数と最小公倍数の関係

2つの整数 a，b の最大公約数を g，最小公倍数を l とすると，次の関係式が成り立つ。

① $a=a'g$，$b=b'g$
　（a'，b' は互いに素である）

② $l=a'b'g$

③ $gl=ab$

★ 最大公約数と最小公倍数

例題 60

252 と 630 の最大公約数と最小公倍数を求めよ。

Open Sesame 解答

$252=2^2\cdot3^2\cdot7$

$630=2\cdot3^2\cdot5\cdot7$

より，

最大公約数は，$2\cdot3^2\cdot7=\mathbf{126}$

最小公倍数は，$2^2\cdot3^2\cdot5\cdot7=\mathbf{1260}$

▶ $2^2\cdot3^2\cdot5^0\cdot7^1$ ←252

$2^1\cdot3^2\cdot5^1\cdot7^1$ ←630

最大公約数は小さい方の指数を選んで，

$2^1\cdot3^2\cdot5^0\cdot7^1=126$

最小公倍数は大きい方の指数を選んで，

$2^2\cdot3^2\cdot5^1\cdot7^1=1260$

Challenge 57

120，420，660 の最大公約数と最小公倍数を求めよ。

★★ 最小公倍数

例題 61

自然数 n と 18 の最小公倍数が 180 である。このときの n の値をすべて求めよ。

Open Sesame 解答

$18=2\cdot3^2$

$180=2^2\cdot3^2\cdot5$

より，n の素因数分解は 2^2 と 5 を含み，素因数の 3 の指数は 2 以下である。

$n=2^2\cdot3^k\cdot5$ $(k=0,\ 1,\ 2)$

と表せるので，

$n=2^2\cdot3^0\cdot5,\ 2^2\cdot3^1\cdot5,\ 2^2\cdot3^2\cdot5$

$=\mathbf{20,\ 60,\ 180}$

Challenge 58

自然数 n と 55 の最小公倍数が 770 である。このときの n の値をすべて求めよ。

★★★ 最大公約数と最小公倍数の関係

例題 62

最大公約数が 18，最小公倍数が 324 となる自然数の組 $(a,\ b)$（ただし，$a<b$）をすべて求めよ。

整数 a，b の最大公約数を g，最小公倍数を l とすると，次が成り立つ。

$a=a'g$，$b=b'g$（a'，b' は互いに素）

$l=a'b'g$

この式にあてはめてみよう。

Open Sesame 解答

最大公約数が 18 より，

$a=18a'$　$b=18b'$

▶$a=a'g$，$b=b'g$

（ただし，$a<b$ より，$a'<b'$ であり，a'，b' は互いに素な自然数である。）

とおける。また，最小公倍数が 324 より，

$324=18a'b'$

▶$l=a'b'g$

$a'b'=18=2\cdot 3^2$

$a'<b'$ であり，a'，b' は互いに素な自然数であるから，

$(a',\ b')=(1,\ 2\cdot 3^2)$，$(2,\ 3^2)$

$=(1,\ 18)$，$(2,\ 9)$

よって，

$(a,\ b)=$**(18, 324)，(36, 162)**

Challenge 59

最大公約数が 50，最小公倍数が 3300 となる自然数の組 $(a,\ b)$（ただし，$a<b$）をすべて求めよ。

数学A 分野

OPEN★SESAME

③ 整数の割り算と商・余り

ここで Master!
整数の割り算による商・余りの関係をおさえておこう。

Open Sesame

●整数の割り算

整数 a と正の整数 b に対して，

$$a = bq + r \quad (0 \leqq r < b)$$

を満たす q と r がただ1通りに決まる。

●余りによる整数の分類

すべての整数は，自然数 m で割ったときの余りによって，次のいずれかの形で分類できる。整数 k を用いて，

$$mk,\ mk+1,\ mk+2,\ \cdots\cdots,\ mk+(m-1)$$

●連続する整数の積

①　連続する2つの整数の積は2の倍数である。

②　連続する3つの整数の積は6の倍数である。

③　一般に，連続する n 個の整数の積は $n!$ の倍数である。

●連続する整数の積

【連続する2つの整数の積は2の倍数，連続する3つの整数の積は6の倍数の証明】

3つの連続する整数を n，$n+1$，$n+2$ とおく。

n と $n+1$ のどちらかは2の倍数であり，さらに n，$n+1$，$n+2$ のいずれかは3の倍数である。したがって，

$n(n+1)$ は2の倍数

$n(n+1)(n+2)$ は2の倍数かつ3の倍数，すなわち6の倍数である。

★★ 整数の割り算

例題 63

a，b は整数とする。a，b を 6 で割った余りがそれぞれ 3，4 であるとする。このとき，次の数を 6 で割ったときの余りを求めよ。

(1)　$a+b$　　　　(2)　ab

Open Sesame 解　答

a，b は，k，l を整数として次のように表せる。

$a=6k+3$，$b=6l+4$

(1)　$a+b=(6k+3)+(6l+4)$

$=6(k+l)+7=6(k+l+1)+1$

よって，$a+b$ を 6 で割った余りの数は **1** である。

(2)　$ab=(6k+3)(6l+4)$

$=6^2kl+6k\cdot 4+3\cdot 6l+3\cdot 4$

$=6(6kl+4k+3l+2)$

よって，ab を 6 で割った余りの数は **0** である。

Challenge 60

a，b は整数とする。a，b を 7 で割った余りがそれぞれ 2，5 であるとする。このとき，次の数を 7 で割ったときの余りを求めよ。

(1)　ab　　　　(2)　a^2+b^2

★★ 連続する整数

例題 64

n は整数とする。n^3-n が 6 の倍数であることを証明せよ。

Open Sesame 解　答

$n^3-n=n(n^2-1)=n(n+1)(n-1)$

$=(n-1)n(n+1)$

$(n-1)n(n+1)$ は連続する 3 つの整数の積となるので，n^3-n は 6 の倍数である。

Challenge 61

n は整数とする。$n(n+1)(5n+1)$ が 6 の倍数であることを証明せよ。

数学A 分野

OPEN★SESAME ④

ユークリッドの互除法と不定方程式

ここでMaster!
ユークリッド互除法を用いた最大公約数の求め方と1次不定方程式の解について押さえていこう。

Open Sesame

●ユークリッドの互除法

①　互除法の原理

2つの自然数a，bについて，aをbで割ったときの商をq，余りをrとすると，

aとbの最大公約数は，bとrの最大公約数に等しい。

②　①の互除法の原理を繰り返し使い，2つの自然数の最大公約数を求める方法をユークリッドの互除法という。

●1次不定方程式

a，b，cは整数で，a，bは互いに素とする。このとき，次のことが成り立つ。

①　$ax+by=0$を満たす整数解は，

$x=bk$，$y=-ak$（k：整数）

②　$ax+by=1$を満たす整数解は必ず存在する。

③　$ax+by=c$を満たす整数解は必ず存在する。

●ユークリッドの互除法

【互除法の原理の証明】

aをbで割ったときの商をq，余りをrとするとき，

$a=bq+r$　……①

また，aとbの最大公約数をg，bとrの最大公約数をg'とする。

このとき，①の右辺はg'で割り切れるから，aもg'で割り切れる。

g'はbの約数で，かつaの約数だから，g'はaとbの

公約数であるから，

$g' \leqq g$　……②

また，①を変形すると，$r=a-bq$　……①′

このとき，①′の右辺は g で割り切れるから，r も g で割り切れて，g は b と r の公約数である。

$g \leqq g'$　……③

②，③から，$g=g'$ となる。

【例】 782 と 506 の最大公約数

$782=506\cdot 1+276$

(782 と 506 の最大公約数)＝(506 と 276 の最大公約数)

$506=276\cdot 1+230$

(506 と 276 の最大公約数)＝(276 と 230 の最大公約数)

$276=230\cdot 1+46$

(276 と 230 の最大公約数)＝(230 と 46 の最大公約数)

$230=46\cdot 5$ より，

(230 と 46 の最大公約数)＝46

すなわち，782 と 506 の最大公約数は 46 である。

★★ ユークリッドの互除法

例題 65

互除法を用いて，360 と 924 の最大公約数を求めよ。

Open Sesame
解　答

$924=360\cdot 2+204$

$360=204\cdot 1+156$

$204=156\cdot 1+48$

$156=48\cdot 3+12$

$48=12\cdot 4$

よって，360 と 924 の最大公約数は，48 と 12 の最大公約数と等しいので **12** である。

▶素因数分解で解くと次のようになる。
$360=2^3\cdot 3^2\cdot 5$
$924=2^2\cdot 3\cdot 7\cdot 11$
よって最大公約数は，
$2^2\cdot 3=12$

Challenge 62

互除法を用いて，945 と 1144 の最大公約数を求めよ。

★★

例題 66　1次不定方程式の解

次の問いに答えよ。
(1)　方程式 $3x+5y=0$ の整数解をすべて求めよ。
(2)　方程式 $3x+5y=1$ の整数解をすべて求めよ。
(3)　(2)の解のうち，$1 \leqq x+y \leqq 5$ を満たすものを答えよ。

Open Sesame
解　答

(1)　$3x+5y=0$

$$3x=-5y$$

3と5は互いに素であるから，x は5の倍数，$-y$ は3の倍数である。

したがって，k を整数として，$x=5k$，$-y=3k$ と表される。

よって，求める整数解は，

$\boldsymbol{x=5k,\ y=-3k}$ **（$\boldsymbol{k}$ は整数）**

(2)　$3x+5y=1 \cdots$①　は，$(x,\ y)=(2,\ -1)$ を解にもつので，

$3\cdot2+5\cdot(-1)=1$　$\cdots$②

が成り立つ。①－②より，

$$3(x-2)+5(y+1)=0$$

$$3(x-2)=-5(y+1)$$

3と5は互いに素であるから，$x-2$ は5の倍数，$-(y+1)$ は3の倍数である。

したがって，

$x-2=5k$，$-(y+1)=3k$（k は整数）

と表される。よって，求める整数解は，

$\boldsymbol{x=5k+2,\ y=-3k-1}$ **（$\boldsymbol{k}$ は整数）**　$\cdots$③

▶解を表す式は最初に見つける解によって異なる。
例えば，
$(x,\ y)=(-3,\ 2)$
を解として選べば，
$x=5k-3,\ y=-3k+2$
（k は整数）
が解となるが，解全体は同じものを示している。

(3)　$1 \leqq x+y \leqq 5$ より，$1 \leqq 5k+2-3k-1 \leqq 5$

$$1 \leqq 2k+1 \leqq 5$$

これを満たす整数 k は，$k=0,\ 1,\ 2$

③に代入して，$(x,\ y)=(2,\ -1),\ (7,\ -4),\ (12,\ -7)$

Challenge 63

次の方程式の整数解をすべて求めよ。

(1)　$4x-7y=3$

(2)　$23x+7y=2$

数学A 分野

OPEN★SESAME ⑤

記数法

ここで Master!

n 進数→10 進数，10 進数→n 進数の変換をマスターしよう。

Open Sesame

● n 進法

n 進法は，0，1，2，……，$n-1$ の n 個の数字を用いてすべての数を表す方法である。n 進数は，$1010_{(n)}$ というように右下に (n) をつけて表す。

① n 進数→10 進数　の場合

$abc\cdots_{(n)}$ で m 桁なら，$a\cdot n^{m-1}+b\cdot n^{m-2}+c\cdot n^{m-3}+\cdots$

② 10 進数→n 進数　の場合

n で割っていき，余りを逆から並べる

● n 進法と有理数

n 進法の小数

$$0.abc\cdots_{(n)}=a\cdot\frac{1}{n^1}+b\cdot\frac{1}{n^2}+c\cdot\frac{1}{n^3}+\cdots$$

● 2 進法の四則計算

①加法　$0_{(2)}+0_{(2)}=0_{(2)}$，$0_{(2)}+1_{(2)}=1_{(2)}$，$1_{(2)}+0_{(2)}=1_{(2)}$，$1_{(2)}+1_{(2)}=10_{(2)}$

②減法　$0_{(2)}-0_{(2)}=0_{(2)}$，$1_{(2)}-0_{(2)}=1_{(2)}$，$1_{(2)}-1_{(2)}=0_{(2)}$，$10_{(2)}-1_{(2)}=1_{(2)}$

③乗法　$0_{(2)}\times 0_{(2)}=0_{(2)}$，$0_{(2)}\times 1_{(2)}=0_{(2)}$，$1_{(2)}\times 0_{(2)}=0_{(2)}$，$1_{(2)}\times 1_{(2)}=1_{(2)}$

④除法　10 進法の割り算と同様に，掛け算と引き算を組合せて行う。

● n 進法

通常使用している 0，1，2，……，9 の 10 個の数字を用いてすべての数を表す方法を 10 進法という。10 進法の位は，

10^0 の位，10^1 の位，10^2 の位，10^3 の位，…

となる。例えば，2874 は

$2874 = 2\times10^3 + 8\times10^2 + 7\times10^1 + 4\times10^0$ である。

これに対して，2 進法は，0 と 1 の 2 個の数字を用いてすべての数を表す。2 進法の位は，

$$2^0 \text{ の位}，\ 2^1 \text{ の位}，\ 2^2 \text{ の位}，\ 2^3 \text{ の位}，\ \cdots$$

となる。$1101_{(2)}$ は 10 進法では，

$1101_{(2)} = 1\times2^3 + 1\times2^2 + 0\times2^1 + 1\times2^0 = 8+4+0+1 = 13$

である。逆に 10 進法の 13 を 2 進法で表すと，

$$\begin{aligned}13 &= 2\times6+1\\ &= 2\times(2\times3+0)+1\\ &= 2^2\times3+0\times2+1\\ &= 2^2\times(2\times1+1)+0\times2+1\\ &= 1\times2^3+1\times2^2+0\times2+1\\ &= 1101_{(2)}\end{aligned}$$

となるが，次のように 2 で割った余りを順に書き並べればよい。

2) 13　余り↑

2) 6 … 1

2) 3 … 0

　　1 … 1

下から順に並べて，$1101_{(2)}$

● *n* 進法の小数

小数の 10 進法 ⇔ 2 進法の求め方

$0.1011_{(2)}$ を 10 進法の小数にすると，

$$0.1011_{(2)} = 1\cdot\frac{1}{2^1} + 0\cdot\frac{1}{2^2} + 1\cdot\frac{1}{2^3} + 1\cdot\frac{1}{2^4} = 0.6875$$

となる。

0.6875 を 2 進法の小数にすると，

0.6875 に 2 をかけると 1.375

この整数部分 1 が $\frac{1}{2^1}$ の位の数字。

$1.375-1=0.375$ に 2 をかけると 0.75

この整数部分 0 が $\frac{1}{2^2}$ の位の数字。

$0.75-0=0.75$ に 2 をかけると 1.5

この整数部分 1 が $\frac{1}{2^3}$ の位の数字。

$1.5-1=0.5$ に 2 をかけると 1

この整数部分 1 が $\frac{1}{2^4}$ の位の数字。

このように，整数になるまで 2 をかける計算をして，出てきた数の整数部分を最初から順番に小数部分に並べたものが 2 進数の値 $0.1011_{(2)}$ である。この計算過程は，次のように表す。

$$\begin{array}{r@{}l} & 0.6875 \\ \times & \quad\ \ 2 \\ \hline 1 & .3750 \\ \times & \quad\ 2 \\ \hline 0 & .750 \\ \times & \quad 2 \\ \hline 1 & .50 \\ \times & \ \ 2 \\ \hline 1 & .0 \end{array}$$

整数部分を順番に並べて，$0.1011_{(2)}$ となる。

★★

例題 67　n 進数での表し方

(1)　$10110_{(2)}$ を 10 進法で表せ。

(2)　10 進数の 42 を 3 進法で表せ。

Open Sesame 解答

(1)　$10110_{(2)} = 1 \cdot 2^4 + 0 \cdot 2^3 + 1 \cdot 2^2 + 1 \cdot 2^1 + 0 \cdot 2^0$

$= 16 + 0 + 4 + 2 + 0$

$= \mathbf{22}$

(2)

3)42
3)14 …0
3) 4 …2
　 1 …1

より，$42 = \mathbf{1120}_{(3)}$

Challenge 64

(1)　次の数を 10 進法で表せ。

(ア)　$3401_{(5)}$　　　　(イ)　$625_{(7)}$

(2)　次の 10 進数を〔　　〕内の表し方で表せ。

(ア)　27〔2 進法〕　　　　(イ)　1543〔6 進法〕

★★

例題 68　n 進法の小数

(1)　$0.011_{(2)}$ を 10 進法の小数で表せ。

(2)　10 進数の 0.75 を 2 進法で表せ。

Open Sesame **解　答**

(1)　$0.011_{(2)}=0\cdot\dfrac{1}{2^1}+1\cdot\dfrac{1}{2^2}+1\cdot\dfrac{1}{2^3}=\dfrac{3}{8}=\mathbf{0.375}$

(2)

$$\begin{array}{r} 0.75 \\ \times \quad 2 \\ \hline \underline{1}|.50 \\ \times \quad 2 \\ \hline \underline{1}|.0 \end{array}$$

よって，$0.75=\mathbf{0.11}_{(2)}$

Challenge 65

(1)　次の数を 10 進法の小数で表せ。

(ア)　$0.32_{(4)}$　　(イ)　$0.214_{(5)}$

(2)　次の 10 進数を〔　　〕内の表し方で表せ。

(ア)　0.928 〔5 進法〕　　(イ)　0.8125 〔2 進法〕

★★

例題 69　2 進法の四則演算

次の計算を 2 進法で行え。

(1)　$1011_{(2)}+111_{(2)}$　　(2)　$1101_{(2)}-1011_{(2)}$

(3)　$101_{(2)}\times111_{(2)}$　　(4)　$11110_{(2)}\div11_{(2)}$

Open Sesame
解　答

(1)

$$\begin{array}{r} 1011 \\ +\ \ 111 \\ \hline 10010 \end{array}$$

よって，$1011_{(2)}+111_{(2)}=\mathbf{10010}_{(2)}$

(2)

$$\begin{array}{r} 1101 \\ -1011 \\ \hline 10 \end{array}$$

よって，$1101_{(2)}-1011_{(2)}=\mathbf{10}_{(2)}$

(3)

$$\begin{array}{r} 101 \\ \times\ \ 111 \\ \hline 101 \\ 101 \\ 101 \\ \hline 100011 \end{array}$$

よって，$101_{(2)}\times 111_{(2)}=\mathbf{100011}_{(2)}$

(4)

$$\begin{array}{r} 1010 \\ 11\overline{)11110} \\ 11 \\ \hline 11 \\ 11 \\ \hline 0 \end{array}$$

よって，$11110_{(2)}\div 11_{(2)}=\mathbf{1010}_{(2)}$

▶10 進法で計算すると次の通り。

(1)　$1011_{(2)}=11$,
$111_{(2)}=7$ より，
$11+7=18=10010_{(2)}$

(2)　$1101_{(2)}=13$,
$1011_{(2)}=11$ より，
$13-11=2=10_{(2)}$

(3)　$101_{(2)}=5$,
$111_{(2)}=7$ より，
$5\times 7=35=100011_{(2)}$

(4)　$11110_{(2)}=30$,
$11_{(2)}=3$ より，
$30\div 3=10=1010_{(2)}$

Challenge 66

次の計算を 2 進法で行え。

(1)　$11101_{(2)}+111_{(2)}$

(2)　$100010_{(2)}-101_{(2)}$

(3)　$1101_{(2)}\times 110_{(2)}$

(4)　$1001101_{(2)}\div 111_{(2)}$

解　答

Open Sesame Series

Challenge 解答

1 (1) 与式 $=\dfrac{(x^4y^2)\times(36x^2y^2)}{-8x^3y^6}=-\boldsymbol{\dfrac{9x^3}{2y^2}}$

(2) 与式 $=\dfrac{a^2\times(-6^3a^3b^6)}{4a^4b^2}=\boldsymbol{-54ab^4}$

(3) 与式 $=\dfrac{14x^3y^2z+28x^2y^3z^5}{7x^2yz}$

$=\boldsymbol{2xy+4y^2z^4}$

2 (1) 与式 $=\boldsymbol{x^2+2x-15}$

(2) 与式 $=\boldsymbol{9x^2-4}$

(3) 与式 $=\boldsymbol{a^2x^2-2abx+b^2}$

3 (1) 与式 $=\{x-(y-3)\}\{x+(y-3)\}$

$=x^2-(y-3)^2=\boldsymbol{x^2-y^2+6y-9}$

(2) 与式 $=\{(a^2-1)+a\}\{(a^2-1)-a\}$

$=(a^2-1)^2-a^2=\boldsymbol{a^4-3a^2+1}$

(3) 与式 $=(x+2)(x+5)(x+3)(x+4)$

$=(x^2+7x+10)(x^2+7x+12)$

$=(x^2+7x)^2+22(x^2+7x)+120$

$=\boldsymbol{x^4+14x^3+71x^2+154x+120}$

(4) 与式 $=(x+y)\underline{(x+y)(x-y)}$

$=(x+y)\underline{(x^2-y^2)}$

$=\boldsymbol{x^3+x^2y-xy^2-y^3}$

4 (1) 与式 $=\boldsymbol{(x+2)(x+3)}$

(2) 与式 $=\boldsymbol{(x-6)(x+1)}$

(3) 与式 $=\boldsymbol{(x+3)^2}$

(4) 与式 $=(x^2)^2-(4y^2)^2$

$=(x^2-4y^2)(x^2+4y^2)$

$=\boldsymbol{(x+2y)(x-2y)(x^2+4y^2)}$

(5) 与式 $=\boldsymbol{(2x+1)(x+3)}$

$$\left(\begin{array}{ccccc} 2 & \diagdown\!\!\!\!\diagup & 1 & \cdots & 1 \\ 1 & & 3 & \cdots & \underline{6} \\ & & & & 7 \end{array}\right)$$

(6) 与式 $=\boldsymbol{(2x+3y)(x-2y)}$

$$\left(\begin{array}{ccccc} 2 & \diagdown\!\!\!\!\diagup & 3 & \cdots & 3 \\ 1 & & -2 & \cdots & \underline{-4} \\ & & & & -1 \end{array}\right)$$

5 (1) 与式 $=x(2a-1)+y(2a-1)$

$=\boldsymbol{(x+y)(2a-1)}$

(2) x が2次，y が1次だから，y について整理する。

与式 $=2xy-2y+x^2+x-2$

$=2(x-1)y+(x-1)(x+2)$

$=(x-1)(2y+x+2)$

$=\boldsymbol{(x-1)(x+2y+2)}$

(3) 与式 $=\underline{a^2-2ac+c^2}-b^2$

$=\underline{(a-c)}^2-b^2$

$=(a-c+b)(a-c-b)$

$=\boldsymbol{(a+b-c)(a-b-c)}$

(4) 与式 $=\{(x^2+3x)-3\}\{(x^2+3x)+1\}-5$

$=(x^2+3x)^2-2(x^2+3x)-8$

$=(x^2+3x-4)(x^2+3x+2)$

$=\boldsymbol{(x+4)(x-1)(x+2)(x+1)}$

(5) 与式 $=\{(x+1)(x+4)\}\{(x+2)(x+3)\}-24$

$=(x^2+5x+4)(x^2+5x+6)-24$

$=(x^2+5x)^2+10(x^2+5x)$

$=(x^2+5x)(x^2+5x+10)$

$=\boldsymbol{x(x+5)(x^2+5x+10)}$

6 (1) 与式 $=(x^2-4)(x^2-9)$

$=\boldsymbol{(x+2)(x-2)(x+3)(x-3)}$

(2) 与式 $=(x^4+2x^2+1)-x^2$

$=(x^2+1)^2-x^2$

$=\boldsymbol{(x^2+x+1)(x^2-x+1)}$

7 (1) 与式 $=x^2+4xy+2x+3y^2-2y-8$

$=x^2+(4y+2)x+(3y+4)(y-2)$

$=\boldsymbol{(x+3y+4)(x+y-2)}$

(2) 与式 $=x^2+x-(y^2-5y+6)$

$=x^2+x-(y-2)(y-3)$

$=\boldsymbol{(x+y-2)(x-y+3)}$

(3) 与式 $=a^2b-ab^2+b^2c-bc^2+c^2a-ca^2$

$=(b-c)a^2-(b^2-c^2)a+bc(b-c)$

$=(b-c)a^2-(b+c)(b-c)a+bc(b-c)$

$=(b-c)\{a^2-(b+c)a+bc\}$

$=\boldsymbol{(b-c)(a-b)(a-c)}$

8 (1) $(0.\dot{7}\dot{2}=0.727272\cdots)$

$x=0.727272\cdots$ …①

とおいて，両辺に100をかけると，

$100x=72.727272\cdots$ …②

②−①より，

$$\begin{array}{rl} 100x &= 72.727272\cdots \\ -)\quad x &= 0.727272\cdots \\ \hline 99x &= 72 \end{array}$$

$$x=\frac{72}{99}=\boldsymbol{\frac{8}{11}}$$

(2)　$(0.1\dot{3}2\dot{4}=0.1324324\cdots)$

$x=0.1324324\cdots\quad\cdots①$

とおいて，両辺に 1000 をかけると，

$1000x=132.4324324\cdots\quad\cdots②$

②－①より，

$$\begin{array}{rl} 1000x &= 132.4324324\cdots \\ -)\quad x &= 0.1324324\cdots \\ \hline 999x &= 132.3 \end{array}$$

$$x=\frac{132.3}{999}=\frac{1323}{9990}=\frac{441}{3330}$$

$$=\frac{147}{1110}=\boldsymbol{\frac{49}{370}}$$

9　$P=\sqrt{a^2+9+6a}+\sqrt{a^2+9-6a}$

$=\sqrt{(a+3)^2}+\sqrt{(a-3)^2}$

$=|a+3|+|a-3|\quad\cdots①$

(1)　$-3<a<3$ より，

$a+3>0,\ a-3<0$

よって①より，

$P=(a+3)-(a-3)=\boldsymbol{6}$

(2)　$a<-3$ より，

$a+3<0,\ a-3<0$

よって①より，

$P=-(a+3)-(a-3)=\boldsymbol{-2a}$

10　(1)　与式$=3(\sqrt{2}+4\sqrt{3})-2\sqrt{3}$

$=3\sqrt{2}+12\sqrt{3}-2\sqrt{3}$

$=\boldsymbol{3\sqrt{2}+10\sqrt{3}}$

(2)　与式$=2+2\sqrt{2}\sqrt{3}+3$

$=\boldsymbol{5+2\sqrt{6}}$

(3)　与式$=6+2\sqrt{3}+3\sqrt{3}+3$

$=\boldsymbol{9+5\sqrt{3}}$

(4)　与式$=5\sqrt{3}-3\cdot\dfrac{3\sqrt{3}}{2}+\sqrt{36\cdot3}$

$=5\sqrt{3}-\dfrac{9}{2}\sqrt{3}+6\sqrt{3}=\boldsymbol{\dfrac{13\sqrt{3}}{2}}$

11　(1)　与式$=(\underline{\sqrt{2}+\sqrt{5}}+\sqrt{3})(\underline{\sqrt{2}+\sqrt{5}}-\sqrt{3})$

$=(\sqrt{2}+\sqrt{5})^2-(\sqrt{3})^2$

$=7+2\sqrt{10}-3=\boldsymbol{4+2\sqrt{10}}$

(2)　与式$=\dfrac{\sqrt{2}+1+\sqrt{2}-1}{2-1}=\boldsymbol{2\sqrt{2}}$

(3)　（本問はそのまま通分しても分母は有理化されないので，各々の式の分母を有理化する。）

与式$=\dfrac{2(\sqrt{2}-1)}{(\sqrt{2}+1)(\sqrt{2}-1)}+\dfrac{(2+\sqrt{3})^2}{(2-\sqrt{3})(2+\sqrt{3})}$

$=\dfrac{2\sqrt{2}-2}{2-1}+\dfrac{7+4\sqrt{3}}{4-3}$

$=\boldsymbol{5+2\sqrt{2}+4\sqrt{3}}$

12　(1)　与式$=\sqrt{3+2\sqrt{2}}=\sqrt{2}+\sqrt{1}=\boldsymbol{\sqrt{2}+1}$

(2)　与式$=\sqrt{18+2\cdot3\sqrt{5}}$

$=\sqrt{18+2\sqrt{45}}=\boldsymbol{\sqrt{15}+\sqrt{3}}$

(3)　与式$=\sqrt{\dfrac{4-2\sqrt{3}}{2}}=\dfrac{\sqrt{3}-1}{\sqrt{2}}=\boldsymbol{\dfrac{\sqrt{6}-\sqrt{2}}{2}}$

13　$\dfrac{1}{2-\sqrt{3}}=\dfrac{2+\sqrt{3}}{4-3}=2+\sqrt{3}$

$1<\sqrt{3}<2$ より $3<2+\sqrt{3}<4$

$a=3$

$b=(2+\sqrt{3})-3=\sqrt{3}-1$

$a^2-2ab-3b^2$

$=3^2-2\cdot3(\sqrt{3}-1)-3(\sqrt{3}-1)^2$

$=9-6\sqrt{3}+6-3(4-2\sqrt{3})=\boldsymbol{3}$

14　(1)　$\sqrt{3}p+p+q\sqrt{3}=3-\sqrt{3}$

$p+(p+q)\sqrt{3}=3-\sqrt{3}$

$p=3,\ p+q=-1$

したがって，$\boldsymbol{p=3,\ q=-4}$

(2)　$p-\sqrt{2}p+q+\sqrt{2}q=3+\sqrt{2}$

$p+q+(-p+q)\sqrt{2}=3+\sqrt{2}$

$\begin{cases} p+q=3 & \cdots① \\ -p+q=1 & \cdots② \end{cases}$

①＋②より，$2q=4$

$q=2$

①に代入して，$p+2=3$

$p=1$

よって，$\boldsymbol{p=1,\ q=2}$

15　(1)　$x^2+y^2=(x+y)^2-2xy$

$=5^2-2\cdot3$

$=25-6=\boldsymbol{19}$

(2)　$x^2+y^2=(x-y)^2+2xy$

$=5^2+2\cdot3$

$=25+6=\boldsymbol{31}$

16 $x+y=\dfrac{\sqrt{5}-\sqrt{3}}{\sqrt{5}+\sqrt{3}}+\dfrac{\sqrt{5}+\sqrt{3}}{\sqrt{5}-\sqrt{3}}$

$=\dfrac{(\sqrt{5}-\sqrt{3})^2+(\sqrt{5}+\sqrt{3})^2}{5-3}=8$

$xy=\dfrac{\sqrt{5}-\sqrt{3}}{\sqrt{5}+\sqrt{3}}\times\dfrac{\sqrt{5}+\sqrt{3}}{\sqrt{5}-\sqrt{3}}=1$

よって，

$\dfrac{y}{x}+\dfrac{x}{y}=\dfrac{y^2+x^2}{xy}$

$=\dfrac{(x+y)^2-2xy}{xy}$

$=\dfrac{8^2-2\times1}{1}=\mathbf{62}$

17 (1) $x^2+\dfrac{1}{x^2}=\left(x-\dfrac{1}{x}\right)^2+2$

$=3^2+2=\mathbf{11}$

(2) $\left(x+\dfrac{1}{x}\right)^2=x^2+2\cdot x\cdot\dfrac{1}{x}+\left(\dfrac{1}{x}\right)^2$

$=x^2+\dfrac{1}{x^2}+2$

$=11+2=13$

$x>0$ より，$x+\dfrac{1}{x}>0$ であるから

$x+\dfrac{1}{x}=\boldsymbol{\sqrt{13}}$

(3) $x^2-\dfrac{1}{x^2}=x^2-\left(\dfrac{1}{x}\right)^2$

$=\left(x+\dfrac{1}{x}\right)\left(x-\dfrac{1}{x}\right)$

$=\sqrt{13}\cdot3=\boldsymbol{3\sqrt{13}}$

18 $\alpha+\beta=3$ の両辺を 2 乗して，

$\alpha^2+\beta^2+2\alpha\beta=9$

$5+2\alpha\beta=9\quad\alpha\beta=2$

これより，

$\alpha^3+\beta^3=(\alpha+\beta)^3-3\alpha\beta(\alpha+\beta)$

$=3^3-3\cdot2\cdot3=\mathbf{9}$

$\alpha^4+\beta^4=(\alpha^2)^2+(\beta^2)^2$

$=(\alpha^2+\beta^2)^2-2\alpha^2\beta^2$

$=(\alpha^2+\beta^2)^2-2(\alpha\beta)^2$

$=5^2-2\cdot2^2=\mathbf{17}$

注 波線部は

$x^2+y^2=(x+y)^2-2xy$

で，x，y に α^2，β^2 をあてはめている。

19 (1) $5x-5=3x+4$

$2x=9\qquad x=\dfrac{\mathbf{9}}{\mathbf{2}}$

(2) 与式の両辺に 12 をかけて，

$4(2x+1)-3(3x-2)=12$

$8x+4-9x+6=12$

$-x=2\qquad x=\mathbf{-2}$

20 (1) $3x>15\qquad \boldsymbol{x>5}$

(2) $-x<-3\qquad \boldsymbol{x>3}$

(3) $2x-1>7x+7$

$-5x>8\qquad \boldsymbol{x<-\dfrac{8}{5}}$

(4) $3-3x\geqq 8x+10$

$-11x\geqq 7\qquad \boldsymbol{x\leqq-\dfrac{7}{11}}$

(5) 与式の両辺に 3 をかけると，

$3x+12\geqq x-2$

$2x\geqq-14\qquad \boldsymbol{x\geqq-7}$

(6) 与式の両辺に 10 をかけると，

$5x<2(x+1)$

$5x<2x+2$

$3x<2\qquad \boldsymbol{x<\dfrac{2}{3}}$

(7) 与式の両辺に 6 をかけると，

$3(x-3)>8x+1$

$3x-9>8x+1$

$-5x>10\qquad \boldsymbol{x<-2}$

21 (1) $\begin{cases}1-x<\dfrac{1}{2}x & \cdots① \\ \dfrac{1}{2}x<\dfrac{1}{3}x+\dfrac{1}{6} & \cdots②\end{cases}$

①の両辺に 2 をかけて，

$2-2x<x$

$-3x<-2\qquad x>\dfrac{2}{3}\quad\cdots①'$

②の両辺に 6 をかけて，

$3x<2x+1\qquad x<1\quad\cdots②'$

①′，②′ より，$\boldsymbol{\dfrac{2}{3}<x<1}$

(2) $\begin{cases}7x+3\leqq2(x+6) & \cdots① \\ 6x+7>3x-2 & \cdots②\end{cases}$

①より，

$7x+3\leqq2x+12$

$5x\leqq9\qquad x\leqq\dfrac{9}{5}\quad\cdots①'$

②より，

$3x>-9\qquad x>-3\quad\cdots②'$

①′，②′ より，$\boldsymbol{-3<x\leqq\dfrac{9}{5}}$

22 (1)　$x+y=1000$　…①

$x\times\frac{40}{100}+y\times\frac{80}{100}=1000\times\frac{50}{100}$

$4x+8y=5000$　…②

①×8－②より，

$4x=3000$　　$x=\mathbf{750}$

①より，$y=\mathbf{250}$

(2)　濃度が20%になったときの食塩水の量を x g とすると，

$100\times\frac{3}{100}=x\times\frac{20}{100}$

$x=15$

このときの蒸発させた量は

$100-15=85(\text{g})$

よって，**85 g以上**の水を蒸発させればよい。

23　$5x+7>0$ より $x>-\frac{7}{5}$　…①

$x+1<a-x$ より $x<\frac{a-1}{2}$　…②

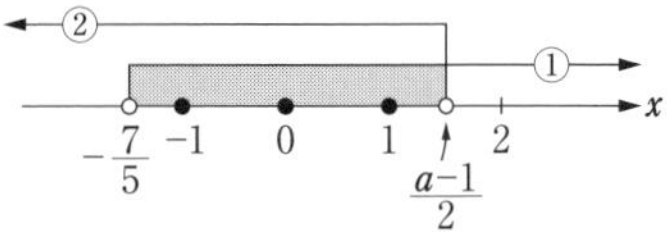

図より，$1<\frac{a-1}{2}\leqq 2$

各辺に2をかけて，$2<a-1\leqq 4$

各辺に1を加えて，$\mathbf{3<a\leqq 5}$

24 (1)　$|x-1|=1$

$x-1=\pm 1$

$\boldsymbol{x}=\pm 1+1$

$=\mathbf{2,\ 0}$

(2)　$|x-1|<3$

$-3<x-1<3$

$\mathbf{-2<x<4}$

25　$|x-3|=2x-5$

(i)　$x\geqq 3$ のとき

$x-3=2x-5$　　$x=2$

$x\geqq 3$ を満たさない。

(ii)　$x<3$ のとき

$-(x-3)=2x-5$　　$x=\frac{8}{3}$

$x<3$ を満たす。

(i)(ii)より，$\boldsymbol{x=\frac{8}{3}}$

26　$|x|+|x-1|=2$

(i)　$x\leqq 0$ のとき

$-x-(x-1)=2$　　$x=-\frac{1}{2}$

$x\leqq 0$ を満たす。

(ii)　$0<x\leqq 1$ のとき

$x-(x-1)=2$　　$1=2$

よって不適。

(iii)　$1<x$ のとき

$x+(x-1)=2$　　$x=\frac{3}{2}$

$1<x$ を満たす。

したがって，$x=-\frac{1}{2},\ \frac{3}{2}$

ア．$-\frac{1}{2}$　イ．$\frac{3}{2}$

27 (1)　$3x-7<|x|+5$

(i)　$x\geqq 0$ のとき

$3x-7<x+5$

$x<6$

$x\geqq 0$ との共通部分より，

$0\leqq x<6$

(ii)　$x<0$ のとき

$3x-7<-x+5$

$x<3$

$x<0$ との共通部分より，

$x<0$

(i)(ii)より，$\boldsymbol{x<6}$

(2)　$|x-2|<3x$

(i)　$x\geqq 2$ のとき

$x-2<3x$

$x>-1$

$x\geqq 2$ との共通部分より，

$x\geqq 2$

(ii)　$x<2$ のとき

$-(x-2)<3x$

$x>\frac{1}{2}$

$x<2$ との共通部分より，

$\frac{1}{2}<x<2$

(i)(ii)より，$\boldsymbol{x>\frac{1}{2}}$

28　$|x-1|+|x-3|<3$

(i)　$x \leqq 1$ のとき

$-(x-1)-(x-3)<3$

$x>\frac{1}{2}$

$x \leqq 1$ との共通部分より，

$\frac{1}{2}<x \leqq 1$

(ii)　$1<x \leqq 3$ のとき

$(x-1)-(x-3)<3$

$2<3$

これはすべての x に対して成り立つから，

$1<x \leqq 3$ との共通部分は，

$1<x \leqq 3$

(iii)　$3<x$ のとき

$(x-1)+(x-3)<3$

$x<\frac{7}{2}$

$3<x$ との共通部分より，

$3<x<\frac{7}{2}$

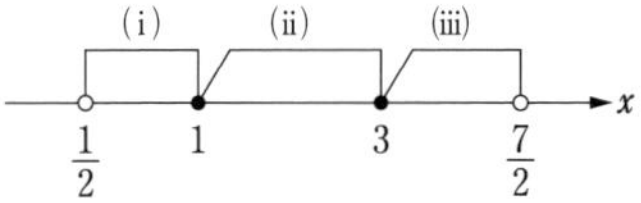

(i)(ii)(iii)より，$\boldsymbol{\frac{1}{2}<x<\frac{7}{2}}$

29　(1)　$U=\{0,\ 1,\ 2,\ 3,\ 4,\ 5,\ 6,\ 7,\ 8,\ 9\}$

$\overline{A}\cap\overline{B}=\overline{A\cup B}=\{1,\ 7\}$

$A\cap B=\{3,\ 5\}$

$\overline{A}\cap B=\{2,\ 8,\ 9\}$

を順に図にかき込むと次図。

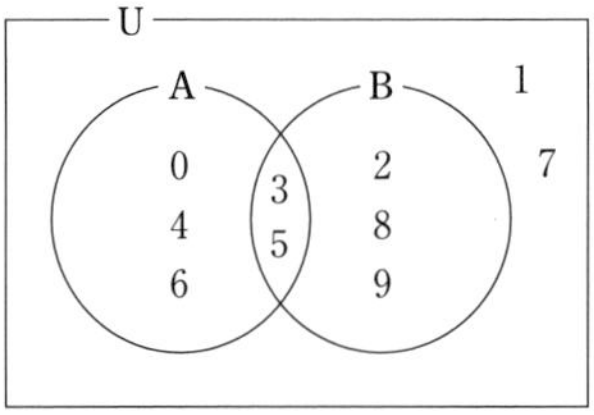

したがって

$A=\{\mathbf{0},\ \mathbf{3},\ \mathbf{4},\ \mathbf{5},\ \mathbf{6}\}$

$B=\{\mathbf{2},\ \mathbf{3},\ \mathbf{5},\ \mathbf{8},\ \mathbf{9}\}$

(2)

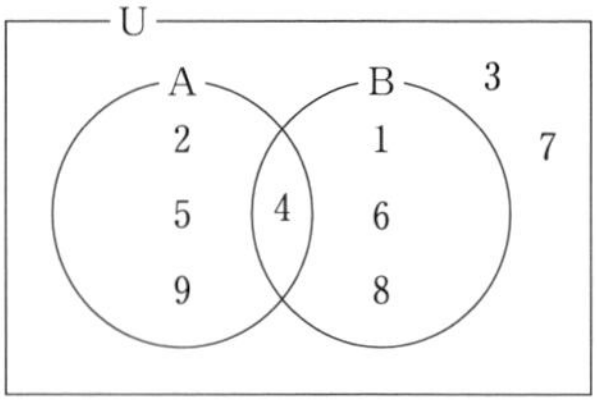

$A\cup B=\{\mathbf{1},\ \mathbf{2},\ \mathbf{4},\ \mathbf{5},\ \mathbf{6},\ \mathbf{8},\ \mathbf{9}\}$

$A\cap B=\{\mathbf{4}\}$

$\overline{A}\cap B=\{\mathbf{1},\ \mathbf{6},\ \mathbf{8}\}$

30　$A\cap B=\{2,\ 6\}$ であるから，2 と 6 は A と B の両方に含まれる。

A の要素は 2，3，a^2-4a+9 だから，

a^2-4a+9 が 6 でなければならない

$a^2-4a+9=6$

$a^2-4a+3=0$

$(a-1)(a-3)=0$

$a=1,\ 3$

(i)　$a=1$ のとき

$A=\{2,\ 3,\ 6\}$

$B=\{-3,\ a+1,\ a^2+3a+2\}$

$=\{-3,\ 1+1,\ 1^2+3\cdot1+2\}$

$=\{-3,\ 2,\ 6\}$

$A\cap B=\{2,\ 6\}$ を満たす

(ii)　$a=3$ のとき

$A=\{2,\ 3,\ 6\}$

$B=\{-3,\ a+1,\ a^2+3a+2\}$

$=\{-3,\ 3+1,\ 3^2+3\cdot3+2\}$

$=\{-3,\ 4,\ 20\}$

$A\cap B=\{2,\ 6\}$ を満たさない。

(i)(ii)より，$\boldsymbol{a=1}$

31

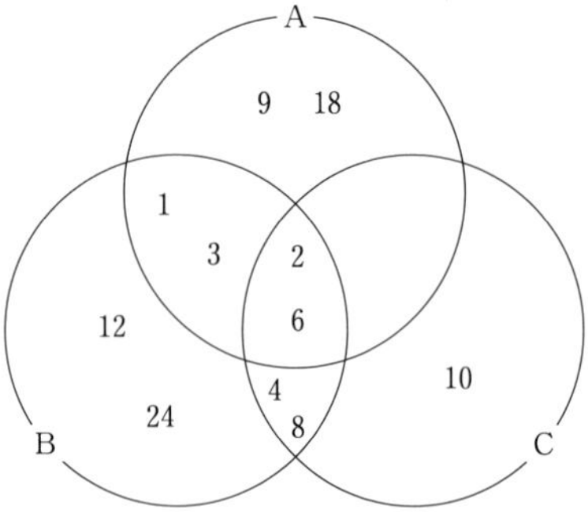

(1)　**1，2，3，6**

(2)　**2，4，6，8**

(3)　**2，6**

(4)　**1，3**

32　(1)　**真**

(2)　$\dfrac{a}{b}>1$ ならば，$a>b$

偽（反例）$a=-2$，$b=-1$

33　(1)　$xyz=0 \;\underset{\circ}{\overset{\times}{\rightleftarrows}}\; xy=0$

（→の反例：$x=1$，$y=1$，$z=0$）

よって，必要条件である。**イ**

(2)　$u+v>x+y \;\underset{\circ}{\overset{\times}{\rightleftarrows}}\; u>x$，$v>y$

（→の反例：$u=10$，$x=2$，$v=-1$，$y=1$）

よって，必要条件である。**イ**

(3)　$ab+1=a+b$

$ab-a-b+1=0$

$a(b-1)-(b-1)=0$

$(a-1)(b-1)=0$

よって，a，b のうち少なくとも 1 つは 1 である。

$ab+1=a+b \;\underset{\circ}{\overset{\circ}{\rightleftarrows}}$

a，b のうち少なくとも 1 つが 1

よって，必要十分条件である。**ア**

(4)　$x=3 \;\underset{\times}{\overset{\circ}{\rightleftarrows}}\; x^2=9$

（←の反例：$x=-3$）

よって，十分条件である。**ウ**

34　(1)　**逆：「$x<1$ ならば，$x^2<1$」**

裏：「$x^2\geqq 1$ ならば，$x\geqq 1$」

対偶：「$x\geqq 1$ ならば，$x^2\geqq 1$」

(2)　**$x\neq 0$ かつ $y\neq 0$ ならば，$xy\neq 0$ である，真**

35　(1)　$y=\left(x+\dfrac{3}{2}\right)^2-\dfrac{9}{4}+1$

$=\left(x+\dfrac{3}{2}\right)^2-\dfrac{5}{4}$　　$\left(-\dfrac{3}{2},\ -\dfrac{5}{4}\right)$

(2)　$y=-(x^2+2x)+3$

$=-(x+1)^2+1^2+3$

$=-(x+1)^2+4$　　$(-1,\ 4)$

(3)　$y=2(x^2-4x)+6$

$=2(x-2)^2-2\cdot 2^2+6$

$=2(x-2)^2-2$　　$(2,\ -2)$

(4)　$y=\dfrac{1}{2}(x^2+2x)-1$

$=\dfrac{1}{2}(x+1)^2-\dfrac{1}{2}\cdot 1^2-1$

$=\dfrac{1}{2}(x+1)^2-\dfrac{3}{2}$　　$\left(-1,\ -\dfrac{3}{2}\right)$

36　(1)　$y=2(x-2)^2+1$

頂点 (2，1)

(2)　$y=2x^2-4x+1$

$=2(x-1)^2-1$

頂点 (1，−1)

よって，x 軸方向へ −1，y 軸方向へ −2 平行移動させればよい。

$\alpha=-1$，$\beta=-2$

37　$y=2x^2-4x+5$

(1)　x 軸についての対称移動は，

$(x,\ y)\to(x,\ -y)$

であるから，

$-y=2x^2-4x+5$

$y=-2x^2+4x-5$

(2)　y 軸についての対称移動は

$(x,\ y)\to(-x,\ y)$

であるから，

$y=2(-x)^2-4(-x)+5$

$y=2x^2+4x+5$

(3)　原点についての対称移動は

$(x,\ y)\to(-x,\ -y)$

であるから

$-y=2(-x)^2-4(-x)+5$

$y=-2x^2-4x-5$

38　$y=3x^2-12x+13$

$=3(x-2)^2+1$　$(1\leqq x\leqq 4)$

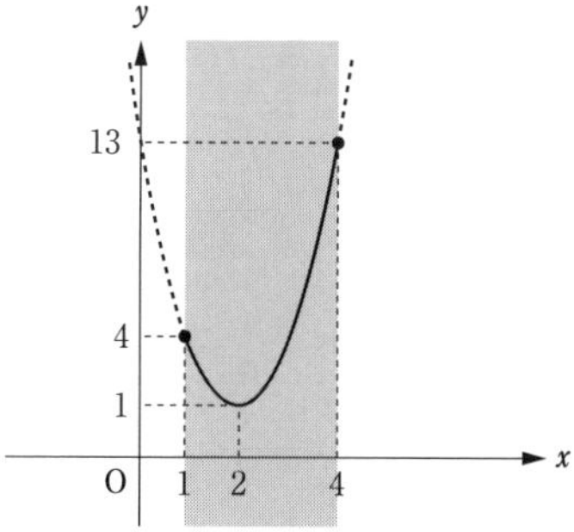

グラフより

最大値　13　($x=4$ のとき)

最小値　1　($x=2$ のとき)

39　$y=-2(x-3)^2+18+a$

頂点 $(3,\ 18+a)$

グラフより，最小値は $x=5$ のときなので

$-2\cdot5^2+12\cdot5+a=5$

$\boldsymbol{a=-5}$

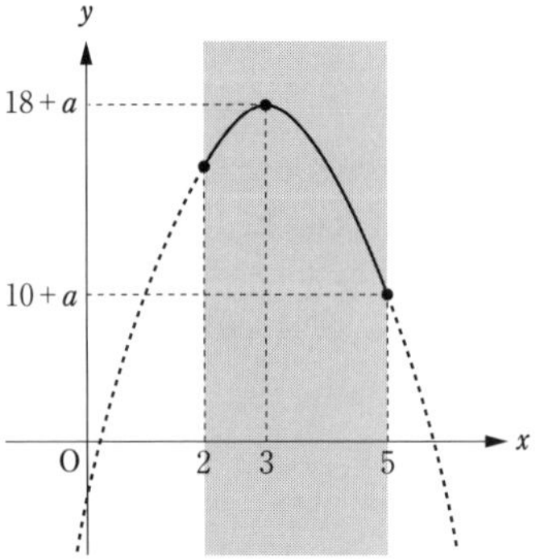

40　(1)　$y=x^2+2mx+4m+12$

$=(x+m)^2-m^2+4m+12$

よって，最小値は，

$\boldsymbol{-m^2+4m+12}$

(2)　$-m^2+4m+12=-(m-2)^2+16$

よって，最小値 $-m^2+4m+12$ の最大値は，**16**　($m=2$ のとき)

41　(1)　$t=-x^2+2x$

$=-(x-1)^2+1$

最大値　1　($x=1$ のとき)

(2)　(1)より

$y=t^2-5t+1$　$(t\leqq1)$

$=\left(t-\dfrac{5}{2}\right)^2-\dfrac{21}{4}$

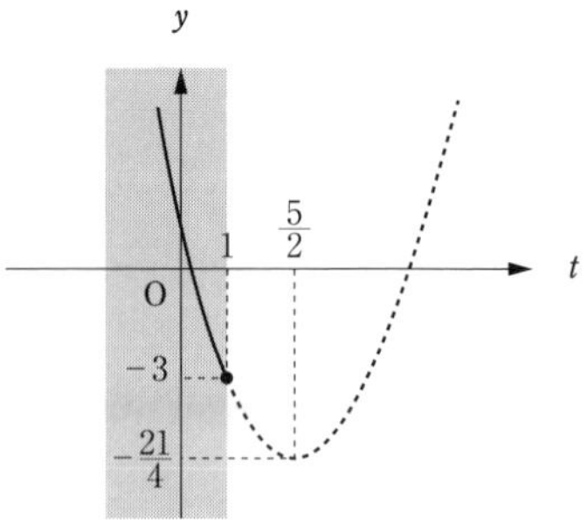

$t\leqq1$ であるから，グラフより $t=1$ のとき最小となる。したがって，

最小値　−3

($t=1$，すなわち $x=1$ のとき)

42　$y=x^2-2ax+a$　$(0\leqq x\leqq1)$

$=(x-a)^2-a^2+a$

軸の方程式：$x=a$

(i)　$a\leqq0$ のとき

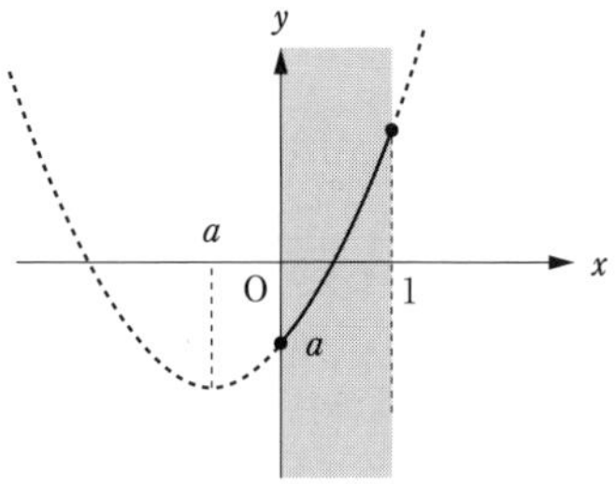

最小値　a　($x=0$ のとき)

(ii)　$0<a\leqq1$ のとき

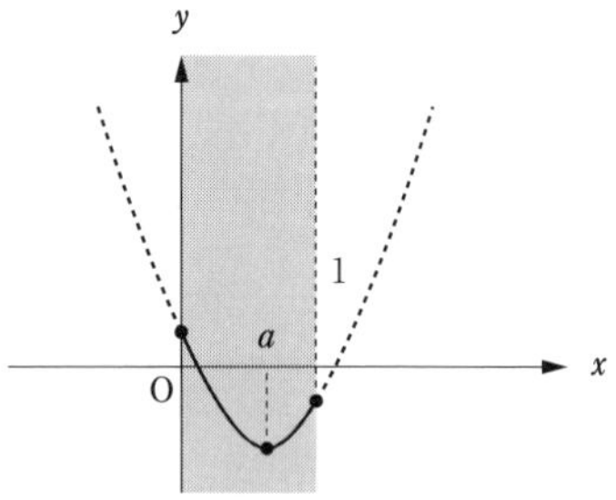

最小値　$-a^2+a$　($x=a$ のとき)

(iii)　$1<a$ のとき

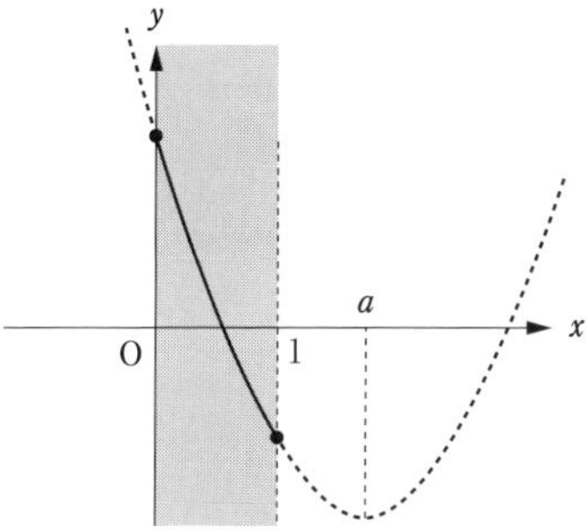

最小値　$1-a$　($x=1$ のとき)

したがって，求める最小値は，

$$\begin{cases} \boldsymbol{a \leqq 0} \text{ のとき，} \boldsymbol{a} \quad (x=0) \\ \boldsymbol{0<a \leqq 1} \text{ のとき，} \boldsymbol{-a^2+a} \quad (x=a) \\ \boldsymbol{1<a} \text{ のとき，} \boldsymbol{1-a} \quad (x=1) \end{cases}$$

43　$f(x)=2(x^2-2ax)+1$

$=2(x-a)^2-2a^2+1$

(i)　$a \leqq 0$ のとき

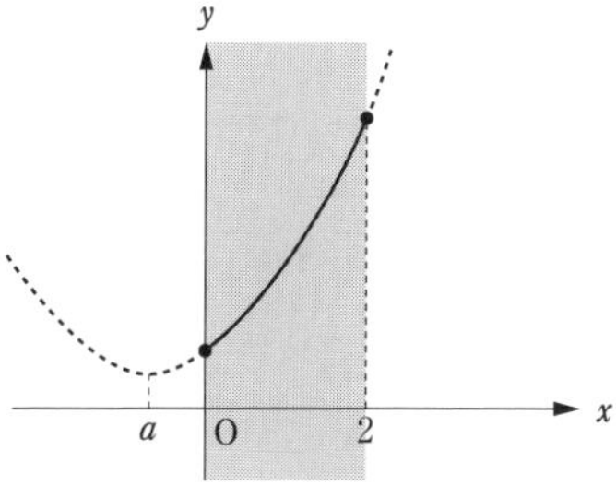

$g=f(2)=-8a+9$，$h=f(0)=1$

(ii)　$0<a \leqq 1$ のとき

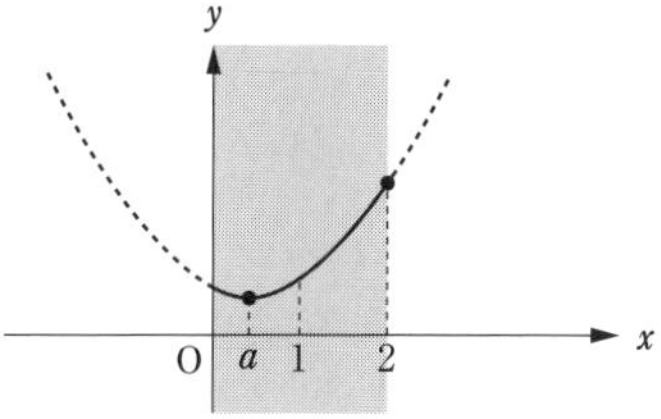

$g=f(2)=-8a+9$，$h=f(a)=-2a^2+1$

(iii)　$1<a \leqq 2$ のとき

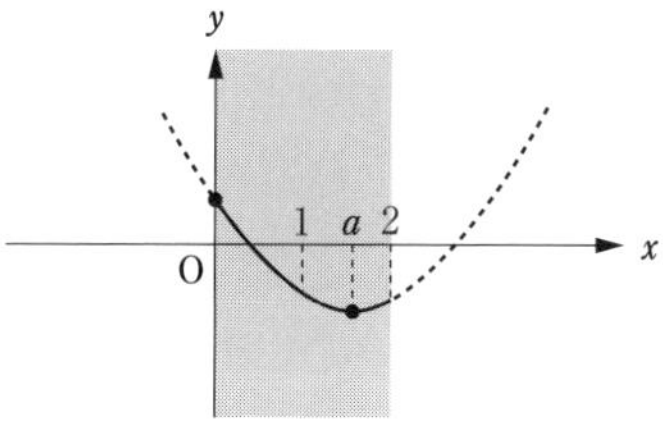

$g=f(0)=1$，$h=f(a)=-2a^2+1$

(iv)　$2<a$ のとき

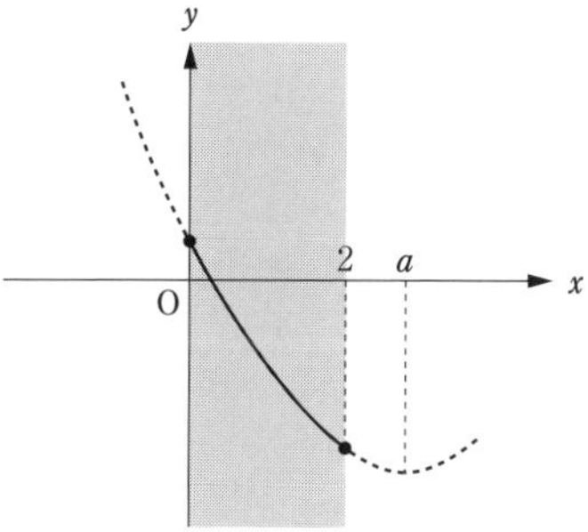

$g=f(0)=1$，$h=f(2)=-8a+9$

したがって，

$a \leqq 0$ のとき

$\boldsymbol{g=-8a+9}$，$\boldsymbol{h=1}$

$0<a \leqq 1$ のとき

$\boldsymbol{g=-8a+9}$，$\boldsymbol{h=-2a^2+1}$

$1<a \leqq 2$ のとき

$\boldsymbol{g=1}$，$\boldsymbol{h=-2a^2+1}$

$2<a$ のとき

$\boldsymbol{g=1}$，$\boldsymbol{h=-8a+9}$

44　求める放物線の方程式を $y=ax^2+bx+c$ とおくと，3 点 $(0,\ 0)$，$(-1,\ 5)$，$(4,\ 0)$ を通ることより

$$\begin{cases} 0=c \\ 5=a-b+c \\ 0=16a+4b+c \end{cases}$$

これを解いて，$a=1$，$b=-4$，$c=0$

$\boldsymbol{y=x^2-4x}$

45　(1)　頂点が $(2,\ -12)$ であるから，

$y=a(x-2)^2-12$

とおける。

(0, 4) を通るから,

$4=a(0-2)^2-12$

$a=4$

したがって,

$y=4(x-2)^2-12$

$\boldsymbol{y=4x^2-16x+4}$

(2) 軸が $x=-1$ であるから,

$y=a(x+1)^2+q$

とおける。

$(-2,\ 4)$ を通るから,

$4=a(-2+1)^2+q$

$a+q=4$ …①

(1, 10) を通るから,

$10=a(1+1)^2+q$

$4a+q=10$ …②

①, ②より, $a=2$, $q=2$

したがって,

$y=2(x+1)^2+2$

$\boldsymbol{y=2x^2+4x+4}$

46 (1) $(x-1)(x-3)=0$ $x=\boldsymbol{1,\ 3}$

(2) $(3x-11)(x+1)=0$ $x=\boldsymbol{\frac{11}{3},\ -1}$

(3) $(2x-1)^2=0$ $x=\boldsymbol{\frac{1}{2}}$

(4) $3x+1=9x^2-6x+1$

$-9x^2+9x=0$

$x^2-x=0$

$x(x-1)=0$ $x=\boldsymbol{0,\ 1}$

(5) $2x^2+x-3=x$

$2x^2=3$

$x^2=\frac{3}{2}$

$x=\pm\sqrt{\frac{3}{2}}=\boldsymbol{\pm\frac{\sqrt{6}}{2}}$

別解

$2x^2-3=0$

$(\sqrt{2}x+\sqrt{3})(\sqrt{2}x-\sqrt{3})=0$

$x=-\frac{\sqrt{3}}{\sqrt{2}},\ \frac{\sqrt{3}}{\sqrt{2}}$

$=\boldsymbol{-\frac{\sqrt{6}}{2},\ \frac{\sqrt{6}}{2}}$

47 (1) $x=\frac{-7\pm\sqrt{7^2-4\cdot5\cdot1}}{2\cdot5}=\boldsymbol{\frac{-7\pm\sqrt{29}}{10}}$

(2) $x=4\pm\sqrt{16+7}=\boldsymbol{4\pm\sqrt{23}}$

(3) $x^2+x-6=2$

$x^2+x-8=0$

$x=\frac{-1\pm\sqrt{1+32}}{2}=\boldsymbol{\frac{-1\pm\sqrt{33}}{2}}$

(4) $x=\frac{\sqrt{6}\pm\sqrt{6-6}}{2}=\frac{\sqrt{6}\pm0}{2}=\boldsymbol{\frac{\sqrt{6}}{2}}$

別解

$(\sqrt{2}x-\sqrt{3})^2=0$ $x=\frac{\sqrt{3}}{\sqrt{2}}=\boldsymbol{\frac{\sqrt{6}}{2}}$

48 判別式を D とすると,

$D=k^2-4(k+3)=0$

$k^2-4k-12=0$

$(k+2)(k-6)=0$

$k=\boldsymbol{-2,\ 6}$

49 (1) 判別式を D とすると,

$D=(2k-1)^2-4(k^2+3)\geqq0$

$-4k\geqq11$ $\boldsymbol{k\leqq-\frac{11}{4}}$

(2) 判別式を D とすると,

$\frac{D}{4}=2^2-a<0$

$-a<-4$ $\boldsymbol{a>4}$

50 (1) $x^2-ax+a-1=0$ …①

$x=-2$ を代入すると,

$4+2a+a-1=0$

$\boldsymbol{a=-1}$

①に代入して,

$x^2+x-2=0$

$(x+2)(x-1)=0$

$x=-2,\ 1$

よって, もう1つの解は $\boldsymbol{x=1}$

(2) 与式に $x=1+\sqrt{2}$ を代入すると,

$a(1+\sqrt{2})^2+1+\sqrt{2}+b+\sqrt{2}=0$

$3a+2\sqrt{2}a+1+b+2\sqrt{2}=0$

$3a+b+1+(2a+2)\sqrt{2}=0$

a, b は有理数だから,

$3a+b+1=0$, $2a+2=0$

$\boldsymbol{a=-1,\ b=2}$

51 $y=x^2-2x+a-3$

$\frac{D}{4}=(-1)^2-(a-3)=0$ $\boldsymbol{a=4}$

52 $x^2+kx+k=2x+3$

$x^2+(k-2)x+k-3=0$

判別式をDとすると，

$D=(k-2)^2-4(k-3)=0$

$k^2-8k+16=0$

$(k-4)^2=0$　　$\boldsymbol{k=4}$

53　上に凸のグラフであるから，$\boldsymbol{a<0}$

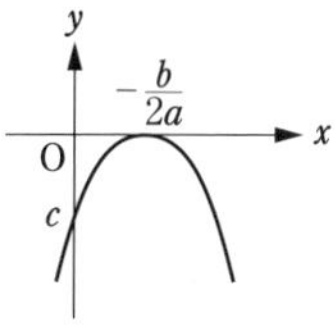

軸の方程式は，

$y=a\left(x+\dfrac{b}{2a}\right)^2+c-\dfrac{b^2}{4a}$

より

$x=-\dfrac{b}{2a}>0$

両辺に $-2a(>0)$ をかけて，$\boldsymbol{b>0}$

cはy切片の値であるから，$\boldsymbol{c<0}$

x軸と接しているから，$\boldsymbol{b^2-4ac=0}$

54　(1)　$(x-2)(x-5)<0$

$\boldsymbol{2<x<5}$

(2)　$x^2-9>0$

$(x+3)(x-3)>0$

$\boldsymbol{x<-3,\ 3<x}$

(3)　$-x^2+5x-6\leqq 0$

$x^2-5x+6\geqq 0$

$(x-2)(x-3)\geqq 0$

$\boldsymbol{x\leqq 2,\ 3\leqq x}$

(4)　$x^2-3x-1=0$ を解くと，

$x=\dfrac{3\pm\sqrt{13}}{2}$

よって，$x^2-3x-1<0$ の解は，

$\boldsymbol{\dfrac{3-\sqrt{13}}{2}<x<\dfrac{3+\sqrt{13}}{2}}$

55　(1)　$x^2+4\leqq 4x$

$x^2-4x+4\leqq 0$

$(x-2)^2\leqq 0$

$\boldsymbol{x=2}$

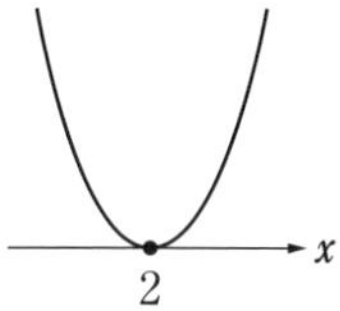

(2)　$x^2+(x-1)^2>x(x-1)$

$x^2+x^2-2x+1>x^2-x$

$x^2-x+1>0$

$\left(x-\dfrac{1}{2}\right)^2+\dfrac{3}{4}>0$

すべての実数 $\boldsymbol{x}$

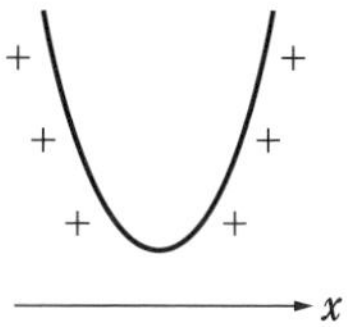

56　$px^2+qx+1<0$　…①

の解が $1<x<\dfrac{3}{2}$ であることから，

$(x-1)(2x-3)<0$

$2x^2-5x+3<0$

①と比較するために，両辺に $\dfrac{1}{3}$ をかけると，

$\dfrac{2}{3}x^2-\dfrac{5}{3}x+1<0$

これが①と一致するから，$p=\dfrac{2}{3}$，$q=-\dfrac{5}{3}$

57　$\begin{cases} x^2+2x-8<0 & \cdots① \\ x^2-4x+2>0 & \cdots② \end{cases}$

①より $(x+4)(x-2)<0$

$-4<x<2$　…①′

②より $x<2-\sqrt{2}$，$2+\sqrt{2}<x$　…②′

①′，②′ より　$\boldsymbol{-4<x<2-\sqrt{2}}$

58　(1)　下に凸より，

$a+1>0$　　$a>-1$　…①

x 軸と共有点をもたないから，

$D=(a-3)^2-4(a+1)(a+1)<0$

$-3a^2-14a+5<0$

$3a^2+14a-5>0$

$(3a-1)(a+5)>0$

$a<-5$，$\dfrac{1}{3}<a$　…②

①，②より，求める a の範囲は，

$\boldsymbol{a>\dfrac{1}{3}}$

(2)　$f(x)=x^2+ax+a+8$

$D=a^2-4(a+8)<0$

$a^2-4a-32<0$

$(a-8)(a+4)<0$

$\boldsymbol{-4<a<8}$

59　$f(x)=x^2-2mx+2m+8$

$=(x-m)^2-m^2+2m+8$　$(0\leqq x\leqq 2)$

(i)　$m\leqq 0$ のとき，

$0\leqq x\leqq 2$ における最小値は $f(0)$

よって，$f(0)=2m+8>0$

$m>-4$

$m \leqq 0$ との共通部分より，

$-4<m\leqq 0$

(ii)　$0<m\leqq 2$ のとき，

$f(m)=-m^2+2m+8>0$

$m^2-2m-8<0$

$(m+2)(m-4)<0$

$-2<m<4$

$0<m\leqq 2$ との共通部分より，

$0<m\leqq 2$

(iii)　$2<m$ のとき，

$f(2)=4-4m+2m+8>0$

$m<6$

$2<m$ との共通部分より，

$2<m<6$

(i)(ii)(iii)より

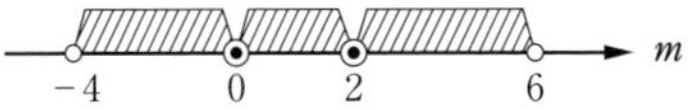

$-4<m<6$

60　$x+y=5$ より

$y=5-x\geqq 0$

$0\leqq x\leqq 5$　…①

与式を z とおくと，

$z=2x^2-y^2$

$=2x^2-(5-x)^2$

$=x^2+10x-25$

$=(x+5)^2-50$

①の範囲でグラフをかくと次のようになる。

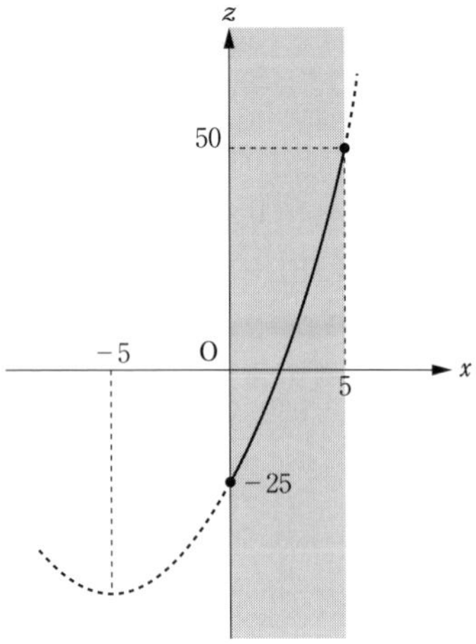

よって，

最大値　50（$x=5$，$y=0$ のとき）

最小値　−25（$x=0$，$y=5$ のとき）

61　$x^2+y^2=1$ より，

$y^2=1-x^2\geqq 0$

$x^2-1\leqq 0$

$(x+1)(x-1)\leqq 0$

$-1\leqq x\leqq 1$　…①

与式を z とおくと，

$z=2x+y^2$

$=2x+1-x^2$

$=-x^2+2x+1$

$=-(x-1)^2+2$

①の範囲でのグラフは次のようになる。

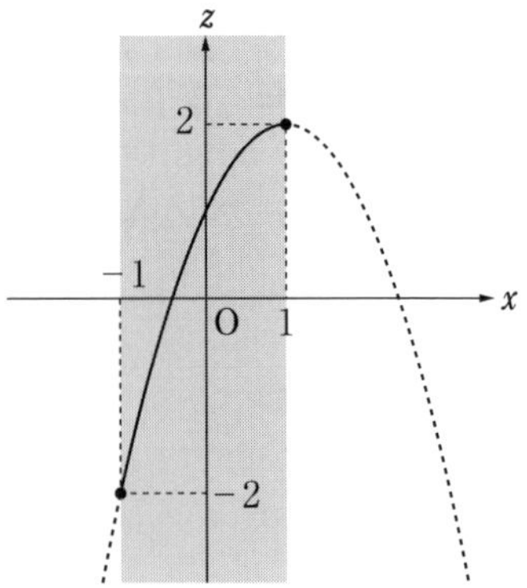

最大値 2，最小値 −2

62　(1)

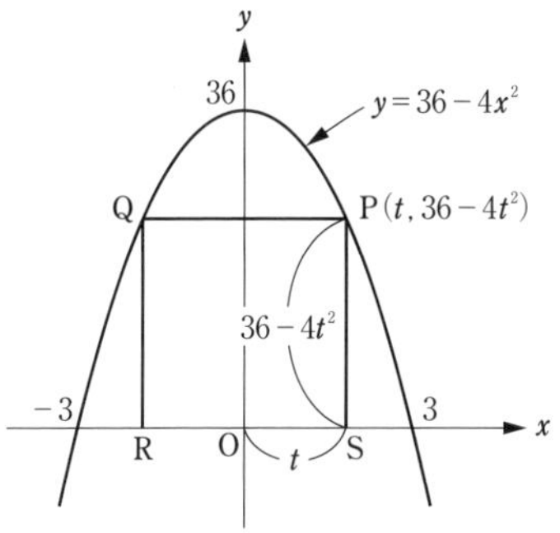

$l=\mathrm{PQ}+\mathrm{QR}+\mathrm{RS}+\mathrm{SP}$

$=2t+(36-4t^2)+2t+(36-4t^2)$

$=-8t^2+4t+72$

ア．−8　　イ．4　　ウ．72

(2)　$l=-8\left(t^2-\dfrac{1}{2}t\right)+72$

$=-8\left(t-\dfrac{1}{4}\right)^2+\dfrac{1}{2}+72$

$=-8\left(t-\dfrac{1}{4}\right)^2+\dfrac{145}{2}$

$0<t<3$ なので，$\boldsymbol{t=\dfrac{1}{4}}$ **のとき最大となる。**

63　x 円値下げしたとすると，1 個の売価は $100-x$(円)，1 日の売り上げ個数は，$200+3x$(個) になるので，1 日の売り上げ高 $f(x)$ は，

$f(x)=(100-x)(200+3x)$

$=-3x^2+100x+20000$

$=-3\left(x-\dfrac{50}{3}\right)^2+\dfrac{62500}{3}$

$\dfrac{50}{3}=16.66\cdots$

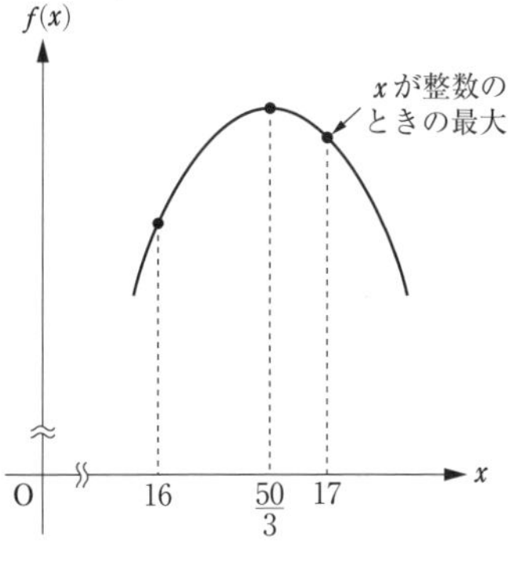

x は，$x<100$ の整数なので，$x=17$ のときが最大になる。

したがって，**17 円値下げすればよい。**

64　$f(x)=x^2+2ax+6-a$

$=(x+a)^2-a^2+6-a$

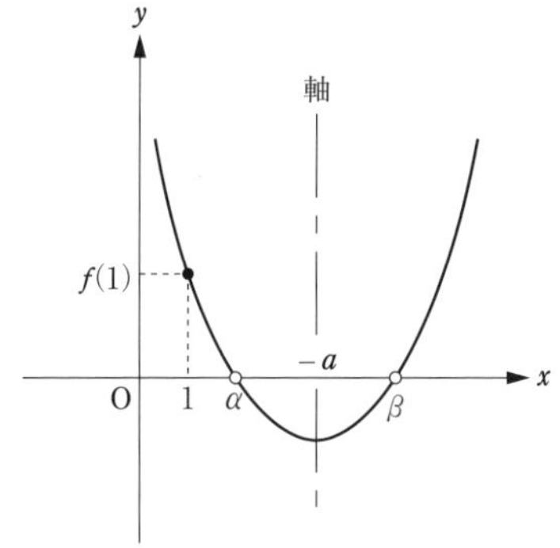

$x^2+2ax+6-a=0$

$\dfrac{D}{4}=a^2-(6-a)>0$

$a^2+a-6>0$

$(a+3)(a-2)>0$

$a<-3,\ 2<a$　…①

軸の方程式は $x=-a$

$x=-a>1$

$a<-1$　…②

$f(1)=1+2a+6-a>0$

$a>-7$　…③

①～③より

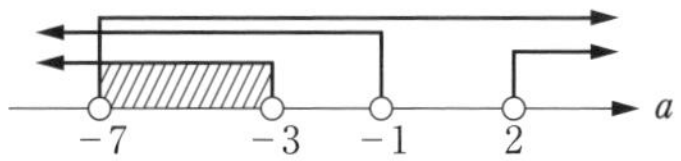

$\boldsymbol{-7<a<-3}$

65　条件は

$\begin{cases} D>0 \\ 0<軸<3 \\ f(0)>0 \\ f(3)>0 \end{cases}$

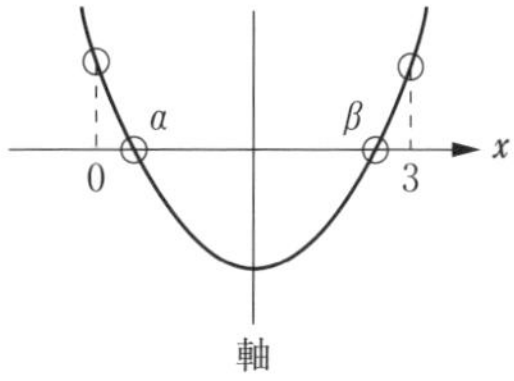

$D=p^2-4\cdot4>0$

$(p+4)(p-4)>0$

$p<-4,\ 4<p$　…①

また，$f(x)=\left(x-\dfrac{p}{2}\right)^2+4-\dfrac{p^2}{4}$ より，

軸：$x=\frac{p}{2}$ だから

$0<\frac{p}{2}<3$

$0<p<6$　…②

$f(0)=4>0$

$f(3)=9-3p+4>0$　$p<\frac{13}{3}$　…③

①〜③より

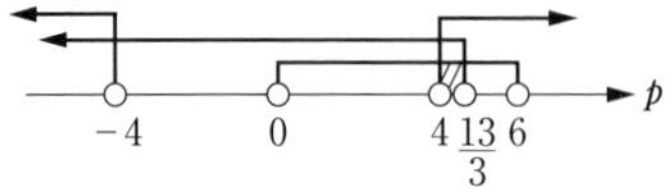

$4<p<\frac{13}{3}$

66　$f(x)=2x^2-ax+6$ とおくと，$y=f(x)$ のグラフが次のようになればよい。

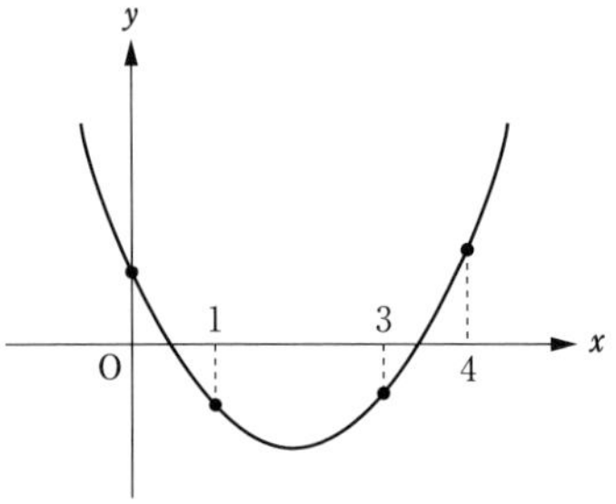

$f(0)=6>0$

$f(1)=2-a+6<0$　　$a>8$　…①

$f(3)=18-3a+6<0$　　$a>8$　…②

$f(4)=32-4a+6>0$　　$a<\frac{19}{2}$　…③

①，②，③より，**$8<a<\frac{19}{2}$**

67　(1)

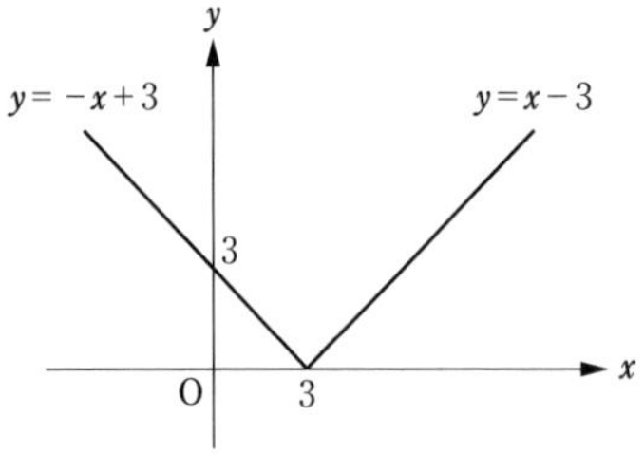

(2)　$y=x^2-x-2$

$=\left(x-\frac{1}{2}\right)^2-\frac{9}{4}$

また，$x^2-x-2=0$ より，

$(x+1)(x-2)=0$　　$x=-1,\ 2$

以上より，$y=|x^2-x-2|$ のグラフは次のようになる。

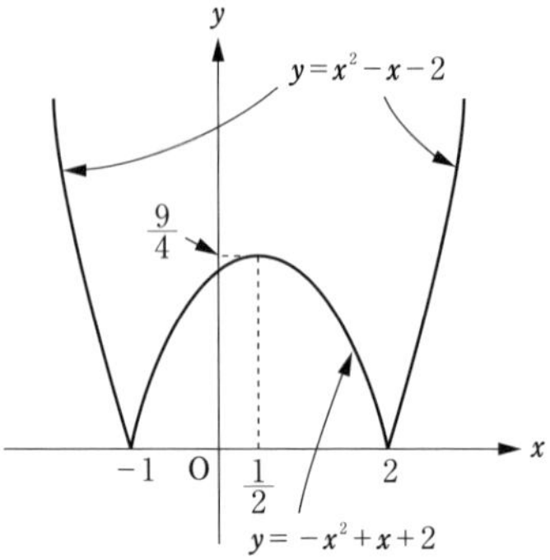

68　$y=|x-1|+\frac{1}{2}x$

(1)　(i)　$x\geqq 1$ のとき

$y=(x-1)+\frac{1}{2}x$

$y=\frac{3}{2}x-1$

(ii)　$x<1$ のとき

$y=-(x-1)+\frac{1}{2}x$

$y=-\frac{1}{2}x+1$

(i)(ii)より，グラフは次のようになる。

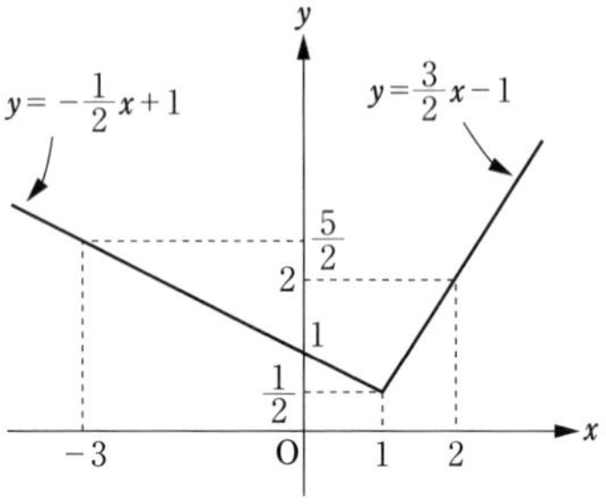

(2)　(1)のグラフより，

最大値 $\frac{5}{2}$ ($x=-3$ のとき)

最小値 $\frac{1}{2}$ ($x=1$ のとき)

69　$f(x)=|x-2|+|x+1|$

(1)　(i)　$x\leqq -1$ のとき

$f(x)=-(x-2)-(x+1)$

$= -2x+1$

(ii)　$-1<x \leqq 2$ のとき

$f(x) = -(x-2)+(x+1)$

$= 3$

(iii)　$2<x$ のとき

$f(x) = (x-2)+(x+1)$

$= 2x-1$

(i)(ii)(iii)より，グラフは次のようになる。

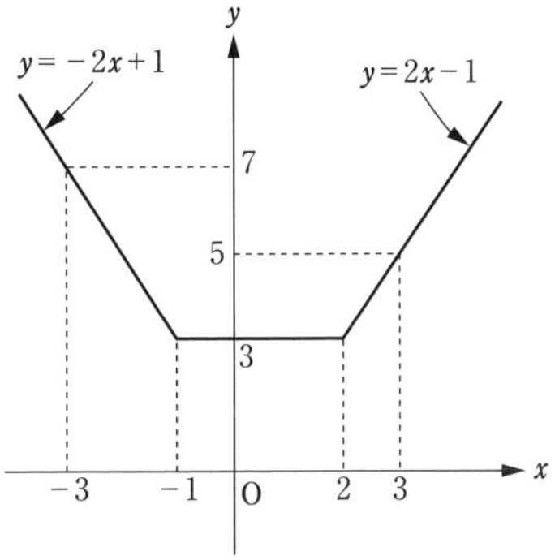

(2)　(1)のグラフより，**最大値は 7，最小値は 3**

70　$f(x) = |x^2-4|-2x$

(1)　(i)　$x^2-4 \geqq 0$ すなわち

$x \leqq -2,\ 2 \leqq x$ のとき

$f(x) = (x^2-4)-2x$

$= x^2-2x-4$

$= (x-1)^2-5$

(ii)　$x^2-4<0$ すなわち

$-2<x<2$ のとき

$f(x) = -(x^2-4)-2x$

$= -x^2-2x+4$

$= -(x+1)^2+5$

(i)(ii)より，グラフは次図の実線部分。

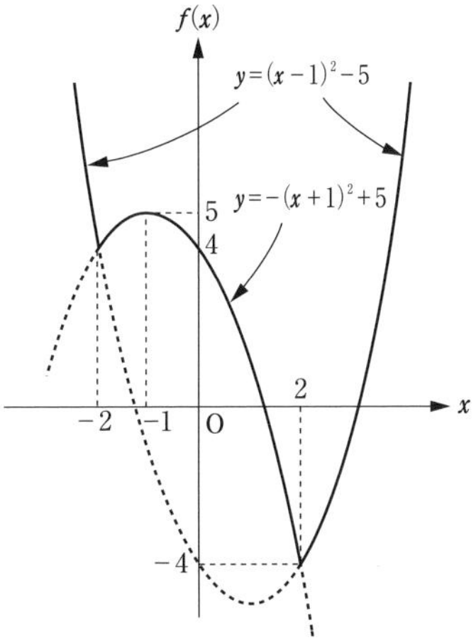

(2)

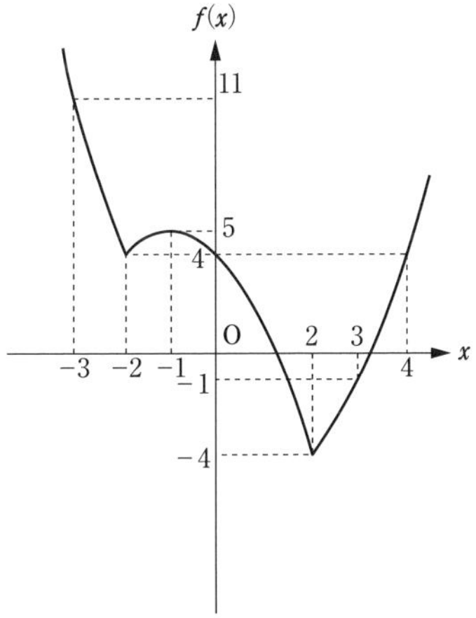

上のグラフより，$-3 \leqq x \leqq 3$ において，

$\begin{cases} \boldsymbol{x=2} \text{ のとき最小値} \boldsymbol{-4} \text{ をとり，} \\ \boldsymbol{x=-3} \text{ のとき最大値} \boldsymbol{11} \text{ をとる。} \end{cases}$

また，$-2 \leqq x \leqq 4$ **における最大値は 5** である。

71　$|x^2-2x| = x^2+a$

$|x^2-2x|-x^2 = a$

この方程式の異なる解が 3 個存在するということは，

$$\begin{cases} y=|x^2-2x|-x^2 \quad \cdots① \\ y=a \end{cases}$$

のグラフの共有点が 3 個存在するということで

ある。

①のグラフを考える。

(i)　$x \leqq 0$，$2 \leqq x$ のとき

$y=x^2-2x-x^2=-2x$

(ii)　$0<x<2$ のとき

$y=-(x^2-2x)-x^2$

$=-2x^2+2x$

$=-2\left(x-\dfrac{1}{2}\right)^2+\dfrac{1}{2}$

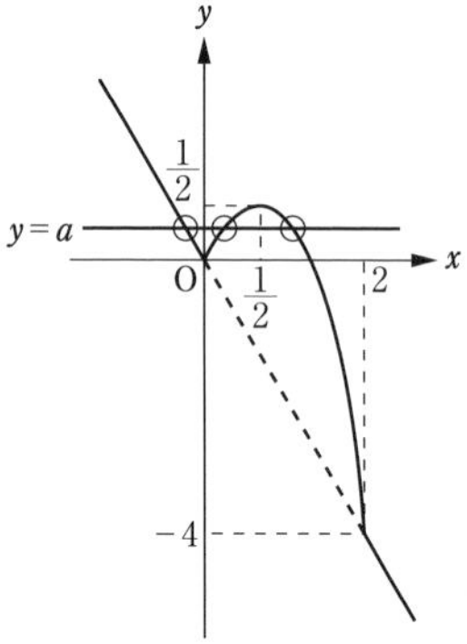

グラフより求める a の値の範囲は，

$\boldsymbol{0<a<\dfrac{1}{2}}$

72　(1)　与式 $=\dfrac{\sqrt{3}}{2}\cdot\dfrac{1}{\sqrt{3}}+\dfrac{\sqrt{2}}{2}\cdot\dfrac{\sqrt{2}}{2}$

$=\dfrac{1}{2}+\dfrac{1}{2}=\mathbf{1}$

(2)　与式 $=\dfrac{1}{2}-\left(-\dfrac{1}{\sqrt{3}}\right)\cdot\dfrac{\sqrt{3}}{2}$

$=\dfrac{1}{2}+\dfrac{1}{2}=\mathbf{1}$

(3)　与式 $=\left(\dfrac{\sqrt{3}}{2}-1\right)^2+\left(\sqrt{3}+\dfrac{1}{2}\right)^2$

$=\dfrac{3}{4}-\sqrt{3}+1+3+\sqrt{3}+\dfrac{1}{4}$

$=\mathbf{5}$

73　(1)　$\sin\theta=\dfrac{1}{\sqrt{2}}$　　$\boldsymbol{\theta=45^\circ,\ 135^\circ}$

(2)　$\cos\theta=-\dfrac{1}{2}$　　$\boldsymbol{\theta=120^\circ}$

(3)　$\tan^2\theta=1$　　$\tan\theta=\pm1$

$\tan\theta=1$ のとき $\theta=45^\circ$

$\tan\theta=-1$ のとき $\theta=135^\circ$

$\boldsymbol{\theta=45^\circ,\ 135^\circ}$

74　$0^\circ \leqq \theta \leqq 180^\circ$

(1)　$\sin\theta<\dfrac{1}{\sqrt{2}}$

$\boldsymbol{0^\circ \leqq \theta<45^\circ}$，

$\boldsymbol{135^\circ<\theta \leqq 180^\circ}$

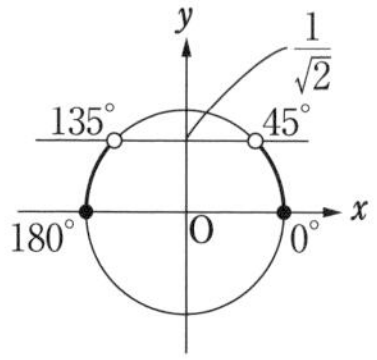

(2)　$\cos\theta \leqq -\dfrac{\sqrt{3}}{2}$

$150^\circ \leqq \theta \leqq 180^\circ$

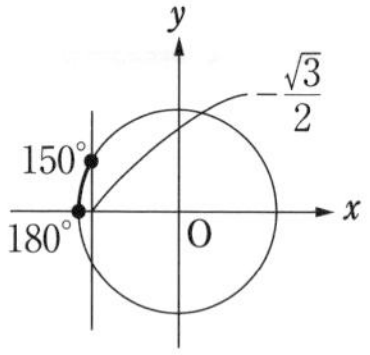

(3)　$-1 \leqq \tan\theta \leqq \sqrt{3}$

$\boldsymbol{0^\circ \leqq \theta \leqq 60^\circ}$，

$\boldsymbol{135^\circ \leqq \theta \leqq 180^\circ}$

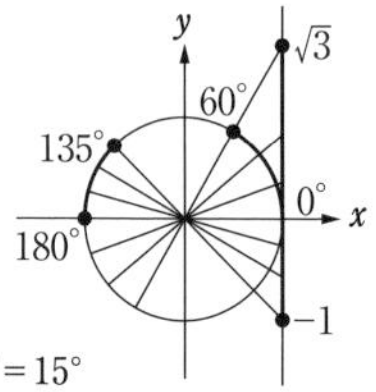

75　(1)　$\angle ACD=30^\circ-15^\circ=15^\circ$

よって △ADC は二等辺三角形であり，

$DC=AD=10$

また，$DC:BC:DB=2:1:\sqrt{3}$ より，

BC＝5

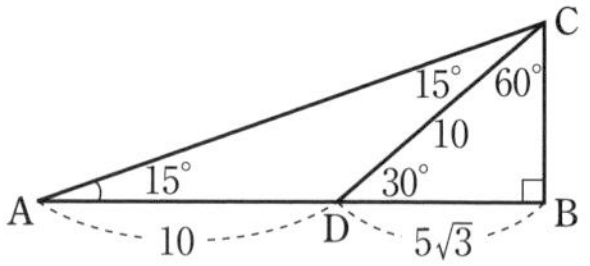

(2)　$\mathbf{DB=5\sqrt{3}}$

(3)　$\angle ACB=75^\circ$ であるから

$\mathbf{tan75^\circ}=\dfrac{AB}{BC}=\dfrac{10+5\sqrt{3}}{5}=\mathbf{2+\sqrt{3}}$

76　(1)　$x-y+1=0$ より $y=x+1$

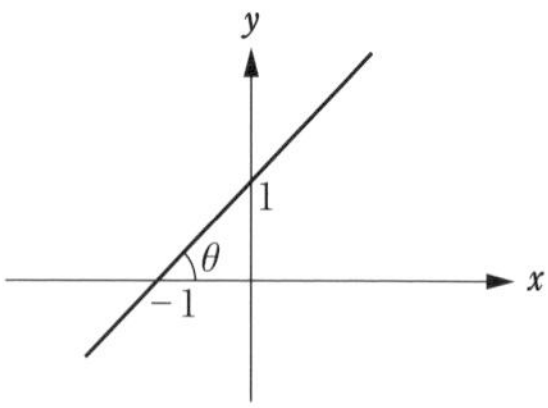

上図で，$\tan\theta=1$　　$\boldsymbol{\theta=45^\circ}$

(2)　$\sqrt{3}x+y=1$ より $y=-\sqrt{3}x+1$

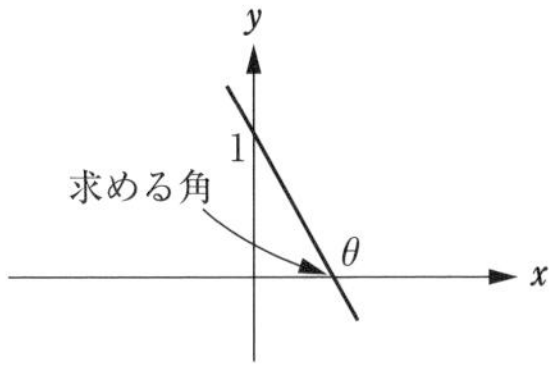

上図で，$\tan\theta=-\sqrt{3}$　　$\theta=120^\circ$

求める角は，$180^\circ-120^\circ=\mathbf{60^\circ}$

77　(1)　$\sin\theta=\dfrac{3}{4}$

$\sin^2\theta+\cos^2\theta=1$ より

$\cos^2\theta=1-\sin^2\theta=1-\dfrac{9}{16}=\dfrac{7}{16}$

θ は鈍角 $(90^\circ<\theta<180^\circ)$ であるから

$\cos\theta<0$ より

$\boldsymbol{\cos\theta=-\dfrac{\sqrt{7}}{4}}$

$\boldsymbol{\tan\theta}=\dfrac{\sin\theta}{\cos\theta}$

$=\dfrac{\dfrac{3}{4}}{-\dfrac{\sqrt{7}}{4}}=-\dfrac{3}{\sqrt{7}}=-\boldsymbol{\dfrac{3\sqrt{7}}{7}}$

(2)　$\cos\theta=-\dfrac{1}{3}$

$\sin^2\theta=1-\cos^2\theta=1-\dfrac{1}{9}=\dfrac{8}{9}$

$0^\circ\leqq\theta\leqq180^\circ$ より $\sin\theta\geqq0$

$\sin\theta=\sqrt{\dfrac{8}{9}}=\dfrac{2\sqrt{2}}{3}$

$\tan\theta=\dfrac{\sin\theta}{\cos\theta}=\dfrac{\dfrac{2\sqrt{2}}{3}}{-\dfrac{1}{3}}=\boldsymbol{-2\sqrt{2}}$

(3)　$\tan\theta=-\dfrac{5}{12}$

$1+\tan^2\theta=\dfrac{1}{\cos^2\theta}$ に代入して

$1+\dfrac{25}{144}=\dfrac{1}{\cos^2\theta}$　　$\cos^2\theta=\dfrac{144}{169}$

$0^\circ\leqq\theta\leqq180^\circ$ で $\tan\theta<0$ であるから，θ は第 2 象限の角度である。

すなわち，$\cos\theta<0$

$\boldsymbol{\cos\theta=-\dfrac{12}{13}}$

78　$\dfrac{\cos\alpha}{1+\sin\alpha}+\tan\alpha$

$=\dfrac{\cos\alpha(1-\sin\alpha)}{1-\sin^2\alpha}+\dfrac{\sin\alpha}{\cos\alpha}$

$=\dfrac{\cos\alpha(1-\sin\alpha)}{\cos^2\alpha}+\dfrac{\sin\alpha}{\cos\alpha}$

$=\dfrac{1-\sin\alpha}{\cos\alpha}+\dfrac{\sin\alpha}{\cos\alpha}$

$=\dfrac{1-\sin\alpha+\sin\alpha}{\cos\alpha}=\boldsymbol{\dfrac{1}{\cos\alpha}}$

79　(1)　$\sin\theta+\cos\theta=\sqrt{2}$

両辺を 2 乗して，

$\sin^2\theta+\cos^2\theta+2\sin\theta\cos\theta=2$

$1+2\sin\theta\cos\theta=2$

$\sin\theta\cos\theta=\boldsymbol{\dfrac{1}{2}}$

(2)　$\tan\theta+\dfrac{1}{\tan\theta}$

$=\dfrac{\sin\theta}{\cos\theta}+\dfrac{1}{\dfrac{\sin\theta}{\cos\theta}}$

$=\dfrac{\sin\theta}{\cos\theta}+\dfrac{1\quad\times\cos\theta}{\dfrac{\sin\theta}{\cos\theta}\times\cos\theta}$

$=\dfrac{\sin\theta}{\cos\theta}+\dfrac{\cos\theta}{\sin\theta}$

$=\dfrac{\sin\theta\times\sin\theta}{\cos\theta\times\sin\theta}+\dfrac{\cos\theta\times\cos\theta}{\sin\theta\times\cos\theta}$

$=\dfrac{\sin^2\theta}{\sin\theta\cos\theta}+\dfrac{\cos^2\theta}{\sin\theta\cos\theta}$

$=\dfrac{\sin^2\theta+\cos^2\theta}{\sin\theta\cos\theta}$

$=\dfrac{1}{\sin\theta\cos\theta}$

$=\dfrac{1}{\dfrac{1}{2}}=\dfrac{1\times2}{\dfrac{1}{2}\times2}=\dfrac{2}{1}=\mathbf{2}$

80　$\sin\theta=-2\cos\theta-1$　…①

両辺を平方して，

$\sin^2\theta=(-2\cos\theta-1)^2$

$1-\cos^2\theta=4\cos^2\theta+4\cos\theta+1$

$5\cos^2\theta+4\cos\theta=0$

$\cos\theta(5\cos\theta+4)=0$

$\cos\theta=0,\ -\dfrac{4}{5}$

$\cos\theta=0$ のとき，①より $\sin\theta=-2\cdot0-1=-1$

$0^\circ\leqq\theta\leqq180^\circ$ より，$\sin\theta\geqq0$ なので，不適

$\cos\theta=-\dfrac{4}{5}$ のとき，

$\sin\theta=-2\cdot\left(-\dfrac{4}{5}\right)-1=\dfrac{3}{5}$

$\boldsymbol{\tan\theta}=\dfrac{\sin\theta}{\cos\theta}=\dfrac{\dfrac{3}{5}}{-\dfrac{4}{5}}=-\boldsymbol{\dfrac{3}{4}}$

81　(1)　与式$=\cos\theta(-\cos\theta)-\sin\theta\sin\theta$

$=-(\cos^2\theta+\sin^2\theta)$

$=\mathbf{-1}$

(2) 与式

$=\sin(90^\circ+40^\circ)\cos 40^\circ$

$\quad -\sin 40^\circ\cos(90^\circ+40^\circ)$

$=\cos 40^\circ\cos 40^\circ-\sin 40^\circ(-\sin 40^\circ)$

$=\cos^2 40^\circ+\sin^2 40^\circ$

$=\mathbf{1}$

(3) $\tan 65^\circ=\tan(90^\circ-25^\circ)=\dfrac{1}{\tan 25^\circ}$

$\tan 115^\circ=\tan(90^\circ+25^\circ)=-\dfrac{1}{\tan 25^\circ}$

よって，

与式 $=\left(\dfrac{1}{\tan 25^\circ}+\tan 25^\circ\right)^2$

$\quad -\left(-\dfrac{1}{\tan 25^\circ}+\tan 25^\circ\right)^2$

$=\dfrac{1}{\tan^2 25^\circ}+2+\tan^2 25^\circ$

$\quad -\left(\dfrac{1}{\tan^2 25^\circ}-2+\tan^2 25^\circ\right)$

$=\mathbf{4}$

82 (1) $\sin^2 x-\cos^2 x+3\sin x-1=0$

$\sin^2 x-(1-\sin^2 x)+3\sin x-1=0$

$2\sin^2 x+3\sin x-2=0$

$(2\sin x-1)(\sin x+2)=0$

$0^\circ\leqq x\leqq 180^\circ$ より $0\leqq\sin x\leqq 1$ であるから，

$\sin x=\dfrac{1}{2}$

$x=\mathbf{30^\circ,\ 150^\circ}$

(2) $2\cos^2 x\geqq 3\sin x$

$2(1-\sin^2 x)\geqq 3\sin x$

$2\sin^2 x+3\sin x-2\leqq 0$

$(2\sin x-1)(\sin x+2)\leqq 0$

$-2\leqq\sin x\leqq\dfrac{1}{2}$

ここで，$90^\circ\leqq x\leqq 180^\circ$ より

$0\leqq\sin x\leqq 1$

であるから，

$0\leqq\sin x\leqq\dfrac{1}{2}$

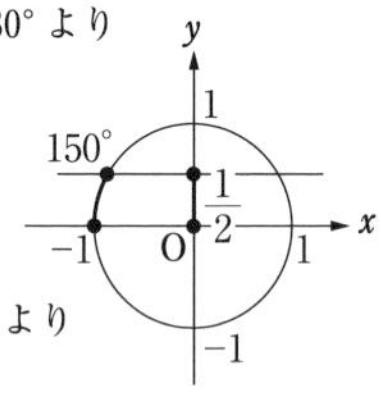

したがって，右上図より

$\mathbf{150^\circ\leqq x\leqq 180^\circ}$

83 $y=\sin^2 x-\sqrt{2}\cos x-1\quad(0^\circ\leqq x\leqq 180^\circ)$

$=1-\cos^2 x-\sqrt{2}\cos x-1$

$=-\cos^2 x-\sqrt{2}\cos x$

$=-\left(\cos x+\dfrac{\sqrt{2}}{2}\right)^2+\dfrac{1}{2}$

$0^\circ\leqq x\leqq 180^\circ$ より，$-1\leqq\cos x\leqq 1$

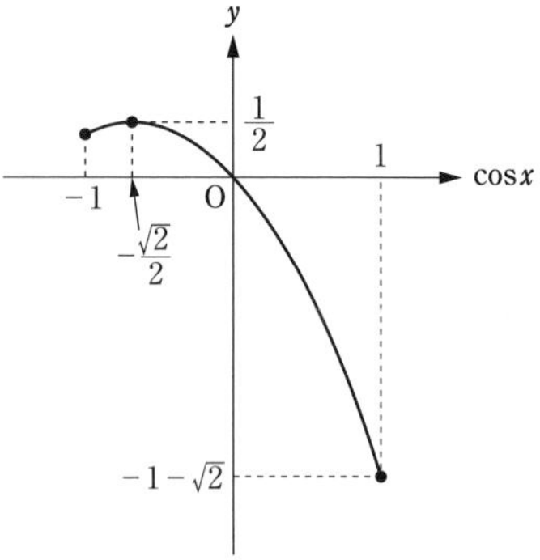

$\cos x=-\dfrac{\sqrt{2}}{2}$ すなわち $\boldsymbol{x=135^\circ}$ のとき**最大値** $\mathbf{\dfrac{1}{2}}$ をとり，$\cos x=1$ すなわち $\boldsymbol{x=0^\circ}$ のとき**最小値** $\mathbf{-1-\sqrt{2}}$ **をとる**。

84 $\dfrac{2\sqrt{3}}{\sin 120^\circ}=2R$

$R=\dfrac{2\sqrt{3}}{\dfrac{\sqrt{3}}{2}}\times\dfrac{1}{2}=\mathbf{2}$

85 (1)

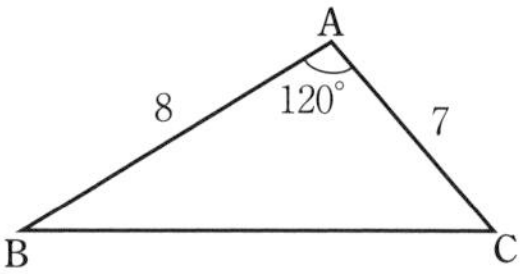

$BC^2=8^2+7^2-2\cdot 8\cdot 7\cos 120^\circ=169$

$\mathbf{BC=13}$

(2) $\cos A=\dfrac{3^2+(\sqrt{2})^2-(\sqrt{5})^2}{2\cdot 3\cdot\sqrt{2}}=\dfrac{1}{\sqrt{2}}$

$\mathbf{\angle A=45^\circ}$

86

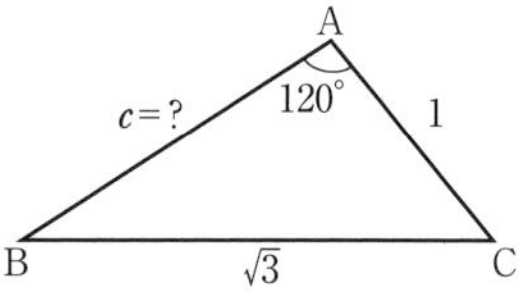

$(\sqrt{3})^2=c^2+1^2-2\cdot c\cdot 1\cdot\cos 120^\circ$

$3=c^2+1+c$

$c^2+c-2=0\quad(c+2)(c-1)=0$

$c>0$ より，$c=1$ **AB＝1**

87 正弦定理より，

$\sin A:\sin B:\sin C=a:b:c=4:5:6$

ここで，$a=4k$，$b=5k$，$c=6k$ とおくと

$\cos B = \dfrac{16k^2+36k^2-25k^2}{2\cdot 4k\cdot 6k} = \dfrac{27k^2}{48k^2} = \mathbf{\dfrac{9}{16}}$

88　$\sin A\cos B = \cos A\sin B$

$\dfrac{a}{2R}\cdot\dfrac{c^2+a^2-b^2}{2ca} = \dfrac{b^2+c^2-a^2}{2bc}\cdot\dfrac{b}{2R}$

$c^2+a^2-b^2 = b^2+c^2-a^2$

$2a^2 = 2b^2$

$a^2 = b^2$

$a = b$

よって，**BC＝AC の二等辺三角形**

89　$a^2\cos A\sin B = b^2\cos B\sin A$

$a^2\cdot\dfrac{b^2+c^2-a^2}{2bc}\cdot\dfrac{b}{2R} = b^2\cdot\dfrac{c^2+a^2-b^2}{2ca}\cdot\dfrac{a}{2R}$

$a^2(b^2+c^2-a^2) = b^2(c^2+a^2-b^2)$

$a^4-b^4-a^2c^2+b^2c^2=0$

$(a^2+b^2)(a^2-b^2)-c^2(a^2-b^2)=0$

$(a^2-b^2)(a^2+b^2-c^2)=0$

$a=b$ または $a^2+b^2=c^2$

よって，**BC＝CA の二等辺三角形または**

∠C＝90° の直角三角形

90

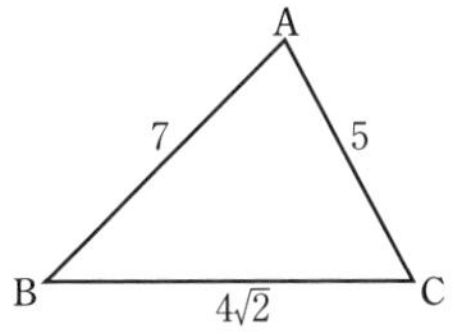

$\cos A = \dfrac{7^2+5^2-(4\sqrt{2})^2}{2\cdot 7\cdot 5} = \mathbf{\dfrac{3}{5}}$　…**ア**

$\sin A = \sqrt{1-\cos^2 A} = \sqrt{1-\dfrac{9}{25}} = \mathbf{\dfrac{4}{5}}$　…**イ**

$S = \dfrac{1}{2}\cdot 7\cdot 5\cdot\dfrac{4}{5} = \mathbf{14}$　…**ウ**

$\dfrac{a}{\sin A} = 2R$ より $R = \dfrac{4\sqrt{2}}{\frac{4}{5}}\times\dfrac{1}{2} = \mathbf{\dfrac{5\sqrt{2}}{2}}$　…**エ**

$S = \dfrac{1}{2}r(a+b+c)$ より

$14 = \dfrac{1}{2}r(4\sqrt{2}+5+7)$

$r = \dfrac{28}{4(3+\sqrt{2})} = \mathbf{3-\sqrt{2}}$　…**オ**

91

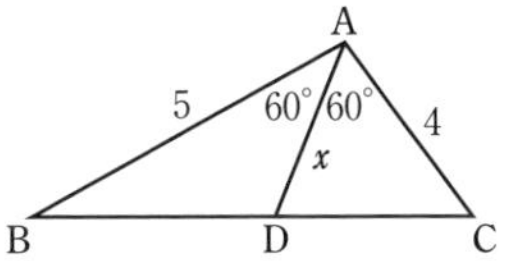

AD＝x とおく

△ABC＝△ABD＋△ADC より

$\dfrac{1}{2}\cdot 5\cdot 4\cdot\sin 120°$

$= \dfrac{1}{2}\cdot 5\cdot x\cdot\sin 60° + \dfrac{1}{2}\cdot 4\cdot x\sin 60°$

$20 = 5x+4x$

$x = \dfrac{20}{9}$　　**AD＝$\mathbf{\dfrac{20}{9}}$**

92　三角形 ABC について余弦定理より，

$AC^2 = 5^2+3^2-2\cdot 5\cdot 3\cdot\cos 120°$

$= 49$

AC＝7

$\angle ADC = 180°-120° = 60°$

DC＝x とおくと，三角形 ACD について

余弦定理より，

$7^2 = 5^2+x^2-2\cdot 5\cdot x\cdot\cos 60°$

$x^2-5x-24=0$

$(x+3)(x-8)=0$

$x>0$ より $x=8$　　**DC＝8**

93

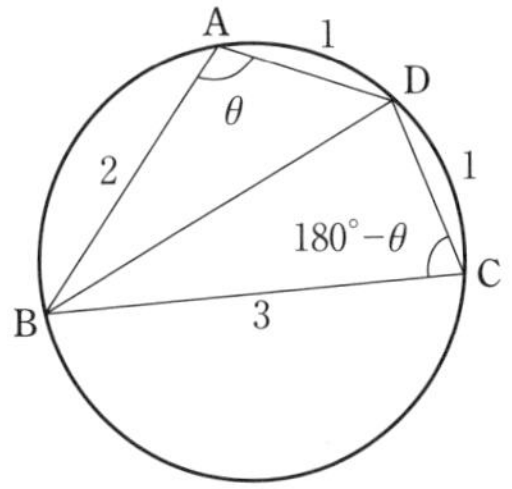

∠BAD＝θ とおくと，円に内接する対角の和は 180° であるから，

$\angle BCD = 180°-\theta$

ここで，△ABD，△BCD において余弦定理を用いると，

$BD^2 = 2^2+1^2-2\cdot 2\cdot 1\cdot\cos\theta$

$= 3^2+1^2-2\cdot 3\cdot 1\cdot\cos(180°-\theta)$

$\cos(180°-\theta) = -\cos\theta$ より

$5-4\cos\theta = 10+6\cos\theta$

$10\cos\theta = -5$

$\cos\theta = -\dfrac{1}{2}$　$\theta = 120°$

∠BAD＝120°

また，四角形 ABCD の面積 S は

S＝△ABD＋△BCD

$=\dfrac{1}{2}\cdot 2\cdot 1\cdot \sin 120^\circ+\dfrac{1}{2}\cdot 3\cdot 1\cdot \sin 60^\circ$

$=\dfrac{\sqrt{3}}{2}+\dfrac{3\sqrt{3}}{4}=\boldsymbol{\dfrac{5\sqrt{3}}{4}}$

94

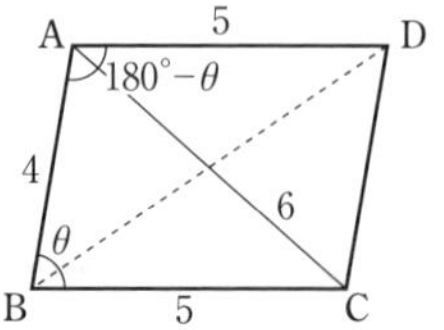

(1) $\boldsymbol{\cos\angle \mathrm{ABC}=\dfrac{4^2+5^2-6^2}{2\cdot 4\cdot 5}=\dfrac{1}{8}}$

(2) $\cos\angle \mathrm{BAD}=\cos(180^\circ-\angle \mathrm{ABC})$

$=-\cos\angle \mathrm{ABC}$

$=-\dfrac{1}{8}$

$\mathrm{BD}^2=4^2+5^2-2\cdot 4\cdot 5\cdot \cos\angle \mathrm{BAD}$

$=41-2\cdot 4\cdot 5\cdot\left(-\dfrac{1}{8}\right)=46$

$\boldsymbol{\mathrm{BD}=\sqrt{46}}$

95 頂点AからBCに下ろした垂線の足をHとすると，$\mathrm{BH}=\sqrt{3}h$，$\mathrm{CH}=h$

$\mathrm{BH}+\mathrm{CH}=6$ より，

$\sqrt{3}h+h=6$

$(\sqrt{3}+1)h=6$

$h=\dfrac{6}{\sqrt{3}+1}=\dfrac{6(\sqrt{3}-1)}{3-1}=\boldsymbol{3\sqrt{3}-3}$

96

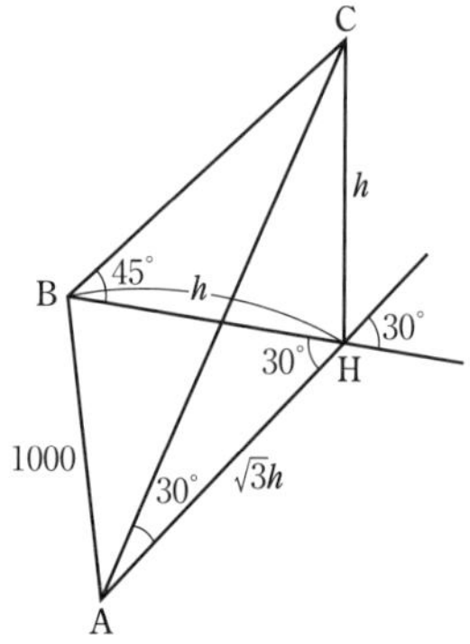

上図のように点Hを定め，山頂Cの高さCHを h m とすると，

$\mathrm{BH}=\mathrm{CH}=h$

$\mathrm{AH}=\sqrt{3}\times\mathrm{CH}=\sqrt{3}h$

三角形ABHについて余弦定理より，

$1000^2=h^2+(\sqrt{3}h)^2-2\cdot h\cdot\sqrt{3}h\cdot\cos 30^\circ$

$1000^2=h^2+3h^2-3h^2$

$1000^2=h^2\qquad h=\boldsymbol{1000}(\mathrm{m})$

97 (1)

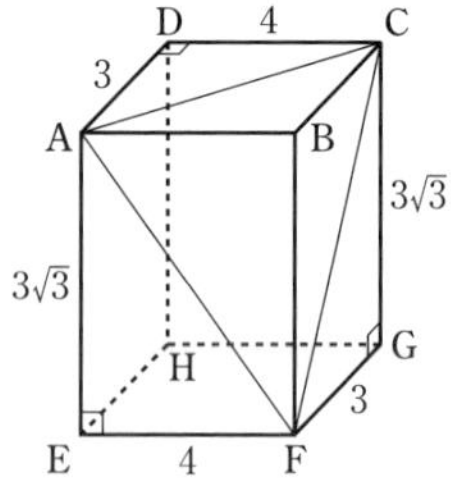

△ADCについて，三平方の定理より，

$\mathrm{AC}^2=3^2+4^2=25$

$\mathrm{AC}=5$

△CGFについて，

$\mathrm{CF}^2=(3\sqrt{3})^2+3^2=27+9=36$

$\mathrm{CF}=6$

△AFEについて，

$\mathrm{AF}^2=(3\sqrt{3})^2+4^2=27+16=43$

$\mathrm{AF}=\sqrt{43}$

$\boldsymbol{\cos\theta}=\dfrac{25+36-43}{2\cdot 5\cdot 6}$

$=\dfrac{18}{2\cdot 5\cdot 6}$

$=\boldsymbol{\dfrac{3}{10}}$

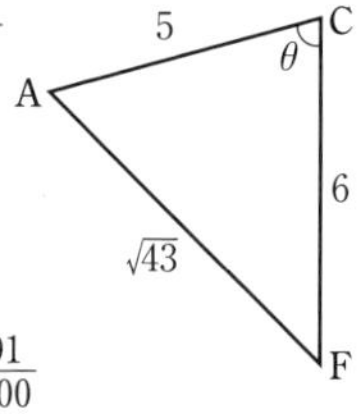

(2) $\sin^2\theta=1-\cos^2\theta$

$=1-\dfrac{9}{100}=\dfrac{91}{100}$

$\sin\theta=\sqrt{\dfrac{91}{100}}=\dfrac{\sqrt{91}}{10}$

$S=\dfrac{1}{2}\cdot 5\cdot 6\cdot\dfrac{\sqrt{91}}{10}=\boldsymbol{\dfrac{3\sqrt{91}}{2}}$

98 (1) △ABMについて三平方の定理より，

$3^2+\mathrm{AM}^2=4^2$

$\mathrm{AM}^2=16-9$

$=7$

$\boldsymbol{\mathrm{AM}=\sqrt{7}}$

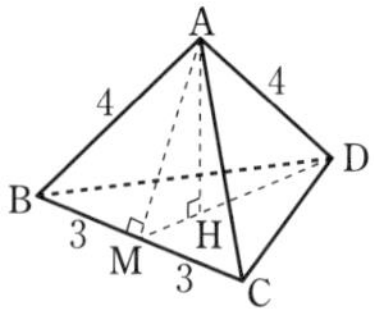

(2) $\mathrm{MD}=\mathrm{MB}\times\sqrt{3}=3\sqrt{3}$

Hは△BCDの重心だから，

$\mathrm{MH}=\dfrac{1}{3}\times\mathrm{MD}=\dfrac{1}{3}\times 3\sqrt{3}=\sqrt{3}$

△AMHについて三平方の定理より，

$\mathrm{MH}^2+\mathrm{AH}^2=\mathrm{AM}^2$

$3+AH^2=7$

$AH^2=4$　　**AH＝2**

(3)　体積 $V=\frac{1}{3}\times\triangle BCD\times AH$

$=\frac{1}{3}\times\frac{1}{2}\cdot BC\cdot MD\times AH$

$=\frac{1}{3}\times\frac{1}{2}\cdot 6\cdot 3\sqrt{3}\times 2$

$=\mathbf{6\sqrt{3}}$

99　(1)　平均値

$\bar{x}=\frac{1}{7}(7+15+12+4+8+5+12)$

$=\frac{1}{7}\cdot 63=\mathbf{9}$

小さい順に並べると，

4，5，7，8，12，12，15

よって中央値は **8**

(2)　平均値

$\bar{x}=\frac{1}{6}(12+6+11+9+12+4)$

$=\frac{1}{6}\cdot 54=\mathbf{9}$

小さい順に並べると，

4，6，9，11，12，12

よって中央値は，$\frac{9+11}{2}=\frac{20}{2}=\mathbf{10}$

100　(1)

x	82	74	89	91	78	84	90	79	86	85
$x-80$	2	−6	9	11	−2	4	10	−1	6	5

平均値を $\bar{x}$ とすると，

$\bar{x}=80+\frac{1}{10}(2-6+9+11-2+4+10-1+6+5)$

$=80+\frac{1}{10}\cdot 38=80+3.8=\mathbf{83.8}$

(2)

x	82	74	89	91	78	84	90	79	86	85
$x-85$	−3	−11	4	6	−7	−1	5	−6	1	0

$\bar{x}=85+\frac{1}{10}(-3-11+4+6-7-1+5-6+1+0)$

$=85+\frac{1}{10}\cdot(-12)=85-1.2=\mathbf{83.8}$

101　(1)　最も人数が多いのは 4 校（6 人）。

よって最頻値は **4 校**。

(2)

$\frac{1}{25}(1\cdot 4+2\cdot 4+3\cdot 5+4\cdot 6+5\cdot 3+6\cdot 2+7\cdot 1)$

$=\frac{1}{25}(4+8+15+24+15+12+7)$

$=\frac{1}{25}\cdot 85=\mathbf{3.4}$**（校）**

102　(1)

階級（kg）	階級値	度数
以上　　未満		
15 ～ 20	17.5	**2**
20 ～ 25	22.5	**6**
25 ～ 30	**27.5**	**8**
30 ～ 35	**32.5**	**4**
35 ～ 40	**37.5**	**3**
40 ～ 45	**42.5**	**2**

(2)

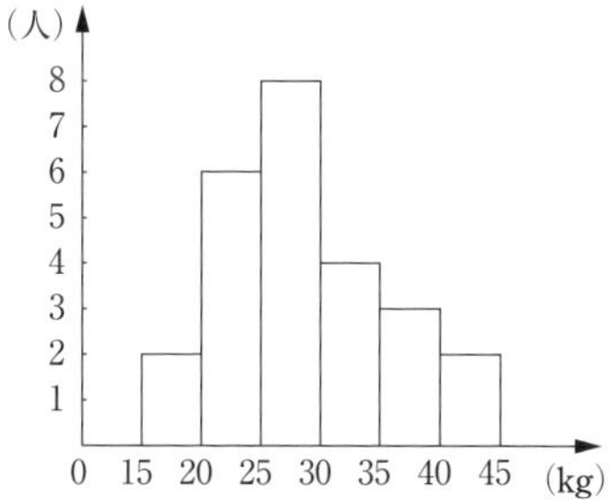

(3)　仮平均を 27.5 とし，階級値 x と $x-27.5$，度数を表にすると次のようになる。

x	17.5	22.5	27.5	32.5	37.5	42.5
$x-27.5$	−10	−5	0	5	10	15
度数	2	6	8	4	3	2

平均値を $\bar{x}$ とすると，

$\bar{x}=27.5+\frac{1}{25}(-10\cdot 2-5\cdot 6+5\cdot 4+10\cdot 3+15\cdot 2)$

$=27.5+\frac{1}{25}(-20-30+20+30+30)$

$=27.5+\frac{1}{25}\cdot 30$

$=27.5+1.2=\mathbf{28.7}$**(kg)**

103　男子を x 人とすると，女子は $(40-x)$ 人。

$168x+158(40-x)=163.5\times 40$

$168x+6320-158x=6540$

$$10x = 220$$

$$x = \mathbf{22}\text{(人)}$$

104 (1) $63 - 9 = \mathbf{54}$

(2) 小さい順に並べる。

[9 15 21 24 28] 31 [35 41 45 52 63]

Q_1　　Q_2　　Q_3

$Q_1 = \mathbf{21}$, $Q_2 = \mathbf{31}$, $Q_3 = \mathbf{45}$

(3) 四分位範囲は，$45 - 21 = \mathbf{24}$

(3)

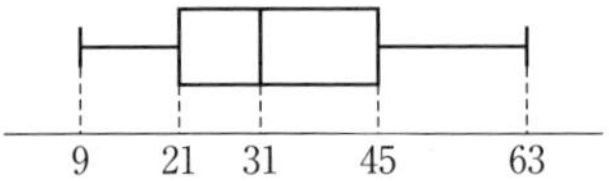

105 (1) [5 8 9 13] [17 20 22 25]

Q_1　　Q_2　　Q_3

$Q_1 = \dfrac{8+9}{2} = \mathbf{8.5}$, $Q_2 = \dfrac{13+17}{2} = \mathbf{15}$,

$Q_3 = \dfrac{20+22}{2} = \mathbf{21}$,

四分位範囲：$21 - 8.5 = \mathbf{12.5}$

(2) [4 7 9 11] 15 [18 21 25 28]

Q_1　　Q_2　　Q_3

$Q_1 = \dfrac{7+9}{2} = \mathbf{8}$, $Q_2 = \mathbf{15}$,

$Q_3 = \dfrac{21+25}{2} = \mathbf{23}$,

四分位範囲：$23 - 8 = \mathbf{15}$

(3) [2 4 5 7 8] [11 14 16 20 23]

Q_1　　Q_2　　Q_3

$Q_1 = \mathbf{5}$, $Q_2 = \dfrac{8+11}{2} = \mathbf{9.5}$, $Q_3 = \mathbf{16}$

四分位範囲：$16 - 5 = \mathbf{11}$

106 (1) $\overline{x} = \dfrac{1}{8}(14+15+12+19+7+21+22+10)$

$$= \frac{1}{8}\cdot 120 = \mathbf{15}$$

$$s^2 = \frac{1}{8}\{(14-15)^2 + (15-15)^2 + (12-15)^2 + (19-15)^2 + (7-15)^2 + (21-15)^2 + (22-15)^2 + (10-15)^2\}$$

$$= \frac{1}{8}(1+0+9+16+64+36+49+25)$$

$$= \frac{1}{8}\cdot 200 = \mathbf{25}$$

$$s = \sqrt{25} = \mathbf{5}$$

(2) $\overline{x} = \dfrac{1}{6}(17+11+14+22+10+16)$

$$= \frac{1}{6}\cdot 90 = \mathbf{15}$$

$$s^2 = \frac{1}{6}\{2^2 + (-4)^2 + (-1)^2 + 7^2 + (-5)^2 + 1^2\}$$

$$= \frac{1}{6}(4+16+1+49+25+1)$$

$$= \frac{1}{6}\cdot 96 = \mathbf{16}$$

$$s = \sqrt{16} = \mathbf{4}$$

107 $x_1 \sim x_{10}$ の平均値 $\dfrac{1}{10}(10\cdot 5 + 8\cdot 5) = \dfrac{1}{10}\cdot 90 = 9$

$x_1 \sim x_5$ について，

$$2 = \frac{1}{5}(x_1^2 + x_2^2 + x_3^2 + x_4^2 + x_5^2) - 10^2$$

$$102 = \frac{1}{5}(x_1^2 + x_2^2 + x_3^2 + x_4^2 + x_5^2)$$

$$x_1^2 + x_2^2 + x_3^2 + x_4^2 + x_5^2 = 510$$

$x_6 \sim x_{10}$ について，

$$6 = \frac{1}{5}(x_6^2 + x_7^2 + x_8^2 + x_9^2 + x_{10}^2) - 8^2$$

$$70 = \frac{1}{5}(x_6^2 + x_7^2 + x_8^2 + x_9^2 + x_{10}^2)$$

$$x_6^2 + x_7^2 + x_8^2 + x_9^2 + x_{10}^2 = 350$$

$x_1 \sim x_{10}$ について，

$$\text{分散} = \frac{1}{10}(x_1^2 + \cdots + x_5^2 + x_6^2 + \cdots + x_{10}^2) - 9^2$$

$$= \frac{1}{10}(510 + 350) - 81$$

$$= \frac{1}{10}\cdot 860 - 81 = 86 - 81 = 5$$

標準偏差 $= \sqrt{5}$　　よって，③

108 (1) $\overline{x} = \dfrac{1}{5}(20+16+12+23+14)$

$$= \frac{1}{5}\cdot 85 = \mathbf{17}$$

$$\overline{y} = \frac{1}{5}(21+22+19+25+23)$$

$$= \frac{1}{5}\cdot 110 = \mathbf{22}$$

	x	y	$x-\overline{x}$	$(x-\overline{x})^2$	$y-\overline{y}$	$(y-\overline{y})^2$	$(x-\overline{x})(y-\overline{y})$
	20	21	3	9	-1	1	-3
	16	22	-1	1	0	0	0
	12	19	-5	25	-3	9	15
	23	25	6	36	3	9	18
	14	23	-3	9	1	1	-3
計	85	110		80		20	27

(2) $s_x{}^2 = \dfrac{1}{5}\cdot 80 = 16$, $s_x = \sqrt{16} = \mathbf{4}$

$s_y{}^2 = \dfrac{1}{5}\cdot 20 = 4$, $s_y = \sqrt{4} = \mathbf{2}$

(3) $s_{xy} = \dfrac{1}{5}\cdot 27 = \mathbf{5.4}$

$$r = \frac{5.4}{4\times 2} = 0.675$$

四捨五入により，$r=\mathbf{0.68}$

109 (1) 500 回のうち，10 枚以上表が出た回数は，

$30+11+3+0+0=44$ (回)

よって求める確率は，

$$\frac{44}{500}=\mathbf{0.088}$$

(2) まず，

「甲の方が強い」　…①

という仮説を立て，それに反する仮説

「甲と乙は互角である」　…②

を立てる。

②の仮説が正しい場合，勝敗数は表と同じになり，甲が 14 回中 10 回勝つ確率は 0.088 である。これは基準とした確率 0.05 より大きい。

よって，②の仮説を否定することはできず，①の仮説が正しいと結論づけることはできない。

したがって，**甲の方が強いとはいえない。**

問題演習解答

1　(1)　与式$=\dfrac{35+2\times21-5\times15}{105}=\boldsymbol{\dfrac{2}{105}}$

(2)　与式$=\dfrac{30+20+15+12}{60}\times\dfrac{6}{7}$

$=\dfrac{77}{60}\times\dfrac{6}{7}=\boldsymbol{\dfrac{11}{10}}$

(3)　与式$=\dfrac{3a-4(a-1)-6}{6}=-\boldsymbol{\dfrac{a+2}{6}}$

(4)　与式$=\dfrac{-7a+5b+8a-4b}{4}=\boldsymbol{\dfrac{a+b}{4}}$

2　(1)　与式$=a^2(-3a^5)=\boldsymbol{-3a^7}$

(2)　与式$=a^{5m}\cdot2^3b^{3n}=\boldsymbol{8a^{5m}b^{3n}}$

(3)　与式$=\dfrac{(-x^2y)^2\times(-2xy^2)^3}{(-6xy)^2}$

$=\dfrac{x^4y^2\times(-8x^3y^6)}{36x^2y^2}$

$=\boldsymbol{-\dfrac{2}{9}x^5y^6}$

3　(1)　与式$=x^{-3}y^3\times x^2y^{-2}\div\dfrac{1}{xy}$

$=\dfrac{1}{x^3}\cdot y^3\cdot x^2\cdot\dfrac{1}{y^2}\times\dfrac{xy}{1}$

$=\boldsymbol{y^2}$

(2)　与式$=16\times\dfrac{1}{8^2}\div\dfrac{1}{16}$

$=16\times\dfrac{1}{64}\times\dfrac{16}{1}$

$=\boldsymbol{4}$

(3)　与式$=a^{xy-zx}\times a^{yz-xy}\times a^{zx-yz}$

$=a^{xy-zx+yz-xy+zx-yz}$

$=a^0=\boldsymbol{1}$

4　与式$=A-B+C-2A+2B-2C$

$=-A+B-C$

$=-(a^2-2a+5)+(a-6a^3-9a^2+1)$

$\qquad-(-6a^3-a+5)$

$=-a^2+2a-5+a-6a^3-9a^2+1$

$\qquad+6a^3+a-5$

$=\boldsymbol{-10a^2+4a-9}$

5　(1)　与式$=\boldsymbol{4x^2-12xy+9y^2}$

(2)　与式$=\boldsymbol{8x^3-27}$

(3)　与式$=(a+b)^2+(a-b)^2-c^2$

$=\boldsymbol{2a^2+2b^2-c^2}$

(4)　与式$=(a+b)(a-b)(a+2b)(a-2b)$

$=(a^2-b^2)(a^2-4b^2)$

$=\boldsymbol{a^4-5a^2b^2+4b^4}$

6　x^5の項は

$3x^4\times(-3x)+(-4x^3)\times5x^2+2x^2\times7x^3$

$=-15x^5$

x^3の項は

$(-4x^3)\times(-1)+2x^2\times(-3x)$

$\qquad+6x\times5x^2+(-5)\times7x^3=-7x^3$

よって，**x^5の係数 -15，x^3の係数 -7**

7　(1)　与式$=\boldsymbol{(2x+5y)(2x-5y)}$

(2)　与式$=\boldsymbol{(5a-4)(5a+3)}$

(3)　与式$=\boldsymbol{(x+2y)(x-3y)}$

(4)　与式$=\boldsymbol{(3x+4y)(2x+3y)}$

8　(1)　与式$=x^2-(y^2-2yz+z^2)$

$=x^2-(y-z)^2$

$=\boldsymbol{(x+y-z)(x-y+z)}$

(2)　与式$=x^2(x-2y)-y^2(x-2y)$

$=(x-2y)(x^2-y^2)$

$=\boldsymbol{(x-2y)(x+y)(x-y)}$

別解

与式$=x^3-xy^2-2x^2y+2y^3$

$=x(x^2-y^2)-2y(x^2-y^2)$

$=(x^2-y^2)(x-2y)$

$=\boldsymbol{(x+y)(x-y)(x-2y)}$

(3)　与式$=4a^2(b^2-4)-(b^2-4)$

$=(4a^2-1)(b^2-4)$

$=\boldsymbol{(2a+1)(2a-1)(b+2)(b-2)}$

(4)　与式$=(x^2-4)-2y(x-2)$

$=(x+2)(x-2)-2y(x-2)$

$=\boldsymbol{(x-2)(x-2y+2)}$

(5)　与式$=2(x+y)^2-(x+y)-3$

$=\{2(x+y)-3\}\{(x+y)+1\}$

$=\boldsymbol{(2x+2y-3)(x+y+1)}$

(6)　与式$=(x^2+xy-2y^2)+(yz-zx)$

$=(x+2y)(x-y)-z(x-y)$

$=\boldsymbol{(x-y)(x+2y-z)}$

9　(1)　与式$=x^2+(2y-3)x+(y-1)(y-2)$

$=\boldsymbol{(x+y-1)(x+y-2)}$

(2)　与式$=x^2+(3y-2)x+(y-3)(2y+1)$

$=\boldsymbol{(x+y-3)(x+2y+1)}$

(3)　与式 $=6x^2+(-7y-1)x-(3y^2-7y+2)$

$=6x^2+(-7y-1)x-(y-2)(3y-1)$

$$\begin{pmatrix} 2 & \times & -(3y-1) & \cdots & -9y+3 \\ 3 & & y-2 & \cdots & \underline{2y-4} \\ & & & & -7y-1 \end{pmatrix}$$

$=\boldsymbol{(2x-3y+1)(3x+y-2)}$

(4)　与式 $=(x^2-y^2)(4x^2-y^2)$

$=\boldsymbol{(x+y)(x-y)(2x+y)(2x-y)}$

(5)　与式 $=x^4-6x^2+9-x^2=(x^2-3)^2-x^2$

$=\boldsymbol{(x^2+x-3)(x^2-x-3)}$

10　与式 $=(x^4+8x^2+16)-8x^2$

$=(x^2+4)^2-(\sqrt{8}x)^2$

$=(x^2+4+\sqrt{8}x)(x^2+4-\sqrt{8}x)$

$=\boldsymbol{(x^2+2\sqrt{2}x+4)(x^2-2\sqrt{2}x+4)}$

注　因数分解の問題で，特に指定がないか，あるいは「有理数の範囲で」と指定されているときには $\sqrt{\ }$ の数（無理数）まで因数分解する必要はない。それに対して，本問のように「実数の範囲で」と指定されているときは $\sqrt{\ }$ の数まで因数分解する。たとえば，x^4-7x^2+12 を因数分解する問題で，

x^4-7x^2+12

$=(x^2-4)(x^2-3)$

$=(x+2)(x-2)(x^2-3)$　…(ア)

$=(x+2)(x-2)(x+\sqrt{3})(x-\sqrt{3})$　…(イ)

「実数の範囲で」のときは(イ)が答となり，それ以外のときは(ア)が答となる。（実数，有理数，無理数については，次のセクション③参照）

11　(1)　与式 $=x^2y^2+2xy+1-(x^2-2xy+y^2)$

$=(xy+1)^2-(x-y)^2$

$=(xy+1+x-y)(xy+1-x+y)$

$=\boldsymbol{(xy+x-y+1)(xy-x+y+1)}$

別解

与式

$=(y^2-1)x^2+4yx-(y^2-1)$

$=(y+1)(y-1)x^2+4yx-(y+1)(y-1)$

$$\begin{pmatrix} y+1 & \times & -(y-1) & \cdots & -y^2+2y-1 \\ y-1 & & y+1 & \cdots & \underline{y^2+2y+1} \\ & & & & 4y \end{pmatrix}$$

$=\{(y+1)x-(y-1)\}\{(y-1)x+y+1\}$

$=\boldsymbol{(xy+x-y+1)(xy-x+y+1)}$

(2)　与式 $=(xy+1)(xy+x+y+1)+xy$

$=x^2y^2+x^2y+xy^2+3xy+x+y+1$

$=y(y+1)x^2+(y^2+3y+1)x+y+1$

$$\begin{pmatrix} y & \times & y+1 & \cdots & y^2+2y+1 \\ y+1 & & 1 & \cdots & \underline{y} \\ & & & & y^2+3y+1 \end{pmatrix}$$

$=(yx+y+1)\{(y+1)x+1\}$

$=\boldsymbol{(xy+y+1)(xy+x+1)}$

(3)　与式

$=x^3+3(y+z)x^2+3(y+z)^2x$
$\qquad+(y+z)^3-x^3-y^3-z^3$

$=3(y+z)x^2+3(y+z)^2x+3y^2z+3yz^2$

$=3(y+z)\{x^2+(y+z)x+yz\}$

$=\boldsymbol{3(x+y)(y+z)(z+x)}$

12　(1)　与式 $=\dfrac{4}{3}\cdot3\sqrt{3}-\dfrac{1}{2}\cdot2\sqrt{3}-\dfrac{5\sqrt{3}}{3}$

$=4\sqrt{3}-\sqrt{3}-\dfrac{5\sqrt{3}}{3}$

$=\dfrac{9\sqrt{3}-5\sqrt{3}}{3}=\boldsymbol{\dfrac{4\sqrt{3}}{3}}$

(2)　与式 $=(2\sqrt{5}-\sqrt{3})(\sqrt{5}+3\sqrt{3})$

$=2\times5+6\sqrt{15}-\sqrt{15}-3\times3$

$=\boldsymbol{1+5\sqrt{15}}$

(3)　与式 $=\dfrac{(\sqrt{2}+\sqrt{3})^2}{2-3}+\dfrac{(\sqrt{2}-\sqrt{3})^2}{2-3}$

$=-(5+2\sqrt{6})-(5-2\sqrt{6})=\boldsymbol{-10}$

(4)　与式 $=\dfrac{1}{\sqrt{2}+1}+\dfrac{1}{\sqrt{3}+\sqrt{2}}+\dfrac{1}{2+\sqrt{3}}$

$=\dfrac{\sqrt{2}-1}{2-1}+\dfrac{\sqrt{3}-\sqrt{2}}{3-2}+\dfrac{2-\sqrt{3}}{4-3}=\boldsymbol{1}$

13　それぞれを2乗して比較する。

$\left(\dfrac{2}{3}\right)^2=\dfrac{4}{9}=0.44\cdots$

$\left(\sqrt{\dfrac{2}{3}}\right)^2=\dfrac{2}{3}=0.66\cdots$

$\left(\dfrac{2}{\sqrt{3}}\right)^2=\dfrac{4}{3}=1.33\cdots$

$\left(\dfrac{\sqrt{2}}{3}\right)^2=\dfrac{2}{9}=0.22\cdots$

したがって，**最も大きいのは** $\boldsymbol{\dfrac{2}{\sqrt{3}}}$

14

$$
\begin{array}{r}
0.857142\cdots \\
7\,\big)\,6 \\
5\,6 \\
\hline
40 \\
35 \\
\hline
50 \\
49 \\
\hline
10 \\
7 \\
\hline
30 \\
28 \\
\hline
20 \\
14 \\
\hline
6
\end{array}
$$

よって，$\dfrac{6}{7}=\boldsymbol{0.\dot{8}5714\dot{2}}$

これより，6 個ごとに数が循環している。

100 を 6 で割ると商 16，余り 4 であるので，小数第 100位の数は小数第 4 位の数と等しい。

ゆえに，求める数は，**1** である。

15　与式 $=|\sqrt{5}-2|+|2\sqrt{5}-5|$　…①

$\sqrt{5}-2=\sqrt{5}-\sqrt{4}>0$ より，

$|\sqrt{5}-2|=\sqrt{5}-2$

$2\sqrt{5}-5=\sqrt{20}-\sqrt{25}<0$ より，

$|2\sqrt{5}-5|=-(2\sqrt{5}-5)$

よって①より，

与式 $=(\sqrt{5}-2)-(2\sqrt{5}-5)$

$=\sqrt{5}-2-2\sqrt{5}+5$

$=3-\sqrt{5}$

答　④

16　$\sqrt{5}=2.236\cdots$

よって，整数部分 2 を $\sqrt{5}$ から引いて，小数部分 $a=\sqrt{5}-2$

$a^2+4a=(\sqrt{5}-2)^2+4(\sqrt{5}-2)$

$=9-4\sqrt{5}+4\sqrt{5}-8$

$=\boldsymbol{1}$

別解

$a=\sqrt{5}-2$ より，$a+2=\sqrt{5}$

両辺を 2 乗すると，

$a^2+4a+4=5$

$a^2+4a=\boldsymbol{1}$

17　$P=\dfrac{\sqrt{3}+1}{\sqrt{3}-1}=\dfrac{(\sqrt{3}+1)^2}{2}=\dfrac{4+2\sqrt{3}}{2}$

$=\boldsymbol{2+\sqrt{3}}$　…**ア**

また，$P=2+\sqrt{3}=2+1.73\cdots$

$=3.73\cdots$

よって，$a=\boldsymbol{3}$　…**イ**

$b=(2+\sqrt{3})-3=\boldsymbol{\sqrt{3}-1}$　…**ウ**

$a^2+ab+b^2=9+3(\sqrt{3}-1)+(\sqrt{3}-1)^2$

$=\boldsymbol{10+\sqrt{3}}$　…**エ**

18　$x+y=\dfrac{2+\sqrt{3}}{\sqrt{2}}+\dfrac{2-\sqrt{3}}{\sqrt{2}}$

$=\dfrac{4}{\sqrt{2}}=\dfrac{4\sqrt{2}}{2}=2\sqrt{2}$

$xy=\dfrac{2+\sqrt{3}}{\sqrt{2}}\cdot\dfrac{2-\sqrt{3}}{\sqrt{2}}=\dfrac{4-3}{2}=\boldsymbol{\dfrac{1}{2}}$

$x^2+y^2=(x+y)^2-2xy$

$=(2\sqrt{2})^2-2\cdot\dfrac{1}{2}=\boldsymbol{7}$

$\dfrac{1}{x^2}+\dfrac{1}{y^2}=\dfrac{y^2}{x^2y^2}+\dfrac{x^2}{x^2y^2}$

$=\dfrac{y^2+x^2}{(xy)^2}$

$=\dfrac{7}{\left(\dfrac{1}{2}\right)^2}$

$=\dfrac{7}{\dfrac{1}{4}}=\dfrac{7\times4}{\dfrac{1}{4}\times4}=\dfrac{28}{1}=\boldsymbol{28}$

19　$x^2+\dfrac{1}{x^2}=\left(x-\dfrac{1}{x}\right)^2+2=2^2+2=\boldsymbol{6}$　…ア

次に，

$\left(x+\dfrac{1}{x}\right)^2=x^2+\dfrac{1}{x^2}+2=6+2=8$

$x>0$ より，$x+\dfrac{1}{x}=\sqrt{8}=\boldsymbol{2\sqrt{2}}$　…イ

20　$\dfrac{x}{3}=\dfrac{y}{4}=\dfrac{z}{5}=k$ とおくと

$\dfrac{x}{3}=k$，$\dfrac{y}{4}=k$，$\dfrac{z}{5}=k$

よって，$x=3k$，$y=4k$，$z=5k$

これを $x+y+z=36$ に代入して

$3k+4k+5k=36$

$12k=36$　　$k=3$

したがって，$\boldsymbol{x=9}$，$\boldsymbol{y=12}$，$\boldsymbol{z=15}$

21　(1)　$\dfrac{x+y}{3}=\dfrac{y+z}{4}=\dfrac{z+x}{5}=k$ とおくと，

$\dfrac{x+y}{3}=k$，$\dfrac{y+z}{4}=k$，$\dfrac{z+x}{5}=k$

よって，$x+y=3k$　…①

$y+z=4k$ …②

$z+x=5k$ …③

①＋②＋③より，

$$\begin{array}{rr} & x+y=3k \\ & y+z=4k \\ +) & z+x=5k \\ \hline & 2x+2y+2z=12k \end{array}$$

$x+y+z=6k$ …④

④－①より，$z=3k$

④－②より，$x=2k$

④－③より，$y=k$

したがって，$x:y:z=2k:k:3k$

$=\mathbf{2:1:3}$

(2)　$x=2k$，$y=k$，$z=3k$ を与式に代入して，

$$\frac{x^2+y^2+z^2}{x^2+2y^2+3z^2}=\frac{4k^2+k^2+9k^2}{4k^2+2k^2+27k^2}$$

$$=\frac{14k^2}{33k^2}=\mathbf{\frac{14}{33}}$$

22　$x+2y-z=0$ …①

$x-3y+z=0$ …②

y と z を x で表す。

z を消去するために，①＋②をつくると，

$2x-y=0$

$y=2x$

①に代入して，

$x+4x-z=0$　　$z=5x$

したがって，

$x:y:z=x:2x:5x$

$=\mathbf{1:2:5}$ …ア

$$\frac{x^2+y^2+z^2}{xy+yz+zx}=\frac{x^2+4x^2+25x^2}{2x^2+10x^2+5x^2}$$

$$=\frac{30x^2}{17x^2}=\mathbf{\frac{30}{17}}$$ …イ

23　(1)　$a+b+c=0$ より

$$\begin{cases} a+c=-a & \cdots① \\ a+c=-b & \cdots② \\ a+b=-c & \cdots③ \end{cases}$$

$$与式=\frac{a}{b}+\frac{a}{c}+\frac{b}{c}+\frac{b}{a}+\frac{c}{a}+\frac{c}{b}$$

$$=\frac{b}{a}+\frac{c}{a}+\frac{a}{b}+\frac{c}{b}+\frac{a}{c}+\frac{b}{c}$$

$$=\frac{b+c}{a}+\frac{a+c}{b}+\frac{a+b}{c}$$

(①②③を代入して)

$$=\frac{-a}{a}+\frac{-b}{b}+\frac{-c}{c}=\mathbf{-3}$$

(2)　$xyz=1$ より $z=\dfrac{1}{xy}$

これを代入して z を消去すると，

$$与式=\frac{1}{1+y+\frac{1}{x}}+\frac{1}{1+\frac{1}{xy}+\frac{1}{y}}+\frac{1}{1+x+xy}$$

$$=\frac{x}{x+xy+1}+\frac{xy}{xy+1+x}+\frac{1}{1+x+xy}$$

$$=\frac{x+xy+1}{x+xy+1}=\mathbf{1}$$

24　与式の両辺に 9 をかけると，

$3x+8>2(5x-7)-6$

$3x+8>10x-14-6$

$-7x>-28$

$\mathbf{x<4}$

25　$6x+2(3-2x)<15$

$6x+6-4x<15$

$x<\dfrac{9}{2}$　$(=4.5)$

これを満たす正の整数値は，

$\mathbf{x=1,\ 2,\ 3,\ 4}$

26　$1-4x\leqq 3x+5\leqq 3(2-x)-8x$

$1-4x\leqq 3x+5$ より，

$-7x\leqq 4$

$x\geqq -\dfrac{4}{7}$ …①

$3x+5\leqq 3(2-x)-8x$ より，

$14x\leqq 1$

$x\leqq \dfrac{1}{14}$ …②

①②より，$\mathbf{-\dfrac{4}{7}\leqq x\leqq \dfrac{1}{14}}$

27　$$\begin{cases} 2x+3y=24 & \cdots① \\ x-y=-3 & \cdots② \end{cases}$$

①－②×2 より，

$$\begin{array}{rr} & 2x+3y=24 \\ -) & 2x-2y=-6 \\ \hline & 5y=30 \end{array}$$

$y=6$

②に代入して，

$x-6=-3$

$x=3$

よって，$\boldsymbol{x=3}$，$\boldsymbol{y=6}$

28 容器A

食塩 50g に水 xg を加えて，

10%の食塩水 $(50+x)$g を作るから，

食塩の量について式を立てると，

$$50+0=(50+x)\times\frac{10}{100}$$

両辺に 10 をかけて，

$$500=50+x$$

$$x=\mathbf{450}$$

出来た食塩水の量は，

$$50+450=500(\mathrm{g})$$

容器B

10%の食塩水 250g に水 yg を加えて，

4%の食塩水 $(250+y)$g を作るから，

食塩の量について，

$$250\times\frac{10}{100}+0=(250+y)\times\frac{4}{100}$$

両辺に 100 をかけて，

$$250\times10=(250+y)\times4$$

$$2500=1000+4y$$

$$y=\mathbf{375}$$

29 昨年度の男性，女性の人数を，それぞれ x 人，y 人とする。

昨年度の総数について，

$$x+y=850\quad\cdots①$$

次に，本年度の男性の人数は，6%増加したので，

$$x+x\times\frac{6}{100}=\frac{106}{100}x\ （人）$$

同様に本年度の女性の人数は，

$$y-y\times\frac{8}{100}=\frac{92}{100}y\ （人）$$

本年度の総数について，

$$\frac{106}{100}x+\frac{92}{100}y=838$$

$$106x+92y=83800\quad\cdots②$$

②－①×92 より，

$$\begin{array}{rrl} & 106x+92y & =83800 \\ -) & 92x+92y & =78200 \\ \hline & 14x & =5600 \end{array}$$

$$x=400$$

①より，$y=450$

したがって，本年度の人数は，

男性：$400\times\dfrac{106}{100}=\mathbf{424}$ **（人）**

女性：$450\times\dfrac{92}{100}=\mathbf{414}$ **（人）**

30 兄が家を出てから x 分で追いつくものとすると，

兄が進む距離＝弟が進む距離

より，

$$300x=75(x+18)$$

$$225x=75\times18\qquad x=6$$

よって追いつくのは，

8 時 18 分 ＋6 分 ＝**8 時 24 分**

別解

8 時 18 分までに弟が進む距離は，

$$18\times75=1350(\mathrm{m})$$

兄は弟に，1 分あたり，

$$300-75=225(\mathrm{m})$$

ずつ近づくから，追いつくまでの時間は，

$$\frac{1350}{225}=6\ （分）$$

よって追いつくのは，

8 時 18 分 ＋6 分 ＝**8 時 24 分**

31 $|4x+1|<5$

$$-5<4x+1<5$$

各辺から 1 をひいて，

$$-6<4x<4$$

各辺を 4 で割って，

$$\boldsymbol{-\frac{3}{2}<x<1}$$

32 $|x-1|<\pi$

$$-\pi<x-1<\pi$$

$$-\pi+1<x<\pi+1\quad\cdots①$$

ここで，

$$-\pi+1=-3.14\cdots+1$$

$$=-2.14\cdots$$

$$\pi+1=3.14\cdots+1$$

$$=4.14\cdots$$

よって①を満たす整数 x は，

$x=-2$，-1，0，1，2，3，4

の 7 個。　答　②

33 $2\leqq|x-3|<4$

$2 \leqq |x-3|$ より，

$|x-3| \geqq 2$

$x-3 \leqq -2,\ 2 \leqq x-3$

$x \leqq 1,\ 5 \leqq x$　…①

$|x-3|<4$ より，

$-4<x-3<4$

$-1<x<7$　…②

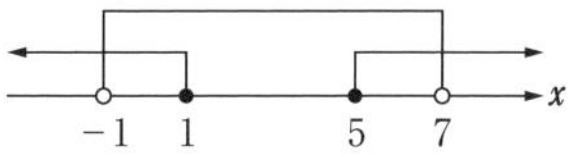

①，②より，$\boldsymbol{-1<x \leqq 1,\ 5 \leqq x<7}$

34 (1)　$|2(x-3)|-x=3$

(i)　$x \geqq 3$ のとき

$2(x-3)-x=3$　　$x=9$

これは $x \geqq 3$ を満たす。

(ii)　$x<3$ のとき

$-2(x-3)-x=3$　　$x=1$

これは $x<3$ を満たす。

したがって，$\boldsymbol{x=9,\ 1}$

(2)　$|x-8|-|2x-1|+1=0$

(i)　$x \leqq \dfrac{1}{2}$ のとき

$-(x-8)-\{-(2x-1)\}+1=0$

$-x+8+(2x-1)+1=0$

$x=-8$

これは $x \leqq \dfrac{1}{2}$ を満たす。

(ii)　$\dfrac{1}{2}<x \leqq 8$ のとき

$-(x-8)-(2x-1)+1=0$

$x=\dfrac{10}{3}$

これは $\dfrac{1}{2}<x \leqq 8$ を満たす。

(iii)　$8<x$ のとき

$(x-8)-(2x-1)+1=0$

$x=-6$

これは $8<x$ を満たさない。

(i)(ii)(iii)より，$\boldsymbol{x=-8,\ \dfrac{10}{3}}$

35 (1)　$|x-1|+|x+2| \leqq 5$

(i)　$x \leqq -2$ のとき

$-(x-1)-(x+2) \leqq 5$

$x \geqq -3$

$x \leqq -2$ との共通部分より

$-3 \leqq x \leqq -2$

(ii)　$-2<x \leqq 1$ のとき

$-(x-1)+(x+2) \leqq 5$

$3 \leqq 5$

これはすべての x に対して成り立つから，

$-2<x \leqq 1$ との共通部分は，

$-2<x \leqq 1$

(iii)　$1<x$ のとき

$(x-1)+(x+2) \leqq 5$

$x \leqq 2$

$1<x$ との共通部分より，

$1<x \leqq 2$

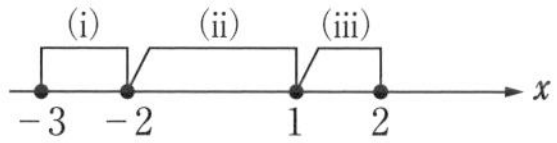

(i)(ii)(iii)より，$\boldsymbol{-3 \leqq x \leqq 2}$

(2)　$2|x-5| \leqq |x|-2$

(i)　$x \leqq 0$ のとき

$-2(x-5) \leqq -x-2$

$x \geqq 12$

$x \leqq 0$ より不適。

(ii)　$0<x \leqq 5$ のとき

$-2(x-5) \leqq x-2$

$x \geqq 4$

$0<x \leqq 5$ との共通部分より，

$4 \leqq x \leqq 5$

(iii)　$5<x$ のとき

$2(x-5) \leqq x-2$

$x \leqq 8$

$5<x$ との共通部分より，

$5<x \leqq 8$

(i)(ii)(iii)より，$\boldsymbol{4 \leqq x \leqq 8}$

36

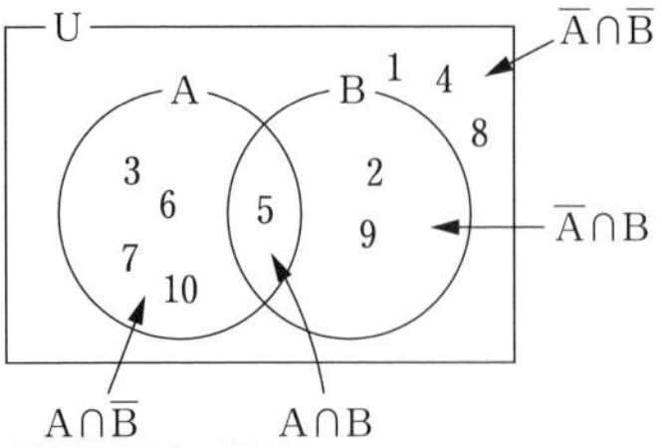

$\overline{A}\cap B=\{2,\ 9\}$

37 (1) $A\cap B$ は20以下の自然数で奇数かつ3の倍数であるから，

$A\cap B=\{3,\ 9,\ 15\}$

(2) $\overline{A\cup B}$ は $A\cup B$ の外側部分である。

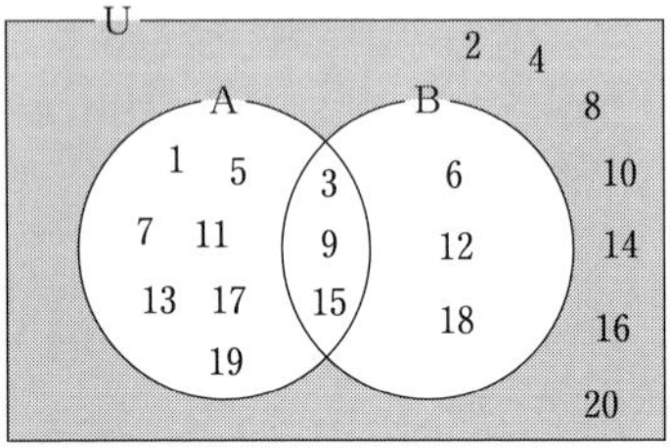

$\overline{A\cup B}=\{2,\ 4,\ 8,\ 10,\ 14,\ 16,\ 20\}$

38 $U=\{-2,\ -1,\ 0,\ 1,\ 2,\ 3,\ 4\}$

$A=\{1,\ 2,\ 3\}$

$B=\{-1,\ 0,\ 1,\ 2\}$

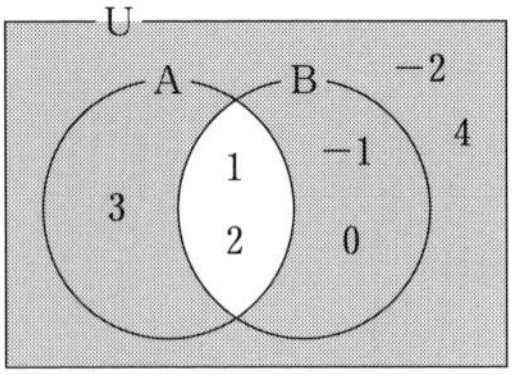

$\overline{A}\cup\overline{B}=\{-2,\ -1,\ 0,\ 3,\ 4\}$

注　ド・モルガンの法則より，

$\overline{A}\cup\overline{B}=\overline{A\cap B}$

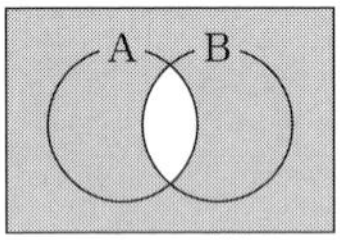

$A\cap B$ の外側

39 $A\cap B=\{1,\ 6\}$ より，

Aの要素に1と6が含まれるから，

$$x^2-x=6$$

$$x^2-x-6=0$$

$$(x+2)(x-3)=0$$

$$x=-2,\ 3$$

(i) $x=-2$ のとき

$B=\{1,\ -2+y,\ 4\}$

$-2+y=6$　　$y=8$

(ii) $x=3$ のとき

$B=\{6,\ 3+y,\ 9\}$

9は全体集合に含まれないので不適。

(i)(ii)より，$\boldsymbol{x=-2,\ y=8}$

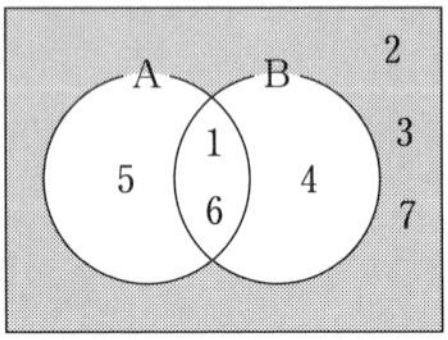

$\overline{A}\cap\overline{B}=\{2,\ 3,\ 7\}$

40 $A=\{1,\ 2,\ 3,\ 4,\ 6,\ 8,\ 12,\ 16,\ 24,\ 48\}$

Aの部分集合であるためには，

1，2，3，4，6，8，12，16，24，48

以外の要素が含まれてはならない。

① $\{8,\ 16,\ 24,\ \overset{\times}{32},\ \cdots\}$

② $\{\overset{\times}{7},\ 12\}$

③ $\{2,\ 3,\ \overset{\times}{5},\ \overset{\times}{7}\}$

④ $\{4,\ \overset{\times}{9}\}$

⑤ $\{4,\ 8\}$

よって，Aの部分集合は，⑤

41 (1) $x^2\neq1$ ならば $x\neq\pm1$

すなわち，$x\neq1$ かつ $x\neq-1$ であるから，**真**

(2) **偽**（反例）$x=-\dfrac{1}{2}$

(3) **偽**（反例）$x=-1$

(4) **真**

(5) **偽**（反例）$x=-3$

42 (1) $xy>4 \ \overset{\times}{\underset{\circ}{\rightleftarrows}}\ x>2$ かつ $y>2$

（→の反例は $x=5,\ y=1$）

よって，**イ**

(2) $\dfrac{x}{y}>1\ \overset{\times}{\underset{\times}{\rightleftarrows}}\ x>y$

（→の反例は $x=-2,\ y=-1$
←の反例は $x=2,\ y=-1$）

よって，**エ**

(3)　$a+b>0$ かつ $ab>0$

$\underset{\xleftarrow{\circ}}{\xrightarrow{\circ}}$ $a>0$ かつ $b>0$

よって，**ア**

(4)　$a+b>4$ かつ $ab>4$

$\underset{\xleftarrow{\circ}}{\xrightarrow{\times}}$ $a>2$ かつ $b>2$

（→の反例は $a=5$，$b=1$）

よって，**イ**

(5)　$x+y>0$ $\underset{\xleftarrow{\times}}{\xrightarrow{\circ}}$ $x>0$ または $y>0$

（←の反例は $x=1$，$y=-2$）

よって，**ウ**

(6)　$xy=0$ $\underset{\xleftarrow{\circ}}{\xrightarrow{\circ}}$ $x=0$ または $y=0$

よって，**ア**

(7)　$x^2+y^2=0$ $\underset{\xleftarrow{\circ}}{\xrightarrow{\circ}}$ $x=0$ かつ $y=0$

よって，**ア**

(8)　$xy=0$ $\underset{\xleftarrow{\circ}}{\xrightarrow{\times}}$ $x^2+y^2=0$

（→の反例は $x=0$，$y=1$）

よって，**イ**

(9)　$|x|=1$ $\underset{\xleftarrow{\circ}}{\xrightarrow{\times}}$ $x=1$

（→の反例は $x=-1$）

よって，**イ**

(10)　$|x|<2$ より，

$-2<x<2$　…①

$|x-1|<3$ より，

$-3<x-1<3$

$-2<x<4$　…②

① $\underset{\xleftarrow{\times}}{\xrightarrow{\circ}}$ ②

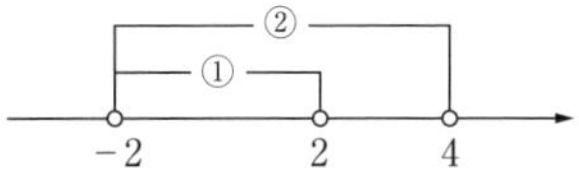

（←の反例は $x=3$）

よって，**ウ**

(11)　n^2 が偶数 $\underset{\xleftarrow{\circ}}{\xrightarrow{\circ}}$ n が偶数

よって，**ア**

(12)　n^2 が 12 の倍数 $\underset{\xleftarrow{\circ}}{\xrightarrow{\times}}$ n が 12 の倍数

（→の反例は $n=6$）

よって，**イ**

43　**$x \geqq 1$ かつ $2 \geqq x$**

（**$1 \leqq x \leqq 2$** でもよい）

44　否定は，

ある実数 x，y について，$x^2+y^2 \leqq 0$

（「**$x^2+y^2 \leqq 0$ を満たす実数 x，y が存在する**」などでもよい。）

$x=0$，$y=0$ に対して，$x^2+y^2 \leqq 0$ が成り立つから，上の命題は**真**である。

45　**ア．$x^2=1$**

イ．$x=1$

ウ．偽

エ．$x^2 \neq 1$

オ．$x \neq 1$

カ．真

46　(1)　常に $a^2 \geqq 0$，$b^2 \geqq 0$ であるから，

$a \neq 0$ または $b \neq 0$ ならば

$a^2>0$ または $b^2>0$ となるので，

$a^2+b^2>0$

よって　$a^2+b^2 \neq 0$　**真**

(2)　**$a^2+b^2=0$ ならば**

$a=0$ かつ $b=0$ である。

47　$a>0$ かつ $b>0$ の否定は，

$a \leqq 0$ または $b \leqq 0$…㊟

$a=0$，$b=0$ のとき㊟は成り立つが③，④は成り立たない。よって，

㊟ $\xrightarrow{\times}$ ③

㊟ $\xrightarrow{\times}$ ④

したがって，③，④は㊟と同値ではない。また，$a=2$，$b=-1$ のとき，㊟は成り立つが①は成り立たない。よって，

㊟ $\xrightarrow{\times}$ ①

したがって，①は㊟と同値ではない。

次に㊟と②の否定をつくると

㊟ ⇨ $a>0$ かつ $b>0$

② ⇨ $a+b>0$ かつ $ab>0$

上の 2 つの条件は同値だから，㊟と②も同値である。よって，②

別解

①，②，③，④の否定をつくると，

①→$a+b>0$ または $ab>0$　…①′

②→$a+b>0$ かつ $ab>0$　…②′

③→$a \geqq 0$ かつ $b \geqq 0$　…③′

④→$a \geqq 0$ または $b \geqq 0$　…④′

「$a>0$ かつ $b>0$」と同値なのは②′だから，

「$a>0$ かつ $b>0$」の否定と同値なのは②

48　$y=-\frac{1}{3}x^2+x-\frac{2}{3}$

$=-\frac{1}{3}(x^2-3x)-\frac{2}{3}$

$=-\frac{1}{3}\left(x-\frac{3}{2}\right)^2+\frac{1}{3}\left(\frac{3}{2}\right)^2-\frac{2}{3}$

$=-\frac{1}{3}\left(x-\frac{3}{2}\right)^2+\frac{1}{12}$

よって頂点は，**$\left(\frac{3}{2},\ \frac{1}{12}\right)$**

49　$y=2x^2+4x-3$

$=2(x^2+2x)-3$

$=2(x+1)^2-2-3$

$=2(x+1)^2-5$

よって移動前の頂点は $(-1,\ -5)$

これを原点に関して対称移動すると，両座標の正負が変わるので，$(1,\ 5)$

答　⑤

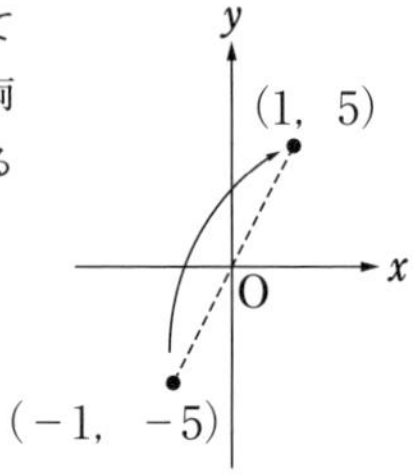

別解

$y=2x^2+4x-3$

まず，移動後の方程式を求める。

$x \to -x$，$y \to -y$ とおきかえて，

$-y=2(-x)^2+4(-x)-3$

$-y=2x^2-4x-3$

両辺に -1 をかけて，

$y=-2x^2+4x+3$

$=-2(x^2-2x)+3$

$=-2(x-1)^2+2+3$

$=-2(x-1)^2+5$

頂点 $(1,\ 5)$　答　⑤

50　$y=-2x^2+4x+2$

$=-2(x^2-2x)+2$

$=-2(x-1)^2+2+2$

$=-2(x-1)^2+4$

よって移動前の頂点は $(1,\ 4)$

これを，x 軸方向に -1，y 軸方向に -2 移動すると，

$(1-1,\ 4-2)=(0,\ 2)$

これを x 軸に関して対称移動すると，

$(0,\ -2)$

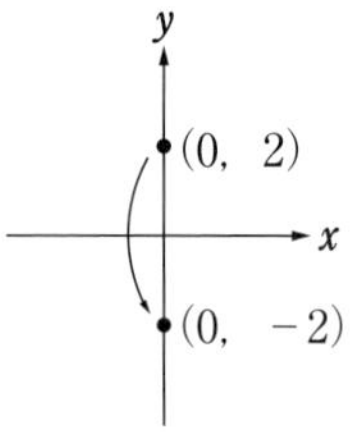

別解

$y=-2x^2+4x+2$

x 軸方向に -1，y 軸方向に -2 平行移動すると，

$y+2=-2(x+1)^2+4(x+1)+2$

$y+2=-2(x^2+2x+1)+4x+4+2$

$y=-2x^2+2$

これを x 軸に関して対称移動すると，

$-y=-2x^2+2$

$y=2x^2-2$

よって頂点は **$(0,\ -2)$**

51　$y=x^2+ax+b$　…①

移動後の頂点 $(1,\ 2)$ を，

x 軸の負方向へ 2，y 軸の正方向へ 1 平行移動すれば，①の頂点に戻る。

$(1-2,\ 2+1)=(-1,\ 3)$

よって移動前の方程式は

$y=(x+1)^2+3$

$y=x^2+2x+4$　…②

①と②が一致するから，

$a=2$，$b=4$

52　$y=x^2-2x-1$

$=(x-1)^2-2$

頂点 $(1,\ -2)$ を $y=2$ に関して対称移動した点を $(1,\ p)$ とおく。

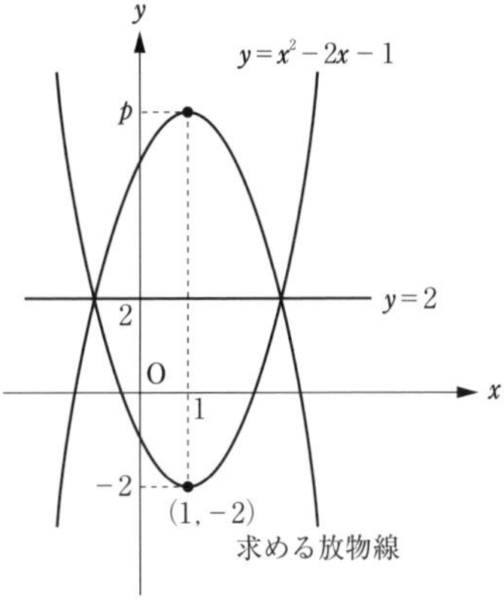

y 座標について，-2 と p の中点が2となるから，$\dfrac{-2+p}{2}=2$　　$p=6$ ⇨ 注

したがって，求める放物線は，

頂点 $(1,\ 6)$，上に凸であるから，

$y=-(x-1)^2+6$

$\boldsymbol{y=-x^2+2x+5}$

注　$\dfrac{-2+p}{2}=2$ の意味がわかりづらければ，次のように考えてもよい。

直線 $y=2$ から頂点 $(1,\ -2)$ までの距離は

$2-(-2)=4$

よって，対称移動後の頂点の y 座標 p は，

$p=2+4=6$

53　$y=x^2-2ax+b$ が $(3,\ 3)$ を通るから，

$3=9-6a+b$

$b=6a-6$　…①

与式に代入して，

$y=x^2-2ax+6a-6$

$=(x-a)^2-a^2+6a-6$

頂点 $(a,\ -a^2+6a-6)$　…②

$y=x^2-2cx+d$ が $(5,\ 3)$ を通るから，

$3=25-10c+d$

$d=10c-22$　…③

与式に代入して，

$y=x^2-2cx+10c-22$

$=(x-c)^2-c^2+10c-22$

頂点 $(c,\ -c^2+10c-22)$　…④

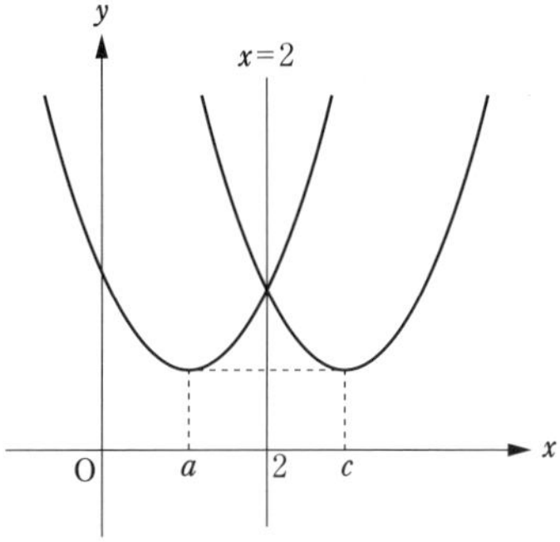

②と④が $x=2$ に関して対称だから，

$\dfrac{a+c}{2}=2$　…⑤

$-a^2+6a-6=-c^2+10c-22$　…⑥

⑤より，$c=4-a$　…⑤′

⑥に代入して，

$-a^2+6a-6=-(4-a)^2+10(4-a)-22$

$a=1$

⑤′ より，$c=3$

①，③より，$b=0$，$d=8$

$\boldsymbol{a=1,\ b=0,\ c=3,\ d=8}$

54　(1)　$y=2x^2+4x-1$

$=2(x+1)^2-3$

頂点 $(-1,\ -3)$，軸 $x=-1$

(2)

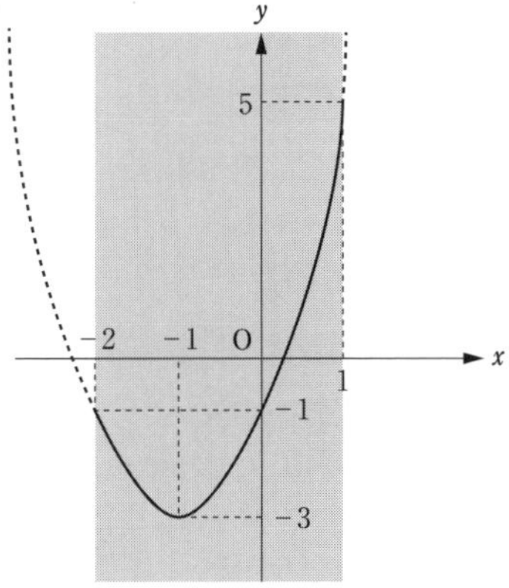

最大値　5（$x=1$ のとき）

最小値　−3（$x=-1$ のとき）

55　$y=x^2-ax+a$

$=\left(x-\dfrac{a}{2}\right)^2-\dfrac{a^2}{4}+a$

よって頂点の y 座標は

$$-\frac{a^2}{4}+a=-\frac{1}{4}(a^2-4a)$$

$$=-\frac{1}{4}(a-2)^2+1$$

したがって，$a=2$ のとき，**最大値 1** をとる。

56　$y=-2\left(x-\frac{1}{4}\right)^2+\frac{1}{8}+m$

頂点 $\left(\frac{1}{4},\ \frac{1}{8}+m\right)$

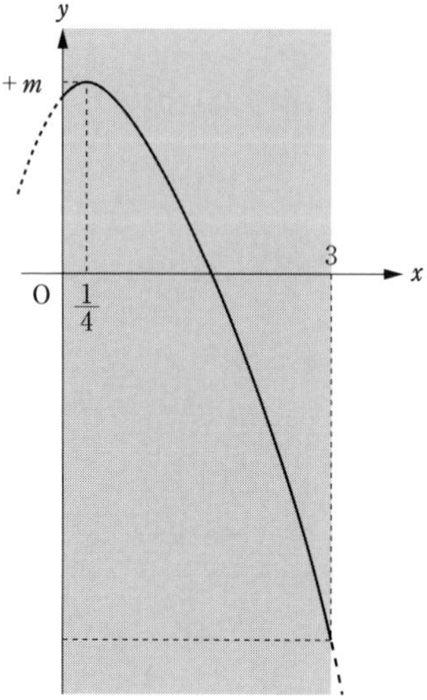

頂点の x 座標 $\frac{1}{4}$ が $0\leqq x\leqq 3$ の範囲内にあるので，最大値は $x=\frac{1}{4}$ のとき。よって，

$\frac{1}{8}+m=2$　　$\boldsymbol{m=\frac{15}{8}}$

最小値は，グラフより $x=3$ のとき。

$$y=-2\cdot 3^2+3+\frac{15}{8}=-\frac{105}{8}$$

よって，**最小値** $\boldsymbol{-\frac{105}{8}}$

57　$y=a(x-2)^2-4a+b$

(1)　下に凸だからグラフは次のようになる。

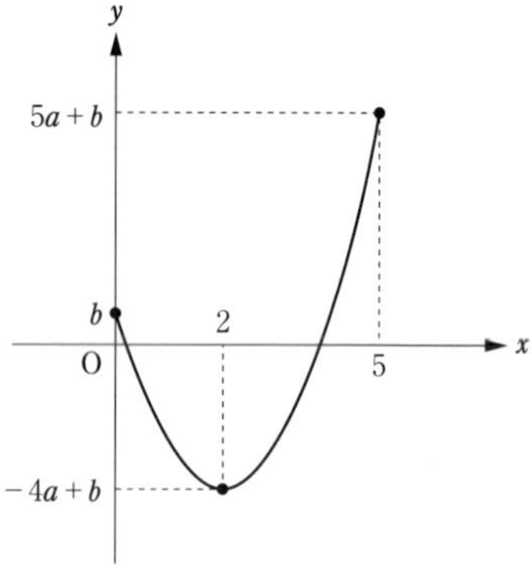

$$\begin{cases}\text{最大値}\quad 5a+b=17\\ \text{最小値}\quad -4a+b=-10\end{cases}$$

$\boldsymbol{a=3,\ b=2}$

(2)　上に凸だから次のようになる。

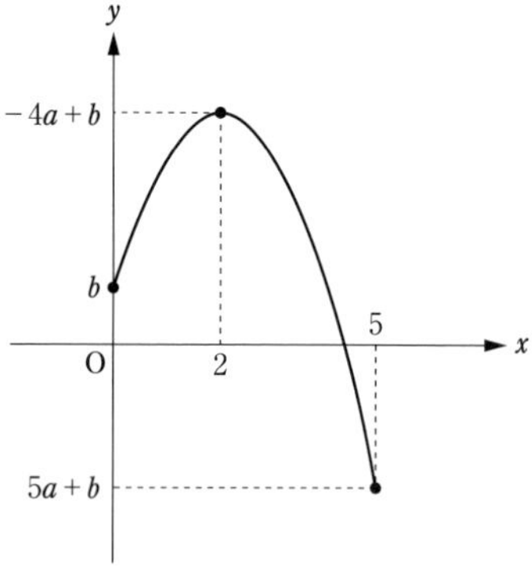

$$\begin{cases}\text{最大値}\quad -4a+b=17\\ \text{最小値}\quad 5a+b=-10\end{cases}$$

$\boldsymbol{a=-3,\ b=5}$

58　$y=(x^2-4x+1)^2+4x^2-16x+6$

$=(x^2-4x+1)^2+4x^2-16x+4+2$

$=(x^2-4x+1)^2+4(x^2-4x+1)+2$　…①

ここで，$t=x^2-4x+1$ とおくと，

$t=(x-2)^2-3$

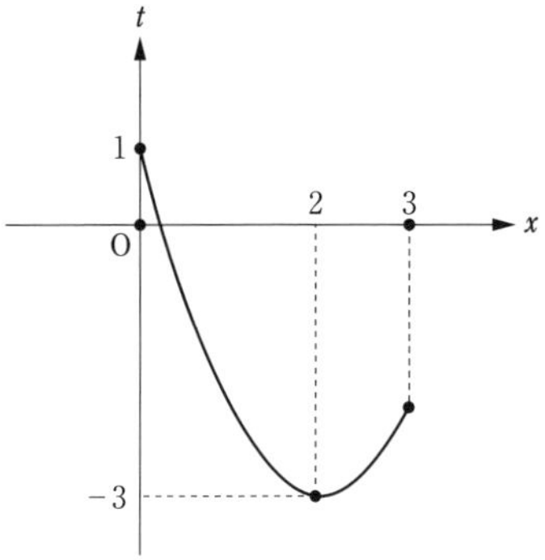

$0 \leqq x \leqq 3$ なので，グラフより

$-3 \leqq t \leqq 1$　…②

次に，①より，

$y = t^2 + 4t + 2$

$= (t+2)^2 - 2$

②の範囲におけるグラフは次のようになる。

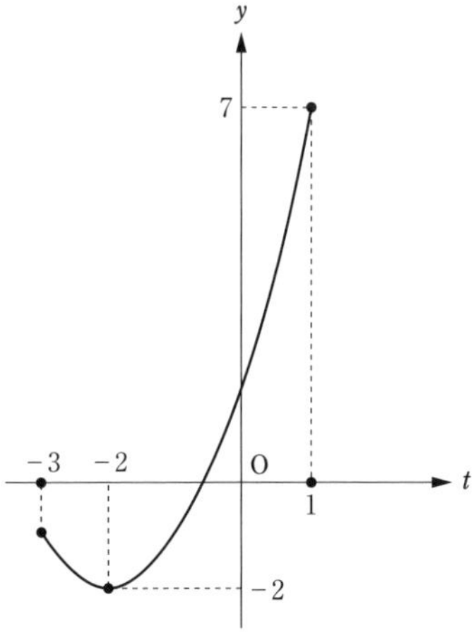

最大値 7，最小値 −2

59　$y = x^2 - 4x$　$(0 \leqq x \leqq a)$

$= (x-2)^2 - 4$

(i)　$0 < a \leqq 2$ のとき

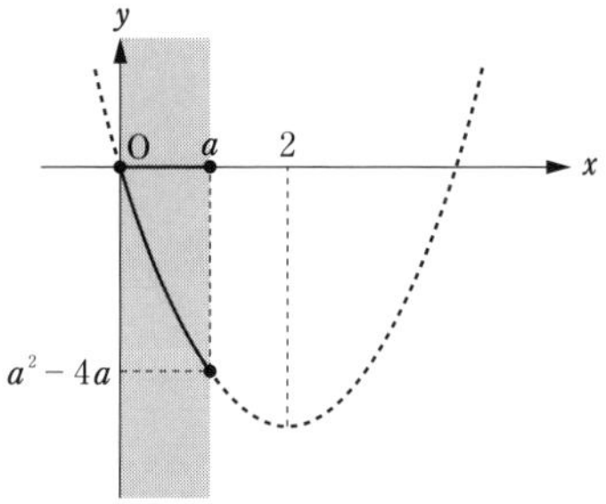

最大値 0，最小値 $a^2 - 4a$

(ii)　$2 < a \leqq 4$ のとき

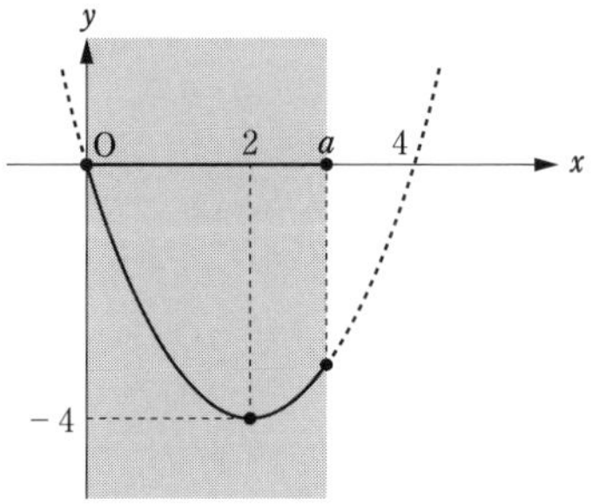

最大値 0，最小値 −4

(iii)　$a > 4$ のとき

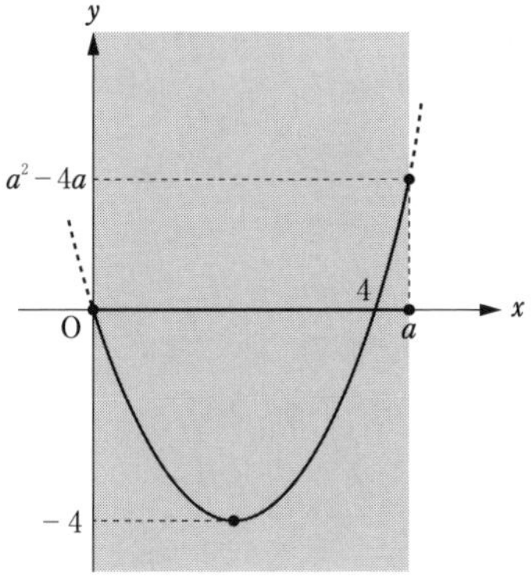

最大値 $a^2 - 4a$，最小値 −4

60　(1)　$y = 2x^2 - 4ax + a^2 - 5a$

$= 2(x-a)^2 - a^2 - 5a$

頂点 $(a,\ -a^2 - 5a)$

(2)　(i)　$a \leqq -5$　…①のとき

$x=-5$ で最小となり，

最小値 $y=50+20a+a^2-5a=6$

$a^2+15a+44=0$

$(a+4)(a+11)=0$

①より，$a=-11$

(ii)　$-5<a\leqq 0$　…②のとき

$x=a$ で最小となり，

最小値 $y=-a^2-5a=6$

$a^2+5a+6=0$

$(a+3)(a+2)=0$

②より，$a=-3,\ -2$

(iii)　$0<a$　…③のとき

$x=0$ で最小となり，

最小値 $y=a^2-5a=6$

$a^2-5a-6=0$

$(a+1)(a-6)=0$

③より，$a=6$

(i)(ii)(iii)より，

$\boldsymbol{a=-11,\ -3,\ -2,\ 6}$

61　題意の2次関数を

$y=ax^2+bx+c$

とおくと，3点を通るから，

$(0,\ 1):1=c$

$(2,\ 3):3=4a+2b+c$

$(-1,\ 6):6=a-b+c$

この連立方程式を解くと，

$a=2,\ b=-3,\ c=1$

したがって，

$y=2x^2-3x+1$

選択肢の x 座標がすべて3であることに着目して，$x=3$ を代入すると，

$y=18-9+1=10$

よって，通る点は⑤

62　求める放物線を

$y=ax^2+bx+c$

とおくと，3点を通るから，

$(1,\ -2):a+b+c=-2$　…①

$(2,\ 1):4a+2b+c=1$　…②

$(3,\ -2):9a+3b+c=-2$　…③

c を消去した式を2つ作る。

②－①より，$3a+b=3$　…④

③－②より，$5a+b=-3$　…⑤

次に，⑤－④より，$2a=-6$

$a=-3$

④に代入して，$-9+b=3$

$b=12$

①に代入して，$-3+12+c=-2$

$c=-11$

よって求める方程式は，

$\boldsymbol{y=-3x^2+12x-11}$

63　$y=f(x)$ のグラフは次のようになる。

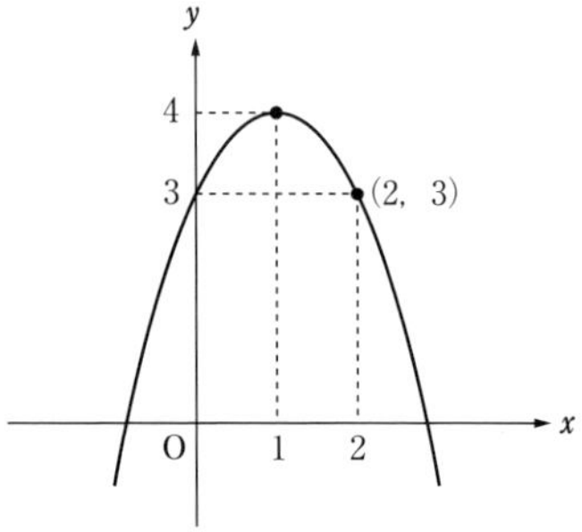

頂点が $(1,\ 4)$ であるから，

$y=a(x-1)^2+4$　…①

とおける。点 $(2,\ 3)$ を通るから，

$3=a(2-1)^2+4$

$a=-1$

①に代入して

$y=-(x-1)^2+4$

$=-x^2+2x+3$

よって，

$\boldsymbol{f(x)=-x^2+2x+3}$

64

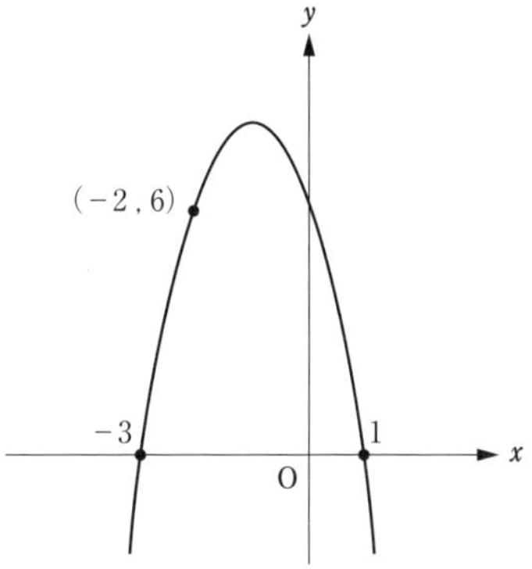

注　$y=ax^2+bx+c$

とおいて，3点の座標を代入してもよいが，本問のようにx軸との交点の座標が与えられているときには次のように考える方がよい。

$x=1$，-3 でx軸と交わるから，

左辺 $=0$ とおいた2次方程式の解は

$x=1$，-3 である。(2章セクション④参照)

したがって求める放物線の方程式は，

$y=a(x-1)(x+3)$

とおける。

解答　x軸と $x=1$，-3 で交わるから，求める方程式は，

$y=a(x-1)(x+3)$

とおける。点 $(-2,\ 6)$ を通るから，

$6=a(-3)\cdot 1$

$a=-2$

したがって，

$y=-2(x-1)(x+3)$

$\boldsymbol{y=-2x^2-4x+6}$

65　$y=x^2+2kx+2k+3$

$=(x+k)^2-k^2+2k+3$

よって頂点の座標は，

$\boldsymbol{(-k,\ -k^2+2k+3)}$

これが $y=x-1$ 上にあるから，

$x=-k$，$y=-k^2+2k+3$ を

$y=x-1$ に代入すると，

$-k^2+2k+3=-k-1$

$k^2-3k-4=0$

$(k+1)(k-4)=0$　　$\boldsymbol{k=-1,\ 4}$

66　x軸と $x=3$，-1 で交わるから，次のようにおける。

$y=a(x-3)(x+1)$

$=a(x^2-2x-3)$　…①

$=a(x-1)^2-4a$

よって頂点は $(1,\ -4a)$ で，これが

$y=2x+2$ 上にあるから，

$-4a=2\cdot 1+2$　　$a=-1$

①より，$y=-x^2+2x+3$

$\boldsymbol{a=-1,\ b=2,\ c=3}$

67　$x=2$ で最大値8をとるから，

$f(x)=a(x-2)^2+8$　$(a<0)$

$=ax^2-4ax+4a+8$

これが $f(x)=ax^2+bx-4$ と一致するから，

$-4a=b$，$4a+8=-4$

$\boldsymbol{a=-3,\ b=12}$

68　軸が $-2\leqq x\leqq 4$ の範囲にあって，頂点のy座標が4だから，

$y=a(x-p)^2+4$ (ただし，$-2\leqq p\leqq 4$)

とおける。

点 $(0,\ 3)$ を通るから，

$3=a(0-p)^2+4$

$ap^2=-1$　…①

点 $(3,\ 0)$ を通るから，

$0=a(3-p)^2+4$

$a(3-p)^2=-4$　…②

①より，$a=-\dfrac{1}{p^2}$　…①′

②に代入して，

$-\dfrac{1}{p^2}\cdot(3-p)^2=-4$

$(3-p)^2=4p^2$

$p^2+2p-3=0$

$(p+3)(p-1)=0$

$-2\leqq p\leqq 4$ より，$p=1$

①′ より，$a=-1$

したがって，

$y=-(x-1)^2+4$

$\boldsymbol{y=-x^2+2x+3}$

69 (1)　$2x^2+3x-2=4x+1$

$2x^2-x-3=0$

$(2x-3)(x+1)=0$　　$\boldsymbol{x=\dfrac{3}{2},\ -1}$

(2)　$4x^2-4x+1=6x-3$

$4x^2-10x+4=0$

$2x^2-5x+2=0$

$(2x-1)(x-2)=0$　　$\boldsymbol{x=\dfrac{1}{2},\ 2}$

(3)　$-x^2+4x+3=0$

$x^2-4x-3=0$　　$\boldsymbol{x=2\pm\sqrt{7}}$

(4)　x^2 の係数を有理化するために，与式の両辺に $\sqrt{2}+1$ をかけると，

$(2-1)x^2+\sqrt{2}(\sqrt{2}+1)x+\sqrt{2}+1=0$

$x^2+(2+\sqrt{2})x+\sqrt{2}+1=0$　…(*)

（たすと $2+\sqrt{2}$，かけると $\sqrt{2}+1$ を満たす2つの数は，1と $\sqrt{2}+1$）

$(x+1)(x+\sqrt{2}+1)=0$

$\boldsymbol{x=-1,\ -1-\sqrt{2}}$

別解

(*)について解の公式より，

$x=\dfrac{-(2+\sqrt{2})\pm\sqrt{(2+\sqrt{2})^2-4(\sqrt{2}+1)}}{2}$

$=\dfrac{-2-\sqrt{2}\pm\sqrt{2}}{2}$

$=\dfrac{-2-\sqrt{2}+\sqrt{2}}{2},\ \dfrac{-2-\sqrt{2}-\sqrt{2}}{2}$

$=\boldsymbol{-1,\ -1-\sqrt{2}}$

70 (1)　$5^2-4\cdot3\cdot k\geqq0$　$\boldsymbol{k\leqq\dfrac{25}{12}}$

(2)　$5^2-4\cdot3\cdot k>0$　$\boldsymbol{k<\dfrac{25}{12}}$

(3)　$5^2-4\cdot3\cdot k<0$　$\boldsymbol{k>\dfrac{25}{12}}$

71　$x^2+(m-3)x+m=0$　…①

重解をもつから，

$(m-3)^2-4\cdot1\cdot m=0$

$m^2-10m+9=0$

$(m-1)(m-9)=0$

$m=1,\ 9$　　ア **1**，イ **9**

$m=1$ のとき，①に代入して，

$x^2-2x+1=0$

$(x-1)^2=0$

$x=1$　　ウ **1**

$m=9$ のとき，①に代入して，

$x^2+6x+9=0$

$(x+3)^2=0$

$x=-3$　　エ **−3**

72　$2x^2+3x-1=0$

$x=\dfrac{-3\pm\sqrt{17}}{4}$

$\alpha+\beta=\dfrac{-3+\sqrt{17}}{4}+\dfrac{-3-\sqrt{17}}{4}=-\dfrac{3}{2}$

$\alpha\beta=\dfrac{-3+\sqrt{17}}{4}\cdot\dfrac{-3-\sqrt{17}}{4}=\dfrac{9-17}{16}=-\dfrac{1}{2}$

$\alpha^2+\beta^2=(\alpha+\beta)^2-2\alpha\beta$

$=\left(-\dfrac{3}{2}\right)^2-2\cdot\left(-\dfrac{1}{2}\right)$

$=\dfrac{9}{4}+1=\boldsymbol{\dfrac{13}{4}}$

73　$x^2-y^2=91$

$(x+y)(x-y)=91(=7\times13)$　…①

ここで，x，y は正の整数だから，

$x+y>0$

$x+y>x-y$

この条件の下で，①を満たす $x+y$ と $x-y$ の値を求めると，

$\begin{cases}x+y=91\\x-y=1\end{cases}$　$\begin{cases}x+y=13\\x-y=7\end{cases}$

それぞれ x，y の値を求めて，

$\boldsymbol{(x,\ y)=(46,\ 45),\ (10,\ 3)}$

74　$xy-3x+2y=11$

$x(y-3)+2y=11$

左辺を因数分解できる形にするために，両辺に -6 を加えると，

$x(y-3)+2y-6=11-6$

$x(y-3)+2(y-3)=5$

$(x+2)(y-3)=5$　…①

ここで，x，y は正の整数だから，

$x+2>2$，$y-3>-3$

この条件の下で，①を満たす $x+2$ と $y-3$ の値を求めると，

$x+2=5$，$y-3=1$

$\boldsymbol{x=3,\ y=4}$

75　$x^2+x+a=0$　…①

$x^2-x+a+4=0$　…②

共通解とは，①と②をともに満たすxの値であるから，①と②をxとaの連立方程式とみて解けばよい。

aを消去するために，①－②をつくると，

$2x-4=0$　　$x=2$

①に代入すると，

$4+2+a=0$　　$a=-6$

よって，$\boldsymbol{a=-6}$で共通解は$\boldsymbol{x=2}$

検算

$a=-6$を①，②に代入すると，

①：$x^2+x-6=0$

$(x+3)(x-2)=0$　　$x=-3,\ 2$

②：$x^2-x-2=0$

$(x-2)(x+1)=0$　　$x=2,\ -1$

76　$x^2+3x-3k=0$　…①

$x^2+(6-k)x-9=0$　…②

①－②より，

$(k-3)x-3(k-3)=0$

$(k-3)(x-3)=0$

よって，$k=3$または$x=3$

(i)　$k=3$のとき

①，②はともに$x^2+3x-9=0$となり，「異なる2つの2次方程式」に反するので不適。

(ii)　$x=3$のとき

①に代入すると，

$9+9-3k=0$　　$k=6$

これを①，②に代入すると，

①：$x^2+3x-18=0$

$(x+6)(x-3)=0$　　$x=-6,\ 3$

②：$x^2-9=0$

$(x+3)(x-3)=0$　　$x=3,\ -3$

よって題意を満たす。

(i)(ii)より，$\boldsymbol{k=6}$，共通解は$\boldsymbol{x=3}$

77　**注**　「完全平方式」とは，$(\quad)^2$という形の式のこと。

(1)　Pが完全平方式となるには，2次方程式

$kx^2+2(k+2)x+k+5=0$

が重解をもてばよいから，判別式をDとすると，

$\dfrac{D}{4}=(k+2)^2-k(k+5)=0$

$k=4$　…**ア**

このとき，

$P=4x^2+12x+9$

$=\boldsymbol{(2x+3)^2}$　…**イ**

(2)　与式をxについて整理する。

$2x^2-xy-3y^2-5x+10y+a$

$=2x^2-(y+5)x-3y^2+10y+a$　…①

①$=0$とおいてできる2次方程式の解を求めると，

$x=\dfrac{y+5\pm\sqrt{(y+5)^2-8(-3y^2+10y+a)}}{4}$

$=\dfrac{y+5\pm\sqrt{25y^2-70y-8a+25}}{4}$　…②

①式が1次式の積に因数分解されるのは，②の$\sqrt{\ }$がはずれるときで，そのための条件は，

$25y^2-70y-8a+25$

が完全平方式になることである。

よって，判別式をDとすると，

$\dfrac{D}{4}=(-35)^2-25(-8a+25)=0$

$(5\cdot7)^2-25(-8a+25)=0$

$25\cdot49-25(-8a+25)=0$

$49-(-8a+25)=0$

$\boldsymbol{a=-3}$　…(*)

②に代入すると，

$x=\dfrac{y+5\pm\sqrt{25y^2-70y+49}}{4}$

$=\dfrac{y+5\pm\sqrt{(5y-7)^2}}{4}$

$=\dfrac{y+5\pm(5y-7)}{4}$

$=\dfrac{3y-1}{2},\ -y+3$

したがって，

与式$=2\left(x-\dfrac{3y-1}{2}\right)(x+y-3)$

$=\boldsymbol{(2x-3y+1)(x+y-3)}$

別解1　($\boldsymbol{a=-3}$　…(*)から続けて)

①より，

与式$=2x^2-(y+5)x-3y^2+10y-3$

$=2x^2-(y+5)x-(y-3)(3y-1)$

$$\left(\begin{array}{ccccc} 2 & \times & -(3y-1) & \cdots & -3y+1 \\ 1 & & y-3 & \cdots & \underline{2y-6} \\ & & & & -y-5 \end{array}\right)$$

$=\boldsymbol{(2x-3y+1)(x+y-3)}$

別解2 （最初から）

$2x^2-xy-3y^2=(x+y)(2x-3y)$

であるから，与式は次のようにおける。

$(x+y+p)(2x-3y+q)$ …④

$=(x+y)(2x-3y)+q(x+y)$

$\qquad +p(2x-3y)+pq$

$=2x^2-xy-3y^2+(2p+q)x+(-3p+q)y+pq$

与式と係数を比較して，

$2p+q=-5$，$-3p+q=10$，$pq=a$

$p=-3$，$q=1$，$a=\boldsymbol{-3}$

④より，

与式$=\boldsymbol{(x+y-3)(2x-3y+1)}$

78 $y=x^2+2(a+2)x-a$

$\dfrac{D}{4}=(a+2)^2-(-a)=0$

$a^2+5a+4=0$

$(a+1)(a+4)=0$

$\boldsymbol{a=-1,\ -4}$

79 3点 $(-2,\ 0)$，$(2,\ 4)$，$(3,\ 10)$ を通る放物線の方程式を $y=ax^2+bx+c$ とおくと

$$\begin{cases} 4a-2b+c=0 & \cdots① \\ 4a+2b+c=4 & \cdots② \\ 9a+3b+c=10 & \cdots③ \end{cases}$$

②−①より，$4b=4$

$b=1$

③−②より，$5a+b=6$

$5a+1=6$

$a=1$

①に代入して

$4-2+c=0$

$c=-2$

よって，$y=x^2+x-2$

この放物線と $y=2x+k$ が接するから

$x^2+x-2=2x+k$

$x^2-x-2-k=0$

$D=1-4(-2-k)=0$

$4k=-9$

$\boldsymbol{k=-\dfrac{9}{4}}$

80 軸の方程式は $x=-\dfrac{b}{2a}$ で図より，

$-\dfrac{b}{2a}>0$ …①

ここで，下に凸より $a>0$。

したがって，$-2a<0$

これに注意して①の両辺に $-2a$ をかけると，

$b<0$

y 切片は正だから　$c>0$

x 軸と異なる2点で交わっているから，

$b^2-4ac>0$

以上より，**ウ**

81 $y=x^2+px+q$，$y=6x-6$ より

$x^2+px+q=6x-6$

$x^2+(p-6)x+q+6=0$ …①

①の判別式を D とすると接することから

$D=(p-6)^2-4(q+6)=0$

$p^2-12p-4q+12=0$ …②

また，

$y=x^2+px+q$

$=\left(x+\dfrac{p}{2}\right)^2-\dfrac{p^2}{4}+q$

より頂点 $\left(-\dfrac{p}{2},\ -\dfrac{p^2}{4}+q\right)$

これが $y=x-7$ 上にあるから

$-\dfrac{p^2}{4}+q=-\dfrac{p}{2}-7$

$p^2-2p-4q-28=0$ …③

②−③より，$-10p+40=0$

$p=4$

②に代入して，$16-48-4q+12=0$

$q=-5$

$\boldsymbol{p=4,\ q=-5}$

これを①に代入して

$x^2-2x+1=0$

$(x-1)^2=0$　　$x=1$

$y=6x-6$ に代入して

$y=6-6=0$

よって，**接点 (1，0)**

82 求める直線の方程式を $y=mx+n$ とおく。

・$y=x^2+2x$ と $y=mx+n$ より，

$x^2+2x=mx+n$

$x^2+(2-m)x-n=0$

判別式を D_1 とすると，

$D_1=(2-m)^2-4\cdot(-n)=0$

$m^2-4m+4n+4=0$　…①

・$y=-x^2+4x-1$ と $y=mx+n$ より，

$-x^2+4x-1=mx+n$

$x^2+(m-4)x+n+1=0$

判別式を D_2 とすると，

$D_2=(m-4)^2-4(n+1)=0$

$m^2-8m-4n+12=0$　…②

①＋②より，

$2m^2-12m+16=0$

$m^2-6m+8=0$

$(m-2)(m-4)=0$　　$m=2,\ 4$

それぞれ①に代入して n を求めると，

$n=0,\ -1$

したがって，求める直線の方程式は，

$\boldsymbol{y=2x,\ \ y=4x-1}$

83 (1)　$6x^2+x-2<0$

$(2x-1)(3x+2)<0$

$\boldsymbol{-\dfrac{2}{3}<x<\dfrac{1}{2}}$

(2)　$-x^2+2x+\dfrac{1}{3}\geqq 0$

両辺に -3 をかけて，

$3x^2-6x-1\leqq 0$

$\boldsymbol{\dfrac{3-2\sqrt{3}}{3}\leqq x\leqq\dfrac{3+2\sqrt{3}}{3}}$

84　$y=3x^2-ax+2$

$D=(-a)^2-4\cdot 3\cdot 2<0$

$a^2-24<0$

$a^2-(\sqrt{24})^2<0$

$(a+\sqrt{24})(a-\sqrt{24})<0$

$-\sqrt{24}<a<\sqrt{24}$

$\boldsymbol{-2\sqrt{6}<a<2\sqrt{6}}$

85 (1)　$x^2+9>6x$

$x^2-6x+9>0$

$(x-3)^2>0$

$\boldsymbol{x\neq 3}$

(2)　$x^2-4x+6>0$

$(x-2)^2+2>0$

すべての数（実数）$\boldsymbol{x}$

(3)　(例題 29 参照)

$x^2-x-5>|2x-1|$

(i)　$x\geqq\dfrac{1}{2}$ のとき

$x^2-x-5>2x-1$

$x^2-3x-4>0$

$(x+1)(x-4)>0$

$x<-1,\ 4<x$

$x\geqq\dfrac{1}{2}$ との共通部分より，

$4<x$

(ii)　$x<\dfrac{1}{2}$ のとき

$x^2-x-5>-(2x-1)$

$x^2+x-6>0$

$(x+3)(x-2)>0$

$x<-3,\ 2<x$

$x<\dfrac{1}{2}$ との共通部分より，

$x<-3$

(i)(ii)より，$\boldsymbol{x<-3,\ 4<x}$

86　$y=x^2-2mx+3m+4$ のグラフがすべての x の範囲で，x 軸より上にあればよい。

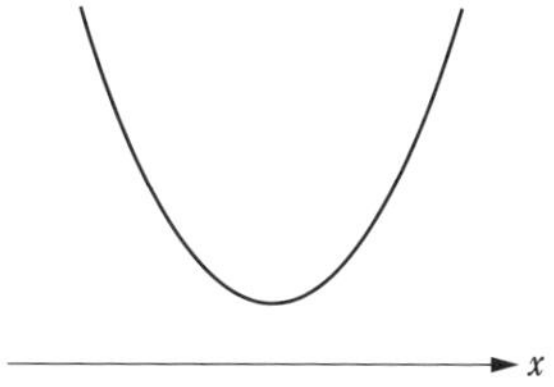

判別式を D とすると，

$\dfrac{D}{4}=(-m)^2-(3m+4)<0$

$m^2-3m-4<0$

$(m+1)(m-4)<0$

$\boldsymbol{-1<m<4}$

87　$y=ax^2+4x+a>3$

$ax^2+4x+a-3>0$

これがすべての数（実数）x について成り立つためには，次のようなグラフになればよい。

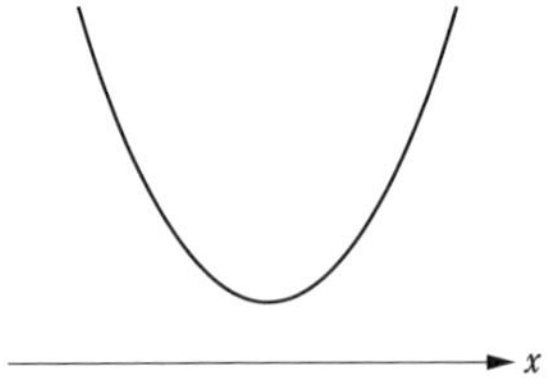

$a>0$　…①

$\dfrac{D}{4}=4-a(a-3)<0$

$-a^2+3a+4<0$

$a^2-3a-4>0$

$(a-4)(a+1)>0$

$a<-1,\ 4<a$　…②

①，②より，　$\boldsymbol{a>4}$

88　$y=(m+2)x^2+(m-2)x+m+2$

(1)　$D=(m-2)^2-4(m+2)(m+2)=0$

$-3m^2-20m-12=0$

$3m^2+20m+12=0$

$(3m+2)(m+6)=0$

$\boldsymbol{m=-\dfrac{2}{3},\ -6}$

(2)　次のようなグラフになればよい。

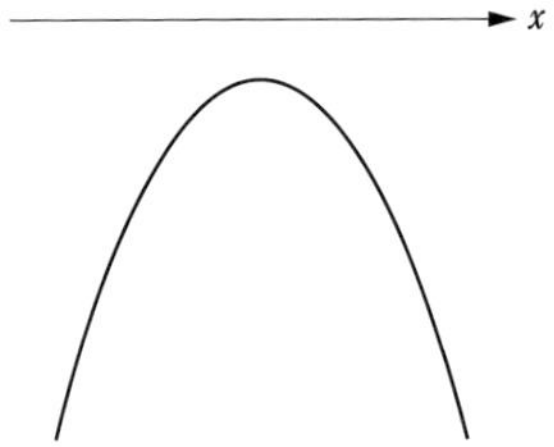

上に凸より，$m+2<0$

$m<-2$　…①

x 軸と共有点をもたないから，

$D=(m-2)^2-4(m+2)^2<0$

$-3m^2-20m-12<0$

$3m^2+20m+12>0$

$(3m+2)(m+6)>0$

$m<-6,\ -\dfrac{2}{3}<m$　…②

①，②より，$\boldsymbol{m<-6}$

89　①より，

$(x-1)(x-5)<0$

$\boldsymbol{1<x<5}$　…①′

②より，

$\boldsymbol{2-\sqrt{3}<x<2+\sqrt{3}}$　…②′

$\sqrt{3}=1.73\cdots$ に注意して，①′と②′を数直線上に表すと次のようになる。

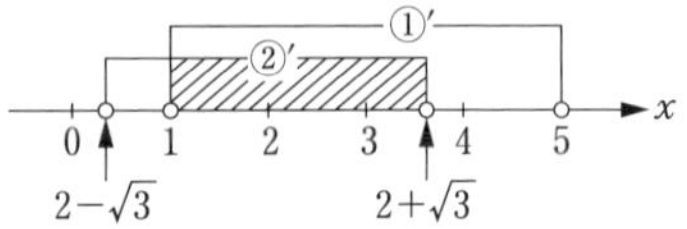

したがって，①，②を同時に満たす整数は $x=2,\ 3$ の **2** 個ある。

90　(1)　①より，

$(2x+3)(2x-7)<0$

$\boldsymbol{-\dfrac{3}{2}<x<\dfrac{7}{2}}$　…①′

(2)　②より，

$(x-1)(x-k)>0$

$k>1$ だから，上式の解は，

$x<1,\ k<x$　…②′

①′，②′の両方を満たす整数 x がちょうど3つ存在するのは，次図のような場合である。

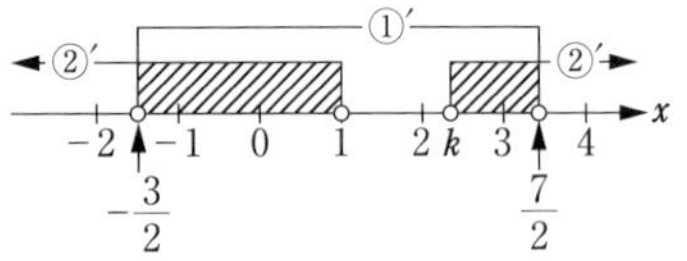

すなわち，$x=-1,\ 0$ および $x=3$ が①′，②′を満たす場合である。斜線部の中に $x=3$ が含まれ，$x=2$ が含まれないことに注意すると，k のとり得る値の範囲は，

$\boldsymbol{2\leqq k<3}$

91　$x+2y=3$ より

$x=3-2y$

$x^2+2y^2=(3-2y)^2+2y^2$

$=6y^2-12y+9$

$=6(y-1)^2+3$

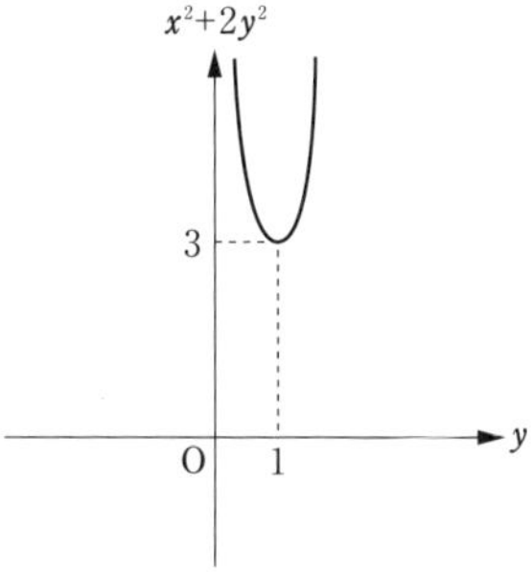

グラフより　**最小値　3**

そのとき　$\boldsymbol{x=1,\ y=1}$

92　1辺の長さを x m とすると，隣りの辺の長さは $(10-x)$ m。ここで $0<x<10$

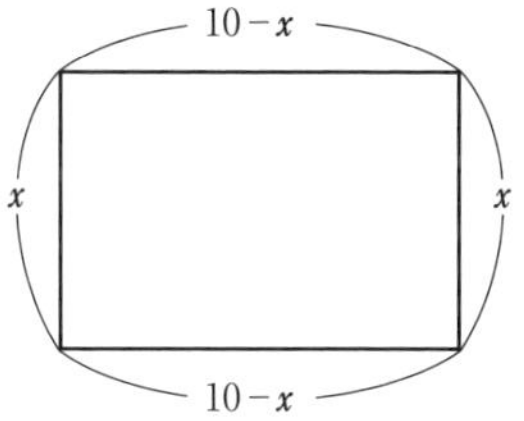

面積を S とすれば，

$S=x(10-x)$

$=-x^2+10x$

$=-(x-5)^2+25$

よって，$x=5$ のとき最大となり，このとき，隣りの辺の長さは，

$10-5=5$

したがって，**隣り合う2辺の長さをともに5 m とすればよい。**

注　このとき，正方形となるが，正方形も長方形の1つなのでさしつかえない。

93　$x^2+2y^2=1$ のとき

$y^2=\dfrac{1-x^2}{2}\geqq 0$　（$y^2\geqq 0$ より）

$1-x^2\geqq 0$

$x^2-1\leqq 0$

$(x+1)(x-1)\leqq 0$

$-1\leqq x\leqq 1$　…①

また，

$P=2x+y^2$

$=2x+\dfrac{1-x^2}{2}$

$=-\dfrac{1}{2}x^2+2x+\dfrac{1}{2}$

$=-\dfrac{1}{2}(x-2)^2+\dfrac{5}{2}$

①の範囲でグラフをかくと，次のようになる。

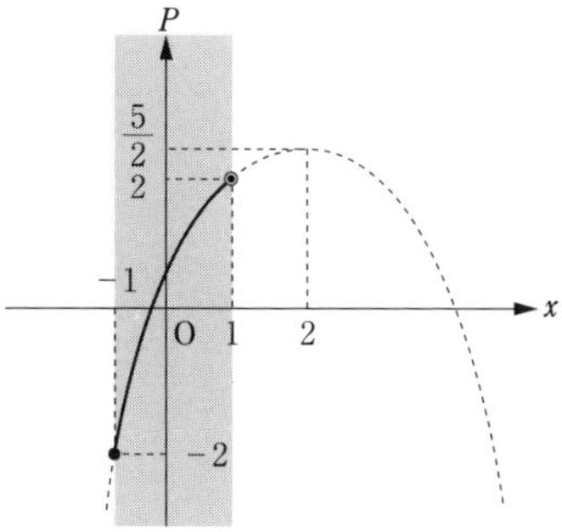

最大値　2　（$x=1$，$y=0$ のとき）

94

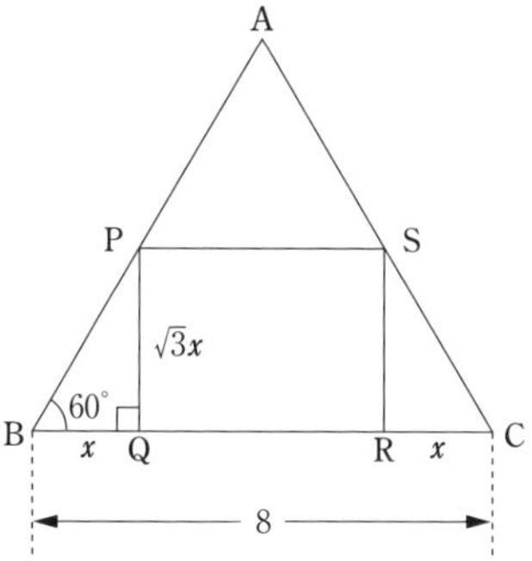

$\mathrm{BQ}=x$ とおくと，$\mathrm{PQ}=\sqrt{3}x$

$\mathrm{QR}=\mathrm{BC}-(\mathrm{BQ}+\mathrm{CR})$

$=8-2x$

長方形の面積 S は，

$S=\mathrm{PQ}\times\mathrm{QR}$

$=\sqrt{3}x\times(8-2x)$

$=-2\sqrt{3}x^2+8\sqrt{3}x$

$=-2\sqrt{3}(x^2-4x)$

$=-2\sqrt{3}(x-2)^2+8\sqrt{3}$

$0<x<4$ なので，**最大値は $8\sqrt{3}$**

95　1 kg あたり 200 円から x 円値上げするものとする。このときの，1 kg あたりの価格は，

$200+x$（円）

であり，1 kg あたりの利益は，

$(200+x)-150=x+50$（円）

また，1日に売れる量は，

$80-2x$（kg）

であるから，1日あたりの利益を y 円とすれば，

$$y=(x+50)(80-2x)$$
$$=-2x^2-20x+4000$$
$$=-2(x+5)^2+4050$$

よって，$x=-5$（5円値下げ）のとき最大となり，このときの価格は，

$200-5=195$（円）

売り上げ量（すなわち仕入れるべき量）は，

$80-2\cdot(-5)=90$（kg）

ア．90　　イ．195

別解

200円から x 円値下げするものとすると，

1 kg あたりの利益は，

$(200-x)-150=50-x$（円）

1日に売れる量は，$80+2x$（kg）

よって，1日あたりの利益を y 円とすれば，

$$y=(50-x)(80+2x)$$
$$=-2x^2+20x+4000$$
$$=-2(x-5)^2+4050$$

$x=5$（5円値下げ）のとき最大となり，価格は，$200-5=195$（円）

売り上げ量は，$80+2\cdot5=90$（kg）

ア．90　　イ．195

96　$2x-y=k$　…①

とおいて，k の最大値と最小値を考える。

①より，$y=2x-k$　…①′

$2x^2+y^2=2$ に代入すると，

$$2x^2+(2x-k)^2=2$$

$6x^2-4kx+k^2-2=0$　…②

②を x の2次方程式とみると，x は実数だから，②は実数解をもたなければならない。したがって，判別式を D とすると，

$$\frac{D}{4}=(-2k)^2-6(k^2-2)\geqq0$$
$$-2k^2+12\geqq0$$
$$k^2-6\leqq0$$
$$(k+\sqrt{6})(k-\sqrt{6})\leqq0$$
$$-\sqrt{6}\leqq k\leqq\sqrt{6}$$

これより，

最大値 $\sqrt{6}$，最小値 $-\sqrt{6}$

参考

最大値 $\sqrt{6}$ をとるときの x と y の値を求めてみよう。

$k=\sqrt{6}$ を②に代入すると，

$$6x^2-4\sqrt{6}x+6-2=0$$
$$3x^2-2\sqrt{6}x+2=0$$
$$(\sqrt{3}x-\sqrt{2})^2=0\qquad x=\frac{\sqrt{2}}{\sqrt{3}}=\frac{\sqrt{6}}{3}$$

①′に代入して，

$$y=2\cdot\frac{\sqrt{6}}{3}-\sqrt{6}=-\frac{\sqrt{6}}{3}$$

したがって，$k=2x-y$ は，

$x=\dfrac{\sqrt{6}}{3}$，$y=-\dfrac{\sqrt{6}}{3}$ のとき，最大値 $\sqrt{6}$ をとる。

（最小値 $-\sqrt{6}$ についても同様）

97　$y=f(x)=x^2-(a+1)x+a^2$ のグラフが次のようになればよい。

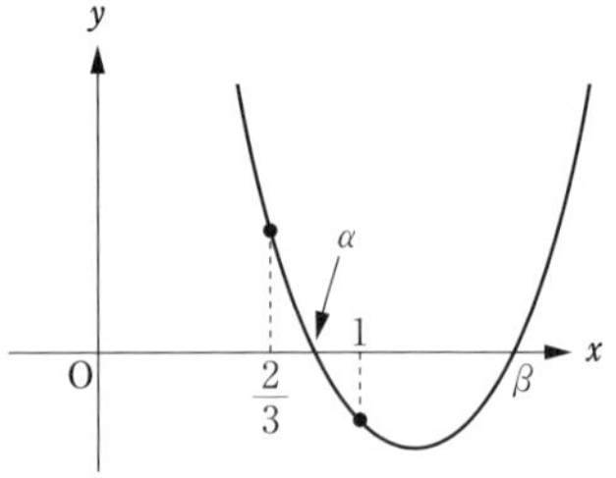

$$f\left(\frac{2}{3}\right)=\frac{4}{9}-\frac{2}{3}(a+1)+a^2>0$$
$$9a^2-6a-2>0$$
$$a<\frac{1-\sqrt{3}}{3},\quad \frac{1+\sqrt{3}}{3}<a\quad\cdots①$$
$$f(1)=1-(a+1)+a^2<0$$
$$a^2-a<0$$
$$a(a-1)<0$$
$$0<a<1\quad\cdots②$$

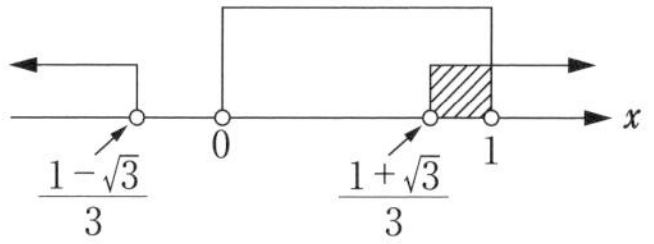

①，②より，$\boldsymbol{\frac{1+\sqrt{3}}{3}<a<1}$

98　$f(x)=x^2-2kx+3k+10$ とおく。

(1)　$y=f(x)=(x-k)^2-k^2+3k+10$

のグラフが次のようになればよい。

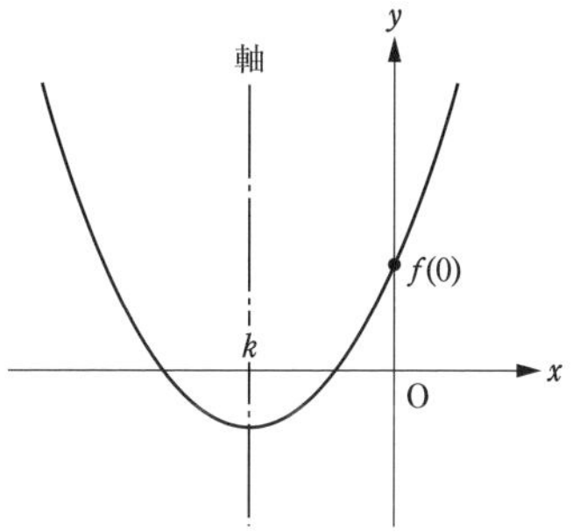

x 軸と異なる 2 点で交わるから，

$$\frac{D}{4}=(-k)^2-(3k+10)>0$$

$$k^2-3k-10>0$$

$$(k+2)(k-5)>0$$

$k<-2,\ 5<k$　…①

軸が $x<0$ の範囲にあるから，

$k<0$　…②

y 軸と，$y>0$ の範囲で交わるから，

$f(0)=3k+10>0$

$k>-\frac{10}{3}$　…③

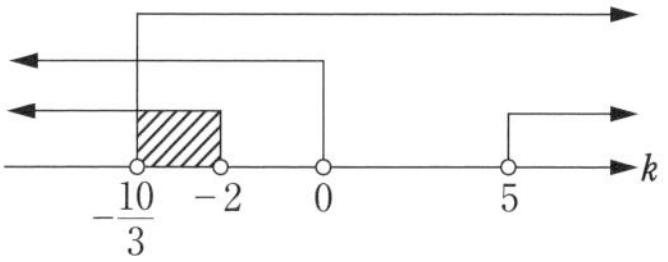

①，②，③より，$\boldsymbol{-\frac{10}{3}<k<-2}$

(2)　注　数字における符号とは正と負を意味し，「解の符号が異なる」とは「正と負の解をもつ」ということである。

$y=f(x)$ のグラフが次のようになればよい。

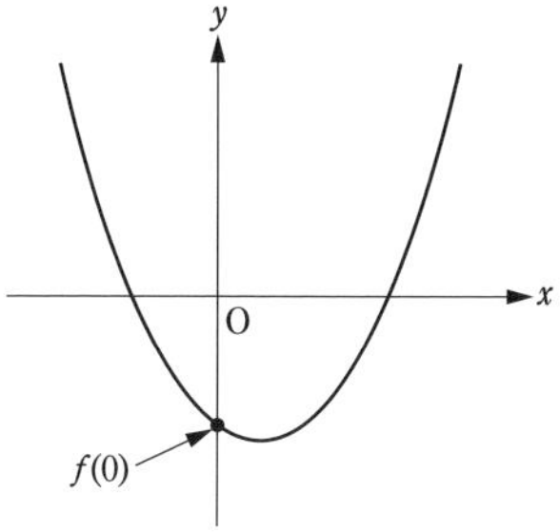

そのためには，y 軸と，$y<0$ の範囲で交われればよい。

$f(0)=3k+10<0$

$\boldsymbol{k<-\frac{10}{3}}$

99　$f(x)=x^2-4ax+16$ とおく。

(1)　$f(1)=1-4a+16<0$

$\boldsymbol{a>\frac{17}{4}}$

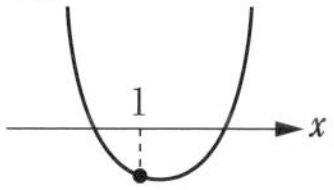

(2)　$f(x)=0$ の判別式を D とすると

$\frac{D}{4}=(2a)^2-16>0$

$4(a+2)(a-2)>0$

$a<-2,\ 2<a$　…①

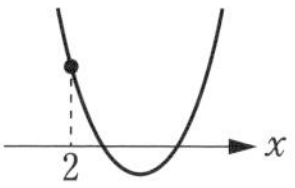

$f(x)=(x-2a)^2-4a^2+16$ より

$y=f(x)$ のグラフの軸は $x=2a$

よって，$2a>2$

$a>1$　…②

また，$f(2)=4-8a+16>0$

$a<\frac{5}{2}$　…③

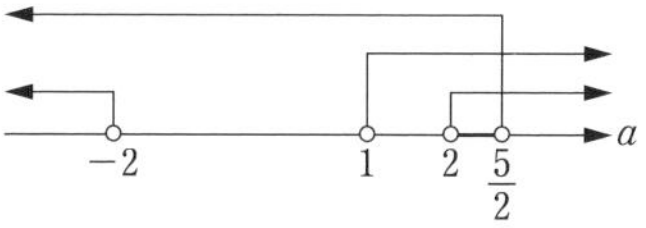

①，②，③より　$\boldsymbol{2<a<\frac{5}{2}}$

100　$x^2-2(a+1)x-2a+6=0$　…①

(1)　①に $a=2$ を代入して，方程式を解くと，

$x^2-6x+2=0$

$\boldsymbol{x=3\pm\sqrt{7}}$

(2)　$\frac{D}{4}=(a+1)^2-(-2a+6)\geqq 0$

$$a^2+4a-5\geqq 0$$

$$(a-1)(a+5) \geqq 0$$

$\boldsymbol{a \leqq -5,\ 1 \leqq a}$　…②

(3)　$f(x)=x^2-2(a+1)x-2a+6$ とおく。

$y=f(x)$ のグラフが次の2つのいずれかになればよい。

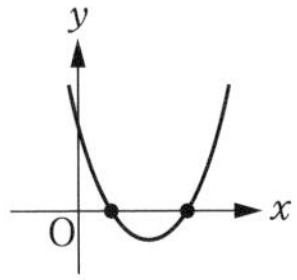

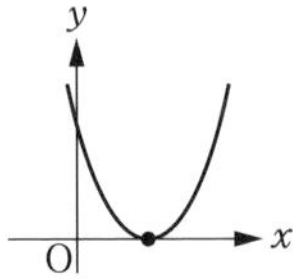

そのための条件は，

$$\begin{cases} D \geqq 0 \\ 軸>0 \\ f(0)>0 \end{cases}$$

軸：$x=a+1>0$ より

$a>-1$　…③

$f(0)=-2a+6>0$

$a<3$　…④

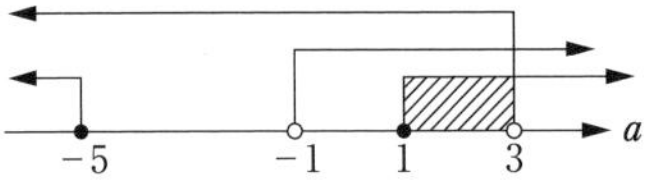

②③④より　$\boldsymbol{1 \leqq a<3}$

101　判別式を D とすると，重解をもつから

$$\frac{D}{4}=(2a)^2-2=0$$

$a^2=\dfrac{1}{2}$　　$\boldsymbol{a=\pm\dfrac{\sqrt{2}}{2}}$　…**ア**

$f(x)=x^2+4ax+2=(x+2a)^2-4a^2+2$ とおくと，$y=f(x)$ のグラフが次のようになればよい。

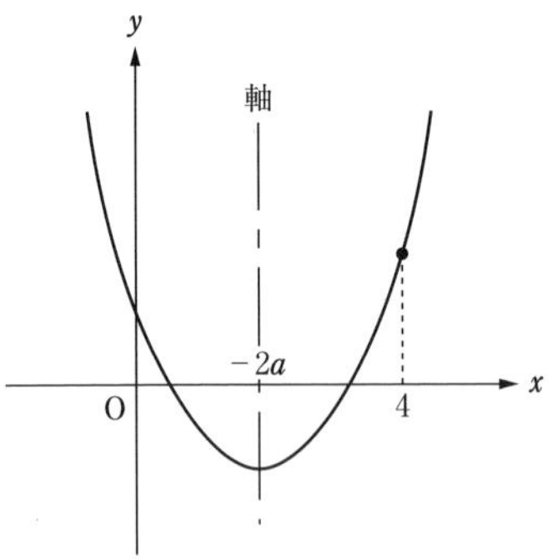

そのための条件は

$$\begin{cases} D>0 & \cdots① \\ 0< 軸 <4 & \cdots② \\ f(0) \geqq 0 & \cdots③ \\ f(4) \geqq 0 & \cdots④ \end{cases}$$

①より $\dfrac{D}{4}=(2a)^2-2>0$

$2a^2-1>0$

$a<-\dfrac{\sqrt{2}}{2},\ \dfrac{\sqrt{2}}{2}<a$　…①′

②より $0<-2a<4$

$-2<a<0$　…②′

③より $f(0)=2 \geqq 0$

④より $f(4)=16+16a+2 \geqq 0$

$a \geqq -\dfrac{9}{8}$　…④′

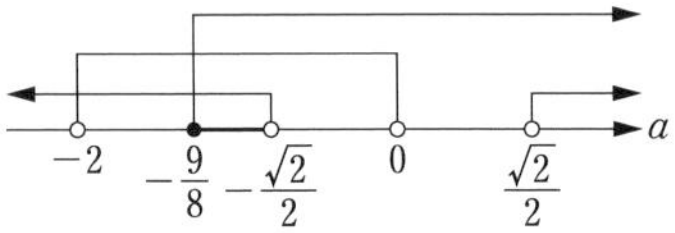

①′②′④′より

$\boldsymbol{-\dfrac{9}{8} \leqq a<-\dfrac{\sqrt{2}}{2}}$　…**イ**

102　(1)　$y=x^2-2x-4$ のグラフの x 軸より下の部分を上へ折り返せばよい。

$y=x^2-2x-4$

$\quad=(x-1)^2-5$

また，$x^2-2x-4=0$ を解くと

$x=1\pm\sqrt{5}$

したがって，グラフは次のようになる。

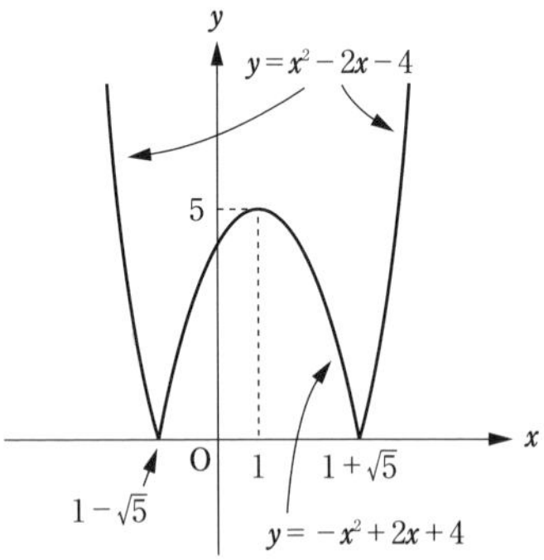

(2)　$y=|x-3|+x$

(i)　$x-3 \geqq 0$ すなわち $x \geqq 3$ のとき

$y=(x-3)+x$

$y=2x-3$

($x=3$ を代入すると $y=6-3=3$)

(ii) $x-3\leqq 0$ すなわち $x\leqq 3$ のとき

$y=-(x-3)+x$

$=-x+3+x$

$y=3$

(i)(ii)より，グラフは次のようになる。

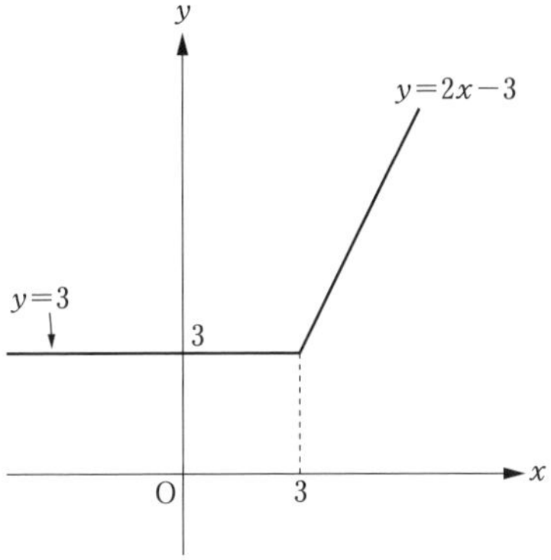

(3) (例題 11 参照)

$y=\sqrt{(x+1)^2}-\sqrt{(x-1)^2}$

$=|x+1|-|x-1|$

(i) $x\leqq -1$ のとき

$y=-(x+1)+(x-1)$　　$y=-2$

(ii) $-1<x\leqq 1$ のとき

$y=(x+1)+(x-1)$　　$y=2x$

(iii) $1<x$ のとき

$y=(x+1)-(x-1)$　　$y=2$

(i)(ii)(iii)より，グラフは次のようになる。

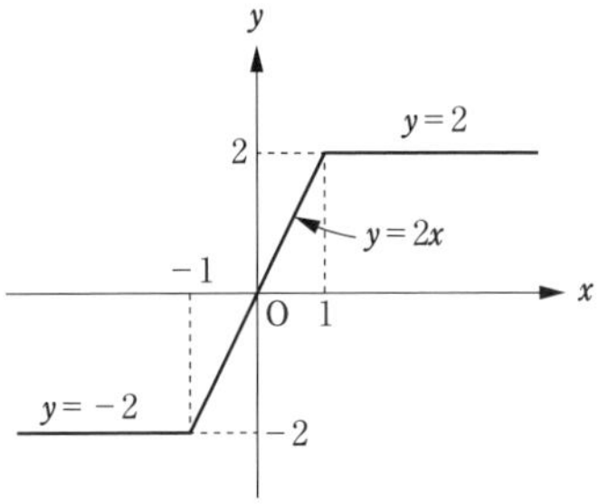

103 (1) $y=|x-2|-1$

(i) $x\geqq 2$ のとき

$y=(x-2)-1$　　$y=x-3$

(ii) $x<2$ のとき

$y=-(x-2)-1$　　$y=-x+1$

よって，$y=|x-2|-1$ のグラフは次のようになる。

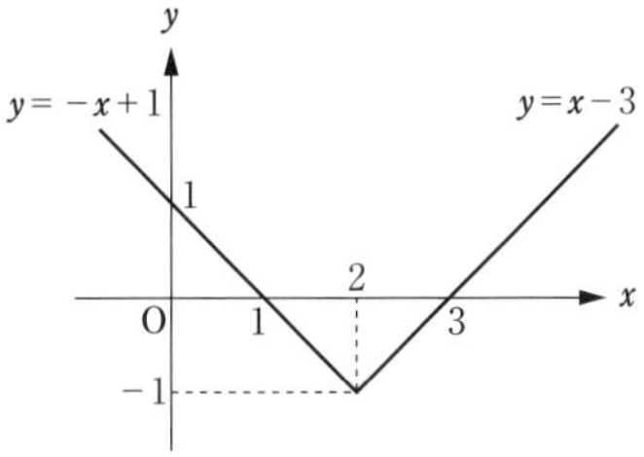

注　$y=|x-2|-1$ のグラフは，$y=|x|$ のグラフを，x 軸方向に 2，y 軸方向に -1 平行移動させてかいてもよい。

(Open Sesame 参照)

(2) $y=||x-2|-1|$ のグラフは，$y=|x-2|-1$ のグラフの x 軸より下の部分を上へ折り返せばよいので，次のようになる。

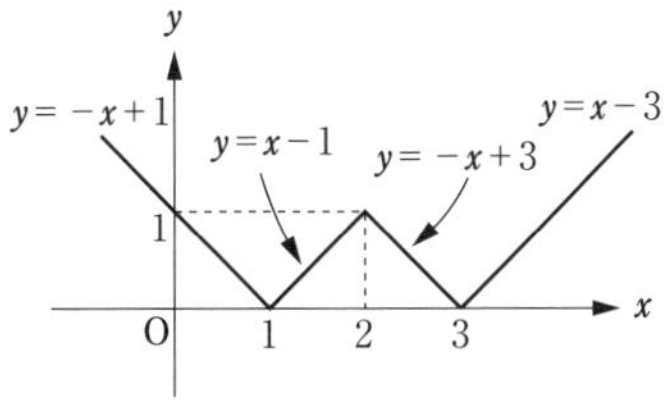

104 (1)(i) $x\leqq 2$ のとき

$y=(2-x)+(5-x)$

$=-2x+7$

(ii) $2<x\leqq 5$ のとき

$y=-(2-x)+(5-x)$

$=3$

(iii) $5<x$ のとき

$y=-(2-x)-(5-x)$

$=2x-7$

(i)(ii)(iii)より，グラフは次のようになる。

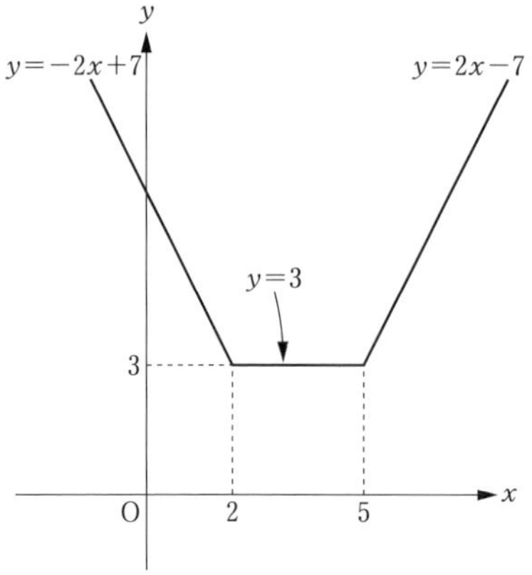

(2)

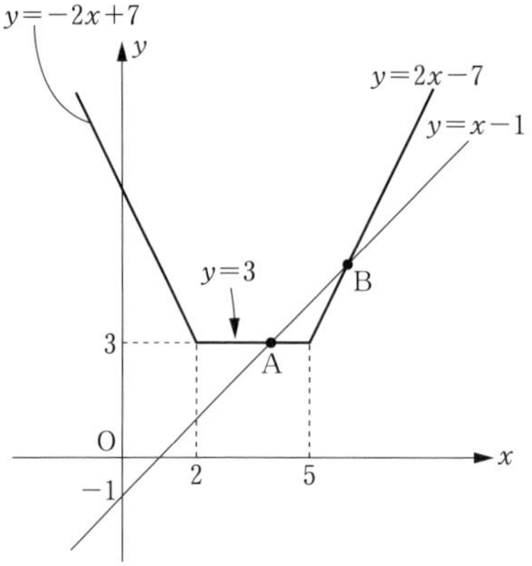

グラフは上のようになるので，

「$y=3$ と $y=x-1$ の交点 A」

「$y=2x-7$ と $y=x-1$ の交点 B」

が共有点となる。

A：$y=3$ と $y=x-1$ より，

$3=x-1$

$x=4$

よって，A(4, 3)

B：$y=2x-7$ と $y=x-1$ より，

$2x-7=x-1$

$x=6$

$y=x-1$ に代入して

$y=6-1=5$

よって，B(6, 5)

以上より，求める共有点は，**(4, 3)**，**(6, 5)**

105　(1)　$|x|+|y|=1$

(i)　$x \geqq 0$，$y \geqq 0$ のとき

$x+y=1$　　$y=-x+1$

(ii)　$x \geqq 0$，$y<0$ のとき

$x-y=1$　　$y=x-1$

(iii)　$x<0$，$y \geqq 0$ のとき

$-x+y=1$　　$y=x+1$

(iv)　$x<0$，$y<0$ のとき

$-x-y=1$　　$y=-x-1$

(i)(ii)(iii)(iv)より，グラフは次のようになる。

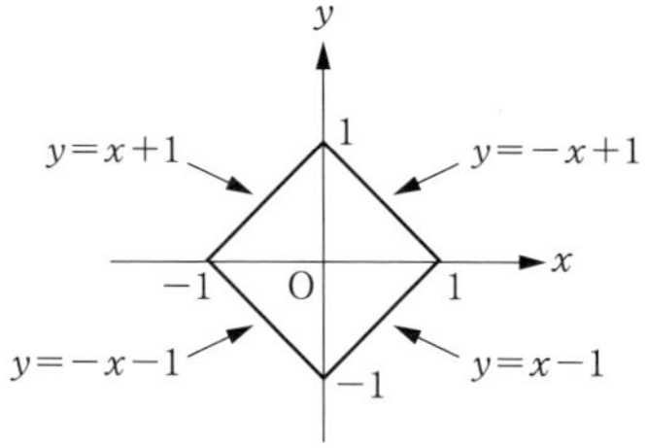

(2)　$|x-2|+|y-1|=1$ のグラフは，

$|x|+|y|=1$ のグラフを x 軸方向に 2，y 軸方向に 1 平行移動させたグラフである。

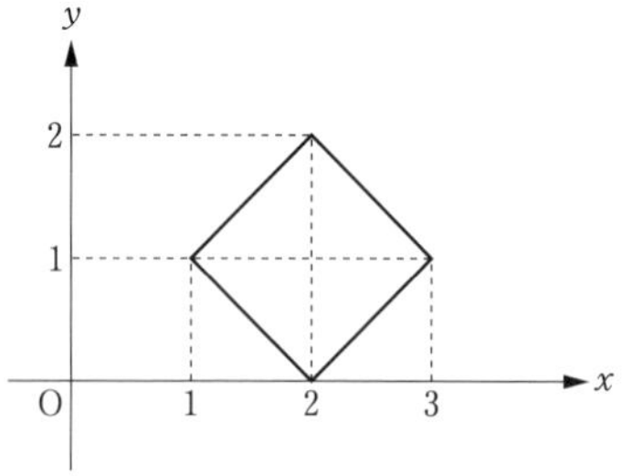

106　$f(x)=2-|x|\,(t \leqq x \leqq t+1)$

(i)　$t<-1$ のとき

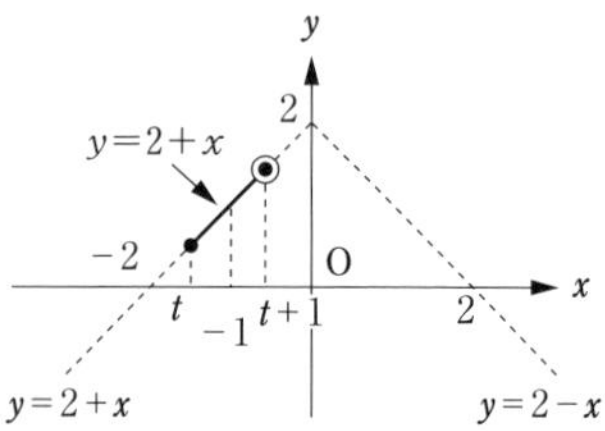

最大値　$g(t)=f(t+1)=2+(t+1)=t+3$

3　…ア

(ii)　$-1 \leqq t \leqq 0$ のとき，

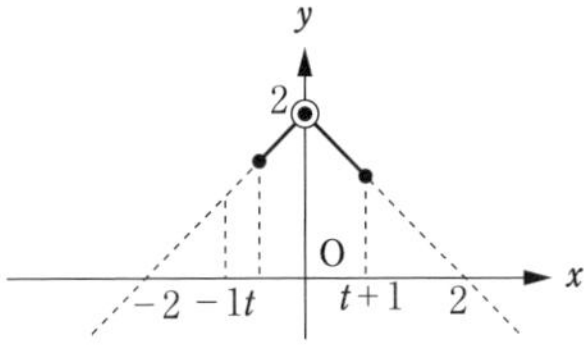

最大値 $g(t)=f(0)=\mathbf{2}$　…イ

(iii)　$t>0$ のとき

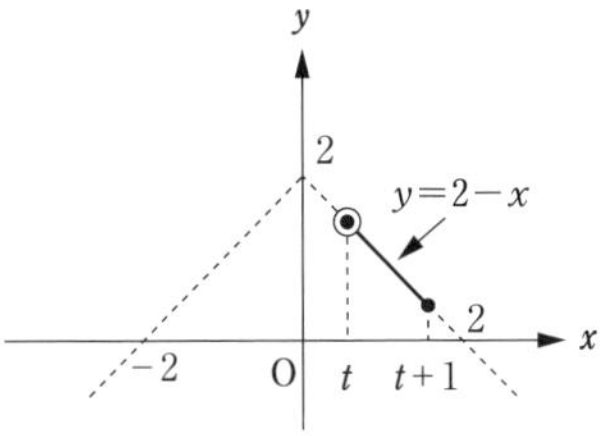

最大値 $g(t)=f(t)=2-t$

1　…ウ

107　(1)　与式 $=\dfrac{\sqrt{3}}{2}\cdot\dfrac{1}{\sqrt{3}}-\left(-\dfrac{1}{2}\right)=\dfrac{1}{2}+\dfrac{1}{2}=\mathbf{1}$

(2)　与式 $=\left(\dfrac{1}{2}+\dfrac{\sqrt{3}}{2}\right)^2+\left(\dfrac{\sqrt{3}}{2}-\dfrac{1}{2}\right)^2$

$=\dfrac{1}{4}+\dfrac{\sqrt{3}}{2}+\dfrac{3}{4}+\dfrac{3}{4}-\dfrac{\sqrt{3}}{2}+\dfrac{1}{4}=\mathbf{2}$

108　(1)　$2\cos x=-\sqrt{3}$　$(0^\circ<x<180^\circ)$

$\cos x=-\dfrac{\sqrt{3}}{2}$

$\boldsymbol{x=150^\circ}$

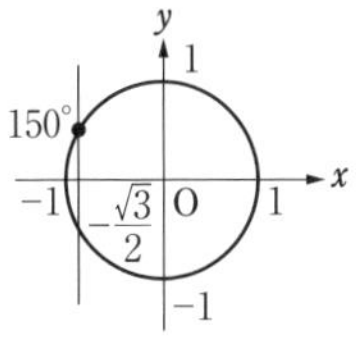

(2)　$\sin x=\dfrac{\sqrt{3}}{2}$　$(0^\circ<x<180^\circ)$

$\boldsymbol{x=60^\circ,\ 120^\circ}$

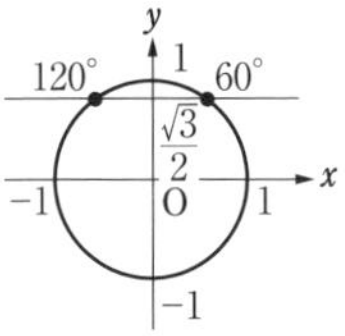

109　△DBC について

$\tan\theta=\dfrac{\text{BC}}{\text{CD}}$ より，

$\text{BC}=\text{CD}\times\tan\theta=a\tan\theta$　…㋐

次に，長方形の性質より，

$\angle\text{ABD}=\angle\text{CDB}=\theta$

$\text{AB}=\text{CD}=a$

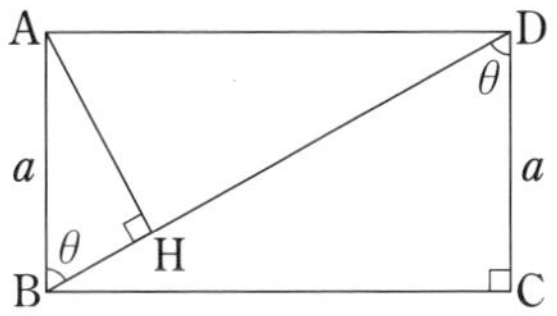

△ABH について，

$\sin\theta=\dfrac{\text{AH}}{\text{AB}}$ より，

$\text{AH}=\text{AB}\times\sin\theta=a\sin\theta$　…㋑

㋐，㋑より，正しいものは　③

110　(1)

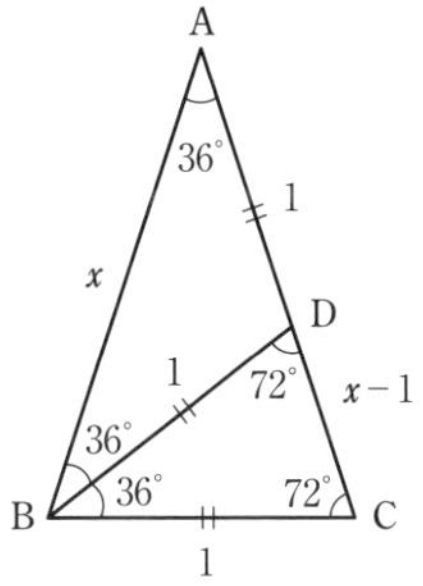

$\text{AB}=\text{AC}$ より，

$\angle\text{ABC}=\angle\text{ACB}$

$=\dfrac{180^\circ-36^\circ}{2}=72^\circ$

$\angle\text{ABD}=\angle\text{CBD}$

$=\dfrac{72^\circ}{2}=36^\circ$

△BCD について，

$\angle\text{BDC}=180^\circ-36^\circ-72^\circ$

$=72^\circ$

よって，$\angle\text{BDC}=\angle\text{BCD}=72^\circ$ より，

$\text{BD}=\text{BC}=1$

また，$\angle\text{DAB}=\angle\text{DBA}=36^\circ$ より，

$\text{AD}=\text{BD}=1$

$\text{AB}=\text{AC}=x$ とおくと，

$\text{CD}=\text{AC}-\text{AD}=x-1$

△ABC と △BCD は相似だから，

$\text{AB}:\text{BC}=\text{BC}:\text{CD}$

$\left.\begin{array}{l} x : 1 = 1 : (x-1) \\ x \times (x-1) = 1 \times 1 \end{array}\right\}$ ⇨ 注

$x^2 - x = 1$

$x^2 - x - 1 = 0$

2次方程式の解の公式より，

$x = \dfrac{1 \pm \sqrt{5}}{2}$

$x > 0$ より，$x = \dfrac{1+\sqrt{5}}{2}$

よって，AB $= \boldsymbol{\dfrac{1+\sqrt{5}}{2}}$

注　$a : b = c : d$ のとき，

$a \times d = b \times c$ が成り立つ。

(2)　A から BC に下ろした垂線の足を P とすると，

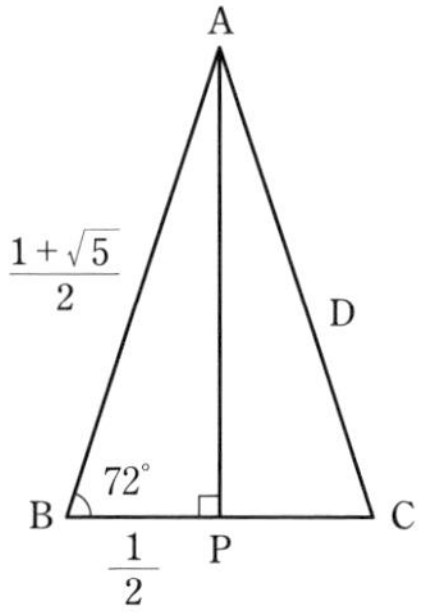

$\mathrm{BP} = \mathrm{BC} \times \dfrac{1}{2}$

$= 1 \times \dfrac{1}{2} = \dfrac{1}{2}$

△ABP について，

$\cos 72^\circ = \dfrac{\mathrm{BP}}{\mathrm{AB}}$

$= \dfrac{\frac{1}{2}}{\frac{1+\sqrt{5}}{2}} = \dfrac{1}{\sqrt{5}+1} = \boldsymbol{\dfrac{\sqrt{5}-1}{4}}$

(3)　D から AB に下ろした垂線の足を Q とすると，

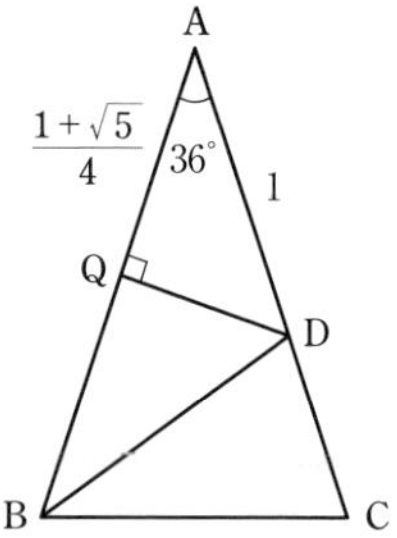

$\mathrm{AQ} = \mathrm{AB} \times \dfrac{1}{2}$

$= \dfrac{1+\sqrt{5}}{4}$

△ADQ について，

$\cos 36^\circ = \dfrac{\mathrm{AQ}}{\mathrm{AD}}$

$= \dfrac{\frac{1+\sqrt{5}}{4}}{1} = \boldsymbol{\dfrac{1+\sqrt{5}}{4}}$

111　(1)　$\tan\theta = \dfrac{\sqrt{13}}{6}$　$(0^\circ \leqq \theta \leqq 90^\circ)$

$1 + \dfrac{13}{36} = \dfrac{1}{\cos^2\theta}$

$\cos^2\theta = \dfrac{36}{49}$　　$\cos\theta = \pm\dfrac{6}{7}$

$0^\circ \leqq \theta \leqq 90^\circ$ より $0 \leqq \cos\theta \leqq 1$ であるから，

$\boldsymbol{\cos\theta = \dfrac{6}{7}}$

また，

$\boldsymbol{\sin\theta} = \tan\theta \cdot \cos\theta$

$= \dfrac{\sqrt{13}}{6} \times \dfrac{6}{7}$

$= \boldsymbol{\dfrac{\sqrt{13}}{7}}$

(2)　$\sin A = \dfrac{5}{13}$　$(90^\circ < A < 180^\circ)$

$\cos^2 A = 1 - \sin^2 A$

$= 1 - \dfrac{25}{169} = \dfrac{144}{169}$

$90^\circ < A < 180^\circ$ より，$\cos A < 0$ であるから，

$\cos A = -\sqrt{\dfrac{144}{169}} = \boldsymbol{-\dfrac{12}{13}}$

(3)　$\sin\theta = \dfrac{3}{5}$　$(0^\circ < \theta < 90^\circ)$

$\cos^2\theta = 1 - \sin^2\theta$

$= 1 - \dfrac{9}{25} = \dfrac{16}{25}$

$0° < \theta < 90°$ より，$\cos\theta > 0$ であるから，

$$\boldsymbol{\cos\theta = \frac{4}{5}}$$

$$\boldsymbol{\tan\theta} = \frac{\sin\theta}{\cos\theta} = \frac{\frac{3}{5}}{\frac{4}{5}} = \boldsymbol{\frac{3}{4}}$$

$$\boldsymbol{\tan(90° - \theta)} = \frac{1}{\tan\theta} = \frac{1}{\frac{3}{4}} = \boldsymbol{\frac{4}{3}}$$

112　(1)　$1 + \tan^2\theta = \dfrac{1}{\cos^2\theta}$ より，

$$1 + \frac{49}{16} = \frac{1}{\cos^2\theta}$$

$$\cos^2\theta = \frac{16}{65}$$

$0° \leqq \theta \leqq 180°$ において $\tan\theta < 0$ より，

θ は第２象限の角だから $\cos\theta < 0$

よって，$\cos\theta = -\sqrt{\dfrac{16}{65}} = -\dfrac{4\sqrt{65}}{65}$

$$\sin\theta = \tan\theta \cdot \cos\theta = -\frac{7}{4}\cdot\left(-\frac{4\sqrt{65}}{65}\right) = \boldsymbol{\frac{7\sqrt{65}}{65}}$$

(2)　$\sin(90° - \theta) = \cos\theta = -\boldsymbol{\dfrac{4\sqrt{65}}{65}}$

(3)　$\cos(180° - \theta) = -\cos\theta = \boldsymbol{\dfrac{4\sqrt{65}}{65}}$

113　$\sin\theta + \cos\theta = \dfrac{1}{\sqrt{2}}$　…①の両辺を２乗して，

$$\sin^2\theta + \cos^2\theta + 2\sin\theta\cos\theta = \frac{1}{2}$$

$$1 + 2\sin\theta\cos\theta = \frac{1}{2}$$

$$\sin\theta\cos\theta = -\frac{1}{4} \quad \cdots②$$

$\sin^3\theta + \cos^3\theta$

$= (\sin\theta + \cos\theta)(\sin^2\theta - \sin\theta\cos\theta + \cos^2\theta)$

（①と②を代入して）

$$= \frac{1}{\sqrt{2}}\left(1 + \frac{1}{4}\right) = \frac{\sqrt{2}}{2}\cdot\frac{5}{4} = \boldsymbol{\frac{5\sqrt{2}}{8}}$$

注　上の解答では，因数分解の公式

$a^3 + b^3 = (a + b)(a^2 - ab + b^2)$

を利用している。

114　$2\sin\theta + \dfrac{\sin\theta}{\cos\theta} = 0$

$2\sin\theta\cos\theta + \sin\theta = 0$

$\sin\theta(2\cos\theta + 1) = 0$

$\sin\theta = 0$，$\cos\theta = -\dfrac{1}{2}$

$0° < \theta < 180°$ より，$\sin\theta = 0$ は不適

よって，$\cos\theta = -\dfrac{1}{2}$　　$\boldsymbol{\theta = 120°}$

115　(1)　$2\sin^2 x - \cos x - 1 = 0$　$(0 \leqq x \leqq 180°)$

$2(1 - \cos^2 x) - \cos x - 1 = 0$

$2\cos^2 x + \cos x - 1 = 0$

$(2\cos x - 1)(\cos x + 1) = 0$

$\cos x = \dfrac{1}{2}$，-1　　$\boldsymbol{x = 60°,\ 180°}$

(2)　$4\cos^2 x - 3 > 0$　$(0° \leqq x \leqq 180°)$

$(2\cos x + \sqrt{3})(2\cos x - \sqrt{3}) > 0$

$\cos x < -\dfrac{\sqrt{3}}{2}$，$\dfrac{\sqrt{3}}{2} < \cos x$

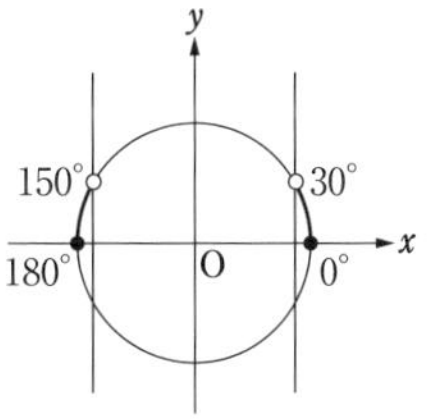

$\boldsymbol{0° \leqq x < 30°,\ 150° < x \leqq 180°}$

116　$y = 3 - 2\sin x - \cos^2 x$

$= 3 - 2\sin x - (1 - \sin^2 x)$

$= \sin^2 x - 2\sin x + 2$

$= (\sin x - 1)^2 + 1$

ここで，$0° \leqq x \leqq 180°$ より

$0 \leqq \sin x \leqq 1$

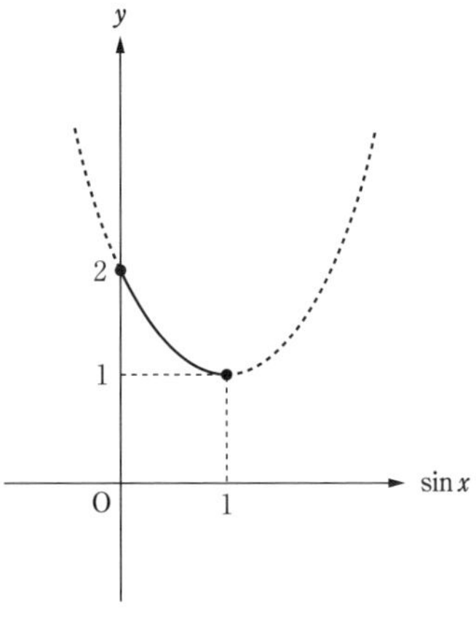

数学Ⅰ
問題演習解答

上のグラフより，

$\sin x=0$，すなわち

$x=0°$，$180°$ のとき，

最大値 2 をとり，

$\sin x=1$，すなわち

$x=90°$ のとき，

最小値 1 をとる。

$\begin{cases} \textbf{最大値 2}\ (x=0°,\ 180°\ \textbf{のとき}) \\ \textbf{最小値 1}\ (x=90°\ \textbf{のとき}) \end{cases}$

117

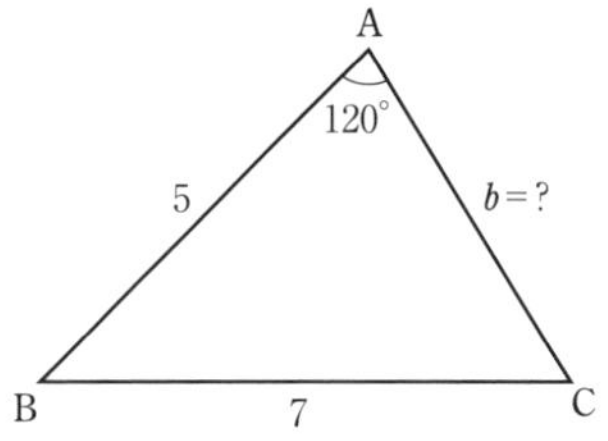

$7^2=5^2+b^2-2\cdot5\cdot b\cdot\cos120°$

$b^2+5b-24=0$

$(b+8)(b-3)=0$

$b>0$ より，$b=\mathbf{AC=3}$

118　$a^2=b^2+c^2+bc$　…①

余弦定理より

$a^2=b^2+c^2-2bc\cdot\cos A$

これと①が一致するから，

$b^2+c^2+bc=b^2+c^2-2bc\cdot\cos A$

$1=-2\cos A$

$\cos A=-\dfrac{1}{2}$

$\angle\mathbf{A=120°}$

119

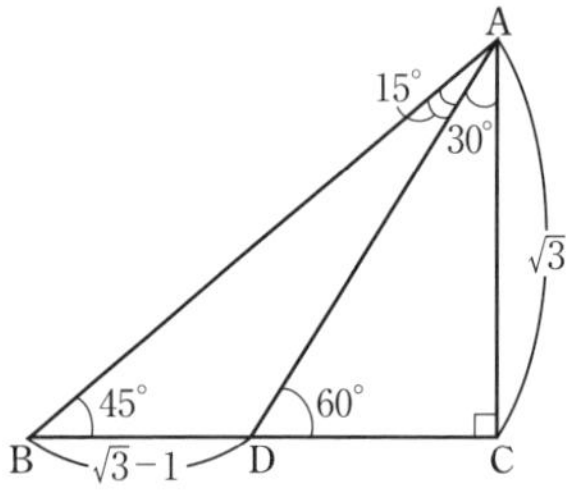

(1)　AD=2 のとき，

$\mathrm{AD}:\mathrm{DC}:\mathrm{AC}=2:1:\sqrt{3}$ より

$\mathrm{DC}=1$，$\mathrm{AC}=\sqrt{3}$

また，$\mathrm{AB}:\mathrm{BC}:\mathrm{AC}=\sqrt{2}:1:1$ より

$\mathrm{BC}=\mathrm{AC}=\sqrt{3}$

よって，$\mathbf{BD}=\mathrm{BC}-\mathrm{DC}=\boldsymbol{\sqrt{3}-1}$

(2)　$\angle\mathrm{BAD}=45°-30°=15°$

△ABD において，正弦定理より

$\dfrac{\sqrt{3}-1}{\sin15°}=\dfrac{2}{\sin45°}$

$\mathbf{\sin15°}=(\sqrt{3}-1)\cdot\dfrac{\frac{\sqrt{2}}{2}}{2}=\boldsymbol{\dfrac{\sqrt{6}-\sqrt{2}}{4}}$

120

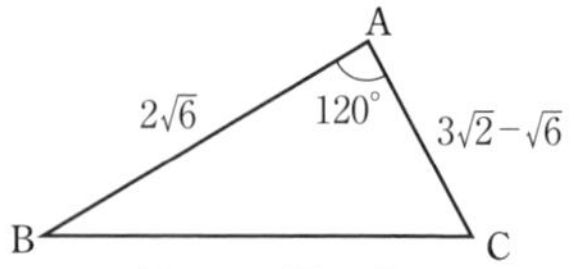

(1)　$\mathrm{BC}^2=(2\sqrt{6})^2+(3\sqrt{2}-\sqrt{6})^2$

$\quad-2\cdot2\sqrt{6}(3\sqrt{2}-\sqrt{6})\cdot\cos120°$

$\quad=36$

$\mathbf{BC=6}$

(2)　$\dfrac{6}{\sin120°}=2R$　　$R=\boldsymbol{2\sqrt{3}}$

(3)　$\dfrac{2\sqrt{6}}{\sin C}=2\times2\sqrt{3}$

$\sin C=\dfrac{\sqrt{2}}{2}$

∠C は鋭角なので $\angle\mathrm{C}=45°$

したがって，

$\angle\mathbf{B}=180°-(\angle\mathrm{A}+\angle\mathrm{C})$

$\quad=180°-(120°+45°)$

$\quad=\mathbf{15°}$

121　$a:b:c=\sqrt{6}:(3+\sqrt{3}):2\sqrt{3}$ より，

$a=\sqrt{6}k$，$b=(3+\sqrt{3})k$，$c=2\sqrt{3}k$

とおくと，

$\cos A=\dfrac{\{(3+\sqrt{3})^2+(2\sqrt{3})^2-(\sqrt{6})^2\}k^2}{2\cdot(3+\sqrt{3})k\cdot2\sqrt{3}k}$

$\quad=\dfrac{\sqrt{3}}{2}$

$\angle\mathrm{A}=30°$

$\cos C=\dfrac{\{(\sqrt{6})^2+(3+\sqrt{3})^2-(2\sqrt{3})^2\}k^2}{2\cdot\sqrt{6}k(3+\sqrt{3})k}$

$\quad=\dfrac{\sqrt{2}}{2}$

$\angle\mathrm{C}=45°$

これらより，

$\angle\mathrm{B}=180°-(\angle\mathrm{A}+\angle\mathrm{C})$

$\quad=180°-(30°+45°)$

$= 105°$

したがって，

$\angle$**A＝30°**，$\angle$**B＝105°**，$\angle$**C＝45°**

122 $(b^2+c^2-a^2)\sin B = 2bc\sin A\cos B$

$(b^2+c^2-a^2)\cdot\dfrac{b}{2R} = 2bc\cdot\dfrac{a}{2R}\cdot\dfrac{c^2+a^2-b^2}{2ca}$

$b^2+c^2-a^2 = c^2+a^2-b^2$

$2a^2 = 2b^2$

$a^2 = b^2$

$a = b$

よって，△ABC は，**BC＝AC の二等辺三角形**

123 (1)

> たとえば，$-3x+9$ と $x+3$ の和よりも $2x+3$ が大きいと，次のように三角形ができなくなってしまう。
>
> 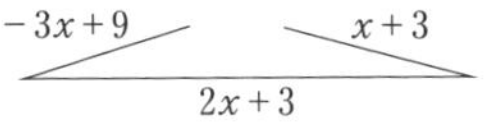
>
>
> したがって，2つの辺の和が他の1辺より大きくなければならない。

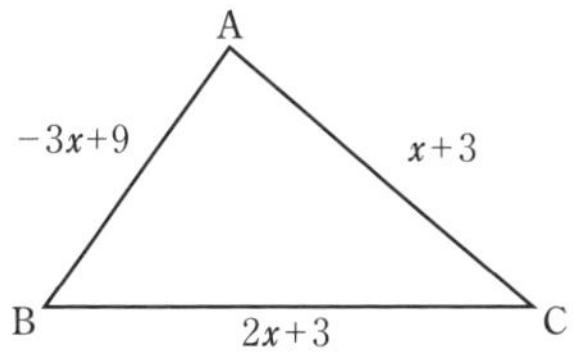

三角形の成立条件より

$$\begin{cases} -3x+9<2x+3+x+3 & \cdots① \\ 2x+3<-3x+9+x+3 & \cdots② \\ x+3<-3x+9+2x+3 & \cdots③ \end{cases}$$

①より　$x>\dfrac{1}{2}$

②より　$x<\dfrac{9}{4}$

③より　$x<\dfrac{9}{2}$

よって①②③を同時に満たす x の値の範囲は

$\boldsymbol{\dfrac{1}{2}<x<\dfrac{9}{4}}$

(2)　$\angle A=120°$ のとき，余弦定理より

$(2x+3)^2 = (-3x+9)^2+(x+3)^2$
$\qquad -2\cdot(-3x+9)(x+3)\cdot\cos 120°$

$4x^2+12x+9 = 10x^2-48x+90-3x^2+27$

$3x^2-60x+108=0$

$x^2-20x+36=0$

$(x-2)(x-18)=0$

(1)における $\dfrac{1}{2}<x<\dfrac{9}{4}$ より

$\boldsymbol{x=2}$

124

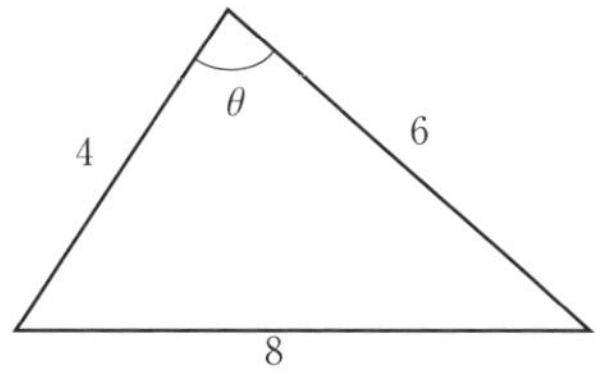

(1)　最大角を θ とすると

$\cos\theta = \dfrac{4^2+6^2-8^2}{2\cdot4\cdot6} = \boldsymbol{-\dfrac{1}{4}}$

(2)　$\sin\theta = \sqrt{1-\cos^2\theta} = \sqrt{1-\dfrac{1}{16}} = \dfrac{\sqrt{15}}{4}$

$S = \dfrac{1}{2}\cdot4\cdot6\cdot\sin\theta$

$= \dfrac{1}{2}\cdot4\cdot6\cdot\dfrac{\sqrt{15}}{4} = \boldsymbol{3\sqrt{15}}$

(3)　$S=\dfrac{1}{2}r(a+b+c)$ より

$3\sqrt{15} = \dfrac{1}{2}r(4+6+8)$　　$r = \boldsymbol{\dfrac{\sqrt{15}}{3}}$

125

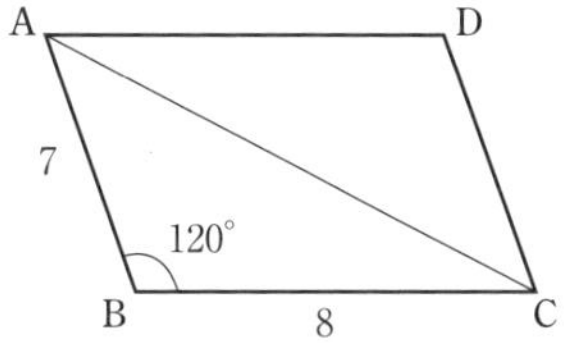

$AC^2 = 7^2+8^2-2\cdot7\cdot8\cdot\cos 120° = 169$

AC＝13

面積 $S = 2\triangle ABC$

$= 2\cdot\dfrac{1}{2}\cdot7\cdot8\cdot\sin 120°$

$= \boldsymbol{28\sqrt{3}}$

126　$360° \div 8 = 45°$

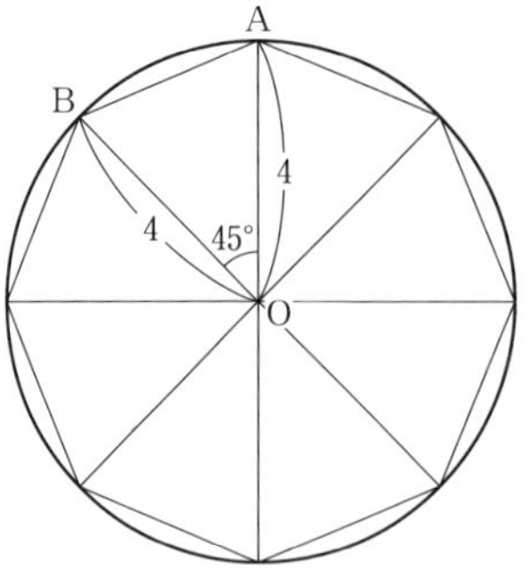

上図の三角形 ABO の面積 S は,

$S = \frac{1}{2} \cdot 4 \cdot 4 \cdot \sin 45° = \frac{1}{2} \cdot 16 \cdot \frac{\sqrt{2}}{2} = 4\sqrt{2}\,(\mathrm{cm}^2)$

よって，正八角形の面積は,

$4\sqrt{2} \times 8 = \mathbf{32\sqrt{2}\,(cm^2)}$

127

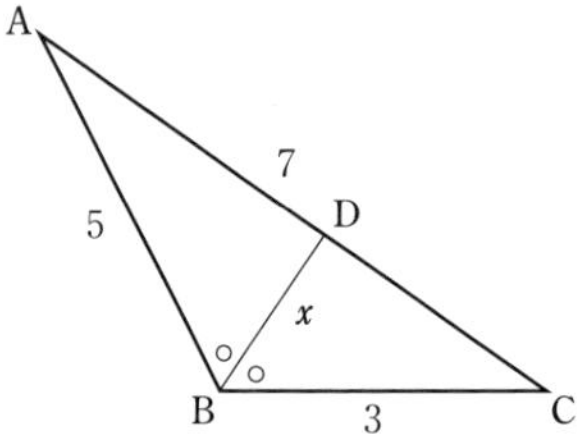

(1)　$\cos B = \frac{5^2 + 3^2 - 7^2}{2 \cdot 5 \cdot 3} = -\frac{1}{2}$

$\angle \mathbf{B = 120°}$

(2)　$S = \frac{1}{2} \cdot 5 \cdot 3 \cdot \sin 120° = \mathbf{\frac{15\sqrt{3}}{4}}$

(3)　BD $= x$ とおくと,

$\triangle \mathrm{ABC} = \triangle \mathrm{ABD} + \triangle \mathrm{BCD}$

$\frac{15\sqrt{3}}{4} = \frac{1}{2} \cdot 5 \cdot x \cdot \sin 60° + \frac{1}{2} \cdot 3 \cdot x \cdot \sin 60°$

$15 = 5x + 3x$

$x = \mathbf{BD = \frac{15}{8}}$

128

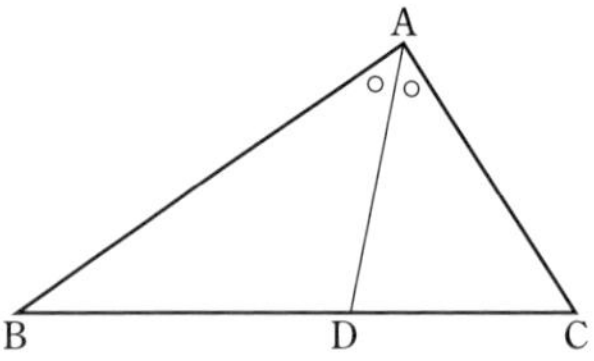

AB：AC＝BD：CD

(証明)

△ABD において正弦定理より,

$\frac{\mathrm{AB}}{\sin \angle \mathrm{ADB}} = \frac{\mathrm{BD}}{\sin \angle \mathrm{BAD}}$　…①

△ADC において正弦定理より

$(\angle \mathrm{ADC} = 180° - \angle \mathrm{ADB})$

$\frac{\mathrm{AC}}{\sin(180° - \angle \mathrm{ADB})} = \frac{\mathrm{CD}}{\sin \angle \mathrm{CAD}}$

さらに,

$\sin(180° - \angle \mathrm{ADB}) = \sin \angle \mathrm{ADB}$

$(\sin(180° - \theta) = \sin\theta)$

$\angle \mathrm{CAD} = \angle \mathrm{BAD}$ より,

$\frac{\mathrm{AC}}{\sin \angle \mathrm{ADB}} = \frac{\mathrm{CD}}{\sin \angle \mathrm{BAD}}$　…②

①, ②の両式を辺々割って,

$\frac{\mathrm{AB}}{\mathrm{AC}} = \frac{\mathrm{BD}}{\mathrm{CD}}$

よって，**AB：AC＝BD：CD**

参考

相似を利用して証明することもできる。

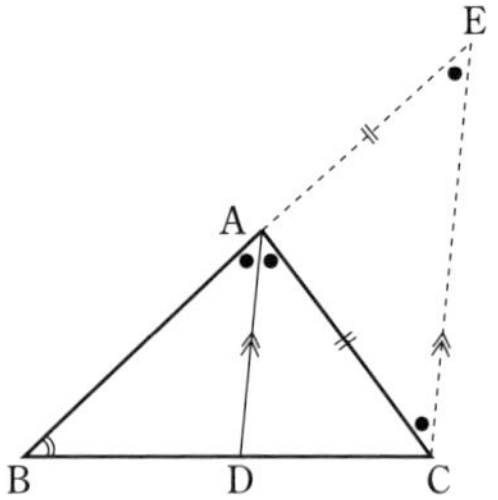

点 C を通り AD に平行な直線と，A，B を通る直線との交点を E とする。

∠BAD＝∠AEC（同位角）

∠DAC＝∠ACE（錯角）

よって，∠AEC＝∠ACE だから，△ACE は，AE＝AC の二等辺三角形。

また，△BAD と △BEC は相似だから,

BD：CD＝AB：AE＝**AB：AC**

この式は公式として利用してよい。(次問参照)

129　(1)　余弦定理より,

$\mathbf{\cos B} = \frac{8^2 + 7^2 - 6^2}{2 \cdot 8 \cdot 7} = \mathbf{\frac{11}{16}}$

(2) 本問のように二等分される角度が具体的にわかっていない場合には，面積を利用して二等分線の長さを求めるのは難しい。前問で示した

AB：AC＝BD：CD

を利用する。

ADは∠Aの二等分線だから，

BD：CD＝AB：AC＝8：6＝4：3

$BD=BC\times\frac{4}{4+3}=7\times\frac{4}{7}=\mathbf{4}$

(3)

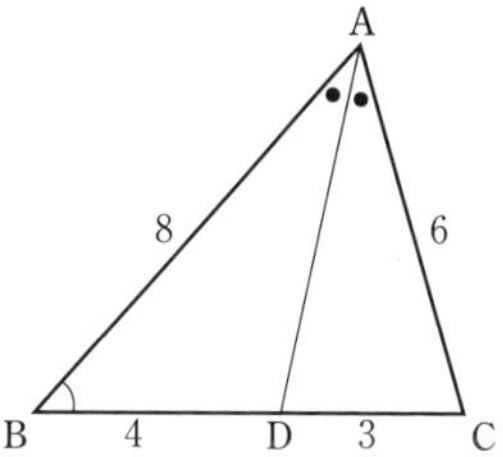

三角形ABDについて余弦定理より，

$AD^2=8^2+4^2-2\cdot8\cdot4\cdot\cos B$

$=64+16-64\cdot\frac{11}{16}=36$

AD＝6

発展

実は次の関係式も成り立つ。

$AD^2=AB\cdot AC-BD\cdot CD$

これを利用して求めると，

$AD^2=8\cdot6-4\cdot3=48-12=36$

AD＝6

130

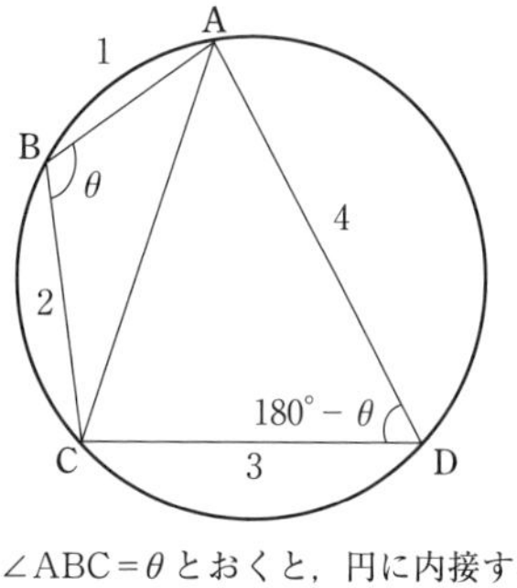

(1) ∠ABC＝θとおくと，円に内接する四角形の対角の和は180°であるから

∠ADC＝180°－θ

ここで，AC^2を△ABCと△ADCの2つにおいて余弦定理を用いて表すと

$AC^2=1^2+2^2-2\cdot1\cdot2\cdot\cos\theta$

$=3^2+4^2-2\cdot3\cdot4\cdot\cos(180^\circ-\theta)$

また，$\cos(180^\circ-\theta)=-\cos\theta$より

$5-4\cos\theta=25+24\cos\theta$

$28\cos\theta=-20$

$\cos\theta=-\frac{5}{7}$

$AC^2=5-4\cos\theta=5-4\cdot\left(-\frac{5}{7}\right)=\frac{55}{7}$

$\mathbf{AC=\frac{\sqrt{385}}{7}}$

(2) $\cos\theta=-\frac{5}{7}$であるから，

$\sin\theta=\sqrt{1-\cos^2\theta}=\sqrt{1-\frac{25}{49}}=\frac{2\sqrt{6}}{7}$

$\mathbf{\sin\angle ABC=\frac{2\sqrt{6}}{7}}$

(3) 求める面積をSとすると，

$S=\triangle ABC+\triangle CDA$

$=\frac{1}{2}\cdot1\cdot2\cdot\sin\theta+\frac{1}{2}\cdot3\cdot4\cdot\sin(180^\circ-\theta)$

ここで，$\sin(180^\circ-\theta)=\sin\theta$であるから

$S=\sin\theta+6\sin\theta$

$=7\sin\theta$

$=7\cdot\frac{2\sqrt{6}}{7}$

$=\mathbf{2\sqrt{6}}$

131 (1)

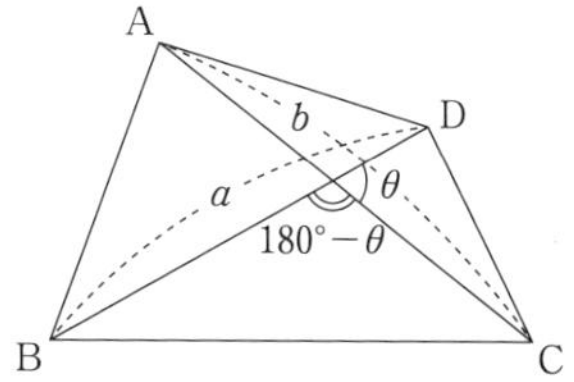

2つの対角線AC，BDの交点をOとし，下図のようにa_1，a_2，b_1，b_2とおく。

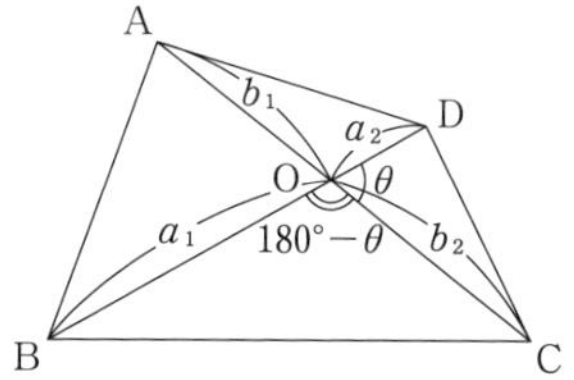

$\left.\begin{array}{l}a=a_1+a_2\\ b=b_1+b_2\end{array}\right\}$ …①

四角形ABCDの面積Sは

$$S=\triangle AOB+\triangle BOC+\triangle COD+\triangle DOA$$

$$=\frac{1}{2}a_1b_1\sin\theta+\frac{1}{2}a_1b_2\sin(180^\circ-\theta)$$

$$+\frac{1}{2}a_2b_2\sin\theta+\frac{1}{2}a_2b_1\sin(180^\circ-\theta)$$

$$=\frac{1}{2}a_1b_1\sin\theta+\frac{1}{2}a_1b_2\sin\theta$$

$$+\frac{1}{2}a_2b_2\sin\theta+\frac{1}{2}a_2b_1\sin\theta$$

$$=\frac{1}{2}(a_1b_1+a_1b_2+a_2b_2+a_2b_1)\sin\theta$$

$$=\frac{1}{2}\{a_1(b_1+b_2)+a_2(b_2+b_1)\}\sin\theta$$

$$=\frac{1}{2}(a_1+a_2)(b_1+b_2)\sin\theta$$

①より，

$$S=\boldsymbol{\frac{1}{2}ab\sin\theta}$$

(2)　面積は，

$$\frac{1}{2}\times10\times12\times\sin30^\circ=\mathbf{30}$$

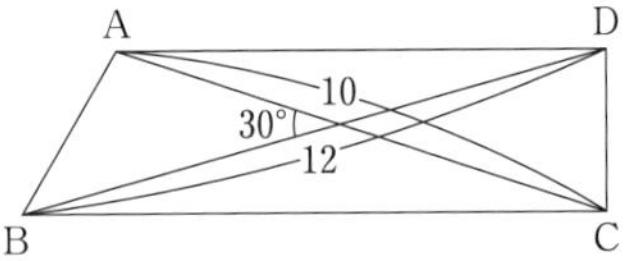

132

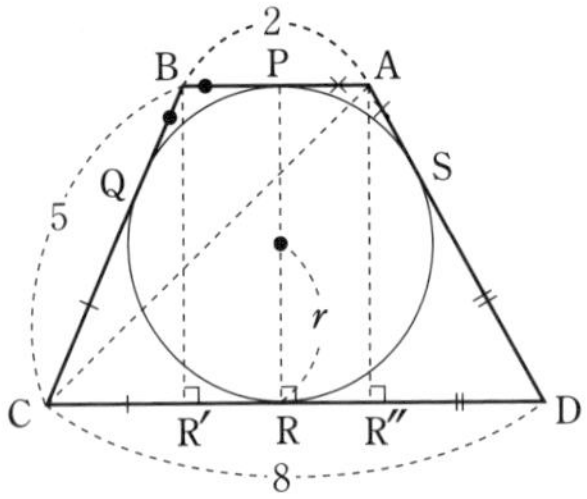

台形ABCDと内接する円との接点をそれぞれP，Q，R，Sとする。

(1)　AP＝AS，BP＝BQ，CQ＝CR，DS＝DRより

$$AB+CD=BC+DA$$

$$2+8=5+DA$$

$$\mathbf{DA=5}$$

(2)　$CR'=\dfrac{CD-AB}{2}=\dfrac{8-2}{2}=3$

内接円の半径を r とすると，

$$2r=PR=BR'$$

$$=\sqrt{CB^2-CR'^2}$$

$$=\sqrt{5^2-3^2}=4$$

$$\boldsymbol{r=2}$$

(3)　$\mathbf{AC}=\sqrt{CR''^2+AR''^2}=\sqrt{5^2+4^2}=\boldsymbol{\sqrt{41}}$

(4)　台形の外接円は△ACDの外接円でもある。

$$\sin D=\frac{AR''}{AD}=\frac{4}{5}$$

△ACDにおいて

$$\frac{AC}{\sin D}=2R$$

$$\frac{\sqrt{41}}{\frac{4}{5}}=2R$$

$$\boldsymbol{R=\frac{5\sqrt{41}}{8}}$$

133　(1)　$\mathbf{BP}=AB\sin30^\circ=100\cdot\frac{1}{2}=\mathbf{50}$ **(m)**

(2)　$\mathbf{PO}=BP\sin60^\circ=50\cdot\frac{\sqrt{3}}{2}=\boldsymbol{25\sqrt{3}}$ **(m)**

(3)　$\mathbf{PQ}=PO\tan30^\circ=25\sqrt{3}\cdot\frac{1}{\sqrt{3}}=\mathbf{25}$ **(m)**

134

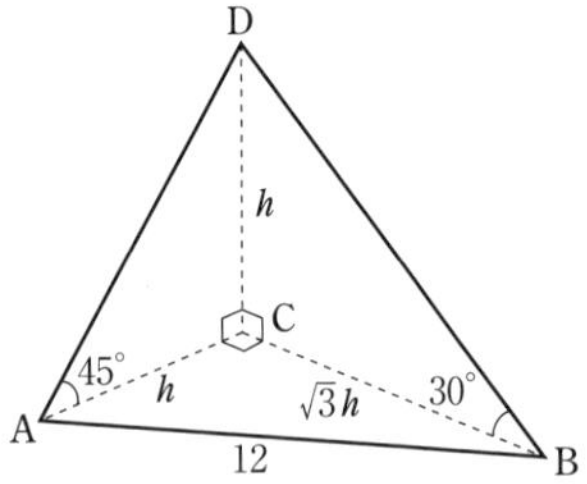

DC＝h とおくと，

$$AC=h,\ BC=\sqrt{3}h$$

三角形ABCについて三平方の定理より，

$$h^2+(\sqrt{3}h)^2=12^2$$

$$4h^2=144$$

$$h^2=36$$

$$h=\mathbf{DC=6}$$

135　PQ＋QCが最小になるのは，展開図において図のように，P，Q，Cが一直線になるときである。

よって，△PBCについて余弦定理より，

$$PC^2=PB^2+BC^2-2\cdot PB\cdot BC\cdot\cos\angle ABC$$

$$=1^2+3^2-2\cdot1\cdot3\cdot\cos120^\circ=13$$

$\mathrm{PC}=\boldsymbol{\sqrt{13}}$

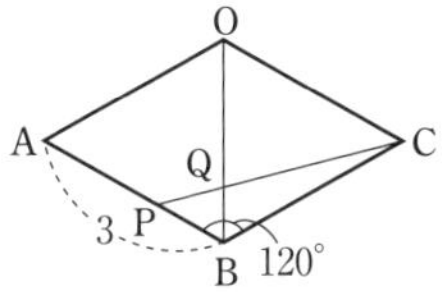

136　△ADB について余弦定理より，

$\mathrm{AD}^2=4^2+1^2-2\cdot4\cdot1\cdot\cos60^\circ=13$

$\mathrm{AD}=\sqrt{13}$

△ODE について余弦定理より，

$\mathrm{DE}^2=3^2+2^2-2\cdot3\cdot2\cdot\cos60^\circ=7$

$\mathrm{DE}=\sqrt{7}$

△OAE について余弦定理より，

$\mathrm{AE}^2=4^2+2^2-2\cdot4\cdot2\cdot\cos60^\circ=12$

$\mathrm{AE}=2\sqrt{3}$

△ADE について余弦定理より，

$$\cos A=\frac{(\sqrt{13})^2+(2\sqrt{3})^2-(\sqrt{7})^2}{2\cdot\sqrt{13}\cdot2\sqrt{3}}$$

$$=\frac{9}{2\sqrt{39}}$$

$$\sin A=\sqrt{1-\cos^2 A}$$

$$=\sqrt{1-\left(\frac{9}{2\sqrt{39}}\right)^2}$$

$$=\frac{5\sqrt{13}}{26}$$

よって，

$$\triangle\mathrm{ADE}=\frac{1}{2}\cdot\sqrt{13}\cdot2\sqrt{3}\cdot\frac{5\sqrt{13}}{26}=\boldsymbol{\frac{5}{2}\sqrt{3}}$$

137

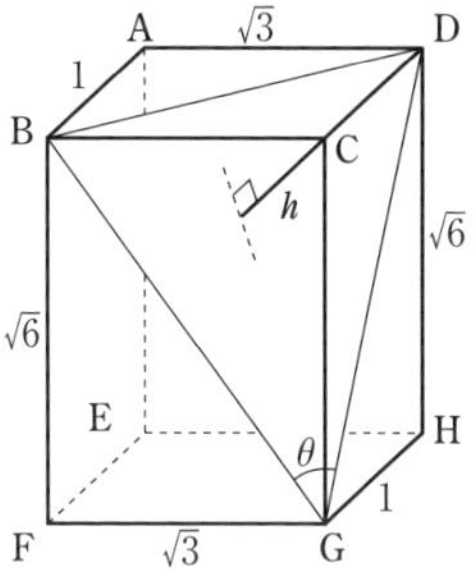

(1)　三平方の定理より，

$\mathrm{BD}=\sqrt{1+3}=\sqrt{4}=2$

$\mathrm{BG}=\sqrt{6+3}=\sqrt{9}=3$

$\mathrm{DG}=\sqrt{6+1}=\sqrt{7}$

$\angle\mathrm{BGD}=\theta$ とおくと，余弦定理より，

$$\cos\theta=\frac{9+7-4}{2\cdot3\cdot\sqrt{7}}=\frac{2}{\sqrt{7}}=\boldsymbol{\frac{2\sqrt{7}}{7}}$$

(2)　$\sin\theta=\sqrt{1-\cos^2\theta}=\sqrt{1-\frac{4}{7}}=\frac{\sqrt{3}}{\sqrt{7}}$

求める面積を S とすると，

$$S=\frac{1}{2}\cdot3\cdot\sqrt{7}\cdot\frac{\sqrt{3}}{\sqrt{7}}=\boldsymbol{\frac{3\sqrt{3}}{2}}\ (\mathbf{cm^2})$$

(3)　四面体 BCDG の体積を V とする。

△BCD を底面とみると

$$V=\frac{1}{3}\times\triangle\mathrm{BCD}\times\mathrm{CG}$$

$$=\frac{1}{3}\times\left(\frac{1}{2}\cdot1\cdot\sqrt{3}\right)\times\sqrt{6}$$

$$=\frac{\sqrt{2}}{2}\quad\cdots①$$

求める垂線の長さを h cm とし，△BGD を底面とみると，

$$V=\frac{1}{3}\times\triangle\mathrm{BGD}\times h$$

$$=\frac{1}{3}\times\frac{3\sqrt{3}}{2}\times h$$

$$=\frac{\sqrt{3}}{2}h\quad\cdots②$$

①と②が一致するから，

$$\frac{\sqrt{3}}{2}h=\frac{\sqrt{2}}{2}$$

$$h=\frac{\sqrt{2}}{\sqrt{3}}=\boldsymbol{\frac{\sqrt{6}}{3}}\ (\mathbf{cm})$$

138　下図のように正四面体 ABCD とする。

頂点 A から底面 △BCD に下ろした垂線の足を H とする。

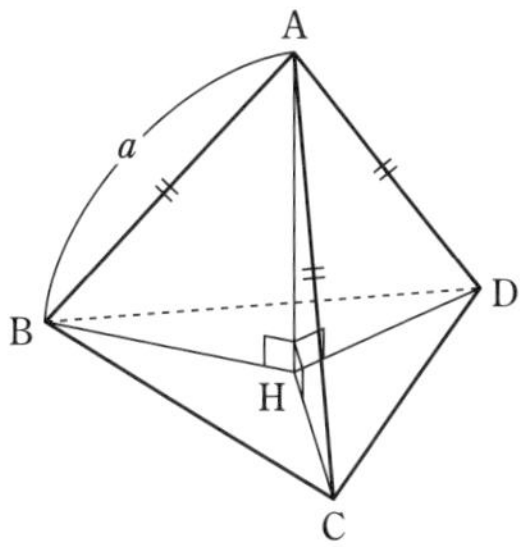

(1)　正四面体の高さは図の AH である。三平方の定理より

$a^2=\mathrm{AH}^2+\mathrm{BH}^2$

となる。

ここで，BH は，△BCD の外接円の半径である。ゆえに，正弦定理より

$$\frac{a}{\sin 60^\circ}=2R=2\mathrm{BH}$$

となり，ゆえに

$$\mathrm{BH}=\frac{\sqrt{3}}{3}a \quad \cdots①$$

となる。

$$\mathrm{AH}=\sqrt{a^2-\mathrm{BH}^2}$$

より，①を代入すると

$$\mathrm{AH}=\boldsymbol{\frac{\sqrt{6}}{3}a}$$

(2)　三角形 BCD の面積を S とすると

$$S=\frac{1}{2}a\cdot a\sin 60^\circ=\frac{\sqrt{3}}{4}a^2$$

正四面体 ABCD の体積を V とすると

$$V=\frac{1}{3}\times\frac{\sqrt{3}}{4}a^2\times\frac{\sqrt{6}}{3}a=\boldsymbol{\frac{\sqrt{2}}{12}a^3}$$

(3)

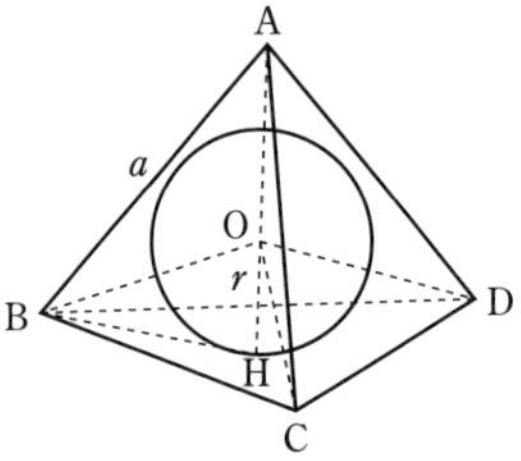

内接する球の半径を r とすると，四面体 OBCD の体積は

$$\frac{1}{3}\cdot\triangle\mathrm{BCD}\cdot r=\frac{1}{3}\times\frac{\sqrt{3}}{4}a^2\times r=\frac{\sqrt{3}}{12}a^2r$$

ここで，正四面体 ABCD の体積は，四面体 OBCD，OCDA，OABC，ODAB の体積の和に等しく，またその体積はいずれも $\frac{\sqrt{3}}{12}a^2r$ なので，

$$\frac{\sqrt{2}}{12}a^3=\frac{\sqrt{3}}{12}a^2r\times 4$$

$$r=\boldsymbol{\frac{\sqrt{6}}{12}a}$$

となる。

(4)

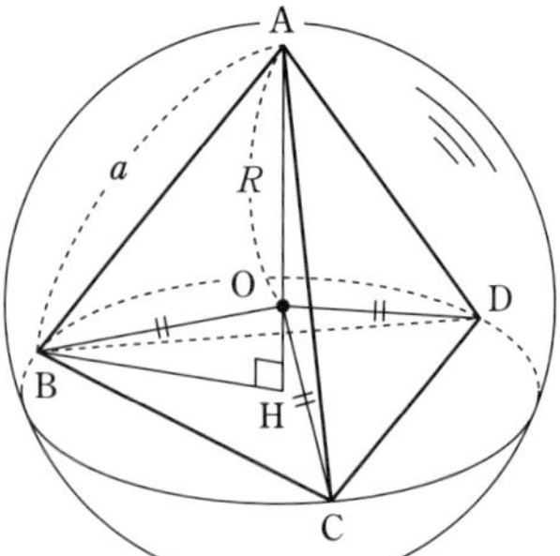

外接する球の半径を R とすると

$$R=\mathrm{AH}-\mathrm{OH}$$

となり，$\mathrm{AH}=\frac{\sqrt{6}}{3}a$，$\mathrm{OH}=\frac{\sqrt{6}}{12}a$ を代入して，

$$R=\frac{\sqrt{6}}{3}a-\frac{\sqrt{6}}{12}a=\boldsymbol{\frac{\sqrt{6}}{4}a}$$

139　小さい順に並べると，

0　1　2　2　3　5　6　6　7　8　8　8　9　9　10

中央値は，真ん中にある **6**

最頻値は，一番個数の多い **8**

140　(1)　8 個のデータから平均値 $\overline{x}$ を求めると，

$$\overline{x}=\frac{1}{8}(12+14+20+9+17+12+18+x)$$

$$=\frac{102+x}{8}$$

一方，題意より $\overline{x}=15$ であるから，

$$\frac{102+x}{8}=15$$

$102+x=120$　　$\boldsymbol{x=18}$

(2)　x 以外のデータを小さい順に並べると，

9，12，12，14，17，18，20

中央値が 15 になるのは，x が 5 番目にきて，14 と x の平均値が 15 のときである。

よって，

$$\frac{14+x}{2}=15$$

$14+x=30$　　$\boldsymbol{x=16}$

141

階級 (kcal以上〜kcal 未満)	階級値 (kcal)	度数 (日)
570〜590	580	2
590〜610	600	5
610〜630	620	1
630〜650	640	4
650〜670	660	1
670〜690	680	3

(1) 度数（日数）の合計は，

$2+5+1+4+1+3=16$(日)

階級 630〜650 の度数（日数）は 4

よって，求める相対度数は $\frac{4}{16}=\frac{1}{4}=\mathbf{0.25}$

(2) 度数が最大である階級の階級値が最頻値だから，

最頻値$=\mathbf{600}$**(kcal)**

(3) 小さい方から 8 番目の階級値は 620 kcal

大きい方から 8 番目の階級値は 640 kcal

よって，中央値は，

$\frac{620+640}{2}=\frac{1260}{2}=\mathbf{630}$**(kcal)**

(4) $\frac{1}{16}(580\cdot2+600\cdot5+620\cdot1+640\cdot4+660\cdot1+680\cdot3)$

$=\frac{1}{16}(1160+3000+620+2560+660+2040)$

$=\frac{1}{16}\cdot10040=\mathbf{627.5}$**(kcal)**

別解　仮平均を 620 とすると，

$620+\frac{1}{16}(-40\cdot2-20\cdot5+20\cdot4+40\cdot1+60\cdot3)$

$=620+\frac{1}{16}(-80-100+80+40+180)$

$=620+\frac{1}{16}\cdot120$

$=620+7.5=\mathbf{627.5}$**(kcal)**

142 人数の合計が 12 人だから，

$0+2+a+b+3+4=12$

$a+b=3$　…①

平均値が 3.5 点だから，

$\frac{1}{12}(0\cdot0+1\cdot2+2a+3b+4\cdot3+5\cdot4)=3.5$

$\frac{1}{12}(2+2a+3b+12+20)=3.5$

両辺に 12 をかけて，

$2a+3b+34=42$

$2a+3b=8$　…②

①と②を連立方程式として解く

①×3−②より，

$3a+3b=9$

$-)\ \underline{2a+3b=8}$

$\boldsymbol{a=1}$

①に代入して

$1+b=3$　　$\boldsymbol{b=2}$

143 女子の平均点を x 点とすると，

$60\times30+x\times20=64\times50$

$1800+20x=3200$

$20x=1400$

$x=\mathbf{70}$**(点)**

144 3　6　10　11　13　15　20　26　30

（6 と 10 の間が Q_1，13 が Q_2，20 と 26 の間が Q_3）

Q_1　　Q_2　　Q_3

第 1 四分位数 $Q_1=\frac{6+10}{2}=\frac{16}{2}=8$

第 3 四分位数 $Q_3=\frac{20+26}{2}=\frac{46}{2}=23$

四分位範囲は $Q_3-Q_1=23-8=15$

よって，①

145 小さい順に並べると次のようになる。

7　9　10　12　14　15　16　18　19　19　20　21

最小値（7）　Q_1（10 と 12 の間）　Q_2（15 と 16 の間）　Q_3（19 と 19 の間）　最大値（21）

最小値$=7$

第 1 四分位数 $Q_1=\frac{10+12}{2}=\frac{22}{2}=11$

第 2 四分位数 $Q_2=\frac{15+16}{2}=\frac{31}{2}=15.5$

第 3 四分位数 $Q_3=19$

最大値 21

以上を満たす箱ひげ図は④

146 $40\div4=10$ であるから，

最低点〜Q_1，Q_1〜Q_2，Q_2〜Q_3，Q_3〜最高点の各範囲に，10 人ずつ含まれる。

①国語が 70 点以上の生徒は，半数いるとはいえない。

20 人未満の可能性がある。

②数学の最高点は 90 点だが，90 点を取った生徒は 2 人以上いる可能性がある。

③数学で，50 点以下の生徒は 10 人以下である。

④国語と数学の中央値（第 2 四分位数）は，ともに 66 で同じ。

⑤20 番目の得点が 75 点のとき，21 番目の得点を x 点とする。

英語の第 2 四分位数が 72 より，

$$\frac{75+x}{2}=72$$

$$75+x=144$$

$$x=69$$

よって，正しいといえるのは，⑤

147 (a) $\frac{1}{6}(8+19+13+7+11+14)=\frac{1}{6}\cdot72=\mathbf{12}$

(b) $\frac{1}{6}\{(8-12)^2+(19-12)^2+(13-12)^2+(7-12)^2+(11-12)^2+(14-12)^2\}$

$=\frac{1}{6}\{(-4)^2+7^2+1^2+(-5)^2+(-1)^2+2^2\}$

$=\frac{1}{6}(16+49+1+25+1+4=)\frac{1}{6}\cdot96=\mathbf{16}$

(c) $\sqrt{16}=\mathbf{4}$

148 まず，X の値を求める。

14，15，X，6，9，2，8，11

平均値 $=\frac{1}{8}(14+15+\mathrm{X}+6+9+2+8+11)$

$=\frac{1}{8}(65+\mathrm{X})$

これが 9 になるから，$\frac{1}{8}(65+\mathrm{X})=9$

両辺に 8 をかけて $65+x=72$　　$\mathrm{X}=7$

よって，分散を s^2 とすると，

$s^2=\frac{1}{8}\{(14-9)^2+(15-9)^2+(7-9)^2+(6-9)^2+(9-9)^2+(2-9)^2+(8-9)^2+(11-9)^2\}$

$=\frac{1}{8}\{5^2+6^2+(-2)^2+(-3)^2+0^2+(-7)^2+(-1)^2+2^2\}$

$=\frac{1}{8}(25+36+4+9+0+49+1+4)$

$=\frac{1}{8}\cdot128=16$

標準偏差 $s=\sqrt{16}=\mathbf{4}$

149 (1) 仮平均を 2400 とすると，平均値 $\overline{x}$ は，

$\overline{x}=2400+\frac{1}{6}(80-70+140-10+80-100)$

$=2400+\frac{1}{6}\cdot120=2400+20=2420$

x	$x-\overline{x}$	$(x-\overline{x})^2$
2480	60	3600
2330	−90	8100
2540	120	14400
2390	−30	900
2480	60	3600
2300	−120	14400
		計　45000

$\mathrm{s}^2=\frac{1}{6}\cdot45000=7500$

$\mathrm{s}=\sqrt{7500}=10\sqrt{75}=50\sqrt{3}=50\times1.73$

$=\mathbf{86.5}$

150 (1) x の平均値を $\overline{x}$，分散を $s_x{}^2$，標準偏差を s_x とすると，

$\overline{x}=\frac{1}{6}(30+28+24+34+30+28)$

$=\frac{1}{6}\cdot174=\mathbf{29}$

$s_x{}^2=\{(30-29)^2+(28-29)^2+(24-29)^2+(34-29)^2+(30-29)^2+(28-29)^2\}$

$=\frac{1}{6}(1+1+25+25+1+1)=\frac{1}{6}\cdot54$

$=\mathbf{9}$

$s_x=\sqrt{9}=\mathbf{3}$

(2)

> $y=ax+b$ という関係があるとき，
> $\overline{y}=a\overline{x}+b$，$s_y{}^2=a^2s_x{}^2$，$s_y=|a|s_x$

y の平均値を $\overline{y}$，分散を $s_y{}^2$，標準偏差を s_y とすると，

$y=2x+5$ より，

$\overline{y}=2\overline{x}+5=2\cdot29+5=58+5=\mathbf{63}$

$s_y{}^2=2^2\times s_x{}^2=4\times9=\mathbf{36}$

$s_y=2\times s_x=2\times3=\mathbf{6}$

151 (1) $\frac{1}{5}(3+5+6+7+9)=\frac{1}{5}\cdot30=\mathbf{6}$

(2) 分散 $=\frac{1}{5}(9+1+0+1+9)=\frac{1}{5}\cdot20$

$=4$

標準偏差 $=\sqrt{4}=\mathbf{2}$

(3) $\frac{1}{20}(30+10\cdot15)=\frac{1}{20}\cdot180=\mathbf{9}$

(4) B のデータを b_1，b_2，$\cdots b_{15}$ とすると，

$\frac{1}{15}(b_1{}^2+b_2{}^2+\cdots+b_{15}{}^2)-10^2=8$

$$\frac{1}{15}(b_1{}^2+b_2{}^2+\cdots+b_{15}{}^2)=108$$

$$b_1{}^2+b_2{}^2+\cdots+b_{15}{}^2=1620$$

Cの分散を $s_c{}^2$ とすると，

$$s_c{}^2=\frac{1}{20}(9+25+36+49+81+1620)-9^2$$

$$=\frac{1}{20}\cdot1820-81=\mathbf{10}$$

152　国語の平均値を $\bar{x}$，数学の平均値を $\bar{y}$，共分散を s_{xy} とすると，

$$\bar{x}=\frac{1}{5}(9+3+6+5+7)=\frac{1}{5}\cdot30=6$$

$$\bar{y}=\frac{1}{5}(7+4+10+6+8)=\frac{1}{5}\cdot35=7$$

$$s_{xy}=\frac{1}{5}\{(9-6)(7-7)+(3-6)(4-7)+(6-6)(10-7)$$
$$+(5-6)(6-7)+(7-6)(8-7)\}$$

$$=\frac{1}{5}(0+9+0+1+1)$$

$$=\frac{1}{5}\cdot11=\mathbf{2.2}$$

153　散布図から表を作ると次のようになる。

x	2	3	4	7	9
y	1	6	3	8	7

$$\bar{x}=\frac{1}{5}(2+3+4+7+9)=\frac{1}{5}\cdot25=5$$

$$\bar{y}=\frac{1}{5}(1+6+3+8+7)=\frac{1}{5}\cdot25=5$$

x	$x-5$	$(x-5)^2$	y	$y-5$	$(y-5)^2$	$(x-5)(y-5)$
2	-3	9	1	-4	16	12
3	-2	4	6	1	1	-2
4	-1	1	3	-2	4	2
7	2	4	8	3	9	6
9	4	16	7	2	4	8
		計 34			計 34	計 26

$$s_x=\sqrt{\frac{34}{5}},\quad s_y=\sqrt{\frac{34}{5}},\quad s_{xy}=\frac{26}{5}$$

$$r=\frac{\frac{26}{5}}{\sqrt{\frac{34}{5}}\cdot\sqrt{\frac{34}{5}}}=\frac{\frac{26}{5}}{\frac{34}{5}}=\frac{26}{34}=0.764\cdots$$

よって，②

154　(1)　$\bar{x}=\frac{1}{4}(7+15+15+7)=\frac{1}{4}\cdot44=11$

$$s_x{}^2=\frac{1}{4}(16+16+16+16)=\frac{1}{4}\cdot64=16$$

$$s_x=\sqrt{16}=\mathbf{4}$$

(2)　y の平均値が 10 より，

$$\frac{1}{4}(9+17+a+b)=10$$

$$26+a+b=40$$

$$a+b=14\quad\cdots①$$

共分散を求めると，

$$\frac{1}{4}\{-4\cdot(-1)+4\cdot7+4(a-10)-4(b-10)\}$$

$$=\frac{1}{4}(4+28+4a-40-4b+40)$$

$$=\frac{1}{4}(4a-4b+32)$$

$$=a-b+8$$

一方，題意より，共分散 $=16$ であるから，

$$a-b+8=16$$

$$a-b=8\quad\cdots②$$

①＋②より，$2a=22$　　$a=\mathbf{11}$

①より，$11+b=14$　　$b=\mathbf{3}$

(3)　$s_y{}^2=\frac{1}{4}(1+49+1+49)=\frac{1}{4}\cdot100=25$

$$s_y=5$$

$$r=\frac{16}{4\times5}=\mathbf{0.8}$$

解答

Open Sesame Series

Challenge 解答

1 (1) 電車通学者，バス通学者の集合をそれぞれA，Bとすると，

$n(A\cup B)=50-6=44$

$n(A\cup B)=n(A)+n(B)-n(A\cap B)$ より，

$44=30+40-n(A\cap B)$

$n(A\cap B)=\mathbf{26}$ **（人）**

(2)

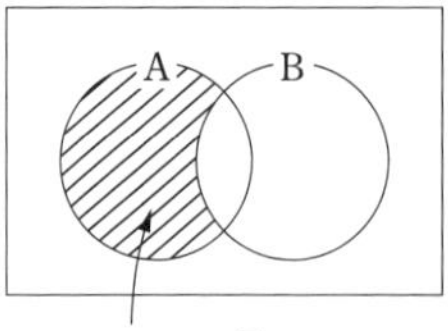

電車だけ：$A\cap\overline{B}$

$n(A\cap\overline{B})=n(A)-n(A\cap B)$

$=30-26$

$=\mathbf{4}$ **（人）**

(3) $n(\overline{A}\cap B)=n(B)-n(A\cap B)$

$=40-26$

$=\mathbf{14}$ **（人）**

2 (1) $200\div2=100$

$99\div2=49$ 余り 1

よって，$n(A)=100-49=\mathbf{51}$

$200\div3=66$ 余り 2

$99\div3=33$

よって，$n(B)=66-33=\mathbf{33}$

(2) $200\div6=33$ 余り 2

$99\div6=16$ 余り 3

よって，$n(A\cap B)=33-16=\mathbf{17}$

(3)

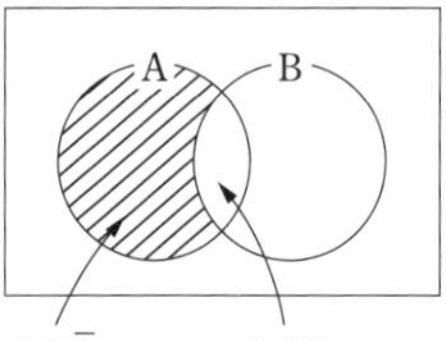

$A\cap\overline{B}$　　$A\cap B$

$n(A\cap\overline{B})=n(A)-n(A\cap B)$

$=51-17$

$=\mathbf{34}$

3 ア．$65+55-100=\mathbf{20}$

イ．**55**

4 (i) 出た目の和が6になるのは以下の表の通り。

大	1	2	3	4	5
小	5	4	3	2	1

よって，5通り。

(ii) 出た目の和が7になるのは以下の表の通り。

大	1	2	3	4	5	6
小	6	5	4	3	2	1

よって，6通り。

(i)〜(ii)より，

$5+6=\mathbf{11}$ **（通り）**

5 $4000=2^5\times5^3$

よって，約数の個数は

$(5+1)\times(3+1)=\mathbf{24}$ **（個）**

約数の総和は，

$(2^0+2^1+2^2+2^3+2^4+2^5)\times(5^0+5^1+5^2+5^3)$

$=\mathbf{9828}$

6 ${}_{10}P_4=10\cdot9\cdot8\cdot7=\mathbf{5040}$ **（通り）**

7 (1) 女子3人をひとまとめにして，6人の並び方を考えると，

${}_6P_6=6!=720$（通り）

その各々に対して女子3人の並び方は，

${}_3P_3=3!=6$（通り）

よって，求める並び方は，

$720\times6=\mathbf{4320}$ **（通り）**

(2) 男子5人の中から2人を選んで両端に並べる並べ方は，${}_5P_2$ 通り。

㊚○○○○○○㊚

残りの6人の並び方は，${}_6P_6$ 通り。

よって，${}_5P_2\times{}_6P_6=\mathbf{14400}$ **（通り）**

8 (1) $(3-1)!\times3!=2\times6=\mathbf{12}$ **（通り）**

(2) 女子3人をひとまとめにして，4人の座り方を考えると，

$(4-1)!=3!=6$（通り）

その各々に対して女子の並び方が3!通りであるから，

$6\times3!=\mathbf{36}$ **（通り）**

9 8文字のうち，Aが3文字，Mが2文字あるから，

$\dfrac{8!}{3!2!}=\mathbf{3360}$ **(通り)**

10　ひとつの指の屈伸により2種類の信号ができる。

よって，$2^5=\mathbf{32}$ **(種類)**

11　(1)　千の位は，4，5，6の3通り

他の位は残りの5個の数字から3個とって並べればよいから

$_5P_3=5\times4\times3=60$ (通り)

よって，4000より大きいものは

$3\times60=\mathbf{180}$ **(個)**

(2)　奇数より，一の位は1，3の2通り

千の位は，一の位の数と0以外の2通り

他の位は，$_2P_2=2$ 通り

よって，$2\times2\times2=\mathbf{8}$ **(個)**

12　9の倍数となるのは，各位の数の和が9の倍数であるものだから，まずその3つの数字の組合せを考えると，

(0，4，5)，(1，3，5)，(2，3，4)。

(i)　(0，4，5) のとき，

百の位は4か5の2通り

他の位は　$_2P_2=2$ (通り)

よって　$2\times2=4$ (個)

(ii)　(1，3，5)，(2，3，4) のとき

それぞれ $_3P_3$ 通りだから

$2\times{}_3P_3=12$ (個)

(i)，(ii)より，$4+12=\mathbf{16}$ **(個)**

13　両端ともoのとき

$\dfrac{6!}{2!}=6\times5\times4\times3=360$

両端ともiのときも同様に360

両端がoとiのとき

$6!\times2=6\times5\times4\times3\times2\times2$

$=1440$

よって，

$360+360+1440=\mathbf{2160}$ **(通り)**

14　(1)　$_{12}C_4=\dfrac{12\cdot11\cdot10\cdot9}{4\cdot3\cdot2\cdot1}=\mathbf{495}$ **(通り)**

(2)　$_7C_2\times{}_5C_2=\dfrac{7\cdot6}{2\cdot1}\times\dfrac{5\cdot4}{2\cdot1}=\mathbf{210}$ **(通り)**

15　特定の2人を除いて考えればよいので，13人の生徒から3人を選ぶ。

$_{13}C_3=\dfrac{13\cdot12\cdot11}{3\cdot2\cdot1}=\mathbf{286}$ **(通り)**

16　点Cを通行できるものとして，AからBまで行くのに，右へ4区画，上へ3区画進むから，7区画から上への3区画を選ぶ組合せと考えて，

$_7C_3=35$ (通り)

の行き方がある。

そのうち，Cを通る行き方は，

AからCへは　$_3C_1=3$ (通り)

CからBへは　$_3C_1=3$ (通り)

積の法則から，$3\times3=9$(通り)ある。

よって，$35-9=\mathbf{26}$ **(通り)**

17　交点は2直線で1つ決まる。

(1)　$_4C_2=\dfrac{4\cdot3}{2\cdot1}=\mathbf{6}$ **(個)**

(2)　$_5C_2=\dfrac{5\cdot4}{2\cdot1}=\mathbf{10}$ **(個)**

18　(1)　$_{12}C_2-12=\mathbf{54}$ **(個)**

(2)　$_{12}C_3=\mathbf{220}$ **(個)**

(3)

(i)　正十二角形と1辺を共有するとき

1つの辺に対し，その両隣りの点以外の残りの8個の点から1つ選ぶ。

$12\times{}_8C_1=96$ (個)

(ii)　正十二角形と2辺を共有するとき

隣り合う3点の選び方だから，12 (個)

(i)(ii)より，

$220-96-12=\mathbf{112}$ **(個)**

19　(1)　$_9C_4\times{}_5C_3=\mathbf{1260}$ **(通り)**

(2)　$_9C_3\times{}_6C_3=\mathbf{1680}$ **(通り)**

(3)　$\dfrac{_9C_3\times{}_6C_3}{3!}=\mathbf{280}$ **(通り)**

(4)　同じ人数の組が2組あるから，

$\dfrac{_9C_5\times{}_4C_2}{2!}=\mathbf{378}$ **(通り)**

20　(1)　たとえば，$(x,\ y,\ z)=(1,\ 3,\ 4)$ を

$\underbrace{○}_{x}\,|\,\underbrace{○○○}_{y}\,|\,\underbrace{○○○○}_{z}$

のように表すと8個の○と2つの仕切り｜の合計10個のものを並べて，2つの仕切りをどこに入れるかで分け方が決まる。した

がって，求める組合せの総数は，

$_{10}C_2 = \mathbf{45}$ **（通り）**

(2)　(1)と同様に8個の○を x，y，z に分けると考える。ただし，x，y，z は自然数だから，

$x \geqq 1$，$y \geqq 1$，$z \geqq 1$

そこで，はじめから x，y，z に1個ずつ与えておいて，残り5個を x，y，z に分ける場合の数を求める。

$_{5+2}C_2 = {}_7C_2 = \mathbf{21}$ **（通り）**

21　2つのサイコロの目の出方は $6^2 = 36$（通り）

目の差が1であるのは，

(1, 2), (2, 3), (3, 4), (4, 5), (5, 6),
(6, 5), (5, 4), (4, 3), (3, 2), (2, 1)

の10通り

目の差が2であるのは，

(1, 3), (2, 4), (3, 5), (4, 6),
(6, 4), (5, 3), (4, 2), (3, 1)

の8通り

よって，求める確率は $\dfrac{10+8}{36} = \mathbf{\dfrac{1}{2}}$

22　(1)　A，B，Cをひとまとめにして，3個のものの並び方を考えると，

$_3P_3 = 3!$（通り）

その各々に対してA，B，Cの並び方は，

$_3P_3 = 3!$（通り）

よって，求める並び方は

$3! \cdot 3! = \mathbf{36}$ **（通り）**

(2)　5文字すべての並び方は $_5P_5 = 5!$（通り）

C，Eをひとまとめにして，4個のものの並び方を考えると，

$_4P_4 = 4!$（通り）

その各々に対してC，Eの並び方は2通りあるから，求める確率は

$\dfrac{5! - 4! \times 2}{5!} = \dfrac{72}{120} = \mathbf{\dfrac{3}{5}}$

23　(1)　$\dfrac{_4C_4}{_9C_4} = \dfrac{1}{\dfrac{9\cdot8\cdot7\cdot6}{4\cdot3\cdot2\cdot1}} = \mathbf{\dfrac{1}{126}}$

(2)　$\dfrac{_2C_2 \times {}_3C_1 \times {}_4C_1}{_9C_4} = 1\cdot3\cdot4 \times \dfrac{4\cdot3\cdot2\cdot1}{9\cdot8\cdot7\cdot6} = \mathbf{\dfrac{2}{21}}$

24　(i)　3個とも白のとき

$\dfrac{_3C_3}{_9C_3} = \dfrac{3\cdot2\cdot1}{9\cdot8\cdot7} = \dfrac{1}{84}$

(ii)　3個とも赤のとき

$\dfrac{_6C_3}{_9C_3} = \dfrac{6\cdot5\cdot4}{9\cdot8\cdot7} = \dfrac{5}{21}$

(i)，(ii)より，求める確率は

$\dfrac{1}{84} + \dfrac{5}{21} = \mathbf{\dfrac{1}{4}}$

25　(1)　奇数でかつ1桁なのは，1，3，5，7，9の5枚。

よって，$\dfrac{5}{20} = \mathbf{\dfrac{1}{4}}$

(2)　奇数…10枚
1桁…9枚
奇数かつ1桁…5枚

よって，

$\dfrac{10}{20} + \dfrac{9}{20} - \dfrac{5}{20} = \mathbf{\dfrac{7}{10}}$

26　(1)　10人から4人選ぶ方法は

$_{10}C_4 = \dfrac{10\cdot9\cdot8\cdot7}{4\cdot3\cdot2\cdot1} = 210$（通り）

男女2人ずつ選ぶ方法は

$_6C_2 \cdot {}_4C_2 = \dfrac{6\cdot5}{2\cdot1} \cdot \dfrac{4\cdot3}{2\cdot1} = 90$（通り）

よって，求める確率は

$\dfrac{90}{210} = \mathbf{\dfrac{3}{7}}$

(2)　「4人とも男子が選ばれる」ことの余事象。よって，求める確率は

$1 - \dfrac{_6C_4}{_{10}C_4} = 1 - \dfrac{6\cdot5\cdot4\cdot3}{10\cdot9\cdot8\cdot7}$

$= 1 - \dfrac{1}{14}$

$= \mathbf{\dfrac{13}{14}}$

27　(1)　(i)　Aが赤球2個をとり出す確率

$\dfrac{_3C_2}{_7C_2} = \dfrac{3\times2}{7\times6} = \dfrac{1}{7}$

(ii)　Bが赤球1個をとり出す確率

$\dfrac{_3C_1}{_7C_1} = \dfrac{3}{7}$

(i)(ii)は互いに独立であるから

$\dfrac{1}{7} \times \dfrac{3}{7} = \mathbf{\dfrac{3}{49}}$

(2)　A，Bがそれぞれ白球をとり出す確率は，

$\dfrac{_4C_2}{_7C_2} \times \dfrac{_4C_1}{_7C_1} = \dfrac{2}{7} \times \dfrac{4}{7} = \dfrac{8}{49}$

(1)より，3球とも赤である確率は $\dfrac{3}{49}$ だから

$$\frac{8}{49}+\frac{3}{49}=\mathbf{\frac{11}{49}}$$

28　A，B，C がそれぞれ的中する確率は $\frac{4}{5}$，$\frac{3}{4}$，$\frac{2}{3}$ である。

(1)　A だけが的中する確率は

$$\frac{4}{5}\times\left(1-\frac{3}{4}\right)\times\left(1-\frac{2}{3}\right)=\mathbf{\frac{1}{15}}$$

(2)　(i)　3 人とも的中する確率

$$\frac{4}{5}\times\frac{3}{4}\times\frac{2}{3}=\frac{2}{5}$$

(ii)　2 人だけが的中する確率

$$\frac{4}{5}\times\frac{3}{4}\times\left(1-\frac{2}{3}\right)+\frac{4}{5}\times\left(1-\frac{3}{4}\right)\times\frac{2}{3}+\left(1-\frac{4}{5}\right)\times\frac{3}{4}\times\frac{2}{3}$$

$$=\frac{1}{5}+\frac{2}{15}+\frac{1}{10}$$

$$=\frac{13}{30}$$

(i)(ii)は排反だから

$$\frac{2}{5}+\frac{13}{30}=\mathbf{\frac{5}{6}}$$

29　(1)　$\left(\frac{3}{6}\right)^4=\mathbf{\frac{1}{16}}$

(2)　$\left(\frac{3}{6}\right)^4-\left(\frac{2}{6}\right)^4=\mathbf{\frac{65}{1296}}$

30　1 問につき，正解する確率は $\frac{1}{2}$

よって，求める確率は，

$${}_5C_3\cdot\left(\frac{1}{2}\right)^3\cdot\left(1-\frac{1}{2}\right)^2=\mathbf{\frac{5}{16}}$$

31　表が x 回，裏が y 回出て，合計が 8 点になるとすると，

$$\begin{cases} x+y=6 & \cdots① \\ 3x-2y=8 & \cdots② \end{cases}$$

①，②を解いて，

$x=4$，$y=2$

よって，求める確率は，

$${}_6C_2\left(\frac{1}{2}\right)^2\left(\frac{1}{2}\right)^4=\mathbf{\frac{15}{64}}$$

32　5 ゲーム目で A が優勝する場合，4 ゲームまでに 2 勝 2 敗で，5 ゲーム目は必ず A が勝って優勝が決まる。

1 ゲームを行って A が勝つのは $\frac{4}{6}=\frac{2}{3}$，B が勝つ（A が負ける）のは $\frac{2}{6}=\frac{1}{3}$ より，

$${}_4C_2\left(\frac{2}{3}\right)^2\left(\frac{1}{3}\right)^2\times\frac{2}{3}=\frac{16}{81}$$

また，5 ゲーム目で B が優勝する場合も同様に考えて，

$${}_4C_2\left(\frac{1}{3}\right)^2\left(\frac{2}{3}\right)^2\times\frac{1}{3}=\frac{8}{81}$$

したがって，求める確率は和の法則より，

$$\frac{16}{81}+\frac{8}{81}=\frac{24}{81}=\mathbf{\frac{8}{27}}$$

33　(1)　2 つのさいころの出た目を $(a,\ b)$ と表すとする。

和が 3 の倍数となるのは，

和が 3 のとき，(1, 2)，(2, 1)

和が 6 のとき，(1, 5)，(2, 4)，(3, 3)，(4, 2)，(5, 1)

和が 9 のとき，(3, 6)，(4, 5)，(5, 4)，(6, 3)

和が 12 のとき，(6, 6)

の 12 通りである。

一方，目の出方は全部で，$6\times6=36$ 通りだから，

$$P(\mathrm{A})=\frac{12}{36}=\mathbf{\frac{1}{3}}$$

(2)　(1)のうち，目の差が 2 となっているものは，

(2, 4)，(4, 2)

の 2 通りであるから，

$$P(\mathrm{A}\cap\mathrm{B})=\frac{2}{36}=\mathbf{\frac{1}{18}}$$

(3)　$P_{\mathrm{A}}(\mathrm{B})=\frac{P(\mathrm{A}\cap\mathrm{B})}{P(\mathrm{A})}=\frac{1}{18}\div\frac{1}{3}=\mathbf{\frac{1}{6}}$

別解

$$P_{\mathrm{A}}(\mathrm{B})=\frac{n(\mathrm{A}\cap\mathrm{B})}{n(\mathrm{A})}=\frac{2}{12}=\frac{1}{6}$$

34　(1)　白，白，赤の順にとり出される確率だから，

$$\frac{5}{9}\times\frac{4}{8}\times\frac{4}{7}=\mathbf{\frac{10}{63}}$$

(2)　白，赤，白，赤，白，赤，白，赤，白の順にとり出される確率だから，

$$\frac{5}{9}\cdot\frac{4}{8}\cdot\frac{4}{7}\cdot\frac{3}{6}\cdot\frac{3}{5}\cdot\frac{2}{4}\cdot\frac{2}{3}\cdot\frac{1}{2}\cdot\frac{1}{1}=\mathbf{\frac{1}{126}}$$

35　赤をとり出す確率…$\frac{4}{8}=\frac{1}{2}$

白をとり出す確率…$\dfrac{3}{8}$

青をとり出す確率…$\dfrac{1}{8}$

したがって，得点の期待値は，

$2\times\dfrac{1}{2}+4\times\dfrac{3}{8}+8\times\dfrac{1}{8}=\boldsymbol{\dfrac{7}{2}}$ （点）

36　白球の個数を x とすると，

x	0	1	2	3
確率	$\dfrac{{}_4C_3}{{}_{10}C_3}$	$\dfrac{{}_4C_2\cdot{}_6C_1}{{}_{10}C_3}$	$\dfrac{{}_4C_1\cdot{}_6C_2}{{}_{10}C_3}$	$\dfrac{{}_6C_3}{{}_{10}C_3}$

したがって，期待値は，

$0\times\dfrac{{}_4C_3}{{}_{10}C_3}+1\times\dfrac{{}_4C_2\cdot{}_6C_1}{{}_{10}C_3}+2\times\dfrac{{}_4C_1\cdot{}_6C_2}{{}_{10}C_3}+3\times\dfrac{{}_6C_3}{{}_{10}C_3}$

$=\boldsymbol{\dfrac{9}{5}}$

37　$|x-(x+2)|<x+4<x+(x+2)$

$|-2|<x+4<2x+2$

$2<x+4<2x+2$

$2<x+4$ より $x>-2$　…①

$x+4<2x+2$ より $x>2$　…②

①，②より，$\boldsymbol{x>2}$

別解

（本問の場合，$x+4$ が一番大きいことがわかっているので，次の１つの式だけから求めてもよい。）

$x+(x+2)>x+4$

$\boldsymbol{x>2}$

38　(1)　$6:8=7:x$

$6x=8\cdot7$　　$\boldsymbol{x=\dfrac{28}{3}}$

(2)

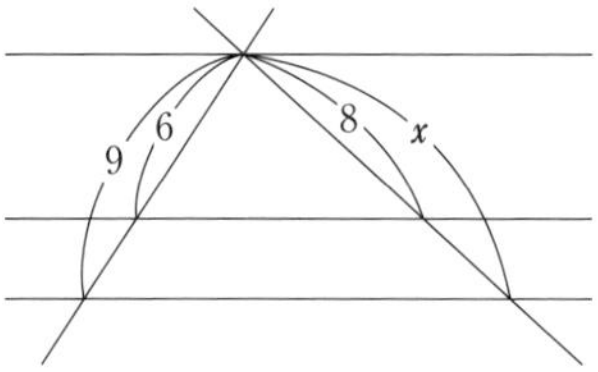

$6:9=8:x$

$6x=9\cdot8$　　$\boldsymbol{x=12}$

39　EF∥BD より △AEF∽△ABD で

AE：EB＝2：3 だから

AF：FD＝2：3　…①

また，AE：AB＝EF：BD＝2：5

よって，$BD=\dfrac{5}{2}EF$　…②

題意より BD＝2DC だから②より

$DC=\dfrac{5}{4}EF$　…③

EF∥DC より △EFG∽△CDG で③から

FG：DG＝4：5　…④

したがって，

$AF:FG:GD=2:\left(3\times\dfrac{4}{9}\right):\left(3\times\dfrac{5}{9}\right)$

$=2:\dfrac{4}{3}:\dfrac{5}{3}$

$=\boldsymbol{6:4:5}$

40

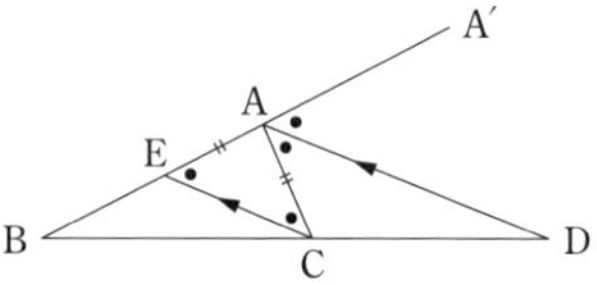

図のように，辺 AB と点 C を通り AD に平行な直線との交点を E とすると

∠CEA＝∠DAA′（同位角）

∠ACE＝∠CAD（錯角）

条件より ∠CAD＝∠DAA′ だから

∠CEA＝∠ACE

よって，

EA＝AC　…①

また，AD∥EC より

AB：EA＝BD：CD　…②

①②より AB：AC＝BD：CD　　（証明終）

41　直線 BC に関して，点 M と対称な点を M′ とする。

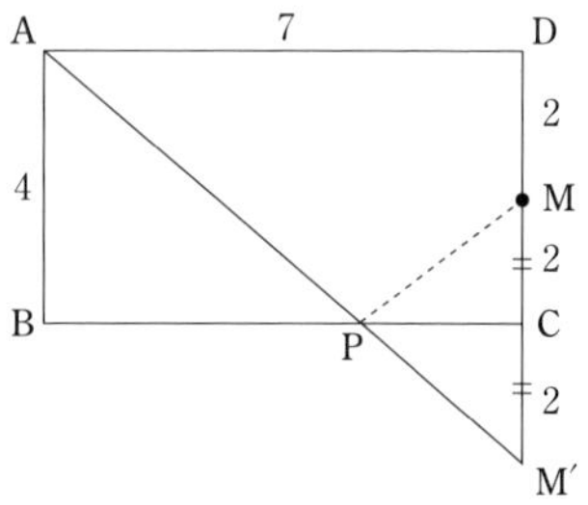

PM＝PM′ より

AP＋PM＝AP＋PM′

AP＋PM′ が最小となるのは，線分 BC と線

分 AM′ の交点に点Pがあるときで，線分 AM′ の長さが求める最小値となる。

△ADM′ について三平方の定理より，

$AM'^2 = 7^2 + 6^2 = 85$

$AM' = \boldsymbol{\sqrt{85}}$

42　CG：DG＝2：1 より，

CG：CD＝2：3

$CD = \frac{3}{2}CG = \frac{3}{2} \cdot 10 = 15$

G が重心だから，BF＝CF

BF：BC＝1：2

FE：CD＝BF：BC＝1：2

$\mathbf{EF} = \frac{1}{2}CD = \boldsymbol{\frac{15}{2}}$

43　△AOB の内角の和より，

$\angle OAB = \angle OBA = \frac{180° - 100°}{2} = 40°$

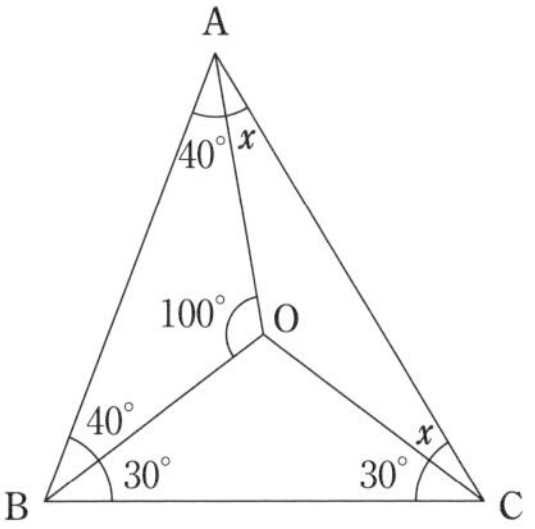

∠OAC＝∠OCA＝x とおくと，△ABC の内角の和より，

$(40° + x) + 70° + (30° + x) = 180°$

$x = 20°$　　∠OAC＝**20°**

44　∠IBA＝∠IBC＝x,

∠ICA＝∠ICB＝y

とおくと，△ABC の内角の和より，

$\theta + 2x + 2y = 180°$

$2x + 2y = 180° - \theta$

$x + y = \frac{180° - \theta}{2}$

$\angle BIC = 180° - (x + y)$

$= \frac{360° - (180° - \theta)}{2}$

$= \boldsymbol{\frac{180° + \theta}{2}}$

45　BF＝BD＝9

AF＝AB－BF＝14－9＝5

AE＝AF＝5

次に，

CD＝BC－BD＝16－9＝7

CE＝CD＝7

したがって，

CA＝AE＋CE＝5＋7＝**12**

46　(1)　メネラウスの定理より

$\frac{BQ}{QC} \cdot \frac{CR}{RA} \cdot \frac{AP}{PB} = 1$ だから

$\frac{7}{3} \cdot \frac{CR}{RA} \cdot \frac{8}{3} = 1$

$\frac{CR}{RA} = \frac{9}{56}$

$\frac{CR}{AC} = \frac{CR}{RA - CR} = \frac{9}{47}$

AC：CR＝**47：9**

(2)

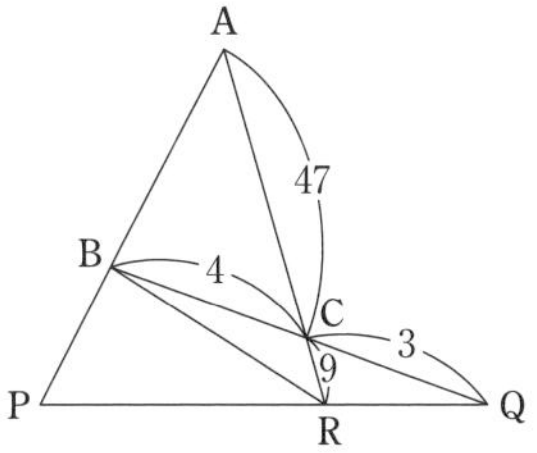

△ABC：△RBC＝AC：RC＝47：9…①

△RBC：△CRQ＝BC：QC＝4：3…②

①より $\triangle ABC = \frac{47}{9}\triangle RBC$

②より $\triangle CRQ = \frac{3}{4}\triangle RBC$

したがって，

$\triangle ABC : \triangle CRQ = \frac{47}{9}\triangle RBC : \frac{3}{4}\triangle RBC$

$= \frac{47}{9} : \frac{3}{4}$

＝**188：27**

47

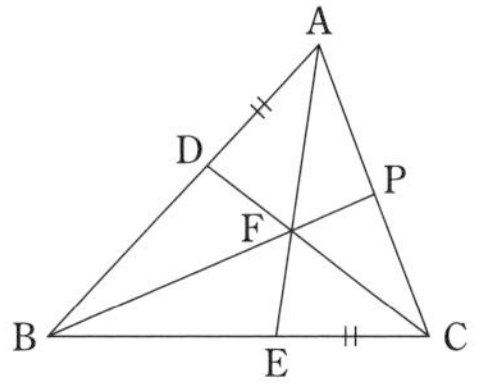

チェバの定理より

$\frac{AD}{DB} \cdot \frac{BE}{EC} \cdot \frac{CP}{PA} = 1$　…①

題意より AD＝CE だから

①より $\dfrac{BE}{DB}\cdot\dfrac{CP}{PA}=1$

$\dfrac{BE}{DB}=\dfrac{PA}{CP}$

よって，BD：BE＝PC：AP

Pは辺CAをBD：BEの比に内分する

（証明終）

48 (1) $\boldsymbol{x=50°}$，$\boldsymbol{y}=50°\times2=\boldsymbol{100°}$

(2) 弧ABに対する円周角より，

$\angle ACB=\angle ADB=45°$

△BCEについて，

(外角)＝(残りの2つの内角の和)

にあてはめて，

$\boldsymbol{x}=\angle CBD+\angle ACB$

$=20°+45°=\boldsymbol{65°}$

49 $\angle ABC=x$ とおくと，△ABFの内角の和より，

$\angle BAF=180°-(50°+x)$

$=130°-x$

△BCEの内角の和より，

$\angle BCE=180°-(30°+x)$

$=150°-x$

円に内接する四角形の性質より，

$(130°-x)+(150°-x)=180°$

$x=50°$

$\angle DAB=\angle BAF$

$=130°-x$

$=130°-50°=\boldsymbol{80°}$

50 (1) 円に内接する四角形の性質より，

$\boldsymbol{x}=180°-50°=\boldsymbol{130°}$

半円に対する円周角より，

$\angle ADB=90°$

△ABDの内角の和より，

$\boldsymbol{y}=180°-(50°+90°)=\boldsymbol{40°}$

(2) △ABCの内角の和より，

$\angle ABC=180°-(46°+60°)=74°$

接弦定理より，$\boldsymbol{x=74°}$

51 方べきの定理より

$4\times(4+x)=5\times(5+y)$ …①

$4\times(4+x)=6^2$ …②

①，②より $\boldsymbol{x=5}$，$\boldsymbol{y=\dfrac{11}{5}}$

52 (1)

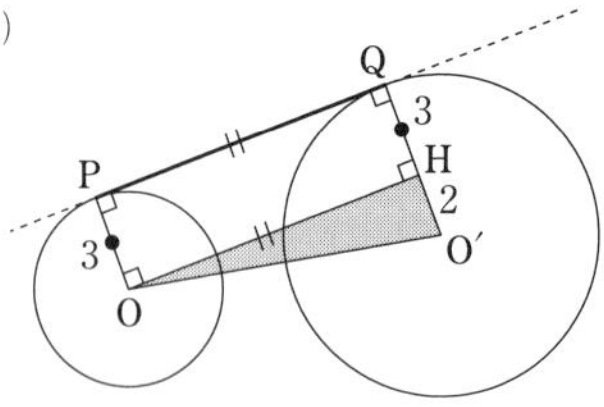

上図の△OHO′について三平方の定理より，

$OH^2+HO'^2=OO'^2$

$OH^2+2^2=10^2$

$OH^2=96$

$OH=4\sqrt{6}$　　$\boldsymbol{PQ=4\sqrt{6}}$

(2)

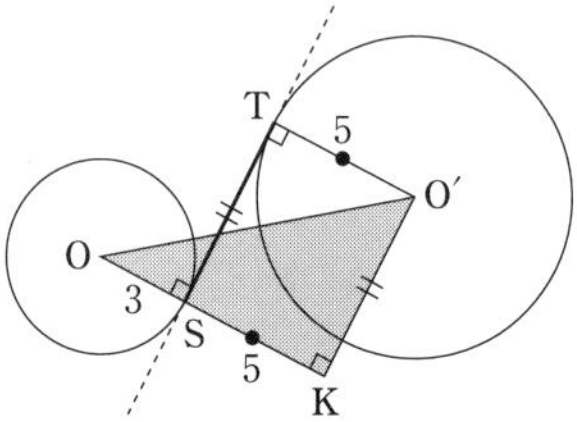

上図の△OKO′について三平方の定理より，

$OK^2+KO'^2=OO'^2$

$8^2+KO'^2=10^2$

$KO'^2=36$

$KO'=6$　　$\boldsymbol{ST=6}$

53 **±1，±2，±3，±6，±9，±18**

54 9の倍数は各位の数の和が9の倍数になるので，6桁の整数26845□の各位を加えると，

2＋6＋8＋4＋5＋□＝25＋□

これを9の倍数にする。9の正の倍数には，

9，18，27，36，…

があり，また，□に入る数字は1桁の自然数であるから，25＋□＝27にすればよい。

よって，

□＝2

55 (1)
2) 1080
2) 540
2) 270
3) 135
3) 45
3) 15
5

よって,

$1080 = \mathbf{2^3 \cdot 3^3 \cdot 5}$

(2)
2) 2156
2) 1078
7) 539
7) 77
11

$$\left(\begin{array}{r} 77 \\ 7\,)\overline{\,539} \\ \underline{49} \\ 49 \\ \underline{49} \\ 0 \end{array}\right)$$

よって,

$2156 = \mathbf{2^2 \cdot 7^2 \cdot 11}$

56 $270 = 2 \cdot 3^3 \cdot 5$ より,

$\sqrt{270n} = \sqrt{2 \cdot 3^3 \cdot 5n}$

よって, $\sqrt{}$ の中が平方数になるような自然数 n の最小値は,

$n = 2 \cdot 3 \cdot 5 = \mathbf{30}$

57 $120 = 2^3 \cdot 3 \cdot 5$

$420 = 2^2 \cdot 3 \cdot 5 \cdot 7$

$660 = 2^2 \cdot 3 \cdot 5 \cdot 11$　より,

最大公約数は, $2^2 \cdot 3 \cdot 5 = \mathbf{60}$

最小公倍数は, $2^3 \cdot 3 \cdot 5 \cdot 7 \cdot 11 = \mathbf{9240}$

58 $55 = \quad 5 \cdot 11$

$770 = 2 \cdot 5 \cdot 7 \cdot 11$

より, n の素因数分解は2と7を含み, 素因数の5と11の指数は1以下である。

$n = 2 \cdot 5^k \cdot 7 \cdot 11^l$　$(k,\ l = 0,\ 1)$

と表せるので,

$n = 2 \cdot 5^0 \cdot 7 \cdot 11^0,\ 2 \cdot 5^1 \cdot 7 \cdot 11^0,$

$2 \cdot 5^0 \cdot 7 \cdot 11^1,\ 2 \cdot 5^1 \cdot 7 \cdot 11^1$

$= \mathbf{14,\ 70,\ 154,\ 770}$

59 最大公約数が50より,

$a = 50a'$　$b = 50b'$

(ただし, $a < b$ より, $a' < b'$ であり, a', b' は互いに素な自然数である。)

とおける。また, 最小公倍数が3300より,

$3300 = 50a'b'$

$a'b' = 66 = 2 \cdot 3 \cdot 11$

$a' < b'$ であり, a', b' は互いに素な自然数であるから,

$(a',\ b') = (1,\ 2 \cdot 3 \cdot 11),\ (2,\ 3 \cdot 11),$

$(3,\ 2 \cdot 11),\ (2 \cdot 3,\ 11)$

$= (1,\ 66),\ (2,\ 33),$

$(3,\ 22),\ (6,\ 11)$

よって,

$(a,\ b) = \mathbf{(50,\ 3300),\ (100,\ 1650)}$

$\mathbf{(150,\ 1100),\ (300,\ 550)}$

60 a, b は, k, l を整数として次のように表せる。

$a = 7k + 2,\ b = 7l + 5$

(1) $ab = (7k+2)(7l+5)$

$= 7^2kl + 7k \cdot 5 + 7l \cdot 2 + 2 \cdot 5$

$= 7(7kl + 5k + 2l + 1) + 3$

よって, ab を7で割った余りの数は**3**である。

(2) $a^2 + b^2 = (7k+2)^2 + (7l+5)^2$

$= 7^2k^2 + 2 \cdot 7 \cdot 2k + 2^2$

$+ 7^2l^2 + 2 \cdot 7 \cdot 5l + 5^2$

$= 7(7k^2 + 4k + 7l^2 + 10l) + 4 + 25$

$= 7(7k^2 + 4k + 7l^2 + 10l + 4) + 1$

よって, $a^2 + b^2$ を7で割った余りの数は**1**である。

61 $(n-1)n(n+1)$ を作るために, 次のように変形する。

与式 $= n(n+1)(5n - 5 + 6)$

$= n(n+1)\{5(n-1) + 6\}$

$= 5(n-1)n(n+1) + 6n(n+1)$　…①

$(n-1)n(n+1)$ は連続する3つの整数の積であるから6の倍数。

また, $6n(n+1)$ も6の倍数。

よって, ①より, 与式は6の倍数である。

別解

$n(n+1)(5n+1)$ が6の倍数であることを証明するには, $n(n+1)(5n+1)$ が2の倍数であり, かつ3の倍数であることを証明すればよい。

ⅰ） n と $(n+1)$ は2つの連続する整数であるから，どちらか一方は2の倍数である。よって，$n(n+1)(5n+1)$ も2の倍数である。

ⅱ） 整数 n を3で割ったときの余りについて分類すると，

$3k,\ 3k+1,\ 3k+2$ （k は整数）

それぞれの場合について

$n(n+1)(5n+1)$ を求める。

$n=3k$ のとき

$3k(3k+1)(5\cdot 3k+1)$

$=3\cdot k(3k+1)(15k+1)$

$n=3k+1$ のとき

$(3k+1)\{(3k+1)+1\}\{5\cdot(3k+1)+1\}$

$=(3k+1)(3k+2)(15k+6)$

$=3\cdot(3k+1)(3k+2)(5k+2)$

$n=3k+2$ のとき

$(3k+2)\{(3k+2)+1\}\{5\cdot(3k+2)+1\}$

$=(3k+2)(3k+3)(15k+11)$

$=3\cdot(3k+2)(k+1)(15k+11)$

よって，$n(n+1)(5n+1)$ は3の倍数である。

ⅰ），ⅱ）より，$n(n+1)(5n+1)$ は6の倍数である。

62 $1144=945\cdot 1+199$

$945=199\cdot 4+149$

$199=149\cdot 1+50$

$149=50\cdot 2+49$

$50=49\cdot 1+1$

$49=1\cdot 49$

よって，最大公約数は **1**。

63 (1) $4x-7y=3$ …① は，

$(x,\ y)=(-1,\ -1)$

を解にもつので，

$4\cdot(-1)-7\cdot(-1)=3$ …②

が成り立つ。①－②より，

$4(x+1)-7(y+1)=0$

$4(x+1)=7(y+1)$

4と7は互いに素であるから，$x+1$ は7の倍数，$y+1$ は4の倍数である。

したがって，

$x+1=7k,\ y+1=4k$ （k は整数）

と表される。よって，求める整数解は，

$\boldsymbol{x=7k-1,\ y=4k-1}$ **（k は整数）**

(2) $23x+7y=2$ …① は，

$(x,\ y)=(1,\ -3)$

を解にもつので，

$23\cdot 1+7\cdot(-3)=1$ …②

が成り立つ。①－②より，

$23(x-1)+7(y+3)=0$

$23(x-1)=-7(y+3)$

23と7は互いに素であるから，$x-1$ は7の倍数，$-(y+3)$ は23の倍数である。

したがって，

$x-1=7k,\ -(y+3)=23k$ （k は整数）

と表される。よって，求める整数解は，

$\boldsymbol{x=7k+1,\ y=-23k-3}$ **（k は整数）**

64 (1) (ア) $3401_{(5)}=3\cdot 5^3+4\cdot 5^2+0\cdot 5^1+1\cdot 5^0$

$=375+100+0+1=\mathbf{476}$

(イ) $625_{(7)}=6\cdot 7^2+2\cdot 7^1+5\cdot 7^0$

$=294+14+5=\mathbf{313}$

(2) (ア)

2) 27
2) 13 … 1
2) 6 … 1
2) 3 … 0
1 … 1

よって，$27=\mathbf{11011}_{(2)}$

(イ)

6) 1543
6) 257 … 1
6) 42 … 5
6) 7 … 0
1 … 1

よって，$1543=\mathbf{11051}_{(6)}$

65 (1) (ア) $0.32_{(4)}=3\cdot\dfrac{1}{4^1}+2\cdot\dfrac{1}{4^2}=\mathbf{0.875}$

(イ) $0.214_{(5)}=2\cdot\dfrac{1}{5^1}+1\cdot\dfrac{1}{5^2}+4\cdot\dfrac{1}{5^3}$

$=\mathbf{0.472}$

(2)　(ア)

$$\begin{array}{r} 0.928 \\ \times \quad 5 \\ \hline 4.640 \\ \times \quad 5 \\ \hline 3.20 \\ \times \quad 5 \\ \hline 1.0 \end{array}$$

よって，$\mathbf{0.431}_{(5)}$

(イ)

$$\begin{array}{r} 0.8125 \\ \times \quad 2 \\ \hline 1.6250 \\ \times \quad 2 \\ \hline 1.250 \\ \times \quad 2 \\ \hline 0.50 \\ \times \quad 2 \\ \hline 1.0 \end{array}$$

よって，$\mathbf{0.1101}_{(2)}$

66　(1)

$$\begin{array}{r} 11101 \\ + \quad 111 \\ \hline 100100 \end{array}$$

よって，$11101_{(2)}+111_{(2)}=\mathbf{100100}_{(2)}$

(2)

$$\begin{array}{r} 100010 \\ - \quad 101 \\ \hline 11101 \end{array}$$

よって，$100010_{(2)}-101_{(2)}=\mathbf{11101}_{(2)}$

(3)

$$\begin{array}{r} 1101 \\ \times \quad 110 \\ \hline 0 \\ 1101 \\ 1101 \\ \hline 1001110 \end{array}$$

よって，$1101_{(2)}\times 110_{(2)}=\mathbf{1001110}_{(2)}$

(4)

$$\begin{array}{r} 1011 \\ 111\overline{)\,1001101} \\ \underline{111} \\ 1010 \\ \underline{111} \\ 111 \\ \underline{111} \\ 0 \end{array}$$

よって，$1001101_{(2)}\div 111_{(2)}=\mathbf{1011}_{(2)}$

問題演習解答

1　$n(\overline{A}\cap B)=n(B)-n(A\cap B)$

$=30-10$

$=\mathbf{20}$

2　(1)　4で割り切れる数の集合をA，6で割り切れる数の集合をBとする。

$100\div 4=25$　　$n(A)=25$

$100\div 6=16$ 余り 4　　$n(B)=16$

$100\div 12=8$ 余り 4　　$n(A\cap B)=8$

したがって，

$n(A\cup B)=25+16-8=$ **33（個）**

(2)

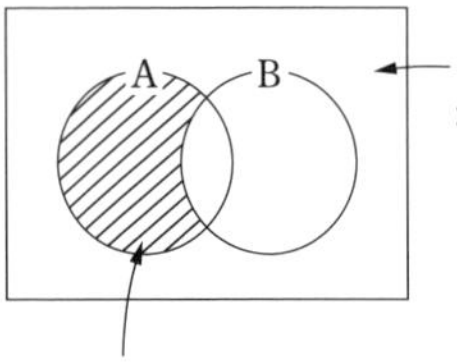

$\overline{A}\cap\overline{B}$
：4でも6でも
割り切れない数

$A\cap\overline{B}$：4で割り切れるが
6では割り切れない数

$n(\overline{A}\cap\overline{B})=100-n(A\cup B)$

$=100-33$

$=$ **67（個）**

(3)　$n(A\cap\overline{B})=n(A)-n(A\cap B)$

$=25-8$

$=$ **17（個）**

3　(1)　海外旅行へ行ったことがある生徒を全体集合としてベン図をかく。

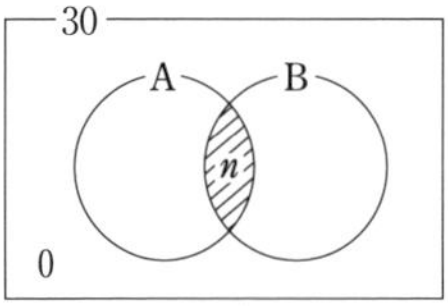

A…アメリカに行った生徒
B…ヨーロッパに行った生徒

アメリカとヨーロッパ両方に行ったことがある生徒を n 人とする。

n が最大になるのは，両方とも行ったことがない生徒が0人のときで，

このとき，

$30=25+12-n$

$n=7$

よって，**少なくとも7人。**

(2)

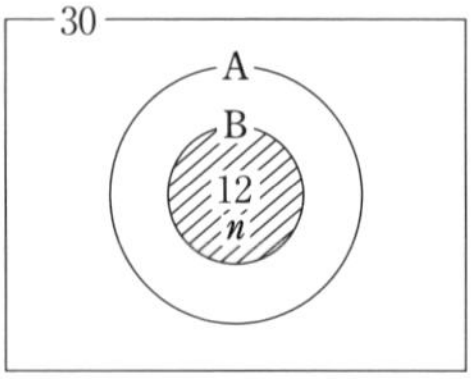

n が最大になるのは，ヨーロッパに行ったことがある生徒すべてがアメリカにも行ったことがあるときで，

このとき，$n=12$。

よって，**多くても12人。**

(3)　アメリカにしか行ったことがない生徒を x 人とすると，

$x=25-n$　…①

(1)(2)の結果より，$7\leqq n\leqq 12$ であるから，

①より

$25-12\leqq x\leqq 25-7$

$13\leqq x\leqq 18$

よって，

少なくとも13人，多くても18人。

4　注　2つの集合A，Bの要素の個数について，

$\boldsymbol{n(A\cup B)=n(A)+n(B)-n(A\cap B)}$

という等式が成り立つが，3つの集合A，B，Cについては，次の等式が成り立つ。

$\boldsymbol{n(A\cup B\cup C)}$

$\boldsymbol{=n(A)+n(B)+n(C)}$

$\boldsymbol{-n(A\cap B)-n(B\cap C)-n(A\cap C)}$

$\boldsymbol{+n(A\cap B\cap C)}$

本問と次問5では，この等式を利用する。

(1)　$n(A\cup B\cup C)=83-5=78$

（上の注で示した等式に代入すると）

$78=55+60+58$

$-41-45-42+n(A\cap B\cap C)$

$n(A\cap B\cap C)=$ **33（人）**

(2)

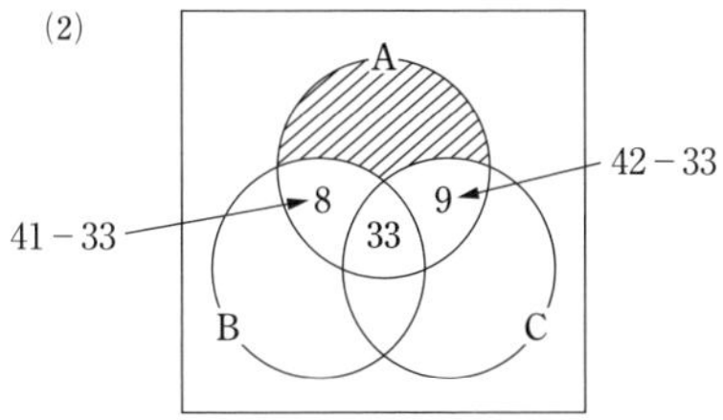

$A\cap(\overline{B\cup C})$ は図の斜線部分だから，

$n(A\cap(\overline{B\cup C}))$

$=n(A)-(8+33+9)$

$=55-50$

$=$**5（人）**

5　1から1000までの整数を全体集合として，2，3，5で割り切れる数の集合をそれぞれ，A，B，Cとする。

$1000\div2=500$　　$n(A)=500$

$1000\div3=333$ 余り 1　　$n(B)=333$

$1000\div5=200$　　$n(C)=200$

$1000\div6=166$ 余り 4　　$n(A\cap B)=166$

$1000\div15=66$ 余り 10　　$n(B\cap C)=66$

$1000\div10=100$　　$n(A\cap C)=100$

2，3，5の最小公倍数は30だから，

$1000\div30=33$ 余り 10

$n(A\cap B\cap C)=$**33**　…**ア**

以上で求めた値を用いると，

$n(A\cup B\cup C)=500+333+200$

$-166-66-100+33$

$=$**734**　…**イ**

6　(i)　$x=1$ のとき

$1+y^2+z^2<10$

$y^2+z^2<9$

$(y,\ z)=(1,\ 1),\ (1,\ 2),\ (2,\ 1),\ (2,\ 2)$

4通り

(ii)　$x=2$ のとき

$y^2+z^2<6$

$(y,\ z)=(1,\ 1),\ (1,\ 2),\ (2,\ 1)$

3通り

(i)(ii)より，$3+4=$**7（通り）**

別解

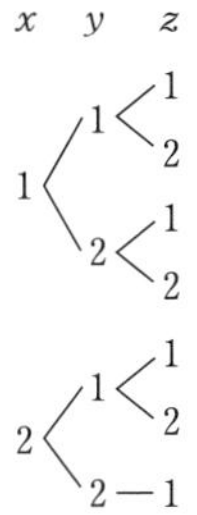

よって，**7通り**

7　(1)　100円 x 枚，50円 y 枚，10円 z 枚とすると，$100x+50y+10z=450$

$10x+5y+z=45$

(i)　$x=1$ のとき

$10+5y+z=45$

$5y+z=35$

$(y,\ z)=(1,\ 30),\ (2,\ 25),\ \cdots,\ (6,\ 5)$

よって，6通り

(ii)　$x=2$ のとき

$20+5y+z=45$

$5y+z=25$

$(y,\ z)=(1,\ 20),\ (2,\ 15),\ (3,\ 10),\ (4,\ 5)$

よって，4通り

(iii)　$x=3$ のとき

$30+5y+z=45$

$5y+z=15$

$(y,\ z)=(1,\ 10),\ (2,\ 5)$

よって，2通り

(iv)　$x\geqq4$ は不適。

以上より，$6+4+2=$**12（通り）**

別解

（x，y，z をもち出さずに，樹形図を利用してもよい）

100円　50円　10円

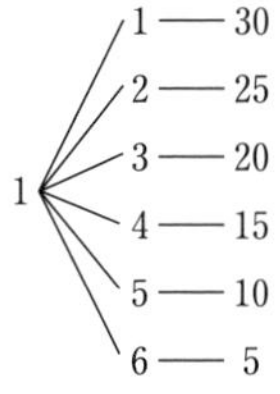

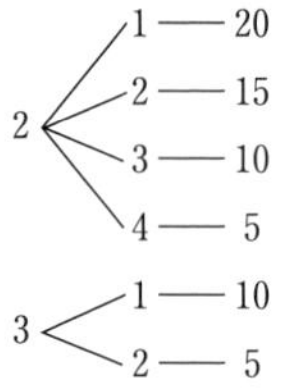

よって，**12通り**

(2)　10円4枚，50円1枚，100円4枚

・10円硬貨の使い方は，0，1，2，3，4枚の5通り。

・50円硬貨の使い方は，0，1枚の2通り。

・100円硬貨の使い方は，0，1，2，3，4枚の5通り。

硬貨の使い方は全部で

$5\times2\times5=50$（通り）

1枚も使わない場合を除いて，

$50-1=49$（通り）

本問では，支払える金額の数は硬貨の使い方の数と同じだから，

49通り

8　50円硬貨2枚を使う場合と，100円硬貨1枚使う場合で，支払い金額が同じになるので，硬貨の使い方の数と支払える金額の数は一致しない。

このような場合は，金額の小さい方の硬貨におきかえて考えればよい。すなわち，

「100円1枚，50円2枚」→「50円4枚」

とおきかえる。

10円硬貨2枚と50円硬貨4枚で支払える金額は，

$3\times5-1=$ **14（種類）**

9　「公約数」=「最大公約数の約数」であるから，最大公約数の約数の個数と総和を求めればよい。

$1080=2^3\times3^3\times5$

$3600=2^4\times3^2\times5^2$

よって，最大公約数は $2^3\times3^2\times5$（例題60参照）

したがって，個数は，

$(3+1)\times(2+1)\times(1+1)=$ **24**　…**ア**

総和は，

$(1+2+2^2+2^3)(1+3+3^2)(1+5)$

$=15\cdot13\cdot6$

$=$ **1170**　…**イ**

10　$240=2^4\times3\times5$

2を因数として含まなければよいから，3×5の約数の個数を考えて，

$(1+1)\times(1+1)=$ **4（個）**

11　百の位…0以外の2通り

十の位…3通り

一の位…0，2の2通り

よって，$2\times3\times2=$ **12（個）**

12　(1)　CとDをひとまとめにして並べ方を考えると，${}_5P_5$ 通り。

CとDの並び方は ${}_2P_2$ 通り。

よって，${}_5P_5\times{}_2P_2=$ **240（通り）**

(2)　2つのTをひとまとめにして並べ方を考えると，${}_6P_6$ 通り。

2つのTの並べ方は1通り。

よって，${}_6P_6\times1=$ **720（通り）**

13　(1)　(ア)　両端の2人の並び方は ${}_4P_2$ 通り。

残りの5人の並び方は ${}_5P_5$ 通り。

よって，${}_4P_2\times{}_5P_5=$ **1440（通り）**

(イ)　$_1$㊚$_2$㊚$_3$㊚$_4$㊚$_5$

まず男子4人が並び，上の1～5の中から3つ選んで，女子3人が入ってゆけばよい。

よって，${}_4P_4\times5\cdot4\cdot3=$ **1440（通り）**

(2)　(ア)　$(7-1)!=$ **720（通り）**

(イ)　特定の2人をひとまとめにして考えると，

$(6-1)!=120$（通り）

2人の並び方は ${}_2P_2=2$（通り）

よって，$120\times2=$ **240（通り）**

14　(1)　$5\times{}_5P_2=$ **100（通り）**

(2)　5の倍数だから，一の位は0または5。

(i)　一の位が0のとき，

${}_5P_2=20$（通り）

(ii)　一の位が5のとき

$4\times4=16$（通り）

(i)(ii)より，

$20+16=$ **36（通り）**

(3)　5 □□ → $_5P_2=20$（通り）

4　5 □ → 4通り

4　3　5 → 1通り

$20+4+1=$ **25（通り）**

15　(1)　$\frac{7!}{2!2!3!}=$ **210（個）**

(2)

(i)　2, 2, 6, 6, 6のとき

$\frac{5!}{2!3!}=10$（個）

(ii)　3, 3, 6, 6, 6のとき

$\frac{5!}{2!3!}=10$（個）

(iii)　2, 3, 6, 6, 6のとき

$\frac{5!}{3!}=20$（個）

(iv)　2, 2, 3, 6, 6のとき

$\frac{5!}{2!2!}=30$（個）

(v)　2, 3, 3, 6, 6のとき

$\frac{5!}{2!2!}=30$（個）

(vi)　2, 2, 3, 3, 6のとき

$\frac{5!}{2!2!}=30$（個）

(i)〜(vi)より,

$10+10+20+30+30+30=$ **130（個）**

16　(1)　上面を1にしたとき, 下面は2〜6の5通り。そのとき, 側面は残り4つの円順列なので, $(4-1)!$ 通り。したがって,

$5\times(4-1)!=$ **30（通り）**

(2)　上面を1にしたとき, 下面は6, 側面は2と5, 3と4の組合せで, 下図のように2通りある。

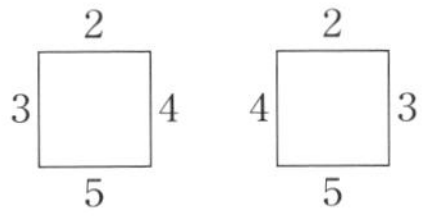

よって, **2（通り）**

17　(1)　$\frac{9!}{4!4!}=$ **630（通り）**

(2)　赤球1個の位置を固定し, 残りの白球4個と青球4個の並べ方を考えればよいから,

$\frac{8!}{4!4!}=$ **70（通り）**

(3)　(2)で求めた70通りの中で, 赤球を通る直線に関して線対称であるものが何通りあるか求める。

図1

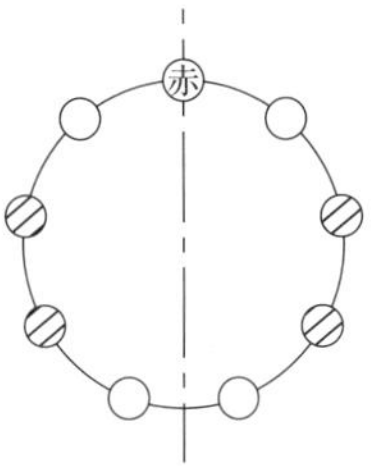

片側の並び方で決まるから,

$\frac{4!}{2!2!}=6$（通り）

よって線対称でないものは,

$70-6=64$（通り）

(i)　線対称でない場合

下図のように左右が入れ替わった2つの並び方に対して, 1つの首輪が対応する。

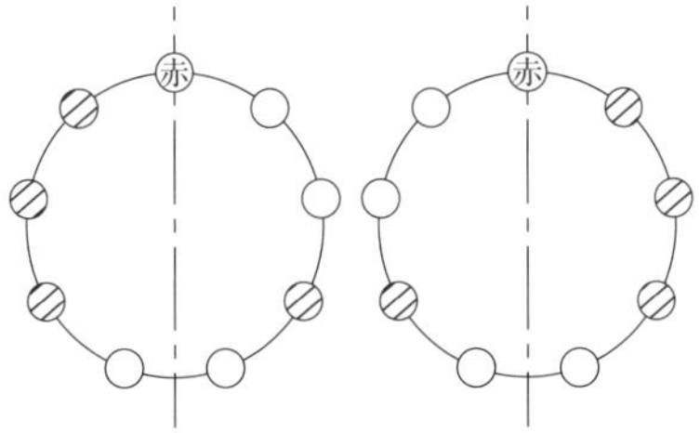

（上の2つは, 1つの首輪を両側から見たときの並び方になっている。）

よって首輪の作り方は,

$64\times\frac{1}{2}=32$（通り）

(ii)　線対称の場合

図1のような1つの並び方に対して, 1つの首輪が対応するから, 首輪のつくり方は,

$6\times1=6$（通り）

(i)(ii)より, 首輪のつくり方は全部で,

$32+6=$ **38（通り）**

18　$_6C_2=\frac{6\cdot5}{2\cdot1}=$ **15（通り）**　…**ア**

$_6C_3=\frac{6\cdot5\cdot4}{3\cdot2\cdot1}=$ **20（通り）**　…**イ**

19　(1)　偶数は10個あるから

$_{10}C_3=\dfrac{10\cdot9\cdot8}{3\cdot2\cdot1}=\mathbf{120}$ **（個）**

(2)　3の倍数は6個だから

3の倍数でないものは14個

$_{14}C_3=\dfrac{14\cdot13\cdot12}{3\cdot2\cdot1}=\mathbf{364}$ **（個）**

20　(1)　$_nP_2=72$　…①

$n(n-1)=72$

$n^2-n-72=0$

$(n+8)(n-9)=0$

①より $n\geqq2$ であるから，

$\boldsymbol{n=9}$

(2)　$_nC_{n-2}=136$　…①

一般に，$_nC_2={}_nC_{n-2}$ が成り立つから，①より，

$_nC_2=136$

$\dfrac{n(n-1)}{2\cdot1}=136$

$n(n-1)=272$

$n^2-n-272=0$

$(n+16)(n-17)=0$

①より $n\geqq2$ であるから，

$\boldsymbol{n=17}$

21　(1)　a～f の6個の中から，部分集合の要素となる3個を選ぶ場合の数だけ，部分集合ができるから，

$_6C_3=\mathbf{20}$ **（個）**

(2)　要素が

0個，1個，2個，…，6個
（空集合）　　（全体集合）

の部分集合を全部加えればよいから，

$_6C_0+{}_6C_1+{}_6C_2+{}_6C_3+{}_6C_4+{}_6C_5+{}_6C_6$

$=1+6+15+20+15+6+1$

$=\mathbf{64}$ **（個）**

別解

a～f の各々について，部分集合の要素に含まれるか否かで，2通りずつ選択できるから，

$2\times2\times\cdots\times2=2^6=\mathbf{64}$ **（個）**

22　○○｜○○○｜○○
赤　　黄　　青

$_{7+2}C_2={}_9C_2=\mathbf{36}$ **（通り）**

23　$(x+y+z)^{12}$ を展開したときの項は，

$x^ay^bz^c$ （ただし，a，b，c は0以上の正の整数で，$a+b+c=12$）

と表すことができる。上の a，b，c の組が何通りあるかを考えて，

$_{12+2}C_2={}_{14}C_2=\mathbf{91}$ **（個）**

24　(1)　1人の投票者について，投票のしかたは賛成，反対，あるいは白票の3通り。

よって，7人の重複順列となり，

$3^7=\mathbf{2187}$ **（通り）**

(2)　無記名の場合，誰が何の票を投票したかは不明であり，票の分かれ方は7枚の投票紙がどのように分かれるかを考えればよく，たとえば，

○○｜○○○○｜○
賛成　　反対　　白票

のように，7つの○と2つの仕切り｜で票の分かれ方を表せる。よって，

$_9C_2=\mathbf{36}$ **（通り）**

25　(1)　左上と右下にも道があると考えると，

$\dfrac{6!}{3!3!}=20$（通り）

実際にはないので，

$20-2=\mathbf{18}$ **（通り）**

別解

AからBまで行くのに，図のP，Qいずれかを必ず通る。

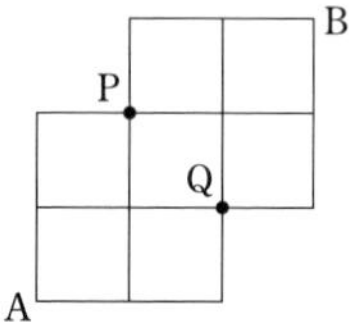

Pを通るのは，$\dfrac{3!}{2!}\times\dfrac{3!}{2!}=9$（通り）

Qを通るのは，$\dfrac{3!}{2!}\times\dfrac{3!}{2!}=9$（通り）

よって，$9+9=\mathbf{18}$ **（通り）**

(2)　AからBまで行くのに，図のP，Q，R，Sの必ずどれかを通る。

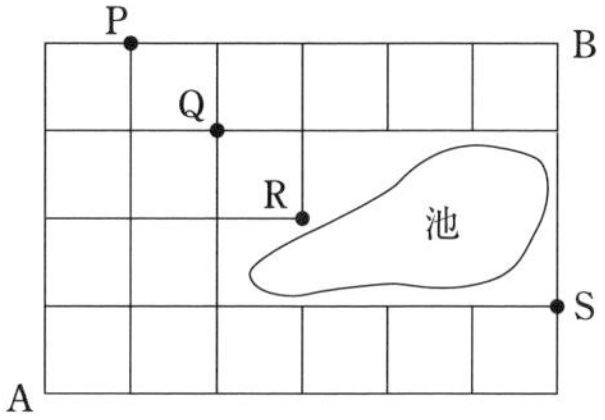

Pを通るのは，$\frac{5!}{4!}\times 1=5$（通り）

Qを通るのは，$\frac{5!}{3!2!}\times\frac{5!}{4!}=50$（通り）

Rを通るのは，$\frac{4!}{2!2!}\times\frac{4!}{3!}=24$（通り）

Sを通るのは，$\frac{7!}{6!}\times 1=7$（通り）

よって，$5+50+24+7=\mathbf{86}$ **（通り）**

26 (1)　E，E，I，I，I，U，Uの並び方だけを考えればよいから，

$$\frac{7!}{2!3!2!}=\mathbf{210}\ \textbf{（通り）}$$

(2)　S，F，K，Sが入る4箇所の選び方は ${}_{11}C_4$ 通り。

そこへ，S，F，K，Sを並べる方法は1通り。

残りの母音の並べ方は $\frac{7!}{2!3!2!}$ 通り。

よって，

$$ {}_{11}C_4\times 1\times\frac{7!}{2!\times 3!\times 2!}=\mathbf{69300}\ \textbf{（通り）}$$

別解

並ぶ順番が決まっているS，F，K，Sを同じ文字と考えると，

$$\frac{11!}{2!3!2!4!}=\mathbf{69300}\ \textbf{（通り）}$$

27 ア．$\frac{{}_{10}C_3\times{}_7C_3}{2!}=\mathbf{2100}$ **（通り）**

イ．男子の分け方は

$$\frac{{}_6C_2\times{}_4C_2}{3!}=15\text{（通り）}$$

次に女子4人が，1人ずつ順に3つの組に入ってゆくと考えると，女子の分け方は，3^4 通り。

よって求める分け方は，

$$15\times 3^4=\mathbf{1215}\ \textbf{（通り）}$$

28　2つのサイコロをA，Bとする。

目の出方は全部で $6\times 6=36$（通り）

目の和が素数になる場合は2，3，5，7，11

和	2	3		5				7						11	
A	1	1	2	1	2	3	4	1	2	3	4	5	6	5	6
B	1	2	1	4	3	2	1	6	5	4	3	2	1	6	5

求める確率は

$$\frac{1+2+4+6+2}{36}=\frac{15}{36}=\mathbf{\frac{5}{12}}$$

29　座り方は全部で，

$(6-1)!=5!=120$（通り）

特定の2人が隣り合う座り方は，

$(5-1)!\times{}_2P_2=48$（通り）

求める確率は，

$$\frac{48}{120}=\mathbf{\frac{2}{5}}$$

30　「2個とも赤球である」ことの余事象。

よって求める確率は

$$1-\frac{{}_4C_2}{{}_6C_2}=1-\frac{4\cdot 3}{6\cdot 5}=1-\frac{2}{5}=\mathbf{\frac{3}{5}}$$

31　3枚の抜き出し方は

$${}_9C_3=\frac{9\cdot 8\cdot 7}{3\cdot 2\cdot 1}=84\text{（通り）}$$

数字の和が奇数となるのは

(i)　3枚とも奇数

(ii)　1枚奇数で2枚偶数

のいずれかである。

(i)のとき

$${}_5C_3={}_5C_2=\frac{5\cdot 4}{2\cdot 1}=10$$

(ii)のとき

$${}_5C_1\cdot{}_4C_2=5\cdot\frac{4\cdot 3}{2}=30$$

(i)(ii)より，$10+30=40$（通り）

求める確率は，

$$\frac{40}{84}=\mathbf{\frac{10}{21}}$$

32　判別式 $D=a^2-4b>0$ を満たす $(a,\ b)$ の組を考える。

$b=1$ のとき $a^2>4$

$a=3,\ 4,\ 5,\ 6$ の4通り

$b=2$ のとき $a^2>8$

$a=3,\ 4,\ 5,\ 6$ の4通り

$b=3$ のとき $a^2>12$

$a=4,\ 5,\ 6$ の3通り

$b=4$ のとき $a^2>16$

$a=5$，6 の 2 通り

$b=5$ のとき $a^2>20$

$a=5$，6 の 2 通り

$b=6$ のとき $a^2>24$

$a=5$，6 の 2 通り

以上より

$4+4+3+2+2+2=17$（組）

2 つのサイコロの目の出方は 36 組だから

$\boldsymbol{\dfrac{17}{36}}$

33　3 つのサイコロの目の出方は

$6^3=216$（通り）

アは「1 の目が 1 つも出ない」ことの余事象。

よって，求める確率は

$1-\dfrac{5^3}{6^3}=\boldsymbol{\dfrac{91}{216}}$　…**ア**

3 つとも異なる目が出るのは ${}_6P_3$ 通り。

よって，求める確率は

$\dfrac{{}_6P_3}{216}=\dfrac{6\cdot5\cdot4}{216}=\boldsymbol{\dfrac{5}{9}}$　…**イ**

34　目の出方は全部で 6^3 通り。

(1)　和が 10 となる 3 つの目の組合せを求めると，

(ア)　1，3，6

(イ)　1，4，5

(ウ)　2，2，6

(エ)　2，3，5

(オ)　2，4，4

(カ)　3，3，4

3 つの数字がどのサイコロの目になるかで

(ア)(イ)(エ) → 3! 通りずつ

(ウ)(オ)(カ) → $\dfrac{3!}{2!}$ 通りずつ

よって，

$3!\times3+\dfrac{3!}{2!}\times3=27$（通り）

求める確率は，

$\dfrac{27}{6^3}=\boldsymbol{\dfrac{1}{8}}$

(2)　積が 36 となる組合せは，

(ア)　1，6，6

(イ)　2，3，6

(ウ)　3，3，4

(イ) → 3! 通り

(ア)(ウ) → $\dfrac{3!}{2!}$ 通りずつ

よって，$3!+\dfrac{3!}{2!}\times2=12$（通り）

求める確率は，

$\dfrac{12}{6^3}=\boldsymbol{\dfrac{1}{18}}$

35　(1)　4 人各々についてグー，チョキ，パーの 3 通りずつ手の出し方があるから，

$3^4=\mathbf{81}$ **（通り）**

(2)　だれが勝つかで ${}_4C_1$ 通り。

どの手で勝つかで 3 通り。

よって，${}_4C_1\times3=\mathbf{12}$ **（通り）**

(3)　$\dfrac{12}{81}=\boldsymbol{\dfrac{4}{27}}$

36　(1)　${}_{x+2}C_4=\dfrac{(x+2)(x+1)x(x-1)}{4\cdot3\cdot2\cdot1}$

$=\boldsymbol{\dfrac{(x+2)(x+1)x(x-1)}{24}}$ **（通り）**

(2)　${}_xC_3\times{}_2C_1=\dfrac{x(x-1)(x-2)}{3\cdot2\cdot1}\times\dfrac{2}{1}$

$=\boldsymbol{\dfrac{x(x-1)(x-2)}{3}}$ **（通り）**

(3)　$\dfrac{{}_xC_3\times{}_2C_1}{{}_{x+2}C_4}=\dfrac{4}{7}$

$\dfrac{8(x-2)}{(x+2)(x+1)}=\dfrac{4}{7}$

$14(x-2)=(x+2)(x+1)$

$x^2-11x+30=0$

$(x-5)(x-6)=0$

$\boldsymbol{x=5,\ 6}$

37　全体の場合の数は，

${}_{12}C_3=\dfrac{12\cdot11\cdot10}{3\cdot2\cdot1}=220$（通り）。

(1)　どの番号で同じになるかで，3 通り。

どの 3 色を選ぶかで，${}_4C_3=4$（通り）。

よって，

$\dfrac{3\cdot{}_4C_3}{{}_{12}C_3}=\dfrac{3\cdot4}{220}=\boldsymbol{\dfrac{3}{55}}$

(2)　それぞれの番号の選び方は，赤，青，黄，緑の 4 通りずつ。よって，

$\dfrac{4^3}{{}_{12}C_3}=\dfrac{64}{220}=\boldsymbol{\dfrac{16}{55}}$

(3)　1 の番号の選び方は，赤，青，黄，緑の 4 通り。

2 の番号の選び方は，1 で使った色以外の

3通り。

3の番号の選び方は，1，2で使った色以外の2通り。

よって，

$$\frac{4\cdot 3\cdot 2}{{}_{12}\mathrm{C}_3}=\frac{24}{220}=\boldsymbol{\frac{6}{55}}$$

38　AがBに勝つ確率 $\frac{2}{3}$

BがAに勝つ確率 $\frac{1}{3}$

$${}_5\mathrm{C}_3\cdot\left(\frac{2}{3}\right)^3\cdot\left(\frac{1}{3}\right)^2=\boldsymbol{\frac{80}{243}}\quad\cdots\textbf{ア}$$

$${}_5\mathrm{C}_4\cdot\left(\frac{2}{3}\right)^4\cdot\left(\frac{1}{3}\right)^1=\boldsymbol{\frac{80}{243}}\quad\cdots\textbf{イ}$$

39　(1)　(i)　表が2枚出る場合

$${}_4\mathrm{C}_2\cdot\left(\frac{1}{2}\right)^2\cdot\left(\frac{1}{2}\right)^2=\frac{3}{8}$$

(ii)　表が3枚出る場合

$${}_4\mathrm{C}_3\cdot\left(\frac{1}{2}\right)^3\cdot\left(\frac{1}{2}\right)=\frac{1}{4}$$

(iii)　表が4枚出る場合

$${}_4\mathrm{C}_4\cdot\left(\frac{1}{2}\right)^4=\frac{1}{16}$$

(i)〜(iii)より

$$\frac{3}{8}+\frac{1}{4}+\frac{1}{16}=\boldsymbol{\frac{11}{16}}$$

(2)「4枚とも裏が出る」ことの余事象。

よって，$1-\left(\frac{1}{2}\right)^4=\boldsymbol{\frac{15}{16}}$

40　1回とり出すとき，

$$\begin{cases}\text{赤の確率：}\frac{2}{3}\\ \text{白の確率：}\frac{1}{3}\end{cases}$$

5回のうち，赤が2回，白が3回出る確率だから，

$${}_5\mathrm{C}_2\left(\frac{2}{3}\right)^2\left(\frac{1}{3}\right)^3=\boldsymbol{\frac{40}{243}}$$

41　1回のジャンケンについて，A，B2人のすべての出し方は $3^2=9$（通り）。

Aが勝つのは

$$\begin{cases}\text{A：グー　チョキ　パー}\\ \text{B：チョキ　パー　グー}\end{cases}\text{の3通り。}$$

よって，確率は $\frac{1}{3}$

Bが勝つのも同様に3通り。確率は $\frac{1}{3}$

引き分けるのは，A，Bが同じものを出すときだから3通り。確率は $\frac{1}{3}$

(1)　3回目で勝敗が決まるのは，「引き分け，引き分け，AまたはBが勝つ」場合だから，

$$\frac{1}{3}\times\frac{1}{3}\times\frac{2}{3}=\boldsymbol{\frac{2}{27}}$$

(2)「3回とも，引き分けまたはBが勝つ」ことの余事象。

よって，

$$1-\left(\frac{2}{3}\times\frac{2}{3}\times\frac{2}{3}\right)=\boldsymbol{\frac{19}{27}}$$

42　(1)　奇数の目が a 回，偶数の目が b 回出たとすると

$$\begin{cases}a+b=9\\ 2a-b=3\end{cases}$$

これを解いて，$a=4$，$b=5$

よって，

$${}_9\mathrm{C}_4\left(\frac{1}{2}\right)^4\left(\frac{1}{2}\right)^5=\boldsymbol{\frac{63}{256}}$$

(2)　$\begin{cases}a+b=9\\ 2a-b\leqq 0\end{cases}$

これを満たすのは，

$(a,\ b)=(0,\ 9),\ (1,\ 8),\ (2,\ 7),\ (3,\ 6)$

よって，

$$\left(\frac{1}{2}\right)^9+{}_9\mathrm{C}_1\left(\frac{1}{2}\right)\left(\frac{1}{2}\right)^8+{}_9\mathrm{C}_2\left(\frac{1}{2}\right)^2\left(\frac{1}{2}\right)^7+{}_9\mathrm{C}_3\left(\frac{1}{2}\right)^3\left(\frac{1}{2}\right)^6$$

$$=\boldsymbol{\frac{65}{256}}$$

(3)　原点にあるのは

$$\begin{cases}a+b=9\\ 2a-b=0\end{cases}$$

より，$a=3$，$b=6$ のとき

よって，

$$1-{}_9\mathrm{C}_3\left(\frac{1}{2}\right)^3\left(\frac{1}{2}\right)^6=\boldsymbol{\frac{107}{128}}$$

43　(1)　${}_3\mathrm{C}_1\left(\frac{1}{2}\right)\left(\frac{1}{2}\right)^2=\boldsymbol{\frac{3}{8}}$

(2)　Aが4勝1敗になるとき，

$${}_4\mathrm{C}_3\left(\frac{1}{2}\right)^3\left(\frac{1}{2}\right)\times\frac{1}{2}=\frac{1}{8}$$

Bが4勝1敗になるのも同様に $\frac{1}{8}$

よって，

$$\frac{1}{8}+\frac{1}{8}=\mathbf{\frac{1}{4}}$$

(3)　Aが4勝2敗になるとき，

$$_5C_3\left(\frac{1}{2}\right)^3\left(\frac{1}{2}\right)^2\times\frac{1}{2}=\frac{5}{32}$$

Bが4勝2敗になるのも同様に $\frac{5}{32}$

よって，

$$\frac{5}{32}+\frac{5}{32}=\mathbf{\frac{5}{16}}$$

(4)　このあと，

(i)　Aが3連勝する確率

$$\left(\frac{1}{2}\right)^3=\frac{1}{8}$$

(ii)　Aが3勝1敗の確率

$$_3C_2\left(\frac{1}{2}\right)^2\left(\frac{1}{2}\right)\times\frac{1}{2}=\frac{3}{16}$$

(i)，(ii)より，

$$\frac{1}{8}+\frac{3}{16}=\mathbf{\frac{5}{16}}$$

44　(1)　$\frac{3}{5}\times\frac{2}{4}=\mathbf{\frac{3}{10}}$

(2)　$\frac{2}{5}\times\frac{3}{4}=\mathbf{\frac{3}{10}}$

(3)　赤・赤の確率は，$\frac{3}{5}\times\frac{2}{4}=\frac{3}{10}$

白・白の確率は，$\frac{2}{5}\times\frac{1}{4}=\frac{1}{10}$

よって，$\frac{3}{10}+\frac{1}{10}=\frac{4}{10}=\mathbf{\frac{2}{5}}$

別解

異なる色となる事象の余事象であるから，(1)(2)の結果を利用すると，

$$1-\left(\frac{3}{10}+\frac{3}{10}\right)=\frac{4}{10}=\mathbf{\frac{2}{5}}$$

45　(1)　$\frac{4}{9}\times\frac{3}{8}\times\frac{2}{7}=\mathbf{\frac{1}{21}}$

(2)　黄を1枚も選ばない事象の余事象であるから，

$$1-\frac{7}{9}\times\frac{6}{8}\times\frac{5}{7}=1-\frac{5}{12}=\mathbf{\frac{7}{12}}$$

(3)　赤を○，赤以外を × で表すと，次の4つの場合がある。

(i)　○○×　→　$\frac{4}{9}\times\frac{3}{8}\times\frac{5}{7}=\frac{5}{42}$

(ii)　○×○　→　$\frac{4}{9}\times\frac{5}{8}\times\frac{3}{7}=\frac{5}{42}$

(iii)　×○○　→　$\frac{5}{9}\times\frac{4}{8}\times\frac{3}{7}=\frac{5}{42}$

(iv)　○○○　→　$\frac{4}{9}\times\frac{3}{8}\times\frac{2}{7}=\frac{1}{21}$

よって，求める確率は，

$$\frac{5}{42}\times3+\frac{1}{21}=\frac{15}{42}+\frac{2}{42}=\mathbf{\frac{17}{42}}$$

注　(i)(ii)(iii)はすべて $\frac{5}{42}$ なので，反復試行の確率のように1つにまとめて次のように計算してもよい。

$$_3C_2\times\frac{4}{9}\cdot\frac{3}{8}\cdot\frac{5}{7}=\frac{15}{42}$$

46　(1)　$\frac{5}{8}\times\frac{4}{10}=\mathbf{\frac{1}{4}}$

(2)(i)　Aから赤，Bから赤の場合

$$\frac{5}{8}\times\frac{5}{11}=\frac{25}{88}$$

(ii)　Aから白，Bから赤の場合

$$\frac{3}{8}\times\frac{4}{11}=\frac{12}{88}$$

求める確率は，

$$\frac{25}{88}+\frac{12}{88}=\mathbf{\frac{37}{88}}$$

47　(1)　$P(\mathrm{A})=\mathbf{\frac{3}{8}}$

$$P(\mathrm{B})=\frac{3}{8}\times\frac{2}{7}+\frac{5}{8}\times\frac{3}{7}=\frac{21}{56}=\mathbf{\frac{3}{8}}$$

$$P(\mathrm{A}\cap\mathrm{B})=\frac{3}{8}\times\frac{2}{7}=\mathbf{\frac{3}{28}}$$

(2)　求める確率は $P_{\mathrm{B}}(\mathrm{A})$ である。

$$P_{\mathrm{B}}(\mathrm{A})=\frac{P(\mathrm{A}\cap\mathrm{B})}{P(\mathrm{B})}$$

$$=\frac{3}{28}\div\frac{3}{8}=\frac{3}{28}\times\frac{8}{3}=\mathbf{\frac{2}{7}}$$

48　(1)　赤を○，赤以外を × で表す。

得点が2となるのは，×○のときであるから，

$$\frac{3}{4}\times\frac{1}{3}=\mathbf{\frac{1}{4}}$$

(2)　××○のときであるから

$$\frac{3}{4}\times\frac{2}{3}\times\frac{1}{2}=\mathbf{\frac{1}{4}}$$

(3)　得点が1となる確率は $\frac{1}{4}$

3回の合計得点が5となるのは，次の(i)(ii)のいずれかの場合である。

(i)　1点が2回，3点が1回

$$_3C_2\left(\frac{1}{4}\right)^2\cdot\frac{1}{4}=\frac{3}{64}$$

(ii)　1点が1回，2点が2回

$$_3C_1\frac{1}{4}\cdot\left(\frac{1}{4}\right)^2=\frac{3}{64}$$

(i)(ii)より求める確率は，

$\dfrac{3}{64}+\dfrac{3}{64}=\boldsymbol{\dfrac{3}{32}}$

49　求める期待値を E とすると，

$E=10000000\times\dfrac{2}{3300000}+5000000\times\dfrac{4}{3300000}$

$+100000\times\dfrac{330}{3300000}+1000\times\dfrac{33000}{3300000}+100\times\dfrac{330000}{3300000}$

$=\dfrac{200}{33}+\dfrac{200}{33}+10+10+10$

$=\boldsymbol{\dfrac{1390}{33}}$ **(円)**

50　(1)　表が 2 回，3 回，4 回，5 回出る確率の和を求めればよい。求める確率を p とすると，

$p={}_5C_2\left(\dfrac{1}{2}\right)^2\left(\dfrac{1}{2}\right)^3+{}_5C_3\left(\dfrac{1}{2}\right)^3\left(\dfrac{1}{2}\right)^2$

$+{}_5C_4\left(\dfrac{1}{2}\right)^4\left(\dfrac{1}{2}\right)+\left(\dfrac{1}{2}\right)^5$

$=\dfrac{10+10+5+1}{32}=\boldsymbol{\dfrac{13}{16}}$

別解

表が 0 回，1 回という事象の余事象の確率を求めればよいから，

$p=1-\left(\dfrac{1}{2}\right)^5-{}_5C_1\dfrac{1}{2}\left(\dfrac{1}{2}\right)^4$

$=1-\dfrac{1}{32}-\dfrac{5}{32}=\boldsymbol{\dfrac{13}{16}}$

(2)　求める期待値を E とすると，

$E=0\times\left(\dfrac{1}{2}\right)^5+1\times{}_5C_1\dfrac{1}{2}\left(\dfrac{1}{2}\right)^4+2\times{}_5C_2\left(\dfrac{1}{2}\right)^2\left(\dfrac{1}{2}\right)^3$

$+3\times{}_5C_3\left(\dfrac{1}{2}\right)^3\left(\dfrac{1}{2}\right)^2+4\times{}_5C_4\left(\dfrac{1}{2}\right)^4\dfrac{1}{2}+5\times\left(\dfrac{1}{2}\right)^5$

$=\dfrac{0+5+20+30+20+5}{32}$

$=\boldsymbol{\dfrac{5}{2}}$ **(回)**

51　ア．求める確率を p とすると，

$p=\dfrac{{}_5C_2\cdot{}_4C_2}{{}_9C_4}=\boldsymbol{\dfrac{10}{21}}$

イ．求める期待値を E とすると，

$E=1\times\dfrac{{}_5C_1\cdot{}_4C_3}{{}_9C_4}+2\times\dfrac{{}_5C_2\cdot{}_4C_2}{{}_9C_4}$

$+3\times\dfrac{{}_5C_3\cdot{}_4C_1}{{}_9C_4}+4\times\dfrac{{}_5C_4}{{}_9C_4}$

$=\dfrac{10}{63}+\dfrac{60}{63}+\dfrac{60}{63}+\dfrac{10}{63}$

$=\dfrac{140}{63}=\boldsymbol{\dfrac{20}{9}}$

52　(1)　差の表をつくると次の通り。

	1	2	3	4	5	6
1	0	1	2	3	4	5
2	1	0	1	2	3	4
3	2	1	0	1	2	3
4	3	2	1	0	1	2
5	4	3	2	1	0	1
6	5	4	3	2	1	0

求める期待値は，

$1\times\dfrac{10}{36}+2\times\dfrac{8}{36}+3\times\dfrac{6}{36}+4\times\dfrac{4}{36}+5\times\dfrac{2}{36}$

$=\dfrac{1}{36}(10+16+18+16+10)$

$=\dfrac{1}{36}\cdot70=\boldsymbol{\dfrac{35}{18}}$

(2)　和の表をつくると次の通り。

	1	2	3	4	5	6
1	2	3	4	5	6	7
2	3	4	5	6	7	8
3	4	5	6	7	8	9
4	5	6	7	8	9	10
5	6	7	8	9	10	11
6	7	8	9	10	11	12

求める期待値は，

$2\times\dfrac{1}{36}+3\times\dfrac{2}{36}+4\times\dfrac{3}{36}+5\times\dfrac{4}{36}+6\times\dfrac{5}{36}+7\times\dfrac{6}{36}$

$+8\times\dfrac{5}{36}+9\times\dfrac{4}{36}+10\times\dfrac{3}{36}+11\times\dfrac{2}{36}+12\times\dfrac{1}{36}$

$=\dfrac{1}{36}(2+6+12+20+30+42+40+36+30+22+12)$

$=\dfrac{252}{36}=\mathbf{7}$

参考

1 個のサイコロを振ったときの目の期待値は，

$1\times\dfrac{1}{6}+2\times\dfrac{1}{6}+3\times\dfrac{1}{6}+4\times\dfrac{1}{6}+5\times\dfrac{1}{6}+6\times\dfrac{1}{6}$

$=\dfrac{1}{6}(1+2+3+4+5+6)=\dfrac{21}{6}=\dfrac{7}{2}$

よって，2 個のときの期待値は，

$2\times\dfrac{7}{2}=\mathbf{7}$

53　$X=n$ となる確率を $P(n)$ と表すと，

$P(5)=2\times{}_6C_6\cdot\left(\dfrac{1}{2}\right)^6=\dfrac{1}{32}$

$P(4)=2\times{}_6C_1\cdot\dfrac{1}{2}\cdot\left(\dfrac{1}{2}\right)^5=\dfrac{3}{16}$

$P(3)=2\times{}_6C_2\cdot\left(\dfrac{1}{2}\right)^2\cdot\left(\dfrac{1}{2}\right)^4=\dfrac{15}{32}$

$P(2)={}_6C_3\cdot\left(\dfrac{1}{2}\right)^3\cdot\left(\dfrac{1}{2}\right)^3=\dfrac{5}{16}$

X	2	3	4	5
確率	$\dfrac{5}{16}$	$\dfrac{15}{32}$	$\dfrac{3}{16}$	$\dfrac{1}{32}$

よって，期待値は，

$2\times\dfrac{5}{16}+3\times\dfrac{15}{32}+4\times\dfrac{3}{16}+5\times\dfrac{1}{32}=\boldsymbol{\dfrac{47}{16}}$ **（点）**

54 (1) **垂直二等分**

(2) **二等分**

(3) **重心，2：1（1：2でも可）**

55 (1) QR∥BC より，

QR：BC＝DR：DC

QR：15＝x：10

QR×10＝15×x

$\mathbf{QR}=\boldsymbol{\dfrac{3}{2}x}$

(2) PQ：QR＝1：2 より，

$PQ=\dfrac{1}{2}QR=\dfrac{1}{2}\cdot\dfrac{3}{2}x=\dfrac{3}{4}x$

次に，

PQ：AD＝BQ：BD

＝CR：CD

＝$(10-x)$：10

$\dfrac{3}{4}x$：6＝$(10-x)$：10

$\dfrac{3}{4}x\times10=6\times(10-x)$

$x=\boldsymbol{\dfrac{40}{9}}$

56 (1) 重心の性質より，

GD：AG＝1：2

GD：AD＝1：3

$\mathbf{GD}=\dfrac{1}{3}AD=\boldsymbol{\dfrac{x}{3}}$

(2) 点Gが重心だから，BD＝CD

$CD=\dfrac{1}{2}BC=\dfrac{y}{2}$

よって，△CDGの面積をSとすると，

$S=\dfrac{1}{2}\cdot\dfrac{x}{3}\cdot\dfrac{y}{2}\cdot\sin\theta$

$=\boldsymbol{\dfrac{1}{12}xy\sin\theta}$

(3) BD＝CD より，

△BDG＝△CDG＝Sとおくと

AD：GD＝3：1 より，

△ABD＝3×△BDG＝3S

△ABG＝△ABD－△BDG

＝3S－S＝2S

よって求める比は **2：1**

57

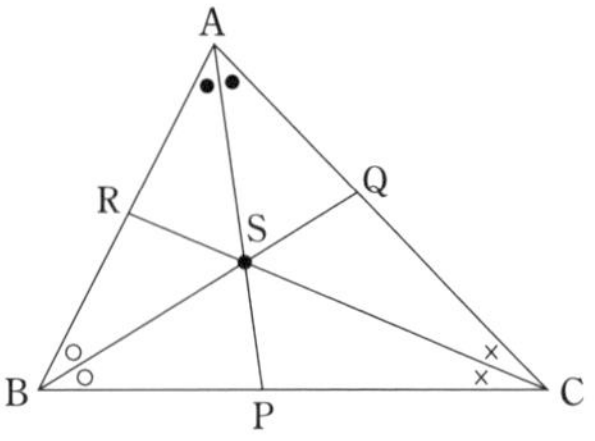

内心の性質より，CR は ∠C の二等分線だから，

AR：RB＝CA：CB＝b：a

同様にして，

BP：PC＝AB：AC＝c：b

BC：PC＝$b+c$：b

$PC=\dfrac{b}{b+c}BC=\dfrac{ab}{b+c}$

△CAP について，

AS：SP＝CA：CP

＝b：$\dfrac{ab}{b+c}$

＝$b(b+c)$：ab

＝$b+c$：a

AP：SP＝$a+b+c$：a

よって △ABC と △SBC の面積比は，

$a+b+c$：a

ア．$\boldsymbol{b}$　イ．$\boldsymbol{a}$　ウ．$\boldsymbol{c}$　エ．$\boldsymbol{b}$　オ．$\boldsymbol{b+c}$

カ．$\boldsymbol{b}$　キ．$\boldsymbol{b+c}$　ク．$\boldsymbol{a}$　ケ．$\boldsymbol{a+b+c}$

コ．$\boldsymbol{a}$

58 注 「辺BCを2：1の比に外分する点P」とは，辺BCの延長線上において，

BP：CP＝2：1を満たす点のことである。

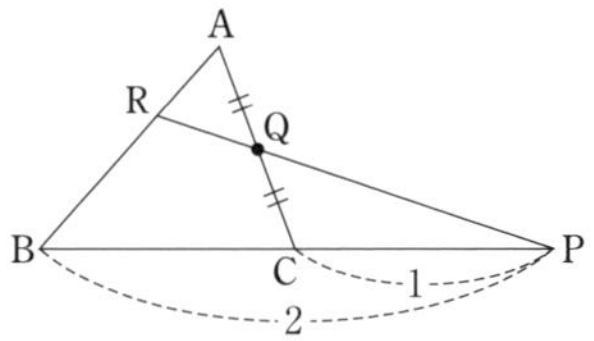

メネラウスの定理より，

$$\frac{BP}{PC}\cdot\frac{CQ}{QA}\cdot\frac{AR}{RB}=1$$

$$\frac{2}{1}\cdot\frac{1}{1}\cdot\frac{AR}{RB}=1$$

$$\frac{AR}{RB}=\frac{1}{2}$$

よって，AR：RB＝1：2

点 R は辺 AB を **1：2** の比に内分する。

59 (1)

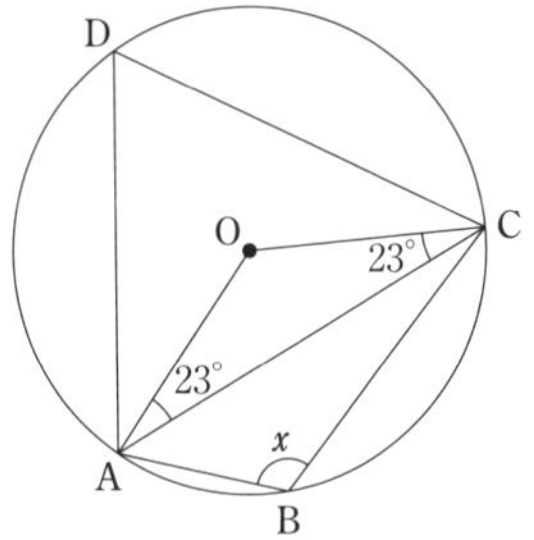

上図の点 D をとる。

△OAC の内角の和より，

$\angle AOC=180^\circ-23^\circ\times 2$

$=134^\circ$

弧 AC に対する円周角の定理より，

$\angle ADC=134^\circ\times\frac{1}{2}=67^\circ$

円に内接する四角形の性質より，

$x=180^\circ-67^\circ=\mathbf{113^\circ}$

(2) △ABE の内角の和より，

$\angle ABE=180^\circ-(30^\circ+x)$

$=150^\circ-x$

円周角の定理より，$\angle ACD=x$

上と同様にして，

$\angle ADC=150^\circ-x$

四角形 ADFB の内角の和より，

$30^\circ+2(150^\circ-x)+80^\circ=360^\circ$

$x=\mathbf{25^\circ}$

60

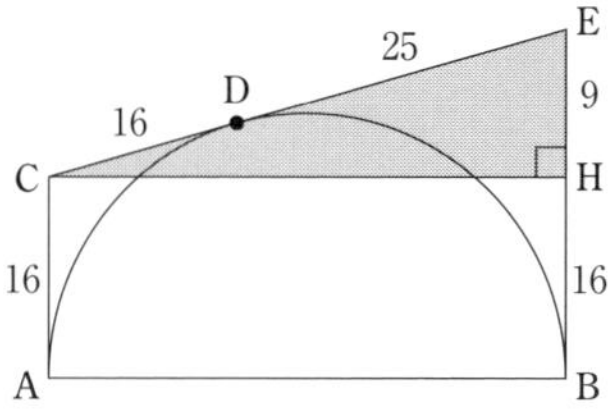

CD＝AC＝16，ED＝BE＝25

CE＝41

点 C から BE に下ろした垂線の足を H とすると，

BH＝AC＝16

EH＝25－16＝9

△CEH について三平方の定理より，

$CH^2=41^2-9^2$

$=1600$

CH＝40　　**AB＝40**

61 (1) 方べきの定理より，

$x\times 6=4\times 5$

$x=\mathbf{\frac{10}{3}}$

(2) 方べきの定理より，

$12\times(12+x)=10\times 36$

$12+x=30$

$x=\mathbf{18}$

62

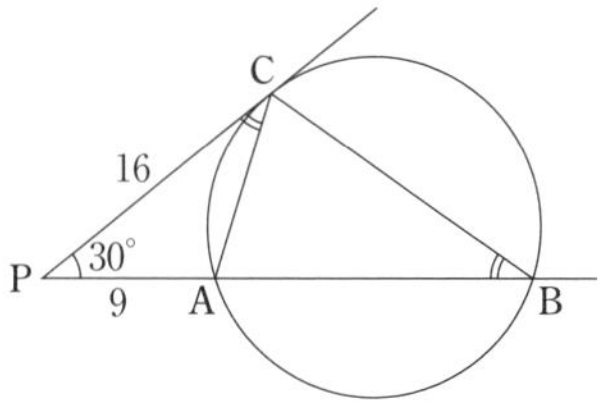

方べきの定理より，

$PA\cdot PB=PC^2$

$9PB=16^2$　　$PB=\frac{256}{9}$

△ABC の面積は，△PCB の面積から △PAC の面積をひけばよいから，

$$\frac{1}{2}\cdot 16\cdot\frac{256}{9}\cdot\sin 30^\circ-\frac{1}{2}\cdot 9\cdot 16\cdot\sin 30^\circ$$

$$=\mathbf{\frac{700}{9}}$$

看護医療学校受験
オープンセサミシリーズ　参考書　②　数学Ⅰ・A

2024年２月15日　第１版第１刷

編　著　東京アカデミー
発行人　佐川　泰宏
発行所　株式会社ティーエーネットワーク
名古屋市中村区名駅1-1-1
ＪＰタワー名古屋６Ｆ
〒450-6306　TEL　052-586-7805
FAX　052-563-2109
発売元　東京アカデミー七賢出版株式会社
東京都豊島区西池袋1-11-1
メトロポリタンプラザビル13Ｆ
〒171-0021　TEL　03-6852-0803
FAX　03-6852-0180
印刷・製本　名鉄局印刷株式会社

ISBN978-4-86455-657-6　C7037
Printed in Japan